U1075236

中国劳动统计年鉴

CHINA LABOR STATISTICAL YEARBOOK

2002

国家统计局人口和社会科技统计司
劳动和社会保障部规划财务司 编

Compiled By
Department of Population, Social,
Science and Technology Statistics
National Bureau of Statistics, P. R. C

Department of Planning and Finance,
Ministry of Labor and Social Security, P. R. C

中国统计出版社
China Statistics Press

(京)新登字 041 号

图书在版编目(CIP)数据

中国劳动统计年鉴．2002/国家统计局人口和社会科技统计司，劳动和社会保障部规划财务司编．
—北京：中国统计出版社，2002.9
ISBN 7-5037-3911-8

Ⅰ．中…
Ⅱ．①国…②劳…
Ⅲ．劳动统计-统计资料-中国-2002-年鉴
Ⅳ．F249.2-54

中国版本图书馆 CIP 数据核字(2002)第 070478 号

中国劳动统计年鉴—2002

作　　者/国家统计局人口和社会科技统计司，劳动和社会保障部规划财务司编
责任编辑/叶礼奇
封面设计/张　冰
出版发行/中国统计出版社
通信地址/北京市西城区月坛南街 75 号　邮政编码/100826
办公地址/北京市丰台区西三环南路甲 6 号
电　　话/(010)63459084、63266600-22500(发行部)
印　　刷/科伦克三莱印务(北京)有限公司
经　　销/新华书店
开　　本/880×1230mm　1/16
字　　数/776 千字
印　　张/39.75
印　　数/1-1200 册
版　　别/2002 年 11 月第 1 版
版　　次/2002 年 11 月北京第 1 次印刷
书　　号/ISBN 7-5037-3911-8/F·1492
定　　价/150.00 元

版权所有。未经许可，本书的任何部分不准以任何方式在世界任何地区以任何文字翻印、拷贝、仿制或转载。
中国统计版图书，如有印装错误，本社发行部负责调换。

《中国劳动统计年鉴—2002》
编委会和编辑部工作人员

编委会人员

主　　编:张为民

副 主 编:王爱文　刘长松

编辑委员(以姓氏笔划为序):

王爱文　刘长松　李慧民　张为民　张志斌

陈群洲　周笃池　明瑞峰　宫少军　梁尔卫

编辑部工作人员

总 编 辑:李慧民

副总编辑:明瑞峰

编辑工作人员(以姓氏笔划为序):

于　燕　于　丛　王玉斌　王亚东　王振麒　王晓君

刘　娟　刘征争　刘睦平　刘泽波　李　苏　李祥伟

高　琦　杨建春　黄　为　黄玉霞　荆永胜　翟燕立

编辑说明

《中国劳动统计年鉴—2002》是一部全面反映中华人民共和国劳动经济情况的资料性年刊。本刊收集了2001年全国和各省、自治区、直辖市、香港特别行政区、澳门特别行政区的有关劳动统计数据。主要指标还编有历年统计数据。

全书共分为13个部分：1.综合；2.就业与失业；3.城镇单位就业人员和劳动报酬；4.国有单位就业人员和劳动报酬；5.城镇集体单位就业人员和劳动报酬；6.其他单位就业人员和劳动报酬；7.乡镇企业就业人员；8.职业培训与技能鉴定；9.劳动关系；10.社会保障；11.工会工作；12.香港资料；13.澳门资料。书末还附有国外有关资料和主要指标解释。

参与本书编辑并提供资料的单位除国家统计局、劳动和社会保障部外，还有全国总工会等部门。

本书资料的取得形式主要有国家和部门的报表统计、行政纪录和抽样调查。全国劳动力、就业人员等资料是运用有关资料推算的，有的资料分项相加不等于总计。望读者使用时予以注意。

恳请广大读者对本书提出宝贵意见。

《中国劳动统计年鉴》编辑部

二〇〇二年七月

PREFACE

China Labor Statistical Yearbook 2002 is an annual statistics publication, which is comprehensively reported the labor economic situation for 2001 and some main indicators series for historically years at nation and provinces, autonomous regions and municipalities levels and parts of cities, Hong Kong Special Administrative Region and Macao Special Administrative Region in People's Republic of China.

The book is organized into 13 parts, which are: 1 . Comprehensiveness; 2. Employment and Unemployment; 3. Employment and Earnings in Urban Units; 4. Employment and Earnings in State-owned Units; 5. Employment and Earnings in Urban Collective-owned Units; 6. Employment and Earnings in Other Ownership Units; 7. Employment in Township and Village Enterprises; 8. Vocational Training and Skill Appraisal; 9. Labor Relation; 10. Social Security; 11. Trade Union Works; 12. Indicators of Hong Kong; 13. Indicators of Macao. In addition, Main Indicators of other countries and explanatory notes for major indicators are provided in the end of the book.

Besides National Bureau of Statistics and Ministry of Labor and Social Security, All-China Federation of Trade Unions also participate in the compiling work of this book.

Data resources of this book mainly come from state and departments reporting system, administration records and sampling surveys. Since the information of labor resources and employment for the whole country are calculated according to relevant data, they are not equal to the add-results of all sub-items.

人口及经济活动人口情况
POPULATION AND ECONOMICALLY ACTIVE POPULATION

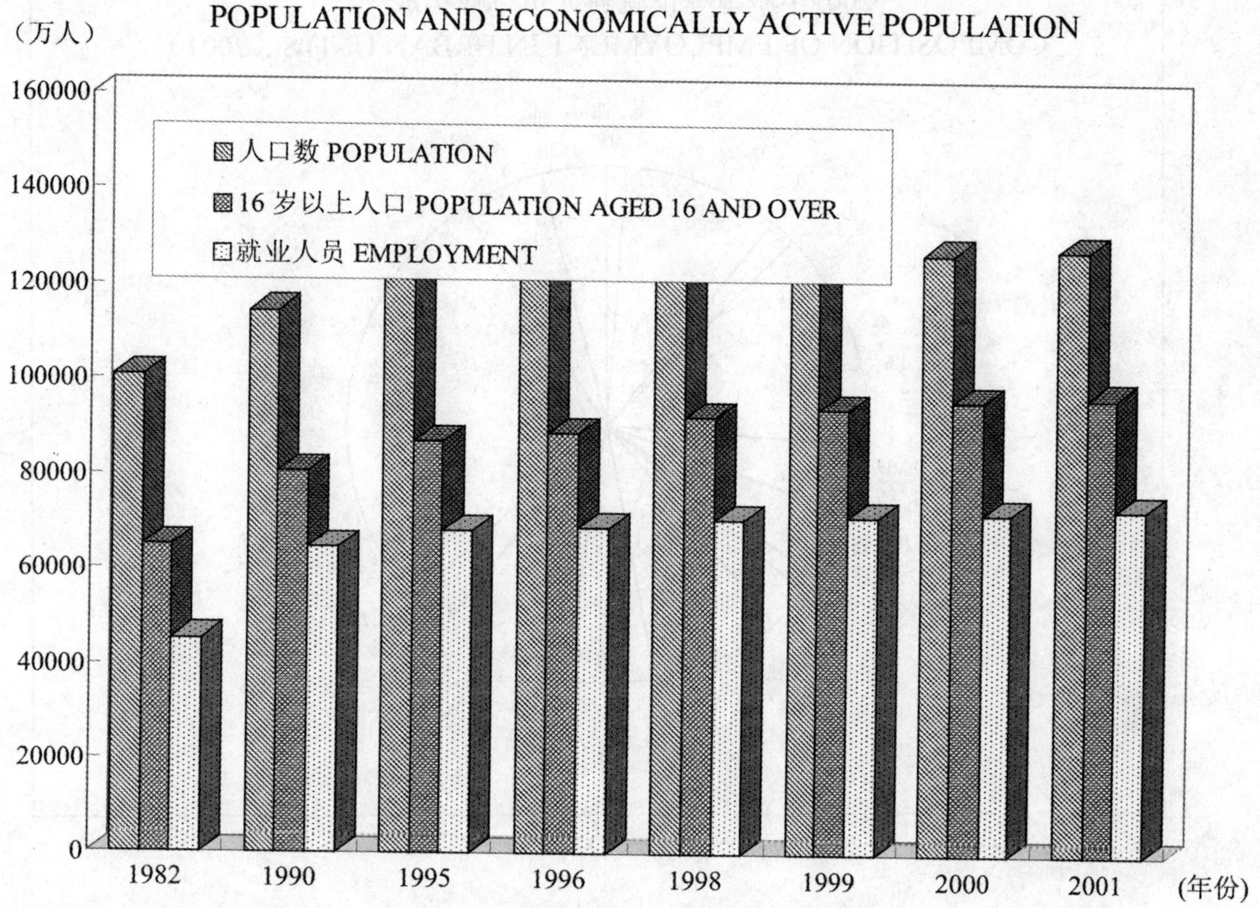

2001年城镇单位女性就业人员占就业人员比重
PROPORTION OF FEMALE EMPLOYMENT IN URBAN UNITS BY SECTOR（2001）

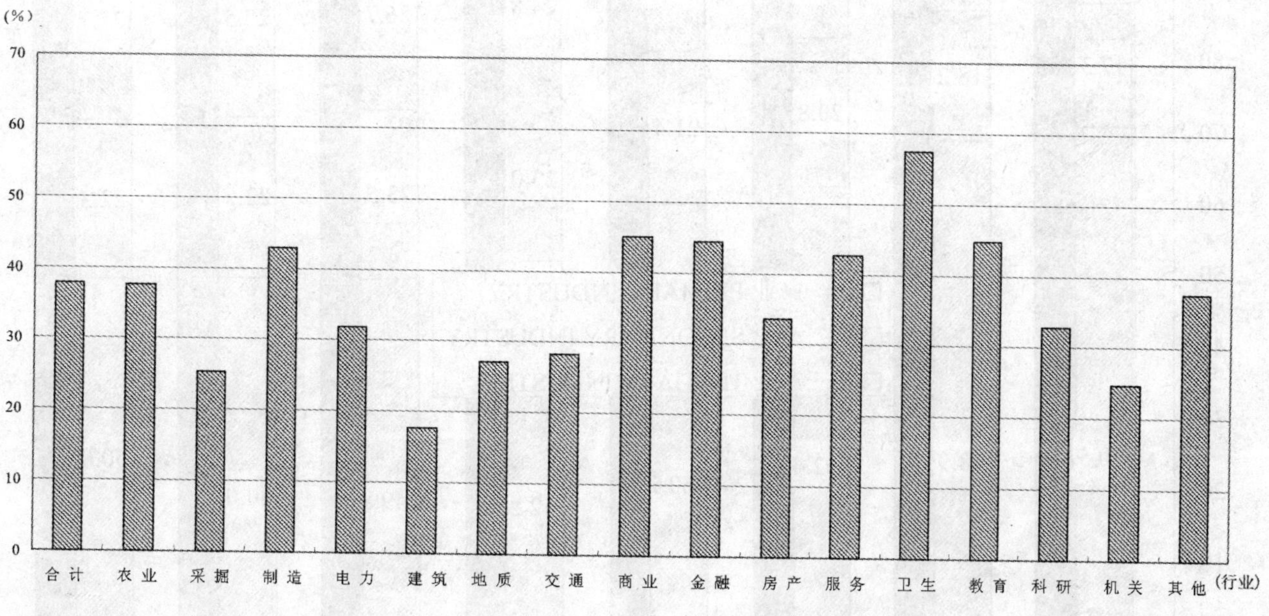

2001年城镇单位就业人员行业构成

COMPOSITION OF EMPLOYMENT IN URBAN UNITS（2001）

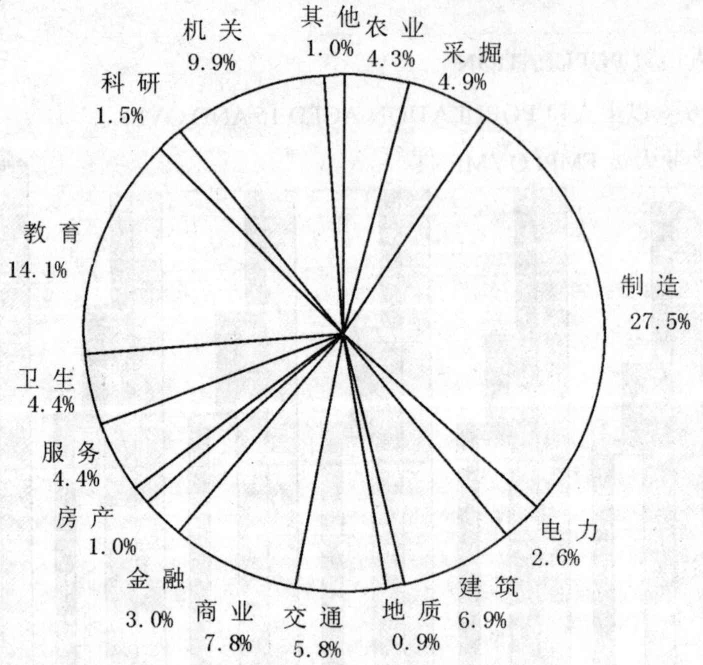

就业人员产业构成

COMPOSITION OF EMPLOYMENT BY INDUSTRY

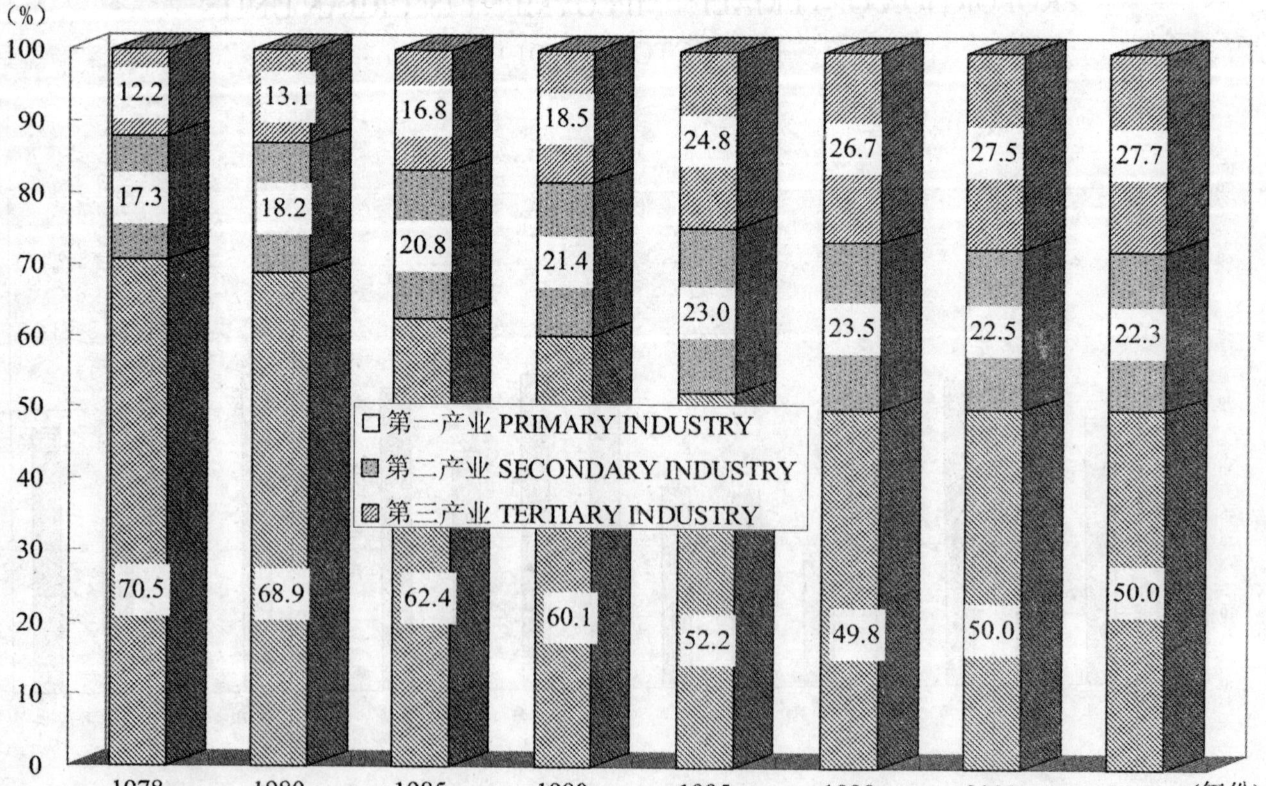

城镇就业人员登记注册类型构成
COMPOSITION OF URBAN EMPLOYMENT BY OWNERSHIP

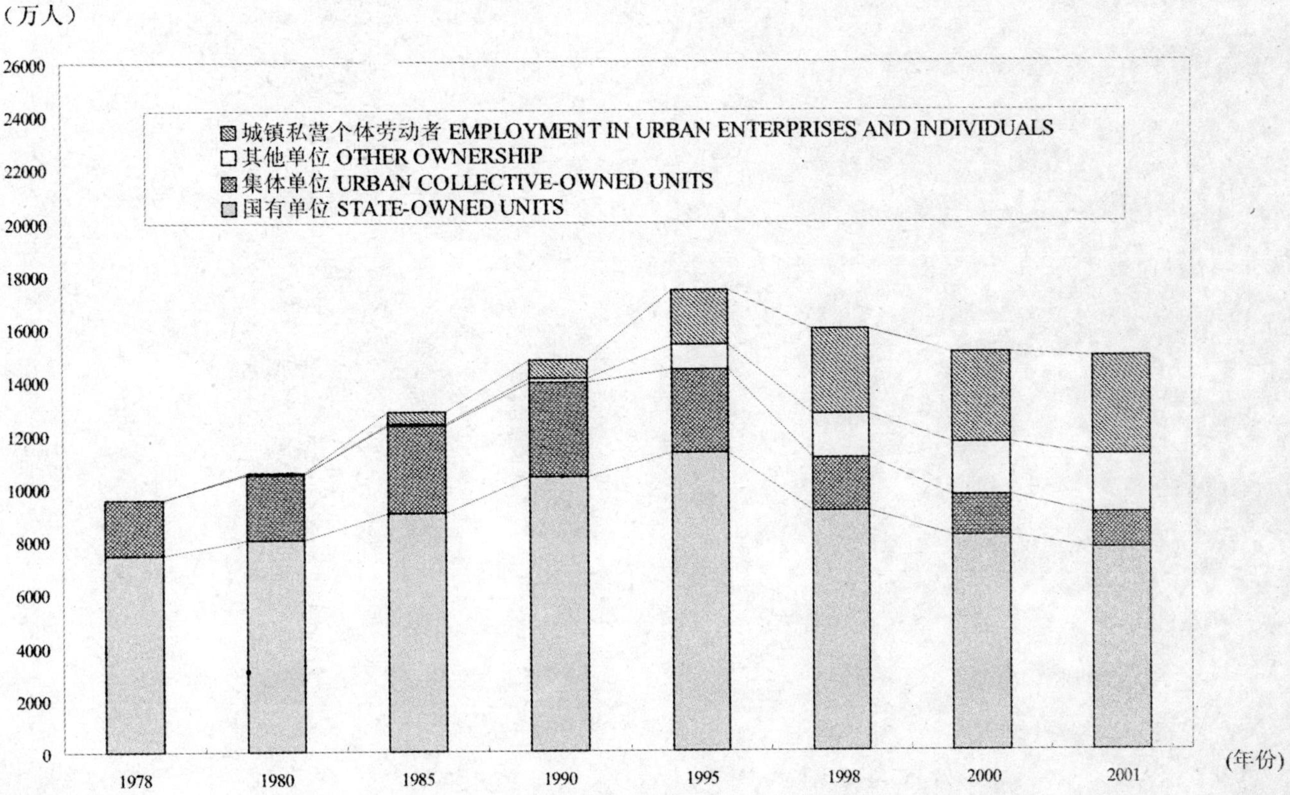

在岗职工平均工资指数（以上年为100）
INDEX OF ON-POST STAFF AND WORKERS' AVERAGE WAGE (preceding year=100)

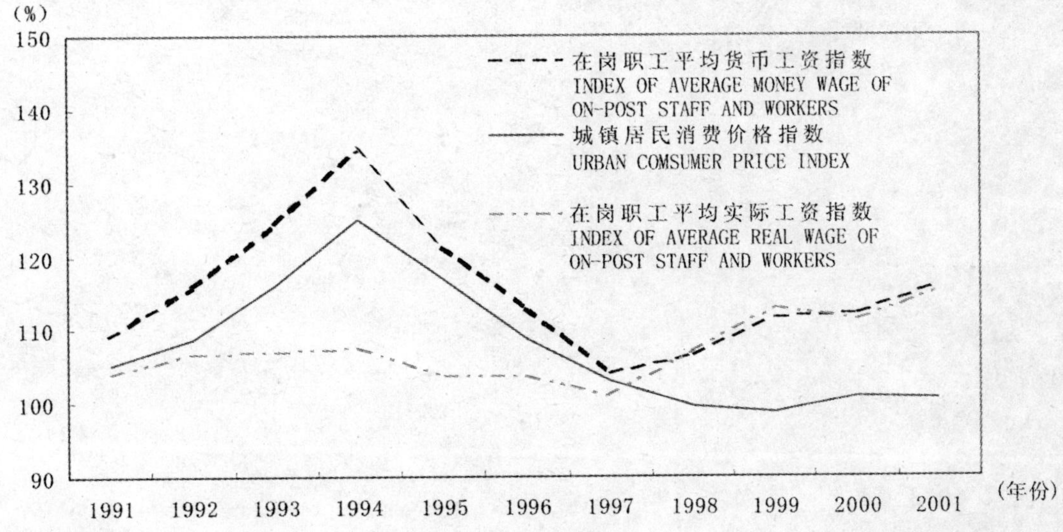

目　录

CONTENTS

一、综　合
Comprehensiveness

二、就业与失业
Employment and Unemployment

三、城镇单位就业人员和劳动报酬
Part III Employment and Earnings in Urban Units

四、国有单位就业人员和劳动报酬
Employment and Earnings in State-owned Units

五、城镇集体单位就业人员和劳动报酬
Employment and Earnings in Urban Collective-owned Units

八、职业培训与技能鉴定
Vocational Training and Skill Appraisal

九、劳动关系
Labour Relation

十、社会保障
Social Security

十一、工会工作
Trade Union Works

十二、香港资料
Main Indicators of Hong Kong

十三、澳门资料
Main Indicators of Macao

附录一　国外有关资料
Main Indicators of Other Countries

附录二　主要统计指标解释
Explanatory Notes for Major Indicators

一、综　　合

Comprehensiveness

1－1 全国劳动统计主要指标
MAIN INDICATORS OF NATIONAL LABOUR STATISTICS

指　　标	Item	2000	2001	2001年比上年增长% Increase Rate (2000＝100)
总人口(万人)	**Total Population (10 000)**	**126743**	**127627**	**0.7**
16岁以上人口数(万人)	**Population Above 16(10 000)**	**95702**	**96626**	**1.0**
经济活动人口(万人)	**Economically Active Population(10 000)**	**73992**	**74432**	**0.6**
全国就业人员年末人数(万人)	**Employment (end of year, 10 000)**	**72085**	**73025**	**1.3**
城镇就业人员年末人数	Urban Employment	23151	23940	3.4
单位就业人员	Unit Employment	11612.5	11165.8	-3.8
＃国有单位	State-owned Units	8101.9	7639.9	-5.7
集体单位	Collective-owned Units	1499.3	1291.0	-13.9
其他单位	Other Ownership Units	2011.3	2234.9	11.1
在岗职工人数	Numberof Staffand Workers	11258.5	10791.8	-4.1
＃国有单位	State-owned Units	7877.5	7409.0	-5.9
集体单位	Collective-owned Units	1446.5	1240.8	-14.2
其他单位	Other Ownership Units	1934.5	2141.9	10.7
城镇私营和个体就业人员	Employmentin Urban Private Enterprises and Individuals	3404.0	3658.0	7.5
乡村就业人员年末人数	Rural Employment	48934	49085	0.3
城镇单位就业人员劳动报酬(亿元)	**Earnings of the Urban Units** Employment(100 million yuan)	**10954.7**	**12205.4**	**11.4**
＃国有单位	State-owned Units	7744.9	8515.2	9.9
集体单位	Collective-owned Units	950.7	898.5	-5.5
其他单位	Other Ownership Units	2259.1	2791.7	23.6
在岗职工工资总额(亿元)	**Total Wagesof Staff and Workers** (100 million yuan)	**10656.2**	**11830.9**	**11.0**
＃国有单位	State-owned Units	7612.9	8355.6	9.8
集体单位	Collective-owned Units	919.0	864.6	-5.9
其他单位	Other Ownership Units	2124.3	2610.7	22.9
城镇单位就业人员平均劳动报酬(元)	**Average Earningof the UrbanUnits Employment(yuan)**	**9333**	**10834**	**16.1**
＃国有单位	State-owned Units	9441	11045	17.0
集体单位	Collective-owned Units	6241	6851	9.8
其他单位	Other Ownership Units	11238	12437	10.7
在岗职工平均工资(元)	**Average Wages (yuan)**	**9371**	**10870**	**16.0**
＃国有单位	State-owned Units	9552	11178	17.0
集体单位	Collective-owned Units	6262	6867	9.7
其他单位	Other Ownership Units	10984	12140	10.5
城镇失业人员年末人数(登记数)(万人)	**Urban Unemployment (Registered)(10 000)**	**595**	**681**	**14.5**
非经济活动人口(万人)	**Noneconomically Active Population(10 000)**	**21710**	**22194**	**2.2**
全部离休、退休和退职人数(万人)	**Number of Retirees(10 000)**	**3875.8**	**4008.0**	**3.4**

1—2 人口数及构成

(年末数)

POPULATION AND COMPOSITION

(End of Year)

年份 Year	总人口（万人） Total Population (10 000 persons)	按性别分 Grouped by Sex 男 Male 人口数 Population	比重(%) Proportion	女 Female 人口数 Population	比重(%) Proportion	按城乡分 Grouped by Residence 市镇总人口数 Urban 人口数 Population	比重(%) Proportion	乡村总人口数 Rural 人口数 Population	比重(%) Proportion
1952	57482	29833	51.90	27649	48.10	7163	12.5	50319	87.5
1957	64653	33469	51.77	31184	48.23	9949	15.4	54704	84.6
1962	67295	34517	51.29	32778	48.71	11659	17.3	55636	82.7
1965	72538	37128	51.18	35410	48.82	13045	18.0	59493	82.0
1970	82992	42686	51.43	40306	48.57	14424	17.4	68568	82.6
1971	85229	43819	51.41	41410	48.59	14711	17.3	70518	82.7
1972	87177	44813	51.40	42364	48.60	14935	17.1	72242	82.9
1973	89211	45876	51.42	43335	48.58	15345	17.2	73866	82.8
1974	90859	46727	51.43	44132	48.57	15595	17.2	75264	82.8
1975	92420	47564	51.47	44856	48.53	16030	17.3	76390	82.7
1976	93717	48257	51.49	45460	48.51	16341	17.4	77376	82.6
1977	94974	48908	51.50	46066	48.50	16669	17.6	78305	82.4
1978	96259	49567	51.49	46692	48.51	17245	17.9	79014	82.1
1979	97542	50192	51.46	47350	48.54	18495	19.0	79047	81.0
1980	98705	50785	51.45	47920	48.55	19140	19.4	79565	80.6
1981	100072	51519	51.48	48553	48.52	20171	20.2	79901	79.8
1982	101654	52352	51.50	49302	48.50	21480	21.1	80174	78.9
1983	103008	53152	51.60	49856	48.40	22274	21.6	80734	78.4
1984	104357	53848	51.60	50509	48.40	24017	23.0	80340	77.0
1985	105851	54725	51.70	51126	48.30	25094	23.7	80757	76.3
1986	107507	55581	51.70	51926	48.30	26366	24.5	81141	75.5
1987	109300	56290	51.50	53010	48.50	27674	25.3	81626	74.7
1988	111026	57201	51.52	53825	48.48	28661	25.8	82365	74.2
1989	112704	58099	51.55	54605	48.45	29540	26.2	83164	73.8
1990	114333	58904	51.52	55429	48.48	30195	26.4	84138	73.6
1991	115823	59466	51.34	56357	48.66	31203	26.9	84620	73.1
1992	117171	59811	51.05	57360	48.95	32175	27.5	84996	72.5
1993	118517	60472	51.02	58045	48.98	33173	28.0	85344	72.0
1994	119850	61246	51.10	58604	48.90	34169	28.5	85681	71.5
1995	121121	61808	51.03	59313	48.97	35174	29.0	85947	71.0
1996	122389	62200	50.82	60189	49.18	37304	30.5	85085	69.5
1997	123626	63131	51.07	60495	48.93	39449	31.9	84177	68.1
1998	124761	63604	50.98	61157	49.02	41608	33.4	83153	66.6
1999	125786	64126	50.98	61660	49.02	43748	34.8	82038	65.2
2000	126743	65437	51.63	61306	48.37	45906	36.2	80837	63.8
2001	127627	65672	51.46	61955	48.54	48064	37.7	79563	62.3

1－3 国内生产总值及构成
GROSS DOMESTIC PRODUCT AND COMPOSITION

年　份 Year	国内生产总值 Gross Domestic Product	第一产业 Primary Industry	第二产业 Secondary Industry	第三产业 Tertiary Industry
一、绝对数(亿元) **Value (100 million yuan)**				
1978	3624.1	1018.4	1745.2	860.5
1980	4517.8	1359.4	2192.0	966.4
1985	8964.4	2541.6	3866.6	2556.2
1986	10202.2	2763.9	4492.7	2945.6
1987	11962.5	3204.3	5251.6	3506.9
1988	14928.3	3831.0	6587.2	4510.1
1989	16909.2	4228.0	7278.0	5403.2
1990	18547.9	5017.0	7717.4	5813.5
1991	21617.8	5288.6	9102.2	7227.0
1992	26638.1	5800.0	11699.5	9138.6
1993	34634.4	6882.1	16428.5	11323.8
1994	46759.4	9457.2	22372.2	14930.0
1995	58478.1	11993.0	28537.9	17947.2
1996	67884.6	13844.2	33612.9	20427.5
1997	74462.6	14211.2	37222.7	23028.7
1998	78345.2	14552.4	38619.3	25173.5
1999	82067.5	14472.0	40557.8	27037.7
2000	89442.2	14628.2	44935.3	29878.7
2001	95933.3	14609.9	49069.1	32254.3
二、构成(%) **Composition (%)**				
1978	100.0	28.1	48.2	23.7
1980	100.0	30.1	48.5	21.4
1985	100.0	28.4	43.1	28.5
1986	100.0	27.1	44.0	28.9
1987	100.0	26.8	43.9	29.3
1988	100.0	25.7	44.1	30.2
1989	100.0	25.0	43.0	32.0
1990	100.0	27.1	41.6	31.3
1991	100.0	24.5	42.1	33.4
1992	100.0	21.8	43.9	34.3
1993	100.0	19.9	47.4	32.7
1994	100.0	20.2	47.9	31.9
1995	100.0	20.5	48.8	30.7
1996	100.0	20.4	49.5	30.1
1997	100.0	19.1	50.0	30.9
1998	100.0	18.6	49.3	32.1
1999	100.0	17.6	49.4	33.0
2000	100.0	16.4	50.2	33.2
2001	100.0	15.2	51.1	33.6

1—4 国内生产总值指数、职工平均工资和城镇居民消费价格指数

INDICES OF GROSS DOMESTIC PRODUCT, AVERAGE WAGE AND URBAN CONSUMER PRICE INDEX

(上年=100) (Preceding year=100)

年 份 Year	国内生产总值指数 Indices of Gross Domestic Product	就业人员平均劳动报酬指数 Index of Average Earning of Employment		职工平均工资指数 Index of Average Wage of Staff and Workers		城镇居民消费价格指数 Urban Consumer Price Index
		货币报酬指数 Money Earning	实际报酬指数 Real Earning	货币工资指数 Money Wage	实际工资指数 Real Wage	
1979	107.6	-	-	108.6	106.7	101.9
1980	107.8	-	-	114.1	106.1	107.5
1981	105.2	-	-	101.3	98.9	102.5
1982	109.1	-	-	103.4	101.5	102.0
1983	110.9	-	-	103.5	101.4	102.0
1984	115.2	-	-	117.9	114.7	102.7
1985	113.5	-	-	117.9	105.3	111.9
1986	108.8	-	-	115.8	108.3	107.0
1987	111.6	-	-	109.8	101.0	108.8
1988	111.3	-	-	119.7	99.2	120.7
1989	104.1	-	-	110.8	95.2	116.3
1990	103.8	-	-	110.6	109.2	101.3
1991	109.2	-	-	109.3	104.0	105.1
1992	114.2	-	-	115.9	106.7	108.6
1993	113.5	-	-	124.3	107.1	116.1
1994	112.6	-	-	134.6	107.7	125.0
1995	110.5	118.9	101.8	121.2	103.8	116.8
1996	109.6	111.8	102.8	112.9	103.8	108.8
1997	108.8	107.8	104.5	104.2	101.1	103.1
1998	107.8	115.5	116.2	106.6	107.2	99.4
1999	107.1	111.7	113.2	111.6	113.1	98.7
2000	108.0	112.2	111.3	112.3	111.4	100.8
2001	107.3	116.1	115.3	116.0	115.2	100.7

1—5 全国就业人员年末人数

NUMBER OF EMPLOYMENT

(End of Year)

单位:万人　　　　(10 000 persons)

年份 Year	就业人员 Employment 合计 Total	占人口% Percentage of Total Population	城镇就业人员 Urban Employment	乡村就业人员 Rural Employment	按三次产业分 GroupbyIndustry 第一产业 Primary Industry	第二产业 Secondary Industry	第三产业 Tertiary Industry	构成(以合计为100) Percentage(total=100) 第一产业 Primary Industry	第二产业 Secondary Industry	第三产业 Tertiary Industry
1952	20729	36.1	2486	18243	17317	1531	1881	83.5	7.4	9.1
1957	23771	36.8	3205	20566	19309	2142	2320	81.2	9.0	9.8
1962	25910	38.5	4537	21373	21276	2059	2575	82.1	7.9	9.9
1965	28670	39.5	5136	23534	23396	2408	2866	81.6	8.4	10.0
1970	34432	41.5	6312	28120	27811	3518	3103	80.8	10.2	9.0
1971	35620	41.8	6868	28752	28397	3990	3233	79.7	11.2	9.1
1972	35854	41.1	7200	28654	28283	4276	3295	78.9	11.9	9.2
1973	36652	41.1	7388	29264	28857	4492	3303	78.7	12.3	9.0
1974	37369	41.1	7687	29682	29218	4712	3439	78.2	12.6	9.2
1975	38168	41.3	8222	29946	29456	5152	3560	77.2	13.5	9.3
1976	38834	41.4	8692	30142	29443	5611	3780	75.8	14.4	9.7
1977	39377	41.5	9127	30250	29340	5831	4206	74.5	14.8	10.7
1978	40152	41.7	9514	30638	28318	6945	4890	70.5	17.3	12.2
1979	41024	42.1	9999	31025	28634	7214	5177	69.8	17.6	12.6
1980	42361	42.9	10525	31836	29122	7707	5532	68.7	18.2	13.1
1981	43725	43.7	11053	32672	29777	8003	5945	68.1	18.3	13.6
1982	45295	44.6	11428	33867	30859	8346	6090	68.1	18.4	13.4
1983	46436	45.1	11746	34690	31151	8679	6606	67.1	18.7	14.2
1984	48197	46.2	12229	35968	30868	9590	7739	64.0	19.9	16.1
1985	49873	47.1	12808	37065	31130	10384	8359	62.4	20.8	16.8
1986	51282	47.7	13292	37990	31254	11216	8811	60.9	21.9	17.2
1987	52783	48.3	13783	39000	31663	11726	9395	60.0	22.2	17.8
1988	54334	48.9	14267	40067	32249	12152	9933	59.4	22.4	18.3
1989	55329	49.1	14390	40939	33225	11976	10129	60.0	21.6	18.3
1990	64749	56.6	17041	47708	38914	13856	11979	60.1	21.4	18.5
1991	65491	56.5	17465	48026	39098	14015	12378	59.7	21.4	18.9
1992	66152	56.5	17861	48291	38699	14355	13098	58.5	21.7	19.8
1993	66808	56.4	18262	48546	37680	14965	14163	56.4	22.4	21.2
1994	67455	56.3	18653	48802	36628	15312	15515	54.3	22.7	23.0
1995	68065	56.2	19040	49025	35530	15655	16880	52.2	23.0	24.8
1996	68950	56.3	19922	49028	34820	16203	17927	50.5	23.5	26.0
1997	69820	56.5	20781	49039	34840	16547	18432	49.9	23.7	26.4
1998	70637	56.6	21616	49021	35177	16600	18860	49.8	23.5	26.7
1999	71394	56.8	22412	48982	35768	16421	19205	50.1	23.0	26.9
2000	72085	56.9	23151	48934	36043	16219	19823	50.0	22.5	27.5
2001	73025	57.2	23940	49085	36513	16284	20228	50.0	22.3	27.7

注:1990年及以后就业人员总计、城镇和乡村就业人员小计资料系根据第五次全国人口普查数据调整(下同)。

a)Figures after 1990 are caculated according tothe 1990 Population Survey. (same as below)。

1—6 分地区分行业就业人员年末人数
EMPLOYMENT BY SECTOR AND REGION

单位:万人

(10 000 persons)

年份 地区 Year Region	合计 Total	农、林、牧、渔业 Farming, Forestry, Animal Husbandry and Fishery	采掘业 Mining and Quarrying	制造业 Manufacturing	电力、煤气及水的生产和供应业 Production and Supply of Electricity, Gas and Water	建筑业 Construction	地质勘查业、水利管理业 Geological Prospecting & Water Conservancy	交通运输、仓储及邮电通信业 Transport, Storage, Post and Telecommunications
1978	40152	28318	652	5332	107	854	178	750
1980	42361	29122	697	5899	118	993	188	805
1985	49873	31130	795	7412	142	2035	197	1279
1986	51282	31254	809	8019	152	2236	197	1376
1987	52783	31663	819	8359	164	2384	200	1453
1988	54334	32249	832	8652	177	2491	204	1521
1989	55329	33225	842	8547	180	2407	199	1522
1990	64749	34117	882	8624	192	2424	197	1566
1991	65491	34956	905	8839	203	2482	199	1617
1992	66152	34795	898	9106	215	2660	202	1674
1993	66808	33966	932	9295	240	3050	144	1688
1994	67455	33386	915	9613	246	3188	139	1864
1995	68065	33018	932	9803	258	3322	135	1942
1996	68950	32909	902	9763	273	3408	129	2013
1997	69820	33095	868	9612	283	3449	129	2062
1998	70637	33232	721	8319	283	3327	116	2000
1999	71394	33493	667	8109	285	3412	111	2022
2000	72085	33355	597	8043	284	3552	110	2029
2001	73025	32974	561	8083	288	3669	105	2037
北京 Beijing	629.5	70.6	2.5	130.3	4.0	73.8	1.4	32.5
天津 Tianjin	410.5	82.2	7.5	126.4	3.5	24.0	1.1	25.7
河北 Hebei	3379.6	1675.4	31.7	569.2	16.0	242.1	5.7	128.3
山西 Shanxi	1412.9	662.4	52.0	210.7	11.1	72.7	3.3	78.6
内蒙古 Inner Mongolia	1013.3	546.4	26.9	86.7	8.8	39.4	3.2	41.0
辽宁 Liaoning	1833.4	681.7	30.3	306.4	17.7	106.8	5.3	100.4
吉林 Jilin	1057.2	535.9	28.4	115.2	8.1	44.6	2.6	45.4
黑龙江 Heilongjiang	1631.0	808.3	73.9	181.5	14.6	68.7	5.4	67.3
上海 Shanghai	692.4	86.6	0.1	249.7	6.0	32.9	0.9	31.6
江苏 Jiangsu	3565.4	1474.6	18.1	746.4	12.5	294.5	5.0	134.3
浙江 Zhejiang	2772.0	990.8	2.2	717.8	8.9	164.0	1.7	98.1
安徽 Anhui	3389.7	1991.1	28.4	299.7	8.2	215.2	4.3	98.0
福建 Fujian	1677.8	768.8	5.1	303.0	7.4	105.4	1.3	54.6
江西 Jiangxi	1933.1	997.9	13.5	175.6	9.4	77.7	3.2	45.5
山东 Shandong	4671.6	2444.2	62.6	698.3	19.7	336.6	4.7	157.4
河南 Henan	5516.6	3482.5	45.1	578.1	21.3	352.7	8.2	156.4
湖北 Hubei	2452.5	1186.4	10.2	285.4	11.9	135.9	7.1	91.2
湖南 Hunan	3438.8	2079.6	14.8	310.7	10.7	160.5	4.2	90.7
广东 Guangdong	3962.9	1584.2	5.8	797.5	19.6	260.6	4.3	129.6
广西 Guangxi	2543.4	1572.9	6.2	142.7	8.0	100.4	2.7	60.2
海南 Hainan	339.7	204.9	1.9	15.9	2.1	12.9	0.6	12.2
重庆 Chongqing	1624.0	887.9	8.6	126.3	5.9	108.6	1.1	36.8
四川 Sichuan	4414.6	2595.8	20.1	325.7	15.3	284.7	5.9	87.7
贵州 Guizhou	2068.2	1373.8	9.4	120.5	5.5	58.2	1.6	32.0
云南 Yunnan	2322.5	1710.5	9.3	116.4	6.8	75.4	2.5	55.6
西藏 Tibet	124.6	89.5	0.3	2.9	0.6	4.4	0.2	3.9
陕西 Shaanxi	1784.6	994.0	19.1	168.2	8.1	101.9	6.4	63.6
甘肃 Gansu	1187.2	705.3	9.4	86.6	6.6	56.8	4.4	32.7
青海 Qinghai	240.3	144.3	1.9	16.3	1.4	11.5	2.0	8.9
宁夏 Ningxia	278.0	157.1	5.1	25.1	2.3	18.2	1.1	11.9
新疆 Xinjiang	685.4	388.2	10.9	47.6	5.4	28.2	3.4	24.9

1—6 续表 continued

单位:万人 (10 000 persons)

年份 地区 Year Region	批发和零售贸易、餐饮业 Wholesale and Retail Trade & Catering Services	金融、保险业 Finance and Insurance	房地产业 Real Estate Trade	社会服务业 Social Services	卫生、体育和社会福利业 Health Care, Sporting and Social Welfare	教育、文化艺术和广播电影电视业 Education, Culture and Arts, Radio, Film and Television	科学研究和综合技术服务业 Scientific Research and Polytechnical Services	国家机关政党机关和社会团体 Government Agencies, Party Agencies and Social Organizations	其他 Others
1978	1140	76	31	179	363	1093	92	467	521
1980	1363	99	37	276	389	1147	113	527	588
1985	2306	138	36	401	467	1273	144	799	1319
1986	2413	152	38	466	482	1324	152	873	1338
1987	2576	170	39	501	496	1375	158	925	1502
1988	2743	194	42	534	508	1403	161	971	1655
1989	2770	205	43	550	518	1426	165	1022	1709
1990	2839	218	44	594	536	1457	173	1079	1798
1991	2998	234	48	604	553	1497	179	1136	1910
1992	3209	248	54	643	565	1520	183	1148	2313
1993	3459	270	66	543	416	1210	173	1030	3740
1994	3921	264	74	626	434	1436	178	1033	4155
1995	4292	276	80	703	444	1476	182	1042	4484
1996	4511	292	84	747	458	1513	183	1093	4563
1997	4795	308	87	810	471	1557	186	1093	4862
1998	4645	314	94	868	478	1573	178	1097	5118
1999	4751	328	96	923	482	1568	173	1102	4969
2000	4686	327	100	921	488	1565	174	1104	5643
2001	4737	336	107	976	493	1568	165	1101	5852
北 京 Beijing	77.1	8.0	13.6	69.6	15.6	41.4	28.6	24.7	35.8
天 津 Tianjin	51.6	4.1	2.5	16.9	7.0	18.8	4.4	12.1	22.6
河 北 Hebei	249.7	16.5	2.5	33.2	21.7	86.7	4.6	64.4	231.8
山 西 Shanxi	116.2	10.4	1.3	18.4	13.8	48.5	4.0	41.7	67.8
内蒙古 Inner Mongolia	97.0	7.7	1.7	25.1	10.5	35.9	2.7	29.5	50.8
辽 宁 Liaoning	244.1	17.9	7.5	63.7	22.8	58.4	7.8	40.7	121.7
吉 林 Jilin	95.1	9.6	3.2	25.5	14.4	40.9	4.4	24.7	59.2
黑龙江 Heilongjiang	169.0	11.6	5.1	41.5	18.1	50.1	4.5	38.0	73.4
上 海 Shanghai	97.7	11.0	8.1	50.1	15.6	30.8	8.8	15.1	47.5
江 苏 Jiangsu	286.4	20.4	5.8	55.6	29.0	86.8	7.8	45.8	342.4
浙 江 Zhejiang	290.8	17.7	4.5	51.9	21.3	51.7	4.5	33.7	312.1
安 徽 Anhui	256.4	10.4	2.6	42.2	16.9	59.9	3.6	40.5	312.1
福 建 Fujian	133.3	11.0	3.2	26.1	11.6	46.4	3.0	28.7	168.9
江 西 Jiangxi	107.4	9.0	1.7	17.1	13.4	48.3	3.4	34.2	375.9
山 东 Shandong	345.2	24.0	4.6	49.6	34.3	111.6	6.0	79.0	293.6
河 南 Henan	322.2	20.6	3.7	39.1	31.1	111.5	7.2	82.6	254.2
湖 北 Hubei	199.0	13.4	3.5	43.9	25.7	72.2	6.9	51.7	308.1
湖 南 Hunan	205.3	14.0	3.2	34.9	22.9	69.3	4.7	58.0	355.3
广 东 Guangdong	407.0	27.7	11.2	81.5	34.5	93.7	6.7	67.4	431.6
广 西 Guangxi	134.1	8.2	1.9	25.0	14.8	59.3	3.4	34.2	369.4
海 南 Hainan	32.1	2.3	0.8	10.6	3.0	9.2	1.2	7.9	22.0
重 庆 Chongqing	87.5	6.2	2.1	16.6	8.8	32.0	5.1	18.0	272.6
四 川 Sichuan	234.5	16.7	2.8	36.3	26.2	83.9	8.8	57.8	612.6
贵 州 Guizhou	76.9	5.1	3.7	11.8	8.8	35.9	1.8	28.5	294.7
云 南 Yunnan	106.5	7.5	1.6	22.6	12.8	50.2	5.2	36.1	103.5
西 藏 Tibet	6.4	0.6	…	1.6	1.2	3.0	0.2	6.0	3.8
陕 西 Shaanxi	140.2	9.7	1.3	27.4	13.5	52.3	8.7	38.4	131.5
甘 肃 Gansu	65.4	5.5	1.6	11.9	7.7	30.4	2.8	23.3	136.9
青 海 Qinghai	18.2	1.6	0.1	4.2	2.4	6.6	0.7	6.2	13.8
宁 夏 Ningxia	20.7	2.0	0.5	4.3	2.6	8.2	0.8	6.2	11.7
新 疆 Xinjiang	63.7	5.6	1.9	18.0	10.9	33.7	2.6	25.8	14.8

1—7 分地区分行业城镇就业人员年末人数
URBAN EMPLOYMENT BY SECTOR AND REGION

(2001)

单位:万人 (10 000 persons)

地区 Region	合计 Total	农、林、牧、渔业 Farming, Forestry, Animal Husbandry and Fishery	采掘业 Mining and Quarrying	制造业 Manufacturing	电力、煤气及水的生产和供应业 Production and Supply of Electricity, Gas and Water	建筑业 Construction	地质勘查业、水利管理业 Geological Prospecting and Water Conservancy	交通运输、仓储及邮电通信业 Transport, Storage, Post and Telecommunications
全国总计 National	**23940**	**523**	**561**	**3787**	**288**	**872**	**105**	**832**
北　京 Beijing	464.2	2.8	2.5	97.4	4.0	59.3	1.4	18.6
天　津 Tianjin	241.3	1.2	7.5	85.7	3.5	12.4	1.1	15.3
河　北 Hebei	661.7	10.5	31.7	178.9	16.0	36.4	5.7	34.6
山　西 Shanxi	424.3	4.5	52.0	95.9	11.1	21.0	3.3	25.2
内蒙古 Inner Mongolia	380.8	28.0	26.9	67.8	8.8	15.9	3.2	29.6
辽　宁 Liaoning	855.9	32.7	30.3	229.3	17.7	48.9	5.3	62.9
吉　林 Jilin	417.2	21.5	28.4	94.5	8.1	21.5	2.6	31.5
黑龙江 Heilongjiang	712.2	65.8	73.9	145.0	14.6	41.4	5.4	48.0
上　海 Shanghai	437.4	3.5	0.1	143.2	6.0	19.5	0.9	24.4
江　苏 Jiangsu	881.0	22.3	18.1	304.7	12.5	34.4	5.0	44.8
浙　江 Zhejiang	601.9	5.7	2.2	186.0	8.9	47.5	1.7	25.3
安　徽 Anhui	568.2	15.5	28.4	125.9	8.2	29.3	4.3	33.9
福　建 Fujian	422.6	8.4	5.1	151.7	7.4	25.6	1.3	17.7
江　西 Jiangxi	380.9	20.5	13.5	89.4	9.4	16.8	3.2	22.4
山　东 Shandong	1017.9	9.9	62.6	335.7	19.7	40.0	4.7	40.7
河　南 Henan	828.8	10.2	45.1	204.4	21.3	57.6	8.2	42.4
湖　北 Hubei	670.8	42.6	10.2	173.1	11.9	29.8	7.1	46.1
湖　南 Hunan	561.2	20.9	14.8	115.8	10.7	29.8	4.2	36.2
广　东 Guangdong	1104.2	17.7	5.8	318.4	19.6	59.9	4.3	52.1
广　西 Guangxi	383.9	17.8	6.2	76.7	8.0	15.7	2.7	26.4
海　南 Hainan	110.2	25.0	1.9	9.1	2.1	5.2	0.6	6.1
重　庆 Chongqing	278.9	3.3	8.6	68.4	5.9	30.2	1.1	17.8
四　川 Sichuan	635.8	13.1	20.1	145.2	15.3	57.7	5.9	31.0
贵　州 Guizhou	246.7	5.5	9.4	51.8	5.5	20.7	1.6	12.5
云　南 Yunnan	351.5	21.1	9.3	63.9	6.8	21.3	2.5	19.8
西　藏 Tibet	24.0	0.7	0.3	1.0	0.6	1.7	0.2	1.9
陕　西 Shaanxi	451.5	8.1	19.1	106.3	8.1	24.8	6.4	26.6
甘　肃 Gansu	244.9	8.5	9.4	56.6	6.6	13.9	4.4	13.3
青　海 Qinghai	66.3	2.7	1.9	10.0	1.4	6.2	2.0	4.6
宁　夏 Ningxia	77.6	5.4	5.1	16.2	2.3	4.9	1.1	3.9
新　疆 Xinjiang	320.0	67.2	10.9	38.7	5.4	22.5	3.4	16.4

1—7 续表 continued

单位:万人 (10 000 persons)

地区 Region		批发和零售贸易、餐饮业 Wholesale and Retail Trade & Catering Services	金融、保险业 Finance and Insurance	房地产业 Real Estate Trade	社会服务业 Social Services	卫生、体育和社会福利业 Health Care, Sporting and Social Welfare	教育、文化艺术和广播电影电视业 Education, Culture and Arts, Radio, Film and Television	科学研究和综合技术服务业 Scientific Research and Polytechnical Services	国家机关政党机关和社会团体 Government Agencies, PartyAgencies and Social Organizations	其他 Others
全国总计	**National**	**2872**	**336**	**107**	**976**	**493**	**1568**	**165**	**1101**	**238**
北　京	Beijing	64.0	8.0	13.6	69.6	15.6	41.4	28.6	24.7	12.6
天　津	Tianjin	39.7	4.1	2.5	16.9	7.0	18.8	4.4	12.1	9.1
河　北	Hebei	112.2	16.5	2.5	33.2	21.7	86.7	4.6	64.4	6.0
山　西	Shanxi	68.6	10.4	1.3	18.4	13.8	48.5	4.0	41.7	4.5
内蒙古	Inner Mongolia	79.7	7.7	1.7	25.1	10.5	35.9	2.7	29.5	7.7
辽　宁	Liaoning	193.4	17.9	7.5	63.7	22.8	58.4	7.8	40.7	16.4
吉　林	Jilin	75.5	9.6	3.2	25.5	14.4	40.9	4.4	24.7	10.8
黑龙江	Heilongjiang	141.3	11.6	5.1	41.5	18.1	50.1	4.5	38.0	7.7
上　海	Shanghai	84.4	11.0	8.1	50.1	15.6	30.8	8.8	15.1	15.9
江　苏	Jiangsu	177.2	20.4	5.8	55.6	29.0	86.8	7.8	45.8	10.7
浙　江	Zhejiang	132.3	17.7	4.5	51.9	21.3	51.7	4.5	33.7	6.8
安　徽	Anhui	142.2	10.4	2.6	42.2	16.9	59.9	3.6	40.5	4.2
福　建	Fujian	69.6	11.0	3.2	26.1	11.6	46.4	3.0	28.7	5.9
江　西	Jiangxi	73.7	9.0	1.7	17.1	13.4	48.3	3.4	34.2	4.9
山　东	Shandong	184.6	24.0	4.6	49.6	34.3	111.6	6.0	79.0	10.9
河　南	Henan	136.7	20.6	3.7	39.1	31.1	111.5	7.2	82.6	7.1
湖　北	Hubei	127.5	13.4	3.5	43.9	25.7	72.2	6.9	51.7	5.2
湖　南	Hunan	113.7	14.0	3.2	34.9	22.9	69.3	4.7	58.0	8.3
广　东	Guangdong	261.9	27.7	11.2	81.5	34.5	93.7	6.7	67.4	41.8
广　西	Guangxi	80.4	8.2	1.9	25.0	14.8	59.3	3.4	34.2	3.2
海　南	Hainan	22.2	2.3	0.8	10.6	3.0	9.2	1.2	7.9	2.9
重　庆	Chongqing	52.6	6.2	2.1	16.6	8.8	32.0	5.1	18.0	2.2
四　川	Sichuan	109.5	16.7	2.8	36.3	26.2	83.9	8.8	57.8	5.6
贵　州	Guizhou	40.8	5.1	3.7	11.8	8.8	35.9	1.8	28.5	3.3
云　南	Yunnan	67.9	7.5	1.6	22.6	12.8	50.2	5.2	36.1	3.0
西　藏	Tibet	4.7	0.6	0.0	1.6	1.2	3.0	0.2	6.0	0.3
陕　西	Shaanxi	92.7	9.7	1.3	27.4	13.5	52.3	8.7	38.4	8.0
甘　肃	Gansu	44.3	5.5	1.6	11.9	7.7	30.4	2.8	23.3	4.9
青　海	Qinghai	14.1	1.6	0.1	4.2	2.4	6.6	0.7	6.2	1.4
宁　夏	Ningxia	12.8	2.0	0.5	4.3	2.6	8.2	0.8	6.2	1.1
新　疆	Xinjiang	51.7	5.6	1.9	18.0	10.9	33.7	2.6	25.8	5.5

1—8 分地区分登记注册类型城镇就业人员年末人数及构成
URBAN EMPLOYMENT AND COMPOSITION BY REGISTRATION STATUS AND REGION

(2001)

单位:万人 (10 000 persons)

地区	Region	合计 Total	国有单位 State-owned Units	集体单位 Collective-owned Units	其他单位 Other Ownership Units	私营企业个体 Private Enterprises, Individuals	构成(以合计为100) Composition(Total=100) 国有单位 State-owned Units	集体单位 Collective-owned Units	其他单位 Other Ownership Units	私营企业个体 Private Enterprises, Individuals
全国总计	**National**	**23940**	**7640**	**1291**	**2235**	**3658**	**51.5**	**8.7**	**15.1**	**24.7**
北京	Beijing	464.2	246.3	45.8	147.3	24.8	53.1	9.9	31.7	5.3
天津	Tianjin	241.3	106.6	20.1	65.6	49.0	44.2	8.3	27.2	20.3
河北	Hebei	661.8	409.8	54.4	65.0	132.6	61.9	8.2	9.8	20.0
山西	Shanxi	424.3	275.0	46.8	50.6	51.9	64.8	11.0	11.9	12.2
内蒙古	Inner Mongolia	380.8	188.9	20.5	44.8	126.6	49.6	5.4	11.8	33.2
辽宁	Liaoning	855.9	381.4	76.0	103.0	295.5	44.6	8.9	12.0	34.5
吉林	Jilin	417.2	233.5	38.8	45.2	99.7	56.0	9.3	10.8	23.9
黑龙江	Heilongjiang	712.2	390.9	69.2	75.2	176.9	54.9	9.7	10.6	24.8
上海	Shanghai	437.4	184.1	27.6	126.6	99.1	42.1	6.3	28.9	22.7
江苏	Jiangsu	881.0	389.1	93.2	165.9	232.8	44.2	10.6	18.8	26.4
浙江	Zhejiang	601.9	183.9	38.3	144.1	235.6	30.6	6.4	23.9	39.1
安徽	Anhui	568.1	259.1	60.5	62.4	186.1	45.6	10.6	11.0	32.8
福建	Fujian	422.6	163.2	30.0	130.5	98.9	38.6	7.1	30.9	23.4
江西	Jiangxi	380.9	229.1	28.7	29.6	93.5	60.1	7.5	7.8	24.6
山东	Shandong	1018.0	533.5	93.6	162.3	228.6	52.4	9.2	15.9	22.5
河南	Henan	828.8	457.0	138.0	123.8	110.0	55.1	16.7	14.9	13.3
湖北	Hubei	670.8	390.3	53.4	71.6	155.5	58.2	8.0	10.7	23.2
湖南	Hunan	561.3	328.4	41.8	44.8	146.3	58.5	7.4	8.0	26.1
广东	Guangdong	1104.1	400.1	91.3	245.7	367.0	36.2	8.3	22.3	33.2
广西	Guangxi	383.9	227.5	26.5	32.6	97.3	59.3	6.9	8.5	25.3
海南	Hainan	110.2	63.6	4.4	8.5	33.7	57.7	4.0	7.7	30.6
重庆	Chongqing	278.8	136.6	24.2	43.9	74.1	49.0	8.7	15.7	26.6
四川	Sichuan	635.8	361.0	59.9	79.6	135.3	56.8	9.4	12.5	21.3
贵州	Guizhou	246.8	158.0	16.4	25.1	47.3	64.0	6.6	10.2	19.2
云南	Yunnan	351.5	212.0	22.4	35.3	81.8	60.3	6.4	10.0	23.3
西藏	Tibet	24.0	15.8	0.9	0.7	6.6	65.8	3.7	2.9	27.6
陕西	Shaanxi	451.5	265.1	28.0	40.0	118.4	58.7	6.2	8.9	26.2
甘肃	Gansu	244.9	163.1	20.4	14.5	46.9	66.6	8.3	5.9	19.1
青海	Qinghai	66.3	37.2	3.8	3.7	21.6	56.1	5.7	5.6	32.6
宁夏	Ningxia	77.6	48.8	4.0	8.7	16.1	62.9	5.2	11.2	20.8
新疆	Xinjiang	320.0	201.1	12.0	38.5	68.4	62.8	3.8	12.0	21.4

1—9 分地区分行业城镇单位就业人员

EMPLOYMENT IN URBAN UNITS BY SECTOR AND REGION

(End of Year)

单位:万人 (10 000 persons)

年份 地区 Year Region	合计 Total	农、林、牧、渔业 Farming, Forestry, Animal Husbandry and Fishery	采掘业 Mining and Quarrying	制造业 Manufacturing	电力、煤气及水的生产和供应业 Production and Supply of Electricity, Gas and Water	建筑业 Construction	地质勘查业、水利管理业 Geological Prospecting and Water Conservancy	交通运输、仓储及邮电通信业 Transport, Storage, Post and Telecommunications
1994	15258.5	690.6	914.6	5491.6	245.9	1112.3	138.6	859.8
1995	15300.8	669.4	921.4	5493.1	257.9	1090.1	134.6	848.5
1996	15221.1	631.3	891.8	5344.0	272.8	1069.7	128.9	853.2
1997	15036.2	629.2	856.8	5129.9	283.3	1037.4	129.0	850.5
1998	12695.7	562.5	707.3	3826.1	282.9	878.1	116.2	721.5
1999	12130.2	536.5	655.2	3554.3	285.0	814.8	111.4	704.2
2000	11612.5	516.4	585.2	3300.7	283.8	780.1	110.2	680.4
2001	11165.8	483.2	548.2	3070.1	287.8	774.0	104.9	651.6
北京 Beijing	439.4	2.7	2.5	95.6	4.0	59.1	1.4	17.9
天津 Tianjin	192.3	1.1	7.5	77.4	3.5	11.4	1.1	12.7
河北 Hebei	529.1	9.5	30.6	142.3	16.0	33.5	5.7	28.8
山西 Shanxi	372.4	4.2	52.0	90.4	11.1	20.3	3.3	23.7
内蒙古 Inner Mongolia	254.2	25.1	25.8	48.6	8.8	12.8	3.2	18.5
辽宁 Liaoning	560.4	28.0	29.3	181.0	17.7	41.2	5.3	38.0
吉林 Jilin	317.5	17.2	27.9	80.1	8.1	19.8	2.6	24.3
黑龙江 Heilongjiang	535.3	61.8	73.6	117.9	14.6	37.8	5.4	33.3
上海 Shanghai	338.3	3.3	0.1	122.0	6.0	14.9	0.9	22.4
江苏 Jiangsu	648.2	21.6	18.0	235.6	12.5	27.8	5.0	39.7
浙江 Zhejiang	366.3	4.5	2.0	103.1	8.9	42.7	1.7	19.4
安徽 Anhui	382.1	13.5	28.2	96.0	8.2	25.6	4.3	20.5
福建 Fujian	323.7	7.7	4.9	129.6	7.4	23.3	1.3	14.8
江西 Jiangxi	287.3	19.4	12.7	68.2	9.4	15.1	3.2	17.8
山东 Shandong	789.4	8.8	62.5	274.7	19.7	33.0	4.7	34.1
河南 Henan	718.8	9.5	44.5	186.4	21.3	55.6	8.2	36.8
湖北 Hubei	515.3	39.1	9.5	148.8	11.9	25.4	7.1	33.2
湖南 Hunan	415.0	20.3	14.4	89.9	10.7	25.9	4.2	28.2
广东 Guangdong	737.1	16.6	5.3	242.2	19.6	55.2	4.3	44.4
广西 Guangxi	286.6	16.8	5.5	62.8	8.0	14.7	2.7	18.4
海南 Hainan	76.5	22.8	1.6	7.4	2.1	4.0	0.6	4.0
重庆 Chongqing	204.8	3.0	8.3	56.3	5.9	22.3	1.1	15.6
四川 Sichuan	500.5	12.4	19.2	123.2	15.3	53.5	5.9	24.8
贵州 Guizhou	199.5	4.9	9.0	43.7	5.5	19.5	1.6	9.7
云南 Yunnan	269.7	19.9	8.7	51.6	6.8	17.2	2.5	17.1
西藏 Tibet	17.3	0.6	0.3	0.6	0.6	1.1	0.2	1.4
陕西 Shaanxi	333.1	6.7	18.0	92.5	8.1	20.4	6.4	21.5
甘肃 Gansu	198.1	8.2	9.2	50.5	6.6	11.6	4.4	12.2
青海 Qinghai	44.7	2.4	1.8	7.1	1.4	3.7	2.0	3.6
宁夏 Ningxia	61.5	5.1	5.1	13.3	2.3	4.3	1.1	3.3
新疆 Xinjiang	251.6	66.3	10.5	31.2	5.4	21.2	3.4	11.3

1－9 续表 continued

单位：万人 (10 000 persons)

年份 Year	地区 Region	批发和零售贸易、餐饮业 Wholesale and Retail Trade & Catering Services	金融、保险业 Finance and Insurance	房地产业 Real Estate Trade	社会服务业 Social Services	卫生、体育和社会福利业 Health Care, Sporting and Social Welfare	教育、文化艺术和广播电影电视业 Education, Culture and Arts, Radio, Film and Television	科学研究和综合技术服务业 Scientific Research and Polytechnical Services	国家机关政党机关和社会团体 Government Agencies, PartyAgencies and Social Organizations	其他 Others
1994		1863.6	264.0	74.4	458.9	433.6	1435.9	177.5	1032.9	64.5
1995		1855.9	276.3	79.6	461.4	444.3	1476.1	181.9	1041.7	68.8
1996		1830.0	291.9	84.3	472.1	457.5	1512.6	182.7	1092.6	105.8
1997		1796.1	308.2	86.9	494.3	471.1	1556.7	185.8	1093.1	127.8
1998		1286.6	313.5	93.7	470.4	477.7	1573.3	177.5	1096.5	111.9
1999		1141.5	328.5	96.6	476.0	482.0	1567.8	173.6	1102.1	100.9
2000		1009.5	326.8	100.4	483.5	488.1	1565.8	174.5	1103.8	103.1
2001		874.2	335.9	107.5	491.4	493.0	1567.9	165.0	1100.9	110.1
	北　京 Beijing	46.0	8.0	13.6	65.9	15.6	41.4	28.6	24.7	12.4
	天　津 Tianjin	14.4	4.1	2.5	10.9	7.0	18.8	4.4	12.1	3.2
	河　北 Hebei	44.5	16.5	2.5	17.8	21.7	86.7	4.6	64.4	4.0
	山　西 Shanxi	31.9	10.4	1.3	12.2	13.8	48.5	4.0	41.7	3.5
	内蒙古 Inner Mongolia	12.4	7.7	1.7	7.3	10.5	35.9	2.7	29.5	3.7
	辽　宁 Liaoning	32.1	17.9	7.5	27.9	22.8	58.4	7.8	40.7	4.6
	吉　林 Jilin	23.9	9.6	3.2	13.7	14.4	40.9	4.4	24.7	2.6
	黑龙江 Heilongjiang	39.6	11.6	5.1	19.8	18.1	50.1	4.5	38.0	4.2
	上　海 Shanghai	35.1	11.0	8.1	37.0	15.6	30.8	8.8	15.1	7.3
	江　苏 Jiangsu	61.2	20.4	5.8	25.6	29.0	86.8	7.8	45.8	5.6
	浙　江 Zhejiang	24.9	17.7	4.5	21.1	21.3	51.7	4.5	33.7	4.6
	安　徽 Anhui	36.7	10.4	2.6	13.3	16.9	59.9	3.6	40.5	1.8
	福　建 Fujian	17.1	11.0	3.2	11.1	11.6	46.4	3.0	28.7	2.6
	江　西 Jiangxi	22.5	9.0	1.7	7.0	13.4	48.3	3.4	34.2	2.0
	山　东 Shandong	62.0	24.0	4.6	24.0	34.3	111.6	6.0	79.0	6.4
	河　南 Henan	72.2	20.6	3.7	22.6	31.1	111.5	7.2	82.6	5.1
	湖　北 Hubei	44.3	13.4	3.5	19.3	25.7	72.2	6.9	51.7	3.2
	湖　南 Hunan	29.2	14.0	3.2	15.1	22.9	69.3	4.7	58.0	5.0
	广　东 Guangdong	61.2	27.7	11.2	38.7	34.5	93.7	6.7	67.4	8.5
	广　西 Guangxi	22.3	8.2	1.9	11.7	14.8	59.3	3.4	34.2	2.0
	海　南 Hainan	4.8	2.3	0.8	4.5	3.0	9.2	1.2	7.9	0.3
	重　庆 Chongqing	13.1	6.2	2.1	6.6	8.8	32.0	5.1	18.0	0.3
	四　川 Sichuan	32.1	16.7	2.8	15.5	26.2	83.9	8.8	57.8	2.5
	贵　州 Guizhou	15.0	5.1	3.7	5.1	8.8	35.9	1.8	28.5	1.7
	云　南 Yunnan	21.5	7.5	1.6	9.7	12.8	50.2	5.2	36.1	1.2
	西　藏 Tibet	0.7	0.6	0.0	0.6	1.2	3.0	0.2	6.0	0.1
	陕　西 Shaanxi	23.3	9.7	1.3	10.4	13.5	52.3	8.7	38.4	1.7
	甘　肃 Gansu	14.2	5.5	1.6	5.9	7.7	30.4	2.8	23.3	3.9
	青　海 Qinghai	2.2	1.6	0.1	1.7	2.4	6.6	0.7	6.2	0.9
	宁　夏 Ningxia	3.5	2.0	0.5	2.1	2.6	8.2	0.8	6.2	0.9
	新　疆 Xinjiang	10.5	5.6	1.9	7.3	10.9	33.7	2.6	25.8	4.2

1—10 分登记注册类型城镇单位女性就业人员年末人数
FEMALE EMPLOYMENT IN URBAN UNITS BY REGISTRATION STATUS AND REGION

(End of Year)

单位:万人 (10 000 persons)

年份 Year	地区 Region	合计 Total	国有单位 State-owned Units	城镇集体单位 Urban Collective-owned Units	其他单位 Other Ownership Units
1994		5799.1	3982.5	1451.1	364.5
1995		5889.0	4059.0	1399.0	431.0
1996		5883.3	4088.3	1337.8	457.3
1997		5824.8	4030.2	1271.0	523.6
1999		4613.4	3128.0	702.8	782.7
2000		4411.3	2952.5	605.8	853.0
2001		4225.7	2788.2	509.9	927.5
北京	Beijing	154.9	93.5	11.3	50.1
天津	Tianjin	77.4	40.4	8.1	28.9
河北	Hebei	205.5	159.4	20.6	25.6
山西	Shanxi	132.4	97.3	18.8	16.3
内蒙古	Inner Mongolia	96.6	70.1	9.5	17.1
辽宁	Liaoning	211.9	138.4	33.2	40.2
吉林	Jilin	124.9	87.9	19.1	18.0
黑龙江	Heilongjiang	191.4	137.4	26.7	27.3
上海	Shanghai	130.0	68.6	12.1	49.2
江苏	Jiangsu	250.1	137.2	40.0	72.9
浙江	Zhejiang	141.5	72.3	12.9	56.3
安徽	Anhui	132.5	86.6	24.0	21.9
福建	Fujian	140.0	59.4	11.1	69.5
江西	Jiangxi	103.5	79.7	11.4	12.3
山东	Shandong	311.9	189.7	41.0	81.2
河南	Henan	268.4	165.6	56.3	46.5
湖北	Hubei	199.6	144.5	23.0	32.1
湖南	Hunan	154.6	119.5	15.9	19.2
广东	Guangdong	310.3	155.2	33.9	121.2
广西	Guangxi	108.0	85.8	9.6	12.6
海南	Hainan	30.3	25.1	1.6	3.5
重庆	Chongqing	70.5	47.3	8.6	14.6
四川	Sichuan	178.0	128.2	20.7	29.2
贵州	Guizhou	65.0	51.2	5.2	8.6
云南	Yunnan	99.5	78.1	8.3	13.1
西藏	Tibet	6.0	5.4	0.3	0.2
陕西	Shaanxi	119.9	92.9	11.6	15.4
甘肃	Gansu	68.9	55.3	7.9	5.7
青海	Qinghai	16.0	13.2	1.4	1.4
宁夏	Ningxia	22.7	18.0	1.5	3.2
新疆	Xinjiang	103.7	85.1	4.3	14.3

1—11 分地区分行业城镇单位女性就业人员

FEMALE EMPLOYMENT IN URBAN UNITS BY SECTOR AND REGION

(End of Year)

单位:万人 (10 000 persons)

年份 地区 Year Region		合 计 Total	农、林、牧、渔业 Farming, Forestry, Animal Husbandry and Fishery	采掘业 Mining and Quarrying	制造业 Manufacturing	电力、煤气及水的生产和供应业 Production and Supply of Electricity, Gas and Water	建筑业 Construction	地质勘查业、水利管理业 Geological Prospecting and Water Conservancy	交通运输、仓储及邮电通信业 Transport, Storage, Post and Telecommunications
	1994	5799.1	259.3	229.4	2460.7	75.8	205.9	34.3	219.7
	1995	5889.0	252.6	238.9	2482.1	81.1	207.1	33.5	221.5
	1996	5883.3	237.8	233.4	2391.7	86.3	208.1	32.2	227.9
	1997	5824.8	238.4	222.5	2286.3	90.3	203.6	32.6	232.1
	1999	4613.4	201.5	173.6	1541.9	91.6	150.8	29.4	197.2
	2000	4411.3	195.6	152.8	1425.3	91.0	144.0	29.5	193.3
	2001	4225.7	181.0	138.5	1318.4	91.7	136.8	28.4	184.4
北 京	Beijing	154.9	1.0	0.5	34.2	1.5	7.1	0.4	5.3
天 津	Tianjin	77.4	0.4	2.3	34.2	0.9	2.7	0.2	2.9
河 北	Hebei	205.5	3.4	6.9	58.6	4.5	5.7	1.5	7.3
山 西	Shanxi	132.4	1.2	10.2	33.1	3.6	4.4	0.8	6.0
内蒙古	Inner Mongolia	96.6	9.2	7.6	20.6	3.0	3.0	1.0	5.4
辽 宁	Liaoning	211.9	9.8	7.0	69.7	5.2	10.7	1.4	10.3
吉 林	Jilin	124.9	6.2	8.9	33.3	2.4	5.2	0.7	7.2
黑龙江	Heilongjiang	191.4	22.9	17.9	45.1	4.5	9.8	1.2	9.0
上 海	Shanghai	130.0	0.7		45.6	1.6	2.7	0.2	5.3
江 苏	Jiangsu	250.1	8.5	4.9	103.8	3.3	4.8	1.1	10.2
浙 江	Zhejiang	141.5	1.3	0.5	47.8	2.3	4.1	0.4	5.3
安 徽	Anhui	132.5	5.2	6.8	39.6	2.5	4.4	1.1	5.6
福 建	Fujian	140.0	2.7	1.3	72.0	2.4	3.3	0.3	4.1
江 西	Jiangxi	103.5	7.4	3.0	28.8	3.2	2.9	0.8	5.2
山 东	Shandong	311.9	2.4	16.8	131.7	6.1	5.8	1.2	9.2
河 南	Henan	268.4	3.0	11.2	79.9	7.3	7.6	3.2	11.2
湖 北	Hubei	199.6	15.8	2.7	64.5	4.1	5.9	2.2	9.8
湖 南	Hunan	154.6	7.6	3.8	36.2	3.9	4.9	1.1	8.5
广 东	Guangdong	310.3	6.5	1.2	126.8	6.0	6.9	1.0	12.9
广 西	Guangxi	108.0	6.5	1.5	25.3	2.7	2.5	0.7	4.7
海 南	Hainan	30.3	10.6	0.5	3.2	0.7	0.7	0.1	1.2
重 庆	Chongqing	70.5	0.7	1.8	21.9	2.1	3.4	0.3	4.5
四 川	Sichuan	178.0	3.3	5.3	48.5	5.6	8.7	1.7	8.4
贵 州	Guizhou	65.0	1.4	1.9	16.4	1.8	2.9	0.5	3.1
云 南	Yunnan	99.5	7.8	2.5	20.2	2.4	3.0	0.6	5.2
西 藏	Tibet	6.0	0.2	0.1	0.2	0.2	0.3	0.1	0.5
陕 西	Shaanxi	119.9	1.9	3.9	36.3	2.6	4.3	1.7	6.2
甘 肃	Gansu	68.9	2.7	2.3	19.5	2.2	2.4	1.1	3.9
青 海	Qinghai	16.0	0.7	0.5	2.5	0.5	0.8	0.6	1.2
宁 夏	Ningxia	22.7	2.2	1.4	4.9	0.8	0.9	0.3	1.0
新 疆	Xinjiang	103.7	27.7	3.1	14.0	2.0	5.0	1.0	3.5

1—11 续表 continued

单位：万人 (10 000 persons)

年份 Year	地区 Region	批发和零售贸易、餐饮业 Wholesale and Retail Trade & Catering Services	金融、保险业 Finance and Insurance	房地产业 Real Estate Trade	社会服务业 Social Services	卫生、体育和社会福利业 Health Care, Sporting and Social Welfare	教育、文化艺术和广播电影电视业 Education, Culture and Arts, Radio, Film and Television	科学研究和综合技术服务业 Scientific Research and Polytechnical Services	国家机关政党机关和社会团体 Government Agencies, Party Agencies and Social Organizations	其他 Others
	1994	853.5	104.5	24.3	213.1	239.1	561.3	60.5	234.3	23.4
	1995	858.3	111.3	26.6	215.2	247.5	588.0	61.4	238.3	25.6
	1996	855.3	120.1	28.9	221.6	257.0	622.1	61.8	258.6	40.5
	1997	841.2	128.1	30.4	230.4	265.6	650.3	62.7	257.9	52.4
	1999	528.0	140.4	32.6	211.5	274.4	680.6	57.1	266.1	36.7
	2000	461.2	141.2	34.2	210.4	278.2	689.3	57.9	268.8	38.5
	2001	394.1	149.6	36.1	209.7	283.5	704.5	54.1	273.5	41.4
北　京	Beijing	21.2	4.2	4.5	22.5	9.0	21.8	8.9	7.8	4.9
天　津	Tianjin	6.2	1.8	0.9	4.4	4.4	10.6	1.5	3.0	0.8
河　北	Hebei	21.5	6.7	1.0	7.8	12.5	48.4	1.6	16.6	1.4
山　西	Shanxi	14.3	4.6	0.5	6.1	8.2	25.6	1.5	11.2	1.2
内蒙古	Inner Mongolia	5.8	3.6	0.6	3.5	6.0	17.2	1.0	8.1	1.1
辽　宁	Liaoning	15.2	8.1	2.4	12.4	14.2	31.1	2.6	9.6	2.1
吉　林	Jilin	10.6	4.5	1.0	6.2	8.8	21.3	1.5	6.0	1.0
黑龙江	Heilongjiang	16.4	5.0	1.4	8.7	10.9	25.6	1.4	9.9	1.7
上　海	Shanghai	16.7	5.6	2.7	11.4	10.0	16.9	3.2	4.4	3.0
江　苏	Jiangsu	26.9	8.8	1.9	10.7	16.0	36.0	2.4	8.7	2.0
浙　江	Zhejiang	11.4	8.9	1.5	9.2	12.6	25.6	1.3	7.5	1.8
安　徽	Anhui	15.8	4.4	0.8	6.1	8.9	20.4	1.1	9.3	0.6
福　建	Fujian	7.1	5.1	1.0	5.2	6.6	20.8	0.9	6.4	0.7
江　西	Jiangxi	10.0	3.9	0.6	3.5	7.0	17.6	1.1	7.5	0.8
山　东	Shandong	29.3	10.5	1.7	10.3	19.3	45.4	1.9	17.6	2.8
河　南	Henan	31.5	9.4	1.2	9.9	17.4	50.1	2.3	21.4	1.9
湖　北	Hubei	20.5	5.9	1.3	8.4	14.4	27.9	2.3	12.5	1.2
湖　南	Hunan	13.6	6.5	1.3	7.6	12.8	29.0	1.6	14.5	1.7
广　东	Guangdong	27.7	11.9	3.9	16.6	20.9	46.1	2.0	16.4	3.4
广　西	Guangxi	9.8	3.4	0.7	5.9	8.8	25.0	1.2	8.7	0.8
海　南	Hainan	2.0	0.8	0.3	2.4	1.7	3.3	0.4	2.2	0.1
重　庆	Chongqing	5.8	2.6	0.7	2.9	4.5	13.1	1.7	4.3	0.1
四　川	Sichuan	14.2	7.7	1.0	7.2	13.9	33.3	3.1	15.2	1.0
贵　州	Guizhou	5.7	2.2	0.7	2.5	4.8	12.9	0.6	7.2	0.4
云　南	Yunnan	9.8	3.0	0.6	4.9	7.9	20.5	1.5	9.1	0.6
西　藏	Tibet	0.3	0.2		0.3	0.6	1.2	0.1	1.8	
陕　西	Shaanxi	10.7	3.9	0.5	4.8	7.2	22.4	3.1	9.6	0.7
甘　肃	Gansu	6.7	2.2	0.5	3.0	4.2	10.3	0.9	5.6	1.4
青　海	Qinghai	1.2	0.7	0.1	0.9	1.4	2.8	0.3	1.7	0.3
宁　夏	Ningxia	1.9	0.9	0.2	1.0	1.5	3.5	0.3	1.7	0.3
新　疆	Xinjiang	4.6	2.6	0.7	3.6	7.0	18.6	1.0	7.8	1.5

1—12 分细行业城镇单位女性就业人员占就业人员比重
PROPORTION OF FEMALE EMPLOYMENT IN URBAN UNITS BY SECTOR

(2001)

(以就业人员为 100) (Total Employment=100)

项目	Item	合计 Total	国有单位 State-owned Units	城镇集体单位 Urban Collective-owned Units	其他单位 Other Ownership Units
全国总计	**National Total**	**37.8**	**36.5**	**39.5**	**41.5**
按企、事业和机关分组	**Grouped by Enterprises, Institutions and Organizations**				
企业	Enterprises	37.4	34.7	38.6	41.5
事业	Institutions	44.1	44.0	47.1	48.4
机关	Organizations	24.8	37.7	33.1	
按国民经济行业分组	**Grouped by Sector**				
农、林、牧、渔业	**Farming, Forestry, Animal Husbandry and Fishery**	**37.5**	**37.7**	**27.5**	**35.3**
农业	Farming	40.9	40.9	44.7	43.4
林业	Forestry	38.1	38.1	42.8	32.1
畜牧业	Animal Husbandry	37.1	37.1	30.0	39.5
渔业	Fishery	29.6	31.2	31.3	18.5
农、林、牧、渔服务业	Services	28.7	29.4	20.6	32.0
采掘业	**Mining and Quarrying**	**25.3**	**24.9**	**37.0**	**23.4**
制造业	**Manufacturing**	**42.9**	**38.0**	**48.0**	**45.6**
电力、煤气及水的生产和供应业	**Production and Supply of Electricity, Gas and Water**	**31.9**	**32.1**	**31.3**	**30.7**
建筑业	**Construction**	**17.7**	**19.4**	**17.1**	**14.7**
土木工程建筑业	Civil Engineering	16.8	19.1	15.6	13.8
线路、管道和设备安装业	Circuit Pipelines and Equipment Installation	23.7	21.9	28.9	20.6
装修装饰业	Buildings Fitting up and Decoration	20.2	20.3	22.7	18.5
地质勘查业、水利管理业	**Geological Prospecting and Water Conservancy**	**27.1**	**27.2**	**20.8**	**22.9**
地质勘查业	Geological Prospecting	28.2	28.3	20.3	21.2
水利管理业	Water Conservancy	26.2	26.3	21.0	24.7
交通运输、仓储及邮电通信业	**Transport, Storage Post and Telecommunications**	**28.3**	**27.7**	**31.5**	**30.9**
铁路运输业	Transport Railways	22.3	21.5	58.2	22.6
公路运输业	Transport Highways	32.2	33.6	28.8	30.7
管道运输业	Transport Pipelines	32.2	32.5	31.0	30.6
水上运输业	Transport Water Way	17.9	13.3	27.7	17.7
航空运输业	Air Transport	34.1	34.2	47.1	33.3
交通运输辅助业	Transport Supporting and Auxiliary Services	26.0	25.7	27.7	27.8
其他交通运输业	Other Transport	29.0	30.8	26.3	30.6
仓储业	Storage	33.9	34.0	40.6	29.6
邮电通信业	Post and Telecommunications	37.4	36.6	49.0	41.6
批发和零售贸易、餐饮业	**Wholesale and Retail Trade, Catering Services**	**45.1**	**42.4**	**44.6**	**52.1**
食品、饮料、烟草和家庭用品批发业	Wholesale Trade of Food, Beverages, Tobacco and Household Goods	40.8	39.0	43.5	46.7
能源、材料和机械电子设备批发业	Wholesale Trade of Energy, Materials and Electronic Equipment	35.8	34.8	39.7	35.4
其他批发业	Other Wholesale Trade	40.1	40.9	38.6	43.0
零售业	Retail Trade	50.6	49.2	46.3	58.6
商业经纪与代理业	Commercial Brokerage and Agencies	38.2	39.1	39.9	36.2
餐饮业	Catering Services	56.6	55.5	57.9	57.0
金融、保险业	**Finance and Insurance**	**44.5**	**43.7**	**42.3**	**51.8**
金融业	Finance	43.4	42.9	42.3	50.4

1—12 续表 continued

(以就业人员为100) (Total Employment=100)

项　目	Item	合 计 Total	国有单位 State-owned Units	城镇集体单位 Urban Collective-owned Units	其他单位 Other Ownership Units
保险业	Insurance	50.7	48.8	38.9	53.5
房地产业	**Real Estate Trade**	**33.6**	**34.0**	**33.9**	**32.7**
房地产开发与经营业	Real Estate Developmentand Operation	32.0	31.9	32.3	32.1
房地产管理业	Real Estate Management	34.4	34.9	36.1	32.8
房地产代理与经纪业	Real Estate Brokerages and Agencies	44.2	42.8	43.0	47.9
社会服务业	**Social Services**	**42.7**	**43.0**	**44.9**	**40.5**
公共服务业	Public Facilities Services	40.5	42.2	43.9	25.3
居民服务业	Resident Services	43.9	41.7	44.4	49.1
旅馆业	Hotels	55.4	55.7	61.4	53.2
租赁服务业	Leasing Services	36.0	39.1	41.2	30.0
旅游业	Tourism	46.8	46.1	50.0	47.5
娱乐服务业	Recreational Services	48.8	44.8	53.2	49.5
信息、咨询服务业	Information and Consultancy Services	36.6	35.4	33.7	38.4
计算机应用服务业	Computer Application Services	30.7	34.5	24.4	30.3
其他社会服务业	Other Social Services	29.1	25.3	36.1	32.8
卫生、体育和社会福利业	**Health Care,Sporting and Social Welfare**	**57.5**	**58.4**	**51.0**	**54.0**
卫生	Health Care	58.6	59.5	52.5	59.3
体育	Sports	36.1	35.2	49.1	45.6
社会福利保障业	Social Welfare	42.3	45.2	19.8	54.1
教育、文化艺术和广播电影电视业	**Education,Culture and Arts,Radio,Film and Television**	**44.9**	**44.9**	**47.1**	**45.6**
教育	Education	45.4	45.3	47.5	48.7
＃普通高等学校	Regular Institution of Higher Education	40.8	40.8	53.1	39.1
普通中学	Regular Secondary Schools	41.5	41.4	47.7	48.2
小学校	Primary Schools	48.0	48.2	45.5	53.6
文化艺术业	Culture and Arts	41.9	41.9	43.2	41.0
广播电影电视业	Radio,Film and Television	34.9	34.8	33.1	41.6
科学研究和综合技术服务业	**Scientific Research and Polytechnical Services**	**32.8**	**33.5**	**25.6**	**29.0**
科学研究业	Scientific Research	34.4	34.5	30.3	33.0
自然科学研究	Natural Science Research	34.2	34.2	26.1	35.3
社会科学研究	Social Science Research	35.2	35.2	51.1	17.7
其他科学研究	Other Science Research	35.2	35.3	35.0	26.2
综合技术服务业	Polytechnical Services	31.8	32.8	25.5	28.9
＃气象	Meteorology	35.1	35.1	37.7	26.4
地震	Seismology	27.0	27.0	0.0	32.0
测绘	Survey and Mapping	29.0	29.0	34.3	26.0
技术监督	Technological Supervision	31.0	31.5	31.8	19.7
海洋环境	Oceanic Environment	17.1	17.1	0.0	25.0
环境保护	Environmental Protection	38.7	38.9	44.5	28.1
技术推广和科技交流服务业	Technology Application & Dissemination as Well as Science Technology Exchange Services	32.9	34.4	26.0	31.2
工程设计业	Engineering Design	32.4	32.5	32.0	30.1
其他综合技术服务业	Other Polytechnical Services	29.5	32.6	21.5	28.9
国家机关、政党机关和社会团体	**Government Agencies,Party Agencies and Social Organizations**	**24.8**	**24.8**	**41.2**	
＃国家机关	Government Agencies	24.7	24.7	32.0	
政党机关	Party Agencies	22.2	22.1	58.7	
其他	**Others**	**37.6**	**36.3**	**44.2**	**36.7**
＃企业管理机构	Enterprise Management Organizations	34.3	31.6	42.6	37.2

1—13　分登记注册类型职工年末人数及构成

STAFF AND WORKERS AND COMPOSITION BY REGISTRATION STATUS

(End of Year)

单位:万人　　　　(10 000 persons)

年份 Yesr	合计 Total	国有单位 State-owned Units	集体单位 Collective-owned Units	其他单位 Other Ownership Units	构成(以合计为100) Composition(Total=100) 国有单位 State-owned Units	集体单位 Collective-owned Units	其他单位 Other Ownership Units
1952	1603	1580	23		98.6	1.4	
1957	3101	2451	650		79.0	21.0	
1962	4321	3309	1012		76.6	23.4	
1965	4965	3738	1227		75.3	24.7	
1970	6216	4792	1424		77.1	22.9	
1971	6787	5318	1469		78.4	21.6	
1972	7134	5610	1524		78.6	21.4	
1973	7337	5758	1579		78.5	21.5	
1974	7651	6007	1644		78.5	21.5	
1975	8198	6426	1772		78.4	21.6	
1976	8673	6860	1813		79.1	20.9	
1977	9112	7196	1916		79.0	21.0	
1978	9499	7451	2048		78.4	21.6	
1979	9967	7693	2274		77.2	22.8	
1980	10444	8019	2425		76.8	23.2	
1981	10940	8372	2568		76.5	23.5	
1982	11281	8630	2651		76.5	23.5	
1983	11515	8771	2744		76.2	23.8	
1984	11890	8637	3216	37	72.6	27.0	0.3
1985	12358	8990	3324	44	72.7	26.9	0.4
1986	12809	9333	3421	55	72.9	26.7	0.4
1987	13214	9654	3488	72	73.1	26.4	0.5
1988	13608	9984	3527	97	73.4	25.9	0.7
1989	13742	10108	3502	132	73.5	25.5	1.0
1990	14059	10346	3549	164	73.6	25.2	1.2
1991	14508	10664	3628	216	73.5	25.0	1.5
1992	14792	10889	3621	282	73.6	24.5	1.9
1993	14849	10920	3393	536	73.5	22.9	3.6
1994	14849	10890	3211	747	73.3	21.6	5.0
1995	14908	10955	3076	877	73.5	20.6	5.9
1996	14845	10949	2954	942	73.8	19.9	6.3
1997	14668	10766	2817	1085	73.4	19.2	7.4
1998	12337	8809	1900	1628	71.4	15.4	13.2
1999	11773	8336	1652	1785	70.8	14.0	15.2
2000	11259	7878	1447	1935	70.0	12.9	17.2
2001	10792	7409	1241	2142	68.7	11.5	19.8

注:1998年及以后为在岗职工数(以下各表同)

a)Data since 1998 are the figures of on-post staff and workers. The same as in the following tables.

1—14 分地区分行业职工年末人数

STAFF AND WORKERS BY SECTOR AND REGION

单位:万人 (10 000 persons)

地 区 Region	合 计 Total	农、林、牧、渔业 Farming, Forestry, Animal Husbandry and Fishery	采掘业 Mining and Quarrying	制造业 Manufa-cturing	电力、煤气及水的生产和供应业 Production and Supply of Electricity, Gas and Water	建筑业 Constr-uction	地质勘查业、水利管理业 Geological Prospect-ing and Water Conservancy	交通运输、仓储及邮电通信业 Transport, Storage, Post and Telecom-munications
1978	9499	830	652	3595	107	623	178	669
1980	10444	788	697	3947	118	710	188	714
1985	12358	777	795	4620	142	900	197	823
1986	12809	784	809	4820	152	922	197	846
1987	13214	792	819	4988	164	946	200	860
1988	13608	789	832	5149	177	955	204	874
1989	13742	782	842	5206	180	900	199	874
1990	14059	780	882	5304	192	896	197	895
1991	14508	769	905	5443	203	940	199	916
1992	14792	758	898	5508	215	995	202	921
1993	14849	708	925	5469	232	1153	144	826
1994	14849	680	904	5434	244	1072	137	835
1995	14908	660	914	5439	257	1053	134	824
1996	14845	617	886	5293	272	1035	128	830
1997	14668	612	851	5083	282	1004	128	824
1998	12337	546	702	3769	281	846	115	701
1999	11773	519	650	3496	283	778	110	682
2000	11259	494	581	3240	282	744	109	659
2001	10792	458	544	3010	284	733	104	629
北 京 Beijing	400.3	2.6	2.5	89.2	3.9	56.3	1.4	17.2
天 津 Tianjin	184.0	1.1	7.1	74.9	3.5	10.8	1.1	12.5
河 北 Hebei	519.2	9.5	30.5	141.2	14.8	31.8	5.7	28.2
山 西 Shanxi	363.0	4.2	51.7	89.4	11.1	18.7	3.2	22.8
内蒙古 Inner Mongolia	251.0	24.9	25.8	48.3	8.8	12.6	3.2	18.0
辽 宁 Liaoning	545.3	28.0	29.2	177.1	17.5	39.7	5.3	37.0
吉 林 Jilin	313.3	17.1	27.7	79.5	8.0	18.9	2.6	24.0
黑龙江 Heilongjiang	510.9	46.7	73.5	116.6	14.4	36.5	5.2	32.6
上 海 Shanghai	290.0	1.8	0.1	108.0	5.9	12.7	0.8	20.3
江 苏 Jiangsu	625.8	21.1	17.9	229.4	12.4	26.6	5.0	38.4
浙 江 Zhejiang	353.2	4.4	1.9	101.0	8.8	40.9	1.7	18.8
安 徽 Anhui	372.0	13.0	28.0	94.6	8.2	24.0	4.2	19.8
福 建 Fujian	314.3	7.4	4.7	127.9	7.3	22.1	1.2	14.0
江 西 Jiangxi	279.3	18.6	12.5	67.2	9.2	14.6	3.2	17.0
山 东 Shandong	770.5	8.7	62.4	272.9	19.7	31.9	4.7	33.1
河 南 Henan	704.4	9.3	44.3	184.4	21.2	52.5	8.1	35.8
湖 北 Hubei	501.6	38.1	9.2	146.8	11.8	24.5	7.0	32.3
湖 南 Hunan	397.9	19.4	13.9	87.7	10.5	21.6	4.1	26.2
广 东 Guangdong	724.6	16.3	5.2	240.6	19.5	54.0	4.3	43.4
广 西 Guangxi	274.3	16.4	5.4	61.7	8.0	13.3	2.7	16.3
海 南 Hainan	74.7	22.5	1.5	7.3	2.0	3.9	0.6	3.9
重 庆 Chongqing	201.2	2.9	8.2	55.6	5.8	22.1	1.1	15.2
四 川 Sichuan	486.7	12.2	19.0	122.0	15.2	49.4	5.8	23.9
贵 州 Guizhou	189.2	4.7	8.9	42.8	5.4	16.7	1.5	9.2
云 南 Yunnan	261.6	18.8	8.5	51.0	6.8	17.0	2.5	16.8
西 藏 Tibet	16.0	0.5	0.2	0.6	0.5	1.0	0.2	1.4
陕 西 Shaanxi	323.8	6.6	17.7	91.2	8.0	19.5	6.4	21.0
甘 肃 Gansu	193.0	8.2	9.1	49.7	6.6	11.3	4.3	12.0
青 海 Qinghai	43.5	2.3	1.8	7.1	1.4	3.5	2.0	3.5
宁 夏 Ningxia	60.4	5.1	5.1	13.1	2.3	4.1	1.1	3.3
新 疆 Xinjiang	247.0	66.0	10.4	30.9	5.4	20.1	3.4	10.8

1—14 续表 continued

单位:万人 (10 000 persons)

年份 Year	地区 Region	批发和零售贸易、餐饮业 Wholesale and Retail Trade & Catering Services	金融、保险业 Finance and Insurance	房地产业 Real Estate Trade	社会服务业 Social Services	卫生、体育和社会福利业 Health Care, Sporting and Social Welfare	教育、文化艺术和广播电影电视业 Education, Culture and Arts, Radio, Film and Television	科学研究和综合技术服务业 Scientific Research and Polytechnical Services	国家机关政党机关和社会团体 Government Agencies, PartyAgencies and Social Organizations	其他 Others
1978		1079	65	31	166	247	736	92	430	
1980		1239	89	37	218	287	817	105	490	
1985		1518	126	36	271	342	962	131	718	
1986		1544	138	38	289	354	1008	137	770	
1987		1578	154	39	304	365	1059	142	805	
1988		1643	174	42	318	375	1091	144	843	
1989		1675	184	43	327	382	1117	147	885	
1990		1715	195	44	344	392	1143	152	929	
1991		1786	208	48	369	410	1181	156	974	
1992		1844	223	54	386	421	1212	159	996	
1993		1796	239	66	422	416	1205	166	1030	55
1994		1833	261	72	447	428	1249	174	1017	63
1995		1828	273	77	449	438	1291	178	1027	66
1996		1807	288	82	458	451	1345	176	1075	103
1997		1774	298	84	480	464	1403	179	1080	125
1998		1256	301	89	451	469	1451	168	1084	108
1999		1110	300	90	453	473	1480	165	1088	96
2000		977	294	93	457	476	1500	164	1091	99
2001		840	292	97	463	481	1512	154	1088	104
北　京	Beijing	40.1	7.2	11.0	57.3	13.5	38.8	23.7	24.2	11.5
天　津	Tianjin	13.1	3.7	2.3	9.9	6.8	18.2	4.2	11.6	3.1
河　北	Hebei	44.2	14.7	2.5	17.5	21.5	84.5	4.5	64.2	4.0
山　西	Shanxi	31.3	9.1	1.2	12.0	13.6	45.6	3.9	41.5	3.5
内蒙古	Inner Mongolia	12.3	7.1	1.6	7.3	10.4	35.3	2.7	29.4	3.4
辽　宁	Liaoning	31.0	15.8	7.0	26.9	22.3	56.3	7.5	40.2	4.6
吉　林	Jilin	23.8	8.8	3.1	13.4	14.3	40.5	4.4	24.5	2.6
黑龙江	Heilongjiang	37.7	10.6	4.7	19.0	17.9	49.3	4.3	37.7	4.1
上　海	Shanghai	26.3	9.0	5.6	29.8	14.1	28.2	7.9	13.2	6.1
江　苏	Jiangsu	59.0	15.7	5.5	24.0	28.1	85.2	7.5	44.7	5.3
浙　江	Zhejiang	23.7	14.8	4.2	19.9	20.7	50.4	4.3	33.1	4.4
安　徽	Anhui	35.7	8.8	2.5	12.9	16.4	58.8	3.6	39.8	1.7
福　建	Fujian	16.5	9.0	2.9	10.6	11.4	45.5	2.9	28.4	2.4
江　西	Jiangxi	21.8	8.2	1.7	6.7	13.2	46.3	3.3	33.9	1.9
山　东	Shandong	61.1	19.1	4.4	23.3	33.7	104.7	5.8	78.7	6.4
河　南	Henan	71.1	17.9	3.6	22.2	30.7	109.2	7.0	82.0	5.0
湖　北	Hubei	43.1	12.6	3.4	18.8	25.3	67.4	6.8	51.2	3.2
湖　南	Hunan	28.1	11.1	3.1	14.4	22.6	68.4	4.6	57.5	4.6
广　东	Guangdong	60.3	25.5	11.0	38.2	33.9	90.6	6.5	67.0	8.4
广　西	Guangxi	21.5	7.7	1.8	11.4	14.4	54.8	3.3	33.8	1.9
海　南	Hainan	4.6	2.2	0.8	4.5	2.9	8.7	1.2	7.8	0.3
重　庆	Chongqing	13.0	5.0	2.0	6.5	8.7	31.8	5.0	17.9	0.3
四　川	Sichuan	31.6	13.6	2.7	15.1	25.5	82.3	8.6	57.2	2.4
贵　州	Guizhou	14.2	4.8	2.1	4.9	8.4	34.3	1.7	27.9	1.6
云　南	Yunnan	21.0	7.3	1.5	9.4	12.5	48.8	3.1	35.5	1.2
西　藏	Tibet	0.7	0.6		0.6	1.0	2.8	0.2	5.5	0.1
陕　西	Shaanxi	22.9	8.2	1.3	10.2	13.3	49.0	8.6	38.2	1.7
甘　肃	Gansu	13.9	5.3	1.5	5.8	7.7	28.5	2.7	23.1	3.3
青　海	Qinghai	2.2	1.5	0.1	1.7	2.3	6.5	0.7	6.1	0.8
宁　夏	Ningxia	3.5	1.8	0.4	2.0	2.5	8.2	0.8	6.2	0.7
新　疆	Xinjiang	10.3	5.0	1.8	7.2	10.8	33.4	2.5	25.7	3.4

1—15 分行业职工年末人数

（国有单位）

STAFF AND WORKERS BY SECTOR

（State-owned Units，End of Year）

单位：万人　　　　(10 000 persons)

年份 Year	合　计 Total	农、林、牧、渔业 Farming, Forestry, Animal Husbandry and Fishery	采掘业 Mining and Quarrying	制造业 Manufacturing	电力、煤气及水的生产和供应业 Production and Supply of Electricity, Gas and Water	建筑业 Construction	地质勘查业、水利管理业 Geological Prospecting and Water Conservancy	交通运输、仓储及邮电通信业 Transport, Storage, Post and Telecommunications
1978	7451	774	588	2449	102	447	177	465
1980	8019	740	621	2601	112	475	187	498
1985	8990	726	706	2975	134	545	196	585
1986	9333	736	715	3096	144	557	196	604
1987	9654	744	722	3209	155	566	200	618
1988	9983	743	735	3327	167	568	204	636
1989	10109	736	757	3344	172	541	199	640
1990	10346	737	786	3395	183	538	194	660
1991	10664	727	797	3482	193	557	196	682
1992	10889	717	792	3526	203	577	199	693
1993	10920	672	834	3444	220	663	142	664
1994	10890	653	820	3321	230	629	135	677
1995	10955	634	834	3326	237	605	132	677
1996	10949	592	809	3218	250	595	126	684
1997	10766	588	772	3011	257	577	125	681
1998	8809	525	596	1883	242	444	113	584
1999	8336	500	525	1648	239	399	108	568
2000	7878	475	448	1415	233	372	107	549
2001	7409	440	402	1194	229	336	102	518

1—15 续表　continued

单位：万人　　　　(10 000 persons)

年份 Year	批发和零售贸易、餐饮业 Wholesale and Retail Trade & Catering Services	金融、保险业 Finance and Insurance	房地产业 Real Estate Trade	社会服务业 Social Services	卫生、体育和社会福利业 Health Care, Sporting and Social Welfare	教育、文化艺术和广播电影电视业 Education, Culture and Arts, Radio, Film and Television	科学研究和综合技术服务业 Scientific Research and Polytechnical Services	国家机关政党机关和社会团体 Government Agencies, Party Agencies and Social Organizations	其他 Others
1978	907	42	28	107	183	674	91	417	
1980	1005	63	33	130	217	757	104	476	
1985	800	93	32	181	272	925	129	691	
1986	824	101	34	193	283	973	135	742	
1987	851	113	34	203	296	1025	140	778	
1988	900	128	37	214	306	1059	142	817	
1989	923	136	38	221	314	1086	144	859	
1990	947	145	40	236	323	1112	148	903	
1991	993	154	43	251	340	1151	151	946	
1992	1037	166	48	269	356	1183	153	969	
1993	1014	182	55	293	356	1180	153	1014	34
1994	1054	196	59	308	368	1227	165	1007	40
1995	1061	203	61	315	379	1265	167	1019	42
1996	1055	208	63	329	390	1322	166	1068	74
1997	1037	210	64	345	402	1362	167	1074	95
1998	694	208	63	32	410	1408	155	1079	84
1999	608	205	61	319	415	1433	153	1084	72
2000	531	200	60	314	419	1447	147	1086	76
2001	447	193	59	310	425	1455	137	1084	80

1—16 分行业职工年末人数

(城镇集体单位)

STAFF AND WORKERS BY SECTOR

(Urban Collective-owned Units, End of Year)

单位:万人 (10 000 persons)

年份 Year	合计 Total	农、林、牧、渔业 Farming, Forestry, Animal Husbandry and Fishery	采掘业 Mining and Quarrying	制造业 Manufacturing	电力、煤气及水的生产和供应业 Production and Supply of Electricity, Gas and Water	建筑业 Construction	地质勘查业、水利管理业 Geological Prospecting and Water Conservancy	交通运输、仓储及邮电通信业 Transport, Storage, Post and Telecommunications
1978	2048	56	64	1146	5	176	0.5	204
1980	2425	48	76	1346	6	235	1.0	216
1985	3324	51	89	1608	8	354	1.0	237
1986	3421	48	93	1680	8	364	0.7	241
1987	3488	47	96	1724	8	379	0.3	241
1988	3527	45	96	1745	9	385	0.2	237
1989	3502	45	84	1754	7	357	0.4	232
1990	3549	42	95	1773	8	357	3.3	232
1991	3628	41	107	1782	9	380	3.4	232
1992	3621	39	105	1747	10	414	3.2	226
1993	3393	34	89	1595	8	479	2.0	154
1994	3211	24	81	1515	9	427	2.0	149
1995	3076	23	77	1417	9	427	1.9	138
1996	2954	22	72	1346	11	412	2.1	134
1997	2817	20	72	1244	11	393	3.0	125
1998	1900	16	49	742	11	311	2.1	79
1999	1652	14	42	622	10	278	1.9	67
2000	1447	14	35	519	9	261	1.9	56
2001	1241	12	30	425	8	243	2	47

1—16 续表 continued

单位:万人 (10 000 persons)

年份 Year	批发和零售贸易、餐饮业 Wholesale and Retail Trade & Catering Services	金融、保险业 Finance and Insurance	房地产业 Real Estate Trade	社会服务业 Social Services	卫生、体育和社会福利业 Health Care, Sporting and Social Welfare	教育、文化艺术和广播电影电视业 Education, Culture and Arts, Radio, Film and Television	科学研究和综合技术服务业 Scientific Research and Polytechnical Services	国家机关政党机关和社会团体 Government Agencies, Party Agencies and Social Organizations	其他 Others
1978	172	23	3	59	64	62	0.6	13	
1980	234	26	4	88	70	60	0.8	14	
1985	716	33	4	87	70	37	1.5	27	
1986	718	37	4	91	71	35	1.9	28	
1987	722	41	5	93	69	34	2.0	27	
1988	738	45	4	94	69	32	2.2	26	
1989	748	49	4	94	68	32	2.5	26	
1990	762	51	4	93	69	32	3.0	26	
1991	786	54	5	98	70	30	4.0	28	
1992	796	57	4	96	65	28	5.0	27	
1993	744	55	5	101	60	24	9.0	15	
1994	716	62	6	102	59	21	7.4	15	20
1995	693	67	6	94	59	26	7.6	9	22
1996	667	73	7	86	60	22	7.4	8	23
1997	637	76	7	87	62	40	7.5	7	27
1998	414	71	7	68	58	41	6.5	6	27
1999	345	70	7	65	57	45	5.8	5	20
2000	285	68	6	61	56	49	5.4	5	18
2001	216	66	6	56	54	53	3	4	16

1—17 分行业职工年末人数

(其他单位)

STAFF AND WORKERS BY SECTOR

(Other Ownership Units, End of Year)

单位:万人 (10 000 persons)

年份 Year	合计 Total	农、林、牧、渔业 Farming, Forestry, Animal Husbandry and Fishery	采掘业 Mining and Quarrying	制造业 Manufacturing	电力、煤气及水的生产和供应业 Production and Supply of Electricity, Gas and Water	建筑业 Construction	地质勘查业、水利管理业 Geological Prospecting and Water Conservancy	交通运输、仓储及邮电通信业 Transport, Storage, Post and Telecommunications
1984	36.7			33.1		0.5		0.9
1985	43.7	0.2		36.8		0.6		0.9
1986	55.3	0.2		45.6		0.6		0.9
1987	71.9	0.5		58.3		0.8		1.5
1988	96.7	0.6	1.0	77.0	1.0	1.3		1.0
1989	131.7	0.7	1.0	108.0	1.0	1.5		1.6
1990	163.8	1.1	1.0	135.0	1.0	1.6	0.04	1.6
1991	216.0	1.4	1.0	180.0	1.0	2.7	0.09	2.0
1992	281.8	1.5	1.0	236.0	2.0	4.1	0.10	2.4
1993	535.7	2.2	2.1	429.5	4.0	10.6	0.03	7.7
1994	747.4	2.6	3.2	598.1	5.9	16.3	0.05	9.0
1995	877.0	3.2	4.0	696.0	10.2	21.0	0.08	9.7
1996	941.7	3.9	4.3	728.4	10.7	28.2	0.05	11.8
1997	1085.5	4.1	6.8	826.7	13.8	33.7	0.05	17.1
1998	1627.6	5.1	57.0	1143.6	28.7	91.5	0.10	37.7
1999	1785.4	4.6	82.8	1225.2	34.8	101.4	0.18	47.8
2000	1934.5	6.1	98.0	1305.5	40.1	111.4	0.24	53.8
2001	2141.9	6.6	112.1	1390.8	47.0	153.9	0.46	63.8

1—17 续表 continued

单位:万人 (10 000 persons)

年份 Year	批发和零售贸易、餐饮业 Wholesale and Retail Trade & Catering Services	金融、保险业 Finance and Insurance	房地产业 Real Estate Trade	社会服务业 Social Services	卫生、体育和社会福利业 Health Care, Sporting and Social Welfare	教育、文化艺术和广播电影电视业 Education, Culture and Arts, Radio, Film and Television	科学研究和综合技术服务业 Scientific Research and Polytechnical Services	国家机关政党机关和社会团体 Government Agencies, Party Agencies and Social Organizations	其他 Others
1984	2.1			0.3					
1985	2.3			2.9					
1986	2.6			5.2					
1987	3.8			7.5					
1988	4.4	0.08		10.6			0.04		
1989	4.9	0.12		12.6			0.19		
1990	6.0	0.05	0.51	15.0	0.05	0.26	0.20		
1991	7.5	0.05	0.79	18.8	0.13	0.38	0.51		
1992	11.0	0.03	1.43	21.1	0.11	0.71	0.86		
1993	38.1	1.87	6.25	28.2	0.15	0.58	3.14	0.26	
1994	62.9	2.30	7.22	36.6	0.37	0.66	1.41	0.75	
1995	74.4	3.80	9.32	39.7	0.41	0.89	2.90	1.40	
1996	85.0	7.72	11.21	44.1	0.51	1.15	3.24	1.43	
1997	100.1	12.50	12.80	48.9	0.54	1.25	4.60	2.59	
1998	148.9	21.90	19.30	61.0	1.00	1.50	6.40	4.00	
1999	157.0	25.14	22.14	69.1	1.05	2.02	6.38	5.66	
2000	161.3	25.54	26.37	82.9	1.16	3.19	12.24	6.63	
2001	176.9	32.06	32.43	97.5	1.72	3.78	14.11	8.72	

1—18 分地区分行业乡村就业人员年末人数
RURAL EMPLOYMENT BY SECTOR AND REGION

(End of Year)

单位：万人　　　　　　　　　　　　　　　　　　　　　　　　　　　　　　　　　　　　　　(10 000 persons)

年份 Year	地区 Region	合 计 Total	农、林、牧、渔业 Farming, Forestry, Animal Husbandry and Fishery	制造业 Manufacturing	建筑业 Construction	交通运输、仓储及邮电通信业 Transport, Storage, Post and Telecommunications	批发和零售贸易、餐饮业 Wholesale and Retail Trade & Catering Services	其 他 Others
1978		30638	27488	1734	230	80	52	521
1980		31836	28334	1942	283	90	67	588
1985		37065	30351	2741	1130	434	463	1319
1986		37990	30468	3139	1309	506	532	1338
1987		39000	30870	3297	1431	562	607	1502
1988		40067	31456	3413	1526	607	657	1655
1989		40939	32441	3256	1502	614	652	1709
1990		47708	33336	3229	1523	635	693	1798
1991		48026	34186	3268	1534	655	723	1910
1992		48291	34037	3468	1659	706	814	2302
1993		48546	33258	3659	1887	800	949	3671
1994		48802	32690	3849	2057	908	1084	4065
1995		49025	32335	3971	2204	983	1170	4380
1996		49028	32261	4019	2304	1028	1262	4416
1997		49039	32434	4032	2373	1058	1382	4684
1998		49021	32626	3929	2394	1088	1462	4934
1999		48982	32912	3953	2532	1116	1585	4799
2000		48934	32798	4109	2692	1171	1752	5442
2001		49085	32451	4296	2797	1205	1865	5615
	北　京 Beijing	165.3	67.9	32.9	14.5	13.9	13.0	23.2
	天　津 Tianjin	169.2	81.0	40.7	11.6	10.4	11.9	13.5
	河　北 Hebei	2717.9	1665.0	390.3	205.7	93.7	137.5	225.7
	山　西 Shanxi	988.6	658.0	114.7	51.7	53.4	47.6	63.3
	内蒙古 Inner Mongolia	632.5	518.4	18.8	23.5	11.5	17.2	43.1
	辽　宁 Liaoning	977.5	649.0	77.2	57.9	37.5	50.7	105.3
	吉　林 Jilin	640.0	514.3	20.6	23.1	14.0	19.6	48.4
	黑龙江 Heilongjiang	918.8	742.5	36.5	27.3	19.2	27.6	65.7
	上　海 Shanghai	255.0	83.2	106.5	13.3	7.2	13.3	31.6
	江　苏 Jiangsu	2684.4	1452.3	441.7	260.1	89.5	109.2	331.7
	浙　江 Zhejiang	2170.1	985.1	531.9	116.5	72.8	158.5	305.3
	安　徽 Anhui	2821.5	1975.6	173.8	186.0	64.1	114.1	308.0
	福　建 Fujian	1255.2	760.4	151.3	79.8	36.9	63.7	163.1
	江　西 Jiangxi	1552.2	977.4	86.2	60.9	23.1	33.6	371.0
	山　东 Shandong	3653.7	2434.3	362.7	296.6	116.7	160.7	282.8
	河　南 Henan	4687.8	3472.3	373.8	295.2	114.0	185.5	247.1
	湖　北 Hubei	1781.7	1143.7	112.3	106.1	45.1	71.6	302.9
	湖　南 Hunan	2877.6	2058.7	195.0	130.7	54.6	91.6	347.0
	广　东 Guangdong	2858.7	1566.4	479.2	200.7	77.5	145.1	389.8
	广　西 Guangxi	2159.6	1555.1	66.0	84.6	33.9	53.7	366.2
	海　南 Hainan	229.5	179.9	6.8	7.7	6.1	9.9	19.2
	重　庆 Chongqing	1345.2	884.6	57.9	78.3	19.0	34.9	270.4
	四　川 Sichuan	3778.8	2582.6	180.5	226.9	56.7	125.0	607.1
	贵　州 Guizhou	1821.5	1368.3	68.7	37.5	19.6	36.2	291.4
	云　南 Yunnan	1971.0	1689.4	52.5	54.2	35.8	38.6	100.6
	西　藏 Tibet	100.7	88.8	1.9	2.7	2.0	1.7	3.5
	陕　西 Shaanxi	1333.1	985.9	62.0	77.1	37.1	47.5	123.6
	甘　肃 Gansu	942.2	696.8	30.0	42.9	19.5	21.1	132.0
	青　海 Qinghai	174.0	141.6	6.3	5.3	4.3	4.1	12.5
	宁　夏 Ningxia	200.4	151.7	8.9	13.3	8.0	7.9	10.6
	新　疆 Xinjiang	365.4	321.0	8.9	5.7	8.5	11.9	9.3

1—19 分地区城镇单位使用的农村劳动力年末人数

RURAL EMPLOYMENT IN URBAN UNITS BY REGION

(2001)

地区	Region	年末人数（万人）Total (10 000 persons)	国有单位 State-owned Units	集体单位 Collective-owned Units	其他单位 Other Ownership Units	占就业人员总数(%) Proportion (Total=100)	国有单位 State-owned Units	集体单位 Collective-owned Units	其他单位 Other Ownership Units
全国总计	**National**	**903.88**	**327.27**	**177.98**	**398.63**	**8.1**	**4.3**	**13.8**	**17.8**
北京	Beijing	61.28	24.27	13.53	23.48	13.9	9.9	29.5	15.9
天津	Tianjin	10.20	3.22	0.70	6.29	5.3	3.0	3.5	9.6
河北	Hebei	40.16	18.86	11.09	10.22	7.6	4.6	20.4	15.7
山西	Shanxi	26.43	15.59	4.93	5.91	7.1	5.7	10.5	11.7
内蒙古	Inner Mongolia	7.36	3.29	1.28	2.78	2.9	1.7	6.3	6.2
辽宁	Liaoning	28.66	17.05	2.99	8.61	5.1	4.5	3.9	8.4
吉林	Jilin	5.64	2.80	1.03	1.81	1.8	1.2	2.6	4.0
黑龙江	Heilongjiang	8.20	3.10	3.29	1.82	1.5	0.8	4.8	2.4
上海	Shanghai	19.27	7.20	2.51	9.56	5.7	3.9	9.1	7.6
江苏	Jiangsu	46.27	14.41	10.35	21.51	7.1	3.7	11.1	13.0
浙江	Zhejiang	64.75	10.49	10.99	43.27	17.7	5.7	28.7	30.0
安徽	Anhui	21.74	7.74	8.10	5.89	5.7	3.0	13.4	9.4
福建	Fujian	80.00	8.11	7.14	64.75	24.7	5.0	23.8	49.6
江西	Jiangxi	13.58	7.31	3.20	3.07	4.7	3.2	11.1	10.4
山东	Shandong	74.31	26.68	10.96	36.67	9.4	5.0	11.7	22.6
河南	Henan	48.42	21.08	14.77	12.58	6.7	4.6	10.7	10.2
湖北	Hubei	21.78	10.45	5.38	5.94	4.2	2.7	10.1	8.3
湖南	Hunan	20.88	12.43	4.48	3.97	5.0	3.8	10.7	8.9
广东	Guangdong	129.29	22.89	23.25	83.14	17.5	5.7	25.5	33.8
广西	Guangxi	16.11	8.35	3.50	4.26	5.6	3.7	13.2	13.1
海南	Hainan	3.17	1.58	0.53	1.06	4.1	2.5	11.9	12.6
重庆	Chongqing	18.55	5.45	4.95	8.14	9.1	4.0	20.4	18.5
四川	Sichuan	49.44	21.69	12.84	14.91	9.9	6.0	21.4	18.7
贵州	Guizhou	16.50	10.55	3.33	2.62	8.3	6.7	20.2	10.5
云南	Yunnan	24.40	14.54	3.62	6.24	9.0	6.9	16.2	17.7
西藏	Tibet	0.93	0.61	0.30	0.01	5.3	3.9	34.0	1.8
陕西	Shaanxi	13.86	8.07	2.81	2.98	4.2	3.0	10.0	7.4
甘肃	Gansu	10.87	6.01	3.22	1.64	5.5	3.7	15.7	11.3
青海	Qinghai	1.78	1.07	0.51	0.20	4.0	2.9	13.5	5.3
宁夏	Ningxia	3.54	1.69	0.51	1.34	5.8	3.5	12.5	15.4
新疆	Xinjiang	16.53	10.66	1.92	3.95	6.6	5.3	16.0	10.2

1—20 分登记注册类型职工工资总额及指数
TOTAL WAGES AND INDICES OF STAFF AND WORKERS BY REGISTRATION STATUS

年份 Year	工资总额(亿元) Total Wages(100 million yuan)				指数(以上年为100) Indices(preceding year=100)			
	合计 Total	国有单位 State-owned Units	集体单位 Collective-owned Units	其他单位 Other Owner-ship Units	合计 Total	国有单位 State-owned Units	集体单位 Collective-owned Units	其他单位 Other Owner-ship Units
1952	68.3	67.5	0.8					
1957	190.8	156.4	34.4		120.3	114.6	155.7	
1962	254.3	213.6	40.7		90.6	87.5	111.2	
1965	282.3	235.3	47.0		107.1	105.0	118.4	
1970	334.3	277.5	56.8		103.6	105.5	95.3	
1971	364.0	302.0	62.0		108.9	108.8	109.2	
1972	409.6	340.0	69.6		112.5	112.6	112.3	
1973	429.1	353.3	75.8		104.8	103.9	108.9	
1974	441.9	370.9	71.0		103.0	105.0	93.7	
1975	463.5	386.1	77.4		104.9	104.1	109.0	
1976	489.2	406.1	83.1		105.5	105.2	107.4	
1977	514.8	425.7	89.1		105.2	104.8	107.2	
1978	568.9	468.7	100.2		110.5	110.1	112.5	
1979	646.7	529.5	117.2		113.7	113.0	117.0	
1980	772.4	627.9	144.5		119.4	118.6	123.3	
1981	820.0	660.4	159.6		106.2	105.2	110.4	
1982	882.0	708.9	173.1		107.6	107.3	108.5	
1983	934.6	748.1	186.5		106.0	105.5	107.7	
1984	1133.4	875.8	254.0	3.6	121.3	117.1	136.2	
1985	1383.0	1064.8	312.3	5.9	122.0	121.6	123.0	163.9
1986	1659.7	1288.5	362.8	8.4	120.0	121.0	116.2	142.4
1987	1881.1	1459.3	409.1	12.6	113.3	113.3	112.8	150.0
1988	2316.2	1807.1	487.6	21.5	123.1	123.8	119.2	170.6
1989	2618.5	2050.2	534.4	33.9	113.1	113.5	109.6	157.7
1990	2951.1	2324.1	581.0	46.0	112.7	113.4	108.7	135.7
1991	3323.9	2594.9	658.6	70.4	112.6	111.7	113.4	153.0
1992	3939.2	3090.4	743.2	105.6	118.5	119.1	112.8	150.0
1993	4916.2	3812.7	849.9	253.6	124.8	123.4	114.4	240.2
1994	6656.4	5177.4	1023.3	455.6	135.4	135.8	120.4	179.7
1995	8100.0	6080.2	1182.0	637.8	121.7	117.4	115.5	140.0
1996	9080.0	6792.7	1241.0	761.4	112.1	111.7	105.0	119.4
1997	9405.3	7211.0	1253.4	940.8	103.6	106.2	101.0	123.6
1998	9296.5	6812.5	1021.6	1462.4	100.2	95.8	83.1	156.9
1999	9875.5	7160.8	962.7	1752.0	106.2	105.1	94.2	119.8
2000	10656.2	7612.9	919.0	2124.3	107.9	106.3	95.5	121.3
2001	11830.9	8355.6	864.6	2610.7	111.0	109.8	94.1	122.9

1—21 分行业职工工资总额

TOTAL WAGES OF STAFF AND WORKERS BY SECTOR

单位:亿元 (100 million yuan)

年份 Year	合计 Total	农、林、牧、渔业 Farming, Forestry, Animal Husbandry and Fishery	采掘业 Mining and Quarrying	制造业 Manufacturing	电力、煤气及水的生产和供应业 Production and Supply of Electricity, Gas and Water	建筑业 Construction	地质勘查业、水利管理业 Geological Prospecting and Water Conservancy	交通运输、仓储及邮电通信业 Transport, Storage, Post and Telecommunications
1978	568.9	39.0	44.1	214.8	9.1	43.6	12.6	46.4
1980	772.4	48.9	58.4	289.7	11.9	59.7	16.7	58.8
1985	1383.0	68.7	103.4	504.0	17.1	120.0	27.7	103.0
1986	1659.7	81.8	125.8	601.9	22.0	139.0	31.6	123.1
1987	1881.1	90.1	135.4	695.4	26.5	156.3	35.1	138.3
1988	2316.2	101.1	162.1	866.8	33.6	184.3	40.9	168.3
1989	2618.5	109.1	199.0	983.8	40.0	196.2	44.3	192.0
1990	2951.1	120.3	234.3	1089.3	49.4	211.5	48.8	214.6
1991	3323.9	128.0	262.9	1230.2	57.7	244.5	53.6	243.3
1992	3939.2	139.6	289.3	1443.0	70.9	300.2	64.6	286.0
1993	4916.2	143.0	337.7	1796.3	96.5	433.4	53.5	346.4
1994	6656.1	191.5	417.0	2292.3	146.5	527.1	75.9	470.9
1995	8100.0	230.1	516.2	2760.4	197.0	609.8	79.8	565.6
1996	9080.0	246.4	565.2	2939.5	234.8	647.5	83.9	645.7
1997	9405.3	262.8	574.3	2993.4	268.8	673.3	91.7	702.8
1998	9296.5	249.9	513.9	2724.3	293.4	635.0	92.2	693.5
1999	9875.5	252.9	494.9	2758.9	324.1	633.4	97.5	753.0
2000	10656.2	260.1	496.0	2882.6	361.2	669.6	107.5	820.4
2001	11830.9	268.2	528.2	2990.6	414.2	713.4	114.6	897.9

1—21 续表 continued

单位:亿元 (100 million yuan)

年份 Year	批发和零售贸易、餐饮业 Wholesale and Retail Trade & Catering Services	金融、保险业 Finance and Insurance	房地产业 Real Estate Trade	社会服务业 Social Services	卫生、体育和社会福利业 Health Care, Sporting and Social Welfare	教育、文化艺术和广播电影电视业 Education, Culture and Arts, Radio, Film and Television	科学研究和综合技术服务业 Scientific Research and Polytechnical Services	国家机关政党机关和社会团体 Government Agencies, Party Agencies and Social Organizations	其他 Others
1978	59.4	3.6	1.8	9.2	13.7	38.6	5.9	27.0	
1980	83.0	5.9	2.8	14.5	19.9	55.6	8.7	37.9	
1985	149.7	13.8	4.1	29.3	37.7	109.3	16.3	78.7	
1986	175.7	17.9	5.0	36.9	46.6	130.8	20.1	101.5	
1987	198.3	21.2	5.7	42.9	51.9	145.4	22.6	116.0	
1988	250.6	28.4	7.0	53.5	64.5	187.2	27.4	140.4	
1989	275.3	33.3	8.3	62.0	73.8	207.3	30.8	163.3	
1990	308.2	39.7	9.7	72.7	85.1	238.6	36.0	192.9	
1991	346.8	45.5	11.7	86.8	95.3	260.7	39.5	217.5	
1992	400.0	60.6	15.8	107.5	116.5	323.9	49.1	272.3	
1993	468.7	85.1	26.9	147.1	139.5	389.7	63.4	357.7	18.3
1994	637.0	170.1	44.1	220.2	216.8	607.4	106.8	500.2	32.3
1995	758.1	197.9	54.9	264.3	253.8	690.8	121.4	559.5	40.4
1996	823.0	240.4	66.3	305.5	303.2	812.2	141.9	672.1	67.6
1997	848.5	288.0	75.1	357.4	348.1	931.1	161.9	744.0	84.1
1998	746.6	319.6	89.7	374.3	395.3	1070.5	172.6	835.4	90.3
1999	722.3	359.3	103.0	418.8	453.5	1244.9	192.4	971.0	95.5
2000	718.9	399.7	116.5	472.8	517.0	1410.3	224.5	1090.4	108.7
2001	703.0	476.9	136.1	548.4	618.5	1718.1	253.9	1317.7	131.0

1—22 分行业职工工资总额

（国有单位）

TOTAL WAGES OF STAFF AND WORKERS BY SECTOR

(State-owned Units)

单位:亿元 (100 million yuan)

年份 Year	合计 Total	农、林、牧、渔业 Farming, Forestry, Animal Husbandry and Fishery	采掘业 Mining and Quarrying	制造业 Manufacturing	电力、煤气及水的生产和供应业 Production and Supply of Electricity, Gas and Water	建筑业 Construction	地质勘查业、水利管理业 Geological Prospecting and Water Conservancy	交通运输、仓储及邮电通信业 Transport, Storage, Post and Telecommunications
1978	468.7	37.3	41.4	159.3	8.9	33.5	12.6	33.5
1980	627.9	46.7	54.4	209.4	11.7	43.6	16.6	44.1
1985	1064.8	65.0	95.9	347.2	16.6	82.4	27.6	79.1
1986	1288.5	77.6	116.4	419.5	21.1	95.2	31.5	95.7
1987	1459.3	85.4	124.6	486.2	25.3	105.6	35.1	108.3
1988	1807.1	96.0	148.5	611.7	32.1	124.3	40.9	134.2
1989	2050.2	103.6	182.7	693.9	38.1	133.3	44.3	154.6
1990	2324.1	114.8	213.2	771.0	47.0	144.3	48.4	175.3
1991	2594.9	121.9	236.0	861.2	54.2	162.6	53.0	199.1
1992	3090.4	133.2	257.3	1012.2	66.4	197.2	63.9	237.3
1993	3812.7	136.5	317.1	1215.6	91.6	280.7	52.9	301.3
1994	5177.4	184.2	393.8	1482.1	137.1	352.7	75.2	417.8
1995	6080.2	221.4	487.4	1754.3	179.7	399.1	79.0	507.6
1996	6792.7	235.7	535.3	1845.9	213.5	422.6	82.9	580.7
1997	7211.0	252.2	541.4	1804.3	242.5	436.1	89.8	630.0
1998	6812.5	240.2	454.0	1358.4	248.8	373.6	90.7	607.8
1999	7160.8	242.8	413.0	1283.6	266.8	360.7	95.9	647.3
2000	7612.9	247.2	381.1	1250.3	289.7	372.1	105.8	699.8
2001	8355.6	255.8	385.7	1178.9	323.5	359.8	112.8	748.3

1—22 续表 continued

单位:亿元 (100 million yuan)

年份 Year	批发和零售贸易、餐饮业 Wholesale and Retail Trade & Catering Services	金融、保险业 Finance and Insurance	房地产业 Real Estate Trade	社会服务业 Social Services	卫生、体育和社会福利业 Health Care, Sporting and Social Welfare	教育、文化艺术和广播电影电视业 Education, Culture and Arts, Radio, Film and Television	科学研究和综合技术服务业 Scientific Research and Polytechnical Services	国家机关政党机关和社会团体 Government Agencies, Party Agencies and Social Organizations	其他 Others
1978	51.6	2.6	1.7	6.5	10.7	36.7	5.9	26.5	
1980	70.3	4.3	2.5	9.7	15.7	53.0	8.7	37.2	
1985	85.9	10.8	3.7	20.9	31.0	106.4	16.1	76.2	
1986	103.0	13.8	4.5	26.5	38.1	127.5	19.8	98.3	
1987	117.1	16.4	5.1	30.6	43.1	141.8	22.3	112.4	
1988	152.1	22.1	6.3	38.5	53.8	183.3	27.1	136.2	
1989	168.7	25.8	7.4	44.2	61.9	202.9	30.3	158.5	
1990	189.6	30.7	8.7	52.6	71.8	233.7	35.3	187.7	
1991	213.5	35.1	10.3	61.9	80.6	255.6	38.5	211.4	
1992	251.5	47.1	14.1	78.2	101.0	317.9	47.5	265.5	
1993	291.5	67.6	22.3	104.9	122.2	383.4	59.0	353.3	12.9
1994	399.1	133.8	34.3	154.7	191.7	599.5	102.5	496.2	22.9
1995	472.7	151.4	41.1	185.0	224.8	678.9	114.2	555.2	28.3
1996	509.4	180.0	48.7	216.9	269.3	800.2	132.5	668.1	50.9
1997	524.9	209.0	53.4	253.1	309.3	910.1	150.2	740.4	64.2
1998	432.0	226.8	58.7	261.2	354.2	1047.5	158.6	831.8	68.3
1999	410.7	249.9	63.5	287.9	407.7	1217.1	177.5	967.2	69.3
2000	403.0	279.4	69.9	310.5	467.6	1378.4	195.6	1086.2	76.4
2001	375.7	323.8	76.8	348.0	563.4	1674.1	223.7	1314.1	91.1

1—23 分行业职工工资总额

（城镇集体单位）

TOTAL WAGES OF STAFF AND WORKERS BY SECTOR

(Urban Collective-owned Units)

单位：亿元　　　　(100 million yuan)

年份 Year	合计 Total	农、林、牧、渔业 Farming, Forestry, Animal Husbandry and Fishery	采掘业 Mining and Quarrying	制造业 Manufacturing	电力、煤气及水的生产和供应业 Production and Supply of Electricity, Gas and Water	建筑业 Construction	地质勘查业、水利管理业 Geological Prospecting and Water Conservancy	交通运输、仓储及邮电通信业 Transport, Storage, Post and Telecommunications
1978	100.2	1.7	2.7	55.5	0.2	10.1		12.9
1980	144.5	2.2	4.0	80.4	0.2	16.1	0.1	14.7
1985	312.3	3.7	7.5	151.9	0.5	37.6	0.1	23.7
1986	362.8	4.2	8.6	176.8	0.7	43.6	0.1	27.2
1987	409.1	4.6	9.6	200.8	1.0	50.5		29.8
1988	487.6	5.0	11.6	240.7	1.1	59.6		33.6
1989	534.4	5.3	12.9	266.5	1.3	62.4		36.9
1990	581.0	5.2	16.5	286.2	1.6	66.6	0.4	38.6
1991	658.6	5.6	19.8	319.6	2.2	81.0	0.6	43.1
1992	743.2	5.8	21.2	356.0	2.6	101.2	0.7	47.4
1993	849.9	5.7	20.0	380.7	2.8	147.9	0.6	40.4
1994	1023.3	5.9	21.9	456.6	5.0	165.0	0.7	45.5
1995	1182.0	6.7	26.8	513.8	6.7	196.8	0.8	48.1
1996	1241.0	8.0	27.6	525.3	8.8	205.9	1.0	51.3
1997	1253.4	7.7	29.3	504.7	9.8	212.3	1.9	50.1
1998	1021.6	6.8	21.9	381.1	10.0	181.3	1.4	41.0
1999	962.7	6.9	18.9	335.6	9.4	175.3	1.5	38.4
2000	919.0	7.7	17.2	301.5	9.8	180.8	1.4	33.2
2001	864.6	6.7	17.3	262.7	10.3	178.1	1.2	29.9

1—23 续表　continued

单位：亿元　　　　(100 million yuan)

年份 Year	批发和零售贸易、餐饮业 Wholesale and Retail Trade & Catering Services	金融、保险业 Finance and Insurance	房地产业 Real Estate Trade	社会服务业 Social Services	卫生、体育和社会福利业 Health Care, Sporting and Social Welfare	教育、文化艺术和广播电影电视业 Education, Culture and Arts, Radio, Film and Television	科学研究和综合技术服务业 Scientific Research and Polytechnical Services	国家机关政党机关和社会团体 Government Agencies, Party Agencies and Social Organizations	其他 Others
1978	7.8	1.0	0.1	2.7	3.0	1.9		0.5	
1980	12.7	1.6	0.3	4.8	4.2	2.6		0.7	
1985	63.3	3.1	0.4	8.0	6.8	2.9	0.1	2.7	
1986	72.3	4.1	0.5	9.4	8.5	3.3	0.2	3.3	
1987	80.5	4.8	0.6	10.7	8.8	3.5	0.3	3.6	
1988	97.5	6.3	0.6	12.4	10.7	3.9	0.3	4.2	
1989	105.3	7.5	0.7	14.3	11.8	4.3	0.4	4.8	
1990	116.8	9.0	0.8	15.4	13.3	4.8	0.6	5.2	
1991	130.8	10.3	1.1	18.1	14.7	5.0	0.8	6.1	
1992	144.5	13.4	1.1	20.2	15.4	5.7	1.2	6.8	
1993	159.2	16.5	1.7	26.4	17.3	6.1	2.9	4.4	4.9
1994	199.6	34.1	3.3	37.4	24.9	7.3	3.4	4.0	8.7
1995	233.7	42.0	4.2	43.4	28.6	11.1	4.5	4.4	10.5
1996	249.0	48.9	4.8	42.2	33.4	10.8	5.2	4.0	14.8
1997	244.0	57.3	5.5	47.9	38.3	19.7	5.7	3.6	15.7
1998	190.2	57.7	6.0	40.7	39.6	21.2	5.0	3.6	14.0
1999	169.2	63.1	7.5	43.5	44.1	25.4	5.1	3.8	15.0
2000	149.8	66.3	6.7	44.1	47.4	28.3	5.7	4.3	14.9
2001	121.1	72.8	6.8	44.9	52.3	38.1	3.4	3.6	15.4

1—24 分行业职工工资总额

（其他单位）

TOTAL WAGES OF STAFF AND WORKERS BY SECTOR

(Other Ownership Units)

单位：亿元 (100 million yuan)

年份 Year	合计 Total	农、林、牧、渔业 Farming, Forestry, Animal Husbandry and Fishery	采掘业 Mining and Quarrying	制造业 Manufacturing	电力、煤气及水的生产和供应业 Production and Supply of Electricity, Gas and Water	建筑业 Construction	地质勘查业、水利管理业 Geological Prospecting and Water Conservancy	交通运输、仓储及邮电通信业 Transport, Storage, Post and Telecommunications
1984	3.61			3.19		0.10		0.09
1985	5.91		0.05	4.59	0.03	0.12		0.17
1986	8.42		0.80	5.60	0.20	0.20		0.23
1987	12.59	0.08	1.20	8.38	0.20	0.20		0.24
1988	21.48	0.14	0.21	16.63	0.10	0.40		0.32
1989	33.87	0.19	0.24	26.63	0.21	0.50		0.50
1990	45.99	0.34	0.18	37.20	0.30	0.55	0.02	0.66
1991	70.43	0.47	0.32	57.12	0.38	0.97	0.03	1.10
1992	105.57	0.59	0.34	86.30	0.60	1.67	0.04	1.31
1993	253.60	0.80	0.60	200.06	2.14	4.83	0.02	4.70
1994	455.62	1.37	1.32	353.63	4.54	9.39	0.02	7.54
1995	637.78	2.10	1.98	492.34	10.59	13.88	0.04	9.81
1996	761.40	2.70	2.22	568.28	12.50	18.97	0.03	13.69
1997	940.80	2.92	3.57	684.36	16.52	25.00	0.03	22.75
1998	1462.43	2.83	37.98	984.80	34.61	80.11	0.07	44.65
1999	1752.00	3.19	62.96	1139.76	47.95	97.34	0.15	67.34
2000	2124.31	5.23	97.77	1330.77	61.76	116.68	0.32	87.32
2001	2610.70	5.71	125.26	1548.97	80.45	175.52	0.56	119.74

1—24 续表 continued

单位：亿元 (100 million yuan)

年份 Year	批发和零售贸易、餐饮业 Wholesale and Retail Trade & Catering Services	金融、保险业 Finance and Insurance	房地产业 Real Estate Trade	社会服务业 Social Services	卫生、体育和社会福利业 Health Care, Sporting and Social Welfare	教育、文化艺术和广播电影电视业 Education, Culture and Arts, Radio, Film and Television	科学研究和综合技术服务业 Scientific Research and Polytechnical Services	国家机关政党机关和社会团体 Government Agencies, Party Agencies and Social Organizations	其他 Others
1984	0.23			0.05					
1985	0.43			0.40		0.01			
1986	0.45		0.03	0.95		0.01			
1987	0.66		0.04	1.52	0.01	0.01	0.01		
1988	1.03	0.02	0.10	2.60	0.01	0.02	0.01		
1989	1.34	0.05	0.02	3.50	0.06	0.06	0.05		
1990	1.79	0.03	0.19	4.68	0.02	0.10	0.06		
1991	2.42	0.03	0.32	6.78	0.06	0.17	0.17		
1992	4.04	0.03	0.62	9.07	0.06	0.34	0.37		
1993	18.03	1.00	2.83	15.83	0.05	0.30	1.49	0.49	
1994	38.37	2.16	6.59	28.13	0.25	0.58	0.98	0.74	
1995	51.62	4.56	9.61	35.98	0.35	0.76	2.66	1.49	
1996	64.53	11.49	12.88	46.35	0.54	1.11	4.21	1.88	
1997	79.59	21.71	16.12	56.36	0.60	1.24	5.95	4.10	
1998	124.40	35.09	25.02	72.51	1.51	1.78	9.00	8.03	
1999	142.43	46.33	32.03	87.30	1.69	2.52	9.77	11.23	
2000	166.18	53.99	39.90	118.16	1.99	3.66	23.23	17.36	
2001	206.23	80.33	52.43	155.54	2.86	5.82	26.86	24.41	

1－25 分登记注册类型职工平均工资及指数
AVERAGE WAGE AND INDEX OF STAFF AND WORKERS BY REGISTRATION STATUS

年 份 Year	平均工资(元) Average Wage(yuan)				指数(以上年为100) Indices(preceding year=100)			
	合 计 Total	国有单位 State-owned Units	集体单位 Collective-owned Units	其他单位 Other Owner-ship Units	合 计 Total	国有单位 State-owned Units	集体单位 Collective-owned Units	其他单位 Other Owner-ship Units
1952	445	446	348					
1957	624	637	571		103.8	104.4	104.4	
1962	551	592	405		108.0	110.2	106.6	
1965	590	652	398		100.7	98.6	111.2	
1970	561	609	405		97.6	98.5	92.3	
1971	560	597	429		99.8	98.0	105.9	
1972	588	622	465		105.0	104.2	108.4	
1973	587	614	489		99.8	98.7	105.2	
1974	584	622	441		99.5	101.3	90.2	
1975	580	613	453		99.3	98.6	102.7	
1976	575	605	464		99.1	98.7	102.4	
1977	576	602	478		100.2	99.5	103.0	
1978	615	644	506		106.8	107.0	105.9	
1979	668	705	542		108.6	109.5	107.1	
1980	762	803	623		114.1	113.9	114.9	
1981	772	812	642		101.3	101.1	103.0	
1982	798	836	671		103.4	103.0	104.5	
1983	826	865	698		103.5	103.5	104.0	
1984	974	1034	811	1048	117.9	119.5	116.2	
1985	1148	1213	967	1436	117.9	117.3	119.2	137.0
1986	1329	1414	1092	1629	115.8	116.6	112.9	113.4
1987	1459	1546	1207	1879	109.8	109.3	110.5	115.3
1988	1747	1853	1426	2382	119.7	119.9	118.1	126.8
1989	1935	2055	1557	2707	110.8	110.9	109.2	113.6
1990	2140	2284	1681	2987	110.6	111.1	108.0	110.3
1991	2340	2477	1866	3468	109.3	108.5	111.0	116.1
1992	2711	2878	2109	3966	115.9	116.2	113.0	114.4
1993	3371	3532	2592	4966	124.3	122.7	122.9	125.2
1994	4538	4797	3245	6302	134.6	135.8	125.2	126.9
1995	5500	5625	3931	7463	121.2	117.3	121.1	118.4
1996	6210	6280	4302	8261	112.9	111.6	109.4	110.7
1997	6470	6747	4512	8789	104.2	107.4	104.9	106.4
1998	7479	7668	5331	8972	106.6	106.1	102.5	97.7
1999	8346	8543	5774	9829	111.6	111.4	108.3	109.6
2000	9371	9552	6262	10984	112.3	111.8	108.5	111.8
2001	10870	11178	6867	12140	116.0	117.0	109.7	110.5

1—26 分行业职工平均工资
AVERAGE WAGE OF STAFF AND WORKERS BY SECTOR

单位:元 (yuan)

年份 Year	合计 Total	农、林、牧、渔业 Farming, Forestry, Animal Husbandry and Fishery	采掘业 Mining and Quarrying	制造业 Manufacturing	电力、煤气及水的生产和供应业 Production and Supply of Electricity, Gas and Water	建筑业 Construction	地质勘查业、水利管理业 Geological Prospecting and Water Conservancy	交通运输、仓储及邮电通信业 Transport, Storage, Post and Telecommunications
1978	615	470	676	597	850	714	708	694
1980	762	616	854	752	1035	855	895	832
1985	1148	878	1324	1112	1239	1362	1406	1275
1986	1329	1048	1569	1275	1497	1536	1604	1476
1987	1459	1143	1663	1418	1677	1684	1768	1621
1988	1747	1280	1964	1710	1971	1959	2025	1941
1989	1935	1389	2378	1900	2241	2166	2199	2197
1990	2140	1541	2718	2073	2656	2384	2465	2426
1991	2340	1652	2942	2289	2922	2649	2707	2686
1992	2711	1828	3209	2635	3392	3066	3222	3114
1993	3371	2042	3711	3348	4319	3779	3717	4273
1994	4538	2819	4679	4283	6155	4894	5450	5690
1995	5500	3522	5757	5169	7843	5785	5962	6948
1996	6210	4050	6482	5642	8816	6249	6581	7870
1997	6470	4311	6833	5933	9649	6655	7160	8600
1998	7479	4528	7242	7064	10478	7456	7951	9808
1999	8346	4832	7521	7794	11513	7982	8821	10991
2000	9371	5184	8340	8750	12830	8735	9622	12319
2001	10870	5741	9586	9774	14590	9484	10957	14167

1—26 续表 continued

单位:元 (yuan)

年份 Year	批发和零售贸易、餐饮业 Wholesale and Retail Trade & Catering Services	金融、保险业 Finance and Insurance	房地产业 Real Estate Trade	社会服务业 Social Services	卫生、体育和社会福利业 Health Care, Sporting and Social Welfare	教育、文化艺术和广播电影电视业 Education, Culture and Arts, Radio, Film and Television	科学研究和综合技术服务业 Scientific Research and Polytechnical Services	国家机关政党机关和社会团体 Government Agencies, PartyAgencies and Social Organizations	其他 Others
1978	551	610	548	392	573	545	669	655	
1980	692	720	694	475	718	700	851	800	
1985	1007	1154	1028	777	1124	1166	1272	1127	
1986	1148	1353	1216	980	1343	1330	1492	1356	
1987	1270	1458	1327	1085	1446	1409	1620	1468	
1988	1556	1739	1715	1719	1752	1747	1931	1707	
1989	1660	1867	1925	1926	1959	1883	2118	1874	
1990	1818	2097	2243	2170	2209	2117	2403	2113	
1991	1981	2255	2507	2431	2370	2243	2573	2275	
1992	2204	2829	3106	2844	2812	2715	3115	2768	
1993	2679	3740	4320	3588	3413	3278	3904	3505	3371
1994	3537	6712	6288	5026	5126	4923	6162	4962	5213
1995	4248	7376	7330	5982	5860	5435	6846	5526	6295
1996	4661	8406	8337	6778	6790	6144	8048	6340	7184
1997	4845	9734	9190	7553	7599	6759	9049	6981	6838
1998	5865	10633	10302	8333	8493	7474	10241	7773	8481
1999	6417	12046	11505	9263	9664	8510	11601	8978	10068
2000	7190	13478	12616	10339	10930	9482	13620	10043	11098
2001	8192	16277	14096	11869	12933	11452	16437	12142	12590

1—27 分行业职工平均货币工资指数
INDICES OF AVERAGE MONEY WAGE OF STAFF AND WORKERS BY SECTOR

（上年＝100）　　(preceding year＝100)

年份 Year	合计 Total	农、林、牧、渔业 Farming, Forestry, Animal Husbandry and Fishery	采掘业 Mining and Quarrying	制造业 Manufacturing	电力、煤气及水的生产和供应业 Production and Supply of Electricity, Gas and Water	建筑业 Construction	地质勘查业、水利管理业 Geological Prospecting and Water Conservancy	交通运输、仓储及邮电通信业 Transport, Storage, Post and Telecommunications
1979	108.6	112.4	111.6	111.1	110.6	107.7	110.5	109.5
1980	114.1	116.7	113.2	113.3	110.0	111.2	114.5	109.5
1985	117.9	114.1	124.2	116.5	93.8	118.0	119.2	117.8
1986	115.8	119.3	118.5	114.6	120.8	112.8	114.1	115.8
1987	109.8	109.1	106.0	111.2	112.1	109.6	110.2	109.8
1988	119.7	112.0	118.1	120.6	117.5	116.3	114.5	119.7
1989	110.8	108.5	121.1	111.1	113.7	110.6	108.6	113.2
1990	110.6	110.9	114.3	109.1	118.5	110.1	112.1	110.4
1991	109.3	107.2	108.3	110.4	110.0	111.1	109.8	110.7
1992	115.9	110.7	109.1	115.1	116.1	115.7	119.0	115.9
1993	124.3	111.7	115.6	127.1	127.3	123.3	115.4	137.2
1994	134.6	138.2	126.0	127.9	142.4	129.5	146.7	133.3
1995	121.2	124.9	123.0	120.7	127.4	118.2	109.4	122.1
1996	112.9	115.0	112.6	109.2	112.4	108.0	110.4	113.3
1997	104.2	106.4	105.4	105.2	109.4	106.5	108.8	109.3
1998	106.6	102.1	98.8	104.5	107.4	103.1	105.4	106.4
1999	111.6	106.7	103.9	110.3	109.9	107.1	110.9	112.1
2000	112.3	107.3	110.9	112.3	111.4	109.4	109.1	112.1
2001	116.0	110.7	114.9	111.7	113.7	108.6	113.9	115.0

1—27 续表　continued

（上年＝100）　　(preceding year＝100)

年份 Year	批发和零售贸易、餐饮业 Wholesale and Retail Trade & Catering Services	金融、保险业 Finance and Insurance	房地产业 Real Estate Trade	社会服务业 Social Services	卫生、体育和社会福利业 Health Care, Sporting and Social Welfare	教育、文化艺术和广播电影电视业 Education, Culture and Arts, Radio, Film and Television	科学研究和综合技术服务业 Scientific Research and Polytechnical Services	国家机关政党机关和社会团体 Government Agencies, Party Agencies and Social Organizations	其他 Others
1979	110.7	106.9	110.6	107.4	104.4	107.2	107.2	104.4	
1980	113.4	110.4	114.5	112.8	120.1	119.9	118.7	117.0	
1985	117.2	118.6	111.9	132.1	118.6	126.7	118.7	114.0	
1986	114.0	117.2	118.3	126.1	119.5	114.1	117.3	120.3	
1987	110.6	107.8	109.1	110.7	107.7	105.9	108.6		
1988	122.5	119.3	129.2	158.4	121.2	124.0	119.2	116.3	
1989	106.7	107.4	112.2	112.0	111.8	107.8	109.7	109.8	
1990	109.5	112.3	116.5	112.7	112.8	112.4	113.5	112.8	
1991	109.0	107.5	111.8	112.0	107.3	106.0	107.1	107.7	
1992	111.3	125.5	123.9	117.0	118.6	121.0	121.1	121.7	
1993	121.6	132.2	139.1	126.2	121.4	120.7	125.3	126.6	
1994	132.0	179.6	145.1	140.0	150.2	150.2	157.9	141.4	154.1
1995	120.1	109.9	116.6	119.0	114.3	110.4	111.1	111.4	120.8
1996	109.7	114.0	113.7	113.3	115.9	113.0	117.6	114.7	114.1
1997	103.9	115.8	110.2	111.4	111.9	110.0	112.4	110.1	95.2
1998	103.7	109.1	108.7	106.5	111.4	110.3	112.0	111.0	112.1
1999	109.4	113.3	111.7	111.2	113.8	113.9	113.3	115.5	118.7
2000	112.0	111.9	109.7	111.6	113.1	111.4	117.4	111.9	110.2
2001	113.9	120.8	111.7	114.8	118.3	120.8	120.7	120.9	113.4

1—28 分行业职工平均实际工资指数
INDICES OF AVERAGE REAL WAGE OF STAFF AND WORKERS BY SECTOR

(上年＝100) (preceding year＝100)

年份 Year	合计 Total	农、林、牧、渔业 Farming, Forestry, Animal Husbandry and Fishery	采掘业 Mining and Quarrying	制造业 Manufacturing	电力、煤气及水的生产和供应业 Production and Supply of Electricity, Gas and Water	建筑业 Construction	地质勘查业、水利管理业 Geological Prospecting and Water Conservancy	交通运输、仓储及邮电通信业 Transport, Storage, Post and Telecommunications
1979	106.7	110.3	109.5	109.1	108.5	105.7	108.5	107.5
1980	106.1	108.6	105.3	105.4	102.3	103.4	106.5	101.8
1985	105.3	102.0	111.0	104.1	83.8	105.5	106.5	105.3
1986	108.3	111.5	110.7	107.1	112.9	105.4	106.6	108.2
1987	101.0	100.3	97.5	102.2	103.0	100.8	101.3	100.9
1988	99.2	92.8	97.8	99.9	97.3	96.4	94.9	99.2
1989	95.2	93.3	104.1	95.5	97.8	95.1	93.4	97.3
1990	109.2	109.5	112.9	107.7	117.0	108.7	110.7	109.0
1991	104.0	102.0	103.0	105.1	104.7	105.7	104.5	105.3
1992	106.7	101.9	100.4	106.0	106.9	106.6	109.6	106.8
1993	107.1	96.2	99.6	109.4	109.7	106.2	99.4	118.2
1994	107.7	110.6	100.8	102.3	113.9	103.6	117.3	106.6
1995	103.8	107.0	105.3	103.3	109.1	101.2	93.7	104.5
1996	103.8	105.7	103.5	100.3	103.3	99.3	101.5	104.1
1997	101.1	103.2	102.2	102.0	106.1	103.3	105.5	106.0
1998	107.2	102.7	99.4	105.1	108.0	103.7	106.0	107.0
1999	113.1	108.1	105.2	111.8	111.3	108.5	112.4	113.5
2000	111.4	106.4	110.0	111.4	110.6	108.6	108.2	111.2
2001	115.2	110.0	114.1	110.9	112.9	107.8	113.1	114.2

1—28 续表 continued

(上年＝100) (preceding year＝100)

年份 Year	批发和零售贸易餐饮业 Wholesale and Retail Trade & Catering Services	金融、保险业 Finance and Insurance	房地产业 Real Estate Trade	社会服务业 Social Services	卫生、体育和社会福利业 Health Care, Sporting and Social Welfare	教育、文化艺术和广播电影电视业 Education, Culture and Arts, Radio, Film and Television	科学研究和综合技术服务业 Scientific Research and Polytechnical Services	国家机关政党机关和社会团体 Government Agencies, Party Agencies and Social Organizations	其他 Others
1979	108.6	104.9	108.5	105.4	102.4	105.2	105.2	102.5	
1980	105.5	102.7	106.5	105.0	111.7	111.5	110.4	108.8	
1985	104.8	106.0	100.0	118.1	106.0	113.3	106.0	101.8	
1986	106.5	109.6	110.5	117.9	111.7	106.6	109.6	112.4	
1987	101.7	99.0	100.3	101.8	99.0	97.4	99.8	99.5	
1988	101.5	98.8	107.1	131.3	100.4	102.7	98.8	96.3	
1989	91.7	92.3	96.5	96.3	96.1	92.7	94.3	94.4	
1990	108.1	110.9	115.0	111.2	111.3	111.0	112.0	111.3	
1991	103.7	102.3	106.3	106.6	102.1	100.8	101.9	102.4	
1992	102.4	115.5	114.1	107.7	109.3	111.5	111.5	112.0	
1993	104.7	113.9	119.8	108.7	104.5	104.0	108.0	109.1	
1994	105.6	143.7	116.1	112.0	120.2	120.1	126.3	113.1	123.3
1995	102.8	94.1	99.8	101.9	97.9	94.5	95.1	95.3	103.4
1996	100.8	104.7	104.5	104.1	106.5	103.9	108.0	105.5	104.9
1997	100.8	112.3	106.9	108.1	108.5	106.7	109.0	106.8	92.3
1998	104.3	109.8	109.4	107.1	112.1	111.0	112.7	111.7	112.8
1999	110.9	114.8	113.1	112.6	115.3	115.4	114.8	117.0	120.3
2000	111.2	111.0	108.8	110.7	112.2	110.5	116.5	111.0	109.4
2001	113.1	119.9	111.0	114.0	117.5	119.9	119.8	120.1	112.7

1－29 分行业职工平均工资

(国有单位)

AVERAGE WAGE OF STAFF AND WORKERS BY SECTOR

(State-owned Units)

单位:元 (yuan)

年份 Year	合计 Total	农、林、牧、渔业 Farming, Forestry, Animal Husbandry and Fishery	采掘业 Mining and Quarrying	制造业 Manufacturing	电力、煤气及水的生产和供应业 Production and Supply of Electricity, Gas and Water	建筑业 Construction	地质勘查业、水利管理业 Geological Prospecting and Water Conservancy	交通运输、仓储及邮电通信业 Transport, Storage, Post and Telecommunications
1978	644	482	704	663	873	760	712	720
1980	803	628	891	821	1073	924	895	902
1985	1213	892	1384	1190	1272	1532	1408	1383
1986	1414	1062	1638	1382	1518	1731	1607	1610
1987	1546	1154	1734	1543	1692	1882	1773	1773
1988	1853	1291	2038	1872	1994	2192	2025	2140
1989	2055	1401	2449	2081	2248	2419	2199	2423
1990	2284	1559	2763	2289	2648	2667	2463	2697
1991	2477	1665	2982	2505	2883	2924	2718	2967
1992	2878	1845	3239	2889	3354	3406	3235	3452
1993	3532	2043	3856	3562	4317	4182	3729	4604
1994	4797	2821	4863	4508	6124	5498	5476	6212
1995	5625	3527	5944	5352	7734	6512	5987	7572
1996	6280	4038	6709	5798	8701	6992	6610	8546
1997	6747	4304	7091	6008	9541	7388	7180	9303
1998	7668	4522	7499	6981	10324	8171	7968	10302
1999	8543	4813	7732	7611	11239	8734	8843	11345
2000	9552	5132	8283	8554	12458	9512	9651	12613
2001	11178	5702	9446	9590	14132	10299	11005	14318

1－29 续表 continued

单位:元 (yuan)

年份 Year	批发和零售贸易、餐饮业 Wholesale and Retail Trade & Catering Services	金融、保险业 Finance and Insurance	房地产业 Real Estate Trade	社会服务业 Social Services	卫生、体育和社会福利业 Health Care, Sporting and Social Welfare	教育、文化艺术和广播电影电视业 Education, Culture and Arts, Radio, Film and Television	科学研究和综合技术服务业 Scientific Research and Polytechnical Services	国家机关政党机关和社会团体 Government Agencies, Party Agencies and Social Organizations	其他 Others
1978	569	650	630	607	605	566	670	661	
1980	716	754	758	795	751	722	853	807	
1985	1087	1234	1170	1208	1164	1184	1268	1133	
1986	1268	1427	1364	1417	1376	1344	1494	1361	
1987	1398	1540	1500	1545	1481	1422	1624	1472	
1988	1737	1842	1750	1842	1793	1764	1935	1709	
1989	1851	1960	1992	2028	1999	1899	2123	1875	
1990	2028	2200	2247	2307	2263	2134	2411	2115	
1991	2201	2355	2476	2547	2417	2257	2580	2277	
1992	2478	2967	3082	3008	2883	2732	3130	2774	
1993	2933	3885	4278	3661	3494	3292	3898	3512	3793
1994	3856	7017	5997	5098	5267	4944	6212	4967	5744
1995	4568	7595	6884	5949	6009	5457	6835	5528	6854
1996	4940	8679	7897	6695	6967	6161	7984	6344	7643
1997	5134	10012	8570	7425	7794	6810	8974	6985	6891
1998	6150	10898	9441	8136	8704	7537	10146	7776	8258
1999	6678	12249	10475	9054	9899	8590	11543	8982	9762
2000	7414	13729	11626	9847	11234	9599	13221	10048	10198
2001	8220	16605	13111	11254	13340	11591	16218	12152	11488

1—30 分行业职工平均货币工资指数

（国有单位）

INDICES OF AVERAGE MONEY WAGE OF STAFF AND WORKERS BY SECTOR

(State-owned Units)

（以上年为 100） (preceding year=100)

年份 Year	合　计 Total	农、林、牧、渔业 Farming, Forestry, Animal Husbandry and Fishery	采掘业 Mining and Quarrying	制造业 Manufacturing	电力、煤气及水的生产和供应业 Production and Supply of Electricity, Gas and Water	建筑业 Construction	地质勘查业、水利管理业 Geological Prospecting and Water Conservancy	交通运输、仓储及邮电通信业 Transport, Storage, Post and Telecommunications
1979	109.5	111.3	111.7	109.4	111.3	107.8	110.5	112.1
1980	113.9	117.1	113.3	113.1	110.5	112.8	113.8	111.6
1985	117.3	113.7	124.4	115.7	93.7	120.1	119.3	118.7
1986	116.6	119.1	118.4	116.2	119.3	113.0	114.1	116.4
1987	109.3	108.7	105.9	111.6	111.5	108.7	110.3	110.1
1988	119.9	111.9	117.5	121.3	117.8	116.5	114.2	120.8
1989	110.9	108.5	120.1	111.2	112.7	110.4	108.6	113.2
1990	111.1	111.3	112.8	110.0	117.8	110.3	112.0	111.3
1991	108.5	106.8	107.9	109.5	108.9	109.6	110.3	110.0
1992	116.2	110.8	108.6	115.3	116.3	116.5	119.0	116.3
1993	122.7	110.7	119.1	123.3	128.7	122.8	115.2	133.4
1994	135.8	138.1	126.1	126.6	141.9	131.5	146.9	134.9
1995	117.3	125.0	122.2	118.7	126.3	118.4	109.3	121.9
1996	111.6	114.5	112.9	108.3	112.5	107.4	110.4	112.9
1997	107.4	106.6	105.7	103.6	109.7	105.7	108.6	108.9
1998	106.1	102.2	99.3	101.7	107.0	100.3	105.2	105.6
1999	111.4	106.4	103.1	109.0	108.9	106.9	111.0	110.1
2000	111.8	106.6	107.1	112.4	110.8	108.9	109.1	111.2
2001	117.0	111.1	114.0	112.1	113.4	108.3	114.0	113.5

1—30 续表　continued

（以上年为 100） (preceding year=100)

年份 Year	批发和零售贸易、餐饮业 Wholesale and Retail Trade & Catering Services	金融、保险业 Finance and Insurance	房地产业 Real Estate Trade	社会服务业 Social Services	卫生、体育和社会福利业 Health Care, Sporting and Social Welfare	教育、文化艺术和广播电影电视业 Education, Culture and Arts, Radio, Film and Television	科学研究和综合技术服务业 Scientific Research and Polytechnical Services	国家机关政党机关和社会团体 Government Agencies, Party Agencies and Social Organizations	其他 Others
1979	111.2	106.0	109.5	111.2	103.3	107.1	107.3	104.5	
1980	113.2	109.4	109.9	117.7	120.2	119.1	118.6	116.8	
1985	140.2	118.9	110.1	122.3	118.6	126.8	118.1	114.1	
1986	116.6	115.6	116.6	117.3	118.3	113.5	117.8	120.2	
1987	110.2	107.9	110.0	109.1	107.6	105.8	108.7	108.2	
1988	124.3	119.6	116.7	119.2	121.1	124.1	119.2	116.1	
1989	106.5	106.4	113.8	110.1	111.5	107.7	109.7	109.7	
1990	109.6	112.2	112.8	113.8	113.2	112.4	113.6	112.8	
1991	108.5	107.0	110.2	110.4	106.8	105.8	107.0	107.7	
1992	112.6	126.0	124.5	118.1	119.3	121.0	121.3	121.8	
1993	118.4	130.9	138.8	121.7	121.2	120.5	124.5	126.6	
1994	131.5	180.6	140.2	139.3	150.8	150.2	159.4	141.3	151.4
1995	118.5	108.2	114.8	116.7	114.1	110.4	110.0	111.3	119.3
1996	108.1	114.3	114.7	112.5	115.9	112.9	116.8	114.8	111.5
1997	103.9	115.4	108.5	110.9	111.9	110.5	112.4	110.1	90.2
1998	102.6	108.7	107.3	106.2	111.4	110.4	111.9	111.0	107.6
1999	108.6	112.4	111.0	111.3	113.7	114.0	113.8	115.5	118.2
2000	111.0	112.1	111.0	108.8	113.5	111.7	114.5	111.9	104.5
2001	110.9	120.9	112.8	114.3	118.7	120.8	122.7	120.9	112.6

1－31 分行业职工平均实际工资指数

(国有单位)

INDICES OF AVERAGE REAL WAGE OF STAFF AND WORKERS BY SECTOR

(State-owned Units)

(以上年为 100) (preceding year＝100)

年份 Year	合计 Total	农、林、牧、渔业 Farming, Forestry, Animal Husbandry and Fishery	采掘业 Mining and Quarrying	制造业 Manufacturing	电力、煤气及水的生产和供应业 Production and Supply of Electricity, Gas and Water	建筑业 Construction	地质勘查业、水利管理业 Geological Prospecting and Water Conservancy	交通运输、仓储及邮电通信业 Transport, Storage, Post and Telecommunications
1979	107.5	109.2	109.6	107.4	109.2	105.8	108.5	110.0
1980	106.0	108.9	105.4	105.2	102.8	104.9	105.8	103.8
1985	104.8	101.6	111.2	103.4	83.8	107.4	106.6	106.1
1986	109.0	111.3	110.6	108.6	111.5	105.6	106.7	108.8
1987	100.5	99.9	97.3	102.6	102.5	100.0	101.4	101.2
1988	99.3	92.7	97.4	100.5	97.6	96.5	94.6	100.0
1989	95.4	93.3	103.3	95.6	96.9	94.9	93.4	97.3
1990	109.7	109.8	111.4	108.6	116.3	108.8	110.6	109.9
1991	103.2	101.7	102.7	104.1	103.6	104.3	105.0	104.7
1992	107.0	102.0	100.0	106.2	107.1	107.2	109.6	107.1
1993	105.7	95.4	102.6	106.2	110.9	105.8	99.3	114.9
1994	108.7	110.5	100.9	101.2	113.5	105.2	117.5	107.9
1995	100.4	107.0	104.6	101.6	108.1	101.4	93.6	104.4
1996	102.6	105.2	103.7	99.6	103.4	98.7	101.5	103.7
1997	104.2	103.4	102.5	100.5	106.4	102.5	105.3	105.6
1998	106.7	102.8	99.9	102.3	107.7	100.9	105.9	106.2
1999	112.9	107.8	104.5	110.5	110.3	108.3	112.4	111.6
2000	110.9	105.8	106.3	111.5	110.0	108.0	108.3	110.3
2001	116.2	110.3	113.2	111.3	112.6	107.5	113.2	112.7

1－31 续表 continued

(以上年为 100) (preceding year＝100)

年份 Year	批发和零售贸易、餐饮业 Wholesale and Retail Trade & Catering Services	金融、保险业 Finance and Insurance	房地产业 Real Estate Trade	社会服务业 Social Services	卫生、体育和社会福利业 Health Care, Sporting and Social Welfare	教育、文化艺术和广播电影电视业 Education, Culture and Arts, Radio, Film and Television	科学研究和综合技术服务业 Scientific Research and Polytechnical Services	国家机关政党机关和社会团体 Government Agencies, Party Agencies and Social Organizations	其他 Others
1979	109.1	104.0	107.4	109.2	101.4	105.1	105.3	102.6	
1980	105.3	101.8	102.2	109.5	111.8	110.8	110.4	108.6	
1985	125.3	106.2	98.4	109.3	106.0	113.3	105.5	101.9	
1986	109.0	108.1	108.9	109.6	110.5	106.1	110.1	112.3	
1987	101.3	99.2	101.1	100.2	98.9	97.2	99.9	99.4	
1988	102.9	99.1	96.7	98.8	100.3	102.8	98.7	96.2	
1989	91.6	91.5	97.9	94.6	95.9	92.6	94.3	94.3	
1990	108.2	110.8	111.4	112.3	111.8	110.9	112.1	111.4	
1991	103.3	101.9	104.8	105.1	101.6	100.6	101.8	102.4	
1992	103.7	116.0	114.6	108.7	109.8	111.5	111.7	112.2	
1993	102.0	112.8	119.6	104.8	104.4	103.8	107.3	109.0	
1994	105.2	144.5	112.1	111.4	120.6	120.1	127.5	113.1	121.1
1995	101.4	92.7	98.3	99.9	97.7	94.5	94.2	95.3	102.1
1996	99.4	105.0	105.4	103.4	106.6	103.8	107.4	105.5	102.5
1997	100.8	111.9	105.2	107.6	108.5	107.2	109.0	106.8	87.5
1998	103.2	109.4	107.9	106.8	112.1	111.1	112.6	111.7	108.2
1999	110.0	113.9	112.4	112.7	115.2	115.5	115.3	117.0	119.8
2000	110.1	111.2	110.1	107.9	112.6	110.9	113.6	111.0	103.6
2001	110.1	120.1	112.0	113.5	117.9	119.9	121.8	120.1	111.9

1—32 分行业职工平均工资

（城镇集体单位）

AVERAGE WAGE OF STAFF AND WORKERS BY SECTOR

(Urban Collective-owned Units)

单位：元 (yuan)

年份 Year	合计 Total	农、林、牧、渔业 Farming, Forestry, Animal Husbandry and Fishery	采掘业 Mining and Quarrying	制造业 Manufacturing	电力、煤气及水的生产和供应业 Production and Supply of Electricity, Gas and Water	建筑业 Construction	地质勘查业、水利管理业 Geological Prospecting and Water Conservancy	交通运输、仓储及邮电通信业 Transport, Storage, Post and Telecommunications
1978	506	304	443	503	333	594	600	632
1980	623	458	548	619	333	716	700	676
1985	967	725	852	963	667	1101	900	1009
1986	1092	875	945	1075	875	1232	1286	1139
1987	1207	979	1016	1180	1250	1380	1333	1236
1988	1426	1111	1208	1388	1294	1597	1500	1409
1989	1557	1178	1433	1523	1625	1763	1000	1575
1990	1681	1238	1844	1622	2133	1935	1212	1661
1991	1866	1366	1960	1798	2588	2216	1765	1854
1992	2109	1487	2000	2017	2737	2554	2188	2070
1993	2592	1887	2327	2469	3539	3182	2843	2711
1994	3245	2510	2793	3076	5734	3936	3692	3110
1995	3931	2927	3680	3717	7461	4677	4294	3584
1996	4302	3814	3968	4007	8324	5092	4784	3961
1997	4512	3945	4164	4120	9064	5466	6342	4057
1998	5331	4358	4567	5016	9470	5941	7017	5163
1999	5774	4878	4545	5327	9834	6296	7636	5707
2000	6262	5536	4857	5722	10707	6873	7509	5816
2001	6867	5654	5517	6088	12250	7260	7605	6322

1—32 续表 continued

单位：元 (yuan)

年份 Year	批发和零售贸易、餐饮业 Wholesale and Retail Trade & Catering Services	金融、保险业 Finance and Insurance	房地产业 Real Estate Trade	社会服务业 Social Services	卫生、体育和社会福利业 Health Care, Sporting and Social Welfare	教育、文化艺术和广播电影电视业 Education, Culture and Arts, Radio, Film and Television	科学研究和综合技术服务业 Scientific Research and Polytechnical Services	国家机关政党机关和社会团体 Government Agencies, Party Agencies and Social Organizations	其他 Others
1978	453	526	467	451	484	317	500	455	
1980	584	640	638	584	618	433	571	538	
1985	912	945	1050	806	975	779	1052	1046	
1986	1008	1150	1238	1057	1212	945	1286	1227	
1987	1118	1235	1130	1167	1296	1033	1319	1368	
1988	1335	1450	1602	1333	1570	1202	1636	1648	
1989	1417	1597	1967	1521	1774	1352	1710	1860	
1990	1548	1806	1969	1638	1956	1533	1997	2042	
1991	1691	1965	2432	1905	2135	1689	2120	2206	
1992	1827	2428	2763	2082	2416	1987	2392	2565	
1993	2213	3182	4006	2727	2935	2539	3474	3071	2547
1994	2823	5625	5290	3754	4238	3548	4719	4411	4067
1995	3449	6407	6706	4707	4890	4291	6046	5314	4935
1996	3818	6857	6820	5032	5603	4949	7206	5686	5675
1997	3873	7634	7687	5663	6294	4955	7749	6244	5780
1998	4517	8144	9144	5990	6883	5192	8116	7033	7048
1999	4802	9088	10516	6621	7826	5750	8771	7985	8135
2000	5089	9754	10371	7269	8521	5854	10434	8899	9044
2001	5428	10914	10658	7950	9638	7304	12137	9487	9621

1—33 分行业职工平均货币工资指数
（城镇集体单位）

INDICES OF AVERAGE MONEY WAGE OF STAFF AND WORKERS BY SECTOR
(Urban Collective-owned Units)

（以上年为 100） (preceding year=100)

年份 Year	合计 Total	农、林、牧、渔业 Farming, Forestry, Animal Husbandry and Fishery	采掘业 Mining and Quarrying	制造业 Manufacturing	电力、煤气及水的生产和供应业 Production and Supply of Electricity, Gas and Water	建筑业 Construction	地质勘查业、水利管理业 Geological Prospecting and Water Conservancy	交通运输、仓储及邮电通信业 Transport, Storage, Post and Telecommunications
1979	107.1	139.4	107.9	106.4	109.1	109.7	95.2	103.2
1980	114.9	108.3	114.7	115.6	91.7	109.9	122.5	103.6
1985	119.2	117.4	121.4	119.6	108.3	114.8	100.0	114.9
1986	112.9	120.6	110.9	111.6	131.3	111.9	142.9	112.9
1987	110.5	111.9	107.5	109.7	142.9	112.0	103.7	108.6
1988	118.1	113.5	118.9	117.7	103.5	115.7	112.5	114.0
1989	109.2	106.0	118.6	109.7	125.6	110.4	66.7	111.8
1990	108.0	105.1	128.6	106.5	131.3	109.8	121.2	105.5
1991	111.0	110.3	106.3	110.8	121.3	114.5	145.6	111.6
1992	113.0	108.9	102.0	112.2	105.7	115.3	124.0	111.7
1993	122.9	126.9	116.3	122.4	129.3	124.6	130.0	130.9
1994	125.2	133.0	120.0	124.6	162.0	123.7	129.9	114.7
1995	121.1	116.6	131.8	120.8	130.1	118.8	116.3	115.2
1996	109.4	130.3	107.8	107.8	111.6	108.9	111.4	110.5
1997	104.9	103.4	104.9	102.8	108.9	107.3	132.6	102.4
1998	102.5	104.7	94.2	101.8	102.6	101.6	105.3	104.4
1999	108.3	111.9	99.5	106.2	103.8	106.0	108.8	110.5
2000	108.5	113.5	106.9	107.4	108.9	109.2	98.3	101.9
2001	109.7	102.1	113.6	106.4	114.4	105.6	101.3	108.7

1—33 续表 continued

（以上年为 100） (preceding year=100)

年份 Year	批发和零售贸易、餐饮业 Wholesale and Retail Trade & Catering Services	金融、保险业 Finance and Insurance	房地产业 Real Estate Trade	社会服务业 Social Services	卫生、体育和社会福利业 Health Care, Sporting and Social Welfare	教育、文化艺术和广播电影电视业 Education, Culture and Arts, Radio, Film and Television	科学研究和综合技术服务业 Scientific Research and Polytechnical Services	国家机关政党机关和社会团体 Government Agencies, Party Agencies and Social Organizations	其他 Others
1979	110.0	108.6	101.8	117.8	107.9	106.9	100.0	102.6	
1980	117.1	112.1	134.2	110.0	118.4	127.7	114.2	115.2	
1985	89.7	118.1	122.1	109.5	117.3	122.9	116.9	118.2	
1986	110.5	121.7	117.9	131.1	124.3	121.3	122.2	117.3	
1987	110.9	107.4	91.3	110.4	106.9	109.3	102.6	111.5	
1988	119.4	117.4	141.8	114.3	121.1	116.4	124.0	120.5	
1989	106.1	110.1	122.8	114.1	113.0	112.5	104.5	112.9	
1990	109.2	113.1	100.1	107.7	110.3	113.4	116.8	109.8	
1991	109.3	108.8	123.5	116.3	109.2	110.2	106.2	108.0	
1992	108.0	123.6	113.6	109.3	113.2	117.6	112.8	116.3	
1993	121.1	131.1	145.0	131.0	121.5	127.8	145.2	119.7	
1994	127.6	176.8	132.0	137.6	144.4	139.7	135.8	143.6	159.7
1995	122.2	113.9	126.8	125.4	115.4	120.9	128.1	120.5	121.3
1996	110.7	107.0	101.7	106.9	114.6	115.3	119.2	107.0	115.0
1997	101.4	111.3	112.7	112.5	112.3	100.1	107.5	109.8	101.9
1998	98.5	106.3	110.8	99.3	108.7	104.0	102.5	110.7	112.6
1999	106.3	111.6	115.0	110.5	113.7	110.7	108.1	113.5	115.4
2000	106.0	107.3	98.6	109.8	108.9	101.8	119.0	111.4	111.2
2001	106.7	111.9	102.8	109.4	113.1	124.8	116.3	106.6	106.4

1－34 分行业职工平均实际工资指数

(城镇集体单位)

INDICES OF AVERAGE REAL WAGE OF STAFF AND WORKERS BY SECTOR

(Urban Collective-owned Units)

(以上年为100) (preceding year=100)

年份 Year	合计 Total	农、林、牧、渔业 Farming, Forestry, Animal Husbandry and Fishery	采掘业 Mining and Quarrying	制造业 Manufacturing	电力、煤气及水的生产和供应业 Production and Supply of Electricity, Gas and Water	建筑业 Construction	地质勘查业、水利管理业 Geological Prospecting and Water Conservancy	交通运输、仓储及邮电通信业 Transport, Storage, Post and Telecommunications
1979	105.1	136.8	105.9	104.4	107.1	107.6	93.5	101.3
1980	106.9	100.8	106.7	107.5	85.3	102.2	114.0	96.4
1985	106.6	104.9	108.5	106.9	96.8	102.6	89.4	102.7
1986	105.5	112.7	103.6	104.3	122.7	104.5	133.5	105.5
1987	101.6	102.8	98.8	100.8	131.3	103.0	95.3	99.8
1988	97.9	94.1	98.5	97.5	85.8	95.9	93.2	94.4
1989	93.9	91.1	102.0	94.3	108.0	94.9	57.3	96.1
1990	106.6	103.8	127.0	105.2	129.6	108.4	119.7	104.1
1991	105.6	105.0	101.2	105.4	115.4	109.0	138.5	106.2
1992	104.1	100.3	93.9	103.3	97.4	106.1	114.1	102.8
1993	105.9	109.3	100.2	105.4	111.4	107.3	112.0	112.8
1994	100.2	106.4	96.0	99.7	129.6	99.0	103.9	91.8
1995	103.7	99.8	112.8	103.5	111.4	101.7	99.6	98.7
1996	100.6	119.8	99.1	99.1	102.5	100.1	102.4	101.6
1997	101.7	100.3	101.7	99.7	105.6	104.1	128.6	99.3
1998	103.1	105.3	94.8	102.4	103.3	102.2	106.0	105.0
1999	109.7	113.4	100.8	107.6	105.2	107.4	110.3	112.0
2000	107.6	112.6	106.0	106.6	108.0	108.3	97.6	101.1
2001	108.9	101.4	112.8	105.7	113.6	104.9	100.6	107.9

1－34 续表 continued

(以上年为100) (preceding year=100)

年份 Year	批发和零售贸易、餐饮业 Wholesale and Retail Trade & Catering Services	金融、保险业 Finance and Insurance	房地产业 Real Estate Trade	社会服务业 Social Services	卫生、体育和社会福利业 Health Care, Sporting and Social Welfare	教育、文化艺术和广播电影电视业 Education, Culture and Arts, Radio, Film and Television	科学研究和综合技术服务业 Scientific Research and Polytechnical Services	国家机关政党机关和社会团体 Government Agencies, Party Agencies and Social Organizations	其他 Others
1979	107.9	106.5	99.9	115.6	105.8	104.9	98.1	100.7	
1980	108.9	104.3	124.8	102.3	110.1	118.8	106.2	107.2	
1985	80.2	105.6	109.1	97.9	104.9	109.8	104.5	105.6	
1986	103.3	113.7	110.1	122.5	116.2	113.4	114.2	109.6	
1987	101.9	98.7	83.9	101.5	98.3	100.5	94.3	102.5	
1988	98.9	97.3	117.5	94.7	100.4	96.4	102.8	99.8	
1989	91.3	94.7	105.6	98.1	97.2	96.7	89.9	97.0	
1990	107.8	111.6	98.8	106.3	108.8	111.9	115.3	108.4	
1991	104.0	103.5	117.5	110.7	103.9	104.8	101.0	102.8	
1992	99.5	113.8	104.6	100.6	104.2	108.3	103.9	107.1	
1993	104.3	112.9	124.9	112.8	104.6	110.1	125.1	103.1	
1994	102.1	141.4	105.6	110.1	115.5	111.8	108.7	114.9	127.8
1995	104.6	97.5	108.5	107.4	98.8	103.5	109.7	103.1	103.9
1996	101.7	98.4	93.5	98.3	105.3	106.0	109.5	98.3	105.7
1997	98.4	108.0	109.3	109.1	108.9	97.1	104.3	106.5	98.8
1998	99.1	107.0	111.5	99.9	109.3	104.7	103.1	111.4	113.3
1999	107.7	113.1	116.5	112.0	115.2	112.2	109.5	115.0	116.9
2000	105.1	106.5	97.8	108.9	108.0	101.0	118.0	110.6	110.3
2001	105.9	111.1	102.1	108.6	112.3	123.9	115.5	105.9	105.6

1—35 分行业职工平均工资

（其他单位）

AVERAGE WAGE OF STAFF AND WORKERS BY SECTOR

(Other Ownership Units)

单位:元 (yuan)

年份 Year	合 计 Total	农、林、牧、渔业 Farming, Forestry, Animal Husbandry and Fishery	采掘业 Mining and Quarrying	制造业 Manufacturing	电力、煤气及水的生产和供应业 Production and Supply of Electricity, Gas and Water	建筑业 Construction	地质勘查业、水利管理业 Geological Prospecting and Water Conservancy	交通运输、仓储及邮电通信业 Transport, Storage, Post and Telecommunications
1984	1048	543		1007		1513		1696
1985	1436	1519	1270	1328	1270	1000		2429
1986	1629	1806		1528		2299		2543
1987	1879	2106		1789		2503		2760
1988	2382	2560	2239	2462	2104	4000		3368
1989	2707	2938	2427	2889	3232	5000		3846
1990	2987	3778	2270	3055	3088	3571	5714	3667
1991	3468	3760	3855	3626	3333	4641	4615	5500
1992	3966	4069	3579	4154	4238	5061	5263	5955
1993	4966	3905	3423	4874	6309	4464	7441	6450
1994	6303	5394	4233	6096	8005	5766	4362	8713
1995	7463	6992	5174	7245	10746	6798	5408	10492
1996	8261	7389	5217	7945	12030	6937	6464	11931
1997	8789	7061	5385	8367	12127	7517	5770	13734
1998	8972	5685	6749	8556	12158	8983	6909	11858
1999	9829	6740	7651	9316	13856	9540	8439	14241
2000	10984	8519	9842	10192	15486	10391	13064	16173
2001	12140	8473	11246	11074	17256	11139	11892	18737

1—35 续表 continued

单位:元 (yuan)

年份 Year	批发和零售贸易、餐饮业 Wholesale and Retail Trade & Catering Services	金融、保险业 Finance and Insurance	房地产业 Real Estate Trade	社 会 服务业 Social Services	卫生、体育和社会福利业 Health Care, Sporting and Social Welfare	教育、文化艺术和广播电影电视业 Education, Culture and Arts, Radio, Film and Television	科学研究和综合技术服务业 Scientific Research and Polytechnical Services	国家机关政党机关和社会团体 Government Agencies, Party Agencies and Social Organizations	其他 Others
1984	1428	2500		1741					
1985	1955	2107		1904		3184	1728		
1986	1971	2457		2126	1583	2245	2533		
1987	2142	2745		2310	2793	2451	1967		
1988	2512	3902	1296	2856	2903	2498	2544		
1989	2882	4376	1776	3202	2945	3604	3241		
1990	3284	5565	2517	3463	5430	4022	3425		
1991	3585	6041	4923	4004	4817	4560	3906		
1992	4368	9761	5561	4545	5461	5107	5033		
1993	4975	6073	4940	5934	3665	5289	5645	4953	
1994	6460	10400	9610	8013	7051	8360	7882	9691	
1995	7190	12949	10746	9274	8668	8968	9678	10502	
1996	7862	15818	11801	10820	11014	10172	13358	13508	
1997	8051	17970	13249	11812	11863	10017	14370	16423	
1998	8320	16255	13636	12027	15124	11687	14847	20393	
1999	9001	18648	14693	12785	16618	12871	15671	20548	
2000	10250	21538	15485	14544	17883	12027	20299	26677	
2001	11584	25662	16621	16142	17045	15951	19506	28156	

1−36 分行业职工平均货币工资指数

（其他单位）

INDICES OF AVERAGE MONEY WAGE OF STAFF AND WORKERS BY SECTOR

(Other Ownership Units)

（以上年为 100） (preceding year=100)

年份 Year	合 计 Total	农、林、牧、渔业 Farming, Forestry, Animal Husbandry and Fishery	采掘业 Mining and Quarrying	制造业 Manufacturing	电力、煤气及水的生产和供应业 Production and Supply of Electricity, Gas and Water	建筑业 Construction	地质勘查业、水利管理业 Geological Prospecting and Water Conservancy	交通运输、仓储及邮电通信业 Transport, Storage, Post and Telecommunications
1985	137.0	279.7		131.9		66.1		143.2
1986	113.4	118.9		115.1		229.9		104.7
1987	115.3	116.6		117.1		108.9		108.5
1988	126.8	121.6		137.6		159.8		122.0
1989	113.6	114.8	108.4	117.3	153.6	125.0		114.2
1990	110.3	128.6	93.5	105.7	95.5	71.4		95.3
1991	116.1	99.5	169.8	118.7	107.9	130.0	80.8	150.0
1992	114.4	108.2	92.8	114.6	127.2	109.0	114.0	108.3
1993	125.2	96.0	95.6	117.3	148.9	88.2	141.4	108.3
1994	126.9	138.1	123.7	125.1	126.9	129.2	58.6	135.1
1995	118.4	129.6	122.2	118.8	134.2	117.9	124.0	120.4
1996	110.7	105.7	100.8	109.7	111.9	102.0	119.5	113.7
1997	106.4	95.6	103.2	105.4	100.8	108.4	89.3	115.1
1998	97.7	78.1	117.9	97.6	98.9	113.5	118.8	82.7
1999	109.6	118.6	113.4	108.9	114.0	106.2	122.1	120.1
2000	111.8	126.4	128.6	109.4	111.8	108.9	154.8	113.6
2001	110.5	99.5	114.3	108.7	111.4	107.2	91.0	115.9

1−36 续表 continued

（以上年为 100） (preceding year=100)

年份 Year	批发和零售贸易、餐饮业 Wholesale and Retail Trade & Catering Services	金融、保险业 Finance and Insurance	房地产业 Real Estate Trade	社会服务业 Social Services	卫生、体育和社会福利业 Health Care, Sporting and Social Welfare	教育、文化艺术和广播电影电视业 Education, Culture and Arts, Radio, Film and Television	科学研究和综合技术服务业 Scientific Research and Polytechnical Services	国家机关政党机关和社会团体 Government Agencies, Party Agencies and Social Organizations	其他 Others
1985	136.9	84.3		109.4					
1986	100.8	116.6		111.7		70.5	146.6		
1987	108.7	111.7		108.7	176.4	109.2	77.7		
1988	117.3	142.1		123.6	103.9	101.9	129.3		
1989	114.7	112.1	137.0	112.1	101.4	144.3	127.4		
1990	113.9	127.2	141.7	108.2	184.4	111.6	105.7		
1991	109.2	108.6	195.6	115.6	88.7	113.4	114.0		
1992	121.8	161.6	113.0	113.5	113.4	112.0	128.9		
1993	113.9	62.2	88.8	130.6	67.1	103.6	112.2		
1994	129.8	171.2	194.6	135.0	192.4	158.1	139.6	195.7	
1995	111.3	124.5	111.8	115.7	122.9	107.3	122.8	108.4	
1996	109.3	122.2	109.8	116.7	127.1	113.4	138.0	128.6	
1997	102.4	113.6	112.3	109.2	107.7	98.5	107.6	121.6	
1998	97.5	90.4	100.0	100.5	127.4	116.5	102.9	124.2	
1999	108.2	114.7	107.8	106.3	109.9	110.1	105.5	100.8	
2000	113.9	115.5	105.4	113.8	107.6	93.4	129.5	129.8	
2001	113.0	119.1	107.3	111.0	95.3	132.6	96.1	105.5	

1—37 分行业职工平均实际工资指数

（其他单位）

INDICES OF AVERAGE REAL WAGE OF STAFF AND WORKERS BY SECTOR

（Other Ownership Units）

（以上年为 100） (preceding year=100)

年份 Year	合计 Total	农、林、牧、渔业 Farming, Forestry, Animal Husbandry and Fishery	采掘业 Mining and Quarrying	制造业 Manufacturing	电力、煤气及水的生产和供应业 Production and Supply of Electricity, Gas and Water	建筑业 Construction	地质勘查业、水利管理业 Geological Prospecting and Water Conservancy	交通运输、仓储及邮电通信业 Transport, Storage, Post and Telecommunications
1985	122.5	250.0		117.9		59.1		128.0
1986	106.0	111.1		107.5		214.9		97.8
1987	106.0	107.2		107.6		100.1		99.8
1988	105.0	100.7		114.0		132.4		101.1
1989	97.7	98.7	93.2	100.9	132.1	107.5		98.2
1990	108.9	126.9	92.3	104.4	94.3	70.5		94.1
1991	110.5	94.7	161.6	112.9	102.7	123.7	76.8	142.7
1992	105.3	99.6	85.5	105.5	117.1	100.4	105.0	99.7
1993	107.9	82.7	82.4	101.1	128.2	76.0	121.8	93.3
1994	101.5	110.5	98.9	100.1	101.5	103.3	46.9	108.1
1995	101.4	111.0	104.6	101.8	114.9	100.9	106.1	103.1
1996	101.7	97.1	92.7	100.8	102.9	93.8	109.9	104.5
1997	103.2	92.7	100.1	102.3	97.8	105.1	86.6	111.7
1998	98.3	78.6	118.6	98.2	99.5	114.2	119.5	83.2
1999	111.0	120.1	114.9	110.3	115.5	107.6	123.8	121.7
2000	110.9	125.4	127.6	108.5	110.9	108.1	153.6	112.7
2001	109.7	98.8	113.5	107.9	110.7	106.5	90.4	115.0

1—37 续表 continued

（以上年为 100） (preceding year=100)

年份 Year	批发和零售贸易、餐饮业 Wholesale and Retail Trade & Catering Services	金融、保险业 Finance and Insurance	房地产业 Real Estate Trade	社会服务业 Social Services	卫生、体育和社会福利业 Health Care, Sporting and Social Welfare	教育、文化艺术和广播电影电视业 Education, Culture and Arts, Radio, Film and Television	科学研究和综合技术服务业 Scientific Research and Polytechnical Services	国家机关政党机关和社会团体 Government Agencies, Party Agencies and Social Organizations	其他 Others
1985	122.3	75.3		97.7					
1986	94.2	109.0		104.4		65.9	137.0		
1987	99.9	102.7		99.9	162.2	100.3	71.4		
1988	97.2	117.8		102.4	86.1	84.4	107.2		
1989	98.6	96.4	117.8	96.4	87.2	124.1	109.5		
1990	112.5	125.5	139.9	106.8	182.0	110.2	104.3		
1991	103.9	103.3	186.1	110.0	84.4	107.9	108.5		
1992	112.2	148.8	104.0	104.5	104.4	103.1	118.6		
1993	98.1	53.6	76.5	112.5	57.8	89.2	96.6		
1994	103.9	137.0	155.6	108.0	153.9	126.5	111.7	156.5	
1995	95.3	106.6	95.7	99.1	105.3	91.8	105.1	92.8	
1996	100.5	112.3	100.9	107.2	116.8	104.3	126.9	118.2	
1997	99.3	110.2	108.9	105.9	104.5	95.5	104.3	117.9	
1998	98.1	90.9	100.6	101.1	128.2	117.2	103.5	124.9	
1999	109.6	116.2	109.2	107.7	111.3	111.6	106.9	102.1	
2000	113.0	114.6	104.6	112.9	106.8	92.7	128.5	128.8	
2001	112.2	118.3	106.6	110.2	94.7	131.7	95.4	104.8	

1—38 分行业城镇单位就业人员平均劳动报酬

AVERAGE EARNING OF EMPLOYMENT IN URBAN UNITS BY SECTOR

单位:元 (yuan)

年份 Year	合计 Total	农、林、牧、渔业 Farming, Forestry, Animal Husbandry and Fishery	采掘业 Mining and Quarrying	制造业 Manufacturing	电力、煤气及水的生产和供应业 Production and Supply of Electricity, Gas and Water	建筑业 Construction	地质勘查业、水利管理业 Geological Prospecting and Water Conservancy	交通运输、仓储及邮电通信业 Transport, Storage, Post and Telecommunications
全国 National								
1994	4499	2824	4661	4288	6148	4875	5436	5670
1995	5348	3516	5743	5199	7829	5755	5953	6910
1996	5980	4045	6477	5673	8803	6242	6571	7833
1997	6444	4306	6825	5979	9641	6652	7147	8527
1998	7446	4532	7228	7118	10457	7434	7916	9714
1999	8319	4808	7507	7874	11487	7945	8793	10825
2000	9333	5142	8317	8836	12801	8668	9590	12170
2001	10834	5676	9541	9891	14471	9415	10904	13987
国有单位 State-owned Units								
1994	4733	2824	4846	4501	6113	5457	5462	6176
1995	5553	3520	5933	5347	7720	6453	5977	7511
1996	6207	4031	6709	5792	8686	6961	6601	8482
1997	6679	4297	7086	6006	9527	7363	7166	9189
1998	7579	4525	7485	6950	10298	8129	7934	10180
1999	8443	4787	7718	7578	11210	8686	8815	11141
2000	9441	5087	8258	8513	12419	9431	9617	12418
2001	11045	5633	9426	9550	14001	10189	10952	14099
集体单位 Collective-ownedUnits								
1994	3248	2518	2794	3080	5724	3937	3695	3112
1995	3934	2926	3675	3730	7438	4673	4283	3593
1996	4312	3805	3956	4018	8315	5103	4780	3977
1997	4516	3939	4160	4134	9045	5476	6343	4067
1998	5314	4359	4577	5004	9434	5940	6966	5130
1999	5758	4863	4556	5326	9795	6279	7555	5682
2000	6241	5529	4867	5726	10680	6822	7464	5807
2001	6851	5626	5515	6101	12233	7225	7622	6311
其他单位 Other Ownership Units								
1994	6446	5624	4241	6194	8161	5915	4359	8996
1995	7728	7264	5221	7483	10740	6862	5503	10825
1996	8521	7514	5238	8175	12036	7044	5870	12240
1997	9092	7192	5385	8640	12204	7617	5961	14095
1998	9241	5817	6745	8797	12179	8988	7070	12077
1999	10142	6877	7646	9592	13843	9508	8953	14366
2000	11238	8600	9827	10450	15513	10330	13483	16399
2001	12437	8649	11087	11361	17192	11120	11583	18826

1－38 续表 continued

单位:元 (yuan)

年份 Year	批发和零售贸易、餐饮业 Wholesale and Retail Trade & Catering Services	金融、保险业 Finance and Insurance	房地产业 Real Estate Trade	社会服务业 Social Services	卫生、体育和社会福利业 Health Care, Sporting and Social Welfare	教育、文化艺术和广播电影电视业 Education, Culture and Arts, Radio, Film and Television	科学研究和综合技术服务业 Scientific Research and Polytechnical Services	国家机关政党机关和社会团体 Government Agencies, PartyAgencies and Social Organizations	其他 Others
全国 National									
1994	3542	6692	6277	5062	5098	4495	6127	4920	5188
1995	4260	7357	7351	6037	5831	4999	6818	5484	6250
1996	4674	8402	8405	6839	6758	5699	7981	6286	7143
1997	4872	9665	9269	7642	7566	6332	8953	6939	6862
1998	5884	10595	10402	8523	8445	7101	10112	7721	8497
1999	6436	11901	11579	9393	9625	8188	11501	8920	10153
2000	7188	13178	12551	10386	10832	9224	13374	9978	11205
2001	8207	15628	14074	11996	12821	11210	16220	12061	12862
国有单位 State-owned Units									
1994	3854	6979	5967	5081	5242	4511	6182	4926	5723
1995	4567	7558	6861	5932	5980	5026	6807	5486	6827
1996	4941	8638	7861	6676	6932	5714	7941	6296	7563
1997	5141	9904	8554	7406	7757	6402	8921	6943	6854
1998	6132	10801	9368	8142	8651	7182	10061	7725	8178
1999	6647	11865	10374	8975	9856	8278	11440	8925	9635
2000	7364	13215	11462	9709	11156	9341	13059	9983	10049
2001	8162	15678	12897	11130	13243	11339	16048	12071	11293
集体单位 Collective-ownedUnits									
1994	2833	5643	5239	3707	4211	3412	4678	4315	4036
1995	3461	6432	6643	4659	4869	3722	5871	5213	4848
1996	3838	6858	6740	4979	5602	4609	6738	5009	5667
1997	3901	7570	7654	5676	6264	4226	6805	6166	5761
1998	4530	8074	9056	6195	6846	4556	7000	6952	7049
1999	4820	8941	10391	6640	7775	5310	7921	7922	8124
2000	5110	9571	10270	7221	8347	5642	9198	8811	9007
2001	5450	10707	10516	7902	9474	7192	9522	9304	9638
其他单位 Other Ownership Units									
1994	6600	10796	9702	8808	7274	8244	8042		9887
1995	7403	13035	10996	10189	9518	9149	10080		11629
1996	7976	16495	12426	11708	12182	9592	13372		14185
1997	8264	18194	13726	12747	13914	10386	14659		18939
1998	8492	16419	14142	13012	16691	12367	14773		22038
1999	9137	19375	15021	13777	18281	13477	16240		22977
2000	10235	20904	15402	15086	18158	12413	18916		28972
2001	11634	23300	16791	16839	18482	16449	19523		32267

1—39 分地区就业人员的受教育程度构成

EDUCATIONAL LEVEL COMPOSITION OF EMPLOYMENT BY REGION

单位:%　　　　(%)

地 区	Region	合 计 Total	男 Male	女 Female	不识字 Illiterate and Semi-illiterate	小学 Primary School	初 中 Junior School	高 中 Senior School	大 专 College	大学本科 University	研究生 Graduate
全 国	**National**	**100.0**	**54.4**	**45.6**	**7.8**	**30.9**	**42.3**	**13.5**	**4.1**	**1.4**	**0.1**
北 京	Beijing	100.0	59.3	40.7	1.4	8.0	40.4	31.6	10.4	7.3	0.9
天 津	Tianjin	100.0	58.8	41.1	1.8	18.2	44.9	24.3	7.2	3.4	0.2
河 北	Hebei	100.0	54.1	45.9	4.6	29.1	50.3	12.5	2.6	0.8	
山 西	Shanxi	100.0	59.5	40.5	2.5	23.2	53.5	14.2	5.0	1.6	0.1
内蒙古	Inner Mongolia	100.0	56.8	43.2	10.9	27.6	38.5	16.1	5.3	1.6	
辽 宁	Liaoning	100.0	55.8	44.2	2.1	26.7	51.3	13.7	4.9	1.3	
吉 林	Jilin	100.0	54.8	45.2	1.7	27.7	45.8	17.9	4.7	2.1	0.1
黑龙江	Heilongjiang	100.0	58.6	41.4	3.6	27.0	46.7	16.2	4.6	1.7	0.1
上 海	Shanghai	100.0	57.4	42.6	3.0	10.5	39.4	30.0	9.8	6.7	0.6
江 苏	Jiangsu	100.0	52.0	48.0	7.3	27.5	43.9	15.7	4.1	1.4	0.1
浙 江	Zhejiang	100.0	57.2	42.8	8.0	34.4	42.1	11.8	2.8	1.0	
安 徽	Anhui	100.0	53.7	46.3	12.6	32.6	41.2	9.2	3.1	1.3	
福 建	Fujian	100.0	56.2	43.8	7.3	34.4	35.9	16.0	4.3	2.0	0.1
江 西	Jiangxi	100.0	55.1	44.9	5.6	36.1	38.7	13.4	5.2	1.0	
山 东	Shandong	100.0	53.8	46.2	8.2	24.9	45.8	14.9	4.9	1.3	
河 南	Henan	100.0	52.7	47.3	5.6	24.7	51.1	13.2	3.8	1.5	
湖 北	Hubei	100.0	54.6	45.4	7.1	26.8	42.7	17.6	4.4	1.3	0.1
湖 南	Hunan	100.0	54.7	45.3	4.3	32.7	44.5	13.7	3.7	1.1	0.1
广 东	Guangdong	100.0	54.8	45.2	3.2	30.8	47.0	13.7	3.9	1.4	0.1
广 西	Guangxi	100.0	53.4	46.6	4.5	35.9	43.4	12.5	2.8	0.8	
海 南	Hainan	100.0	53.8	46.2	8.1	28.3	43.8	14.4	4.1	1.2	0.1
重 庆	Chongqing	100.0	53.2	46.8	8.9	43.1	34.9	9.4	2.7	1.0	0.1
四 川	Sichuan	100.0	52.4	47.6	10.9	38.7	34.8	10.1	4.2	1.2	0.1
贵 州	Guizhou	100.0	53.3	46.7	18.8	40.6	28.5	7.5	3.3	1.3	
云 南	Yunnan	100.0	53.5	46.5	17.5	48.7	24.3	7.0	1.8	0.7	
西 藏	Tibet	100.0	51.4	48.6	45.1	48.3	5.5	1.0	0.1	0.1	
陕 西	Shaanxi	100.0	54.2	45.8	10.1	28.4	41.1	14.4	4.6	1.3	
甘 肃	Gansu	100.0	53.8	46.2	20.3	30.6	31.4	12.9	3.5	1.1	
青 海	Qinghai	100.0	53.3	46.6	27.5	31.7	27.8	9.3	2.6	1.0	0.1
宁 夏	Ningxia	100.0	53.4	46.6	15.8	26.9	37.1	12.9	5.3	1.9	
新 疆	Xinjiang	100.0	56.5	43.5	6.7	34.9	34.3	13.3	8.8	2.0	

注:资料来源:2001 年人口变动情况抽样调查(下同)。

a)Data Resource:2001 Population Changement Sampling Survey (the same as below).

1—40 分地区男性就业人员的受教育程度构成
EDUCATIONAL LEVEL COMPOSITION OF MALE EMPLOYMENT BY REGION

单位：%　　　　(%)

地　区　Region	合　计 Total	不识字 Illiterate and Semi-illiterate	小学 Primary School	初　中 Junior School	高　中 Senior School	大　专 College	大学本科 University	研究生 Graduate
全　国　National	**100.0**	**4.7**	**27.9**	**46.0**	**15.0**	**4.5**	**1.7**	**0.1**
北　京　Beijing	100.0	1.1	7.6	43.1	30.8	9.0	7.3	1.0
天　津　Tianjin	100.0	1.5	16.8	48.1	23.1	6.9	3.3	0.2
河　北　Hebei	100.0	3.6	26.0	53.4	13.3	2.8	0.9	
山　西　Shanxi	100.0	2.3	21.0	56.3	14.1	4.7	1.6	0.1
内蒙古　Inner Mongolia	100.0	7.1	25.4	43.2	17.0	5.5	1.7	
辽　宁　Liaoning	100.0	1.5	24.4	53.6	14.3	5.0	1.3	0.1
吉　林　Jilin	100.0	1.4	25.4	47.3	18.8	4.7	2.3	0.1
黑龙江　Heilongjiang	100.0	2.3	24.3	50.3	16.9	4.3	1.7	0.1
上　海　Shanghai	100.0	1.4	9.6	42.0	28.6	10.0	7.5	0.8
江　苏　Jiangsu	100.0	4.1	23.8	46.4	18.5	5.1	1.9	0.1
浙　江　Zhejiang	100.0	5.4	33.9	43.8	12.6	3.0	1.2	0.1
安　徽　Anhui	100.0	7.8	29.2	46.8	10.6	3.8	1.8	
福　建　Fujian	100.0	3.8	30.3	41.1	17.3	4.9	2.6	0.1
江　西　Jiangxi	100.0	2.8	28.5	44.4	16.3	6.8	1.3	
山　东　Shandong	100.0	4.6	20.9	50.1	16.9	5.7	1.7	0.1
河　南　Henan	100.0	3.5	20.1	55.3	14.9	4.1	2.0	0.1
湖　北　Hubei	100.0	4.0	23.3	46.1	19.6	5.1	1.8	0.1
湖　南　Hunan	100.0	2.5	30.0	46.4	15.5	4.0	1.5	0.1
广　东　Guangdong	100.0	1.9	25.3	50.0	16.7	4.2	1.8	0.1
广　西　Guangxi	100.0	2.0	32.4	46.8	14.4	3.3	1.1	0.1
海　南　Hainan	100.0	3.9	22.3	49.2	17.7	5.1	1.6	0.1
重　庆　Chongqing	100.0	5.3	41.9	38.4	10.2	3.0	1.1	0.1
四　川　Sichuan	100.0	7.1	37.4	37.9	11.1	4.7	1.7	0.1
贵　州　Guizhou	100.0	10.0	40.9	35.6	8.4	3.5	1.5	
云　南　Yunnan	100.0	11.3	49.2	29.1	7.7	1.9	0.9	
西　藏　Tibet	100.0	37.4	54.9	6.4	1.1	0.1	0.1	
陕　西　Shaanxi	100.0	6.9	25.9	44.4	15.9	5.1	1.8	
甘　肃　Gansu	100.0	13.4	28.1	37.4	15.4	4.0	1.6	0.1
青　海　Qinghai	100.0	17.1	35.3	33.4	9.9	3.0	1.1	0.1
宁　夏　Ningxia	100.0	10.1	25.4	41.9	14.6	5.6	2.3	0.1
新　疆　Xinjiang	100.0	5.6	33.5	36.4	13.8	8.3	2.2	0.1

1—41 分地区女性就业人员受教育程度构成
EDUCATIONAL LEVEL COMPOSITION OF FEMALE EMPLOYMENT BY REGION

单位：%　　　　　　　　　　　　　　　　　　　　　　　　　　(%)

地区	Region	合计 Total	不识字 Illiterate and Semi-illiterate	小学 Primary School	初中 Junior School	高中 Senior School	大专 College	大学本科 University	研究生 Graduate
全国	**National**	**100.0**	**11.3**	**34.4**	**37.9**	**11.7**	**3.6**	**1.0**	**…**
北京	Beijing	100.0	1.7	8.5	36.5	32.8	12.3	7.3	0.7
天津	Tianjin	100.0	2.1	20.2	40.3	26.1	7.6	3.4	0.2
河北	Hebei	100.0	5.9	32.7	46.7	11.5	2.5	0.8	
山西	Shanxi	100.0	2.8	26.4	49.5	14.3	5.4	1.5	0.1
内蒙古	Inner Mongolia	100.0	15.8	30.4	32.4	14.9	5.0	1.5	
辽宁	Liaoning	100.0	2.8	29.8	48.4	12.9	4.9	1.3	
吉林	Jilin	100.0	2.1	30.4	44.1	16.8	4.7	1.9	
黑龙江	Heilongjiang	100.0	5.5	30.8	41.7	15.3	5.0	1.7	
上海	Shanghai	100.0	5.1	11.7	35.9	31.8	9.4	5.6	0.4
江苏	Jiangsu	100.0	10.9	31.5	41.2	12.6	2.9	0.9	
浙江	Zhejiang	100.0	11.3	35.0	39.8	10.8	2.5	0.7	
安徽	Anhui	100.0	18.2	36.5	34.7	7.6	2.2	0.7	
福建	Fujian	100.0	11.7	39.8	29.3	14.5	3.4	1.2	0.1
江西	Jiangxi	100.0	9.0	45.5	31.7	9.9	3.2	0.6	
山东	Shandong	100.0	12.5	29.5	40.7	12.5	3.9	0.9	
河南	Henan	100.0	8.0	29.8	46.4	11.3	3.5	1.0	
湖北	Hubei	100.0	10.8	31.0	38.7	15.3	3.5	0.7	
湖南	Hunan	100.0	6.4	35.9	42.1	11.5	3.4	0.7	
广东	Guangdong	100.0	4.8	37.5	43.2	10.0	3.4	0.9	0.1
广西	Guangxi	100.0	7.3	40.0	39.6	10.3	2.3	0.5	
海南	Hainan	100.0	13.0	35.3	37.5	10.6	2.8	0.8	0.1
重庆	Chongqing	100.0	13.0	44.4	30.9	8.5	2.4	0.8	0.1
四川	Sichuan	100.0	15.1	40.1	31.3	9.1	3.6	0.7	
贵州	Guizhou	100.0	28.8	40.2	20.5	6.5	3.0	1.0	
云南	Yunnan	100.0	24.7	48.1	18.9	6.2	1.6	0.6	
西藏	Tibet	100.0	53.4	41.3	4.4	0.7	0.1		
陕西	Shaanxi	100.0	13.9	31.4	37.4	12.5	4.0	0.8	
甘肃	Gansu	100.0	28.5	33.6	24.4	9.9	3.0	0.6	
青海	Qinghai	100.0	39.3	27.6	21.5	8.6	2.1	0.9	
宁夏	Ningxia	100.0	22.4	28.6	31.7	10.9	5.1	1.5	
新疆	Xinjiang	100.0	8.2	36.6	31.5	12.5	9.5	1.7	

1—42 按年龄、性别分的就业人员受教育程度构成
EDUCATIONAL LEVEL COMPOSITION OF EMPLOYMENT BY AGE AND SEX

单位:%　　(%)

年龄 Age	合　计 Total	不识字 Illiterate and Semi-illiterate	小学 Primary School	初　中 Junior School	高　中 Senior School	大　专 College	大学本科 University	研究生 Graduate
总计　Total	**100.0**	**7.8**	**30.9**	**42.3**	**13.5**	**4.1**	**1.4**	**0.1**
16—19	100.0	1.8	20.0	69.0	8.6	0.6		
20—24	100.0	1.9	17.6	56.0	18.6	4.8	1.1	
25—29	100.0	2.3	22.2	51.6	15.2	6.5	2.1	0.1
30—34	100.0	2.8	27.4	49.6	12.8	5.3	2.0	0.1
35—39	100.0	3.3	24.8	48.1	17.1	4.7	1.9	0.1
40—44	100.0	6.0	29.7	36.9	22.2	4.0	1.2	0.1
45—49	100.0	9.7	42.1	32.0	11.8	3.3	1.0	0.1
50—54	100.0	14.5	51.3	23.3	6.9	2.9	0.9	
55—59	100.0	21.3	50.7	19.6	5.2	1.9	1.3	
60—64	100.0	33.5	50.8	12.0	2.7	0.6	0.5	
65+	100.0	47.9	44.1	6.3	1.2	0.3	0.2	
男　Male	**100.0**	**4.7**	**27.9**	**46.0**	**15.0**	**4.5**	**1.7**	**0.1**
16—19	100.0	1.3	18.3	71.4	8.6	0.4		
20—24	100.0	1.2	15.5	58.8	19.0	4.3	1.2	
25—29	100.0	1.4	18.7	54.5	16.4	6.5	2.4	0.1
30—34	100.0	1.4	22.1	53.8	14.2	5.7	2.5	0.2
35—39	100.0	1.5	18.7	52.1	19.4	5.6	2.6	0.2
40—44	100.0	2.7	22.9	42.3	25.5	4.9	1.6	0.1
45—49	100.0	4.5	36.4	39.2	14.4	4.2	1.2	0.1
50—54	100.0	7.2	48.2	30.5	9.0	4.0	1.1	
55—59	100.0	10.8	50.7	26.0	7.5	2.9	2.0	
60—64	100.0	21.8	56.5	16.3	3.8	0.9	0.7	
65+	100.0	36.2	52.8	8.7	1.6	0.4	0.2	
女　Female	**100.0**	**11.3**	**34.4**	**37.9**	**11.7**	**3.6**	**1.0**	**…**
16—19	100.0	2.3	21.8	66.5	8.6	0.7	0.1	
20—24	100.0	2.6	19.7	53.1	18.2	5.3	1.1	
25—29	100.0	3.4	26.1	48.4	13.9	6.4	1.8	0.1
30—34	100.0	4.3	33.3	44.9	11.1	4.9	1.5	0.1
35—39	100.0	5.3	31.7	43.6	14.5	3.6	1.1	0.1
40—44	100.0	10.1	37.7	30.4	18.2	2.9	0.7	
45—49	100.0	16.3	49.3	23.0	8.5	2.2	0.7	
50—54	100.0	24.7	55.7	13.4	4.1	1.5	0.5	
55—59	100.0	37.4	50.7	9.5	1.7	0.4	0.3	
60—64	100.0	53.3	40.9	4.6	0.9	0.2	0.2	
65+	100.0	68.6	28.7	2.0	0.4	0.1	0.1	

1—43 按受教育程度、性别分的就业人员年龄构成
AGE COMPOSITION OF EMPLOYMENT BY EDUCATIONAL LEVEL AND SEX

单位:%　　　　(%)

年龄 Age	合 计 Total	不识字 Illiterate and Semi-illiterate	小学 Primary School	初 中 Junior School	高 中 Senior School	大 专 College	大学本科 University	研究生 Graduate
总计 Total	**100.0**	**100.0**	**100.0**	**100.0**	**100.0**	**100.0**	**100.0**	**100.0**
16—19	5.4	1.2	3.5	8.7	3.4	0.7	0.2	0.2
20—24	9.7	2.4	5.5	12.9	13.4	11.4	7.9	1.5
25—29	13.7	4.1	9.9	16.7	15.4	21.7	20.6	18.4
30—34	16.3	5.8	14.4	19.1	15.4	21.2	23.6	28.5
35—39	15.8	6.7	12.7	17.9	19.9	17.9	21.2	25.8
40—44	10.0	7.8	9.6	8.7	16.3	9.7	8.4	12.7
45—49	11.1	13.9	15.1	8.4	9.7	9.0	7.7	8.9
50—54	7.6	14.3	12.7	4.2	3.9	5.5	4.8	1.7
55—59	4.6	12.6	7.5	2.1	1.8	2.2	4.3	1.5
60—64	2.9	12.6	4.8	0.8	0.6	0.4	1.1	0.4
65+	3.0	18.6	4.3	0.4	0.3	0.2	0.4	0.4
男 Male	**100.0**	**100.0**	**100.0**	**100.0**	**100.0**	**100.0**	**100.0**	**100.0**
16—19	5.0	1.4	3.3	7.8	2.9	0.5	0.1	0.3
20—24	9.1	2.3	5.1	11.7	11.5	8.6	6.3	1.2
25—29	13.3	3.8	8.9	15.7	14.4	19.2	18.4	13.4
30—34	15.8	4.8	12.5	18.5	14.9	20.0	22.7	27.4
35—39	15.4	5.0	10.3	17.4	19.9	18.9	22.6	28.3
40—44	9.9	5.5	8.2	9.1	16.9	10.7	9.1	15.2
45—49	11.3	10.7	14.7	9.6	10.8	10.5	7.9	9.6
50—54	8.2	12.5	14.1	5.4	4.9	7.2	5.3	2.0
55—59	5.1	11.7	9.3	2.9	2.5	3.3	5.8	1.7
60—64	3.4	15.5	6.8	1.2	0.8	0.6	1.4	0.6
65+	3.5	27.0	6.7	0.7	0.4	0.3	0.5	0.6
女 Female	**100.0**	**100.0**	**100.0**	**100.0**	**100.0**	**100.0**	**100.0**	**100.0**
16—19	5.8	1.2	3.7	10.2	4.3	1.2	0.3	
20—24	10.4	2.4	6.0	14.6	16.2	15.5	11.2	2.3
25—29	14.3	4.2	10.8	18.2	16.9	25.5	25.2	32.3
30—34	16.8	6.3	16.3	19.9	16.0	22.9	25.3	31.5
35—39	16.2	7.6	14.9	18.6	20.0	16.4	18.3	20.0
40—44	10.0	8.9	10.9	8.0	15.5	8.2	7.1	6.2
45—49	10.8	15.5	15.5	6.6	7.8	6.8	7.1	6.9
50—54	7.0	15.2	11.3	2.5	2.5	3.0	3.7	
55—59	4.0	13.0	5.8	1.0	0.6	0.4	1.2	0.8
60—64	2.4	11.1	2.8	0.3	0.2	0.1	0.4	
65+	2.4	14.4	2.0	0.1	0.1	0.1	0.2	

1—44 按年龄、性别分的全国就业人员户口性质构成
REGISTRATION TYPE COMPOSITION OF EMPLOYMENT BY AGE AND SEX

单位:%　　(%)

年龄 Age	合计	户口在本地 Residence Card in This Place		户口在本省外地 Residence Cardin Other Place of This Province		户口在外省 Residence Card in Other Province		其他 Others
		非农 Non-Agriculture	农业 Agriculture	非农 Non-Agriculture	农业 Agriculture	非农 Non-Agriculture	农业 Agriculture	
总计 Total	**100.0**	**21.3**	**69.3**	**3.4**	**3.2**	**0.4**	**2.2**	**0.1**
16—19	100.0	8.0	80.0	1.6	5.7	0.4	4.2	0.1
20—24	100.0	19.8	65.9	3.9	5.0	0.7	4.5	0.2
25—29	100.0	24.0	62.0	4.9	4.3	0.7	3.9	0.1
30—34	100.0	23.6	65.1	3.9	3.8	0.5	2.9	0.1
35—39	100.0	25.3	65.5	3.7	3.3	0.3	1.8	0.1
40—44	100.0	28.5	63.7	4.0	2.4	0.3	1.0	0.1
45—49	100.0	24.0	70.0	3.1	1.9	0.2	0.7	
50—54	100.0	18.3	76.9	2.5	1.6	0.2	0.5	
55—59	100.0	13.6	82.9	1.7	1.3	0.2	0.3	
60—64	100.0	6.5	90.6	1.0	1.4	0.2	0.3	
65+	100.0	5.3	92.8	0.9	0.8	0.1	0.2	
男 Male	**100.0**	**22.7**	**67.5**	**3.6**	**3.2**	**0.5**	**2.4**	**0.1**
16—19	100.0	7.5	82.3	1.4	4.4	0.4	3.9	0.1
20—24	100.0	19.1	67.0	3.6	4.5	0.8	4.8	0.2
25—29	100.0	24.4	61.4	4.7	4.3	0.8	4.4	0.1
30—34	100.0	24.6	63.3	4.1	4.1	0.6	3.3	0.1
35—39	100.0	26.7	63.0	4.2	3.5	0.4	2.1	0.1
40—44	100.0	30.4	61.0	4.3	2.7	0.3	1.2	0.1
45—49	100.0	27.1	65.8	3.7	2.1	0.3	0.9	
50—54	100.0	23.1	71.0	3.2	1.8	0.2	0.6	
55—59	100.0	18.4	77.1	2.4	1.4	0.2	0.4	
60—64	100.0	7.6	88.9	1.3	1.6	0.3	0.3	
65+	100.0	5.7	91.9	1.2	0.9	0.1	0.2	
女 Female	**100.0**	**19.7**	**71.4**	**3.2**	**3.2**	**0.4**	**2.0**	**0.1**
16—19	100.0	8.4	77.7	1.9	7.0	0.4	4.6	0.1
20—24	100.0	20.5	64.7	4.3	5.5	0.7	4.1	0.3
25—29	100.0	23.7	62.8	5.1	4.2	0.7	3.4	0.2
30—34	100.0	22.4	67.3	3.7	3.6	0.5	2.4	0.1
35—39	100.0	23.7	68.4	3.2	2.9	0.3	1.4	0.1
40—44	100.0	26.3	67.0	3.6	2.1	0.2	0.8	0.1
45—49	100.0	20.2	75.1	2.3	1.7	0.2	0.5	
50—54	100.0	11.7	85.1	1.5	1.3	0.1	0.3	
55—59	100.0	6.1	91.7	0.7	1.0	0.1	0.2	
60—64	100.0	4.6	93.6	0.5	1.0	0.1	0.2	
65+	100.0	4.6	94.3	0.3	0.5		0.2	

1—45 按年龄、性别分的城镇就业人员就业身份构成
COMPOSITION OF URBAN EMPLOYMENT STATUS BY AGE AND SEX

单位：%　　　　(%)

年龄 Age	合计 Total	城镇单位就业人员 Urban Units Employment	乡镇企业就业人员 Township Enterprises Employment	乡村农林牧渔劳动者 Agriculture Employment	私营个体雇员 Private Sector Employee	私营个体雇主 Private Employer	自营劳动者 Self-Employed	其他 Others
总计 Total	**100.0**	**49.2**	**3.7**	**12.6**	**12.0**	**6.1**	**13.6**	**2.8**
16—19	100.0	22.3	4.4	15.3	36.6	3.2	9.6	8.6
20—24	100.0	44.0	4.7	8.6	23.9	4.4	10.6	3.9
25—29	100.0	50.7	3.8	8.6	15.0	6.2	12.9	2.7
30—34	100.0	50.3	3.6	10.1	11.4	7.2	15.0	2.3
35—39	100.0	51.8	3.5	10.7	9.2	7.2	15.4	2.3
40—44	100.0	55.6	3.4	11.4	7.6	6.0	14.1	1.9
45—49	100.0	53.7	3.4	14.8	6.5	5.8	13.5	2.3
50—54	100.0	50.5	3.4	20.7	5.6	5.3	11.8	2.7
55—59	100.0	45.1	3.5	26.5	5.3	4.8	11.7	3.2
60—64	100.0	20.0	2.4	44.4	5.6	5.4	16.4	5.9
65＋	100.0	14.5	3.1	49.3	5.5	5.2	14.9	7.5
男 Male	**100.0**	**50.7**	**3.6**	**11.2**	**11.3**	**6.5**	**14.1**	**2.6**
16—19	100.0	22.7	5.0	17.6	33.4	3.9	10.8	6.6
20—24	100.0	42.5	4.5	9.0	23.8	4.7	11.8	3.7
25—29	100.0	50.1	3.6	7.8	15.3	6.5	13.9	2.8
30—34	100.0	50.8	3.5	8.7	11.4	7.4	15.9	2.3
35—39	100.0	53.4	3.3	8.7	9.0	7.7	15.7	2.2
40—44	100.0	56.2	3.2	9.9	7.4	6.5	14.9	1.9
45—49	100.0	56.5	3.3	12.2	6.1	6.3	13.5	2.0
50—54	100.0	56.1	3.7	15.6	5.5	5.5	11.5	2.1
55—59	100.0	53.8	3.7	19.0	5.4	4.7	10.6	2.8
60—64	100.0	23.9	2.6	39.4	6.8	5.9	15.9	5.5
65＋	100.0	15.4	3.4	48.2	6.4	5.7	14.6	6.4
女 Female	**100.0**	**47.3**	**3.8**	**14.3**	**12.9**	**5.6**	**12.9**	**3.2**
16—19	100.0	21.9	4.0	13.2	39.5	2.5	8.6	10.3
20—24	100.0	45.5	4.8	8.2	23.9	4.1	9.5	4.1
25—29	100.0	51.3	4.0	9.5	14.8	5.9	11.9	2.7
30—34	100.0	49.6	3.8	11.8	11.5	7.1	13.9	2.4
35—39	100.0	49.8	3.7	13.1	9.4	6.6	15.0	2.5
40—44	100.0	54.7	3.6	13.5	7.9	5.3	13.2	1.9
45—49	100.0	49.3	3.6	18.7	7.2	4.9	13.5	2.9
50—54	100.0	38.0	2.7	32.0	5.8	4.9	12.6	3.9
55—59	100.0	19.7	2.6	48.3	5.0	5.1	14.7	4.6
60—64	100.0	11.3	1.9	55.4	2.9	4.4	17.3	6.9
65＋	100.0	12.4	2.6	51.8	3.6	4.2	15.5	9.9

1-46 按受教育程度、性别分的城镇就业人员就业身份构成
COMPOSITION OF URBAN EMPLOYMENT STATUS BY EDUCATIONAL LEVELAND SEX

单位：%　　　　　　　　　　　　　　　　　　　　　　　　　　　　　　　　　　(%)

受教育程度	Educational Leve	合计 Total	城镇单位就业人员 Urban Units Employment	乡镇企业就业人员 Township Enterprises Employment	乡村农林牧渔劳动者 Agriculture Employment	私营个体雇员 Private Sector Employee	私营个体雇主 Private Employer	自营劳动者 Self-Employed	其他 Others
总　计	**Total**	**100.0**	**49.2**	**3.7**	**12.6**	**12.0**	**6.1**	**13.6**	**2.8**
不识字或识字很少	Illiterateand Semi-Illiterate	100.0	10.4	2.6	45.5	9.0	6.5	20.5	5.5
小学	Primary School	100.0	13.8	3.6	36.3	13.4	7.1	22.5	3.2
初中	Junior School	100.0	34.3	4.7	14.8	16.7	8.1	18.1	3.3
高中	Senoior School	100.0	66.9	3.6	2.9	9.7	5.3	9.2	2.5
大专	College	100.0	89.4	1.4	0.3	3.8	1.8	1.8	1.5
大学本科	University	100.0	92.5	0.8	0.1	2.8	1.2	0.8	1.9
研究生	Graduate	100.0	91.0	0.9		1.3	1.5	0.4	4.9
男	**Male**	**100.0**	**50.7**	**3.6**	**11.2**	**11.3**	**6.5**	**14.1**	**2.6**
不识字或识字很少	Illiterateand Semi-Illiterate	100.0	14.8	3.3	40.5	9.6	6.8	20.2	4.6
小学	Primary School	100.0	16.9	3.7	32.5	12.8	7.4	23.9	2.8
初中	Junior School	100.0	35.9	4.5	13.9	15.5	8.3	18.8	3.0
高中	Senoior School	100.0	65.0	3.6	3.4	9.4	6.0	10.2	2.3
大专	College	100.0	88.6	1.3	0.3	3.6	2.3	2.2	1.6
大学本科	University	100.0	91.6	0.8	0.1	3.1	1.5	0.9	2.0
研究生	Graduate	100.0	89.6	1.2		1.8	1.8	0.6	5.1
女	**Female**	**100.0**	**47.3**	**3.8**	**14.3**	**12.9**	**5.6**	**12.9**	**3.2**
不识字或识字很少	Illiterateand Semi-Illiterate	100.0	7.9	2.2	48.3	8.6	6.3	20.7	6.0
小学	Primary School	100.0	10.4	3.5	40.5	14.0	6.8	21.1	3.7
初中	Junior School	100.0	32.1	5.1	16.0	18.2	7.7	17.2	3.7
高中	Senoior School	100.0	69.2	3.5	2.2	10.0	4.4	7.9	2.7
大专	College	100.0	90.4	1.4	0.3	4.0	1.2	1.3	1.4
大学本科	University	100.0	94.3	0.8		2.0	0.6	0.6	1.6
研究生	Graduate	100.0	93.9			0.8	0.8		4.6

1—47 按年龄、性别分的城镇就业人员行业构成

INDUSTRY COMPOSITION OF URBAN EMPLOYMENT BY AGE AND SEX

单位：%

(%)

年龄 Age	合 计 Total	农、林、牧、渔业 Farming, Forestry, Animal Husbandry and Fishery	采掘业 Mining and Quarrying	制造业 Manufacturing	电力、煤气及水的生产和供应业 Production and Supply of Electricity, Gas and Water	建筑业 Construction	地质勘查业、水利管理业 Geological Prospecting and Water Conservancy	交通运输、仓储及邮电通信业 Transport, Storage, Post and Telecommunications	批发零售贸易和餐饮业 Wholesale and Retail Trade & Catering Services
总计 Total	**100.0**	**14.0**	**1.8**	**17.6**	**2.8**	**4.5**	**0.6**	**7.3**	**16.4**
16—19	100.0	16.0	0.5	19.3	1.2	2.7	0.2	4.2	22.8
20—24	100.0	9.5	1.2	19.4	2.2	3.9	0.4	7.0	18.8
25—29	100.0	9.7	2.0	18.4	3.2	4.2	0.6	8.2	16.6
30—34	100.0	11.5	2.1	18.6	3.3	4.7	0.6	8.0	16.4
35—39	100.0	12.4	1.9	17.8	2.8	5.2	0.6	8.1	16.9
40—44	100.0	13.0	1.8	18.5	3.1	4.6	0.7	8.2	16.2
45—49	100.0	16.5	2.0	17.1	2.9	4.7	0.5	6.9	15.0
50—54	100.0	22.5	1.7	15.1	2.1	4.9	0.5	5.6	13.5
55—59	100.0	27.8	0.7	10.7	1.9	3.8	0.4	4.5	12.3
60—64	100.0	46.9	0.5	6.2	1.1	2.6	0.4	1.3	13.5
65+	100.0	51.3	0.4	5.6	0.4	1.8	0.3	1.1	12.0
男 Male	**100.0**	**12.8**	**2.6**	**17.7**	**3.3**	**6.5**	**0.6**	**9.9**	**13.6**
16—19	100.0	18.5	1.0	21.0	1.6	5.0	0.2	6.4	18.5
20—24	100.0	10.0	2.0	20.9	2.6	6.1	0.4	10.0	15.9
25—29	100.0	8.9	2.9	18.4	3.6	6.2	0.6	11.6	13.8
30—34	100.0	10.1	3.1	17.9	3.9	6.8	0.7	11.0	13.5
35—39	100.0	10.7	2.8	16.8	3.2	7.5	0.7	11.1	13.8
40—44	100.0	11.5	2.5	18.1	3.7	6.5	0.8	10.8	13.3
45—49	100.0	13.9	3.0	18.1	3.5	6.6	0.6	9.1	12.7
50—54	100.0	17.6	2.2	18.1	2.8	6.5	0.7	7.2	12.0
55—59	100.0	20.6	0.8	12.7	2.3	4.9	0.5	5.6	11.1
60—64	100.0	42.1	0.7	6.9	1.4	3.7	0.5	1.9	13.0
65+	100.0	49.8	0.5	5.8	0.6	2.0	0.4	1.2	11.3
女 Female	**100.0**	**15.6**	**0.7**	**17.6**	**2.2**	**1.9**	**0.4**	**4.0**	**20.1**
16—19	100.0	13.8	0.0	17.9	0.9	0.6	0.2	2.3	26.7
20—24	100.0	9.0	0.4	17.9	1.8	1.6	0.3	4.1	21.7
25—29	100.0	10.6	1.0	18.4	2.8	1.9	0.4	4.3	19.8
30—34	100.0	13.2	0.8	19.4	2.6	2.1	0.4	4.4	19.8
35—39	100.0	14.6	0.8	19.0	2.3	2.4	0.5	4.3	20.7
40—44	100.0	15.0	0.7	19.1	2.3	2.2	0.6	4.7	19.9
45—49	100.0	20.4	0.4	15.6	1.9	1.9	0.4	3.5	18.5
50—54	100.0	33.4	0.3	8.3	0.7	1.3	0.3	1.8	16.7
55—59	100.0	49.1	0.4	4.8	0.6	0.9	0.1	1.0	15.9
60—64	100.0	57.5	0.3	4.6	0.6	0.3	0.1	0.1	14.4
65+	100.0	54.8	0.1	5.2		1.3		0.9	13.8

1—47 续表 continued

单位：%　　　　　　　　　　　　　　　　　　　　　　　　　　　　　　　　　　　　　　　(%)

年龄 Age	金融、保险业 Finance and Insurance	房地产业 Real Estate Trade	社会服务业 Social Services	卫生、体育和社会福利业 Health Care, Sporting and Social Welfare	教育、文化艺术和广播电影电视业 Education, Culture and Arts, Radio, Film and Television	科学研究和综合技术服务业 Scientific Research and Polytechnical Services	国家机关政党机关和社会团体 Government Agencies, PartyAgencies and Social Organizations	其他 Others
总计 Total	**2.1**	**0.6**	**10.4**	**3.5**	**5.6**	**1.1**	**7.0**	**4.8**
16—19	0.5	0.4	19.1	1.4	2.7	0.3	1.5	7.2
20—24	2.0	0.6	14.0	3.6	6.0	1.2	5.2	5.1
25—29	2.6	0.6	10.9	3.6	6.3	1.1	6.7	5.1
30—34	2.9	0.6	10.1	3.4	5.4	1.0	6.7	4.8
35—39	2.7	0.6	9.6	3.2	5.1	1.2	7.4	4.4
40—44	2.0	0.7	9.6	3.6	5.1	1.1	7.4	4.3
45—49	1.4	0.6	9.0	4.0	5.5	1.0	8.4	4.4
50—54	0.9	0.6	7.2	4.0	7.6	1.0	8.9	4.0
55—59	0.6	0.4	7.6	4.0	7.5	2.1	11.0	4.5
60—64	0.2	0.2	9.2	3.2	3.4	1.4	4.1	5.9
65+	0.4	0.4	10.6	2.1	2.1	0.6	2.3	8.6
男 Male	**1.9**	**0.6**	**9.0**	**2.5**	**4.5**	**1.3**	**8.4**	**4.7**
16—19	0.4	0.4	13.9	1.2	1.8	0.4	1.8	8.0
20—24	1.6	0.5	11.8	2.1	3.7	1.4	5.6	5.3
25—29	2.3	0.7	9.6	2.6	4.7	1.3	7.7	5.0
30—34	2.5	0.6	9.2	2.3	4.4	1.2	8.1	4.5
35—39	2.6	0.7	8.4	2.3	4.5	1.4	9.0	4.4
40—44	2.0	0.7	8.6	2.6	4.3	1.1	9.1	4.4
45—49	1.4	0.6	8.0	2.7	4.3	1.2	9.9	4.4
50—54	1.0	0.7	6.6	3.3	6.0	1.1	10.4	3.9
55—59	0.8	0.4	7.5	4.0	8.4	2.4	13.7	4.3
60—64	0.3	0.2	9.3	3.5	3.7	1.8	5.2	5.9
65+	0.5	0.4	10.9	2.2	2.5	0.8	2.6	8.4
女 Female	**2.4**	**0.5**	**12.2**	**4.8**	**6.9**	**0.9**	**5.0**	**4.9**
16—19	0.6	0.4	23.7	1.6	3.4	0.2	1.2	6.5
20—24	2.3	0.6	16.2	5.0	8.4	0.9	4.8	4.9
25—29	3.0	0.6	12.5	4.9	8.1	0.9	5.4	5.3
30—34	3.3	0.4	11.2	4.7	6.7	0.9	5.1	5.1
35—39	2.8	0.5	11.0	4.4	5.8	1.0	5.3	4.4
40—44	2.0	0.7	10.9	5.1	6.2	1.1	5.2	4.3
45—49	1.6	0.6	10.5	6.0	7.5	0.8	6.0	4.5
50—54	0.9	0.3	8.6	5.6	11.0	0.7	5.7	4.2
55—59	0.3	0.4	7.9	4.0	5.0	1.1	3.2	5.2
60—64			9.0	2.5	2.6	0.5	1.6	5.8
65+	0.1	0.1	9.9	1.8	1.2		1.6	9.1

1—48 按受教育程度、性别分的城镇就业人员行业构成
INDUSTRY COMPOSITION OF URBAN EMPLOYMENT BY EDUCATIONAL LEVEL AND SEX

单位：% (%)

受教育程度 Educational Leve		合计 Total	农、林、牧、渔业 Farming, Forestry, Animal Husbandry and Fishery	采掘业 Mining and Quarrying	制造业 Manufacturing	电力、煤气及水的生产和供应业 Production and Supply of Electricity, Gas and Water	建筑业 Construction	地质勘查业、水利管理业 Geological Prospecting and Water Conservancy	交通运输、仓储及邮电通信业 Transport, Storage, Post and Telecommunications	批发零售贸易和餐饮业 Wholesale and Retail Trade & Catering Services
总计	**Total**	**100.0**	**14.0**	**1.8**	**17.6**	**2.8**	**4.5**	**0.6**	**7.3**	**16.4**
不识字或识字很少	Illiterateand Semi-Illiterate	100.0	47.1	1.0	9.0	0.5	2.5	0.2	1.8	17.0
小学	Primary School	100.0	37.5	1.7	13.4	0.9	5.1	0.2	4.1	18.4
初中	Junior School	100.0	16.1	2.4	20.2	2.3	5.3	0.4	8.0	20.2
高中	Senoior School	100.0	4.4	1.5	20.2	4.3	3.9	0.8	9.4	15.8
大专	College	100.0	1.7	0.6	11.1	3.6	3.2	1.0	5.6	6.4
大学本科	University	100.0	1.7	0.5	10.4	1.9	2.9	0.8	4.4	4.2
研究生	Graduate	100.0	0.6	0.2	6.9	1.3	2.4	0.9	2.6	3.7
男	**Male**	**100.0**	**12.7**	**2.6**	**17.7**	**3.3**	**6.5**	**0.6**	**9.9**	**13.6**
不识字或识字很少	Illiterateand Semi-Illiterate	100.0	42.4	2.4	9.3	0.8	4.9	0.4	3.7	13.4
小学	Primary School	100.0	33.8	2.7	12.9	1.2	8.5	0.2	6.6	15.1
初中	Junior School	100.0	15.2	3.7	19.6	2.8	8.0	0.4	11.3	16.4
高中	Senoior School	100.0	5.2	2.0	21.0	4.9	5.2	0.9	11.9	13.6
大专	College	100.0	1.9	0.8	11.8	3.9	3.7	1.0	6.3	6.1
大学本科	University	100.0	2.0	0.6	11.4	2.0	3.5	0.9	4.9	4.2
研究生	Graduate	100.0	0.9	0.3	7.8	1.5	2.7	1.2	2.7	2.7
女	**Female**	**100.0**	**15.6**	**0.7**	**17.5**	**2.1**	**1.9**	**0.4**	**4.0**	**20.0**
不识字或识字很少	Illiterateand Semi-Illiterate	100.0	49.8	0.3	8.8	0.3	1.1	0.1	0.8	19.0
小学	Primary School	100.0	41.7	0.5	14.0	0.5	1.5	0.1	1.3	21.9
初中	Junior School	100.0	17.3	0.7	21.1	1.6	1.8	0.3	3.4	25.5
高中	Senoior School	100.0	3.5	0.9	19.1	3.6	2.2	0.6	6.2	18.5
大专	College	100.0	1.4	0.4	10.1	3.1	2.4	0.8	4.7	6.9
大学本科	University	100.0	1.0	0.4	8.5	1.7	1.7	0.7	3.4	4.2
研究生	Graduate	100.0			4.6	1.5	1.5		2.3	5.4

1—48 续表 continued

单位：% (%)

受教育程度	Educational Level	金融、保险业 Finance and Insurance	房地产业 Real Estate Trade	社会服务业 Social Services	卫生、体育和社会福利业 Health Care, Sporting and Social Welfare	教育、文化艺术和广播电影电视业 Education, Culture and Arts, Radio, Film and Television	科学研究和综合技术服务业 Scientific Research and Polytechnical Services	国家机关政党机关和社会团体 Government Agencies, PartyAgencies and Social Organizations	其他 Others
总计	**Total**	**2.1**	**0.6**	**10.4**	**3.5**	**5.6**	**1.1**	**6.9**	**4.8**
不识字或识字很少	Illiterateand Semi-Illiterate	0.2	0.2	10.9	0.7	0.6	0.1	1.1	6.4
小学	Primary School	0.1	0.3	10.2	0.8	0.5	0.1	0.9	5.4
初中	Junior School	0.6	0.4	12.6	1.5	1.4	0.3	2.3	5.6
高中	Senoior School	3.1	0.7	10.4	5.5	6.3	1.0	8.2	4.4
大专	College	6.4	1.2	4.8	7.5	18.8	2.5	22.7	2.7
大学本科	University	5.8	0.9	3.4	8.2	23.1	8.0	21.5	2.2
研究生	Graduate	8.2	1.1	3.0	4.5	22.4	15.5	25.2	1.7
男	**Male**	**1.9**	**0.6**	**9.0**	**2.5**	**4.5**	**1.3**	**8.4**	**4.7**
不识字或识字很少	Illiterateand Semi-Illiterate	0.1	0.5	11.1	0.6	0.7	0.2	1.9	7.0
小学	Primary School	0.2	0.4	9.8	0.7	0.5	0.1	1.3	5.6
初中	Junior School	0.5	0.4	10.7	1.1	1.2	0.4	2.8	5.3
高中	Senoior School	2.6	0.8	9.1	3.3	4.3	1.0	9.5	4.5
大专	College	5.8	1.2	4.4	6.0	15.0	2.6	26.5	2.8
大学本科	University	5.2	0.8	2.9	7.0	18.7	9.5	23.7	2.6
研究生	Graduate	7.5	0.9	3.0	3.9	19.4	14.9	28.7	2.1
女	**Female**	**2.4**	**0.5**	**12.2**	**4.7**	**6.9**	**0.9**	**5.0**	**4.9**
不识字或识字很少	Illiterateand Semi-Illiterate	0.3	0.1	10.7	0.8	0.5	0.1	0.6	6.1
小学	Primary School	0.1	0.2	10.6	0.9	0.5	0.1	0.6	5.2
初中	Junior School	0.7	0.3	15.3	2.1	1.6	0.3	1.7	6.0
高中	Senoior School	3.8	0.7	12.1	8.2	8.8	1.1	6.4	4.2
大专	College	7.2	1.3	5.5	9.8	24.2	2.4	17.2	2.5
大学本科	University	6.9	1.1	4.2	10.6	32.1	4.8	17.1	1.4
研究生	Graduate	10.0	1.5	3.1	6.2	30.0	16.9	15.4	1.5

1—49 按年龄、性别分的城镇就业人员职业构成
OCCUPATION COMPOSITION OF URBAN EMPLOYMENT BY AGE AND SEX

单位：% (%)

年龄 Age	合计 Total	单位负责人 Unit Head	专业技术人员 Professional and Technical Personnel	办事人员和有关人员 Clerk and Related Workers	商业服务人员 Business Service Personnel	农林牧渔水利业生产人员 Agriculture and Water Conservancy Labors	生产运输设备操作人员及有关人员 Production Transport Equipment Operators and Related Workers	其他 Others
总计 Total	**100.0**	**4.2**	**14.7**	**17.9**	**20.1**	**13.3**	**19.1**	**10.7**
16—19	100.0	0.6	6.1	7.5	33.6	15.7	21.5	15.0
20—24	100.0	0.8	14.3	18.0	25.6	9.2	20.6	11.5
25—29	100.0	1.8	17.4	19.5	20.8	9.1	20.4	11.0
30—34	100.0	3.2	16.0	18.6	20.1	10.7	21.0	10.4
35—39	100.0	5.0	15.5	17.8	19.9	11.4	20.1	10.4
40—44	100.0	5.5	13.8	19.2	18.8	12.3	20.6	9.7
45—49	100.0	7.2	13.7	18.7	17.1	15.6	17.8	9.8
50—54	100.0	8.9	14.1	18.3	14.3	21.4	13.3	9.7
55—59	100.0	9.8	15.0	15.8	13.8	26.9	8.8	9.7
60—64	100.0	3.9	7.7	7.1	16.6	45.6	5.6	13.4
65+	100.0	2.2	6.2	5.9	15.3	49.6	3.4	17.5
男 Male	**100.0**	**6.1**	**15.6**	**17.7**	**15.8**	**11.9**	**22.3**	**10.7**
16—19	100.0	0.5	7.4	7.7	23.2	18.1	26.6	16.5
20—24	100.0	1.0	14.5	16.2	20.2	9.7	26.2	12.3
25—29	100.0	2.4	18.4	18.8	16.8	8.3	24.3	11.0
30—34	100.0	4.3	17.1	18.2	16.1	9.3	24.3	10.6
35—39	100.0	7.3	16.9	17.6	15.5	9.4	23.0	10.3
40—44	100.0	7.9	14.8	18.5	14.9	10.8	23.4	9.6
45—49	100.0	10.0	13.9	18.5	13.8	13.1	21.3	9.4
50—54	100.0	11.2	13.8	19.8	12.2	16.4	16.9	9.6
55—59	100.0	12.5	17.4	19.0	12.0	19.6	10.3	9.3
60—64	100.0	5.0	9.6	7.8	16.5	40.9	6.5	13.8
65+	100.0	2.2	7.4	6.9	14.7	48.3	3.4	17.2
女 Female	**100.0**	**1.8**	**13.6**	**18.2**	**25.7**	**15.0**	**15.0**	**10.7**
16—19	100.0	0.6	4.8	7.4	42.9	13.6	17.0	13.7
20—24	100.0	0.6	14.0	19.8	31.1	8.8	15.0	10.6
25—29	100.0	1.2	16.3	20.3	25.4	10.0	15.8	11.0
30—34	100.0	1.8	14.6	19.0	25.1	12.5	16.8	10.1
35—39	100.0	2.0	13.7	18.1	25.3	13.9	16.5	10.5
40—44	100.0	2.3	12.5	20.2	23.9	14.2	16.9	9.9
45—49	100.0	2.9	13.5	19.0	22.2	19.6	12.3	10.5
50—54	100.0	3.7	14.7	14.8	18.9	32.6	5.1	10.1
55—59	100.0	2.1	8.1	6.6	19.4	48.5	4.4	11.0
60—64	100.0	1.4	3.6	5.4	17.0	56.2	3.8	12.6
65+	100.0	2.3	3.4	3.6	16.6	52.3	3.4	18.4

1—50 按受教育程度、性别分的城镇就业人员职业构成

OCCUPATION COMPOSITION OF URBAN EMPLOYMENT BY EDUCATIONAL LEVELA ND SEX

单位：%　　　　(%)

受教育程度	Educational Level	合计 Total	单位负责人 Unit Head	专业技术人员 Professional and Technical Personnel	办事人员和有关人员 Clerk and Related Workers	商业服务人员 Business Service Personnel	农林牧渔水利业生产人员 Agriculture and Water Conservancy Labors	生产运输设备操作人员及有关人员 Production Transport Equipment Operators and Related Workers	其他 Others
总计	**Total**	**100.0**	**4.2**	**14.7**	**17.9**	**20.0**	**13.3**	**19.1**	**10.7**
不识字或识字很少	Illiterateand Semi-Illiterate	100.0	1.5	2.3	3.2	21.2	46.6	10.6	14.3
小学	Primary School	100.0	1.3	3.4	4.4	22.2	37.1	17.5	14.0
初中	Junior School	100.0	2.2	7.7	10.4	25.8	15.6	25.2	13.1
高中	Senoior School	100.0	4.3	17.8	25.7	19.4	3.5	20.3	8.9
大专	College	100.0	11.2	34.4	39.1	5.5	0.5	4.7	4.6
大学本科	University	100.0	13.8	49.2	29.3	2.2	0.2	1.8	3.4
研究生	Graduate	100.0	30.3	49.7	16.3	0.4			3.2
男	**Male**	**100.0**	**6.1**	**15.6**	**17.7**	**15.8**	**11.9**	**22.3**	**10.7**
不识字或识字很少	Illiterateand Semi-Illiterate	100.0	2.0	3.5	4.1	18.1	41.8	13.9	16.2
小学	Primary School	100.0	1.9	4.9	5.4	18.5	33.5	21.2	14.6
初中	Junior School	100.0	2.9	9.6	10.4	19.9	14.7	29.3	13.2
高中	Senoior School	100.0	6.2	17.2	24.1	15.6	4.1	23.7	9.0
大专	College	100.0	16.1	31.3	37.7	4.8	0.6	5.2	4.3
大学本科	University	100.0	17.5	47.7	27.3	2.1	0.2	1.9	3.3
研究生	Graduate	100.0	37.2	44.6	15.5	0.6			2.1
女	**Female**	**100.0**	**1.8**	**13.6**	**18.2**	**25.7**	**15.0**	**15.0**	**10.7**
不识字或识字很少	Illiterateand Semi-Illiterate	100.0	1.3	1.6	2.6	23.0	49.3	8.7	13.2
小学	Primary School	100.0	0.7	1.9	3.4	26.2	41.2	13.4	13.2
初中	Junior School	100.0	1.3	5.1	10.3	33.8	16.9	19.5	13.0
高中	Senoior School	100.0	1.8	18.6	27.8	24.2	2.7	16.0	8.8
大专	College	100.0	4.2	38.8	41.0	6.5	0.5	4.1	4.9
大学本科	University	100.0	6.1	52.4	33.4	2.6	0.2	1.4	3.7
研究生	Graduate	100.0	12.3	62.3	19.2				6.2

1—51 按年龄、性别分的城镇失业人员户口性质构成
REGISTRATION TYPE COMPOSITION OF URBAN UNEMPLOYMENT BY AGE AND SEX

单位:% (%)

年龄 Age	合计	户口在本地 Residence Card in This Place		户口在本省外地 Residence Cardin Other Place of This Province		户口在外省 Residence Card in Other Province		其他 Others
		非农 Non-Agriculture	农业 Agriculture	非农 Non-Agriculture	农业 Agriculture	非农 Non-Agriculture	农业 Agriculture	
总计 Total	**100.0**	**59.1**	**19.1**	**8.8**	**7.5**	**1.1**	**4.2**	**0.1**
16—19	100.0	30.7	27.9	5.7	21.8	1.4	12.2	0.2
20—24	100.0	52.0	16.9	9.3	11.1	1.9	8.5	0.3
25—29	100.0	58.1	14.7	10.8	8.2	1.6	6.4	0.2
30—34	100.0	59.7	16.6	9.3	8.0	1.3	5.0	0.1
35—39	100.0	62.7	17.6	8.9	6.9	0.8	3.1	0.1
40—44	100.0	67.0	17.1	9.0	4.7	0.6	1.6	0.1
45—49	100.0	65.1	20.2	7.9	4.7	0.6	1.5	0.1
50—54	100.0	60.2	26.2	7.3	4.5	0.5	1.3	0.1
55—59	100.0	56.3	31.4	6.1	4.5	0.6	1.0	0.1
60—64	100.0	35.4	48.6	4.8	8.4	1.2	1.5	0.1
65+	100.0	31.7	57.2	4.4	5.1	0.5	1.1	
男 Male	**100.0**	**59.8**	**18.2**	**8.7**	**7.3**	**1.1**	**4.7**	**0.1**
16—19	100.0	31.0	32.0	5.4	16.9	1.4	13.1	0.3
20—24	100.0	50.7	17.6	8.5	10.7	2.0	10.1	0.3
25—29	100.0	57.5	14.5	9.9	8.6	1.7	7.5	0.2
30—34	100.0	59.3	15.7	9.1	8.4	1.3	6.0	0.2
35—39	100.0	62.8	15.9	9.3	7.2	0.9	3.8	0.1
40—44	100.0	67.3	15.9	9.1	5.1	0.7	1.9	0.1
45—49	100.0	66.4	18.0	8.4	4.6	0.7	1.7	0.1
50—54	100.0	64.2	21.6	7.8	4.4	0.5	1.4	0.1
55—59	100.0	62.9	24.0	6.9	4.3	0.6	1.1	0.1
60—64	100.0	37.7	44.6	5.2	9.1	1.6	1.7	0.1
65+	100.0	30.0	57.4	5.1	5.8	0.6	1.1	
女 Female	**100.0**	**58.2**	**20.4**	**8.9**	**7.7**	**1.0**	**3.6**	**0.1**
16—19	100.0	30.5	24.4	6.0	26.1	1.3	11.5	0.2
20—24	100.0	53.3	16.2	10.1	11.5	1.8	6.8	0.3
25—29	100.0	58.8	14.9	11.7	7.8	1.5	5.1	0.2
30—34	100.0	60.1	17.7	9.5	7.5	1.2	3.9	0.1
35—39	100.0	62.4	19.7	8.3	6.5	0.6	2.4	0.1
40—44	100.0	66.7	18.6	8.8	4.2	0.5	1.2	0.1
45—49	100.0	63.0	23.6	7.1	4.7	0.4	1.0	0.1
50—54	100.0	51.5	36.2	6.1	4.7	0.6	1.0	
55—59	100.0	36.9	52.8	3.6	5.2	0.8	0.8	
60—64	100.0	30.3	57.6	3.8	6.8	0.4	1.4	
65+	100.0	35.5	56.9	2.7	3.7	0.1	1.1	

1—52 按年龄、性别分的城镇失业人员失业原因构成

UNEMPLOYED REASON COMPOSITION OF URBAN UNEMPLOYMENT BY AGE AND SEX

单位:% (%)

年龄 Age	合 计 Total	下岗离开单位 Laid-off	毕业后未找到工作 Job-of fafter Graduated	原单位破产 Work Unit Bankruptcy	辞职、被辞退或合同期满 Resign, Dismiss	其他 Others
总计 Total	**100.0**	**43.0**	**20.4**	**12.9**	**11.1**	**12.5**
16—19	100.0	1.8	82.9	0.4	2.9	11.8
20—24	100.0	9.4	64.4	3.4	7.7	15.0
25—29	100.0	34.9	22.2	11.3	13.7	17.9
30—34	100.0	49.9	5.2	17.2	13.5	14.3
35—39	100.0	57.4	1.3	16.3	13.5	11.4
40—44	100.0	62.7	0.6	16.5	13.6	6.5
45—49	100.0	63.5	0.6	17.8	9.7	8.4
50—54	100.0	62.5		22.0	6.5	9.1
55—59	100.0	57.4		13.8	4.3	24.5
60—64	100.0	16.7			33.3	50.0
65+	100.0	33.3	33.3		16.7	16.7
男 Male	**100.0**	**40.6**	**21.9**	**13.3**	**11.4**	**12.7**
16—19	100.0	1.6	84.5	0.5	2.0	11.1
20—24	100.0	9.0	67.0	4.1	7.5	12.5
25—29	100.0	33.6	23.8	11.7	13.4	17.3
30—34	100.0	45.7	5.5	17.1	14.4	17.5
35—39	100.0	56.8	1.3	16.5	12.4	12.9
40—44	100.0	57.4	0.6	16.2	18.6	7.0
45—49	100.0	57.6	0.5	19.5	12.0	10.4
50—54	100.0	62.2		22.7	6.5	8.6
55—59	100.0	61.6		15.1	4.7	18.6
60—64	100.0	20.0			40.0	40.0
65+	100.0	50.0				50.0
女 Female	**100.0**	**45.5**	**18.9**	**12.6**	**10.8**	**12.2**
16—19	100.0	2.0	81.0	0.3	3.7	12.7
20—24	100.0	9.9	61.4	2.6	7.9	18.2
25—29	100.0	35.9	20.7	11.1	13.9	18.4
30—34	100.0	53.3	4.9	17.3	12.7	11.8
35—39	100.0	58.0	1.2	16.1	14.6	10.1
40—44	100.0	67.7	0.6	16.8	9.0	5.9
45—49	100.0	71.2	0.7	15.5	6.7	5.8
50—54	100.0	62.0		18.0	6.0	14.0
55—59	100.0	22.2				77.8
60—64	100.0					100.0
65+	100.0	25.0	50.0		25.0	

1—53 按受教育程度、性别分的城镇失业人员失业原因构成
UNEMPLOYED REASON COMPOSITION OF URBAN UNEMPLOMENT BY EDUCATIONAL LEVEL AND SEX

单位：%　　　　　　　　　　　　　　　　　　　　　　　　　　　　　　(%)

受教育程度	Educational Level	合计 Total	下岗离开单位 Laid-off	毕业后未找到工作 Job-of fafter Graduated	原单位破产 Work Unit Bankruptcy	辞职、被辞退或合同期满 Resign, Dismiss	其他 Others
总计	**Total**	**100.0**	**43.0**	**20.4**	**12.9**	**11.1**	**12.5**
不识字或识字很少	Illiterateand Semi-Illiterate	100.0	22.0	2.4	17.1	7.3	51.2
小学	Primary School	100.0	39.0	9.5	18.6	6.8	26.1
初中	Junior School	100.0	45.2	18.1	13.3	9.7	13.8
高中	Senoior School	100.0	43.5	23.3	11.7	13.0	8.6
大专	College	100.0	30.1	35.8	11.1	16.7	6.5
大学本科	University	100.0	19.4	43.7	11.7	18.4	6.8
研究生	Graduate	100.0	100.0				
男	**Male**	**100.0**	**40.6**	**21.9**	**13.3**	**11.4**	**12.7**
不识字或识字很少	Illiterateand Semi-Illiterate	100.0	29.4	5.9	11.8	11.8	41.2
小学	Primary School	100.0	38.5	8.5	16.8	6.3	30.0
初中	Junior School	100.0	42.8	20.2	13.9	9.6	13.5
高中	Senoior School	100.0	40.5	25.1	12.1	13.9	8.3
大专	College	100.0	28.0	36.2	10.1	18.3	7.4
大学本科	University	100.0	25.9	37.9	10.3	19.0	6.9
研究生	Graduate	100.0	100.0				
女	**Female**	**100.0**	**45.5**	**18.9**	**12.6**	**10.8**	**12.2**
不识字或识字很少	Illiterateand Semi-Illiterate	100.0	20.0		20.0	4.0	56.0
小学	Primary School	100.0	39.4	11.2	21.3	7.6	20.6
初中	Junior School	100.0	47.7	15.8	12.6	9.8	14.1
高中	Senoior School	100.0	46.3	21.6	11.2	12.0	8.8
大专	College	100.0	32.4	35.1	12.2	15.3	5.0
大学本科	University	100.0	11.4	50.0	13.6	18.2	6.8
研究生	Graduate	100.0	33.6	55.4	5.0	3.9	2.1

1—54 按受教育程度、性别分的城镇失业人员年龄构成
AGE COMPOSITION OF URBAN UNEMPLOYMENT BY EDUCATIONAL LEVEL AND SEX

单位:% (%)

年龄 Age	合计 Total	不识字 Illiterate and Semi-illiterate	小学 Primary School	初中 Junior School	高中 Senior School	大专 College	大学本科 University	研究生 Graduate
总计 Total	**100.0**	**100.0**	**100.0**	**100.0**	**100.0**	**100.0**	**100.0**	**100.0**
16—19	8.3		5.0	8.5	9.4	4.6		
20—24	14.1	2.5	4.3	11.1	17.5	29.7	37.6	
25—29	14.5		8.3	14.5	14.9	21.3	18.8	50.0
30—34	16.3	27.5	15.2	17.7	15.1	13.2	14.9	
35—39	18.1	10.0	14.3	19.2	18.2	10.9	18.8	50.0
40—44	13.6	22.5	11.2	12.4	16.5	9.0	4.0	
45—49	10.4	12.5	22.5	12.4	6.2	6.3		
50—54	3.6	10.0	14.0	3.5	1.6	3.6	2.0	
55—59	1.0	10.0	4.6	0.6	0.5	1.3	4.0	
60—64	0.1	5.0	0.3					
65+	0.1		0.4		0.1			
男 Male	**100.0**	**100.0**	**100.0**	**100.0**	**100.0**	**100.0**	**100.0**	**100.0**
16—19	9.0		4.8	9.8	9.9	5.1	0.0	
20—24	15.1		3.5	11.6	19.6	31.5	37.9	
25—29	12.8		7.3	11.9	14.8	17.5	8.6	50.0
30—34	14.2	25.0	13.3	15.1	14.0	9.7	10.3	
35—39	16.7	6.3	12.5	17.6	17.0	10.5	29.3	50.0
40—44	12.8	12.5	8.0	12.9	14.3	10.5	3.4	
45—49	11.6	12.5	22.5	14.0	6.5	7.8	0.0	
50—54	5.9	25.0	20.3	5.7	2.9	5.1	3.4	
55—59	1.7	6.3	7.0	1.2	0.9	2.3	6.9	
60—64	0.1	12.5	0.3		0.1			
65+			0.5					
女 Female	**100.0**	**100.0**	**100.0**	**100.0**	**100.0**	**100.0**	**100.0**	
16—19	7.5		5.4	7.2	9.0	4.1		
20—24	13.1	4.2	5.1	10.5	15.5	27.6	37.2	
25—29	16.4		9.8	17.2	14.9	26.2	32.6	
30—34	18.6	29.2	18.1	20.6	16.0	17.2	20.9	
35—39	19.5	12.5	17.0	20.9	19.4	11.3	4.7	
40—44	14.4	29.2	15.9	11.7	18.6	7.2	4.7	
45—49	9.2	12.5	22.1	10.6	6.0	4.5		
50—54	1.1		4.7	1.3	0.2	1.4		
55—59	0.2	12.5	1.1		0.1			
60—64			0.4					
65+	0.1		0.4		0.1			

1—55 按失业原因、性别分的城镇失业人员年龄构成
AGE COMPOSITION OF URBAN UNEMPLOYMENT BY REASON AND SEX

单位：%　　　　(%)

年龄 Age	合　计 Total	下岗离开单　位 Laid-off	毕业后未找到工作 Job-of fafter Graduated	原单位破　产 Work Unit Bankruptcy	辞职、被辞退或合同期满 Resign, Dismiss	其他 Others
总计　Total	**100.0**	**100.0**	**100.0**	**100.0**	**100.0**	**100.0**
16—19	8.3	0.3	33.6	0.2	2.2	7.9
20—24	14.1	3.1	44.5	3.7	9.8	17.0
25—29	14.5	11.8	15.8	12.7	17.9	20.9
30—34	16.3	19.0	4.1	21.8	19.8	18.8
35—39	18.1	24.1	1.2	22.7	22.0	16.5
40—44	13.6	19.8	0.4	17.3	16.6	7.0
45—49	10.4	15.4	0.3	14.4	9.1	7.0
50—54	3.6	5.2		6.0	2.1	2.6
55—59	1.0	1.3		1.0	0.4	1.9
60—64	0.1				0.2	0.3
65+	0.1		0.1		0.1	0.1
男　Male	**100.0**	**100.0**	**100.0**	**100.0**	**100.0**	**100.0**
16—19	9.0	0.4	34.7	0.3	1.6	7.9
20—24	15.1	3.3	46.0	4.6	9.8	14.8
25—29	12.8	10.6	13.9	11.2	15.0	17.4
30—34	14.2	16.0	3.5	18.3	17.9	19.6
35—39	16.7	23.4	1.0	20.8	18.1	16.9
40—44	12.8	18.1	0.4	15.6	20.8	7.1
45—49	11.6	16.5	0.3	17.1	12.2	9.5
50—54	6.0	9.1		10.2	3.4	4.0
55—59	1.8	2.7		2.0	0.7	2.6
60—64	0.1	0.1			0.4	0.3
65+	0.0	0.1				0.2
女　Female	**100.0**	**100.0**	**100.0**	**100.0**	**100.0**	**100.0**
16—19	7.5	0.3	32.2	0.2	2.6	7.9
20—24	13.1	2.9	42.7	2.7	9.7	19.6
25—29	16.4	12.9	17.9	14.4	21.1	24.7
30—34	18.6	21.7	4.8	25.5	21.9	18.0
35—39	19.5	24.8	1.2	24.9	26.2	16.1
40—44	14.4	21.4	0.5	19.3	12.0	7.0
45—49	9.2	14.4	0.3	11.3	5.7	4.4
50—54	1.1	1.5		1.5	0.6	1.2
55—59	0.2	0.1				1.2
60—64						0.2
65+	0.1		0.2		0.2	

1—56 按年龄、性别分的城镇失业人员受教育程度构成
EDUCATIONAL LEVEL COMPOSITION OF URBAN UNEMPLOYMENT BY AGE AND SEX

单位：%　　　　　　　　　　　　　　　　　　　　　　　　　　　　　　(%)

年龄 Age	合计 Total	不识字 Illiterate and Semi-illiterate	小学 Primary School	初中 Junior School	高中 Senior School	大专 College	大学本科 University	研究生 Graduate
总计 Total	**100.0**	**0.4**	**7.1**	**50.0**	**36.4**	**5.0**	**1.1**	**…**
16—19	100.0		4.3	51.4	41.6	2.8		
20—24	100.0	0.1	2.1	39.2	45.2	10.5	2.8	
25—29	100.0	0.0	4.0	49.8	37.3	7.3	1.4	0.1
30—34	100.0	0.7	6.6	54.2	33.6	4.0	1.0	
35—39	100.0	0.2	5.6	53.1	36.8	3.0	1.1	0.1
40—44	100.0	0.7	5.8	45.5	44.3	3.3	0.3	
45—49	100.0	0.5	15.2	59.4	21.7	3.0	0.0	
50—54	100.0	1.2	27.9	49.6	16.1	5.0	0.6	
55—59	100.0	4.3	33.0	33.0	19.1	6.4	4.3	
60—64	100.0	33.3	33.3	16.7	16.7			
65+	100.0		50.0	16.7	33.3			
男 Male	**100.0**	**0.3**	**8.2**	**50.2**	**34.7**	**5.3**	**1.2**	**0.1**
16—19	100.0		4.3	54.8	38.2	3.0		
20—24	100.0		1.9	38.9	45.2	11.0	3.0	
25—29	100.0		4.6	46.9	40.2	7.2	0.8	0.3
30—34	100.0	0.6	7.6	53.2	34.2	3.6	0.9	
35—39	100.0	0.1	6.1	53.0	35.3	3.3	2.1	0.2
40—44	100.0	0.3	5.1	50.9	38.9	4.3	0.3	
45—49	100.0	0.4	15.8	60.7	19.4	3.5	0.0	
50—54	100.0	1.4	27.9	47.9	17.2	4.5	0.7	
55—59	100.0	1.2	32.9	35.3	18.8	7.1	4.7	
60—64	100.0	40.0	20.0	20.0	20.0			
65+	100.0		100.0					
女 Female	**100.0**	**0.5**	**5.9**	**49.7**	**38.2**	**4.7**	**0.9**	
16—19	100.0		4.2	47.3	45.9	2.5		
20—24	100.0	0.2	2.3	39.7	45.2	9.9	2.6	
25—29	100.0		3.5	52.2	34.9	7.6	1.8	
30—34	100.0	0.8	5.7	55.1	33.1	4.4	1.0	
35—39	100.0	0.3	5.1	53.3	38.2	2.7	0.2	
40—44	100.0	1.0	6.5	40.5	49.2	2.4	0.3	
45—49	100.0	0.7	14.2	57.7	24.9	2.3		
50—54	100.0		26.0	60.0	8.0	6.0		
55—59	100.0	33.3	33.3	11.1	22.2			
60—64	100.0		100.0					
65+	100.0		25.0	25.0	50.0			

1—57 按失业原因、性别分的城镇失业人员受教育程度构成

EDUCATIONAL LEVEL COMPOSITION OF URBAN UNEMPLOYMENT BY REASON AND SEX

单位:%　　(%)

受教育程度	Educational Level	合　计 Total	下岗离开单　位 Laid-off	毕业后未找到工作 Job-of fafter Graduated	原单位破　产 Work Unit Bankruptcy	辞职、被辞退或合同期满 Resign, Dismiss	其他 Others
总计	**Total**	**100.0**	**100.0**	**100.0**	**100.0**	**100.0**	**100.0**
不识字或识字很少	Illiterateand Semi-Illiterate	0.4	0.2	0.1	0.6	0.3	1.8
小学	Primary School	7.1	6.4	3.3	10.2	4.3	14.8
初中	Junior School	50.0	52.5	44.2	51.3	43.7	55.2
高中	Senoior School	36.4	36.8	41.5	32.8	42.5	25.0
大专	College	5.0	3.5	8.7	4.3	7.5	2.6
大学本科	University	1.1	0.5	2.3	1.0	1.8	0.6
研究生	Graduate	—	0.1				
男	**Male**	**100.0**	**100.0**	**100.0**	**100.0**	**100.0**	**100.0**
不识字或识字很少	Illiterateand Semi-Illiterate	0.3	0.3	0.1	0.3	0.4	1.1
小学	Primary School	8.2	7.8	3.2	10.3	4.5	19.3
初中	Junior School	50.2	52.8	46.3	52.5	42.4	53.2
高中	Senoior School	34.7	34.6	39.8	31.7	42.4	22.7
大专	College	5.3	3.6	8.7	4.0	8.4	3.1
大学本科	University	1.2	0.8	2.1	0.9	2.0	0.6
研究生	Graduate	0.1	0.2				
女	**Female**	**100.0**	**100.0**	**100.0**	**100.0**	**100.0**	**100.0**
不识字或识字很少	Illiterateand Semi-Illiterate	0.5	0.2	0.0	0.8	0.2	2.4
小学	Primary School	5.9	5.1	3.5	10.0	4.1	10.0
初中	Junior School	49.7	52.1	41.6	49.7	45.0	57.3
高中	Senoior School	38.2	38.9	43.6	34.0	42.6	27.6
大专	College	4.7	3.4	8.8	4.6	6.7	1.9
大学本科	University	0.9	0.2	2.5	1.0	1.6	0.5
研究生	Graduate						

1—58 按年龄、性别分的城镇失业人员寻找工作方式构成
SEEKING JOB METHOD COMPOSITION OF URBAN UNEMPLOYMENT BY AGE AND SEX

单位：% (%)

年龄 Age	合计 Total	在职业介绍机构登记 Register in Employment Agency Office	参加招聘洽谈会 Attend a Job Fair	委托亲友找工作 Ask Friends Relatives About Jobs	应答招聘广告 Answer Adverti-siments	刊登求职广告 Advertise For Jobs	为自己经营作准备 Prepare For Own Business	下岗等待安置 Wait For Relocation After Laid-off	其他 Others
总计 Total	**100.0**	**11.6**	**2.3**	**25.4**	**2.7**	**0.4**	**7.7**	**30.0**	**19.9**
16—19	100.0	18.0	4.8	37.3	5.4	0.3	8.7	0.5	25.0
20—24	100.0	18.0	5.2	34.4	3.3	1.2	6.4	5.7	25.9
25—29	100.0	11.9	3.2	24.8	2.4	0.8	9.8	23.9	23.1
30—34	100.0	9.4	1.1	21.8	3.0	0.4	7.6	35.7	21.0
35—39	100.0	9.4	1.4	22.4	2.8	0.1	7.9	40.3	15.7
40—44	100.0	10.4	0.8	21.8	2.1	0.3	7.4	43.1	14.1
45—49	100.0	8.2	1.2	21.7	1.4		6.1	45.9	15.5
50—54	100.0	8.2	0.9	20.8	0.9		7.6	40.2	21.4
55—59	100.0	4.2	2.1	24.2			6.3	46.3	16.8
60—64	100.0						20.0	20.0	60.0
65+	100.0	16.7		33.3			16.7	16.7	16.7
男 Male	**100.0**	**11.5**	**2.4**	**24.9**	**2.7**	**0.4**	**8.5**	**28.0**	**21.6**
16—19	100.0	19.4	4.6	39.6	4.1		8.4	0.2	23.7
20—24	100.0	18.0	5.2	33.1	3.3	1.1	6.8	5.3	27.3
25—29	100.0	10.6	3.2	25.9	2.2	1.1	10.1	23.2	23.7
30—34	100.0	10.2	1.3	19.0	4.0	0.4	9.2	32.5	23.4
35—39	100.0	8.7	1.5	21.4	2.7	0.1	8.7	37.3	19.6
40—44	100.0	9.1	1.1	20.7	2.6	0.2	9.6	40.7	16.0
45—49	100.0	8.3	0.7	21.2	1.2		8.0	42.6	18.0
50—54	100.0	9.3	1.0	21.6	1.0		6.5	39.5	21.0
55—59	100.0	4.7	2.3	22.1			5.8	50.0	15.1
60—64	100.0						25.0	25.0	50.0
65+	100.0						50.0		50.0
女 Female	**100.0**	**11.8**	**2.3**	**25.8**	**2.8**	**0.4**	**6.8**	**32.0**	**18.0**
16—19	100.0	16.4	5.1	34.3	7.1	0.6	9.1	0.8	26.6
20—24	100.0	18.0	5.2	36.2	3.2	1.1	5.8	6.2	24.2
25—29	100.0	13.0	3.3	23.8	2.7	0.5	9.5	24.6	22.5
30—34	100.0	8.7	0.8	24.0	2.3	0.5	6.3	38.3	19.1
35—39	100.0	10.1	1.3	23.2	2.8	0.1	7.2	43.1	12.2
40—44	100.0	11.7	0.4	22.8	1.6	0.3	5.3	45.3	12.4
45—49	100.0	8.1	1.9	22.3	1.6		3.7	50.2	12.1
50—54	100.0	2.0		16.0			14.0	44.0	24.0
55—59	100.0			44.4			11.1	11.1	33.3
60—64	100.0								100.0
65+	100.0	25.0		50.0				25.0	

1—59 按受教育程度、性别分的城镇失业人员寻找工作方式构成
SEEKING JOB METHOD COMPOSITION OF URBAN UNEMPLOYMENT BY EDUCATIONAL LEVEL AND SEX

单位：%　　　　(%)

受教育程度	Educational Level	合计 Total	在职业介绍机构登记 Register in Employment Agency Office	参加招聘洽谈会 Attend a Job Fair	委托亲友找工作 Ask Friends Relatives About Jobs	应答招聘广告 Answer Adverti-siments	刊登求职广告 Advertise For Jobs	为自己经营作准备 Prepare For Own Business	下岗等待安置 Wait For Relocation After Laid-off	其他 Others
总　计	**Total**	**100.0**	**11.6**	**2.3**	**25.4**	**2.7**	**0.4**	**7.7**	**30.0**	**19.9**
不识字或识字很少	Illiterateand Semi-Illiterate	100.0	7.3		19.5			9.8	24.4	39.0
小学	Primary School	100.0	5.6	1.0	23.5	1.5	0.1	7.2	30.6	30.4
初中	Junior School	100.0	9.1	1.0	26.6	2.2	0.4	8.2	32.2	20.3
高中	Senoior School	100.0	14.9	2.8	25.5	3.2	0.5	7.4	28.5	17.2
大专	College	100.0	19.2	10.3	17.6	5.6	1.7	6.1	21.3	18.2
大学本科	University	100.0	24.0	18.3	16.3	4.8	1.0	2.9	12.5	20.2
研究生	Graduate	100.0				50.0				50.0
男	**Male**	**100.0**	**11.5**	**2.4**	**24.9**	**2.7**	**0.4**	**8.5**	**28.0**	**21.6**
不识字或识字很少	Illiterateand Semi-Illiterate	100.0	6.7		6.7			6.7	20.0	60.0
小学	Primary School	100.0	5.5	0.7	23.4	0.5		9.2	27.2	33.4
初中	Junior School	100.0	9.4	0.8	26.0	2.7	0.4	9.0	30.3	21.2
高中	Senoior School	100.0	14.4	3.0	25.5	2.7	0.4	8.2	26.4	19.3
大专	College	100.0	18.7	11.3	16.7	4.7	1.6	6.2	21.8	19.1
大学本科	University	100.0	21.7	21.7	11.7	5.0	1.7	3.3	13.3	21.7
研究生	Graduate	100.0				50.0				50.0
女	**Female**	**100.0**	**11.8**	**2.3**	**25.8**	**2.8**	**0.4**	**6.8**	**32.0**	**18.0**
不识字或识字很少	Illiterateand Semi-Illiterate	100.0	8.7		26.1			8.7	30.4	26.1
小学	Primary School	100.0	5.8	1.4	23.6	2.9	0.4	4.3	35.5	26.1
初中	Junior School	100.0	8.7	1.3	27.2	1.7	0.3	7.4	34.2	19.2
高中	Senoior School	100.0	15.3	2.6	25.5	3.7	0.5	6.6	30.5	15.2
大专	College	100.0	20.4	8.6	18.6	6.8	1.8	5.9	20.8	17.2
大学本科	University	100.0	27.3	13.6	22.7	4.5		2.3	11.4	18.2
研究生	Graduate									

1—60 按年龄、性别分的城镇失业人员行业构成
INDUSTRY COMPOSITION OF URBAN UNEMPLOYMENT BY AGE AND SEX

单位:% (%)

年龄 Age	合计 Total	农、林、牧、渔业 Farming, Forestry, Animal Husbandry and Fishery	采掘业 Mining and Quarrying	制造业 Manufacturing	电力、煤气及水的生产和供应业 Production and Supply of Electricity, Gas and Water	建筑业 Construction	地质勘查业、水利管理业 Geological Prospecting and Water Conservancy	交通运输、仓储及邮电通信业 Transport, Storage, Post and Telecommunications	批发零售贸易和餐饮业 Wholesale and Retail Trade & Catering Services
总计 Total	**100.0**	**3.6**	**1.5**	**23.5**	**1.4**	**4.4**	**0.6**	**5.8**	**17.3**
16—19	100.0	4.5	0.4	7.7	1.4	1.4	0.5	6.5	14.8
20—24	100.0	4.5	0.2	9.9	2.3	2.4	0.4	4.6	16.5
25—29	100.0	2.9	1.0	21.1	0.9	3.2	0.9	6.1	19.9
30—34	100.0	3.4	1.7	28.1	1.0	4.1	0.6	6.3	19.0
35—39	100.0	3.7	2.3	27.8	1.6	5.7	0.3	5.7	17.2
40—44	100.0	3.5	2.6	29.3	1.4	5.1	0.5	6.2	17.4
45—49	100.0	2.7	1.5	30.7	1.3	6.7	0.6	6.1	15.8
50—54	100.0	3.6	0.6	32.1	1.5	8.7	1.2	5.1	14.4
55—59	100.0	9.6		39.4	3.2	9.6	2.1	4.3	4.3
60—64	100.0					16.7			33.3
65+	100.0			20.0					
男 Male	**100.0**	**3.8**	**1.7**	**24.4**	**1.9**	**6.2**	**0.7**	**8.6**	**14.3**
16—19	100.0	3.3	0.5	8.6	1.4	1.9		10.3	13.5
20—24	100.0	5.0	0.3	11.4	3.2	3.2	0.4	6.7	13.0
25—29	100.0	3.4	1.3	23.3	2.0	4.3	1.1	9.2	17.9
30—34	100.0	4.4	1.8	28.6	1.5	6.0	0.7	10.0	15.7
35—39	100.0	3.7	2.9	26.9	1.7	9.6	0.5	9.1	14.1
40—44	100.0	3.4	3.1	32.0	1.5	7.0	0.8	9.5	13.1
45—49	100.0	2.1	1.9	31.2	1.8	7.2	0.5	7.6	14.6
50—54	100.0	3.9	0.7	31.7	1.8	9.9	1.4	5.6	14.1
55—59	100.0	10.3	0.0	41.4	3.4	10.3	2.3	4.6	2.3
60—64	100.0					20.0			40.0
65+	100.0			33.3					
女 Female	**100.0**	**3.5**	**1.2**	**22.6**	**1.0**	**2.6**	**0.4**	**3.0**	**20.3**
16—19	100.0	6.1	0.3	6.7	1.2	0.9	1.2	1.7	16.3
20—24	100.0	3.7	0.2	8.1	1.2	1.5	0.3	2.2	20.8
25—29	100.0	2.5	0.8	19.4	0.1	2.2	0.7	3.6	21.8
30—34	100.0	2.7	1.6	27.6	0.7	2.5	0.5	3.3	21.7
35—39	100.0	3.7	1.8	28.7	1.7	2.1	0.1	2.8	20.0
40—44	100.0	3.4	2.2	26.9	1.3	3.4	0.3	3.1	21.3
45—49	100.0	3.7	0.9	29.6	0.9	6.1	0.7	4.0	17.5
50—54	100.0	4.1		34.7		2.0		2.0	16.3
55—59	100.0			22.2					22.2
60—64	100.0								
65+	100.0			33.3					

1—60 续表 continued

单位：%　　　　　　　　　　　　　　　　　　　　　　　　　　　　　　(%)

年龄 Age	金融、保险业 Finance and Insurance	房地产业 Real Estate Trade	社会服务业 Social Services	卫生、体育和社会福利业 Health Care, Sporting and Social Welfare	教育、文化艺术和广播电影电视业 Education, Culture and Arts, Radio, Film and Television	科学研究和综合技术服务业 Scientific Research and Polytechnical Services	国家机关政党机关和社会团体 Government Agencies, PartyAgencies and Social Organizations	其他 Others
总计 Total	**1.4**	**1.3**	**20.2**	**1.1**	**1.1**	**0.5**	**1.3**	**15.0**
16—19	1.9	1.9	23.5	2.3	1.4	0.4	1.3	30.0
20—24	2.7	1.5	21.8	2.1	1.9	1.0	3.0	25.3
25—29	2.4	1.2	19.8	0.4	1.9	0.3	1.3	16.5
30—34	1.1	1.4	17.6	0.9	0.6	0.5	1.2	12.6
35—39	0.8	1.1	21.1	0.9	0.8	0.5	0.6	9.8
40—44	0.5	0.7	21.2	0.6	0.5	0.2	1.0	8.9
45—49	0.4	0.9	20.2	1.4	0.8	0.3	0.8	9.8
50—54	1.2	1.8	15.0	0.3	1.5	0.6	0.9	11.4
55—59		3.2	10.6			1.1	1.1	11.7
60—64			16.7					33.3
65＋			20.0					60.0
男 Male	**1.1**	**1.1**	**16.7**	**0.7**	**1.0**	**0.5**	**1.5**	**15.7**
16—19	1.9	1.6	20.7	1.2	1.6	0.2	1.9	31.5
20—24	3.5	1.8	17.6	0.6	1.5	1.0	3.8	27.1
25—29	1.5	1.0	15.4	0.2	1.6	0.0	1.5	16.4
30—34	0.9	1.3	14.8	0.4	0.4	0.4	0.9	12.2
35—39	0.2	1.1	18.2	0.6	0.5	0.9	0.7	9.3
40—44	0.8	0.3	16.0	0.6	0.6	0.3	1.1	9.7
45—49		0.5	17.1	1.6	1.1	0.4	1.1	11.3
50—54		1.8	14.1		1.1	0.7	1.1	12.3
55—59		1.1	11.5			1.1	1.1	10.3
60—64			20.0					20.0
65＋			33.3					33.3
女 Female	**1.6**	**1.4**	**23.8**	**1.6**	**1.3**	**0.4**	**1.0**	**14.3**
16—19	2.0	2.3	26.8	3.8	1.2	0.9	0.3	28.3
20—24	1.7	1.3	26.8	3.9	2.3	0.8	2.0	23.2
25—29	3.2	1.5	23.4	0.7	2.1	0.5	1.1	16.6
30—34	1.4	1.6	19.7	1.3	0.8	0.5	1.4	12.8
35—39	1.3	1.0	23.7	1.2	1.0	0.1	0.6	10.4
40—44	0.4	1.0	26.0	0.6	0.6	0.1	0.9	8.2
45—49	0.9	1.4	24.0	1.4	0.5	0.2	0.5	7.7
50—54	8.2	2.0	18.4	2.0	4.1			6.1
55—59		22.2	11.1					22.2
60—64								100.0
65＋								66.7

1－61 按受教育程度、性别分的城镇失业人员行业构成
INDUSTRY COMPOSITION OF URBAN UNEMPLOYMENT BY EDUCATIONAL LEVEL AND SEX

单位：% (%)

受教育程度	Educational Level	合计 Total	农、林、牧、渔业 Farming, Forestry, Animal Husbandry and Fishery	采掘业 Mining and Quarrying	制造业 Manufacturing	电力、煤气及水的生产和供应业 Production and Supply of Electricity, Gas and Water	建筑业 Construction	地质勘查业、水利管理业 Geological Prospecting and Water Conservancy	交通运输、仓储及邮电通信业 Transport, Storage, Post and Telecommunications	批发零售贸易和餐饮业 Wholesale and Retail Trade & Catering Services
总计	**Total**	**100.0**	**3.6**	**1.5**	**23.5**	**1.4**	**4.4**	**0.6**	**5.8**	**17.3**
不识字或识字很少	Illiterateand Semi-Illiterate	100.0	7.3	2.4	19.5	7.3	7.3		2.4	17.1
小学	Primary School	100.0	6.2	0.8	27.9	0.6	7.8	0.6	4.1	13.1
初中	Junior School	100.0	3.5	2.0	24.3	1.2	4.8	0.6	5.8	17.4
高中	Senoior School	100.0	3.5	1.0	22.4	2.0	3.2	0.4	6.4	18.7
大专	College	100.0	2.7	0.2	19.5	0.4	4.8	0.8	4.4	13.0
大学本科	University	100.0	1.0		15.0	1.0	7.0	1.0	5.0	11.0
研究生	Graduate	100.0			50.0					
男	**Male**	**100.0**	**3.8**	**1.7**	**24.4**	**1.9**	**6.2**	**0.7**	**8.6**	**14.3**
不识字或识字很少	Illiterateand Semi-Illiterate	100.0		6.3	6.3	6.3	18.8		6.3	18.8
小学	Primary School	100.0	7.7	0.8	27.3	0.8	11.2	0.3	5.6	10.2
初中	Junior School	100.0	3.8	2.3	24.7	1.5	6.8	0.8	9.0	15.6
高中	Senoior School	100.0	3.2	1.1	23.9	2.9	4.1	0.5	9.1	14.5
大专	College	100.0	3.1	0.4	22.7	0.4	6.7	1.6	5.5	8.6
大学本科	University	100.0	1.8		17.5	1.8	1.8		3.5	8.8
研究生	Graduate	100.0			50.0					
女	**Female**	**100.0**	**3.5**	**1.2**	**22.6**	**1.0**	**2.6**	**0.4**	**3.0**	**20.3**
不识字或识字很少	Illiterateand Semi-Illiterate	100.0	8.3		29.2	8.3				16.7
小学	Primary School	100.0	3.7	0.7	28.7	0.4	2.9	1.1	1.8	17.3
初中	Junior School	100.0	3.3	1.7	23.9	0.9	2.6	0.4	2.5	19.2
高中	Senoior School	100.0	3.7	0.9	20.9	1.1	2.3	0.3	3.8	22.8
大专	College	100.0	2.7		15.8	0.5	2.7	0.5	2.7	18.1
大学本科	University	100.0			11.4		13.6	2.3	6.8	13.6
研究生	Graduate									

1—61 续表 continued

单位:% (%)

受教育程度	Educational Level	金融、保险业 Finance and Insurance	房地产业 Real Estate Trade	社会服务业 Social Services	卫生、体育和社会福利业 Health Care, Sporting and Social Welfare	教育、文化艺术和广播电影电视业 Education, Culture and Arts, Radio, Film and Television	科学研究和综合技术服务业 Scientific Research and Polytechnical Services	国家机关政党机关和社会团体 Government Agencies, PartyAgencies and Social Organizations	其他 Others
总　计	**Total**	**1.4**	**1.3**	**20.2**	**1.1**	**1.1**	**0.5**	**1.3**	**15.0**
不识字或识字很少	Illiterateand Semi-Illiterate		4.9	22.0					9.8
小学	Primary School	0.3	0.8	20.4	0.6	0.8		0.5	15.7
初中	Junior School	0.4	1.1	21.7	0.6	0.6	0.2	0.9	14.8
高中	Senoior School	2.1	1.4	19.0	1.6	1.0	0.5	1.4	15.3
大专	College	5.5	2.3	16.2	2.7	6.9	2.1	4.0	14.3
大学本科	University	9.0	3.0	7.0	5.0	4.0	6.0	7.0	18.0
研究生	Graduate						50.0		
男	**Male**	**1.1**	**1.1**	**16.7**	**0.7**	**1.0**	**0.5**	**1.5**	**15.7**
不识字或识字很少	Illiterateand Semi-Illiterate			18.8					18.8
小学	Primary School		0.5	18.6				0.3	16.8
初中	Junior School	0.2	0.8	17.6	0.3	0.5	0.2	1.0	14.8
高中	Senoior School	2.0	1.5	15.9	1.1	0.9	0.7	1.7	16.7
大专	College	3.1	2.7	12.9	2.0	6.3	2.0	5.9	16.1
大学本科	University	8.8	1.8	8.8	3.5	7.0	7.0	8.8	19.3
研究生	Graduate						50.0		
女	**Female**	**1.6**	**1.4**	**23.8**	**1.6**	**1.3**	**0.4**	**1.0**	**14.3**
不识字或识字很少	Illiterateand Semi-Illiterate		8.3	25.0					4.2
小学	Primary School	0.7	1.1	23.2	1.5	1.8		1.1	14.0
初中	Junior School	0.6	1.3	26.1	0.8	0.7	0.3	0.8	14.8
高中	Senoior School	2.1	1.3	22.0	2.0	1.1	0.3	1.2	14.0
大专	College	8.1	1.8	19.5	3.6	7.7	2.3	1.8	12.2
大学本科	University	6.8	4.5	4.5	9.1		4.5	6.8	15.9
研究生	Graduate								

1—62 按年龄、性别分的城镇失业人员职业构成
OCCUPATION COMPOSITION OF URBAN UNEMPLOYMENT BY AGE AND SEX

单位:% (%)

年龄 Age	合计 Total	单位负责人 Unit Head	专业技术人员 Professional and Technical Personnel	办事人员和有关人员 Clerk and Related Workers	商业服务人员 Business Service Personnel	农林牧渔水利业生产人员 Agriculture and Water Conservancy Labors	生产运输设备操作人员及有关人员 Production, Transport Equipment Operators and Related Workers	其他 Others
总计 Total	**100.0**	**1.8**	**8.2**	**11.3**	**26.7**	**1.6**	**25.3**	**25.1**
16—19	100.0	2.3	6.2	10.4	23.7	1.6	10.5	45.2
20—24	100.0	1.9	7.1	12.5	28.4	1.5	12.6	36.0
25—29	100.0	1.4	6.8	10.0	29.8	0.9	22.0	29.1
30—34	100.0	1.7	7.9	10.9	27.8	1.6	29.7	20.4
35—39	100.0	1.7	9.0	9.5	28.1	2.3	31.3	18.1
40—44	100.0	1.1	7.8	12.2	27.7	1.4	32.2	17.6
45—49	100.0	2.4	10.0	14.7	22.3	1.8	30.3	18.5
50—54	100.0	2.4	14.2	11.2	16.8	1.8	27.7	26.0
55—59	100.0	3.2	13.7	12.6	10.5	5.3	35.8	18.9
60—64	100.0		33.3		33.3			33.3
65+	100.0			20.0			20.0	60.0
男 Male	**100.0**	**1.8**	**9.9**	**11.5**	**19.7**	**1.7**	**28.5**	**26.9**
16—19	100.0	3.0	5.9	10.7	20.3	1.1	11.8	47.2
20—24	100.0	1.8	7.7	14.9	19.9	1.0	15.7	39.1
25—29	100.0	1.3	8.7	9.0	22.8	1.4	27.1	29.7
30—34	100.0	1.9	8.2	11.5	18.7	1.9	34.2	23.7
35—39	100.0	1.6	12.7	8.5	20.8	2.3	35.4	18.8
40—44	100.0	1.1	9.6	11.9	19.9	1.6	37.6	18.2
45—49	100.0	2.3	12.4	14.7	18.9	1.6	30.7	19.4
50—54	100.0	2.4	15.2	10.0	15.9	2.1	28.7	25.6
55—59	100.0	3.5	14.1	12.9	7.1	5.9	37.6	18.8
60—64	100.0		40.0		40.0			20.0
65+	100.0			50.0				50.0
女 Female	**100.0**	**1.7**	**6.4**	**11.1**	**34.0**	**1.6**	**21.9**	**23.2**
16—19	100.0	1.4	6.6	10.0	27.8	2.3	8.9	43.0
20—24	100.0	2.0	6.4	9.6	38.7	2.1	8.9	32.2
25—29	100.0	1.4	5.2	10.9	35.6	0.5	17.7	28.7
30—34	100.0	1.6	7.7	10.4	35.0	1.4	26.1	17.8
35—39	100.0	1.9	5.7	10.3	34.6	2.3	27.6	17.5
40—44	100.0	1.0	6.2	12.6	34.8	1.2	27.2	17.0
45—49	100.0	2.6	7.0	14.8	26.7	2.1	29.7	17.2
50—54	100.0	2.0	9.8	17.6	21.6		21.6	27.5
55—59	100.0		11.1	11.1	44.4		11.1	22.2
60—64	100.0							100.0
65+	100.0						33.3	66.7

1—63　按受教育程度、性别分的城镇失业人员职业构成
OCCUPATION COMPOSITION OF URBAN UNEMPLOYMENT BY EDUCATIONAL LEVEL AND SEX

单位:%　　　　　　　　　　　　　　　　　　　　　　　　　　　　(%)

受教育程度	Educational Attainment	合计 Total	单位负责人 Unit Head	专业技术人员 Professional and Technical Personnel	办事人员和有关人员 Clerk and Related Workers	商业服务人员 Business Service Personnel	农林牧渔水利业生产人员 Agriculture and Water Conservancy Labors	生产运输设备操作人员及有关人员 Production Transport Equipment Operators and Related Workers	其他 Others
总计	**Total**	**100.0**	**1.8**	**8.2**	**11.3**	**26.7**	**1.6**	**25.3**	**25.1**
不识字或识字很少	Illiterateand Semi-Illiterate	100.0		10.0	5.0	35.0		27.5	22.5
小学	Primary School	100.0	2.5	6.1	5.8	23.5	3.1	30.8	28.1
初中	Junior School	100.0	1.4	6.1	9.0	28.2	1.8	28.1	25.3
高中	Senoior School	100.0	2.0	8.8	13.2	26.8	1.2	22.9	25.1
大专	College	100.0	2.7	21.0	26.4	18.4	1.0	9.9	20.5
大学本科	University	100.0	2.9	35.0	22.3	9.7		7.8	22.3
研究生	Graduate	100.0		50.0				50.0	
男	**Male**	**100.0**	**1.8**	**9.9**	**11.5**	**19.7**	**1.7**	**28.5**	**26.9**
不识字或识字很少	Illiterateand Semi-Illiterate	100.0		18.8		31.3		25.0	25.0
小学	Primary School	100.0	2.8	8.3	5.0	15.8	3.5	32.4	32.2
初中	Junior School	100.0	1.2	7.4	9.1	21.5	1.8	32.1	26.9
高中	Senoior School	100.0	2.3	11.0	13.6	19.6	1.4	25.5	26.8
大专	College	100.0	3.5	22.7	28.9	10.9	0.4	12.1	21.5
大学本科	University	100.0	1.7	37.9	20.7	13.8		3.4	22.4
研究生	Graduate	100.0		50.0				50.0	
女	**Female**	**100.0**	**1.7**	**6.4**	**11.1**	**34.0**	**1.6**	**21.9**	**23.2**
不识字或识字很少	Illiterateand Semi-Illiterate	100.0		4.2	8.3	37.5		29.2	20.8
小学	Primary School	100.0	1.8	2.9	7.0	34.4	2.6	28.9	22.3
初中	Junior School	100.0	1.6	4.8	8.9	35.4	1.9	23.8	23.6
高中	Senoior School	100.0	1.7	6.8	12.8	33.7	1.1	20.4	23.5
大专	College	100.0	2.3	19.1	23.6	27.3	1.8	6.8	19.1
大学本科	University	100.0	4.4	31.1	24.4	4.4		13.3	22.2
研究生	Graduate								

1－64　33个城市企业单位不同职位职工工资价位抽样调查资料
THE SAMPLE SURVEY DATA OF ENTERPRISE EMPLOYEES WAGE LEVEL IN 33 CITIES

		调查人数（人）Number of Employees Surveyed	2000年平均工资（元）Average Wage, 2000 (yuan)	2001年平均工资（元）Average Wage, 2001 (yuan)	2001年平均工资比上年增长(%) Increase Rate Over the Last Year
一、按登记注册类型分组	**Grouped by Registered**				
1. 内资企业	Domestic Enterprises	648424	9608	11075	15
(1)国有企业	State-owned	413065	9991	11493	15
(2)集体企业	Unban Collective-owned	67643	7454	8271	11
(3)股份合作企业	Cooperative Units	17381	7685	8912	16
(4)联营企业	Joint-owned Units	2592	10027	11960	19
(5)有限责任公司	Limited Liability Corporations	82542	8702	9975	15
(6)股份有限公司	Share-holding Corporions Ltd	58544	11382	13779	21
(7)私营企业	Private Enterprises	2638	6551	6832	4
(8)其他企业	Others	3352	9256	9771	6
2. 港、澳、台商投资企业	Hongkong、Macao and Taiwan Chinese Funded	14655	12553	14666	17
3. 外商投资企业	Foreign Funded	26825	18679	21380	14
二、按隶属关系分组	**Grouped by Administrative Relationship**				
1. 中央	Under Central Government	117378	13092	15751	20
2. 省、自治区、直辖市	Under Provincial Government	164736	12826	14622	14
3. 地区	Under Pefectural Government	245236	8808	10205	16
4. 县及县以下	Atand Below County Level	147744	6719	7198	7
5. 其他	Others	14810	7630	9851	29
三、按国民经济行业分组	**Grouped by Sectors**				
1. 农、林、牧、渔业	Farming, Forestry, Animal Husbandry and Fishery	9780	6808	7872	16
2. 采掘业	Mining and Quarrying	12060	7941	9115	15
3. 制造业	Manufacturing	376981	9611	11119	16
4. 电力、煤气及水的生产供应业	Electricity, Gas and Water Production and Supply	29834	12267	13836	13
5. 建筑业	Construction	46931	10830	12380	14
6. 交通运输、仓储及邮电通信业	Transportaion, Storage, Post and Telecommunications	49049	10791	12594	17
7. 批发和零售贸易、餐饮业	Wholesale, Retail Trade andCatering	91733	9097	10189	12
8. 金融、保险业	Banking and Insurance	14379	13963	16848	21
9. 房地产业	Real Estate Management	15935	14484	16223	12
10. 社会服务业	Social Services	26374	11483	13984	22
11. 其他行业	Others	16737	9225	10290	12
四、按地区分组	**Grouped by Cities**				
北京	Beijing	45543	18119	20872	15
天津	Tianjin	41209	14258	15621	15

1—64 续表 1 continued

		调查人数（人）Number of Employees Surveyed	2000年平均工资（元）Average Wage, 2000 (yuan)	2001年平均工资（元）Average Wage, 2001 (yuan)	2001年平均工资比上年增长（%）Increase Rate Over the Last Year
石家庄	Shijiazhuang	25376	9487	9957	5
呼和浩特	Huhhot	4860	7416	8039	8
沈阳	Shenyang	42292	13718	16882	23
长春	Changchun	21669	11475	12741	11
上海	Shanghai	31157	21012	22915	9
南昌	Nanchang	12946	7928	8662	9
武汉	Wuhan	9894	7639	8109	6
南宁	Nanning	10228	8714	10879	25
重庆	Chongqing	14731	8520	9545	12
贵阳	Guiyang	20326	7979	9579	20
西安	Xi'an	45738	7875	8676	10
银川	Yinchuan	5640	6754	7643	13
兰州	Lanzhou	6708	7156	7727	8
赤峰	Chifeng	4840	6768	6950	3
包头	Baotou	1733	7546	8052	7
厦门	Xiamen	14224	17150	20783	21
泉州	Quanzhou	1647	9469	10727	13
汉中	Hanzhong	7431	5154	5540	7
绵阳	Mianyang	5376	7549	8144	8
乐山	Leshan	8565	7482	8096	8
景德镇	Jingdezhen	3855	4541	5190	14
赣州	Ganzhou	17612	7434	8127	9
潍坊	Weifang	48903	7925	8566	8
威海	Weihai	40728	8830	9776	11
洛阳	Luoyang	10989	8340	8667	4
安阳	Anyang	6590	6774	7092	5
开封	Kaifeng	6281	6367	6563	3
孝感	Xiaogan	4669	4934	5102	3
常德	Changde	4493	8942	10442	17
桂林	Guilin	7587	10125	11640	15
渭南	Weinan	7690	4986	5820	17
五、按专业(技术)等级分组	**Grouped by Technical Level**				
1. 工人(生产业务人员)	Worker				
(1)初级工	Junior Skilled	65338	9083	10255	8
(2)中级工	Medium Skilled	91555	10095	11482	23
(3)高级工	Senior Skilled	38575	10295	11393	11

1—64 续表 2 continued

		调查人数(人) Number of Employees Surveyed	2000年平均工资(元) Average Wage, 2000 (yuan)	2001年平均工资(元) Average Wage, 2001 (yuan)	2001年平均工资比上年增长(%) Increase Rate Over the Last Year
(4)技师	Technician	5640	12245	13591	11
(5)高级技师	Senior Technician	751	12487	14465	16
(6)其他人员	Others	70204	9264	10146	10
2.专业技术人员	Professional Personnel				
(1)正高级专业技术职务	Senior	2406	18088	22566	25
(2)副高级专业技术职务	Vice-senior	7141	18289	22839	25
(3))中级专业技术职务	Medium	43870	13965	16848	21
(4)初级专业技术职务	Junior	71054	11165	13331	19
(5)未评定技术职务人员	No title	68415	9541	10948	15
六、按学历分组	**Grouped by Educational Background**				
1.博士及以上	Doctor and Above	172	20196	27973	39
2.硕士	Master	1972	27552	37047	34
3.本科	Bachelor	37975	16443	20662	26
4.大专	College	87563	12459	14887	19
5.高中、中专、技校	Senior Middle School Specialized Secondary and Technical School	258846	9806	11215	14
6.初中及以下	Junior Middle School and Below	190794	8966	10046	12
七、按工龄分组	**Grouped by Length of Work**				
1.1年	1 year	62136	8862	10965	24
2.2—5年	2—5 year	88389	9674	11423	18
3.6—10年	6—10 year	96010	9923	11399	15
4.16—20年	16—20 year	89713	10474	12001	15
5.21—25年	21—25 year	96130	10560	11936	13
6.26—30年	26—30 year	67030	11657	13110	12
7.31—35年	31—35 year	50813	13268	15192	15
8.36—40年	36—40 year	9562	13781	15739	14
9.41—45年	41—45 year	1698	15063	16469	9
10.46年及以上	46 year and Above	32	15432	19557	27
八、按年龄分组	**Grouped by Age Group**				
1.20岁以下	20 Below	25134	7628	9397	23
2.21—25	21—25	45194	7930	10019	26
3.26—30	26—30	88743	9504	11333	19
4.31—35	31—35	101780	10018	11641	16
5.36—40	36—40	109311	10569	12186	15
6.41—45	41—45	94567	11102	12518	13
7.46—50	45—50	74957	11815	13386	13
8.51—55	51—55	31631	13016	14811	14
9.56—60	56—60	8270	14801	16732	13
10.60岁以上	60 Above	1014	15210	17540	15

1—65 分地区居民消费价格指数和商品零售价格指数

CONSUMER PRICE INDICES AND RETAIL PRICE INDICES BY REGION

（上年＝100） (preceding year＝100)

年份 Year 地区 Region	居民消费价格指数 Consumer Price Index			商品零售价格指数 Retail Price Index		
	全省（区、市） Province	城市 Urban Areas	农村 Rural Areas	全省（区、市） Province	城市 Urban Areas	农村 Rural Areas
1994	124.1	125.0	123.4	121.7	120.9	122.9
1995	117.1	116.8	117.5	114.8	113.5	116.4
1996	108.3	108.8	107.9	106.1	105.8	106.4
1997	102.8	103.1	102.5	100.8	100.8	100.7
1998	99.2	99.4	99.0	97.4	97.4	97.6
1999	98.6	98.7	98.5	97.0	97.0	97.1
2000	100.4	100.8	99.9	98.5	98.5	98.5
2001	100.7	100.7	100.8	99.2	98.9	99.6
北京 Beijing	103.1	103.1		98.8	98.8	
天津 Tianjin	101.2	101.2		98.6	98.6	
河北 Hebei	100.5	100.4	100.6	99.8	99.4	100.2
山西 Shanxi	99.8	99.5	100.4	99.0	98.6	99.5
内蒙古 Inner Mongolia	100.6	100.6	100.5	100.0	100.0	99.9
辽宁 Liaoning	100.0	99.9	100.2	99.4	99.2	100.4
吉林 Jilin	101.3	101.5	100.5	100.9	100.8	101.5
黑龙江 Heilongjiang	100.8	100.8	100.4	100.4	100.3	101.2
上海 Shanghai	100.0	100.0		98.6	98.6	
江苏 Jiangsu	100.8	100.1	101.5	98.9	98.6	99.3
浙江 Zhejiang	99.8	99.6	100.0	98.1	97.4	99.0
安徽 Anhui	100.5	100.0	101.3	99.6	98.5	100.6
福建 Fujian	98.7	98.3	99.3	98.0	97.6	98.4
江西 Jiangxi	99.5	99.8	99.2	98.4	98.3	98.4
山东 Shandong	101.8	101.1	102.4	100.0	99.5	100.7
河南 Henan	100.7	100.7	100.7	99.8	99.5	100.1
湖北 Hubei	100.3	100.4	99.8	97.4	97.0	98.0
湖南 Hunan	99.1	98.9	99.3	98.8	98.1	99.4
广东 Guangdong	99.3	99.2	99.6	98.7	98.6	98.9
广西 Guangxi	100.6	101.3	99.6	97.8	97.3	99.0
海南 Hainan	98.5	98.8	98.3	97.7	97.6	97.8
重庆 Chongqing	101.7	101.7		99.0	99.0	
四川 Sichuan	102.1	101.8	102.7	100.8	100.5	101.2
贵州 Guizhou	101.8	102.4	101.1	98.4	97.8	99.1
云南 Yunnan	99.1	98.1	100.6	98.4	98.0	98.7
西藏 Tibet	100.1	99.1	100.9	99.6	99.6	99.4
陕西 Shaanxi	101.0	100.1	102.9	99.1	98.9	99.6
甘肃 Gansu	104.0	103.0	105.5	99.6	99.2	100.5
青海 Qinghai	102.6	103.0	101.2	99.9	99.9	99.9
宁夏 Ningxia	101.6	101.3	102.2	100.0	100.3	99.6
新疆 Xinjiang	104.0	104.0	103.8	102.5	102.7	102.3

1—66 全国商品零售价格分类指数

RETAIL PRICE INDICES BY CATEGORY OF COMMODITIES(2001)

(上年=100) (preceding year=100)

项　　目	Item	全　国 National Indices	城　市 Urban Indices	农村 Rural Indices
商品零售价格指数	**General Retail Price Index**	**99.2**	**98.9**	**99.6**
食品	**Food**	**100.6**	**100.7**	**100.6**
粮食	Grain	101.5	101.4	101.7
细粮	Flour and Rice	101.6	101.4	101.8
粗粮	Coarse Food Grain	101.2	101.6	100.8
油脂	Oil or Fat	89.3	88.9	90.0
肉禽蛋	Meal,Poultry and Eggs	102.9	103.3	102.3
水产品	Aquatic Products	96.3	95.9	97.2
鲜菜	Fresh Vegetables	103.3	103.4	103.2
干菜	Dried Vegetables	98.6	98.7	98.5
鲜果	Fresh Fruits	100.1	100.5	99.3
干果	Dried Fruits	98.5	98.7	98.3
其他食品	OtherFood	101.8	101.1	102.8
调味品	Condiments	100.8	100.5	101.1
食糖	Sugar	115.8	116.4	115.3
糖果	Candy	100.6	100.5	100.6
糕点	Cake	99.2	98.8	99.9
奶及奶制品	Milk and Its Products	99.9	100.0	99.3
罐头	Canned Food	98.9	98.5	99.7
饮食业	Catering Trade	100.4	100.7	99.7
主食	Staple Food	99.9	100.0	99.7
炒菜	Fried Dishes	100.4	100.7	99.5
地方小吃	Local Snack	101.1	101.6	100.1
饮料烟酒	**Beverages,Tobacco and Liquor**	**99.5**	**99.6**	**99.4**
饮料	Beverages	98.9	98.9	98.9
烟酒	Tobaccoand Liquor	99.7	99.9	99.5
服装鞋帽	**Garments,Shoes and Hats**	**98.9**	**98.6**	**99.2**
服装	Garments	98.3	98.0	99.0
鞋	Shoes	99.6	99.7	99.6
其他衣着	Other Clothing	99.5	99.6	99.5
纺织品	**Textiles**	**99.1**	**98.9**	**99.4**
棉布	Cotton Cloth	99.7	99.7	99.7
棉花化纤混纺布	Blend Cloth	99.1	98.4	99.7
化纤布	Chemical Fiber Cloth	99.6	99.4	99.8
呢绒	Woolen Fabric	97.4	96.8	99.0
绸缎	Silk	99.6	99.8	99.2
其他纺织品	Other Textiles	99.3	99.5	99.0
中西药品	**Traditional Chinese and Western Medicines**	**98.5**	**97.8**	**99.7**
中药	Traditional Chinese Medicine	102.3	101.7	103.3
西药	Western Medicine	95.8	95.0	97.0
医疗用品	Medical Articles	98.8	98.0	100.5
化妆品	**Cosmetics**	**98.8**	**98.5**	**99.3**
书报杂志	Newspapers and Magazines	108.1	107.1	109.7
文化体育用品	Cultural and SportsGoods	98.6	98.4	99.1
文化用品	Cultural Goods	98.4	98.2	99.0
体育用品	Sports Goods	99.2	99.2	99.3
日用品	**Articles for Daily Use**	**98.3**	**98.2**	**98.5**
一般日用品	Ordinary Articles for DailyUse	98.4	98.4	98.3
家具	Furniture	97.6	97.3	98.4
日用杂品	Sundries for Daily Use	99.6	99.7	99.5
家用电器	**Household Appliances**	**93.9**	**93.3**	**95.1**
首饰	**Jewelry**	**90.7**	**90.5**	**91.2**
燃料	**Fuels**	**102.4**	**102.0**	**103.0**
建筑装璜材料	**Building Decorati on Materials**	**100.1**	**100.4**	**99.9**
机电产品	**Mechanical and Electrical Products**	**94.3**	**94.5**	**93.7**

1－67 分地区商品零售价格分类指数
RETAIL PRICE INDICES BY CATEGORY OF COMMODITIES BY REGION

（上年＝100）　　　(preceding year＝100)

年份 Year 地区 Region	总指数 General Index	食品 Food	＃粮食 Grain	＃油脂 Oil or Fat	＃肉禽蛋 Meat, Poultry & Eggs	＃水产品 Aquatic Products	＃鲜菜 Veget-ables	＃鲜果 Fresh Fruits	＃干果 Dried Fruits
1994	121.7	135.2	148.7	161.4	137.2	120.7	138.2	119.4	125.5
1995	114.8	124.7	134.4	116.3	124.2	114.2	129.3	120.4	124.4
1996	106.1	107.7	107.5	92.1	106.4	105.6	118.4	102.8	110.3
1997	100.8	99.8	92.1	101.6	101.3	101.2	99.5	92.1	106.6
1998	97.4	96.8	96.9	100.7	92.6	94.2	100.3	95.7	94.8
1999	97.0	95.8	96.4	94.4	91.1	93.6	100.4	99.4	91.5
2000	98.5	97.5	90.1	86.2	96.1	102.7	105.3	95.7	99.1
2001	99.2	100.6	101.5	89.3	102.9	96.3	103.3	100.1	98.5
北京 Beijing	98.8	102.4	97.2	83.7	103.9	94.9	102.7	101.9	100.1
天津 Tianjin	98.6	101.0	101.4	86.2	105.5	98.1	99.9	110.3	100.1
河北 Hebei	99.8	100.7	99.7	91.1	105.8	96.1	102.0	100.9	98.5
山西 Shanxi	99.0	100.4	97.5	89.6	105.6	97.1	102.3	101.6	95.5
内蒙古 Inner Mongolia	100.0	102.1	100.7	91.1	106.4	97.8	104.9	105.3	98.1
辽宁 Liaoning	99.4	103.2	107.7	85.2	108.0	99.6	104.5	104.6	95.1
吉林 Jilin	100.9	103.1	109.1	88.8	108.5	98.3	100.4	102.6	94.6
黑龙江 Heilongjiang	100.4	103.7	104.1	83.9	109.4	99.3	106.4	110.2	96.3
上海 Shanghai	98.6	98.4	102.3	81.4	101.8	90.1	108.1	109.3	99.6
江苏 Jiangsu	98.9	99.8	105.9	88.8	101.5	96.1	98.6	94.5	100.8
浙江 Zhejiang	98.1	99.7	102.7	90.6	101.5	97.5	100.8	94.3	101.1
安徽 Anhui	99.6	101.0	104.6	88.4	102.5	98.8	103.3	99.3	97.2
福建 Fujian	98.0	98.1	101.8	89.3	98.6	94.4	98.0	95.8	98.3
江西 Jiangxi	98.4	99.0	97.9	85.8	101.1	95.2	99.3	99.4	97.1
山东 Shandong	100.0	102.8	101.3	92.4	106.9	100.3	105.4	100.1	99.1
河南 Henan	99.8	100.8	102.0	90.9	105.1	97.5	95.8	97.0	96.2
湖北 Hubei	97.4	99.2	97.4	88.9	102.0	97.6	97.7	99.3	97.0
湖南 Hunan	98.8	98.8	100.6	89.0	99.2	98.3	99.2	97.9	100.1
广东 Guangdong	98.7	99.2	97.2	94.4	98.1	96.6	108.4	97.1	98.3
广西 Guangxi	97.8	99.2	94.8	89.2	99.5	95.6	108.8	99.3	90.7
海南 Hainan	97.7	99.6	98.8	91.5	99.3	94.4	106.6	101.4	99.6
重庆 Chongqing	99.0	100.6	96.8	91.7	98.3	101.9	112.7	104.8	98.6
四川 Sichuan	100.8	102.3	101.4	88.8	102.7	101.1	114.1	103.2	100.3
贵州 Guizhou	98.4	99.4	96.9	87.6	98.8	93.4	107.4	99.3	96.9
云南 Yunnan	98.4	98.6	102.3	87.8	94.8	94.5	103.0	102.9	95.6
西藏 Tibet	99.6	99.4	99.0	95.9	100.6	99.5	94.3	105.2	106.6
陕西 Shaanxi	99.1	100.0	98.8	88.4	105.4	95.9	100.5	96.4	100.1
甘肃 Gansu	99.6	100.9	98.1	90.6	105.0	96.6	103.7	102.9	98.8
青海 Qinghai	99.9	101.6	97.6	87.8	110.2	100.1	102.9	99.8	95.9
宁夏 Ningxia	100.0	101.4	102.4	90.6	105.5	94.8	102.1	99.6	96.7
新疆 Xinjiang	102.5	106.1	99.6	87.9	120.4	104.3	107.0	98.3	97.6

1－67 续表1 continued

(上年＝100) (preceding year＝100)

年 份 Year 地 区 Region	＃饮食业 Catering Trade	饮料烟酒 Beverages, Tobacco and Liquor	服装鞋帽 Clothing, Shoes and Hats	纺织品 Textiles	中西药品 Traditional Chinese & Western Medicines	化妆品 Cosmetics	书报杂志 Newspapers and Magazines
1994	128.2	111.3	119.6	114.7	111.8	116.4	133.5
1995	123.5	107.8	116.8	115.4	111.5	109.9	115.2
1996	108.6	105.1	108.5	106.4	108.8	105.0	136.9
1997	104.7	101.2	103.5	101.9	104.4	102.3	112.8
1998	101.1	98.8	99.3	99.1	102.8	100.5	105.1
1999	99.6	97.3	97.3	98.0	101.0	99.6	104.9
2000	99.8	98.0	99.2	98.6	100.2	98.9	105.4
2001	100.4	99.5	98.9	99.1	98.5	98.8	108.1
北 京 Beijing	107.9	100.6	101.1	98.7	103.3	98.8	106.9
天 津 Tianjin	100.1	98.6	98.8	98.2	100.1	100.6	96.8
河 北 Hebei	99.8	99.1	101.0	99.0	98.1	98.8	106.7
山 西 Shanxi	98.9	97.7	100.5	95.4	99.1	98.8	105.1
内蒙古 Inner Mongolia	100.3	98.8	98.8	98.1	98.7	100.3	101.1
辽 宁 Liaoning	99.2	98.6	96.8	98.5	90.8	98.1	117.7
吉 林 Jilin	100.8	100.1	98.8	98.9	100.0	99.4	103.2
黑龙江 Heilongjiang	100.2	99.5	98.5	99.4	95.4	99.6	109.8
上 海 Shanghai	100.7	98.4	107.7	98.8	98.7	100.7	99.5
江 苏 Jiangsu	99.1	99.2	99.0	98.9	100.1	98.6	113.8
浙 江 Zhejiang	99.7	99.6	95.1	98.6	100.1	100.0	110.0
安 徽 Anhui	98.2	99.9	98.0	99.2	99.8	98.9	104.3
福 建 Fujian	98.8	99.8	95.3	100.9	97.4	98.2	106.0
江 西 Jiangxi	100.7	99.0	97.9	100.1	100.1	98.6	100.9
山 东 Shandong	101.5	101.0	98.0	99.1	97.9	97.8	106.6
河 南 Henan	100.1	99.1	99.2	99.3	98.6	98.5	105.1
湖 北 Hubei	101.9	98.9	94.5	98.8	95.4	97.2	107.8
湖 南 Hunan	98.6	98.3	98.9	98.8	100.5	99.9	119.6
广 东 Guangdong	99.3	101.4	98.9	100.2	99.2	99.6	106.3
广 西 Guangxi	99.6	99.1	97.5	99.7	94.9	96.3	108.2
海 南 Hainan	100.0	100.2	99.1	99.6	101.5	98.5	107.1
重 庆 Chongqing	99.8	97.5	96.5	99.9	98.8	98.6	114.5
四 川 Sichuan	100.8	98.4	99.5	99.8	100.3	98.9	119.0
贵 州 Guizhou	100.0	100.1	98.2	98.7	98.6	97.3	100.0
云 南 Yunnan	100.6	99.5	99.1	99.4	97.5	100.1	113.1
西 藏 Tibet	97.5	102.7	102.9	99.1	99.4	133.9	108.2
陕 西 Shaanxi	99.7	100.3	97.7	98.5	96.1	97.1	116.9
甘 肃 Gansu	100.5	100.2	100.4	99.1	99.6	97.2	106.7
青 海 Qinghai	99.9	98.4	99.3	98.6	96.4	96.8	113.7
宁 夏 Ningxia	99.5	97.8	100.0	95.6	98.7	98.8	119.8
新 疆 Xinjiang	99.6	97.3	100.1	100.3	99.8	95.3	106.4

1—67 续表 2　continued

(上年=100)　　(preceding year=100)

年份 Year 地区 Region	文化体育用品 Cultural and Sports Goods	日用品 Articles for Daily Use	家用电器 Household Appliances	首饰 Jewelry	燃料 Fuels	建筑装璜材料 Building Decoration Materials	机电产品 Mechanical and Electrical Products
1994	109.8	113.9	106.7	110.1	115.1	112.9	100.4
1995	108.9	109.7	100.7	99.4	107.4	105.7	96.6
1996	106.7	105.3	98.7	99.4	105.0	101.2	95.8
1997	101.7	102.3	95.6	97.8	107.3	99.0	95.5
1998	99.0	99.0	93.9	90.9	96.1	97.1	92.3
1999	99.5	97.9	94.0	94.5	100.4	98.3	95.1
2000	98.9	98.1	93.6	97.6	117.7	98.4	95.6
2001	98.6	98.3	93.9	90.7	102.4	100.1	94.3
北京 Beijing	101.8	97.8	88.0	91.2	108.2	99.1	91.8
天津 Tianjin	99.0	98.0	94.4	80.7	107.6	100.5	94.5
河北 Hebei	99.6	98.9	94.8	91.9	106.7	101.3	94.6
山西 Shanxi	99.5	98.8	94.2	91.1	104.1	100.5	95.2
内蒙古 Inner Mongolia	100.1	99.2	96.6	93.2	105.0	100.1	93.7
辽宁 Liaoning	97.2	97.5	92.6	90.4	105.0	100.5	93.6
吉林 Jilin	99.0	99.4	97.3	92.4	104.2	100.9	96.6
黑龙江 Heilongjiang	97.4	99.2	93.5	89.1	103.4	103.4	95.2
上海 Shanghai	97.8	94.9	95.0	87.2	111.4	101.8	98.3
江苏 Jiangsu	98.6	99.5	92.9	89.0	101.6	99.1	95.4
浙江 Zhejiang	98.6	97.9	92.9	88.4	98.7	102.0	92.5
安徽 Anhui	99.4	98.9	96.0	91.3	104.9	100.9	94.0
福建 Fujian	99.0	98.6	94.6	96.3	100.7	98.3	96.6
江西 Jiangxi	100.1	98.8	94.7	93.3	100.6	96.6	94.0
山东 Shandong	98.0	99.1	93.0	94.9	105.5	100.7	96.8
河南 Henan	99.4	99.2	95.5	94.0	107.2	99.9	95.2
湖北 Hubei	97.9	96.0	91.3	86.4	98.6	99.0	91.9
湖南 Hunan	98.5	98.0	93.5	88.5	102.6	97.8	93.8
广东 Guangdong	97.9	99.5	95.2	92.3	97.4	98.7	93.2
广西 Guangxi	99.0	98.2	93.7	88.2	98.5	98.0	92.9
海南 Hainan	94.8	98.5	86.0	94.4	95.1	96.8	89.8
重庆 Chongqing	98.9	99.3	91.0	88.6	97.7	102.9	92.3
四川 Sichuan	99.2	99.1	95.0	91.0	102.3	101.9	95.2
贵州 Guizhou	96.6	97.5	95.6	95.2	103.2	99.9	92.9
云南 Yunnan	99.3	99.8	93.5	92.2	98.0	97.8	93.7
西藏 Tibet	97.6	99.1	96.4	104.4	99.4	101.1	93.7
陕西 Shaanxi	98.9	98.4	93.9	94.0	100.1	100.3	96.2
甘肃 Gansu	98.9	97.0	93.5	90.7	107.3	97.1	94.3
青海 Qinghai	98.3	96.5	96.1	91.3	103.7	100.4	96.0
宁夏 Ningxia	97.9	98.0	92.9	88.9	108.7	103.0	92.8
新疆 Xinjiang	98.9	99.7	97.1	93.5	109.2	100.5	94.4

1—68 全国居民消费价格分类指数
CONSUMER PRICE INDICES BY CATEGORY (2001)

(上年=100) (preceding year=100)

项　　目	Item	全　国 National Indices	城　市 Urban Indices	农　村 Rural Indices
居民消费价格指数	**Consumer Price Index**	**100.7**	**100.7**	**100.8**
食品	**Food**	**100.0**	**100.1**	**99.8**
粮食	Grain	99.3	99.2	99.7
#大米	Rice	100.2	99.8	101.4
面粉	Flour	99.1	98.9	99.4
淀粉及薯类	Starches and Tubers	99.5	100.3	96.7
干豆类及豆制品	Bean and Its Products	99.0	98.7	99.6
油脂	Oil or Fat	91.7	90.9	92.9
肉禽及其制品	Meal, Poultry and Their Products	101.6	101.7	101.4
蛋	Eggs	106.0	106.3	105.3
水产品	Aquatic Products	97.1	96.9	97.8
菜	Vegetables	100.9	101.2	100.0
#鲜菜	Fresh Vegetables	101.4	101.4	100.9
调味品	Flavoring	102.2	102.3	102.0
糖	Carbohydrate	104.6	103.9	105.4
茶及饮料	Tea and Beverages	99.1	99.1	99.3
茶	Tea	101.0	101.2	100.6
饮料	Beverages	98.3	98.3	98.3
干鲜瓜果	Dried and Fresh Melons and Fruits	99.9	100.2	98.8
#鲜果	Fresh Fruits	100.3	100.6	99.0
糕点饼干面包	Cake, Biscuit and Bread	98.9	99.0	98.7
奶及奶制品	Milk and Its Products	99.1	99.0	99.7
在外用膳食品	Outward Dinner	100.2	100.4	99.6
其它食品及加工服务费	Other Foods and Manufacturing Services	98.9	98.4	99.3
烟酒及用品	**Tobacco, Liquor and Articles**	**99.7**	**99.7**	**99.6**
烟草	Tobacco	99.6	99.4	99.7
酒	Liquor	99.9	100.4	99.4
吸烟、饮酒用品	Articles for Somking and Drinking	99.7	99.5	100.8
衣着	**Clothing**	**98.1**	**97.8**	**98.9**
服装	Garments	97.6	97.4	98.2
衣着材料	Clothing Material	98.8	98.2	99.8
鞋袜帽	Footgear and Hats	99.0	98.6	99.8
衣着加工服务费	Clothing Manufacturing Services	100.3	100.3	100.4
家庭设备用品及服务	**Household Facilities, Articles and Services**	**97.7**	**97.5**	**98.4**
耐用消费品	Durable Consumer Goods	96.1	95.7	97.5
家具	Furniture	98.0	97.9	98.4
家庭设备	Household Facilities	95.1	94.8	96.8

1－68 续表1 continued

（上年＝100） (preceding year＝100)

项　目	Item	全 国 National Indices	城 市 Urban Indices	农 村 Rural Indices
室内装饰品	Interior Decorations	98.3	98.4	97.8
床上用品	Bed Articles	99.3	99.6	98.8
家庭日用杂品	Daily Use Household Articles	98.6	98.4	99.1
家庭服务及加工维修服务费	Other Household Service and Manufacturing Upkeep	101.5	101.7	100.7
医疗保健和个人用品	**Health Cares & Personal Articles**	**100.0**	**99.3**	**101.1**
医疗保健	Medical Appliances and Articles	100.3	99.2	102.1
医疗器具及用品	Medical Instrument and Articles	98.3	98.9	98.0
中药材及中成药	Traditional Chinese Medicine	101.4	101.1	102.1
西药	Western Medicine	94.8	94.3	96.0
保健器具及用品	Health Care Appliances and Articles	97.3	96.8	99.2
医疗保健服务	Health Care Services	110.5	113.0	108.9
个人用品及服务	Personal Articles and Services	99.5	99.4	99.5
化妆美容用品	Cosmetic	99.8	100.3	98.2
卫生用品	Sanitation Article	97.9	97.6	98.4
个人饰品	Personal Decorations	97.8	96.9	98.8
个人服务	Personal Service	101.7	103.1	100.8
交通和通信	**Transportation and Communication**	**99.0**	**99.1**	**98.7**
交通	Transportation	101.0	101.8	99.7
交通工具	Transportation Facility	96.4	96.2	96.6
车用燃料及零配件	Fuels and Parts	99.0	99.8	97.9
车辆使用及维修费	Using and Upkeeping Fare	100.4	100.9	99.3
市内公共交通费	Incity Traffic Fare	105.8	106.5	102.0
城市间交通费	Intercity Traffic Fare	104.0	102.9	104.9
通信	Telecommunication	96.8	97.0	96.5
通信工具	Telecommunication Facility	80.5	78.2	89.1
通信服务	Telecommunication Service	101.1	101.7	98.6
娱乐教育文化	**Recreation, Education and Culture Articles**	**106.6**	**106.7**	**106.4**
文娱用耐用消费品及服务	Durable Consumer Goods for Recreational Use	91.2	89.8	94.1
教育	Education	113.6	116.5	109.8
教材及参考书	Teaching Materials and Reference Books	106.1	105.8	106.8
学杂托幼费	Tuition and Children Care	114.1	117.5	109.9
文化娱乐用品	Cultural and Recreational Articles	101.7	102.2	100.2
文化用品	Cultural Articles	99.4	99.4	99.3
书报杂志	Newspapers and Magazines	101.9	102.0	101.6
文娱费	Expenditure of Entertainment	104.4	105.0	100.1
旅游及外出	Touring and Outgoing	100.3	100.3	100.8
居住	**Residence**	**101.2**	**101.7**	**100.3**
建房及装修材料	Building and Building Decoration Materials	98.8	98.3	99.1
租房	Rent	108.6	109.4	102.8
自有住房	Private Housing	100.0	100.0	100.2
水电燃料	Water, Electricity and Fuels	102.5	102.2	103.0

1—69 分地区居民消费价格分类指数

CONSUMER PRICE INDICES BY CATEGORY AND BY REGION(2001)

(上年=100) (preceding year=100)

地区	Region	总指数 General Index	食品 Food	#粮食 Grain	#油脂 Oil or Fat	#肉禽及其制品 Meal, and Poultry	#蛋 Eggs	#水产品 Aquatic Products	#菜 Vegetables	#鲜菜 Fresh Vegetables
全国	**National**	**100.7**	**100.0**	**99.3**	**91.7**	**101.6**	**106.0**	**97.1**	**100.9**	**101.4**
北京	Beijing	103.1	101.5	95.0	87.5	102.6	109.0	96.9	100.3	100.2
天津	Tianjin	101.2	100.8	103.6	83.6	102.7	106.1	101.0	97.3	97.3
河北	Hebei	100.5	100.8	101.4	92.4	104.3	110.6	97.5	99.9	99.6
山西	Shanxi	99.8	99.4	98.7	87.8	104.0	107.9	96.5	98.9	99.6
内蒙古	Inner Mongolia	100.6	101.8	101.1	93.4	105.0	106.3	101.1	99.2	98.5
辽宁	Liaoning	100.0	101.8	100.1	90.5	106.7	106.7	98.2	103.7	103.9
吉林	Jilin	101.3	101.3	98.1	91.9	109.0	108.0	96.4	96.4	96.1
黑龙江	Heilongjiang	100.8	101.9	98.5	93.7	108.7	109.1	99.5	100.1	100.4
上海	Shanghai	100.0	100.3	102.9	84.5	99.3	102.4	100.1	108.9	110.2
江苏	Jiangsu	100.8	99.3	102.5	92.6	100.8	105.0	97.2	95.9	95.1
浙江	Zhejiang	99.8	98.7	104.1	91.1	100.3	106.6	94.3	94.9	94.7
安徽	Anhui	100.5	99.7	107.1	91.7	101.1	103.6	98.1	95.6	95.3
福建	Fujian	98.7	97.6	97.3	92.3	98.4	105.2	95.5	96.5	95.6
江西	Jiangxi	99.5	98.0	94.6	90.5	99.9	102.4	95.7	92.9	93.4
山东	Shandong	101.8	101.1	98.9	92.8	103.2	109.2	101.4	104.0	104.4
河南	Henan	100.7	100.4	100.7	92.0	104.6	105.9	97.5	95.5	93.4
湖北	Hubei	100.3	99.3	94.1	90.4	101.5	107.8	97.4	97.2	96.9
湖南	Hunan	99.1	98.6	98.6	91.1	99.2	107.5	96.7	95.1	95.4
广东	Guangdong	99.3	98.2	97.6	94.5	98.2	100.8	93.5	102.8	103.8
广西	Guangxi	100.6	98.5	92.5	87.8	98.8	101.7	96.0	104.4	105.3
海南	Hainan	98.5	98.4	100.5	98.1	100.9	100.1	90.6	100.8	102.2
重庆	Chongqing	101.7	99.2	96.3	91.7	97.8	104.2	98.4	108.9	110.8
四川	Sichuan	102.1	101.3	100.7	93.8	101.7	100.4	99.0	107.9	109.2
贵州	Guizhou	101.8	98.5	95.6	86.6	97.8	107.8	95.8	99.6	100.3
云南	Yunnan	99.1	98.3	103.6	94.3	94.6	102.3	97.8	95.7	95.5
西藏	Tibet	100.1	99.3	99.9	97.3	102.4	96.9	100.8	92.3	91.8
陕西	Shaanxi	101.0	99.2	96.3	92.0	103.4	108.7	95.0	94.3	94.0
甘肃	Gansu	104.0	100.0	99.8	94.7	102.3	105.3	93.3	100.2	99.9
青海	Qinghai	102.6	102.2	95.8	93.6	112.7	110.7	98.2	96.4	96.6
宁夏	Ningxia	101.6	100.1	102.9	90.7	105.7	105.3	94.7	95.8	95.7
新疆	Xinjiang	104.0	104.3	99.1	93.9	113.6	107.6	100.1	107.0	108.6

1—69 续表 1 continued

(上年=100) (preceding year=100)

地 区 Region	#干鲜瓜果 Dried and Fresh Melons and Fruits	#鲜果 Fresh Fruits	#在外用膳食品 Outward Dinner	烟酒及用品 Tobacco, Liquor and Articles	#烟 草 Tobacco	#酒 Liquor	衣 着 Clothing	服 装 Garments	衣着材料 Clothing Material
全 国 National	**99.9**	**100.3**	**100.2**	**99.7**	**99.6**	**99.9**	**98.1**	**97.6**	**98.8**
北 京 Beijing	101.1	101.5	106.1	101.5	102.2	103.3	100.4	100.0	97.4
天 津 Tianjin	105.3	107.0	100.3	99.2	99.3	98.8	93.5	93.1	98.6
河 北 Hebei	100.3	100.9	99.7	99.1	98.9	99.3	97.4	97.0	98.5
山 西 Shanxi	100.9	101.8	97.2	98.1	97.6	97.5	96.0	95.6	96.0
内蒙古 Inner Mongolia	103.7	104.5	100.3	99.2	99.9	98.1	97.7	97.1	98.9
辽 宁 Liaoning	101.4	103.2	99.8	98.0	95.9	100.5	96.8	96.3	98.9
吉 林 Jilin	103.0	104.3	100.5	98.4	97.7	98.4	98.2	98.5	97.7
黑龙江 Heilongjiang	103.2	105.2	100.3	99.9	102.2	98.4	100.0	100.0	97.7
上 海 Shanghai	104.3	105.8	98.0	98.9	99.2	98.2	98.9	96.4	98.7
江 苏 Jiangsu	95.6	93.8	99.1	99.3	98.7	100.2	97.7	97.7	99.0
浙 江 Zhejiang	95.8	92.6	99.8	99.4	99.2	100.1	98.4	96.4	99.0
安 徽 Anhui	97.4	97.1	99.1	101.2	100.6	102.2	97.7	97.0	99.0
福 建 Fujian	96.8	96.2	98.7	100.5	101.1	99.9	96.5	95.8	100.2
江 西 Jiangxi	99.9	101.5	99.5	99.0	98.9	98.8	98.4	98.1	99.5
山 东 Shandong	99.4	99.2	99.9	101.5	103.1	100.2	98.6	97.9	100.1
河 南 Henan	96.2	96.8	100.0	99.5	98.8	100.1	98.6	98.6	98.8
湖 北 Hubei	107.5	110.5	100.0	99.5	99.4	100.0	96.9	95.7	100.5
湖 南 Hunan	99.4	99.0	100.0	99.3	100.1	97.1	97.4	98.2	98.8
广 东 Guangdong	96.1	95.8	99.3	100.0	100.1	99.2	98.2	97.4	99.7
广 西 Guangxi	96.9	98.0	100.0	99.2	98.8	99.9	96.3	95.2	100.1
海 南 Hainan	101.1	101.5	98.7	100.7	101.9	100.4	99.2	99.5	99.9
重 庆 Chongqing	103.1	103.7	98.2	96.8	95.4	99.9	97.4	98.2	101.0
四 川 Sichuan	101.9	102.6	100.9	99.3	98.8	100.4	97.9	97.3	100.2
贵 州 Guizhou	99.2	99.1	100.2	100.2	100.2	99.8	97.8	95.8	99.2
云 南 Yunnan	101.7	102.2	98.7	98.9	98.3	100.4	96.3	95.1	98.4
西 藏 Tibet	101.3	101.2	99.8	99.6	99.1	100.3	101.1	100.4	100.9
陕 西 Shaanxi	98.9	98.8	100.1	100.0	100.7	97.9	97.3	98.1	95.8
甘 肃 Gansu	100.1	101.3	100.7	100.0	100.0	101.3	99.9	100.6	97.8
青 海 Qinghai	99.1	101.0	102.5	98.6	98.6	99.0	99.4	98.9	101.8
宁 夏 Ningxia	98.1	97.5	98.0	97.9	96.0	100.6	99.4	98.7	96.8
新 疆 Xinjiang	99.8	99.2	99.8	98.8	98.6	98.8	98.7	98.2	100.2

1－69 续表 2　continued

(上年＝100)　　　　(preceding year＝100)

地　区　Region	鞋袜帽 Footgear and Hats	衣着加工服务费 Clothing Manufacturing Service	家庭设备用品及服务 Household Facilities and Articles	耐用消费品 Durable Consumer Goods	室内装饰品 Interior Decorations	床上用品 Bed Articles	家庭日用杂品 Daily Use Household Articles	家庭服务及加工维修服务费 Other Household Service and Manufacturing Upkeep
全　国　National	**99.0**	**100.3**	**97.7**	**96.1**	**98.3**	**99.3**	**98.6**	**101.5**
北　京　Beijing	102.0	101.1	97.0	96.0	95.6	100.9	97.6	100.0
天　津　Tianjin	92.7	100.0	95.9	94.4	92.9	100.1	97.9	100.5
河　北　Hebei	97.9	99.4	98.2	97.1	99.9	98.8	98.9	100.1
山　西　Shanxi	97.2	96.9	98.2	96.5	98.2	100.3	99.4	100.8
内蒙古　Inner Mongolia	98.3	99.0	99.0	97.9	100.1	99.7	99.0	103.5
辽　宁　Liaoning	97.4	99.8	96.4	94.0	99.0	98.3	98.1	98.5
吉　林　Jilin	97.7	100.1	99.4	97.9	98.7	101.1	100.7	100.6
黑龙江　Heilongjiang	100.5	99.6	98.4	95.8	98.5	100.1	99.4	101.4
上　海　Shanghai	106.2	100.0	97.2	94.7	101.0	100.5	98.6	100.0
江　苏　Jiangsu	97.2	99.9	97.6	95.9	98.5	100.6	99.7	99.7
浙　江　Zhejiang	102.8	100.8	97.0	95.7	97.5	100.9	97.9	98.3
安　徽　Anhui	98.7	99.4	98.0	96.5	97.8	99.2	98.3	101.9
福　建　Fujian	97.6	99.9	97.6	96.5	98.1	96.5	99.3	98.2
江　西　Jiangxi	98.1	103.7	97.1	96.1	97.7	99.6	97.0	99.8
山　东　Shandong	99.1	102.4	98.7	98.5	100.2	98.8	98.2	100.9
河　南　Henan	98.6	99.7	98.0	96.7	98.2	98.1	98.6	101.8
湖　北　Hubei	99.0	102.4	94.0	91.3	93.6	96.6	96.3	100.2
湖　南　Hunan	95.1	100.6	96.4	94.9	96.8	98.3	97.8	101.4
广　东　Guangdong	100.4	100.0	99.4	97.1	97.8	99.7	100.2	107.5
广　西　Guangxi	97.9	99.9	97.0	94.6	99.4	98.5	98.1	101.6
海　南　Hainan	98.5	102.0	98.1	95.3	97.6	99.6	98.6	101.5
重　庆　Chongqing	94.8	100.0	95.7	92.6	91.5	99.7	98.8	101.7
四　川　Sichuan	99.3	100.0	99.2	98.4	99.7	99.5	99.3	102.1
贵　州　Guizhou	101.3	103.2	94.6	90.4	92.8	95.8	98.7	100.2
云　南　Yunnan	98.9	99.9	98.5	95.5	105.0	102.2	99.6	100.8
西　藏　Tibet	102.8	100.2	99.4	98.9	99.8	99.9	99.4	102.0
陕　西　Shaanxi	95.9	94.4	96.2	95.0	94.8	99.1	96.0	100.2
甘　肃　Gansu	99.1	101.0	98.2	98.0	100.4	99.2	97.7	99.8
青　海　Qinghai	100.5	95.7	96.2	95.4	95.6	98.4	94.2	104.4
宁　夏　Ningxia	102.0	96.8	97.4	95.5	95.7	98.2	98.7	102.9
新　疆　Xinjiang	99.5	100.1	100.2	99.6	99.9	100.1	99.1	104.3

1—69 续表 3 continued

(上年=100) (preceding year=100)

地区	Region	医疗保健和个人用品 Health Care & Personal Articles	医疗保健 Health Care	医疗器具及用品 Medical Appliances and Articles	中药材及中成药 Traditional Chinese Medicine	西药 Western Medicine	保健器具及用品 Health Care Appliances and Articles	医疗保健服务 Health Care Services	个人用品及服务 Personal Articles and Personal Service
全国	**National**	**100.0**	**100.3**	**98.3**	**101.4**	**94.8**	**97.3**	**110.5**	**99.5**
北京	Beijing	98.7	98.1	98.0	103.9	94.5	95.1	100.0	100.5
天津	Tianjin	100.7	101.5	99.2	107.1	97.2	100.8	105.0	98.2
河北	Hebei	98.2	97.5	94.9	101.5	93.3	96.6	100.6	99.8
山西	Shanxi	97.8	97.6	98.9	102.1	93.9	99.0	100.4	98.3
内蒙古	Inner Mongolia	98.1	97.7	97.4	100.1	94.5	97.0	101.0	98.9
辽宁	Liaoning	92.7	90.3	94.5	91.7	85.8	93.4	103.0	98.5
吉林	Jilin	103.7	105.8	97.9	106.2	95.4	99.3	138.0	99.7
黑龙江	Heilongjiang	96.9	95.2	93.3	100.9	89.7	94.6	100.5	101.6
上海	Shanghai	97.4	96.5	99.8	105.5	92.0	95.4	100.0	99.8
江苏	Jiangsu	101.1	101.9	100.4	101.7	95.4	98.1	112.9	99.5
浙江	Zhejiang	99.6	100.7	104.8	102.7	97.5	99.7	103.6	97.7
安徽	Anhui	99.3	98.4	99.5	98.5	94.7	96.0	104.9	100.6
福建	Fujian	102.5	104.3	97.4	103.6	95.8	96.4	121.0	99.9
江西	Jiangxi	100.5	101.1	100.2	105.1	98.1	98.6	102.9	99.6
山东	Shandong	102.4	103.6	98.7	101.9	95.3	97.5	122.7	99.7
河南	Henan	100.7	101.9	96.1	99.7	96.4	98.9	111.5	98.5
湖北	Hubei	98.1	98.4	96.5	100.2	94.7	98.0	103.3	97.4
湖南	Hunan	99.8	100.2	98.8	105.1	96.4	97.5	101.8	99.0
广东	Guangdong	99.3	99.3	101.0	98.7	98.4	98.5	101.9	99.3
广西	Guangxi	97.7	97.2	98.5	91.9	93.0	98.2	110.9	98.6
海南	Hainan	100.2	101.6	98.8	108.0	97.1	99.6	102.2	98.3
重庆	Chongqing	98.9	98.7	100.0	106.2	93.7	99.8	100.0	99.3
四川	Sichuan	98.8	98.5	99.3	101.3	95.4	99.1	101.0	99.5
贵州	Guizhou	102.4	99.0	100.0	101.1	94.2	92.3	107.5	107.7
云南	Yunnan	106.2	109.5	92.5	95.0	92.7	95.0	160.9	99.3
西藏	Tibet	100.1	100.1	100.2	100.7	99.8	99.7	100.2	100.1
陕西	Shaanxi	99.7	99.9	93.7	103.8	96.2	99.3	102.2	98.8
甘肃	Gansu	98.3	98.3	97.7	101.9	92.2	99.5	103.9	98.1
青海	Qinghai	98.6	98.6	97.8	99.4	96.2	101.8	103.3	98.6
宁夏	Ningxia	99.8	99.7	99.4	106.0	94.6	101.7	102.2	99.9
新疆	Xinjiang	116.1	124.7	100.5	101.6	100.7	99.6	215.6	99.7

1—69 续表 4 continued

(上年=100) | (preceding year=100)

地 区	Region	化妆美容用品 Cosmetics	卫生用品 Health Articles	个人饰品 Individual Decorations	个人服务 Individual Service	交通和通信 Transportation& Communication	交 通 Transportaion	交通工具 Transportation Facility
全 国	**National**	**99.8**	**97.9**	**97.8**	**101.7**	**99.0**	**101.0**	**96.4**
北 京	Beijing	106.7	94.3	97.2	109.1	100.8	102.5	96.6
天 津	Tianjin	100.1	99.4	94.2	100.0	106.7	111.7	99.9
河 北	Hebei	98.5	96.2	98.6	102.7	99.5	100.4	97.9
山 西	Shanxi	96.3	96.8	95.9	101.3	99.1	99.1	96.6
内蒙古	Inner Mongolia	100.3	97.8	96.5	100.7	98.4	101.5	97.4
辽 宁	Liaoning	98.6	98.1	94.3	101.3	99.6	101.6	94.5
吉 林	Jilin	100.4	99.1	98.7	100.2	98.7	99.9	98.6
黑龙江	Heilongjiang	102.5	96.4	96.1	108.6	102.7	103.1	97.3
上 海	Shanghai	101.9	98.9	99.0	100.2	98.1	102.3	97.9
江 苏	Jiangsu	99.2	98.7	96.3	101.8	96.8	100.6	96.4
浙 江	Zhejiang	99.7	97.2	97.7	97.0	95.6	98.4	96.1
安 徽	Anhui	100.0	98.8	97.0	102.9	97.3	101.4	96.8
福 建	Fujian	98.1	98.8	96.8	103.4	97.2	98.4	94.0
江 西	Jiangxi	100.5	98.2	97.9	102.1	101.4	101.6	94.3
山 东	Shandong	98.9	97.7	99.3	101.5	96.9	100.8	98.2
河 南	Henan	97.8	96.7	98.7	99.5	99.4	100.8	98.6
湖 北	Hubei	98.7	94.7	97.6	100.2	99.7	104.3	95.4
湖 南	Hunan	98.4	99.4	97.0	100.6	97.4	101.1	94.9
广 东	Guangdong	99.4	98.6	98.4	100.9	99.7	98.6	95.5
广 西	Guangxi	101.0	97.0	96.7	100.9	98.7	99.3	94.4
海 南	Hainan	99.9	98.1	96.7	99.5	98.0	98.2	94.9
重 庆	Chongqing	96.5	98.6	96.9	105.1	102.4	106.7	96.6
四 川	Sichuan	99.9	99.5	98.1	100.4	105.4	103.3	98.6
贵 州	Guizhou	99.4	98.1	107.1	115.4	107.0	107.0	98.9
云 南	Yunnan	102.8	99.7	99.0	98.2	92.5	96.6	93.2
西 藏	Tibet	99.3	100.5	99.5	101.4	103.6	101.6	98.2
陕 西	Shaanxi	95.0	96.1	96.2	105.3	98.2	102.6	95.7
甘 肃	Gansu	96.8	97.0	94.9	102.2	103.6	106.5	97.5
青 海	Qinghai	95.6	95.4	96.5	102.3	102.4	106.1	97.3
宁 夏	Ningxia	99.6	98.6	96.9	104.0	100.6	101.9	96.0
新 疆	Xinjiang	99.7	98.7	97.3	103.0	105.2	105.9	97.8

1—69 续表 5 continued

(上年=100) (preceding year=100)

地 区 Region	车用燃料及零配件 Fuels and Parts	车辆使用及维修费 Using and Upkeep Fare	市内公共交通费 Incity Traffic Fare	城市间交通费 Intercity Traffic Fare	通 信 Communication	通信工具 Communication Facility	通信服务 Communication Services
全 国 National	**99.0**	**100.4**	**105.8**	**104.0**	**96.8**	**80.5**	**101.1**
北 京 Beijing	112.6	108.3	100.0	103.2	99.4	66.9	109.8
天 津 Tianjin	89.0	98.5	126.4	102.3	102.8	75.5	105.7
河 北 Hebei	97.3	100.1	105.5	104.3	98.2	84.2	101.4
山 西 Shanxi	98.3	99.4	99.1	106.3	99.0	84.3	100.9
内蒙古 Inner Mongolia	97.5	100.1	108.4	107.6	94.2	83.9	97.0
辽 宁 Liaoning	99.8	100.9	105.1	105.5	98.1	77.3	102.6
吉 林 Jilin	100.8	100.2	100.8	100.7	97.6	81.9	105.0
黑龙江 Heilongjiang	99.5	99.9	110.0	101.3	102.4	84.5	104.9
上 海 Shanghai	101.2	104.5	103.6	104.4	94.4	69.7	103.1
江 苏 Jiangsu	97.7	101.1	104.0	105.3	92.3	82.2	95.1
浙 江 Zhejiang	98.9	98.0	102.7	102.2	92.4	86.6	94.6
安 徽 Anhui	98.5	99.7	102.8	104.3	93.3	85.3	95.0
福 建 Fujian	98.3	101.5	100.7	105.3	96.4	76.4	100.4
江 西 Jiangxi	97.4	100.1	112.6	105.7	101.0	83.7	104.1
山 东 Shandong	97.9	99.3	109.6	101.6	91.3	81.4	94.6
河 南 Henan	98.5	100.2	103.4	105.7	97.5	88.6	99.0
湖 北 Hubei	97.6	99.6	110.5	106.4	93.3	77.8	95.8
湖 南 Hunan	98.5	100.0	106.8	102.5	93.4	81.4	97.5
广 东 Guangdong	98.6	99.3	100.3	102.3	100.8	82.2	105.0
广 西 Guangxi	98.2	97.9	107.6	101.3	98.0	82.8	102.0
海 南 Hainan	99.3	98.5	100.0	101.8	97.7	73.2	101.0
重 庆 Chongqing	96.6	93.6	120.8	101.4	99.5	76.4	103.6
四 川 Sichuan	98.0	99.7	101.8	108.8	107.6	87.7	113.7
贵 州 Guizhou	99.0	103.4	124.6	96.7	107.0	81.4	113.1
云 南 Yunnan	93.5	96.8	99.7	101.9	87.2	81.8	89.0
西 藏 Tibet	103.2	99.9	100.0	105.0	106.2	98.4	107.8
陕 西 Shaanxi	99.6	100.5	112.5	103.0	93.1	87.6	94.3
甘 肃 Gansu	103.0	97.8	109.3	119.7	98.6	88.9	100.7
青 海 Qinghai	96.7	100.0	100.5	122.3	97.3	79.5	101.8
宁 夏 Ningxia	97.5	101.0	105.1	111.6	99.1	82.5	102.9
新 疆 Xinjiang	102.7	100.7	111.7	103.0	103.1	92.6	105.3

1－69 续表 6　continued

(上年＝100)　　(preceding year＝100)

地　区　　Region	娱乐教育文化 Recreation, Education & Culture	文娱用耐用消费品及服务 Durable Consumer Goods and Service for Recreational Use	教　育 Education	教材及参考书 Teaching Materialsand Reference Books	学杂托幼费 Tuition and ChildCare	文化娱乐用品 Culturaland Recreational Articles	文化用品 Cultural Articles
全　国　National	**106.6**	**91.2**	**113.6**	**106.1**	**114.1**	**101.7**	**99.4**
北　京　Beijing	114.2	88.9	133.2	104.4	135.4	115.1	99.6
天　津　Tianjin	104.3	88.3	116.9	97.6	120.0	100.2	100.0
河　北　Hebei	103.6	94.0	107.8	104.7	108.0	100.2	98.7
山　西　Shanxi	98.3	87.0	100.5	96.8	100.7	99.8	98.4
内蒙古　Inner Mongolia	102.0	93.2	104.8	99.5	105.5	100.4	98.6
辽　宁　Liaoning	101.3	88.9	104.7	107.0	104.5	101.8	98.4
吉　林　Jilin	101.4	93.1	104.0	111.1	103.3	100.0	99.0
黑龙江　Heilongjiang	100.3	89.2	102.2	103.3	102.1	101.1	99.0
上　海　Shanghai	102.1	91.2	109.6	99.6	111.1	105.2	97.7
江　苏　Jiangsu	110.1	89.3	117.9	111.6	118.1	101.8	99.8
浙　江　Zhejiang	107.2	91.0	115.2	108.5	115.5	99.4	98.5
安　徽　Anhui	104.1	92.2	107.9	102.5	108.1	99.8	99.6
福　建　Fujian	100.6	92.0	103.1	100.2	103.2	100.2	98.7
江　西　Jiangxi	103.0	89.2	106.1	99.6	106.4	100.7	99.0
山　东　Shandong	108.2	92.6	114.1	104.2	114.6	100.7	99.3
河　南　Henan	102.4	95.5	105.3	103.3	105.4	100.1	99.7
湖　北　Hubei	109.0	91.3	115.0	108.5	115.4	101.3	100.1
湖　南　Hunan	102.1	91.9	105.4	114.0	104.8	99.7	99.4
广　东　Guangdong	101.5	92.7	106.0	102.9	106.4	102.8	100.2
广　西　Guangxi	112.6	89.2	124.0	106.5	125.3	102.2	100.1
海　南　Hainan	98.2	93.2	98.4	98.8	98.4	104.2	100.0
重　庆　Chongqing	114.8	91.2	133.5	110.5	135.8	104.0	99.6
四　川　Sichuan	111.9	92.2	123.1	116.8	123.5	99.5	100.1
贵　州　Guizhou	115.0	91.1	124.9	96.8	126.4	106.3	106.9
云　南　Yunnan	98.6	90.0	102.7	113.1	102.1	101.0	98.6
西　藏　Tibet	98.7	94.8	100.5	100.0	100.6	103.6	98.6
陕　西　Shaanxi	112.6	88.5	122.9	111.4	124.2	100.1	97.0
甘　肃　Gansu	123.2	94.0	139.4	101.6	140.5	99.7	98.9
青　海　Qinghai	115.3	87.0	130.0	108.4	130.7	102.6	99.1
宁　夏　Ningxia	112.4	89.9	131.1	106.2	135.7	102.6	97.8
新　疆　Xinjiang	101.6	95.6	102.9	104.1	102.8	100.6	98.1

1—69 续表 7 continued

(上年=100) (preceding year=100)

地区 Region		书报杂志 Newspapers and Magazines	文娱费 Culturaland Recreation	旅游及外出 Touring and Outgoing	居住 Residence	建房及装修材料 Building Decoration Materials	租房 Rent	自有住房 Private Housing	水电燃料 Water, Electricity and Fuels
全国	**National**	**101.9**	**104.4**	**100.3**	**101.2**	**98.8**	**108.6**	**100.0**	**102.5**
北京	Beijing	105.2	135.2	100.6	104.2	97.0	114.3	100.1	109.0
天津	Tianjin	100.0	100.6	91.9	106.4	99.6	115.8	100.0	106.2
河北	Hebei	101.6	101.0	100.1	102.4	101.0	102.7	98.8	106.0
山西	Shanxi	101.3	99.8	97.9	104.3	102.3	112.1	100.1	105.2
内蒙古	Inner Mongolia	100.0	103.3	102.3	103.7	99.5	108.5	100.6	108.3
辽宁	Liaoning	103.0	104.9	101.5	103.4	99.1	112.6	100.2	105.1
吉林	Jilin	100.8	101.5	98.6	105.3	98.2	117.1	99.2	108.9
黑龙江	Heilongjiang	103.5	102.4	103.9	102.3	100.3	101.8	100.1	104.2
上海	Shanghai	99.9	115.4	96.2	102.3	97.5	111.0	99.8	101.7
江苏	Jiangsu	102.6	104.0	101.1	100.4	98.2	109.7	99.4	102.7
浙江	Zhejiang	100.9	99.4	91.9	99.8	98.9	112.6	100.4	97.1
安徽	Anhui	100.6	99.5	100.6	102.7	97.8	127.6	100.1	105.8
福建	Fujian	103.2	100.2	98.5	99.9	98.0	102.1	100.0	101.4
江西	Jiangxi	100.2	103.1	101.2	99.9	96.6	107.4	100.2	102.7
山东	Shandong	101.8	101.8	102.7	101.7	99.2	104.0	100.5	105.8
河南	Henan	100.5	100.5	102.8	103.3	99.4	117.0	100.8	106.7
湖北	Hubei	101.0	102.5	98.3	99.2	96.1	102.4	99.0	101.6
湖南	Hunan	100.7	99.4	101.4	100.0	99.4	101.1	99.8	100.5
广东	Guangdong	103.7	104.9	96.8	99.9	98.6	104.5	100.0	99.1
广西	Guangxi	100.5	105.7	99.7	100.4	96.6	106.1	100.2	103.6
海南	Hainan	102.0	108.5	99.6	97.8	98.4	96.0	99.6	96.3
重庆	Chongqing	100.8	109.7	91.4	102.6	99.1	108.5	100.0	104.4
四川	Sichuan	101.4	97.8	98.2	99.9	99.8	102.7	100.7	99.3
贵州	Guizhou	104.7	107.1	107.1	99.5	99.0	105.9	100.0	99.3
云南	Yunnan	101.1	105.6	96.5	101.6	99.1	143.1	99.4	100.3
西藏	Tibet	107.6	104.2	94.8	101.3	102.1	100.0	100.5	101.7
陕西	Shaanxi	101.5	102.2	99.6	100.5	100.4	98.9	100.0	101.8
甘肃	Gansu	100.1	100.8	104.0	102.8	98.6	115.5	100.1	106.1
青海	Qinghai	100.7	105.3	105.6	101.2	100.0	100.0	101.2	102.5
宁夏	Ningxia	104.3	108.5	103.2	102.5	96.0	105.8	100.8	109.9
新疆	Xinjiang	102.1	102.8	103.5	102.6	100.8	101.0	101.9	105.0

1－70 城镇居民家庭基本情况
BASIC CONDITIONS OF URBAN HOUSEHOLDS

项　　目	Item	1985	1990	1995	2000	2001
调查户数(户)	**Number of Households Surveyed (household)**	**24338**	**35660**	**35520**	**42220**	**43840**
平均每户家庭人口(人)	**Average Household Size(person)**	**3.89**	**3.50**	**3.23**	**3.13**	**3.10**
平均每户就业人口(人)	**Average Number of Employed Persons per Household(persons)**	**2.15**	**1.98**	**1.87**	**1.68**	**1.65**
平均每户就业面(%)	**Percentage of Employment per Household (%)**	**55.27**	**56.57**	**57.89**	**53.67**	**53.23**
平均每一就业者负担人数(包括就业者本人)(人)	**Number of Persons Supported by Each Employee (including the employee himself or herself) (person)**	**1.81**	**1.77**	**1.73**	**1.86**	**1.88**
平均每人全部年收入(元)	**Per Capita Annual Income(yuan)**	**748.92**	**1522.79**	**4288.09**	**6316.81**	**6907.08**
#可支配收入	Disposable Income	739.08	1510.16	4283.00	6279.98	6859.58
国有单位职工工资	Wages of Staff and Workers in State-owned Units	455.88	857.59	2590.03	3500.63	3745.98
集体及其它经济类型单位职工工资	Wages of Staff and Workers in Collective-owned Units and Units of Other Type of Ownership	113.52	170.39	400.40	582.15	629.94
职工从工作单位得到的其他收入	Other Income of Staff and Workers from Their Working Units	44.88	99.11	228.67		
个体经营劳动者收入	Income of Individual Laborers	10.20	18.71	90.60	348.20	400.34
被聘用或留用的离退休人员收入	Income of Re-employed Retirees	4.56	15.51	42.86	60.74	70.68
其他就业者收入	Income of Other Employees	1.95	3.79	8.44	30.96	36.92
其他劳动收入	Part-time Income	12.36	22.61	96.91	197.74	214.77
财产性收入	Property Income	3.74	15.60	90.43	128.38	134.62
转移性收入	Transfer Income	65.88	250.01	734.83	1211.86	1362.39
其他收入	Other Income	35.95	69.46	4.92	256.16	311.45
平均每人消费性支出(元)	**Per Capita Annual Living Expenditures for Consumption (yuan)**	**673.20**	**1278.89**	**3537.57**	**4998.00**	**5309.01**
食　　品	Food	351.72	693.77	1766.02	1958.31	2014.02
衣　　着	Clothing	98.04	170.90	479.20	500.46	533.66
家庭设备用品及服务	Household Facilities, Articles and Service	57.87	108.45	296.94	439.29	438.92
医疗保健	Medicine and Medical Service	16.71	25.67	110.11	318.07	343.28
交通通讯	Transport, Post and Communication Services	14.39	40.51	171.01	395.01	457.02
娱乐教育文化服务	Recreation, Education and Cultural Services	55.01	112.26	312.71	627.82	690.00
居　　住	Residence	32.23	60.86	250.18	500.49	547.96
杂项商品与服务	Miscellaneous Commodities and Services	47.23	66.57	151.39	258.54	284.13
平均每人消费性支出构成(人均消费性支出＝100)	**Composition of Per Capita Annual Living Expenditures for Consumption (%)**					
食　　品	Food	52.25	54.25	49.92	39.18	37.94
衣　　着	Clothing	14.56	13.36	13.55	10.01	10.05
家庭设备用品及服务	Household Facilities, Articles and Service	8.60	10.14	8.39	8.79	8.27
医疗保健	Medicine and Medical Service	2.48	2.01	3.11	6.36	6.47
交通通讯	Transport, Post and Communication Services	2.14	3.20	4.83	7.90	8.61
娱乐教育文化服务	Recreation, Education and Cultural Services	8.17	11.12	8.84	12.56	13.00
居　　住	Residence	4.79	6.98	7.07	10.01	10.32
杂项商品与服务	Miscellaneous Commodities and Services	7.01	0.94	4.28	5.17	5.35

注：1. 本表为城镇居民家庭收支抽样调查材料。

2. 自 1997 年起，取消职工从工作单位得到的其他收入项，其值被计入相应的国有、集体单位职工收入中。

3. 自 1992 年起，取消特别收入项，其中主要内容计入转移性收入项中，另外少部分内容计入其他收入项中。

a) Data in the table is are obtained from the sample survey on income and expenditures of urban households.

b) Since 1997, other income of staff and workers from their working units had canceled and its value had been divided in the wages of staff and workers in state-owned units or in collective owned units.

c) Since 1992, special income had canceled. Its main value had been divided in the transfer income and other minor value had in other income.

1—71 分地区城镇居民平均每人全年家庭收入来源

PER CAPITA ANNUAL INCOME IN URBAN RESIDENTS BY SOURCE AND BY RGEION(2001)

地 区	Region	可支配收入 Disposable Income	实际收入 Real Income	国有单位职工收入 Income of Staff & Workers in State-owned Units	集体单位职工收入 Income of Staff & Workers in Collective-owned Units	其他经济类型单位职工收入 Income of Staff & Workers in Other Types of Ownership	财产性收入 Income from Property	转移性收入 Transfer Income
全 国	**National Total**	**6859.58**	**6907.08**	**3745.98**	**315.81**	**314.13**	**134.62**	**1668.55**
北 京	Beijing	11577.78	11658.99	6239.26	318.54	1097.81	105.11	3153.25
天 津	Tianjin	8958.70	8999.37	4152.18	182.99	500.55	108.19	2954.09
河 北	Hebei	5984.82	6027.75	3456.85	228.03	34.88	133.87	1633.68
山 西	Shanxi	5391.05	5416.33	3140.95	150.61	255.52	37.31	1452.91
内蒙古	Inner Mongolia	5535.89	5561.13	3392.55	128.61	71.46	58.97	1099.49
辽 宁	Liaoning	5797.01	5832.55	2809.88	425.36	168.49	45.68	1572.80
吉 林	Jilin	5340.46	5361.44	3084.12	210.17	55.60	32.42	1274.50
黑龙江	Heilongjiang	5425.87	5461.74	2664.09	192.42	66.98	30.21	1640.18
上 海	Shanghai	12883.46	12981.53	5171.35	274.60	1456.60	38.46	4791.53
江 苏	Jiangsu	7375.10	7427.51	3472.64	749.94	247.94	91.01	2106.97
浙 江	Zhejiang	10464.67	10540.37	4394.40	628.35	1340.64	165.32	2607.68
安 徽	Anhui	5668.80	5715.52	2859.25	412.93	284.33	76.65	1342.23
福 建	Fujian	8313.08	8384.64	4622.20	361.62	397.03	164.42	1665.14
江 西	Jiangxi	5506.02	5545.72	3685.09	179.73	23.00	85.55	1097.87
山 东	Shandong	7101.08	7141.16	4982.71	521.13	315.78	147.83	918.25
河 南	Henan	5267.42	5292.09	2791.00	199.41	50.58	340.24	1421.34
湖 北	Hubei	5855.98	5888.71	3821.45	249.18	131.17	116.43	1090.51
湖 南	Hunan	6780.56	6832.59	4387.30	243.96	287.87	239.48	1254.65
广 东	Guangdong	10415.19	10534.67	5132.82	778.04	1039.12	491.49	1766.74
广 西	Guangxi	6665.73	6722.81	4370.15	133.25	46.86	354.32	1208.06
海 南	Hainan	5838.84	5927.37	3726.38	121.70	53.24	89.01	1091.00
重 庆	Chongqing	6721.09	6755.45	4130.22	316.49	181.20	184.13	1403.57
四 川	Sichuan	6360.47	6406.56	3321.47	219.97	215.01	199.53	1740.48
贵 州	Guizhou	5451.91	5467.18	3508.89	202.84	35.86	18.71	1154.40
云 南	Yunnan	6797.71	6849.73	4192.21	313.47	71.61	203.65	1487.78
西 藏	Tibet	7869.16	7912.36	6958.30	271.11	5.56	10.20	478.01
陕 西	Shaanxi	5483.73	5513.77	3347.05	144.78	41.91	53.82	1462.57
甘 肃	Gansu	5382.91	5413.65	3645.29	191.30	36.64	41.98	1041.20
青 海	Qinghai	5853.72	5883.75	3641.91	107.52	19.87	18.84	1545.42
宁 夏	Ningxia	5544.17	5582.18	3242.54	149.51	203.12	40.35	1269.62
新 疆	Xinjiang	6395.04	6456.85	4614.02	67.98	50.71	41.49	1270.43

1—72 农村居民家庭基本情况
BASIC CONDITIONS OF RURAL HOUSEHOLDS

项　　目	Item	1995		2000		2001	
		全国 National Total	西部12省(区、市)12 Western Provinces	全国 National Total	西部12省(区、市)12 Western Provinces	全国 National Total	西部12省(区、市)12 Western Provinces
调查户数（户）	Number of Households Surveyed (household)	**67340**	**21450**	**68116**	**21986**	**68190**	**22060**
调查户人口（人）	Number of Residents Surveyed (person)						
常住人口	Number of Permanent Residents in the Households Surveyed	301878	103017	286162	98712	283223	97540
平均每户常住人口	Average Number of Permanent Residents per Household	4.48	4.80	4.20	4.49	4.15	4.42
平均每户整半劳力	Average Number of Able-bodied and Semi-able-bodied Laborers per Household	2.88	2.99	2.76	2.83	2.73	2.81
平均每个劳动力负担人口(含本人)	Average Number of Persons Supported by a Laborer (including the laborer himself or herself)	1.56	1.61	1.52	1.59	1.52	1.57
平均每人年收入(元)	Per Capita Annual Income (yuan)						
总收入	Total Revenue	2337.87	1789.26	3146.21	2496.42	3306.92	2581.71
工资性收入	Wages Income	353.70	149.37	702.30	390.93	771.90	429.67
家庭经营收入	Household Business Income	1877.42	1554.18	2251.28	1976.01	2325.23	2010.67
财产性收入	Property Income	40.98	29.56	45.04	31.23	46.97	30.05
转移性收入	Transfer Income	65.77	56.15	147.59	98.25	162.82	111.32
现金收入	Cash Income	1595.56	1147.50	2381.60	1722.50	2534.70	1796.46
工资性收入	Wages Income	352.88	149.12	700.41	390.31	769.77	429.06
家庭经营收入	Household Business Income	1116.73	891.79	1498.81	1210.64	1565.51	1233.15
财产性收入	Property Income	38.19	35.00	38.89	26.18	41.05	26.20
转移性收入	Transfer Income	87.76	71.59	143.49	95.37	158.37	108.05
平均每人年支出(元)	Per Capita Annual Expenditures (yuan)						
总支出	Total Expenditure	2138.33	1745.51	2652.42	2211.35	2779.96	2291.10
家庭经营费用支出	Expenditure for Household Business	621.71	564.32	654.27	643.57	695.97	670.60
购置生产性固定资产	Purchasing Productive Fixed Assets	62.33	62.60	63.90	63.64	78.13	77.83
税费支出	Expenditure for Tax and Fee	88.65	59.01	95.52	79.45	91.24	69.55
生活消费支出	Expenditure for Consumption	1310.36	1022.95	1670.13	1325.85	1741.09	1367.75
转移性和财产性支出	Expenditure for Transfer and Property	55.28	36.63	168.60	98.84	173.53	105.37
现金支出	Cash Expenditure	1545.81	1144.43	2140.37	1621.29	2284.62	1715.81
家庭经营费用支出	Expenditure for Household Business	454.74	385.96	544.49	483.47	584.80	512.09
购买生产性固定资产	Purchasing Productive Fixed Assets	62.32	62.60	63.91	63.64	78.13	77.83
税费支出	Expenditure for Tax and Fee	76.96	52.52	89.81	74.40	86.35	65.18
生活消费支出	Expenditure for Consumption	859.43	586.90	1284.74	907.03	1364.08	957.44
转移性和财产性支出	Expenditure for Transfer and Property	92.35	56.45	157.42	92.75	171.26	103.27
平均每人年纯收入	Per Capita Annual Net Income	1577.74	1116.78	2253.42	1661.03	2366.40	1721.19
工资性收入	Wages Income	353.70	149.37	702.30	390.93	771.90	429.67
家庭经营纯收入	Household Business Income	1125.79	889.55	1427.27	1182.43	1459.63	1195.34
财产性收入	Property Income	40.98	29.56	45.04	31.23	46.97	30.05
转移性收入	Transfer Income	57.27	48.30	78.81	56.44	87.90	66.13

注：本表为农村住户抽样调查资料。

a) Data in the table is obtained from the sample surveys on rural households.

1—73 分地区农村居民家庭按来源分的纯收入

PER CAPITA NET INCOME OF RURAL HOUSEHOLDS BY SOURCE AND BY REGION (2001)

单位：元 (yuan)

地区 Region	纯收入 Net Income	工资性收入 Wage Income	家庭经营纯收入 Family Business Income	财产性收入 Property Income	转移性收入 Transfer Income
全国 National Total	**2366.40**	**771.90**	**1459.63**	**46.97**	**87.90**
北京 Beijing	5025.50	3312.84	1304.04	167.25	241.38
天津 Tianjin	3947.72	1797.67	1973.33	63.93	112.79
河北 Hebei	2603.60	978.38	1501.22	76.01	47.99
山西 Shanxi	1956.05	789.84	1083.90	22.27	60.03
内蒙古 Inner Mongolia	1973.37	300.11	1622.47	18.33	32.46
辽宁 Liaoning	2557.93	914.60	1551.19	35.65	56.48
吉林 Jilin	2182.22	328.53	1731.76	70.54	51.39
黑龙江 Heilongjiang	2280.28	333.35	1802.69	96.89	47.35
上海 Shanghai	5870.87	4491.12	966.76	157.24	255.76
江苏 Jiangsu	3784.71	1819.79	1782.82	52.28	129.82
浙江 Zhejiang	4582.34	2225.87	1999.92	173.50	183.06
安徽 Anhui	2020.04	610.65	1317.94	22.34	69.11
福建 Fujian	3380.72	1163.20	1872.32	75.14	270.07
江西 Jiangxi	2231.60	805.09	1353.20	21.33	51.97
山东 Shandong	2804.51	965.67	1705.29	33.30	100.24
河南 Henan	2097.86	517.63	1497.17	23.59	59.46
湖北 Hubei	2352.16	582.60	1676.20	12.85	80.51
湖南 Hunan	2299.46	840.11	1371.06	23.23	65.06
广东 Guangdong	3769.79	1527.17	1956.06	112.61	173.95
广西 Guangxi	1944.33	543.82	1296.90	11.37	92.24
海南 Hainan	2226.47	199.99	1780.09	41.35	205.03
重庆 Chongqing	1971.18	696.50	1136.62	15.75	122.32
四川 Sichuan	1986.99	651.79	1231.99	37.29	65.92
贵州 Guizhou	1411.73	317.54	1013.90	12.55	67.73
云南 Yunnan	1533.74	283.36	1137.63	59.35	53.40
西藏 Tibet	1404.01	133.52	1079.20	68.19	123.10
陕西 Shaanxi	1490.80	498.02	882.59	37.91	72.28
甘肃 Gansu	1508.61	405.99	1016.02	21.00	65.60
青海 Qinghai	1557.32	351.34	1115.45	48.94	41.58
宁夏 Ningxia	1823.05	527.63	1179.86	62.96	52.61
新疆 Xinjiang	1710.44	131.87	1542.05	15.31	21.22

二、就业与失业

Employment and Unemployment

2—1 分地区城镇劳动力供给与配置情况

URBAN LABOUR FORCE RESOURCES AND ASSIGNMENT BY REGION

(2001)

单位：人 (person)

地 区	Region	(一)本年城镇劳动力供求总数 Total Urban Labour Force Resources 合计 Total	1.大、中专、技校毕业生 Graduates from Universities, Secondary Technical Schools & Vocational Schools	2.复员、转业军人 Demobilized and Transferred Armymen	3.城镇职业学校毕业生 Graduates of Urban Vocational Schools	4.未能升学的初高中毕业生 Graduates Non-entering Higher School of High Schools	5.直接从农村招收的人员 Recruited from Rural Areas
全 国	**National**	**17769111**	**2421507**	**400820**	**1066068**	**2082093**	**1059137**
北 京	Beijing	373900	74500	5900	24000	11000	60000
天 津	Tianjin	284453	48747	3365	20000	5360	20449
河 北	Hebei	955490	139780	24748	128011	78567	66161
山 西	Shaanxi	326718	62764	13787	24391	67966	10794
内蒙古	Inner Mongolia	358092	33051	6722	16187	61617	24534
辽 宁	Liaoning	1143000	89000	21000	60000	139000	35000
吉 林	Jilin	574735	78777	14129	45532	92521	20000
黑龙江	Heilongjiang	666820	15210	20019	29917	135101	8041
上 海	Shanghai	773648	86575	3800	33600	20000	25300
江 苏	Jiangsu	1051827	147025	20550	42033	48724	40082
浙 江	Zhejiang	875796	74549	10025	42603	32429	90636
安 徽	Anhui	750607	104581	19794	46257	93319	11871
福 建	Fujian	555880	42252	6298	26469	111625	130303
江 西	Jiangxi	526440	47581	10893	31486	113104	9234
山 东	Shandong	1120227	237769	41237	90544	83540	79549
河 南	Henan	1035510	162425	50534	90099	164243	31675
湖 北	Hubei	858140	182066	13463	2762	29156	17182
湖 南	Hunan	650747	121868	17624	55149	63743	6647
广 东	Guangdong	1300017	155232	20577	56014	197112	148749
广 西	Guangxi	519059	92175	8360	29144	119462	9490
海 南	Hainan	143543	14186	2421	3131	20499	5579
重 庆	Chongqing	370770	39800	8700	15000	16000	6000
四 川	Sichuan	815292	131009	23122	46197	26184	80409
贵 州	Guizhou	265839	45685	5402	12261	47026	5785
云 南	Yunnan	457088	68671	7136	37411	149004	53799
西 藏	Tibet	24837	3071	857	200	4507	
陕 西	Shaanxi	43446	5388	1446	2899	8650	1095
甘 肃	Gansu	299560	45935	7231	11530	27852	26362
青 海	Qinghai	70400	6600	1500	2100	15700	1000
宁 夏	Ningxia	149730	10600	2850	2900	26300	16500
新 疆	Xinjiang	427500	54635	7330	38241	72782	16911

2—1 续表 1 continued

单位：人 (person)

地区	Region	(一)本年城镇劳动力供求总数 Total Urban Labour Force Resources				(二)本年城镇劳动力配置总数 Urban Labour Assignment	
		6. 农转非人员中的劳动力 Labour Fource from Rural to Urban	7. 就业转失业人员 Unemployment Previously Employed	8. 其他 Others	9. 上年末失业人员 Unemployment by the Last Year-end	合计 Total	1. 国有单位 State-owned Units
全国	**National**	**1226905**	**3366712**	**585259**	**5560605**	**10723057**	**2453148**
北京	Beijing	65000	97300	3000	33200	321200	124900
天津	Tianjin	5000	74512	2000	105020	168473	28740
河北	Hebei	285504	54032	4657	174030	752283	293292
山西	Shaanxi	14426	37903	18099	76588	196747	47187
内蒙古	Inner Mongolia	16906	47677	1435	149963	173020	24353
辽宁	Liaoning	23000	338000	26000	412000	563000	128000
吉林	Jilin	44000	49958		229818	324622	91133
黑龙江	Heilongjiang	13842	172444	19089	253157	257318	51280
上海	Shanghai	38668	262230	102711	200764	489404	73300
江苏	Jiangsu	115514	318478	41976	277445	673093	153977
浙江	Zhejiang	65149	330507	11695	218203	610830	75091
安徽	Anhui	39941	112598	4808	317438	389074	57698
福建	Fujian	15127	102287	29554	91965	414233	36322
江西	Jiangxi	44833	47330	6619	215360	275565	22182
山东	Shandong	54437	152238	5975	374938	741318	198830
河南	Henan	51449	91906	39965	353214	640190	192838
湖北	Hubei	32850	209961	4346	366354	407864	102272
湖南	Hunan	22174	75215	12665	275662	303744	60289
广东	Guangdong	30720	376944	12318	302351	847582	150428
广西	Guangxi	21234	59799	10361	169034	311734	43272
海南	Hainan	5499	14840	22634	54754	79085	9912
重庆	Chongqing	5500	53000	42300	184470	145000	21200
四川	Sichuan	89323	106623	4500	307925	484581	191115
贵州	Guizhou	22117	20536	4662	102365	143639	22981
云南	Yunnan	22044	51339		67684	348099	83352
西藏	Tibet	826		176	15200	7629	4027
陕西	Shaanxi	1315	6602	926	15120	22597	6479
甘肃	Gansu	37284	32955	36893	73518	187932	54149
青海	Qinghai	1500	14800	9200	18000	43000	4300
宁夏	Ningxia	26500	11080	15000	38000	106230	32000
新疆	Xinjiang	15223	43618	91695	87065	293971	68249

2—1 续表 2 continued

单位：人 (person)

地区	Region	(二)本年城镇劳动力配置总数 Urban Labour Assignment				(三)其他原因减少的失业人员 Unemployment Decreased for Other Reasons	(四)年末失业人员 Unemployment at the Year-end
		2. 城镇集体单位 Urban Collectively-owned Units	3. 其他单位 Other Units	4. 城镇私营企业和个体劳动者 Employment in Urban Private & Individual Units	5. 其他 Others		
全　国	**National**	**992904**	**2104317**	**4245695**	**926991**	**789233**	**6256821**
北　京	Beijing	37400	109200	49700		800	51900
天　津	Tianjin	4248	44161	90099	1225	2000	113980
河　北	Hebei	36330	46495	293652	82514	7852	195355
山　西	Shaanxi	18493	23906	91791	15370	7102	122869
内蒙古	Inner Mongolia	10880	22752	97801	17234	26349	158723
辽　宁	Liaoning	83000	150000	176000	26000	25000	555000
吉　林	Jilin	48693	25969	133095	25732	48525	201588
黑龙江	Heilongjiang	11998	31159	150171	12710	53840	355662
上　海	Shanghai	18800	108500	140719	148085	27025	257219
江　苏	Jiangsu	70951	196384	221243	30538	42906	335828
浙　江	Zhejiang	23707	170931	271212	69889	25039	239927
安　徽	Anhui	21226	82603	196319	31228	25933	335600
福　建	Fujian	18117	172592	164541	22661	5173	136474
江　西	Jiangxi	11909	43332	161493	36649	30431	220444
山　东	Shandong	75770	248173	196702	21843	53260	325649
河　南	Henan	76312	81170	247649	42221	49699	345621
湖　北	Hubei	28869	46098	184058	46567	28740	421536
湖　南	Hunan	24226	50647	132324	36258	43571	303432
广　东	Guangdong	180556	165275	316223	35100	106957	345478
广　西	Guangxi	28408	28722	169555	41777	23608	183717
海　南	Hainan	2872	15364	42585	8352	5409	59049
重　庆	Chongqing	15000	20800	78500	9500	10700	215070
四　川	Sichuan	35141	64575	169900	23850	12000	318711
贵　州	Guizhou	15640	13153	83539	8326	10719	111481
云　南	Yunnan	27679	52933	163669	20466	29032	79957
西　藏	Tibet	182	71	3349		914	16294
陕　西	Shaanxi	2383	3123	8657	1953	2723	18126
甘　肃	Gansu	14401	13138	93421	12823	37214	74414
青　海	Qinghai	5000	2100	26000	5600	3000	24400
宁　夏	Ningxia	6000	14800	20000	33430	6900	36600
新　疆	Xinjiang	38713	56191	71728	59090	36812	96717

2-2 城镇失业人数及失业率(年末登记数)

URBAN UNEMPLOYMENT AND UNEMPLOYMENT RATE

(Registered, End of Year)

年 份 Year	城镇失业人数(万人) Urban Unemployment(10000persons) 合 计 Total	失业青年 Youth	比上年增长(%) Increase over Preceeding year(%) 合 计 Total	失业青年 Youth	失业率 (%) Unemployment Rate
1978	530.0	249.1			5.3
1979	567.6	258.2	7.1	3.7	5.4
1980	541.5	382.5	-4.6	48.1	4.9
1981	439.5	343.0	-18.8	-10.3	3.8
1982	379.4	293.8	-13.7	-14.3	3.2
1983	271.4	222.0	-28.5	-24.4	2.3
1984	235.7	195.9	-13.2	-11.8	1.9
1985	238.5	196.9	1.2	0.5	1.8
1986	264.4	209.3	10.9	6.3	2.0
1987	276.6	235.1	4.6	12.3	2.0
1988	296.2	245.3	7.1	4.3	2.0
1989	377.9	309.0	27.6	26.0	2.6
1990	383.2	312.7	1.4	1.2	2.5
1991	352.2	288.4	-8.1	-7.8	2.3
1992	363.9	299.8	3.3	4.0	2.3
1993	420.1	331.9	15.4	10.7	2.6
1994	476.4	301.0	13.4	-9.3	2.8
1995	519.6	310.2	9.1	3.1	2.9
1996	552.8		6.3		3.0
1997	576.8		4.3		3.1
1998	571.0		-1.0		3.1
1999	575.0		0.7		3.1
2000	595.0		3.5		3.1
2001	681.0		14.4		3.6

2—3 分地区城镇登记失业人员及失业率
URBAN REGISTERED UNEMPLOYMENT AND UNEMPLOYMENT RATE BY REGION

地区	Region	失业人员(万人) Unemployment (10000 persons)			失业率(%) Unemployment Rate (%)		
		1990	2000	2001	1990	2000	2001
北京	Beijing	1.7	3.3	5.2	0.4	0.8	1.2
天津	Tianjin	8.1	10.5	11.4	2.7	3.2	3.6
河北	Hebei	7.7	17.4	19.5	1.1	2.8	3.2
山西	Shaanxi	5.5	9.7	12.2	1.2	2.2	2.6
内蒙古	Inner Mongolia	15.2	12.6	14.5	3.8	3.3	3.7
辽宁	Liaoning	23.7	41.2	55.5	2.2	3.7	3.2
吉林	Jilin	10.5	23.0	20.2	1.9	3.7	3.1
黑龙江	Heilongjiang	20.4	25.3	35.5	2.2	3.3	4.7
上海	Shanghai	7.7	20.1	25.7	1.5	3.5	
江苏	Jiangsu	22.5	30.4	36.1	2.4	3.2	3.6
浙江	Zhejiang	11.2	21.8	24.0	2.2	3.5	3.7
安徽	Anhui	15.2	16.5	19.9	2.8	3.3	3.7
福建	Fujian	9.0	9.1	13.2	2.6	2.6	3.8
江西	Jiangxi	10.3	16.7	17.3	2.4	2.9	3.3
山东	Shandong	26.2	37.5	35.4	3.2	3.2	3.3
河南	Henan	25.1	21.4	23.1	3.3	2.6	2.8
湖北	Hubei	12.7	36.6	42.2	1.7	3.5	4.0
湖南	Hunan	15.9	27.6	30.3	2.7	3.7	4.0
广东	Guangdong	19.2	30.2	34.5	2.2	2.5	2.9
广西	Guangxi	13.9	11.3	14.2	3.9	3.2	3.5
海南	Hainan	3.5	3.7	3.8	3.0	3.2	3.4
重庆	Chongqing		10.1	13.7		3.5	3.9
四川	Sichuan	38.0	30.8	31.9	3.7	4.0	4.3
贵州	Guizhou	10.7	10.2	11.1	4.1	3.8	4.0
云南	Yunnan	7.8	6.8	8.0	2.5	2.6	3.3
西藏	Tibet		1.0			4.1	
陕西	Shaanxi	11.2	11.4	14.0	2.8	2.7	3.2
甘肃	Gansu	12.5	7.4	7.4	4.9	2.7	2.8
青海	Qinghai	4.2	1.8	2.4	5.6	2.4	3.5
宁夏	Ningxia	4.0	3.8	3.7	5.4	4.6	4.4
新疆	Xinjiang	9.6	11.0	9.7	3.0	3.8	3.7
新疆生产建设兵团	Xinjiang Production and Construction Corps		2.0	2.4		2.0	2.5

2-4 分地区城镇登记失业人员情况
BASIC CONDITIONS OF URBAN REGISTERED UNEMPLOYMENT BY REGION

(2001)

单位:人 (person)

地 区 Region		本年新登记的失业人数 Unemployment Newly Registered This Year	女 性 Female	由就业转失业人数 Unemployment from Employed	本年失业人员就业人数 Employment from the Unemployed This Year	女 性 Female
北 京	Beijing	140807	64341	97294	120108	64054
天 津	Tianjin	99872	54930	74512	90912	50018
河 北	Hebei	120247	59983	54032	91070	41657
山 西	Shaanxi	80489	34780	23281	55055	
内蒙古	Inner Mongolia	147982	65548	80301	116527	54667
辽 宁	Liaoning	518414	254963	337553	349894	167536
吉 林	Jilin	142479	65110	49958	122184	58641
黑龙江	Heilongjiang	413314	166910	172444	311078	143000
上 海	Shanghai	491617	211373	374614	379784	165471
江 苏	Jiangsu	433047	205374	304946	349371	167766
浙 江	Zhejiang	447732	202492	330507	401823	185397
安 徽	Anhui	228319	116073	109020	189425	89223
福 建	Fujian	197130	94386	102089	146623	70960
江 西	Jiangxi	222873	110024	49222	181654	46529
山 东	Shandong	358911	182378	152283	285206	142648
河 南	Henan	306104	155193	115060	247675	71194
湖 北	Hubei	516510	237193	209961	442696	234137
湖 南	Hunan	209872	109334	78705	144014	65576
广 东	Guangdong	738011	344187	376944	587927	246929
广 西	Guangxi	202056	103077	87106	158269	79389
海 南	Hainan	44032	20715	12579	18202	10617
重 庆	Chongqing	140184	58620	79211	93714	45083
四 川	Sichuan	235174	116013	106623	196795	98769
贵 州	Guizhou	108865	50105	20536	105015	47112
云 南	Yunnan	117665	45122	51339	86360	40165
西 藏	Tibet	1490	880		914	362
陕 西	Shaanxi	125859	66450	48960	99638	58917
甘 肃	Gansu	100530	52822	32955	97879	39976
青 海	Qinghai	48562	21165	14793	42063	18889
宁 夏	Ningxia	39769	14517	11080	31902	16299
新 疆	Xinjiang	148521	79773	43618	143315	64416
新疆生产建设兵团	Xinjiang Production and Construction Corps	12621	7784	9995	8444	3985

2—4 续表 1　continued

单位:人　　　　(person)

地　区　　Region	本年末实有登记失业人数 Unemployment at the Year-end	女　性 Female	长期失业者 Long-term Unemployment	本年末从业人员总数 Total Number of Employment This Year	登　记失业率(%) Unemployment Rate
北　京　Beijing	51911	23516	21387	4335016	1.2
天　津　Tianjin	113980	62689	102582	3046000	3.6
河　北　Hebei	195355	102924	84920	5932122	3.2
山　西　Shaanxi	122313	53749	37582	4624612	2.6
内蒙古　InnerMongolia	144689	74641	78122	3817526	3.7
辽　宁　Liaoning	554712	292142	365824	10860000	4.9
吉　林　Jilin	201588	97199	138787	6190146	3.2
黑龙江　Heilongjiang	355393	190526	199835	7165000	4.7
上　海　Shanghai	257219	109659	170252		
江　苏　Jiangsu	361420	185665	191250	9590816	3.6
浙　江　Zhejiang	239927	106565	123949	6230000	3.7
安　徽　Anhui	199131	105713	89664	5206119	3.7
福　建　Fujian	132268	69588	69960	3390300	3.8
江　西　Jiangxi	172831	64252	33850	5138000	3.3
山　东　Shandong	354390	181018	187564	10300000	3.3
河　南　Henan	230867	98395	76899	7943984	2.8
湖　北　Hubei	421536	241003	157455	10025689	4.0
湖　南　Hunan	303432	147743	107787	7282358	4.0
广　东　Guangdong	345478	162411	133510	11664000	2.9
广　西　Guangxi	141566	61247	51805	3869718	3.5
海　南　Hainan	38441	14382	18870	1097241	3.4
重　庆　Chongqing	137233	68055	77226	3370000	3.9
四　川　Sichuan	318711	152620	126987	7121000	4.3
贵　州　Guizhou	111481	48945	28258	2641350	4.0
云　南　Yunnan	79957	38933	36424	2345650	3.3
西　藏　Tibet	16294	8195	14804	212770	7.1
陕　西　Shaanxi	140082	56801	40681	4180989	3.2
甘　肃　Gansu	74414	40836	39103	2575127	2.8
青　海　Qinghai	24477	10280	9461	680000	3.5
宁　夏　Ningxia	36593	15798	11970	797737	4.4
新　疆　Xinjiang	96717	54982	34854	2520125	3.7
新疆生产建设兵团 Xinjiang Production and Construction Corps	24004	13748	14806	923102	2.5

2—5 分城市城镇从业人员和登记失业人员情况
URBAN EMPLOYMENT AND REGISTERED UNEMPLOYMENT BY CITY
(2001)

城市名称	City	城镇从业人员年末人数(千人) Urban Employment (1000 persons)	年末尚有失业人员人数(千人) Unemployment at the Year-end (1000 persons)	登记失业率(%) Unemployment Rate
石家庄	Shijiazhuang	916.9	23.0	2.4
太原	Taiyuan	1582.5	56.5	3.5
呼和浩特	Huhhot	439.9	16.2	3.5
沈阳	Shenyang	2709.0	133.7	4.7
长春	Changchun	1394.0	22.1	1.6
南京	Nanjing	1500.0	55.8	3.6
杭州	Hangzhou	1485.2	69.7	4.5
合肥	Hefei	550.3	28.5	4.9
福州	Fuzhou	734.7	15.4	2.1
南昌	Nanchang	280.0	8.6	3.0
济南	Jinan	1201.3	47.7	3.8
郑州	Zhengzhou	1073.4	23.7	2.1
武汉	Wuhan	2798.8	146.7	5.0
长沙	Changsha	1109.8	44.0	3.8
广州	Guangzhou	2342.3	91.6	3.8
南宁	Nanning	453.7	14.8	3.2
贵阳	Guiyang	766.9	31.3	3.9
昆明	Kunming	884.6	6.1	0.7
西安	Xian	1567.6	39.1	3.2
兰州	Lanzhou	768.7	11.8	1.5
西宁	Xining	413.3	13.2	3.1
银川	Yingchuan	300.9	9.0	2.9
乌鲁木齐	Urumqi	606.1	25.2	4.0
大连	Dalian	1558.0	81.7	5.0
宁波	Ningbo	815.0	31.9	3.8
青岛	Qingdao	1548.2	62.9	3.9
厦门	Xiamen	440.6	19.3	4.2

2—6 企业下岗职工情况
BASIC CONDITION OF LAID-OFF WORKERS OF ENTERPRISES

(2001)

单位:人 (person)

		上年末结转下岗职工 Laid-off Workers at Last Year-end	本年新增下岗职工人数 Laid-off Workers Newly Added This Year	进入再就业服务中心人数 In Re-employment Service Centers	本年减少下岗职工人数 Laid-off Workers Decreased This Year
全国总计	**National**	**9108668**	**2831496**	**1626228**	**4523383**
一、国有企业、	**State-owned Enterprises,**	**6572965**	**2343136**	**1587877**	**3762024**
国有联营企业、国有独资公司	Joint State-State Enterprises, Companies With Sole State Ownership				
#国有企业	State-Owned Enterprises	6338413	2135954	1488006	3482339
#中央直属企业	Enterprises Directly Under Central Government	573276	162122	121979	277552
#亏损企业	Deficit Enterprises	4920972	1652067	1214317	2549884
二、城镇集体企业	**Urban Collective-owned Enterprises**	**2337886**	**445053**		**711823**
三、其他企业	**Other Enterprises**	**197817**	**43307**		**49536**

		从再就业服务中心转出人数 Number of Persons Transferred from Re-employment Service Centers This Year	解除终止劳动关系人数 Number of persons Terminated Labor Contracts	再就业人数 Re-employed	协议到期人数 End the Duration of Re-employment Agreement
全国总计	**National**	**452383**	**1516918**	**2406186**	**1788577**
一、国有企业、	**State-owned Enterprises,**	**3762024**	**1419640**	**2268120**	**1706792**
国有联营企业、国有独资公司	Joint State-State Enterprises, Companies With Sole State Ownership				
#国有企业	State-Owned Enterprises	3482339	1361122	2114910	1562315
#中央直属企业	Enterprises Directly Under Central Government	277552	108553	180160	103525
#亏损企业	Deficit Enterprises	2549884	1060709	1572103	1136097
二、城镇集体企业	**Urban Collective-owned Enterprises**	**711823**			
三、其他企业	**Other Enterprises**	**49536**			

2—6 续表 continued

单位:人 (person)

		再就业人数 Re-employed	登记失业人数 Unemployment Registered	年末实有下岗职工人数 Laid-off workers At This Year-end
全国总计	**National**	**967625**	**356505**	**7416781**
一、国有企业、国有联营企业、国有独资公司	**State-owned Enterprises,** Joint State-State Enterprises,Companies With Sole State Ownership	**923136**	**351637**	**5154077**
#国有企业	State-Owned Enterprises	877703	329246	4992028
#中央直属企业	Enterprises Directly Under Central Government	65603	17607	457846
#亏损企业	Deficit Enterprises	594388	262150	4023155
二、城镇集体企业	**Urban Collective-owned Enterprises**			**2071116**
三、其他企业	**Other Enterprises**			**191588**

		女性 Female	进入再就业服务中心人数 In Re-employment Serveice Centers	签协议人数 Person Sigened Re-employment Agreement
全国总计	**National**	**3194303**	**4858432**	**4769932**
一、国有企业、国有联营企业、国有独资公司	**State-owned Enterprises,** Joint State-State Enterprises,Companies With Sole State Ownership	**2301360**	**4636198**	**4610546**
#国有企业	State-Owned Enterprises	2173886	4460379	4443498
#中央直属企业	Enterprises Directly Under Central Government	203603	436521	436000
#亏损企业	Deficit Enterprises	1622407	3680301	3639279
二、城镇集体企业	**Urban Collective-owned Enterprises**	**829843**		
三、其他企业	**Other Enterprises**	**63100**		

2－7 分地区企业下岗职工情况

LAID-OFF WORKERS OF ENTERPRISES BY REGION

(2001)

单位：人 (person)

地 区	Region	上年末结转下岗职工人数 Laid-off Workers at Last Year-end	本年新增下岗职工人数 Laid-off Workers Newly Added This Year	进入再就业服务中心人数 In Re-employment Service Centers	本年减少下岗职工人数 Laid-off Workers Decreased This Year	从再就业服务中心转出人数 Number of Persons Transferred from Re-employment Service Centers This Year	解除终止劳动关系人数 Number of Persons Terminated Labour Contracts
全 国	**National**	**9108668**	**2831496**	**1626228**	**4523383**	**3261288**	**1516918**
北 京	Beijing	74473			56505	56505	56505
天 津	Tianjin	189558	39123	37076	88426	84005	62818
河 北	Hebei	270974	231119	222000	208912	194397	22695
山 西	Shaanxi	271170	105985	87664	152242	104402	11590
内蒙古	Inner Mongolia	109464	62343	62235	90068	83451	63240
辽 宁	Liaoning	1164321	388341		750630	332565	168224
吉 林	Jilin	501129	35389	22672	198436	165060	69103
黑龙江	Heilongjiang	996400	335167	81100	577205	341500	87902
上 海	Shanghai	71696	849	849	67207	67207	50313
江 苏	Jiangsu	218849	27842	27842	131916	131808	111865
浙 江	Zhejiang	60893			44673	40127	26705
安 徽	Anhui	390692	16985	13396	122698	101317	59990
福 建	Fujian	20777	108580	14301	94549	30097	25385
江 西	Jiangxi	382187	212342	115397	207493	81697	25329
山 东	Shandong	204441	7205	7205	136283	133163	64087
河 南	Henan	439543	309560	208339	289839	253420	47374
湖 北	Hubei	744947	240086	153208	289911	183811	68229
湖 南	Hunan	770781	114085	50494	126371	96146	17175
广 东	Guangdong	189754	13742		89617	57150	26839
广 西	Guangxi	164483	24794	24794	72571	72310	36500
海 南	Hainan	29156	1178	1027	5418	5050	3554
重 庆	Chongqing	221635	99403	83239	112953	98630	98630
四 川	Sichuan	481595	254644	232646	291582	270709	153666
贵 州	Guizhou	138510	7982	3544	38801	27348	7369
云 南	Yunnan	67479	27104	27008	29066	23200	6293
西 藏	Tibet	1501	23	23	786	786	
陕 西	Shaanxi	399256	56339	55935	46904	45959	45959
甘 肃	Gansu	200930	52849	44698	71321	58154	10257
青 海	Qinghai	95631	8074	6965	37776	36013	22496
宁 夏	Ningxia	46077	24147	16355	27551	19628	8096
新 疆	Xinjiang	96137	26216	26216	35027	35027	35027
新疆生产建设兵团	Xinjiang Production and Construction Crops	94229			30646	30646	23703

2—7 续表 1 continued

单位:人 (person)

地 区 Region	再就业人数 Re-employed	协议到期人数 End the Duration of Re-employment Agreement	再就业人数 Re-employed	登记失业人数 Unemployment Registered	年末实有下岗职工人数 Laid-off Workers at This Year-end	女 性 Female	进入再就业服务中心人数 In Re-employment Service Centers
全 国 National	**2406186**	**1788577**	**967625**	**356505**	**7416781**	**3194303**	**4858432**
北 京 Beijing	44664	17917	9146	2720	17968	9523	17968
天 津 Tianjin	60496	54091	27307	25719	140255	65912	136047
河 北 Hebei	182366	41012	31509	5628	293181	102869	235790
山 西 Shaanxi	80498	78615	12954	6921	224913	89019	165675
内蒙古 Inner Mongolia	81782	39368	35455	1669	81739	40706	79249
辽 宁 Liaoning	193835	150263	31965	61117	802032	458249	310400
吉 林 Jilin	146425	113182	66146	17007	338082	139749	222594
黑龙江 Heilongjiang	232800	225928	169216	14525	754362	288028	319200
上 海 Shanghai	47939	67207			5338	1740	5338
江 苏 Jiangsu	104315	67538	42365	14733	114775	58881	114775
浙 江 Zhejiang	32354	13935	9055	3502	16220	6163	16220
安 徽 Anhui	71810	76847	48553	24872	284979	13435	164481
福 建 Fujian	21092	15880	6745	7394	34808	15088	4981
江 西 Jiangxi	23505	50910	9034	7162	387036	148130	226668
山 东 Shandong	78511	69316	34698	12910	75363	34484	74512
河 南 Henan	233905	109659	91223	11637	459264	207930	256761
湖 北 Hubei	98637	154895	76025	40250	695122	328893	415609
湖 南 Hunan	95341	53426	38009	8425	758495	351394	588259
广 东 Guangdong	18392	49803	15151	14006	113879	41520	43482
广 西 Guangxi	38491	49980	19131	14055	116706	43896	109168
海 南 Hainan	3137	1312	1135	177	24916	9541	20426
重 庆 Chongqing	65088	62409	29911	25923	208085	129821	129821
四 川 Sichuan	248670	72681	51538	15667	444657	174279	399966
贵 州 Guizhou	17679	6044	3984	1399	107691	38568	85289
云 南 Yunnan	9440	11424	8212	2874	65517	18972	63089
西 藏 Tibet	786				738	239	738
陕 西 Shaanxi	45959	45959	45154	805	408691	178195	298402
甘 肃 Gansu	38547	20878	10652	1594	182458	70571	165442
青 海 Qinghai	27456	8517	7560	957	65929	30074	65709
宁 夏 Ningxia	14810	6877	2951	2804	42673	20406	35047
新 疆 Xinjiang	25587	29040	19876	9164	87326	45410	87326
新疆生产建设兵团 Xinjiang Production and Construction Crops	21869	23664	12965	889	63583	32618	

2－7 续表 2 continued

单位：人 (person)

地区 Region	签协议人数 Person Signed Re-employment Agreement	按生活费发放情况分组 Classified by Status of Basic Living Expenses Received			按代缴社会保险费分组 Classified by Status of Social Insurance Contributed by Units		
		足额发生活费人数 All Basic Living Expenses	未足额发生活费人数 Not all Basic Living Expenses	未发生活费人数 Without Basic Living Expenses	足额代缴保险费人数 All Contributed by Units	未足额代缴保险费人数 Not All Contributed by Units	未代缴保险费人数 Not Contributed by Units
全　国 National	**4769932**	**4714525**	**51454**	**3953**	**4690855**	**61001**	**18076**
北　京 Beijing	17968	17968			17968		
天　津 Tianjin	135886	133806	2080		134186	1700	
河　北 Hebei	235790	235790			235790		
山　西 Shaanxi	163372	163372			163372		
内蒙古 Inner Mongolia	79249	79249			79249		
辽　宁 Liaoning	310400	285400	25000		285400	25000	
吉　林 Jilin	222594	222594			222594		
黑龙江 Heilongjiang	319200	319200			319200		
上　海 Shanghai	5338	5338			5338		
江　苏 Jiangsu	114775	114775			114775		
浙　江 Zhejiang	15303	15303			15303		
安　徽 Anhui	164481	164481			164481		
福　建 Fujian	4981	4981			4981		
江　西 Jiangxi	226668	222439	4150	79	205113	10873	10682
山　东 Shandong	73450	73450			73320	130	
河　南 Henan	256761	256751	10		256751	10	
湖　北 Hubei	415609	415609			415609		
湖　南 Hunan	514728	514728			514728		
广　东 Guangdong	43482	43482			43482		
广　西 Guangxi	109168	108609	456	103	107104	1856	208
海　南 Hainan	20426	20426			20426		
重　庆 Chongqing	129821	129821			129821		
四　川 Sichuan	395661	379465	12515	3681	367319	21236	7106
贵　州 Guizhou	85289	85289			85289		
云　南 Yunnan	63089	62838	161	90	62813	196	80
西　藏 Tibet	738	738			738		
陕　西 Shaanxi	298402	298402			298402		
甘　肃 Gansu	165442	158446	6996		165442		
青　海 Qinghai	65709	65623	86		65709		
宁　夏 Ningxia	28826	28826			28826		
新　疆 Xinjiang	87326	87326			87326		
新疆生产建设兵团 Xinjiang Production and Construction Crops							

2—8 分地区国有企业、国有联营企业、国有独资公司下岗职工情况

LAID-OFF WORKERS IN STATE-OWNED ENTERPRISES, JOINT STATE-STATE ENTERPRISES AND STATE SOLELY OWNED COMPANIES BY REGION

(2001)

单位:人 (person)

地区 Region	上年末结转下岗职工人数 Laid-off Workers at Last Year-end	本年新增下岗职工人数 Laid-off Workers Newly Added This Year	进入再就业服务中心人数 In Re-employment Service Centers	本年减少下岗职工人数 Laid-off Workers Decreased This Year	从再就业服务中心转出人数 Number of Persons Transferred from Re-employment Service Centers This Year	
						解除终止劳动关系人数 Number of Persons Terminated Labour Contracts
全国 National	**6572965**	**2343136**	**1587877**	**3762024**	**3082516**	**1419640**
北京 Beijing	67391			51084	51084	51084
天津 Tianjin	120830	24867	23566	75021	71270	53295
河北 Hebei	208187	222000	222000	194397	194397	22695
山西 Shaanxi	223121	98785	87664	141856	104402	11590
内蒙古 Inner Mongolia	100465	62235	62235	83451	83451	63240
辽宁 Liaoning	671800	234974		537174	320774	184470
吉林 Jilin	419101	33739	22672	179323	165060	69103
黑龙江 Heilongjiang	698500	310700	81100	518100	341500	87902
上海 Shanghai	55966	802	802	51562	51562	38043
江苏 Jiangsu	143990	24588	24588	84491	84401	70564
浙江 Zhejiang	36158			23085	23085	13885
安徽 Anhui	252382	13396	13396	101297	101297	59990
福建 Fujian	20777	78152	14301	86587	30097	25385
江西 Jiangxi	323639	194450	115397	173703	81697	25329
山东 Shandong	132469	4585	4585	87810	86703	42678
河南 Henan	300848	212783	208339	254151	253420	47374
湖北 Hubei	507283	201522	153208	227413	183811	68229
湖南 Hunan	500200	92622	50494	101481	96146	20000
广东 Guangdong	100632			57150	57150	26839
广西 Guangxi	156809	24681	24681	72322	72310	36500
海南 Hainan	24449	1027	1027	5050	5050	3554
重庆 Chongqing	145212	83239	83239	98630	98630	98630
四川 Sichuan	386810	232897	217119	256433	249972	140756
贵州 Guizhou	119514	5887	3544	34163	27337	7367
云南 Yunnan	55882	23822	23728	25913	21697	5600
西藏 Tibet	1501	23	23	786	786	
陕西 Shaanxi	288426	55935	55935	45959	45959	45959
甘肃 Gansu	182338	48589	44698	64823	58154	10257
青海 Qinghai	95107	6993	6965	36319	36013	22496
宁夏 Ningxia	42812	23627	16355	26817	19628	8096
新疆 Xinjiang	96137	26216	26216	35027	35027	35027
新疆生产建设兵团 Xinjiang Production and Construction Crops	94229			30646	30646	23703

2—8 续表 1 continued

单位:人 (person)

地 区 Region	再就业人数 Re-employed	协议到期人数 End the Duration of Re-employment Agreement	再就业人数 Re-employed	登记失业人数 Unemployment Registered	年末实有下岗职工人数 Laid-off Workers at This Year-end	女性 Female	进入再就业服务中心人数 In Re-employment Service Centers
全 国 National	**2268120**	**1706792**	**923136**	**351637**	**5154077**	**2301360**	**4636198**
北 京 Beijing	40450	16145	8230	2448	16307	8479	16307
天 津 Tianjin	51325	45891	23167	21820	70676	31402	70100
河 北 Hebei	182366	41012	31509	5628	235790	92766	235790
山 西 Shaanxi	80498	78614	12954	6921	180050	66799	165675
内蒙古 Inner Mongolia	81782	39368	35455	1669	79249	39466	79249
辽 宁 Liaoning	174099	150263	31965	52410	369600	265049	310400
吉 林 Jilin	146425	113182	66146	17007	273517	120592	222594
黑龙江 Heilongjiang	232800	225928	169216	14525	491100	175798	319200
上 海 Shanghai	36185	51562			5206	1693	5206
江 苏 Jiangsu	70805	44860	30319	9761	84087	42662	84087
浙 江 Zhejiang	18388	9697	6545	1970	13073	4537	13073
安 徽 Anhui	71810	76847	48553	24872	164481	7309	164481
福 建 Fujian	21092	15880	6745	7394	12342	5008	4981
江 西 Jiangxi	23505	50910	9034	7162	344386	132398	226668
山 东 Shandong	51206	44771	22443	8314	49244	21433	49222
河 南 Henan	233905	109659	91223	11637	259480	116188	256761
湖 北 Hubei	98637	154895	76025	40250	481392	227378	415609
湖 南 Hunan	95341	53426	28009	25000	491341	232982	487301
广 东 Guangdong	18392	49803	15151	14006	43482	12617	43482
广 西 Guangxi	38491	49980	19131	14055	109168	40676	109168
海 南 Hainan	3137	1312	1135	177	20426	7864	20426
重 庆 Chongqing	65088	62409	29911	25923	129821	129821	129821
四 川 Sichuan	230465	68663	49042	14195	363274	151989	351883
贵 州 Guizhou	17679	6044	3984	1399	91238	35061	85289
云 南 Yunnan	9235	10736	8076	2350	53791	16382	53178
西 藏 Tibet	786				738	239	738
陕 西 Shaanxi	45959	45959	45154	805	298402	125328	298402
甘 肃 Gansu	38547	20878	10652	1594	166104	62491	165442
青 海 Qinghai	27456	8517	7560	957	65781	30074	65709
宁 夏 Ningxia	14810	6877	2951	2804	39622	18851	35047
新 疆 Xinjiang	25587	29040	19876	9164	87326	45410	87326
新疆生产建设兵团 Xinjiang Production and Construction Crops	21869	23664	12975	5420	63583	32618	63583

2—8 续表 2　continued

单位:人　　　　(person)

地　区	Region	签协议人数 Person Signed Re-employment Agreement	按生活费发放情况分组 Classified by Status of Basic Living Expenses Received			按代缴社会保险费分组 Classified by Status of Social Insurance Contributed by Units		
			足额发生活费人数 All Basic Living Expenses	未足额发生活费人数 Not all Basic Living Expenses	未发生活费人数 Without Basic Living Expenses	足额代缴保险费人数 All Contributed by Units	未足额代缴保险费人数 Not All Contributed by Units	未代缴保险费人数 Not Contributed by Units
全　国	**National**	**4610546**	**4572235**	**37769**	**542**	**4556579**	**42330**	**11637**
北　京	Beijing	16307	16307			16307		
天　津	Tianjin	69855	68945	910		69855		
河　北	Hebei	235790	235790			235790		
山　西	Shaanxi	163372	163372			163372		
内蒙古	Inner Mongolia	79249	79249			79249		
辽　宁	Liaoning	310400	285400	25000		285400	25000	
吉　林	Jilin	222594	222594			222594		
黑龙江	Heilongjiang	319200	319200			319200		
上　海	Shanghai	5206	5206			5206		
江　苏	Jiangsu	84087	84087			84087		
浙　江	Zhejiang	12458	12458			12458		
安　徽	Anhui	164481	164481			164481		
福　建	Fujian	4981	4981			4981		
江　西	Jiangxi	226668	222439	4150	79	205113	10873	10682
山　东	Shandong	48730	48730			48730		
河　南	Henan	256761	256751	10		256751	10	
湖　北	Hubei	415609	415609			415609		
湖　南	Hunan	473416	473416			473416		
广　东	Guangdong	43482	43482			43482		
广　西	Guangxi	109168	108609	456	103	107104	1856	208
海　南	Hainan	20426	20426			20426		
重　庆	Chongqing	129821	129821			129821		
四　川	Sichuan	350032	349762		270	344970	4395	667
贵　州	Guizhou	85289	85289			85289		
云　南	Yunnan	53178	52927	161	90	52902	196	80
西　藏	Tibet	738	738			738		
陕　西	Shaanxi	298402	298402			298402		
甘　肃	Gansu	165442	158446	6996		165442		
青　海	Qinghai	65709	65623	86		65709		
宁　夏	Ningxia	28826	28826			28826		
新　疆	Xinjiang	87326	87326			87326		
新疆生产建设兵团	Xinjiang Production and Construction Crops	63543	63543			63543		

2—9 分地区国有企业下岗职工情况

LAID-OFF WORKERS IN STATE-OWNED ENTERPRISES BY REGION

(2001)

单位:人 (person)

地区 Region	上年末结转下岗职工人数 Laid-off Workers at Last Year-end	本年新增下岗职工人数 Laid-off Workers Newly Added This Year	进入再就业服务中心人数 In Re-employment Service Centers	本年减少下岗职工人数 Laid-off Workers Decreased This Year	从再就业服务中心转出人数 Number of Persons Transferred from Re-employment Service Centers This Year	解除终止劳动关系人数 Number of Persons Terminated Labour Contracts
全国 National	**6338413**	**2135954**	**1488006**	**3482339**	**2879823**	**1361122**
北京 Beijing	67391			51084	51084	51084
天津 Tianjin	118660	23286	22067	71282	67718	50639
河北 Hebei	206197	221108	221108	192361	192361	22689
山西 Shaanxi	218648	79061	78566	141301	91948	11238
内蒙古 Inner Mongolia	97779	62235	62235	81168	81168	61277
辽宁 Liaoning	617947	212520		460867	298062	179951
吉林 Jilin	414745	33496	22551	174729	165060	69103
黑龙江 Heilongjiang	698500	310700	81100	518100	341500	87902
上海 Shanghai	49055	485	485	44905	44905	33881
江苏 Jiangsu	141284	24456	24456	83174	83104	69370
浙江 Zhejiang	25805			14301	14301	11083
安徽 Anhui	242479	10585	10585	96783	96783	58577
福建 Fujian	3907	38492	1666	42109	7354	5133
江西 Jiangxi	323639	194450	115397	173703	81697	25329
山东 Shandong	126648	4585	4585	83942	83525	41372
河南 Henan	275680	197195	192751	233324	232593	45114
湖北 Hubei	461480	182644	138727	206156	167366	61852
湖南 Hunan	500200	17800	17800	56800	55052	19500
广东 Guangdong	77714			36318	36318	21748
广西 Guangxi	156809	24681	24681	72322	72310	36500
海南 Hainan	24449	1027	1027	5050	5050	3554
重庆 Chongqing	145212	83239	83239	98630	98630	98630
四川 Sichuan	373285	224327	209026	246301	239398	137414
贵州 Guizhou	119514	5877	3544	34163	27329	7364
云南 Yunnan	50836	22322	22218	23089	18994	5286
西藏 Tibet	1501	23	23	786	786	
陕西 Shaanxi	288426	55935	55935	45959	45959	45959
甘肃 Gansu	182338	48589	44698	64823	58154	10257
青海 Qinghai	95107	6993	6965	36319	36013	22490
宁夏 Ningxia	42812	23627	16355	26817	19628	8096
新疆 Xinjiang	96137	26216	26216	35027	35027	35027
新疆生产建设兵团 Xinjiang Production and Construction Crops	94229			30646	30646	23703

2—9 续表 1 continued

单位：人 (person)

地 区 Region	再就业人数 Re-employed	协议到期人数 End the Duration of Re-employment Agreement	再就业人数 Re-employed	登记失业人数 Unemployment Registered	年末实有下岗职工人数 Laid-off Workers at This Year-end	女 性 Female	进入再就业服务中心人数 In Re-employment Service Centers
全 国 National	**2114910**	**1562315**	**877703**	**329246**	**4992028**	**2173886**	**4460379**
北 京 Beijing	40450	16145	8230	2448	16307	8479	16307
天 津 Tianjin	48767	43604	22013	20733	70664	31397	68504
河 北 Hebei	180333	38950	29531	5598	234944	92412	234944
山 西 Shaanxi	69295	31212	11120	6913	156408	64459	136632
内蒙古 Inner Mongolia	81168	39368	35455	1669	78846	39265	78846
辽 宁 Liaoning	163136	131661	22407	50356	369600	254210	310400
吉 林 Jilin	146391	113182	66146	17007	273512	120327	222473
黑龙江 Heilongjiang	232800	225928	169216	14525	491100	175798	319200
上 海 Shanghai	32269	44905			4635		4635
江 苏 Jiangsu	69944	44735	30197	9709	82566	42394	82566
浙 江 Zhejiang	9656	6968	4460	1413	11504	4127	11504
安 徽 Anhui	67858	73957	46097	24446	156281	7012	156281
福 建 Fujian	3542	5752	2284	2841	290	101	290
江 西 Jiangxi	23505	50910	9034	7162	344386	132398	226668
山 东 Shandong	49719	43564	21894	7870	47291	20583	47291
河 南 Henan	214931	102583	85433	10554	239551	106336	236832
湖 北 Hubei	89892	139818	68930	36762	437968	208292	378391
湖 南 Hunan	50400	49940	26858	22200	461200	165608	440532
广 东 Guangdong	14539	28908	11165	8904	41396	10474	41396
广 西 Guangxi	38491	49980	19131	14055	109168	40676	109168
海 南 Hainan	3137	1312	1135	177	20426	7864	20426
重 庆 Chongqing	65088	62409	29911	25923	129821	129821	129821
四 川 Sichuan	218705	65135	46067	13672	351311	146323	340907
贵 州 Guizhou	17526	6025	3928	1339	91228	35011	85279
云 南 Yunnan	8354	10429	7893	2226	50069	15508	44839
西 藏 Tibet	786				738	239	738
陕 西 Shaanxi	45959	45959	45154	805	298402	125328	298402
甘 肃 Gansu	38547	20878	10652	1594	166104	62491	165442
青 海 Qinghai	27456	8517	7560	957	65781	30074	65709
宁 夏 Ningxia	14810	6877	2951	2804	39622	18851	35047
新 疆 Xinjiang	25587	29040	19876	9164	87326	45410	87326
新疆生产建设兵团 Xinjiang Production and Construction Crops	21869	23664	12975	5420	63583	32618	63583

2—9 续表 2 continued

单位：人 (person)

地 区 Region	签协议人数 Person Signed Re-employment Agreement	按生活费发放情况分组 Classified by Status of Basic Living Expenses Received			按代缴社会保险费分组 Classified by Status of Social Insurance Contributed by Units		
		足额发生活费人数 All Basic Living Expenses	未足额发生活费人数 Not all Basic Living Expenses	未发生活费人数 Without Basic Living Expenses	足额代缴保险费人数 All Contributed by Units	未足额代缴保险费人数 Not All Contributed by Units	未代缴保险费人数 Not Contributed by Units
全 国 National	**4443498**	**4405638**	**37588**	**272**	**4390253**	**42038**	**11207**
北 京 Beijing	16307	16307			16307		
天 津 Tianjin	68109	67219	890		68109		
河 北 Hebei	234944	234944			234944		
山 西 Shaanxi	136097	136097			136097		
内蒙古 Inner Mongolia	78846	78846			78846		
辽 宁 Liaoning	310400	285400	25000		285400	25000	
吉 林 Jilin	222473	222473			222473		
黑龙江 Heilongjiang	319200	319200			319200		
上 海 Shanghai	4635	4635			4635		
江 苏 Jiangsu	82566	82566			82566		
浙 江 Zhejiang	10889	10889			10889		
安 徽 Anhui	156281	156281			156281		
福 建 Fujian	290	290			290		
江 西 Jiangxi	226668	222439	4150	79	205113	10873	10682
山 东 Shandong	46799	46799			46799		
河 南 Henan	236832	236822	10		236822	10	
湖 北 Hubei	378391	378391			378391		
湖 南 Hunan	433800	433800			433800		
广 东 Guangdong	41396	41396			41396		
广 西 Guangxi	109168	108609	456	103	107104	1856	208
海 南 Hainan	20426	20426			20426		
重 庆 Chongqing	129821	129821			129821		
四 川 Sichuan	339056	339056			334555	4264	237
贵 州 Guizhou	85279	85279			85279		
云 南 Yunnan	44839	44749		90	44724	35	80
西 藏 Tibet	738	738			738		
陕 西 Shaanxi	298402	298402			298402		
甘 肃 Gansu	165442	158446	6996		165442		
青 海 Qinghai	65709	65623	86		65709		
宁 夏 Ningxia	28826	28826			28826		
新 疆 Xinjiang	87326	87326			87326		
新疆生产建设兵团 Xinjiang Production and Construction Crops	63543	63543			63543		

2—10 分地区中央直属企业下岗职工情况

LAID-OFF WORKERS IN ENTERPRISES DIRECTLY UNDER CENTRAL GOVERNMENT BY REGION

(2001)

单位:人 (person)

地区	Region	上年末结转下岗职工人数 Laid-off Workers at Last Year-end	本年新增下岗职工人数 Laid-off Workers Newly Added This Year	进入再就业服务中心人数 In Re-employment Service Centers	本年减少下岗职工人数 Laid-off Workers Decreased This Year	从再就业服务中心转出人数 Number of Persons Transferred from Re-employment Service Centers This Year	解除终止劳动关系人数 Number of Persons Terminated Labour Contracts
全　国	**National**	**573276**	**162122**	**121979**	**277552**	**255143**	**108553**
北　京	Beijing	1268			919	919	919
天　津	Tianjin	7230	307	291	2576	2447	1830
河　北	Hebei	19801	18171	18171	21743	21743	544
山　西	Shaanxi	31506	11179	11009	10755	8923	3213
内蒙古	Inner Mongolia	21256	7984	7984	6658	6658	2809
辽　宁	Liaoning	24944	20053		16163	11437	5448
吉　林	Jilin	10156	595	595	4808	4485	1830
黑龙江	Heilongjiang	42400	46400	28900	56100	50726	12310
上　海	Shanghai	1957	25	25	1969	1969	1208
江　苏	Jiangsu	5564	243	243	2396	2396	1452
浙　江	Zhejiang	815			699	699	237
安　徽	Anhui	9371	334	334	3588	3588	1355
福　建	Fujian		15		5	5	5
江　西	Jiangxi						
山　东	Shandong	12349	314	314	10627	10627	6598
河　南	Henan	29062	10094	10012	19020	19017	5970
湖　北	Hubei	28540	3254	2048	3481	2940	622
湖　南	Hunan	37196	6540	5562	12422	11230	1712
广　东	Guangdong	8550			4744	4744	2034
广　西	Guangxi	826	140	140	290	290	201
海　南	Hainan	6905	1027	1027	828	828	98
重　庆	Chongqing	30103	11002	11002	12826	12826	12826
四　川	Sichuan	36979	13028	13025	16068	15438	5273
贵　州	Guizhou	30423	1637	1519	11511	6399	926
云　南	Yunnan	6447	1402	1400	1696	1696	533
西　藏	Tibet						
陕　西	Shaanxi	49308	3114	3114	13033	13033	13033
甘　肃	Gansu	19665	2253	2253	9947	7400	143
青　海	Qinghai	6348	3010	3010	2000	2000	1721
宁　夏	Ningxia	78	1	1	34	34	
新　疆	Xinjiang						
新疆生产建设兵团	Xinjiang Production and Construction Crops	94229			30646	30646	23703

2—10 续表 1 continued

单位:人 (person)

地 区 Region	再就业人数 Re-employed	协议到期人数 End the Duration of Re-employment Agreement	再就业人数 Re-employed	登记失业人数 Unemployment Registered	年末实有下岗职工人数 Laid-off Workers at This Year-end	女性 Female	进入再就业服务中心人数 In Re-employment Service Centers
全 国 National	**180160**	**103525**	**65603**	**17607**	**457846**	**203603**	**436521**
北 京 Beijing	721	294	149	43	349	181	349
天 津 Tianjin	1252	1576	796	749	4961	2204	4812
河 北 Hebei	20902	3399	3011	54	16229	5996	16229
山 西 Shaanxi	6022	3381	2572	289	31930	12771	31423
内蒙古 Inner Mongolia	6268	1239	981	29	22582	11245	22582
辽 宁 Liaoning	9130	2698	575	2123	28834	12866	28834
吉 林 Jilin	1630	2980	1515	887	5943	1684	5561
黑龙江 Heilongjiang	30106	5542	297	21	32700	14427	17000
上 海 Shanghai	1187	1969			13		13
江 苏 Jiangsu	2257	1211	947	260	3411	1766	3411
浙 江 Zhejiang	544	88	65	23	116	22	116
安 徽 Anhui	1058	2680	878	81	6117	2863	6117
福 建 Fujian	5				10	2	10
江 西 Jiangxi							
山 东 Shandong	3218	5058	2986	1711	2036	988	2036
河 南 Henan	15100	8906	8129	614	20136	5828	20046
湖 北 Hubei	1363	2507	1142	404	28313	12335	27062
湖 南 Hunan	10139	4449	4075	157	31314	10444	29363
广 东 Guangdong	1992	2556	1295	1134	3806	692	3806
广 西 Guangxi	51	229	44	35	676	170	676
海 南 Hainan	406	334	319	15	7104	3173	7104
重 庆 Chongqing	9772	8722	5596	1419	28279	28279	28279
四 川 Sichuan	13663	3087	1488	1072	33939	14056	33938
贵 州 Guizhou	3879	69	57	12	20549	7568	19255
云 南 Yunnan	178	630	78	524	6153	1140	6153
西 藏 Tibet							
陕 西 Shaanxi	13033	13033	12513	520	39389	15756	39389
甘 肃 Gansu	2660	2019	1915	11	11971	2060	11971
青 海 Qinghai	1721	1205	1205		7358	2465	7358
宁 夏 Ningxia	34				45	4	45
新 疆 Xinjiang							
新疆生产建设兵团 Xinjiang Production and Construction Crops	21869	23664	12975	5420	63583	32618	63583

2—10 续表 2 continued

单位:人 (person)

地区	Region	签协议人数 Person Signed Re-employment Agreement	按生活费发放情况分组 Classified by Status of Basic Living Expenses Received			按代缴社会保险费分组 Classified by Status of Social Insurance Contributed by Units		
			足额发生活费人数 All Basic Living Expenses	未足额发生活费人数 Not all Basic Living Expenses	未发生活费人数 Without Basic Living Expenses	足额代缴保险费人数 All Contri-buted by Units	未足额代缴保险费人数 Not All Contri-buted by Units	未代缴保险费人数 Not Contri-buted by Units
全　国	**National**	**436000**	**436000**			**435686**	**314**	
北　京	Beijing	349	349			349		
天　津	Tianjin	4812	4812			4812		
河　北	Hebei	16229	16229			16229		
山　西	Shaanxi	30983	30983			30983		
内蒙古	Inner Mongolia	22582	22582			22582		
辽　宁	Liaoning	28834	28834			28834		
吉　林	Jilin	5561	5561			5561		
黑龙江	Heilongjiang	17000	17000			17000		
上　海	Shanghai	13	13			13		
江　苏	Jiangsu	3411	3411			3411		
浙　江	Zhejiang	75	75			75		
安　徽	Anhui	6117	6117			6117		
福　建	Fujian	10	10			10		
江　西	Jiangxi							
山　东	Shandong	2036	2036			2036		
河　南	Henan	20046	20046			20046		
湖　北	Hubei	27062	27062			27062		
湖　南	Hunan	29363	29363			29363		
广　东	Guangdong	3806	3806			3806		
广　西	Guangxi	676	676			676		
海　南	Hainan	7104	7104			7104		
重　庆	Chongqing	28279	28279			28279		
四　川	Sichuan	33938	33938			33624	314	
贵　州	Guizhou	19255	19255			19255		
云　南	Yunnan	6153	6153			6153		
西　藏	Tibet							
陕　西	Shaanxi	39389	39389			39389		
甘　肃	Gansu	11971	11971			11971		
青　海	Qinghai	7358	7358			7358		
宁　夏	Ningxia	45	45			45		
新　疆	Xinjiang							
新疆生产建设兵团	Xinjiang Production and Construction Crops	63543	63543			63543		

2-11 分地区亏损企业下岗职工情况
LAID-OFF WORKERS IN DEFICIT ENTERPRISES BY REGION

(2001)

单位:人 (person)

地区	Region	上年末结转下岗职工人数 Laid-off Workers at Last Year-end	本年新增下岗职工人数 Laid-off Workers Newly Added This Year	进入再就业服务中心人数 In Re-employment Service Centers	本年减少下岗职工人数 Laid-off Workers Decreased This Year	从再就业服务中心转出人数 Number of Persons Transferred from Re-employment Service Centers This Year	解除终止劳动关系人数 Number of Persons Terminated Labour Contracts
全国	**National**	**4920972**	**1652067**	**1214317**	**2549884**	**2197972**	**1060709**
北京	Beijing						
天津	Tianjin	102896	21272	20159	55371	50702	37915
河北	Hebei	177623	159078	159078	141752	141752	22093
山西	Shaanxi	206340	70666	66265	141764	86291	9591
内蒙古	Inner Mongolia	78762	25420	25420	56986	56986	41954
辽宁	Liaoning	509341	233513		373254	249569	163300
吉林	Jilin	375175	22112	16372	145970	145934	62282
黑龙江	Heilongjiang	42400	46400	28900	56100	50726	12310
上海	Shanghai	31564	82	82	28358	28358	22133
江苏	Jiangsu	112360	23263	23263	71538	71498	58882
浙江	Zhejiang	15541			9732	9732	8046
安徽	Anhui	236966	13264	13264	92943	92943	56413
福建	Fujian	16870	21840	14070	29248	22094	20911
江西	Jiangxi	323639	194450	115397	173703	81697	25329
山东	Shandong	89897	2461	2461	59140	58996	27256
河南	Henan	281026	194396	190781	227432	226902	45507
湖北	Hubei	345066	140148	104373	156901	126380	46872
湖南	Hunan	418333	59881	38831	94554	93689	11886
广东	Guangdong	70935			33830	33830	19817
广西	Guangxi	146511	24587	24587	62471	62463	36192
海南	Hainan	24127	1027	1027	4728	4728	3275
重庆	Chongqing	136632	64929	64929	86085	86085	86085
四川	Sichuan	302729	175482	159374	185831	178415	99901
贵州	Guizhou	102094	2356	2344	34093	22491	4954
云南	Yunnan	6132	1402	1400	1381	1381	533
西藏	Tibet						
陕西	Shaanxi	287160	54287	54287	44171	44171	44171
甘肃	Gansu	176470	48105	41534	63469	56875	8964
青海	Qinghai	82519	6993	6965	31309	31259	19726
宁夏	Ningxia	39675	20516	15017	23848	18103	7432
新疆	Xinjiang	87960	24137	24137	33276	33276	33276
新疆生产建设兵团	Xinjiang Production and Construction Crops	94229			30646	30646	23703

2—11续表1 continued

单位:人 (person)

地 区 Region	再就业人数 Re-employed	协议到期人数 End the Duration of Re-employment Agreement	再就业人数 Re-employed	登记失业人数 Unemployment Registered	年末实有下岗职工人数 Laid-off Workers at This Year-end	女性 Female	进入再就业服务中心人数 In Re-employment Service Centers
全 国 National	**1572103**	**1136097**	**594388**	**262150**	**4023155**	**1622407**	**3680301**
北 京 Beijing							
天 津 Tianjin	36514	32648	16482	15523	68797	30567	66735
河 北 Hebei	130026	34385	24934	5560	194949	77798	194949
山 西 Shaanxi	63251	29105	10073	6733	135242	52641	117510
内蒙古 Inner Mongolia	43281	28513	24629	1669	47196	27798	47196
辽 宁 Liaoning	111820	119083	16708	44800	369600	188886	310400
吉 林 Jilin	133137	104339	57654	16691	251317	103887	201800
黑龙江 Heilongjiang	30106	5542	297	21	32700	14427	17000
上 海 Shanghai	21517	28358			3288		3288
江 苏 Jiangsu	58141	37289	23965	8251	64085	34150	64085
浙 江 Zhejiang	5633	4553	3314	1148	5809	2257	5809
安 徽 Anhui	68041	72836	45999	22703	157287	7126	157287
福 建 Fujian	18505	8508	4429	3753	9462	3928	2101
江 西 Jiangxi	23505	50910	9034	7162	344386	132398	226668
山 东 Shandong	33586	32107	18275	5233	33218	16003	33196
河 南 Henan	205612	94986	77144	11175	247990	110986	245243
湖 北 Hubei	67620	107041	51992	28116	328313	155157	285186
湖 南 Hunan	78409	36641	24029	5882	383660	151990	379738
广 东 Guangdong	9074	21740	8975	8043	37105	10785	37105
广 西 Guangxi	38463	49745	19131	13952	108627	40474	108627
海 南 Hainan	2756	1141	996	145	20426	7864	20426
重 庆 Chongqing	56809	54471	26107	22626	115476	115476	115476
四 川 Sichuan	154552	45857	31142	10995	292380	121446	281568
贵 州 Guizhou	15805	5531	3683	1048	70357	26979	64408
云 南 Yunnan	178	630	78	524	6153	1140	6153
西 藏 Tibet							
陕 西 Shaanxi	44171	44171	43366	805	297276	12883	297276
甘 肃 Gansu	37511	19326	9602	1594	161106	58656	158250
青 海 Qinghai	24408	8517	7560	957	58203	26346	58125
宁 夏 Ningxia	13825	6384	2792	2568	36343	16755	32292
新 疆 Xinjiang	23978	28076	19023	9053	78821	40986	78821
新疆生产建设兵团 Xinjiang Production and Construction Crops	21869	23664	12975	5420	63583	32618	63583

2－11 续表 2　continued

单位：人　　　　(person)

地　区	Region	签协议人数 Person Signed Re-employment Agreement	按生活费发放情况分组 Classified by Status of Basic Living Expenses Received			按代缴社会保险费分组 Classified by Status of Social Insurance Contributed by Units		
			足额发生活费人数 All Basic Living Expenses	未足额发生活费人数 Not all Basic Living Expenses	未发生活费人数 Without Basic Living Expenses	足额代缴保险费人数 All Contributed by Units	未足额代缴保险费人数 Not All Contributed by Units	未代缴保险费人数 Not Contributed by Units
全　国	**National**	**3639279**	**3601680**	**37520**	**79**	**3586838**	**41166**	**11275**
北　京	Beijing							
天　津	Tianjin	66584	65714	870		66584		
河　北	Hebei	194949	194949			194949		
山　西	Shaanxi	117022	117022			117022		
内蒙古	Inner Mongolia	47196	47196			47196		
辽　宁	Liaoning	310400	285400	25000		285400	25000	
吉　林	Jilin	201800	201800			201800		
黑龙江	Heilongjiang	17000	17000			17000		
上　海	Shanghai	3288	3288			3288		
江　苏	Jiangsu	64085	64085			64085		
浙　江	Zhejiang	5809	5809			5809		
安　徽	Anhui	157287	157287			157287		
福　建	Fujian	2101	2101			2101		
江　西	Jiangxi	226668	222439	4150	79	205113	10873	10682
山　东	Shandong	32704	32704			32704		
河　南	Henan	245243	245233	10		245233	10	
湖　北	Hubei	285186	285186			285186		
湖　南	Hunan	347803	347803			347803		
广　东	Guangdong	37105	37105			37105		
广　西	Guangxi	108627	108171	456		107104	1315	208
海　南	Hainan	20426	20426			20426		
重　庆	Chongqing	115476	115476			115476		
四　川	Sichuan	280068	280068			275715	3968	385
贵　州	Guizhou	64408	64408			64408		
云　南	Yunnan	6153	6153			6153		
西　藏	Tibet							
陕　西	Shaanxi	297276	297276			297276		
甘　肃	Gansu	158250	151254	6996		158250		
青　海	Qinghai	58125	58087	38		58125		
宁　夏	Ningxia	25876	25876			25876		
新　疆	Xinjiang	78821	78821			78821		
新疆生产建设兵团	Xinjiang Production and Construction Crops	63543	63543			63543		

2—12 分地区城镇集体和其他企业下岗职工情况

LAID-OFF WORKERS IN URBAN COLLECTIVE-OWNED ENTERPRISES AND OTHER ENTERPRISES BY REGION

(2001)

单位:人 (person)

地区 Region	城镇集体企业 Urban Collective-owned Enterprises				其他企业 Other Enterprises			
	上年末结转下岗职工人数 Laid-off Workers at Last Year-end	本年新增下岗职工人数 Laid-off Workers Newly Added This Year	本年减少下岗职工人数 Laid-off Workers Decreased This Year	年末实有下岗职工人数 Laid-off Workers At This Year-end	上年末结转下岗职工人数 Laid-off Workers at Last Year-end	本年新增下岗内职工人数 Laid-off workers Newly Added This Year	本年减少下岗职工人数 Laid-off Workers Decreased This Year	年末实有下岗职工人数 Laid-off Workers At This Year-end
全国 National	**2337886**	**445053**	**711823**	**2071116**	**197817**	**43307**	**49536**	**191588**
北京 Beijing	7082		5421	1661				
天津 Tianjin	64126	12037	12189	63974	4602	2219	1216	5605
河北 Hebei	62268	9118	14150	57236	519	1	365	155
山西 Shaanxi	45684	7174	9141	43717	2365	26	1245	1146
内蒙古 Inner Mongolia	7139	107	5721	1525	1860	1	896	965
辽宁 Liaoning	466602	142041	199993	408650	25919	11326	13463	23782
吉林 Jilin	77871	1650	19113	60408	4157			4157
黑龙江 Heilongjiang	250900	24467	59105	216262	47000			47000
上海 Shanghai	15730	47	15645	132				
江苏 Jiangsu	67342	3045	43343	27044	7517	209	4082	3644
浙江 Zhejiang	21903		19539	2364	2832		2049	783
安徽 Anhui	135950	3562	20055	119457	2360	27	1346	1041
福建 Fujian		30428	7962	22466				
江西 Jiangxi	53089	17890	33738	37241	5459	2	52	5409
山东 Shandong	69248	2560	45860	25948	2724	60	2613	171
河南 Henan	121769	88807	29024	181552	16926	7970	6664	18232
湖北 Hubei	200328	32833	58236	174925	37336	5731	4262	38805
湖南 Hunan	264100	21403	24372	261131	6481	60	518	6023
广东 Guangdong	84500	11685	29856	66329	4622	2057	2611	4068
广西 Guangxi	5274	35	118	5191	2400	78	131	2347
海南 Hainan	4492	151	342	4301	215		26	189
重庆 Chongqing	76423	16164	14323	78264				
四川 Sichuan	80910	9073	27328	62655	13875	12674	7821	18728
贵州 Guizhou	18468	1434	4512	15390	528	661	126	1063
云南 Yunnan	11597	3282	3153	11726				
西藏 Tibet								
陕西 Shaanxi	102710	386	899	102197	8120	18	46	8092
甘肃 Gansu	18592	4260	6498	16354				
青海 Qinghai	524	1081	1457	148				
宁夏 Ningxia	3265	333	730	2868		187	4	183
新疆 Xinjiang								
新疆生产建设兵团 Xinjiang Production and Construction Corps								

2—13 国有企业下岗职工分类情况

CLASSIFICATION STATISTICS OF LAID-OFF WORKERS IN STATE-OWNED ENTERPRISES

(2001)

单位:人 (person)

		合计 Total	中心内下岗职工人数 Number of Laid-off Workers in the Reemployment Centres at the Year-end	协议到期末出中心继续发放生活费人数 Of which: Number of Agreement Due Laid-off Workers Who Still Stayed in the Centre and Received Living Allowances
总　　计	**Total**	**7697193**	**4685589**	**839632**
一、按经营状况分组	Classified by Enterprise′s Performance			
1.盈利企业	Profitable Enterprises	734466	403400	42022
2.亏损企业	Deficit Enterprises	3666977	2295072	391297
3.停产企业	Stop Production Enterprises	3295750	1987117	406313
其中:停产6个月以下	Of which: Stop Production Less than 6 Months	118525	65916	10408
停产6-12个月	Stop Production 6-12 Months	224473	141488	27365
停产1-2年	Stop Production 1-2 Years	546823	348471	52024
停产2年以上	Stop Production More than 2 Years	2405929	1431242	316516
其中:计划破产、改制企业	Of which: Enterprises Planning to Bankrupt and Reshuffling Ownership	1254995	788851	168883
二、按隶属关系分组	Grouped by Adminstrative Relationship			
1.中央企业	Under Central Government	703629	401546	51832
2.省属企业	Under Provincial Government	1693634	1046619	234847
3.地市属企业	Under Prefectual Government	3694775	2267157	428230
4.其他企业	Others	1605155	970267	124723

注:表2-13至2-21里所指的国有企业包括国有联营企业和国有独资公司。

Note: State-owned Enterprises in table 2-13 to 2-21 include joint state-state enterprises and state solely owned companies.

2—13 续表 continued

单位：人 (person)

		出中心下岗职工人数 Number of Laid-off Workers Left the Reemployment Service Centres This Year	解除或终止劳动关系人数 Number of Laid-off Workers Terminated or Ended their Labour Relationship with the Enterprise	未解除或终止劳动关系人数 Number of Laid-off Workers Havenot Terminated or Ended their Labour Relationship with the Enterprise	生活没有保障人数 Of which: Number of Laid-off Workers without Living Security
总　　计	**Total**	**3011604**	**1513890**	**1497714**	**596450**
一、按经营状况分组	Classified by Enterprise′s Performance				
1. 盈利企业	Profitable Enterprises	331066	188445	142621	13800
2. 亏损企业	Deficit Enterprises	1371905	641397	730508	239671
3. 停产企业	Stop Production Enterprises	1308633	684048	624585	342979
其中：停产 6 个月以下	Of which: Stop Production Less than 6 Months	52609	31355	21254	8064
停产 6-12 个月	Stop Production 6-12 Months	82985	60168	22817	10009
停产 1-2 年	Stop Production 1-2 Years	198352	117806	80546	29446
停产 2 年以上	Stop Production More than 2 Years	974687	474719	499968	295460
其中：计划破产、改制企业	Of which: Enterprises Planning to Bankrupt and Reshuffling Ownership	466144	239719	226425	112722
二、按隶属关系分组	Grouped by Adminstrative Relationship				
1. 中央企业	Under Central Government	302083	118380	183703	68598
2. 省属企业	Under Provincial Government	647015	369952	277063	88171
3. 地市属企业	Under Prefectual Government	1427618	750706	676912	275538
4. 其他企业	Others	634888	274852	360036	164143

2－14 分地区国有企业下岗职工分类情况

CLASSIFICATION STATISTICS OF LAID-OFF WORKERS IN STATE-OWNED ENTERPRISES BY REGION

(2001)

单位：人 (person)

地 区 Region	合计 Total	中心内下岗职工人数 Number of Laid-off Workers in the Reemployment Centres at the Year-end	协议到期未出中心继续发放生活费人数 Of which: Number of Agreement Due Laid-off Workers Who Still Stayed in the Centre and Received Living Allowances	出中心下岗职工人数 Number of Laid-off Workers Left the Reemployment Service Centres This Year	解除或终止劳动关系人数 Number of Laid-off Workers Terminated or Ended their Labour Relationship with the Enterprise	未解除或终止劳动关系人数 Number of Laid-off Workers Havenot Terminated or Ended their Labour Relationship with the Enterprise	生活没有保障人数 Of which: Number of Laid-off Workers without Living Security
全 国 National	**7697193**	**4685589**	**839632**	**3011604**	**1513890**	**1497714**	**596450**
北 京 Beijing	74500	17968		56532	48278	8254	
天 津 Tianjin	159504	85116	2769	74388	55413	18975	14202
河 北 Hebei	430187	235790	32909	194397	45856	148541	29086
山 西 Shaanxi	264270	162641	12849	101629	14486	87143	18684
内蒙古 Inner Mongolia	162700	79249	16293	83451	63240	20211	3436
辽 宁 Liaoning	628526	310541	3528	317985	235933	82052	24758
吉 林 Jilin	396802	246151	15180	150651	54377	96274	86675
黑龙江 Heilongjiang	721296	348415	51009	372881	123249	249632	176406
上 海 Shanghai	72545	5338	2462	67207	50313	16894	
江 苏 Jiangsu	206603	120092	40801	86511	65580	20931	5399
浙 江 Zhejiang	36158	13073		23085	13885	9200	
安 徽 Anhui	265778	164481	52944	101297	56938	44359	15452
福 建 Fujian	21246	3614	285	17632	11639	5993	
江 西 Jiangxi	305258	236714	18134	68544	24079	44465	27216
山 东 Shandong	135925	49222	1	86703	42678	44025	3119
河 南 Henan	511875	258449	2780	253426	74684	178742	77475
湖 北 Hubei	607204	420922	55817	186282	68942	117340	42819
湖 南 Hunan	518024	461201	69566	56823	26216	30607	10471
广 东 Guangdong	100632	43482	1685	57150	26839	30311	15739
广 西 Guangxi	181490	109168	5719	72322	36500	35822	9709
海 南 Hainan	34070	20426	915	13644	9181	4463	2517
重 庆 Chongqing	228451	129821		98630	98630		
四 川 Sichuan	599766	373429	101801	226337	117445	108892	27388
贵 州 Guizhou	112626	85289	25364	27337	7367	19970	1104
云 南 Yunnan	73526	52333	6133	21193	11926	9267	1084
西 藏 Tibet	1524	738	738	786	2	784	
陕 西 Shaanxi	344361	298402	256625	45959	45959		
甘 肃 Gansu	223596	165442	25350	58154	10257	47897	3105
青 海 Qinghai	101722	65709	25300	36013	22496	13517	307
宁 夏 Ningxia	54675	35047	1934	19628	16475	3153	299
新 疆 Xinjiang	122353	87326	10741	35027	35027		

2—15 分地区国有盈利企业下岗职工分类情况

CLASSIFICATION STATISTICS OF LAID-OFF WORKERS IN PROFITABLE STATE-OWNED ENTERPRISES BY REGION

(2001)

单位:人　　　　(person)

地区 Region	合计 Total	中心内下岗职工人数 Number of Laid-off Workers in the Reemployment Centres at the Year-end	协议到期未出中心继续发放生活费人数 Of which: Number of Agreement Due Laid-off Workers Who Still Stayed in the Centre and Received Living Allowances	出中心下岗职工人数 Number of Laid-off Workers Left the Reemployment Service Centres This Year	解除或终止劳动关系人数 Number of Laid-off Workers Terminated or Ended their Labour Relationship with the Enterprise	未解除或终止劳动关系人数 Number of Laid-off Workers Havenot Terminated or Ended their Labour Relationship with the Enterprise	生活没有保障人数 Of which: Number of Laid-off Workers without Living Security
北　京 Beijing	36864	9164		27700	23656	4044	
天　津 Tianjin	4533	3365		1168	611	557	
河　北 Hebei	46705	17874	71	28831	4444	24387	
山　西 Shaanxi	36811	26758	886	10053	1273	8780	67
内蒙古 Inner Mongolia	28774	20574	4769	8200	5392	2808	
辽　宁 Liaoning	83182	51142	191	32040	30008	2032	
吉　林 Jilin	20215	9731		10484	4124	6360	5365
黑龙江 Heilongjiang	46716	22393	1512	24323	7017	17306	6005
上　海 Shanghai	40899	2713	1237	38186	28180	10006	
江　苏 Jiangsu	23660	14230	2473	9430	6364	3066	
浙　江 Zhejiang	14663	5680		8983	3607	5376	
安　徽 Anhui	27533	21940	16189	5593	4026	1567	7
福　建 Fujian	523	34		489	172	317	
江　西 Jiangxi	3099	2840		259	149	110	89
山　东 Shandong	16984	4753		12231	9027	3204	
河　南 Henan	37039	12555	26	24484	5267	19217	350
湖　北 Hubei	76002	61764	3390	14238	3214	11024	1385
湖　南 Hunan							
广　东 Guangdong	4226	1758	289	2468	1364	1104	
广　西 Guangxi	10392	4171	15	6221	5765	456	
海　南 Hainan	86	20		66	66		
重　庆 Chongqing	28448	16329		12119	12119		
四　川 Sichuan	56596	32742	6836	23854	11881	11973	532
贵　州 Guizhou	21177	16339	712	4838	2410	2428	
云　南 Yunnan	6238	4860	2164	1378	404	974	
西　藏 Tibet	45	13	13	32		32	
陕　西 Shaanxi	15882	9397		6485	6485		
甘　肃 Gansu	20892	14561	270	6331	1892	4439	
青　海 Qinghai	13391	6832		6559	6379	180	
宁　夏 Ningxia	4027	2755	227	1272	398	874	
新　疆 Xinjiang	8864	6113	752	2751	2751		

2—16 分地区国有亏损企业下岗职工分类情况
CLASSIFICATION STATISTICS OF LAID-OFF WORKERS IN DEFICIT STATE-OWNED ENTERPRISES BY REGION

(2001)

单位：人 (person)

地 区 Region	合计 Total	中心内下岗职工人数 Number of Laid-off Workers in the Reemployment Centres at the Year-end	协议到期未出中心继续发放生活费人数 Of which: Number of Agreement Due Laid-off Workers Who Still Stayed in the Centre and Received Living Allowances	出中心下岗职工人数 Number of Laid-off Workers Left the Reemployment Service Centres This Year	解除或终止劳动关系人数 Number of Laid-off Workers Terminated or Ended their Labour Relationship with the Enterprise	未解除或终止劳动关系人数 Number of Laid-off Workers Havenot Terminated or Ended their Labour Relationship with the Enterprise	生活没有保障人数 Of which: Number of Laid-off Workers without Living Security
北 京 Beijing	22735	5210		17525	14966	2559	
天 津 Tianjin	61088	35727	105	25361	18927	6434	4846
河 北 Hebei	201485	99500	14319	101985	18471	83514	12994
山 西 Shaanxi	148587	89416	3936	59171	7562	51609	8710
内蒙古 Inner Mongolia	79291	34277	3208	45014	35502	9512	463
辽 宁 Liaoning	341616	167720	2871	173896	122232	51664	13096
吉 林 Jilin	125266	93426	15180	31840	7669	24171	19339
黑龙江 Heilongjiang	366730	209202	44033	157528	51394	106134	71626
上 海 Shanghai	18988	1099	748	17889	13280	4609	
江 苏 Jiangsu	77866	41462	9000	36404	29170	7234	1922
浙 江 Zhejiang	15541	5809		9732	8046	1686	
安 徽 Anhui	112770	64061	13656	48709	26020	22689	5560
福 建 Fujian	8236	1754		6482	4111	2371	
江 西 Jiangxi	147332	112362	5119	34970	5756	29214	16505
山 东 Shandong	75224	25739	1	49485	22244	27241	2135
河 南 Henan	287743	144848	335	142895	38588	104307	42659
湖 北 Hubei	270177	192407	23551	77770	28328	49442	15706
湖 南 Hunan	306802	284105	26194	22697	12312	10385	2865
广 东 Guangdong	23085	15315	455	7770	4140	3630	2101
广 西 Guangxi	110225	69979	1743	40246	23316	16930	1305
海 南 Hainan	19148	11818	223	7330	5232	2098	835
重 庆 Chongqing	42361	23284		19077	19077		
四 川 Sichuan	260615	152178	32413	108437	45969	62468	14270
贵 州 Guizhou	49726	34126	10664	15600	3467	12133	609
云 南 Yunnan	36292	23708	587	12584	6743	5841	964
西 藏 Tibet	1479	725	725	754	2	752	
陕 西 Shaanxi	213915	184564	160751	29351	29351		
甘 肃 Gansu	140979	105175	16024	35804	5313	30491	1071
青 海 Qinghai	21991	10085		11906	11906		
宁 夏 Ningxia	38373	21934	1482	16439	15049	1390	90
新 疆 Xinjiang	41311	34057	3974	7254	7254		

2—17 分地区国有停产企业下岗职工分类情况

CLASSIFICATION STATISTICS OF LAID-OFF WORKERS IN STOP PRODUCTION STATE-OWNED ENTERPRISES BY REGION

(2001)

单位:人 (person)

地区 Region	合计 Total	中心内下岗职工人数 Number of Laid-off Workers in the Reemployment Centres at the Year-end	协议到期未出中心继续发放生活费人数 Of which: Number of Agreement Due Laid-off Workers Who Still Stayed in the Centre and Received Living Allowances	出中心下岗职工人数 Number of Laid-off Workers Left the Reemployment Service Centres This Year	解除或终止劳动关系人数 Number of Laid-off Workers Terminated or Ended their Labour Relationship with the Enterprise	未解除或终止劳动关系人数 Number of Laid-off Workers Havenot Terminated or Ended their Labour Relationship with the Enterprise	生活没有保障人数 Of which: Number of Laid-off Workers without Living Security
北　京 Beijing	14901	3594		11307	9656	1651	
天　津 Tianjin	93883	46024	2664	47859	35875	11984	9356
河　北 Hebei	181997	118416	18519	63581	22941	40640	16092
山　西 Shaanxi	78872	46467	8027	32405	5651	26754	9907
内蒙古 Inner Mongolia	54635	24398	8316	30237	22346	7891	2973
辽　宁 Liaoning	203728	91679	466	112049	83693	28356	11662
吉　林 Jilin	251321	142994		108327	42584	65743	61971
黑龙江 Heilongjiang	307850	116820	5464	191030	64838	126192	98775
上　海 Shanghai	12658	1526	477	11132	8853	2279	
江　苏 Jiangsu	105077	64400	29328	40677	30046	10631	3477
浙　江 Zhejiang	5954	1584		4370	2232	2138	
安　徽 Anhui	125475	78480	23099	46995	26892	20103	9885
福　建 Fujian	12487	1826	285	10661	7356	3305	
江　西 Jiangxi	154827	121512	13015	33315	18174	15141	10622
山　东 Shandong	43717	18730		24987	11407	13580	984
河　南 Henan	187093	101046	2419	86047	30829	55218	34466
湖　北 Hubei	261025	166751	28876	94274	37400	56874	25728
湖　南 Hunan	211222	177096	43372	34126	13904	20222	7606
广　东 Guangdong	73321	26409	941	46912	21335	25577	13638
广　西 Guangxi	60873	35018	3961	25855	7419	18436	8404
海　南 Hainan	14836	8588	692	6248	3883	2365	1682
重　庆 Chongqing	157642	90208		67434	67434		
四　川 Sichuan	282555	188509	62552	94046	59595	34451	12586
贵　州 Guizhou	41723	34824	13988	6899	1490	5409	495
云　南 Yunnan	30996	23765	3382	7231	4779	2452	120
西　藏 Tibet							
陕　西 Shaanxi	114564	104441	95874	10123	10123		
甘　肃 Gansu	61725	45706	9056	16019	3052	12967	2034
青　海 Qinghai	66340	48792	25300	17548	4211	13337	307
宁　夏 Ningxia	12275	10358	225	1917	1028	889	209
新　疆 Xinjiang	72178	47156	6015	25022	25022		

2—18 分地区国有企业(中央属企业)下岗职工分类情况

CLASSIFICATION STATISTICS OF LAID-OFF WORKERS IN STATE-OWNED ENTERPRISES UNDER CENTRAL GOVERNMENT BY REGION

(2001)

单位:人 (person)

地区 Region	合计 Total	中心内下岗职工人数 Number of Laid-off Workers in the Reemployment Centres at the Year-end	协议到期未出中心继续发放生活费人数 Of which: Number of Agreement Due Laid-off Workers Who Still Stayed in the Centre and Received Living Allowances	出中心下岗职工人数 Number of Laid-off Workers Left the Reemployment Service Centres This Year	解除或终止劳动关系人数 Number of Laid-off Workers Terminated or Ended their Labour Relationship with the Enterprise	未解除或终止劳动关系人数 Number of Laid-off Workers Havenot Terminated or Ended their Labour Relationship with the Enterprise	生活没有保障人数 Of which: Number of Laid-off Workers without Living Security
北京 Beijing	74500	17968		56532	48278	8254	
天津 Tianjin	159504	85116	2769	74388	55413	18975	14202
河北 Hebei	430187	235790	32909	194397	45856	148541	29086
山西 Shaanxi	264270	162641	12849	101629	14486	87143	18684
内蒙古 Inner Mongolia	162700	79249	16293	83451	63240	20211	3436
辽宁 Liaoning	628526	310541	3528	317985	235933	82052	24758
吉林 Jilin	396802	246151	15180	150651	54377	96274	86675
黑龙江 Heilongjiang	721296	348415	51009	372881	123249	249632	176406
上海 Shanghai	72545	5338	2462	67207	50313	16894	
江苏 Jiangsu	206603	120092	40801	86511	65580	20931	5399
浙江 Zhejiang	36158	13073		23085	13885	9200	
安徽 Anhui	265778	164481	52944	101297	56938	44359	15452
福建 Fujian	21246	3614	285	17632	11639	5993	
江西 Jiangxi	305258	236714	18134	68544	24079	44465	27216
山东 Shandong	135925	49222	1	86703	42678	44025	3119
河南 Henan	511875	258449	2780	253426	74684	178742	77475
湖北 Hubei	607204	420922	55817	186282	68942	117340	42819
湖南 Hunan	518024	461201	69566	56823	26216	30607	10471
广东 Guangdong	100632	43482	1685	57150	26839	30311	15739
广西 Guangxi	181490	109168	5719	72322	36500	35822	9709
海南 Hainan	34070	20426	915	13644	9181	4463	2517
重庆 Chongqing	228451	129821		98630	98630		
四川 Sichuan	599766	373429	101801	226337	117445	108892	27388
贵州 Guizhou	112626	85289	25364	27337	7367	19970	1104
云南 Yunnan	73526	52333	6133	21193	11926	9267	1084
西藏 Tibet	1524	738	738	786	2	784	
陕西 Shaanxi	344361	298402	256625	45959	45959		
甘肃 Gansu	223596	165442	25350	58154	10257	47897	3105
青海 Qinghai	101722	65709	25300	36013	22496	13517	307
宁夏 Ningxia	54675	35047	1934	19628	16475	3153	299
新疆 Xinjiang	122353	87326	10741	35027	35027		

2—19 分地区国有企业(省属企业)下岗职工分类情况

CLASSIFICATION STATISTICS OF LAID-OFF WORKERS IN STATE-OWNED ENTERPRISES UNDER PROVINCIAL GOVERNMENT BY REGION

(2001)

单位:人 (person)

地区 Region	合计 Total	中心内下岗职工人数 Number of Laid-off Workers in the Reemployment Centres at the Year-end	协议到期未出中心继续发放生活费人数 Of which: Number of Agreement Due Laid-off Workers Who Still Stayed in the Centre and Received Living Allowances	出中心下岗职工人数 Number of Laid-off Workers Left the Reemployment Service Centres This Year	解除或终止劳动关系人数 Number of Laid-off Workers Terminated or Ended their Labour Relationship with the Enterprise	未解除或终止劳动关系人数 Number of Laid-off Workers Havenot Terminated or Ended their Labour Relationship with the Enterprise	生活没有保障人数 Of which: Number of Laid-off Workers without Living Security
北京 Beijing	56150	15272		40878	34910	5968	
天津 Tianjin	159504	85116	2769	74388	55413	18975	14202
河北 Hebei	92221	55365	7814	36856	14953	21903	898
山西 Shaanxi	76770	53260	2905	23510	1394	22116	3083
内蒙古 Inner Mongolia	37047	19232	168	17815	9039	8776	597
辽宁 Liaoning	49515	13147	664	36368	23943	12425	2494
吉林 Jilin	79719	61210	15180	18509	664	17845	15436
黑龙江 Heilongjiang	228837	148116	40478	80721	41435	39286	20706
上海 Shanghai	70563	5325	2449	65238	49105	16133	
江苏 Jiangsu	14316	9452	502	4864	3908	956	383
浙江 Zhejiang	3476	1482		1994	1668	326	
安徽 Anhui	42339	36247	19158	6092	3441	2651	27
福建 Fujian	1720	44		1676	1456	220	
江西 Jiangxi	62183	36362		25821	274	25547	18552
山东 Shandong	18312	7040		11272	4764	6508	11
河南 Henan	51843	25700	26	26143	2742	23401	3982
湖北 Hubei	19118	13857	2082	5261	917	4344	456
湖南 Hunan	77608	68577	16313	9031	1900	7131	730
广东 Guangdong	12138	5234	117	6904	3560	3344	3118
广西 Guangxi	22432	15637	4475	6795	4382	2413	917
海南 Hainan	4961	2686	6	2275	2268	7	6
重庆 Chongqing	110705	65710		44995	44995		
四川 Sichuan	20557	11465	4359	9092	4943	4149	477
贵州 Guizhou	34451	29671	10280	4780	2810	1970	
云南 Yunnan	10899	6449	244	4450	1377	3073	754
西藏 Tibet	703	310	310	393	2	391	
陕西 Shaanxi	92878	78585	69542	14293	14293		
甘肃 Gansu	108914	87113	10904	21801	911	20890	1315
青海 Qinghai	68342	48232	20079	20110	16372	3738	
宁夏 Ningxia	44499	26627	1539	17872	15295	2577	27
新疆 Xinjiang	20914	14096	2484	6818	6818		

2—20 分地区国有企业(地市属企业)下岗职工分类情况

CLASSIFICATION STATISTICS OF LAID-OFF WORKERS IN STATE-OWNED ENTERPRISES UNDER PREFECTUAL GOVERNMENT BY REGION

(2001)

单位:人 (person)

地区 Region	合计 Total	中心内下岗职工人数 Number of Laid-off Workers in the Reemployment Centres at the Year-end	协议到期未出中心继续发放生活费人数 Of which: Number of Agreement Due Laid-off Workers Who Still Stayed in the Centre and Received Living Allowances	出中心下岗职工人数 Number of Laid-off Workers Left the Reemployment Service Centres This Year	解除或终止劳动关系人数 Number of Laid-off Workers Terminated or Ended their Labour Relationship with the Enterprise	未解除或终止劳动关系人数 Number of Laid-off Workers Havenot Terminated or Ended their Labour Relationship with the Enterprise	生活没有保障人数 Of which: Number of Laid-off Workers without Living Security
北　京 Beijing	17082	2207		14875	12703	2172	
天　津 Tianjin							
河　北 Hebei	239546	136402	19489	103144	15668	87476	22246
山　西 Shaanxi	113064	61735	6660	51329	6931	44398	5993
内蒙古 Inner Mongolia	77944	32992	10004	44952	40215	4737	2050
辽　宁 Liaoning	465436	246942	630	218494	176117	42377	17617
吉　林 Jilin	163489	90552		72937	35331	37606	34408
黑龙江 Heilongjiang	184271	75821	3178	108450	25162	83288	64793
上　海 Shanghai							
江　苏 Jiangsu	134445	82966	34782	51479	40545	10934	1806
浙　江 Zhejiang	26258	9304		16954	10729	6225	
安　徽 Anhui	130368	69708	23420	60660	33756	26904	6715
福　建 Fujian	7009	2817		4192	2719	1473	
江　西 Jiangxi	141754	121476	17610	20278	8232	12046	3731
山　东 Shandong	82058	30958		51100	31386	19714	2064
河　南 Henan	320942	168249	1615	152693	52946	99747	64311
湖　北 Hubei	425580	297587	35843	127993	41708	86285	28448
湖　南 Hunan	215543	194825	21539	20718	9916	10802	3983
广　东 Guangdong	57767	22893	807	34874	19831	15043	6669
广　西 Guangxi	95048	62275	258	32773	20799	11974	1926
海　南 Hainan	4470	1432		3038	2642	396	314
重　庆 Chongqing	76641	35832		40809	40809		
四　川 Sichuan	260772	165025	50262	95747	57461	38286	6568
贵　州 Guizhou	27225	19640	6789	7585	1271	6314	162
云　南 Yunnan	32707	27470	3310	5237	2123	3114	203
西　藏 Tibet	559	255	255	304		304	
陕　西 Shaanxi	190923	172336	167101	18587	18587		
甘　肃 Gansu	74220	50428	10857	23792	8444	15348	1317
青　海 Qinghai	25877	10119	5221	15758	6124	9634	200
宁　夏 Ningxia	2882	2211	390	671	356	315	14
新　疆 Xinjiang	100895	72700	8210	28195	28195		

2—21 分地区国有企业(其他属企业)下岗职工分类情况

CLASSIFICATION STATISTICS OF LAID-OFF WORKERS IN OTHER RELATIONSHIP STATE-OWNED ENTERPRISES BY REGION

(2001)

单位:人 (person)

地区 Region	合计 Total	中心内下岗职工人数 Number of Laid-off Workers in the Reemployment Centres at the Year-end	协议到期未出中心继续发放生活费人数 Of which: Number of Agreement Due Laid-off Workers Who Still Stayed in the Centre and Received Living Allowances	出中心下岗职工人数 Number of Laid-off Workers Left the Reemployment Service Centres This Year	解除或终止劳动关系人数 Number of Laid-off Workers Terminated or Ended their Labour Relationship with the Enterprise	未解除或终止劳动关系人数 Number of Laid-off Workers Havenot Terminated or Ended their Labour Relationship with the Enterprise	生活没有保障人数 Of which: Number of Laid-off Workers without Living Security
北京 Beijing							
天津 Tianjin							
河北 Hebei	60448	27733	2163	32715	8717	23998	5533
山西 Shaanxi	35437	17663	3066	17774	2315	15459	9078
内蒙古 Inner Mongolia	18543	4443	1352	14100	11198	2902	789
辽宁 Liaoning	87889	38399		49490	33484	16006	962
吉林 Jilin	143548	88828		54720	16919	37801	35903
黑龙江 Heilongjiang	129635	70401	5341	59234	11881	47353	35815
上海 Shanghai							
江苏 Jiangsu	50865	23048	5199	27817	19687	8130	3210
浙江 Zhejiang	5609	2171		3438	1251	2187	
安徽 Anhui	83381	52409	8682	30972	18788	12184	8000
福建 Fujian	12513	749	285	11764	7464	4300	
江西 Jiangxi	101077	78632	524	22445	15573	6872	4933
山东 Shandong	29377	9006	1	20371	2909	17462	1044
河南 Henan	96406	43867	1139	52539	13290	39249	7719
湖北 Hubei	118754	77626	13212	41128	23455	17673	11901
湖南 Hunan	189189	170321	26473	18868	12275	6593	5242
广东 Guangdong	22177	11549	734	10628	1414	9214	5539
广西 Guangxi	63044	30580	986	32464	11118	21346	6866
海南 Hainan	15830	9193	909	6637	3751	2886	2197
重庆 Chongqing							
四川 Sichuan	258181	154187	43331	103994	48546	55448	17993
贵州 Guizhou	25296	16723	2978	8573	2360	6213	829
云南 Yunnan	21071	12380	108	8691	6828	1863	127
西藏 Tibet	262	173	173	89		89	
陕西 Shaanxi	8138	8092	5876	46	46		
甘肃 Gansu	21091	15930	2186	5161	759	4402	98
青海 Qinghai	145			145		145	107
宁夏 Ningxia	7249	6164	5	1085	824	261	258
新疆 Xinjiang							

2—22 企业再就业服务中心资金筹集与使用情况
FINANCING AND EXPENDITURE OF RE-EMPLOYMENT SERVICE IN ENTERPRISES
(2001)

单位:千元 (1000 Yuan)

	上期末资金结转额 Surplus from Last Year-end	本期资金筹集额 Financing in this Year				
		合计 Total	企业自筹 From Enterprises	社会筹集 From Society	失业保险基金调剂 From Unemployment Insurance Fund	财政安排 From Government Finance
总计 Total	**1542057**	**22447467**	**4980447**	**4615014**	**3580992**	**12852006**
#中央直属企业 Directly Under the Central Government	53029	2025817	595200	332494	271060	1098123
#亏损企业 Deficit Enterprises	932818	18946123	3604910	3892582	3007053	11448631

	本期资金使用额 Expenditure in this Year					
	合计 Total	基本生活费 Basic Living Expense	养老保险费 Old-Age Insurance Expense	医疗保险费 Medical Insurance Expense	失业保险 Unemployment Insurance Expense	本期资金结余数 Suplus this Year-end
总计 Total	**22917723**	**13892572**	**6398633**	**1069888**	**872457**	**1031622**
#中央直属企业 Directly Under the Central Government	2094060	1309806	567600	125334	70411	-15214
#亏损企业 Deficit Enterprises	19154118	11665117	5384804	881566	676711	684644

2—23 分地区企业再就业服务中心资金筹集与使用情况
FINANCING AND EXPENDITURE OF RE-EMPLOYMENT SERVICE CENTER IN ENTERPRISES BY REGION

(2001)

单位:千元 (1000 Yuan)

地区 Region	上期末资金结转额 Surplus from Last Year-end	本期资金筹集额 Financing in this Year				
		合计 Total	企业自筹 From Enterprises	社会筹集 From Society	失业保险基金调剂 From Unemployment Insurance Fund	财政安排 From Government Finance
全　国 National	**1542057**	**22447467**	**4980447**	**4615014**	**3580992**	**12852006**
北　京 Beijing		47500	16762	15369	15369	15369
天　津 Tianjin		440459	52602	134234	134234	253623
河　北 Hebei	9175	953029	265672	274943		412414
山　西 Shaanxi	14316	697272	111671	102129	100287	483472
内蒙古 Inner Mongolia	-1372	493535	92270	51592	51592	349673
辽　宁 Liaoning	60421	1756299	509711	246320	229582	1268
吉　林 Jilin	147724	1079169	80580	91579	91579	907010
黑龙江 Heilongjiang	112602	1577382	315476	457441	457441	804465
上　海 Shanghai	107845	476127	172999	182764	146342	120364
江　苏 Jiangsu	72578	687078	183988	335322	245132	167768
浙　江 Zhejiang	83715	179853	68471	54947	35418	56435
安　徽 Anhui	33380	969845	222030	296237	272708	451578
福　建 Fujian	122752	469192	273691	53096	46660	142405
江　西 Jiangxi	38935	672345	119213	119231	34520	433901
山　东 Shandong	67616	507260	168133	121102	92217	218025
河　南 Henan	116894	908698	228281	231610	216509	448807
湖　北 Hubei	36790	1670775	449373	333545	239606	887857
湖　南 Hunan	183	1970	320	270	141755	1380
广　东 Guangdong	95820	310847	96781	61316	37682	152750
广　西 Guangxi	16974	534678	48122	122973	76724	363583
海　南 Hainan	935	2005	279	246	246	1480
重　庆 Chongqing	67360	1089069	242791	90	90	756278
四　川 Sichuan	28554	1357039	480374	235775	177971	640890
贵　州 Guizhou	68844	378092	66866	7111	4972	304115
云　南 Yunnan	5204	261162	64053	68267	63544	128842
西　藏 Tibet						
陕　西 Shaanxi	25084	1092626	59834	178393	115785	854399
甘　肃 Gansu	13183	531556	140116	132188	116272	259252
青　海 Qinghai		374397	49688	93	93	231709
宁　夏 Ningxia		142820	22494	35690	35251	84636
新　疆 Xinjiang		513228	57025	171076	171076	285127
新疆生产建设兵团 Xinjiang Production and Construction Crops	13728	304130	1101	47518	47518	255511

2—23 续表 continued

单位:千元 (1000 yuan)

	本期资金使用额 Expenditure in this Year					本期资金结余数 Suplus this Year-end
	合计 Total	基本生活费 Basic Living Expense	养老保险费 Old-Age Insurance Expense	医疗保险费 Medical Insurance Expense	失业保险 Unemploy-ment Insurance Expense	
全 国 National	**22917723**	**13892572**	**6398633**	**1069888**	**872457**	**1031622**
北 京 Beijing	47500	32723	9069	4939	769	
天 津 Tianjin	440459	305011	95179	29284	10985	
河 北 Hebei	958780	662284	236545	24977	26789	3424
山 西 Shaanxi	695653	417815	195100	54728	23884	15935
内蒙古 Inner Mongolia	495440	343505	115898	20327	15625	-3277
辽 宁 Liaoning	1783621	1146748	471083	103695	55490	33099
吉 林 Jilin	1095308	662188	328810	67389	36921	131585
黑龙江 Heilongjiang	1629615	1124435	342219	97776	65185	60369
上 海 Shanghai	548561	122348	163090	46671	5177	35411
江 苏 Jiangsu	696400	436783	203727	22719	33171	63256
浙 江 Zhejiang	201431	109268	41266	12119	6149	62137
安 徽 Anhui	972806	570010	314252	29449	38022	30419
福 建 Fujian	450018	56425	16623	3548	55574	141926
江 西 Jiangxi	693998	412420	194146	61895	22107	17282
山 东 Shandong	514127	291352	173328	29652	16228	60749
河 南 Henan	909601	593695	221198	53170	40633	115991
湖 北 Hubei	1670972	1150695	405517	56171	58589	36593
湖 南 Hunan	1966	1204	626484	58228	77288	187
广 东 Guangdong	358004	249738	61850	3923	7094	48663
广 西 Guangxi	538707	328165	165366	24872	20304	12945
海 南 Hainan	2014	1336	555	75	48	926
重 庆 Chongqing	1277756	756172	439840		52781	-121327
四 川 Sichuan	1354154	744875	466464	73032	61065	31439
贵 州 Guizhou	385790	222966	122204	23127	16164	61146
云 南 Yunnan	260343	148108	89059	14163	8977	6023
西 藏 Tibet						
陕 西 Shaanxi	1092068	707575	282001	55945	46547	25642
甘 肃 Gansu	536779	335955	153236	22982	24606	7960
青 海 Qinghai	374397	201956	135229	26632	10580	
宁 夏 Ningxia	102641	56980	31552	8969	5140	
新 疆 Xinjiang	513228	299281	194135		19812	
新疆生产建设兵团 Xinjiang Production and Construction Crops	351552	197760	103608	39431	10753	-33694

2—24 职业介绍工作情况
BASIC CONDITIONS OF LABOUR EXCHANGES
(2001)

单位:人 (Person)

	本年末职业介绍机构个数(个) Number of Labor Exchanges	本年末职业介绍机构人数 Staff and Workers of Labor Exchanges	本年登记招聘人数 Total Registered Job Vacancies This Year	本年登记求职人数 Total Registered Jobseekers This Year	女性 Female
总计 Total	**26793**	**84440**	**18767648**	**24394902**	**9762808**
劳动保障部门办 Run by Labor Departments	18739	58123	12564059	16687203	6992754
#县(区)及以上 Of which: by counties and above	4552	26248	9749589	12898398	5541240
街道 by Subdistrict office	3942	11300	1411310	2014687	777587
乡镇 by Small Towns	10245	20575	1403160	1774118	673927
其他组织办 Run by Other Organs	3787	13179	1915591	2446703	1126703
公民个人办 Run by Private	4267	13138	4287998	5260996	1643351

	下岗职工 Laid-off Workers	失业人员 Unemployment	获得职业资格人员 Person with Certificates	本年职业指导人数 Persontimes of Vocational Guidance
总计 Total	**3395497**	**6985401**	**3558343**	**11575588**
劳动保障部门办 Run by Labor Departments	2658782	5615871	2705680	9408322
#县(区)及以上 Of which: by counties and above	2191100	4831576	2404008	7402690
街道 by Subdistrict office	329391	423113	212455	1155914
乡镇 by Small Towns	138291	361182	89217	849718
其他组织办 Run by Other Organs	432777	599371	428533	999987
公民个人办 Run by Private	303938	770159	424130	1167279

	本年介绍成功人数 Placed Jobseekers	女性 Female	下岗职工 Laid-off Workers	失业人员 Unemployment	获得职业资格人员 Person with Certificates
总计 Total	**12291064**	**5608437**	**1631420**	**3749132**	**2158529**
劳动保障部门办 Run by Labor Departments	8450789	3928558	1316920	2952733	1695301
#县(区)及以上 Of which: by counties and above	6337303	3049732	1081594	2507686	1470210
街道 by Subdistrict office	966036	430723	164705	294060	152608
乡镇 by Small Towns	1147450	448103	70621	150987	72483
其他组织办 Run by Other Organs	1253247	607660	172961	317353	196011
公民个人办 Run by Private	2587028	1072219	141539	479046	267217

2—25 分地区职业介绍工作情况

BASIC CONDITIONS OF LABOUR EXCHANGES BY REGION

(2001)

单位:人 (Person)

地区 Region	本年末职业介绍机构个数(个) Number of Labor Exchanges	本年末职业介绍机构人数 Staff and Workers of Labor Exchanges	本年登记招聘人数 Total Registered Job Vacancies This Year	本年登记求职人数 Total Registered Jobseekers This Year	女性 Female
全 国 National	**26793**	**84440**	**18767648**	**24394902**	**9762808**
北 京 Beijing	416	3512	659050	860000	413000
天 津 Tianjin	168	1242	392000	1140000	500000
河 北 Hebei	1295	4215	1047553	1325455	486312
山 西 Shaanxi	1180	3912	173056	186962	83695
内蒙古 Inner Mongolia	639	1751	205058	299356	122438
辽 宁 Liaoning	1425	3495	870972	1409413	694417
吉 林 Jilin	795	1730	372584	439414	153509
黑龙江 Heilongjiang	951	2611	190735	328242	145315
上 海 Shanghai	435	4487	1245226	905955	280911
江 苏 Jiangsu	1631	4805	975258	1043624	524812
浙 江 Zhejiang	1762	3893	2540517	2929949	1149273
安 徽 Anhui	1740	4465	355427	467923	214002
福 建 Fujian	923	2445	722986	904672	417975
江 西 Jiangxi	865	2826	407533	589337	279861
山 东 Shandong	1240	3865	1013441	1189644	660365
河 南 Henan	1176	4365	601255	1202146	438695
湖 北 Hubei	792	3215	781289	901392	342266
湖 南 Hunan	788	2697	561073	870256	411203
广 东 Guangdong	1369	5411	2264219	3201598	631657
广 西 Guangxi	416	1333	397229	638998	335861
海 南 Hainan	82	432	56587	111953	60746
重 庆 Chongqing	271	1030	252631	282187	132622
四 川 Sichuan	1375	4536	736822	758818	365105
贵 州 Guizhou	735	1637	142045	156795	71843
云 南 Yunnan	1231	2432	349247	408178	184519
西 藏 Tibet	7	35	1203	557	266
陕 西 Shaanxi	1639	4146	446089	699157	250819
甘 肃 Gansu	609	1575	309316	336128	147095
青 海 Qinghai	281	729	352189	385602	89399
宁 夏 Ningxia	221	604	67254	143881	47601
新 疆 Xinjiang	223	794	231537	235578	102271
新疆生产建设兵团 Xinjiang Production and Construction Corps	113	215	46267	41732	24955

2—25 续表 1 continued

单位:人 (person)

地区 Region	下岗职工 Laid-off Workers	失业人员 Unemployment	获得职业资格人员 Person with Certificates	本年职业指导人数 Persontimes of Vocational Guidance
全国 National	**3395497**	**6985401**	**3558343**	**11575588**
北京 Beijing	73000	149740	379000	438600
天津 Tianjin	420000	260000	57300	380000
河北 Hebei	89121	105315	79378	398524
山西 Shaanxi	41947	78332	22603	150526
内蒙古 Inner Mongolia	62579	194121	16274	128615
辽宁 Liaoning	429925	607593	228685	774939
吉林 Jilin	123393	248782	24449	323988
黑龙江 Heilongjiang	134337	152785	48888	182609
上海 Shanghai	160070	311770	130006	715752
江苏 Jiangsu	107452	639451	243764	626837
浙江 Zhejiang	107425	476371	220390	619473
安徽 Anhui	93347	143222	61319	262739
福建 Fujian	64000	219011	52243	390902
江西 Jiangxi	108705	162675	61029	237213
山东 Shandong	116090	396832	148113	595538
河南 Henan	194518	228107	386788	752239
湖北 Hubei	173311	371802	173616	533392
湖南 Hunan	206968	260913	188660	642959
广东 Guangdong	91702	588071	431131	895257
广西 Guangxi	39908	185475	154649	256970
海南 Hainan	13312	28613	9511	59063
重庆 Chongqing	46676	140707	46334	178703
四川 Sichuan	146604	300989	131220	568912
贵州 Guizhou	16209	79383	12900	121076
云南 Yunnan	34647	130651	49777	265227
西藏 Tibet	30	128	58	420
陕西 Shaanxi	116005	144508	97937	315578
甘肃 Gansu	96340	185269	33601	319405
青海 Qinghai	29378	51584	12730	181646
宁夏 Ningxia	4995	20133	5374	107536
新疆 Xinjiang	42586	112324	48391	138678
新疆生产建设兵团 Xinjiang Production and Construction Corps	10917	10744	2225	12272

2－25 续表 2　continued

单位:人　　(person)

	本年介绍成功人数 Placed Jobseekers	女　性 Female	下岗职工 Laid-off Workers	失业人员 Unemployment	获得职业资格人员 Person with Certificates
全　国 National	**12291064**	**5608437**	**1631420**	**3749132**	**2158529**
北　京 Beijing	301000	148000	25550	97050	180600
天　津 Tianjin	590000	230000	110000	150000	30000
河　北 Hebei	763937	401511	54655	49109	63419
山　西 Shaanxi	124342	54022	30911	51458	15080
内蒙古 Inner Mongolia	167149	75953	32859	110279	12924
辽　宁 Liaoning	712985	368660	209762	352142	107927
吉　林 Jilin	301983	142696	42914	103377	16058
黑龙江 Heilongjiang	179353	81076	74331	81315	25906
上　海 Shanghai	339822	169051	88600	178085	83189
江　苏 Jiangsu	585566	306527	69973	289751	170640
浙　江 Zhejiang	1512160	554518	44615	223373	102366
安　徽 Anhui	271244	114605	53861	89690	41355
福　建 Fujian	385988	205174	29846	136253	44399
江　西 Jiangxi	332826	174667	48343	104840	31516
山　东 Shandong	671654	354735	45734	200394	84443
河　南 Henan	561993	220922	90829	81419	329527
湖　北 Hubei	494343	210871	146265	221245	85561
湖　南 Hunan	271539	174755	105265	125802	105203
广　东 Guangdong	1200012	547150	43631	282898	231957
广　西 Guangxi	362299	186289	24987	114936	98396
海　南 Hainan	33970	20047	6962	8717	3737
重　庆 Chongqing	158834	81995	18926	72247	30193
四　川 Sichuan	470975	221285	91258	161670	81381
贵　州 Guizhou	89065	41467	6893	43933	8225
云　南 Yunnan	261859	116369	18220	81612	36311
西　藏 Tibet	236	35	30	176	
陕　西 Shaanxi	391529	162743	47299	78768	58047
甘　肃 Gansu	177209	67968	33882	116901	28784
青　海 Qinghai	321290	63700	14001	34678	6593
宁　夏 Ningxia	80383	33755	2742	12846	4159
新　疆 Xinjiang	149238	59968	13978	91931	39346
新疆生产建设兵团 Xinjiang Production and Construction Corps	26281	17923	4298	2237	1287

2－26 劳动就业服务企业、社区就业实体和生产自救基地综合情况

GENERAL CONDITIONS ABOUT THE LABOUR EMPLOYMENT SERVICE COMPANIES, THE COMMUNITY EMPLOYMENT UNITS AND SELF-RELIEVED BASES

(2001)

单位：人，元 (person, yuan)

		年末实有实体数（个） Number of Units at the Year-end	本年新举办 Newly Run this Year	上年结转从业人数 Employment of Last Year-end	女性 Female	本年新增从业人员 Newly Added this year
总　计	**Total**	**179830**	**55527**	**5816063**	**2518556**	**978715**
一、按企业类型分组	**Grouped by the Type of Enterprise**					
1. 劳动就业服务企业	Labour Employment Service Companies	67662	3353	4732517	1973938	362446
＃ 股份合作制企业	Share-holding and Cooperative Enterprises	5723	515	319205	134274	49169
2. 社区就业实体	Community Employment Units	103171	50348	799690	408343	506509
3. 生产自救基地	Self-relieved Bases	8997	1826	283856	136275	109760
二、按产业分组	**Grouped by Industry**					
1. 第一产业	Primary Industry	2696	585	63989	25678	16936
2. 第二产业	Secondary Industry	36075	6785	2458498	941920	221150
3. 第三产业	Tertiary Industry	141059	48157	3293576	1550958	740629

		女性 Female	失业人员 Unemployment	下岗职工 Laid-off Workers	富余人员 Surplus Staff and Workers	其他人员 Others
总　计	**Total**	**454375**	**393053**	**327828**	**123620**	**134214**
一、按企业类型分组	**Grouped by the Type of Enterprise**					
1. 劳动就业服务企业	Labour Employment Service Companies	151582	109405	101189	69749	82103
＃ 股份合作制企业	Share-holding and Cooperative Enterprises	19500	14388	11727	12364	10690
2. 社区就业实体	Community Employment Units	247284	245679	181254	38410	41166
3. 生产自救基地	Self-relieved Bases	55509	37969	45385	15461	10945
二、按产业分组	**Grouped by Industry**					
1. 第一产业	Primary Industry	7216	5000	4867	1519	5550
2. 第二产业	Secondary Industry	87657	76011	62240	38333	44566
3. 第三产业	Tertiary Industry	359502	312042	260721	83768	84098

2－26 续表 1　continued

单位:人,元 (person,yuan)

		本年减少从业人数 Employment Decreased This Year	年末实有从业人数 Employment at This Year-end	女　性 Female	残疾人 The Disabled
总　计	**Total**	**890240**	**5904538**	**2450264**	**39793**
一、按企业类型分组	**Grouped by the Type of Enterprise**				
1. 劳动就业服务企业	Labour Employment Service Companies	708892	4386071	1753778	28456
＃股份合作制企业	Share-holding and Cooperative Enterprises	36247	332127	135590	3339
2. 社区就业实体	Community Employment Units	109374	1196825	550727	8128
3. 生产自救基地	Self-relieved Bases	71974	321642	145759	3209
二、按产业分组	**Grouped by Industry**				
1. 第一产业	Primary Industry	12376	68549	37915	573
2. 第二产业	Secondary Industry	343501	2336147	865808	15332
3. 第三产业	Tertiary Industry	534363	3499842	1546541	23888

		工资总额 Total Wages Of Staff and Workers	增加值 Added Value	上缴税金 Taxes Turned Over to the State	所得税 Income Tax
总　计	**Total**	**33418505900**	**41432516300**	**10942185400**	**2730972800**
一、按企业类型分组	**Grouped by the Type of enterprise**				
1. 劳动就业服务企业	Labour Employment Service Companies	27986401600	38439031200	10100374000	2571624300
＃股份合作制企业	Share-holding and Cooperative Enterprises	2675972300	4379520400	1376495500	385385600
2. 社区就业实体	Community Employment Units	4323312300	2090281300	579369300	104498400
3. 生产自救基地	Self-relieved Bases	1108792000	903203800	262442100	54850100
二、按产业分组	**Grouped by Industry**				
1. 第一产业	Primary Industry	1962520400	331195300	126929400	11659700
2. 第二产业	Secondary Industry	12386855700	19524957700	4785322300	1229011600
3. 第三产业	Tertiary Industry	19069129800	21576363300	6029933700	1490301500

2—26 续表 2 continued

单位:人,元 (person, yuan)

		利 润 Profits	资产总计 Total Assets	流动资产 Circulating Assets	固定资产净值 Net Value of Fixed Assets
总 计	**Total**	**7964053100**	**257310243200**	**157888118400**	**72523486500**
一、按企业类型分组	**Grouped by the Type of Enterprise**				
1. 劳动就业服务企业	Labour Employment Service Companies	7180439600	243644840900	150852316500	67454251700
# 股份合作制企业	Share-holding and Cooperative Enterprises	1160101500	27791428200	16202953000	8898350300
2. 社区就业实体	Community Employment Units	612157600	7449923600	3865565000	3030472100
3. 生产自救基地	Self-relieved Bases	171455900	6215478700	3170236900	2038762700
二、按产业分组	**Grouped by Industry**				
1. 第一产业	Primary Industry	115295400	3238863100	1933046000	1071422200
2. 第二产业	Secondary Industry	2382892500	116261476700	72847025100	32012485000
3. 第三产业	Tertiary Industry	5465865200	137809903400	83108047300	39439579300

		其他资产 Other Assets	负债及所有者权益总计 Total Liabilities and Creditors' Equity	负 债 Liabilities	所有者权益 Creditors' Equity
总 计	**Total**	**26898638300**	**257310243200**	**159385120200**	**97925123000**
一、按企业类型分组	**Grouped by the Type of Enterprise**				
1. 劳动就业服务企业	Labour Employment Service Companies	25338272700	243644840900	151260036100	92384804800
# 股份合作制企业	Share-holding and Cooperative Enterprises	2690124900	27791428200	16095444600	11695983600
2. 社区就业实体	Community Employment Units	553886500	7449923600	4370090300	3079833300
3. 生产自救基地	Self-relieved Bases	1006479100	6215478700	3754993800	2460484900
二、按产业分组	**Grouped by Industry**				
1. 第一产业	Primary Industry	234394900	3238863100	1275313900	1963549200
2. 第二产业	Secondary Industry	11401966600	116261476700	77866418100	38395058600
3. 第三产业	Tertiary Industry	15262276800	137809903400	80243388200	57566515200

2－27 分地区劳动就业服务企业、社区就业实体和生产自救基地综合情况

GENERAL CONDITIONS ABOUT THE LABOUR EMPLOYMENT SERVICE COMPANIES, THE COMMUNITY EMPLOYMENT UNITS AND SELF-RELIEVED BASES BY REGION

(2001)

单位:人,元 (person, yuan)

地区	Region	年末实有实体数(个) Number of Units at the Year-end	本年新举办 Newly Run this Year	上年结转从业人数 Employment of Last Year-end	女性 Female	本年新增从业人员 Newly Added this year	女性 Female
全国	**National**	**179830**	**55527**	**5816063**	**2518556**	**978715**	**454375**
北京	Beijing	20279	15288	166095	86527	117903	54463
天津	Tianjin	3551	843	86164	32113	26013	10448
河北	Hebei	7077	2106	209592	105269	30835	13972
山西	Shaanxi	2441	9	242010	130796	4401	1258
内蒙古	Inner Mongolia	12883	7779	190699	92247	53887	19487
辽宁	Liaoning	24970	7764	614798	248929	108293	63444
吉林	Jilin	17569	1540	401934	171618	17387	7570
黑龙江	Heilongjiang	5123	709	345947	100201	21426	6611
上海	Shanghai	13273	5243	264958	101838	83809	41822
江苏	Jiangsu	10696	1910	288265	121843	96945	47492
浙江	Zhejiang	4754	1581	90057	38830	38184	20795
安徽	Anhui	3607	107	386968	211257	13200	4629
福建	Fujian	2628	1569	57926	28430	12816	7016
江西	Jiangxi	2527	136	159210	67775	8962	3857
山东	Shandong	6211	1426	391794	153932	38720	16575
河南	Henan	4889	615	261122	126133	26037	12906
湖北	Hubei	9240	3115	370125	157397	52098	17310
湖南	Hunan	2536	704	134295	67714	72005	38772
广东	Guangdong	1149	64	45645	23583	3716	1126
广西	Guangxi	815	306	55934	23836	7996	3925
海南	Hainan	33	1	3007	1735	65	28
重庆	Chongqing	1080	18	70959	25416	14738	5178
四川	Sichuan	9574	1414	236173	109584	42617	18654
贵州	Guizhou	473	25	50745	16212	2196	684
云南	Yunnan	1260	62	75416	33635	7874	3745
西藏	Tibet	3		200	80	130	11
陕西	Shaanxi	4369	100	135813	77519	28774	15148
甘肃	Gansu	4658	314	372806	121710	35065	12356
青海	Qinghai	228	9	17788	7155	720	258
宁夏	Ningxia	1066	673	41345	15264	4411	1322
新疆	Xinjiang	822	97	46953	19211	7484	3513
新疆生产建设兵团	Xinjiang Production and Construction Corps	46		1320	767	8	

2—27 续表 1 continued

单位:人,元 (person, yuan)

地 区 Region	失业人员 Unemployment	下岗职工 Laid-off Workers	富余人员 Surplus Staff and Workers	其他人员 Others	本年减少从业人数 Employment Decreased This Year
全 国 National	**393053**	**327828**	**123620**	**134214**	**890240**
北 京 Beijing	85023	14700	14104	4076	24037
天 津 Tianjin	8324	12260	5429	5429	13744
河 北 Hebei	5384	15999	4030	5422	20725
山 西 Shaanxi	265	561	554	3021	52793
内蒙古 Inner Mongolia	25366	18215	1791	8515	32372
辽 宁 Liaoning	38839	58894	2304	8256	94433
吉 林 Jilin	4205	6989	2207	3986	57439
黑龙江 Heilongjiang	2715	6883	1009	10819	50525
上 海 Shanghai	33716	25019	22343	2731	55536
江 苏 Jiangsu	54422	17763	12131	12629	95198
浙 江 Zhejiang	7158	21330	1393	8303	14125
安 徽 Anhui	5211	2472	2518	2999	15012
福 建 Fujian	5802	4412	1152	1450	15775
江 西 Jiangxi	2516	3439	1658	1349	38718
山 东 Shandong	12332	8743	10919	6726	36473
河 南 Henan	8370	8677	4261	4729	29778
湖 北 Hubei	16184	25573	4040	6301	57088
湖 南 Hunan	20999	34452	9443	7111	23142
广 东 Guangdong	1324	571	155	1666	9341
广 西 Guangxi	574	2894	1838	2690	6369
海 南 Hainan	20	8	1	37	444
重 庆 Chongqing	7246	4188	1200	2104	16988
四 川 Sichuan	18816	14688	3938	5175	45895
贵 州 Guizhou	1054	194	425	523	8285
云 南 Yunnan	2331	2230	1362	1951	13171
西 藏 Tibet	100	30			
陕 西 Shaanxi	12083	9224		7467	19067
甘 肃 Gansu	7859	5527	18564	3115	20583
青 海 Qinghai	217	232		271	3994
宁 夏 Ningxia	2202	963		1246	7356
新 疆 Xinjiang	2396	690	281	4117	11726
新疆生产建设兵团 Xinjiang Production and Construction Corps		8			108

2-27 续表 2 continued

单位:人,元 (person, yuan)

地 区 Region	年末实有从业人数 Employment at This Year-end	女 性 Female	残疾人 The Disabled	工资总额(元) Total Wages of Staff and Workers	增加值(元) Added Value
全 国 National	**5904538**	**2450264**	**39793**	**33418505900**	**41432516300**
北 京 Beijing	259961	128593	3454	1741250000	3729300000
天 津 Tianjin	98433	34432	328	681234000	1653125000
河 北 Hebei	219702	110233	1832	852545200	1683543800
山 西 Shaanxi	193618	90256	842	2696514600	1476290000
内蒙古 Inner Mongolia	212214	97221	1904	836872000	990792000
辽 宁 Liaoning	628658	131443	932	1774997200	991565500
吉 林 Jilin	361882	168066	819	1436292000	483571000
黑龙江 Heilongjiang	316848	98788	1234	821566000	766436000
上 海 Shanghai	293231	81158	3356	1384544000	2314611000
江 苏 Jiangsu	290012	130087	1884	1804896000	3668279000
浙 江 Zhejiang	114116	40857	472	1139922400	5057670000
安 徽 Anhui	385156	191152	3557	1861241000	1398546000
福 建 Fujian	54967	26006	236	330123800	717597300
江 西 Jiangxi	129454	60605	948	601140000	877474000
山 东 Shandong	394041	151535	2642	1863482000	3446545000
河 南 Henan	257381	133214	2523	4769619400	1176304000
湖 北 Hubei	365135	207649	3785	1492163200	653760700
湖 南 Hunan	183158	93288	1217	983542300	1266780400
广 东 Guangdong	40020	19034	183	663652800	445585900
广 西 Guangxi	57561	24660	156	294136000	620128000
海 南 Hainan	2628	1690	5	20816000	
重 庆 Chongqing	68709	25284	389	396169000	844275000
四 川 Sichuan	232895	108922	1465	1049955000	2075862000
贵 州 Guizhou	44656	13517	103	130821200	312782400
云 南 Yunnan	70119	31617	490	721260600	1009086200
西 藏 Tibet	330	91		273000	
陕 西 Shaanxi	145520	80775	3507	643660000	852265000
甘 肃 Gansu	387288	128970	769	1901599000	2035476000
青 海 Qinghai	14514	5589	56	120341300	190784500
宁 夏 Ningxia	38400	14266	184	161868000	298996000
新 疆 Xinjiang	42711	20471	506	236725900	388183600
新疆生产建设兵团 Xinjiang Production and Construction Corps	1220	795	15	5283000	6901000

2—27 续表 3 continued

单位:元 (yuan)

地区 Region	上缴税金 Taxes Turned Over to the State	所得税 Income Tax	利润 Profits	资产总计 Total Assets	流动资产 Circulating Assets
全国 National	**10942185400**	**2730972800**	**7964053100**	**257310243200**	**157888118400**
北京 Beijing	897439000	232274000	822670000	17043832000	12654390000
天津 Tianjin	385206000	82166000	326967000	13627256000	9301284000
河北 Hebei	293060200	81094500	104610300	6156368400	4147125700
山西 Shaanxi	301648800	30205600	9281700	28174723300	13111836600
内蒙古 Inner Mongolia	211500000	23868000	50665000	6193306000	3972712000
辽宁 Liaoning	499195700	89690600	14988000	13286148900	8339460100
吉林 Jilin	592871000	224137000	150349000	5054936000	3235270000
黑龙江 Heilongjiang	165214000	23089000	4089000	5587668000	3348689000
上海 Shanghai	811323000	148865000	853881000	21600989000	14769795000
江苏 Jiangsu	938901000	317772000	954494000	20081997000	12153120000
浙江 Zhejiang	1319757200	446477400	1368979100	22092031900	16429971500
安徽 Anhui	218843000	66014000	380527000	10112377000	4083091400
福建 Fujian	247649100	48999900	123226000	1858786000	1414093000
江西 Jiangxi	150346600	31471000	76203000	3066154000	1696530000
山东 Shandong	895763000	305225000	539969600	17287281000	10450627600
河南 Henan	276307800	47462100	82172400	5195449300	2828131500
湖北 Hubei	347620000	37539500	225188200	3586973400	1745556800
湖南 Hunan	424969900	47786600	372378600	7892895900	4417628400
广东 Guangdong	175808800	57304300	544115800	3086176400	2276910000
广西 Guangxi	136153000	21325000	83685000	2411607000	1451682000
海南 Hainan	1060000	530000	1385000	110226000	70216000
重庆 Chongqing	189014000	45942000	134352000	5349702000	3626011000
四川 Sichuan	261433000	37636000	144217000	8194010000	5301597000
贵州 Guizhou	79943100	4184400	98986500	1863226000	1087855000
云南 Yunnan	292998700	86832700	198075500	6351796600	3753300300
西藏 Tibet			100000	100000	100000
陕西 Shaanxi	294018000	60230000	71520000	6526351000	3424615000
甘肃 Gansu	336472000	95436000	133741000	9131015000	4850069000
青海 Qinghai	21271800	5150100	14691000	994366300	598834200
宁夏 Ningxia	69190000	9919000	36469000	1489423000	825420000
新疆 Xinjiang	106193700	21972400	41710400	3716518300	2364761700
新疆生产建设兵团 Xinjiang Production and Construction Corps	1014000	373700	366000	186552500	157434600

2—27 续表 4　continued

单位：元　　　　　　　　　　　　　　　　　　　　　　　　　　　　(yuan)

地　区　Region	固定资产净值 Net Value of Fixed Assets	其他资产 Other Assets	负债及所有者权益总计 Total Liabilities and Creditors' Equity	负　债 Liabilities	所有者权益 Creditors' Equity
全　国　National	**72523486500**	**26898638300**	**257310243200**	**159385120200**	**97925123000**
北　京　Beijing	2101263000	2288179000	17043832000	11234732000	5809100000
天　津　Tianjin	2226752000	2099220000	13627256000	7613662000	6013594000
河　北　Hebei	1427907600	581335100	6156368400	4012294900	2144073500
山　西　Shaanxi	13939405000	1123481700	28174723300	17494455600	10680267700
内蒙古　Inner Mongolia	1755572000	465022000	6193306000	4126966000	2066340000
辽　宁　Liaoning	3398899500	1547789300	13286148900	9682049400	3604099500
吉　林　Jilin	1321719000	497947000	5054936000	3682137000	1372799000
黑龙江　Heilongjiang	1438906000	800073000	5587668000	4128338000	1459330000
上　海　Shanghai	4305955000	2525239000	21600989000	12748036000	8852953000
江　苏　Jiangsu	5020810000	2908067000	20081997000	12020155000	8061842000
浙　江　Zhejiang	3084483900	2577576500	22092031900	13503265400	8588766500
安　徽　Anhui	5458812600	570473000	10112377000	5517013000	4595364000
福　建　Fujian	325666000	119027000	1858786000	1041562000	817224000
江　西　Jiangxi	772856000	596768000	3066154000	1925419000	1140735000
山　东　Shandong	4999124000	1837529400	17287281000	10811863000	6475418000
河　南　Henan	2077892300	289425500	5195449300	2551752200	2643697100
湖　北　Hubei	1417805400	423611200	3586973400	2199761800	1387211600
湖　南　Hunan	2281668400	1193599100	7892895900	4672893700	3220002200
广　东　Guangdong	564721500	244544900	3086176400	2098978400	987198000
广　西　Guangxi	732874000	227051000	2411607000	1526481000	885126000
海　南　Hainan	28175000	11835000	110226000	26968000	83258000
重　庆　Chongqing	1218550000	505141000	5349702000	3464786000	1884916000
四　川　Sichuan	1909873000	982540000	8194010000	5202641000	2991369000
贵　州　Guizhou	620982000	154389000	1863226000	1189545800	673680200
云　南　Yunnan	2251014400	347481900	6351796600	4145865900	2205930700
西　藏　Tibet			100000		100000
陕　西　Shaanxi	2614943000	486793000	6526351000	3943016000	2583335000
甘　肃　Gansu	3305821000	975125000	9131015000	4850027000	4280988000
青　海　Qinghai	242241800	153290300	994366300	653475600	340890700
宁　夏　Ningxia	521058000	142945000	1489423000	902383000	587040000
新　疆　Xinjiang	1130781000	220975600	3716518300	2256655700	1459862600
新疆生产建设兵团 Xinjiang Production and Construction Corps	26954100	2163800	186552500	157940800	28611700

三、城镇单位就业人员和劳动报酬

Employment and Earnings in Urban Units

3－1 分行业就业人员和劳动报酬
EMPLOYMENT AND EARNINGS BY SECTOR

(2001)

项　目	Item	年末人数（千人）Year-end Figures (1 000 persons)	＃女性 Female	劳动报酬（亿元）Earnings (100 million yuan)	平均劳动报酬（元）Average Earning (yuan)
全国总计	**National Total**	**111658**	**42257**	**12205.4**	**10834**
其中:国有控股企业	State-owned and Controlling Share Hold Enterprises	53329	18933	5936.9	10935
按企、事业和机关分组	**Grouped by Enterprises, Institutions and Agencies**				
企业	Enterprises	73345	27423	7808.8	10484
事业	Institutions	27608	12180	3108.2	11313
机关	Agencies and Organizations	10705	2653	1288.3	12041
按国民经济行业分组	**Grouped by Sector**				
农、林、牧、渔业	**Farming, Forestry, Animal Husbandry & Fishery**	**4832**	**1810**	**278.5**	**5676**
农业	Farming	2677	1096	133.5	4878
林业	Forestry	735	280	39.2	5279
畜牧业	Animal Husbandry	297	110	17.1	5650
渔业	Fishery	109	32	7.9	7204
农、林、牧、渔服务业	Services	1014	291	80.7	7964
采掘业	**Mining and Quarrying**	**5482**	**1385**	**531.1**	**9541**
制造业	**Manufacturing**	**30701**	**13184**	**3088.5**	**9891**
电力、煤气及水的生产和供应业	**Production and Supply of Electricity, Gas and Water**	**2878**	**917**	**416.7**	**14471**
建筑业	**Construction**	**7740**	**1368**	**750.9**	**9415**
土木工程建筑业	Civil Engineering	6694	1127	616.4	8939
线路、管道和设备安装业	Circuit, Pipelines and Equipment Installation	875	207	116.5	12837
装修装饰业	Buildings Fitting up and Decoration	171	35	18.0	10432
地质勘查业、水利管理业	**Geological Prospecting and Water Conservancy**	**1049**	**284**	**115.4**	**10904**
地质勘察业	Geological Prospecting	478	135	63.6	13031
水利管理业	Water Conservancy	571	150	51.8	9085
交通运输、仓储及邮电通信业	**Transport, Storage, Post and Telecommunications**	**6516**	**1844**	**918.9**	**13987**
铁路运输业	Railway Transport	1852	412	276.5	14873
公路运输业	Highway Transport	1110	357	86.6	7703
管道运输业	Pipeline Transport	18	6	3.6	18475
水上运输业	Water Way Transport	332	59	49.9	14298
航空运输业	Air Transport	122	42	33.1	27341
交通运输辅助业	Transport Supporting & Auxiliary Services	1494	389	199.7	13328
其他交通运输业	Other Transport	22	6	2.4	11074
仓储业	Storage	356	121	34.4	9506
邮电通信业	Post and Telecommunications	1210	452	232.6	19163
批发和零售贸易、餐饮业	**Wholesale & Retail Trade & Catering Services**	**8742**	**3941**	**732.5**	**8207**
食品、饮料、烟草和家庭日用品批发业	Wholesale Trade of Food, Beverages, Tobacco and Household Goods	2908	1188	242.8	8186
能源、材料和机械电子设备批发业	Wholesale Trade of Energy, Materials and Electronic Equipment	1098	393	117.5	10361
其他批发业	Other Wholesale Trade	618	247	50.8	8007
零售业	Retail Trade	3533	1788	263.6	7317
商业经纪与代理业	Commercial Brokerage and Agencies	40	15	9.2	22860
餐饮业	Catering Services	546	309	48.7	8869
金融、保险业	**Finance and Insurance**	**3359**	**1496**	**524.7**	**15628**
金融业	**Finance**	**2819**	**1222**	**451.9**	**15867**

注:不含城镇私营和个体就业人员(以下各表同)。

a) Exclude urban Private and individuals Employment(same as below).

3—1 续表 continued

项 目	Item	年末人数（千人）Year-end Figures (1 000 persons)	＃女性 Female	劳动报酬（亿元）Earnings (100 million yuan)	平均劳动报酬（元）Average Earning (yuan)
保险业	Insurance	541	274	72.8	14291
房地产业	**Real Estate Trade**	**1075**	**361**	**149.0**	**14074**
房地产开发与经营业	Real Estate Development and Operation	503	161	73.8	14758
房地产管理业	Real Estate Management	542	187	71.2	13425
房地产代理与经纪业	Real Estate Brokerages and Agencies	29	13	4.1	14160
社会服务业	**Social Services**	**4914**	**2097**	**587.9**	**11996**
公共设施服务业	Public Facilities Services	2201	892	249.5	11394
居民服务业	Resident Services	321	141	30.9	9490
旅馆业	Hotels	1169	648	123.5	10481
租赁服务业	Leasing Services	37	13	4.3	11626
旅游业	Tourism	129	60	15.4	11936
娱乐服务业	Recreational Services	66	32	7.9	11590
信息、咨询服务业	Information and Consultancy Services	268	98	53.2	20394
计算机应用服务业	Computer Application Services	143	44	42.7	30453
其他社会服务业	Other Social Services	581	169	60.5	10584
卫生、体育和社会福利业	**Health Care, Sporting and Social Welfare**	**4930**	**2835**	**629.3**	**12821**
卫生	Health Care	4617	2708	589.6	12829
体育	Sports	88	32	13.6	15587
社会福利保障业	Social Welfare	225	95	26.1	11590
教育、文化艺术和广播电影电视业	**Education, Culture and Arts, Radio, Film and Television**	**15679**	**7045**	**1746.1**	**11210**
教育	Education	14562	6611	1593.5	11015
＃普通高等学校	Regular Institution of Higher Education	1139	465	200.1	17887
普通中学	Regular Secondary Schools	4904	2034	531.7	10970
小学校	Primary Schools	6661	3197	617.5	9298
文化艺术业	Culture and Arts	635	266	91.7	14543
广播电影电视业	Radio, Film and Television	483	169	60.9	12705
科学研究和综合技术服务业	**Scientific Research and Polytechnical Services**	**1650**	**541**	**267.7**	**16220**
科学研究业	Scientific Research	639	220	108.9	16825
自然科学研究	Natural Science Research	503	172	83.2	16326
社会科学研究	Social Science Research	32	11	5.5	17339
其他科学研究	Other Science Research	105	37	20.2	19072
综合技术服务业	Polytechnical Services	1011	321	158.8	15830
＃气象	Meteorology	50	18	6.8	13682
地震	Seismology	15	4	2.1	14385
测绘	Survey and Mapping	43	13	6.4	14694
技术监督	Technological Supervision	175	54	24.3	14039
海洋环境	Oceanic Environment	7	1	1.3	19326
环境保护	Environmental Protection	81	31	9.5	11927
技术推广和科技交流服务业	Technology Application & Dissemination as Well as Science & Technology Exchange Services	86	28	12.1	14252
工程设计业	Engineering Design	295	95	52.9	17774
其他综合技术服务业	Other Polytechnical Services	259	77	43.1	17122
国家机关、政党机关和社会团体	**Government Agencies, Party Agencies and Social Organizations**	**11009**	**2735**	**1325.6**	**12061**
＃国家机关	Government Agencies	10307	2547	1236.5	12016
政党机关	Party Agencies	535	119	65.8	12347
其他行业	**Others**	**1101**	**414**	**142.4**	**12862**
＃企业管理机构	Enterprise Management Organizations	554	190	66.3	11903

3—2 分行业在岗职工人数和工资

ON-POST STAFF AND WORKERS AND WAGES BY SECTOR

(2001)

项　目	Item	年末人数(千人) Year-end Figures (1 000 persons)	工资总额(亿元) Total Wages (100 million yuan)	平均人数(千人) Average Figures (1 000 persons)	平均工资(元) Average Wage (yuan)
全 国 总 计	**National Total**	**107918**	**11830.9**	**108844**	**10870**
其中:国有控股企业	State-owned and Controlling Share Hold Enterprises	51414	5766.4	52354	11014
按企、事业和机关分组	Grouped by Enterprises, Institutions and Agencies				
企业	Enterprises	70523	7487.0	71625	10453
事业	Institutions	26818	3062.9	26655	11491
机关	Agencies and Organizations	10576	1281.0	10565	12125
按国民经济行业分组	**Grouped by Sector**				
农、林、牧、渔业	**Farming, Forestry, Animal Husbandry & Fishery**	**4585**	**268.2**	**4671**	**5741**
农业	Farming	2471	125.1	2542	4919
林业	Forestry	719	38.6	728	5297
畜牧业	Animal Husbandry	287	16.6	293	5647
渔业	Fishery	106	7.8	107	7266
农、林、牧、渔服务业	Services	1001	80.2	1000	8020
采掘业	**Mining and Quarrying**	**5442**	**528.2**	**5510**	**9586**
制造业	**Manufacturing**	**30098**	**2990.6**	**30597**	**9774**
电力、煤气及水的生产和供应业	**Production and Supply of Electricity, Gas and Water**	**2840**	**414.2**	**2839**	**14590**
建筑业	**Construction**	**7326**	**713.4**	**7523**	**9484**
土木工程建筑业	Civil Engineering	6335	584.8	6496	9003
线路、管道和设备安装业	Circuit, Pipelines and Equipment Installation	834	112.4	869	12931
装修装饰业	Buildings Fitting up and Decoration	157	16.2	158	10271
地质勘查业、水利管理业	**Geological Prospecting and Water Conservancy**	**1037**	**114.6**	**1046**	**10957**
地质勘察业	Geological Prospecting	473	63.2	483	13085
水利管理业	Water Conservancy	564	51.4	563	9133
交通运输、仓储及邮电通信业	**Transport, Storage, Post and Telecommunications**	**6288**	**897.9**	**6338**	**14167**
铁路运输业	Railway Transport	1789	271.0	1790	15136
公路运输业	Highway Transport	1090	85.1	1105	7704
管道运输业	Pipeline Transport	18	3.6	20	18496
水上运输业	Water Way Transport	326	49.3	344	14350
航空运输业	Air Transport	121	32.9	120	27365
交通运输辅助业	Transport Supporting & Auxiliary Services	1457	196.3	1462	13420
其他交通运输业	Other Transport	21	2.3	21	11046
仓储业	Storage	350	33.5	356	9418
邮电通信业	Post and Telecommunications	1113	223.8	1120	19991
批发和零售贸易、餐饮业	**Wholesale & Retail Trade & Catering Services**	**8395**	**703.0**	**8582**	**8192**
食品、饮料、烟草和家庭日用品批发业	Wholesale Trade of Food, Beverages, Tobacco and Household Goods	2835	236.8	2889	8199
能源、材料和机械电子设备批发业	Wholesale Trade of Energy, Materials and Electronic Equipment	1045	112.9	1081	10441
其他批发业	Other Wholesale Trade	599	49.2	615	7995
零售业	Retail Trade	3373	251.6	3449	7297
商业经纪与代理业	Commercial Brokerage and Agencies	36	7.6	37	20678
餐饮业	Catering Services	507	44.8	512	8759
金融、保险业	**Finance and Insurance**	**2916**	**476.9**	**2930**	**16277**
金融业	Finance	2674	436.1	2697	16172

3－2 续表 continued

项　目	Item	年末人数（千人）Year-end Figures (1 000 persons)	工资总额（亿元）Total Wages (100million yuan)	平均人数（千人）Average Figures (1 000 persons)	平均工资（元）Average Wage (yuan)
保险业	Insurance	241	40.8	233	17498
房地产业	**Real Estate Trade**	**974**	**136.1**	**965**	**14096**
房地产开发与经营业	Real Estate Development and Operation	455	66.2	454	14591
房地产管理业	Real Estate Management	493	66.1	485	13634
房地产代理与经纪业	Real Estate Brokerages and Agencies	27	3.7	27	14060
社会服务业	**Social Services**	**4635**	**548.4**	**4620**	**11869**
公共设施服务业	Public Facilities Services	2116	242.9	2101	11558
居民服务业	Resident Services	302	29.3	306	9574
旅馆业	Hotels	1114	114.8	1123	10226
租赁服务业	Leasing Services	35	3.9	35	11401
旅游业	Tourism	124	14.9	124	12004
娱乐服务业	Recreational Services	61	6.9	62	11159
信息、咨询服务业	Information and Consultancy Services	228	42.9	222	19314
计算机应用服务业	Computer Application Services	124	36.5	121	30146
其他社会服务业	Other Social Services	532	56.2	525	10694
卫生、体育和社会福利业	**Health Care, Sporting and Social Welfare**	**4806**	**618.5**	**4783**	**12933**
卫生	Health Care	4523	581.0	4500	12912
体育	Sports	84	13.1	83	15756
社会福利保障业	Social Welfare	199	24.4	200	12243
教育、文化艺术和广播电影电视业	**Education, Culture and Arts, Radio, Film and Television**	**15121**	**1718.1**	**15002**	**11452**
教育	Education	14043	1570.0	13932	11269
＃普通高等学校	Regular Institution of Higher Education	1117	198.0	1096	18054
普通中学	Regular Secondary Schools	4806	526.1	4748	11080
小学校	Primary Schools	6315	606.1	6281	9649
文化艺术业	Culture and Arts	608	88.9	603	14735
广播电影电视业	Radio, Film and Television	470	59.2	467	12669
科学研究和综合技术服务业	Scientific Research and Polytechnical Services	1539	253.9	1545	16437
科学研究业	Scientific Research	620	107.1	627	17066
自然科学研究	Natural Science Research	490	82.0	496	16555
社会科学研究	Social Science Research	31	5.4	31	17509
其他科学研究	Other Science Research	100	19.6	101	19446
综合技术服务业	Polytechnical Services	919	146.9	918	16007
＃气象	Meteorology	49	6.8	49	13712
地震	Seismology	15	2.1	15	14400
测绘	Survey and Mapping	43	6.4	43	14742
技术监督	Technological Supervision	166	23.2	165	14084
海洋环境	Oceanic Environment	7	1.3	6	19447
环境保护	Environmental Protection	79	9.4	78	11986
技术推广和科技交流服务业	Technology Application & Dissemination as Well as Science & Technology Exchange Services	77	10.8	76	14138
工程设计业	Engineering Design	278	50.4	281	17948
其他综合技术服务业	Other Polytechnical Services	204	36.4	203	17937
国家机关、政党机关和社会团体	**Government Agencies, Party Agencies and Social Organizations**	**10875**	**1317.7**	**10852**	**12142**
＃国家机关	Government Agencies	10183	1229.3	10162	12097
政党机关	Party Agencies	531	65.6	530	12389
其他行业	**Others**	**1041**	**131.0**	**1040**	**12590**
＃企业管理机构	Enterprise Management Organizations	533	64.8	538	12038

3—3 分地区分行业就业人员和劳动报酬

EMPLOYMENT AND EARNINGS BY SECTOR AND REGION

(2001)

地 区	Region	总计 Total 年末人数（人）Year-end Figures (person)	# 女性 Female	劳动报酬（千元）Earnings (1 000 yuan)	平均劳动报酬（元）Average Earning (yuan)	企业单位 Enterprises 年末人数（人）Year-end Figures (person)	# 女性 Female	劳动报酬（千元）Earnings (1 000 yuan)	平均劳动报酬（元）Average Earning (yuan)
全 国	**National**	**111658362**	**42256595**	**1220535724**	**10834**	**73345361**	**27423093**	**780879764**	**10484**
北 京	Beijing	4393910	1548517	85268257	19187	3338234	1069561	62623334	18481
天 津	Tianjin	1922950	773964	27755927	14242	1464350	567812	20781963	13951
河 北	Hebei	5291386	2054664	46557647	8669	3292162	1191542	28411452	8395
山 西	Shanxi	3724330	1324197	29888516	8039	2484316	809237	19137651	7689
内蒙古	Inner Mongolia	2541964	966349	21249428	8213	1570962	577972	12111027	7476
辽 宁	Liaoning	5604138	2118754	57786266	10104	3990330	1431177	40479291	9861
吉 林	Jilin	3174582	1249184	28119798	8757	2138410	807421	18312808	8419
黑龙江	Heilongjiang	5352801	1913639	46890980	8747	4021483	1374066	33382395	8278
上 海	Shanghai	3382530	1299929	71695397	20876	2594407	929601	54494716	20604
江 苏	Jiangsu	6481756	2500626	78234021	11809	4445286	1759134	49538065	10813
浙 江	Zhejiang	3663125	1414786	59556605	16270	2411036	901132	34977598	14461
安 徽	Anhui	3820629	1325480	30062520	7823	2405187	860101	17500722	7195
福 建	Fujian	3237282	1399593	38893777	12059	2242512	1020692	25909885	11597
江 西	Jiangxi	2873407	1034511	22991512	7945	1661039	626320	12262628	7283
山 东	Shandong	7893685	3118894	78969584	9963	5274728	2173687	50099964	9419
河 南	Henan	7187972	2684203	56165015	7868	4604555	1687233	34488082	7527
湖 北	Hubei	5152796	1995966	44575399	8536	3267245	1317232	27041390	8106
湖 南	Hunan	4149870	1545542	39338714	9496	2403287	901699	21987715	9098
广 东	Guangdong	7371169	3103035	116898838	15728	5114481	2166636	79898042	15427
广 西	Guangxi	2865639	1080105	25486484	8893	1577616	585775	13830374	8754
海 南	Hainan	764857	302735	6346523	8261	520743	216159	3710920	7080
重 庆	Chongqing	2047850	705121	19791407	9532	1352777	452593	12583914	9147
四 川	Sichuan	5004621	1780346	50193116	9893	2958515	1032723	28323237	9364
贵 州	Guizhou	1994675	650454	17548365	8839	1155997	369376	10063068	8708
云 南	Yunnan	2696779	994672	27963712	10352	1492076	546683	15074060	10019
西 藏	Tibet	173486	59572	3056356	18021	56378	19775	783773	14130
陕 西	Shaanxi	3331240	1199279	30172056	9012	2022802	723749	18082940	8825
甘 肃	Gansu	1980837	688565	19548999	9789	1172935	424972	11050785	9238
青 海	Qinghai	446881	159604	5793987	12685	247488	86330	3060965	11892
宁 夏	Ningxia	614998	226836	6514079	10370	388917	140970	3963570	9829
新 疆	Xinjiang	2516217	1037473	27222439	10141	1675107	651733	16913430	9163

3－3 续表 1 continued

地 区	Region	非农企业 Nonagricultural Enterprises 年末人数(人) Year-end Figures (person)	#女 性 Female	劳动报酬(千元) Earnings (1 000 yuan)	平均劳动报酬(元) Average Earning (yuan)	事 业 Institutions 年末人数(人) Year-end Figures (person)	#女 性 Female	劳动报酬(千元) Earnings (1 000 yuan)	平均劳动报酬(元) Average Earning (yuan)
全 国	**National**	**68513386**	**25613427**	**753026631**	**10823**	**27608013**	**12180479**	**310823682**	**11313**
北 京	Beijing	3311568	1059810	62259652	18522	843529	413147	17926241	21231
天 津	Tianjin	1453414	564215	20666242	13979	340519	177557	5100695	14954
河 北	Hebei	3197415	1157066	27985656	8519	1399297	710688	12306167	8859
山 西	Shanxi	2441829	797214	18877086	7716	831259	406867	7095408	8621
内蒙古	Inner Mongolia	1319692	485928	10781154	7885	683335	308146	6220894	9136
辽 宁	Liaoning	3709896	1333002	39141398	10243	1214612	592197	12501524	10295
吉 林	Jilin	1966118	745097	17555771	8763	806857	385970	7468653	9279
黑龙江	Heilongjiang	3403902	1145457	30225417	8847	953593	439044	9317961	9823
上 海	Shanghai	2561452	922137	54169970	20711	636108	326733	13659183	21436
江 苏	Jiangsu	4228899	1673874	48112069	11029	1598530	657257	21456628	13396
浙 江	Zhejiang	2366051	888170	34340226	14470	913644	438159	17352248	19169
安 徽	Anhui	2269752	808482	16794351	7315	1046265	381120	8929930	8583
福 建	Fujian	2165680	994149	25389681	11769	714357	315267	9142666	12859
江 西	Jiangxi	1466610	552045	11422897	7672	865502	328289	7456658	8631
山 东	Shandong	5186966	2149793	49377938	9443	1866647	778020	20442168	11010
河 南	Henan	4509878	1656985	33990859	7574	1773931	786035	14585471	8330
湖 北	Hubei	2876389	1158978	25290771	8593	1342631	545077	12104769	9019
湖 南	Hunan	2200313	825751	20878084	9427	1189931	505779	11892380	10107
广 东	Guangdong	4948280	2101448	78699579	15703	1588450	774398	24829915	15702
广 西	Guangxi	1409440	521180	12892004	9123	978412	416749	8413463	8624
海 南	Hainan	292546	109742	2885602	9899	164892	64874	1727589	10473
重 庆	Chongqing	1323257	445144	12368377	9194	517970	210350	5173646	9993
四 川	Sichuan	2834587	999818	27410970	9453	1482227	599224	15357805	10382
贵 州	Guizhou	1107323	355490	9711865	8766	548133	206912	4873107	8998
云 南	Yunnan	1292635	468557	13680011	10501	835648	353286	8876701	10703
西 藏	Tibet	50014	18013	700250	14213	60563	23360	1154754	19444
陕 西	Shaanxi	1955933	704550	17625021	8890	951605	395338	8811435	9343
甘 肃	Gansu	1090896	398256	10409574	9343	574128	207890	5927943	10405
青 海	Qinghai	223231	79829	2825003	12134	135360	55191	1804387	13391
宁 夏	Ningxia	337700	118716	3638987	10366	164030	68979	1853765	11383
新 疆	Xinjiang	1011720	374531	12920166	11459	586048	308576	7059528	12093

3－3 续表 2　continued

地区	Region	机关 Agencies and Organizations 年末人数(人) Year-end Figures (person)	＃女性 Female	劳动报酬(千元) Earnings (1 000 yuan)	平均劳动报酬(元) Average Earning (yuan)	农、林、牧、渔业 Farming, Forestry, Animal Husbandry and Fishery 年末人数(人) Year-end Figures (person)	＃女性 Female	劳动报酬(千元) Earnings (1 000 yuan)	平均劳动报酬(元) Average Earning (yuan)
全　国	**National**	**10704988**	**2653023**	**128832278**	**12041**	**4831975**	**1809666**	**27853133**	**5676**
北　京	Beijing	212147	65809	4718682	22331	26666	9751	363682	13475
天　津	Tianjin	118081	28595	1873269	15844	10936	3597	115721	10333
河　北	Hebei	599927	152434	5840028	9779	94747	34476	425796	4280
山　西	Shanxi	408755	108093	3655457	9005	42487	12023	260565	6140
内蒙古	Inner Mongolia	287667	80231	2917507	10184	251270	92044	1329873	5262
辽　宁	Liaoning	399196	95380	4805451	12028	280434	98175	1337893	4714
吉　林	Jilin	229315	55793	2338337	10127	172292	62324	757037	4406
黑龙江	Heilongjiang	377725	100529	4190624	11037	617581	228609	3156978	5125
上　海	Shanghai	152015	43595	3541498	23247	32955	7464	324746	11038
江　苏	Jiangsu	437940	84235	7239328	16374	216387	85260	1425996	6512
浙　江	Zhejiang	338445	75495	7226759	21472	44985	12962	637372	13993
安　徽	Anhui	369177	84259	3631868	9821	135435	51619	706371	5168
福　建	Fujian	280413	63634	3841226	13719	76832	26543	520204	6776
江　西	Jiangxi	346866	79902	3272226	9452	194429	74275	839731	4311
山　东	Shandong	752310	167187	8427452	11221	87762	23894	722026	8041
河　南	Henan	809486	210935	7091462	8803	94677	30248	497223	5258
湖　北	Hubei	542920	133657	5429240	9980	390856	158254	1750619	4460
湖　南	Hunan	556652	138064	5458619	9935	202974	75948	1109631	5491
广　东	Guangdong	668238	162001	12170881	18111	166201	65188	1198463	7159
广　西	Guangxi	309611	77581	3242647	10450	168176	64595	938370	5623
海　南	Hainan	79222	21702	908014	11468	228197	106417	825318	3548
重　庆	Chongqing	177103	42178	2033847	11117	29520	7449	215537	7074
四　川	Sichuan	563879	148399	6512074	11428	123928	32905	912267	7305
贵　州	Guizhou	290545	74166	2612190	9063	48674	13886	351203	7358
云　南	Yunnan	369055	94703	4012951	10922	199441	78126	1394049	6907
西　藏	Tibet	56545	16437	1117829	20419	6364	1762	83523	13478
陕　西	Shaanxi	356833	80192	3277681	9216	66869	19199	457919	6869
甘　肃	Gansu	233774	55703	2570271	11127	82039	26716	641211	7807
青　海	Qinghai	64033	18083	928635	14374	24257	6501	235962	9596
宁　夏	Ningxia	62051	16887	696744	11223	51217	22254	324583	6221
新　疆	Xinjiang	255062	77164	3249481	12747	663387	277202	3993264	5560

3—3 续表 3　continued

地区	Region	农业 Farming 年末人数（人）Year-end Figures (person)	#女性 Female	劳动报酬（千元）Earnings (1 000 yuan)	平均劳动报酬（元）Average Earning (yuan)	林业 Forestry 年末人数（人）Year-end Figures (person)	#女性 Female	劳动报酬（千元）Earnings (1 000 yuan)	平均劳动报酬（元）Average Earning (yuan)
全国	**National**	**2677357**	**1095911**	**13353240**	**4878**	**734747**	**280131**	**3924603**	**5279**
北京	Beijing	3376	1298	43832	12216	2535	935	33103	12393
天津	Tianjin	3974	1489	38573	9232	541	136	7449	14750
河北	Hebei	53152	21710	143977	2499	7210	1773	49361	6779
山西	Shanxi	6731	2007	40234	5912	14029	3268	84686	6028
内蒙古	Inner Mongolia	131442	49704	602194	4537	41058	14990	217967	5225
辽宁	Liaoning	199820	73179	715332	3549	16032	5215	95798	5974
吉林	Jilin	70431	27311	240086	3399	35062	13132	150487	4394
黑龙江	Heilongjiang	485468	187514	2455124	5045	51132	14402	265857	5375
上海	Shanghai	19517	4332	129079	8357	592	166	9974	16541
江苏	Jiangsu	133007	58898	797257	5918	19764	7541	118059	5976
浙江	Zhejiang	10744	3887	154398	14057	5878	1757	55904	9660
安徽	Anhui	70723	32230	313938	4380	16913	6148	84440	4959
福建	Fujian	44173	17429	197207	4504	10799	2791	104794	9596
江西	Jiangxi	112893	46517	430630	3793	43723	16049	198481	4562
山东	Shandong	12706	3647	101921	7127	8853	2414	68215	7682
河南	Henan	32375	11422	133599	4139	8646	2163	57978	6589
湖北	Hubei	266807	120016	1137958	4246	14122	5090	64153	4494
湖南	Hunan	132492	54662	695338	5250	20918	7187	98372	4741
广东	Guangdong	97801	43794	562752	5739	31552	11421	227813	7068
广西	Guangxi	82966	36624	386967	4763	39632	15327	199910	5012
海南	Hainan	15910	6871	47786	3614	204364	97368	728503	3445
重庆	Chongqing	2023	733	12117	5943	4237	1041	30735	6530
四川	Sichuan	11629	3870	93397	7882	25370	7258	173617	6819
贵州	Guizhou	9701	3218	60713	6335	5903	2159	39332	6690
云南	Yunnan	63402	28661	287514	4459	67283	29843	432872	6278
西藏	Tibet	1025	463	11375	10875	805	281	8807	13384
陕西	Shaanxi	9116	2529	56859	6200	8627	1839	59483	6903
甘肃	Gansu	27081	11275	142635	5208	17074	4533	160052	9403
青海	Qinghai	8659	2065	68158	7288	2621	421	19963	7826
宁夏	Ningxia	34343	16140	169704	4818	4811	1917	39794	8075
新疆	Xinjiang	523870	222416	3082586	5370	4661	1566	38644	7988

3—3 续表 4 continued

地区	Region	畜牧业 Animal Husbandry 年末人数（人）Year-end Figures (person)	#女性 Female	劳动报酬（千元）Earnings (1 000 yuan)	平均劳动报酬(元) Average Earning (yuan)	渔业 Fishery 年末人数（人）Year-end Figures (person)	#女性 Female	劳动报酬（千元）Earnings (1 000 yuan)	平均劳动报酬（元）Average Earning (yuan)
全国	**National**	**296872**	**110125**	**1709927**	**5650**	**108509**	**32172**	**793620**	**7204**
北京	Beijing	12244	4701	135012	11234	548	140	8167	14429
天津	Tianjin	912	422	7213	7249	1460	389	19769	13339
河北	Hebei	2225	703	14002	5664	2711	525	8911	3167
山西	Shanxi	4424	1364	15360	3461	327	90	2285	6924
内蒙古	Inner Mongolia	33198	11448	142945	4330	6041	2427	36002	6287
辽宁	Liaoning	10872	4214	51825	4460	12026	3153	189037	15056
吉林	Jilin	20440	6317	70309	3406	3170	1283	10146	3194
黑龙江	Heilongjiang	38495	13303	176481	4719	5436	1294	24507	4576
上海	Shanghai	3103	1062	41274	11898	3618	119	39749	10846
江苏	Jiangsu	7621	2777	68644	8791	12313	4107	79762	6229
浙江	Zhejiang	2196	812	24606	11029	3676	1061	47231	12423
安徽	Anhui	2939	1030	16372	5628	3450	1048	16695	4890
福建	Fujian	1677	662	13020	7700	2370	672	20593	8172
江西	Jiangxi	6715	2753	42503	6026	8356	3502	34085	4145
山东	Shandong	4224	1658	35748	8335	10425	2029	77199	7042
河南	Henan	6343	1867	31568	4969	957	219	6164	6283
湖北	Hubei	5862	2724	26317	4488	14594	4857	61750	4235
湖南	Hunan	3487	1548	18862	5445	7473	2496	38548	5131
广东	Guangdong	10036	3548	157042	15383	4442	1169	41436	9113
广西	Guangxi	3531	1366	23865	6788	598	194	3252	5559
海南	Hainan	696	249	5130	7371	2057	729	7908	3844
重庆	Chongqing	635	166	5697	8197	354	70	2169	5959
四川	Sichuan	6649	2496	43369	6424	316	84	2508	7249
贵州	Guizhou	1499	759	10907	6996	103	32	716	6692
云南	Yunnan	3391	1321	29841	8797	242	66	1896	8541
西藏	Tibet	1352	231	20386	15101	6	3	48	8000
陕西	Shaanxi	4562	1639	30299	6714	301	91	2024	6724
甘肃	Gansu	1949	766	14107	7143	154	34	1587	9919
青海	Qinghai	4124	1378	35420	8645	180	45	2169	12050
宁夏	Ningxia	458	113	4414	9659	193	59	1629	8354
新疆	Xinjiang	91013	36728	397389	4152	612	185	5678	9056

3—3 续表 5 continued

地 区	Region	农、林、牧、渔服务业 Services				采掘业 Mining and Quarrying			
		年末人数（人）Year-end Figures (person)	#女 性 Female	劳动报酬（千元）Earnings (1 000 yuan)	平均劳动报酬（元）Average Earning (yuan)	年末人数（人）Year-end Figures (person)	#女 性 Female	劳动报酬（千元）Earnings (1 000 yuan)	平均劳动报酬（元）Average Earning (yuan)
全 国	**National**	**1014490**	**291327**	**8071743**	**7964**	**5482472**	**1385151**	**53109472**	**9541**
北 京	Beijing	7963	2677	143568	17624	25372	4813	374188	14646
天 津	Tianjin	4049	1161	42717	10576	75179	23232	1509111	18968
河 北	Hebei	29449	9765	209545	7155	305867	69433	3261209	10568
山 西	Shanxi	16976	5294	118000	7018	519904	101673	4578727	8712
内蒙古	Inner Mongolia	39531	13475	330765	8364	257875	75724	1712796	6690
辽 宁	Liaoning	41684	12414	285901	6794	292963	70292	2920492	9756
吉 林	Jilin	43189	14281	286009	6635	278521	89360	2029807	7247
黑龙江	Heilongjiang	37050	12096	235009	6323	735864	179248	5224827	7320
上 海	Shanghai	6125	1785	104670	16777	739	48	12580	17233
江 苏	Jiangsu	43682	11937	362274	8253	179854	48718	2058851	11359
浙 江	Zhejiang	22491	5445	355233	15619	19545	4574	241260	11614
安 徽	Anhui	41410	11163	274926	6599	282030	67798	2767377	9485
福 建	Fujian	17813	4989	184590	10339	48549	13370	412417	8520
江 西	Jiangxi	22742	5454	134032	5959	127243	30080	924658	7088
山 东	Shandong	51554	14146	438943	8547	624755	167807	8917347	14060
河 南	Henan	46356	14577	267914	5806	444837	112121	4040529	9041
湖 北	Hubei	89471	25567	460441	5129	94937	27084	1124766	10557
湖 南	Hunan	38604	10055	258511	6817	143896	37798	1098647	7601
广 东	Guangdong	22370	5256	209420	9360	52678	12443	497854	9196
广 西	Guangxi	41449	11084	324376	7791	54681	14982	393887	7210
海 南	Hainan	5170	1200	35991	6951	15908	5249	110504	6989
重 庆	Chongqing	22271	5439	164819	7273	83395	18003	670858	7555
四 川	Sichuan	79964	19197	599376	7447	192489	53370	1597637	7734
贵 州	Guizhou	31468	7718	239535	7827	89989	19410	775026	8481
云 南	Yunnan	65123	18235	641926	9911	86996	25312	799111	8839
西 藏	Tibet	3176	784	42907	13678	2651	591	27292	10574
陕 西	Shaanxi	44263	13101	309254	7018	179907	39321	1680026	9314
甘 肃	Gansu	35781	10108	322830	9071	92265	22740	913611	9735
青 海	Qinghai	8673	2592	110252	13110	18178	4862	220310	11727
宁 夏	Ningxia	11412	4025	109042	9591	50778	14238	586983	11456
新 疆	Xinjiang	43231	16307	468967	10907	104627	31457	1626784	13131

3—3 续表 6 continued

地 区	Region	制造业 Manufacturing				电力、煤气及水的生产和供应业 Production and Supply of Electricity,Gas and Water			
		年末人数（人）Year-end Figures (person)	#女 性 Female	劳动报酬（千元）Earnings (1 000 yuan)	平均劳动报酬(元) Average Earning (yuan)	年末人数（人）Year-end Figures (person)	#女 性 Female	劳动报酬（千元）Earnings (1 000 yuan)	平均劳动报酬（元）Average Earning (yuan)
全 国	**National**	**30701177**	**13183668**	**308845691**	**9891**	**2878037**	**917231**	**41673584**	**14471**
北 京	Beijing	955672	342094	17021788	17049	39693	14634	1036689	25172
天 津	Tianjin	774235	342199	9987280	12739	35226	8666	630017	17957
河 北	Hebei	1422863	585723	11348278	7759	160455	45010	2063281	13044
山 西	Shanxi	904031	330758	6256651	6932	111401	35949	1092573	9878
内蒙古	Inner Mongolia	486120	205848	3351662	6732	88269	29682	1183632	13593
辽 宁	Liaoning	1809743	696857	17614478	9429	177466	52068	2507603	14296
吉 林	Jilin	801366	332742	7354172	8965	80752	23746	978738	12163
黑龙江	Heilongjiang	1179376	450936	9652774	8233	145519	45390	1923260	13201
上 海	Shanghai	1220254	455999	25769600	20355	60176	15814	1660807	27079
江 苏	Jiangsu	2356071	1037733	25087082	10286	125406	33045	2448628	19482
浙 江	Zhejiang	1030510	478001	12591268	12177	89286	23242	2158642	24283
安 徽	Anhui	959865	396234	6964910	7160	82460	24875	873511	10598
福 建	Fujian	1295629	720147	13499559	10451	74270	23772	1214895	16240
江 西	Jiangxi	682484	288497	4836135	6954	93714	31753	866565	9155
山 东	Shandong	2747255	1317027	21997661	7978	197486	60981	2848629	14464
河 南	Henan	1864464	799028	12276710	6643	213251	72832	2302457	10853
湖 北	Hubei	1488283	644671	12146191	7986	118816	41202	1396940	11695
湖 南	Hunan	899179	362353	7981256	8667	106762	38678	1317373	12381
广 东	Guangdong	2421646	1267908	33813082	13732	196151	60043	4040180	20498
广 西	Guangxi	628069	253168	5463408	8638	80381	26703	1053319	13100
海 南	Hainan	74409	31861	641899	8793	20743	7270	264757	12640
重 庆	Chongqing	563000	218787	5193865	8886	58929	21011	731585	12371
四 川	Sichuan	1231578	485113	11256595	8865	152941	55848	1824385	12011
贵 州	Guizhou	436507	164319	3744630	8456	54949	17677	831176	14213
云 南	Yunnan	515627	201625	5639126	10812	68359	24465	953919	14017
西 藏	Tibet	6358	2488	62515	9964	5518	1888	68508	12527
陕 西	Shaanxi	924980	362877	7680872	8199	81447	26242	1027313	12690
甘 肃	Gansu	505166	195354	4669266	9043	66001	22376	918605	13851
青 海	Qinghai	71433	24787	711529	9627	14417	4787	282591	19058
宁 夏	Ningxia	133201	48749	1151701	8636	23447	7757	399521	17152
新 疆	Xinjiang	311803	139785	3079748	9636	54346	19825	773485	13684

3—3 续表 7 continued

地区	Region	建筑业 Construction 年末人数(人) Year-end Figures (person)	#女性 Female	劳动报酬(千元) Earnings (1 000 yuan)	平均劳动报酬(元) Average Earning (yuan)	土木工程建筑业 Civil Engineering 年末人数(人) Year-end Figures (person)	#女性 Female	劳动报酬(千元) Earnings (1 000 yuan)	平均劳动报酬(元) Average Earning (yuan)
全国	**National**	**7739670**	**1368281**	**75093215**	**9415**	**6693521**	**1126504**	**61641126**	**8939**
北京	Beijing	591272	71465	8357713	13869	476222	54805	6586378	13640
天津	Tianjin	113516	26818	1621301	13570	73455	16271	994783	12937
河北	Hebei	335220	57439	2685091	7216	297162	48938	2287208	6838
山西	Shanxi	203278	44006	1499762	7138	173516	36083	1256753	7014
内蒙古	Inner Mongolia	128269	29840	1007166	6313	114867	26429	862644	6079
辽宁	Liaoning	412483	106844	3733502	8549	306302	73495	2631419	7946
吉林	Jilin	197549	52237	1478025	7000	167362	42279	1196599	6672
黑龙江	Heilongjiang	378132	97682	3076043	7452	297751	76305	2252313	6836
上海	Shanghai	148860	26694	2750301	18429	116251	20500	2100154	18078
江苏	Jiangsu	278092	48011	2885607	10223	228117	37544	2099405	9191
浙江	Zhejiang	426554	41130	5529836	13228	382048	34106	4703367	12643
安徽	Anhui	255920	43664	1706938	6712	229065	36810	1473864	6525
福建	Fujian	232845	33228	2537268	11246	212399	29492	2223749	10892
江西	Jiangxi	150611	28609	1140859	7584	135686	25146	968712	7185
山东	Shandong	329853	58157	2831752	8311	286063	46420	2354902	7937
河南	Henan	555613	75637	3890678	7015	491559	60828	3219179	6582
湖北	Hubei	254462	58636	2221653	8645	227804	51302	1929358	8391
湖南	Hunan	258815	49018	2013054	8144	240281	43342	1811013	7962
广东	Guangdong	552489	69460	6666170	12185	499284	60619	5631494	11381
广西	Guangxi	146589	25341	1152539	8039	136090	23516	1053030	7931
海南	Hainan	39874	6787	300644	7565	37239	6236	280044	7526
重庆	Chongqing	223304	34357	1849321	8656	205468	29882	1663818	8506
四川	Sichuan	534851	87394	4434636	8375	465178	74181	3581700	7730
贵州	Guizhou	195330	29279	1425839	7652	178092	25274	1175481	7042
云南	Yunnan	172433	29806	1543760	9050	160450	27139	1392164	8871
西藏	Tibet	11040	3069	89966	8458	10307	2875	83962	8462
陕西	Shaanxi	204251	43431	1644295	7620	176933	35718	1357515	7301
甘肃	Gansu	115803	23669	1006390	8007	105514	20949	850140	7361
青海	Qinghai	37112	7893	326448	7960	27977	5307	223215	7268
宁夏	Ningxia	43347	8519	503449	9078	38766	7662	436464	8635
新疆	Xinjiang	211903	50161	3183209	10858	196313	47051	2960299	10743

3—3 续表 8 continued

地区	Region	线路、管道和设备安装业 Circuit, Pipelines and Equipment Installation				装修装饰业 Buildings Fitting up and Decoration			
		年末人数（人）Year-end Figures (person)	#女性 Female	劳动报酬（千元）Earnings (1 000 yuan)	平均劳动报酬（元）Average Earning (yuan)	年末人数（人）Year-end Figures (person)	#女性 Female	劳动报酬（千元）Earnings (1 000 yuan)	平均劳动报酬（元）Average Earning (yuan)
全国	**National**	**874980**	**207156**	**11650097**	**12837**	**171169**	**34621**	**1801992**	**10432**
北京	Beijing	78038	10945	1297631	15742	37012	5715	473704	12696
天津	Tianjin	34613	9533	573982	15313	5448	1014	52536	10299
河北	Hebei	35836	7883	380200	10732	2222	618	17683	8078
山西	Shanxi	27721	7536	230023	7968	2041	387	12986	6258
内蒙古	Inner Mongolia	13180	3350	142850	8249	222	61	1672	5274
辽宁	Liaoning	98883	32056	1034938	10470	7298	1293	67145	9955
吉林	Jilin	28206	9529	259052	8982	1981	429	22374	7600
黑龙江	Heilongjiang	63792	15306	685621	10255	16589	6071	138109	8388
上海	Shanghai	20484	3884	474576	22992	12125	2310	175571	14132
江苏	Jiangsu	42749	8965	709697	15377	7226	1502	76505	9936
浙江	Zhejiang	37965	6149	754735	18981	6541	875	71734	11488
安徽	Anhui	21962	6131	202326	8678	4893	723	30748	5998
福建	Fujian	15458	2883	256873	15713	4988	853	56646	11074
江西	Jiangxi	12090	2823	152587	11867	2835	640	19560	7136
山东	Shandong	35326	9843	416471	11626	8464	1894	60379	7359
河南	Henan	55700	13493	621556	10810	8354	1316	49943	6224
湖北	Hubei	21754	6083	260417	11962	4904	1251	31878	6020
湖南	Hunan	17900	5441	198684	10340	634	235	3357	6370
广东	Guangdong	36113	5980	767333	21461	17092	2861	267343	16196
广西	Guangxi	8347	1537	78399	9190	2152	288	21110	10228
海南	Hainan	1799	461	14407	8495	836	90	6193	7444
重庆	Chongqing	13009	2629	140335	10829	4827	1846	45168	8858
四川	Sichuan	67676	12904	835095	13094	1997	309	17841	7446
贵州	Guizhou	15502	3847	242027	13480	1736	158	8331	5738
云南	Yunnan	8996	2250	122852	11796	2987	417	28744	8874
西藏	Tibet	681	173	5684	8573	52	21	320	6154
陕西	Shaanxi	24300	6717	269541	10150	3018	996	17239	5240
甘肃	Gansu	9753	2659	154188	15682	536	61	2062	5573
青海	Qinghai	9017	2519	102801	10101	118	67	432	3630
宁夏	Ningxia	3824	725	62360	14533	757	132	4625	7424
新疆	Xinjiang	14306	2922	202856	13098	1284	188	20054	9384

3—3 续表 9 continued

地区	Region	地质勘查业、水利管理业 Geological Prospecting and Water Conservancy				地质勘查业 Geological Prospecting			
		年末人数（人） Year-end Figures (person)	＃女性 Female	劳动报酬（千元） Earnings (1 000 yuan)	平均劳动报酬（元） Average Earning (yuan)	年末人数（人） Year-end Figures (person)	＃女性 Female	劳动报酬（千元） Earnings (1 000 yuan)	平均劳动报酬（元） Average Earning (yuan)
全　国	**National**	**1049418**	**284385**	**11544249**	**10904**	**477920**	**134581**	**6359797**	**13031**
北　京	Beijing	14302	3728	292829	20062	5374	1536	125120	22912
天　津	Tianjin	10920	2338	186787	17135	3876	756	85713	21966
河　北	Hebei	56950	15087	623909	10839	37583	10070	468421	12234
山　西	Shanxi	32693	7983	264201	8103	14262	3523	129739	8966
内蒙古	Inner Mongolia	31806	10164	273755	8614	11070	3626	96994	8745
辽　宁	Liaoning	53336	14297	565304	10539	29953	8242	371812	12296
吉　林	Jilin	26218	6928	189604	7135	7168	1546	64643	8727
黑龙江	Heilongjiang	53554	12369	714383	13214	34967	7411	562553	15842
上　海	Shanghai	8636	2015	182938	20715	3305	843	71230	20474
江　苏	Jiangsu	50225	10537	565287	11213	12056	2438	154245	12599
浙　江	Zhejiang	17332	3832	297482	17055	6860	1631	112638	16160
安　徽	Anhui	43026	10992	334697	7728	15025	3641	125868	8324
福　建	Fujian	12557	2805	142595	11264	4551	913	49063	10443
江　西	Jiangxi	32458	8361	284065	8844	19713	4897	199645	10146
山　东	Shandong	47157	11679	490365	10423	13602	3401	144753	10583
河　南	Henan	81852	32049	1055521	12371	48634	23257	820704	15620
湖　北	Hubei	70868	22170	583012	8172	21318	6084	241868	11173
湖　南	Hunan	41840	10746	341996	8149	12363	3320	119756	9479
广　东	Guangdong	43350	9973	525198	12025	11365	2517	163588	14166
广　西	Guangxi	27044	6613	206908	7691	6965	1856	62222	9202
海　南	Hainan	5690	1497	52060	9214	1881	475	28339	14806
重　庆	Chongqing	11419	2864	131311	11317	7702	1934	101206	13034
四　川	Sichuan	58869	17052	807308	13534	41375	12153	653171	15515
贵　州	Guizhou	15542	4772	128721	8237	9165	3147	80757	8688
云　南	Yunnan	25248	5998	263765	10094	12562	3049	133925	9938
西　藏	Tibet	2448	562	56695	23019	1667	360	43937	25679
陕　西	Shaanxi	64453	16702	628906	9749	37386	9050	424374	11282
甘　肃	Gansu	43957	11115	457190	10305	17475	4483	205783	11351
青　海	Qinghai	20379	5670	419598	20505	16147	4703	376838	23167
宁　夏	Ningxia	11272	2997	114578	10283	3269	890	32848	10054
新　疆	Xinjiang	34017	10490	363281	10571	9281	2829	108044	11835

3—3 续表 10 continued

地区	Region	水利管理业 Water Conservancy 年末人数（人）Year-end Figures (person)	# 女性 Female	劳动报酬（千元）Earnings (1 000 yuan)	平均劳动报酬（元）Average Earning (yuan)	交通运输、仓储及邮电通信业 Transport, Storage, Post and Telecommunications 年末人数（人）Year-end Figures (person)	# 女性 Female	劳动报酬（千元）Earnings (1 000 yuan)	平均劳动报酬（元）Average Earning (yuan)
全 国	**National**	**571498**	**149804**	**5184452**	**9085**	**6515536**	**1843719**	**91886424**	**13987**
北 京	Beijing	8928	2192	167709	18359	179366	53459	4041449	22443
天 津	Tianjin	7044	1582	101074	14441	127398	29376	2573779	19987
河 北	Hebei	19367	5017	155488	8067	288270	73253	3231002	11213
山 西	Shanxi	18431	4460	134462	7414	237069	60262	2761384	11765
内蒙古	Inner Mongolia	20736	6538	176761	8544	184772	53559	2055331	11090
辽 宁	Liaoning	23383	6055	193492	8269	380377	102922	5068462	13100
吉 林	Jilin	19050	5382	124961	6520	243202	71880	2364634	9770
黑龙江	Heilongjiang	18587	4958	151830	8185	332573	90180	4010730	11915
上 海	Shanghai	5331	1172	111708	20872	224060	53073	6355009	27699
江 苏	Jiangsu	38169	8099	411042	10769	396974	102382	5706807	13923
浙 江	Zhejiang	10472	2201	184844	17650	194108	53293	4055079	20380
安 徽	Anhui	28001	7351	208829	7409	204829	56223	1738197	8429
福 建	Fujian	8006	1892	93532	11749	147950	41474	2555838	17275
江 西	Jiangxi	12745	3464	84420	6786	177749	52417	1995374	11182
山 东	Shandong	33555	8278	345612	10357	340666	91645	4794898	14042
河 南	Henan	33218	8792	234817	7164	367692	111778	3843323	10455
湖 北	Hubei	49550	16086	341144	6865	332453	97979	3530788	10472
湖 南	Hunan	29477	7426	222240	7576	282135	85392	3296395	11610
广 东	Guangdong	31985	7456	361610	11255	444040	128792	10029925	22267
广 西	Guangxi	20079	4757	144686	7183	183564	46621	2200448	11975
海 南	Hainan	3809	1022	23721	6349	39901	12251	604346	15290
重 庆	Chongqing	3717	930	30105	7844	155744	45313	1588246	10132
四 川	Sichuan	17494	4899	154137	8782	248266	84021	3052751	12179
贵 州	Guizhou	6377	1625	47964	7574	97447	31225	1108411	11324
云 南	Yunnan	12686	2949	129840	10261	171080	51506	2063500	12118
西 藏	Tibet	781	202	12758	16965	14458	5010	285697	19447
陕 西	Shaanxi	27067	7652	204532	7604	214980	62205	2715237	12535
甘 肃	Gansu	26482	6632	251407	9583	122152	39357	1526805	12523
青 海	Qinghai	4232	967	42760	10188	35841	11639	587518	15961
宁 夏	Ningxia	8003	2107	81730	10378	33420	10158	497716	14615
新 疆	Xinjiang	24736	7661	255237	10114	113000	35074	1647345	14662

3—3 续表 11 continued

地区	Region	铁路运输业 Railway Transport 年末人数(人) Year-end Figures (person)	# 女性 Female	劳动报酬(千元) Earnings (1 000 yuan)	平均劳动报酬(元) Average Earning (yuan)	公路运输业 Highway Transport 年末人数(人) Year-end Figures (person)	# 女性 Female	劳动报酬(千元) Earnings (1 000 yuan)	平均劳动报酬(元) Average Earning (yuan)
全国	**National**	**1852049**	**412212**	**27651841**	**14873**	**1109521**	**356969**	**8664796**	**7703**
北京	Beijing	63015	12588	1112948	18440	22912	5999	316510	13759
天津	Tianjin	33391	6927	540174	16244	16038	3218	152591	8971
河北	Hebei	93928	14595	937197	9936	54575	18329	337667	6153
山西	Shanxi	115971	21805	1659049	14601	32651	10071	159062	4790
内蒙古	Inner Mongolia	87341	18347	1185072	13277	17407	6831	81328	4622
辽宁	Liaoning	114458	23338	1709560	14591	52629	17936	415289	7611
吉林	Jilin	88886	24222	1065394	12066	27062	9888	136144	5012
黑龙江	Heilongjiang	115078	21220	1729945	14431	31625	11104	278881	9073
上海	Shanghai	37539	6800	698412	18797	26182	4901	328374	12155
江苏	Jiangsu	64397	14064	980466	15250	70801	19678	699096	9563
浙江	Zhejiang	26760	4777	572914	20934	42010	12350	491076	11266
安徽	Anhui	45462	8918	483540	10654	56342	18160	301361	5256
福建	Fujian	26515	5080	451326	17121	29731	8055	300546	10012
江西	Jiangxi	68641	18302	1007545	14645	29868	9971	198357	6655
山东	Shandong	81012	14423	1181193	14393	81230	26342	536395	6619
河南	Henan	120172	28165	1840938	15284	82078	26786	457354	5537
湖北	Hubei	92940	24195	1308737	14218	58208	21344	363913	6157
湖南	Hunan	88410	22036	1250259	14171	49565	17934	309433	6176
广东	Guangdong	57209	12068	1280004	22211	62582	17898	866842	13818
广西	Guangxi	47494	8096	743885	15784	33684	12424	296593	8754
海南	Hainan	2011	528	24517	11592	3525	967	35581	10017
重庆	Chongqing	35969	9879	429662	11909	22657	6879	155615	6776
四川	Sichuan	35839	10406	551855	15402	61010	22068	406261	6424
贵州	Guizhou	35824	9578	497090	13723	14699	5798	96018	6436
云南	Yunnan	52452	12534	744408	14140	40718	12831	291064	7151
西藏	Tibet					3447	897	37435	10430
陕西	Shaanxi	102923	27467	1592729	15234	28858	9257	185763	6372
甘肃	Gansu	51261	14986	872035	16865	18724	6643	100066	5452
青海	Qinghai	14032	4398	265458	18833	8256	2848	76687	9214
宁夏	Ningxia	14077	3489	230332	15778	4678	1626	35980	7412
新疆	Xinjiang	39042	8981	705197	18397	25769	7936	217514	8159

3—3 续表 12　continued

地区	Region	管道运输业 PipelineTransport 年末人数（人）Year-end Figures (person)	#女性 Female	劳动报酬（千元）Earnings (1 000 yuan)	平均劳动报酬（元）Average Earning (yuan)	水上运输业 Water Way Transport 年末人数（人）Year-end Figures (person)	#女性 Female	劳动报酬（千元）Earnings (1 000 yuan)	平均劳动报酬（元）Average Earning (yuan)
全国	**National**	**17963**	**5779**	**363505**	**18475**	**331651**	**59218**	**4988959**	**14298**
北京	Beijing	103	27	2960	30204				
天津	Tianjin					14079	1334	312579	22136
河北	Hebei	384	128	10282	26230	2136	139	38126	18173
山西	Shanxi					39	6	142	3641
内蒙古	Inner Mongolia								
辽宁	Liaoning	3289	930	51169	15562	10614	1239	246576	22647
吉林	Jilin	848	238	14556	17005	545	128	1014	1861
黑龙江	Heilongjiang	322	99	6994	21520	5256	843	43345	8253
上海	Shanghai	731	263	21049	28716	33154	2939	1216939	33019
江苏	Jiangsu	7405	2414	188879	21220	50656	10109	636963	11062
浙江	Zhejiang	18	7	213	11833	14111	2217	253927	16316
安徽	Anhui	11	3	114	10364	18766	4439	96540	5181
福建	Fujian					9771	1222	118054	12144
江西	Jiangxi					8179	1965	55725	6377
山东	Shandong	1172	424	13859	11222	14853	1559	215091	14025
河南	Henan	98	34	1181	12051	2794	898	11931	4273
湖北	Hubei	574	213	9093	13511	31949	6308	247034	7417
湖南	Hunan					12170	2991	69492	5882
广东	Guangdong	148	33	3108	21288	47837	7006	1041047	21039
广西	Guangxi	148	73	1350	9247	10010	3080	58394	5505
海南	Hainan					2198	250	31277	14152
重庆	Chongqing	145	48	1466	12319	27708	6394	200455	7100
四川	Sichuan	1017	390	15841	15530	12257	3499	80951	6427
贵州	Guizhou					1653	386	8457	4888
云南	Yunnan					769	222	4229	6598
西藏	Tibet								
陕西	Shaanxi	60	12	480	8000	92	17	459	4989
甘肃	Gansu					55	28	212	3855
青海	Qinghai								
宁夏	Ningxia	1114	351	12177	10931				
新疆	Xinjiang	376	92	8734	19716				

3—3 续表 13 continued

地区	Region	航空运输业 Air Transport 年末人数(人) Year-end Figures (person)	# 女性 Female	劳动报酬(千元) Earnings (1 000 yuan)	平均劳动报酬(元) Average Earning (yuan)	交通运输辅助业 Transport Supporting & Auxiliary Services 年末人数(人) Year-end Figures (person)	# 女性 Female	劳动报酬(千元) Earnings (1 000 yuan)	平均劳动报酬(元) Average Earning (yuan)
全国	**National**	**122032**	**41585**	**3305844**	**27341**	**1494351**	**388982**	**19970588**	**13328**
北京	Beijing	10042	4251	480447	48349	30506	8977	701784	22590
天津	Tianjin	1651	494	52876	32143	33155	7868	922697	28065
河北	Hebei	1309	338	15095	11558	71872	17184	914827	12786
山西	Shanxi	1921	596	23654	12575	44256	10649	420067	9462
内蒙古	Inner Mongolia	1051	295	15526	14257	35629	11058	289733	8546
辽宁	Liaoning	9504	3654	128377	13573	100335	24242	1124796	11294
吉林	Jilin	2768	708	57562	20856	37835	9444	264867	6976
黑龙江	Heilongjiang	3661	879	71170	19261	71760	19316	544805	7717
上海	Shanghai	10219	3563	465547	46789	60908	13279	1811142	29055
江苏	Jiangsu	4157	1133	133074	32253	118942	28130	1562141	12909
浙江	Zhejiang	1327	372	59036	44623	53976	14163	1161738	21533
安徽	Anhui	2203	569	36850	16697	34736	8855	334526	9519
福建	Fujian	5400	1904	184683	35178	28824	6894	450463	15716
江西	Jiangxi	1716	417	44056	25659	25137	6038	224947	8754
山东	Shandong	3059	941	107764	27407	75615	18243	1372412	18269
河南	Henan	1322	412	24859	18565	80420	23773	619492	7798
湖北	Hubei	3839	1232	72332	18876	80033	21948	706152	8697
湖南	Hunan	3008	1144	27161	9039	65260	16969	666165	9964
广东	Guangdong	12575	4654	477452	38017	130847	35219	2678012	20187
广西	Guangxi	1893	528	20015	10523	55775	10325	514683	9244
海南	Hainan	5506	1927	87317	17094	17044	5052	217656	12851
重庆	Chongqing	3035	1162	34076	11336	35787	9924	333725	9271
四川	Sichuan	8865	3532	238141	29205	63940	18490	636885	9961
贵州	Guizhou	1826	538	37017	20361	18179	5716	170964	9427
云南	Yunnan	5497	1856	118444	22479	31369	9551	321156	10162
西藏	Tibet	683	212	10423	15792	6046	2293	109166	17820
陕西	Shaanxi	4289	1468	90747	21208	36517	9585	325929	8889
甘肃	Gansu	3132	985	50955	16029	23006	6921	262406	11462
青海	Qinghai	480	125	5550	11563	3850	1224	55031	14316
宁夏	Ningxia	309	111	6396	20970	5695	1585	61323	11225
新疆	Xinjiang	5785	1585	129242	22520	17097	6067	190898	11184

3—3 续表14　continued

地区	Region	其他交通运输业 Other Transport 年末人数（人） Year-end Figures (person)	#女性 Female	劳动报酬（千元） Earnings (1 000 yuan)	平均劳动报酬（元） Average Earning (yuan)	仓储业 Storage 年末人数（人） Year-end Figures (person)	#女性 Female	劳动报酬（千元） Earnings (1 000 yuan)	平均劳动报酬（元） Average Earning (yuan)
全　国	**National**	**22122**	**6406**	**239356**	**11074**	**356124**	**120656**	**3442018**	**9506**
北　京	Beijing	153	42	3636	22036	7497	2145	128802	15994
天　津	Tianjin	30	1	288	9600	13383	4015	173841	12693
河　北	Hebei	20	7	50	2500	8822	3186	77020	8738
山　西	Shanxi	1064	517	6905	6697	8069	2819	52003	6754
内蒙古	Inner Mongolia	95	25	1415	14895	12409	4371	70962	5750
辽　宁	Liaoning	3076	914	26751	8666	36739	11931	287034	7240
吉　林	Jilin	758	435	2253	2972	50018	14669	289394	5912
黑龙江	Heilongjiang	12	4	48	4800	50075	16406	398828	7944
上　海	Shanghai	1137	246	37777	33520	14155	4365	335366	22368
江　苏	Jiangsu	1283	373	12358	10821	12738	4044	165847	12365
浙　江	Zhejiang	515	113	10670	18918	5425	1387	107451	18478
安　徽	Anhui	1435	257	12128	8452	9221	3358	65170	7108
福　建	Fujian	304	85	4324	13948	4892	1516	67605	13647
江　西	Jiangxi	3645	1006	31681	8845	10794	4163	67612	6221
山　东	Shandong	987	224	14550	15252	14314	5064	143822	10010
河　南	Henan	115	20	552	4800	19805	8756	121904	6335
湖　北	Hubei	331	111	2289	6713	10644	3770	79735	6507
湖　南	Hunan	330	137	3132	9491	10837	4169	85105	8071
广　东	Guangdong	813	257	16512	18700	13946	4928	323875	22806
广　西	Guangxi	152	89			3680	1184	29113	7952
海　南	Hainan	9	4	56	6222	594	228	4996	10217
重　庆	Chongqing	102	48	1404	13765	4541	1715	37726	7941
四　川	Sichuan	114	32	1339	12063	8091	3018	84341	10302
贵　州	Guizhou					4414	1725	42085	9470
云　南	Yunnan	2040	139	20414	10207	3951	1442	47721	11774
西　藏	Tibet	24	6	481	20042	484	146	7686	15041
陕　西	Shaanxi	744	232	4915	6501	8171	3011	57068	6951
甘　肃	Gansu	2679	1040	21482	8631	4084	1509	41420	9827
青　海	Qinghai	110	35	1601	16172	1009	353	11234	10833
宁　夏	Ningxia					394	106	4939	11459
新　疆	Xinjiang	45	7	345	7667	2928	1157	32313	11220

3—3 续表 15 continued

地区 Region		邮电通信业 Post and Telecommunications				批发和零售贸易、餐饮业 Wholesale & Retail Trade & Catering Services			
		年末人数（人）Year-end Figures (person)	＃女性 Female	劳动报酬（千元）Earnings (1 000 yuan)	平均劳动报酬（元）Average Earning (yuan)	年末人数（人）Year-end Figures (person)	＃女性 Female	劳动报酬（千元）Earnings (1 000 yuan)	平均劳动报酬（元）Average Earning (yuan)
全　国	**National**	**1209723**	**451912**	**23259517**	**19163**	**8741677**	**3940974**	**73254382**	**8207**
北　京	Beijing	45138	19430	1294362	27308	459727	212257	7583306	16202
天　津	Tianjin	15671	5519	418733	25941	144275	62380	1687939	11450
河　北	Hebei	55224	19347	900738	16450	444541	214652	2448384	5411
山　西	Shanxi	33098	13799	440502	13412	318886	143147	1465387	4644
内蒙古	Inner Mongolia	30840	12632	411295	13246	123505	57819	683624	5377
辽　宁	Liaoning	49733	18738	1078910	21917	320516	152304	2619023	7954
吉　林	Jilin	34482	12148	533450	15354	239394	106248	1356675	5644
黑龙江	Heilongjiang	54784	20309	936714	16751	395574	164074	2827040	7141
上　海	Shanghai	40035	16717	1440403	36681	350635	167238	6104489	16894
江　苏	Jiangsu	66595	22437	1327983	20024	612364	269085	5385602	8282
浙　江	Zhejiang	49966	17907	1398054	27530	248801	113520	3605130	13801
安　徽	Anhui	36653	11664	407968	11060	366610	157537	1737174	4675
福　建	Fujian	42513	16718	978837	22940	171332	71116	1841262	10359
江　西	Jiangxi	29769	10555	365451	12501	224725	99524	1257450	5491
山　东	Shandong	68424	24425	1209812	17943	619763	292746	3860420	6108
河　南	Henan	60888	22934	765112	12433	721891	314732	3728611	5224
湖　北	Hubei	53935	18858	741503	13625	442545	205137	2883993	6296
湖　南	Hunan	52555	20012	885648	16700	292403	135609	2265533	7680
广　东	Guangdong	118083	46729	3343073	27823	611591	277122	8374216	13363
广　西	Guangxi	30728	10822	536415	17449	222835	98146	1381860	6122
海　南	Hainan	9014	3295	202946	22290	47611	19992	314882	6583
重　庆	Chongqing	25800	9264	394117	15456	131255	57911	947751	6958
四　川	Sichuan	57133	22586	1037137	18012	321355	141641	2304881	6852
贵　州	Guizhou	20852	7484	256780	12459	149919	56530	848885	5661
云　南	Yunnan	34284	12931	516064	15466	214846	97646	2024460	9051
西　藏	Tibet	3774	1456	120506	31871	7259	2733	91754	13022
陕　西	Shaanxi	33326	11156	457147	13917	233466	107168	1344666	5735
甘　肃	Gansu	19211	7245	178229	9366	141839	66547	832273	5796
青　海	Qinghai	8104	2656	171957	19254	22218	11762	157385	6697
宁　夏	Ningxia	7153	2890	146569	20105	35271	18839	249950	6983
新　疆	Xinjiang	21958	9249	363102	17139	104725	45812	1040377	9567

3—3 续表 16 continued

地区	Region	食品、饮料、烟草和家庭日用品批发业 Wholesale Trade of Food, Beverages, Tobacco and Household Goods				能源、材料和机械电子设备批发业 Wholesale Trade of Energy, Materials and Electronic Equipment			
		年末人数(人) Year-end Figures (person)	#女性 Female	劳动报酬(千元) Earnings (1 000 yuan)	平均劳动报酬(元) Average Earning (yuan)	年末人数(人) Year-end Figures (person)	#女性 Female	劳动报酬(千元) Earnings (1 000 yuan)	平均劳动报酬(元) Average Earning (yuan)
全国	**National**	**2907993**	**1187504**	**24277751**	**8186**	**1097662**	**393015**	**11750108**	**10361**
北京	Beijing	78027	31518	1441307	17985	66557	21374	1385965	20282
天津	Tianjin	38261	15466	496252	12839	37392	12167	527294	14024
河北	Hebei	156041	71361	921159	5823	53780	20064	336323	6066
山西	Shanxi	69787	30815	330574	4752	79089	27108	508772	6504
内蒙古	Inner Mongolia	38156	14593	220532	5711	16130	5723	122128	6980
辽宁	Liaoning	84582	33820	675698	7781	47305	16975	561977	11426
吉林	Jilin	107555	39976	611860	5704	22786	8314	172626	6989
黑龙江	Heilongjiang	138705	51613	861185	6183	42684	14685	357592	8021
上海	Shanghai	58049	25473	1154298	19062	39971	12743	860107	20056
江苏	Jiangsu	204707	79387	1922125	8769	76690	27608	843008	10197
浙江	Zhejiang	93221	37830	1522132	15729	43806	15215	739229	16626
安徽	Anhui	156051	60827	768865	4898	37209	13829	219934	5669
福建	Fujian	56236	21968	702099	11985	25566	8569	346579	13087
江西	Jiangxi	78041	32492	445969	5680	21370	8407	151779	6908
山东	Shandong	207954	88861	1371178	6515	63377	22722	491579	7501
河南	Henan	307754	124094	1645257	5445	74010	27910	453890	6074
湖北	Hubei	157338	69496	995598	6056	44604	15969	327591	6818
湖南	Hunan	114120	49390	927628	8137	34697	13592	286792	8369
广东	Guangdong	217467	88730	3038782	13557	88579	32079	1463683	16025
广西	Guangxi	66168	27361	430074	6438	26106	9195	215407	8139
海南	Hainan	16065	6149	107616	6643	4612	1612	45543	9738
重庆	Chongqing	53129	20935	422626	7664	14811	5358	111605	7406
四川	Sichuan	130975	53173	905573	6620	32971	12979	302256	8682
贵州	Guizhou	55095	19806	376618	6811	17771	5862	112102	6333
云南	Yunnan	69021	27664	931920	12371	24378	9510	241425	9648
西藏	Tibet	1282	483	14500	11346	1603	406	30697	21958
陕西	Shaanxi	64337	27536	371021	5819	25807	9198	193465	7214
甘肃	Gansu	41230	17509	250097	6014	14923	6269	114902	7369
青海	Qinghai	2573	1219	20910	7996	2088	766	24778	11810
宁夏	Ningxia	8576	3658	63170	7236	4512	2028	36902	7919
新疆	Xinjiang	37490	14301	331128	8744	12478	4779	164178	12578

3—3 续表 17 continued

地区 Region	其他批发业 Other Wholesale Trade 年末人数(人) Year-end Figures (person)	#女性 Female	劳动报酬(千元) Earnings (1 000 yuan)	平均劳动报酬(元) Average Earning (yuan)	零售业 Retail Trade 年末人数(人) Year-end Figures (person)	#女性 Female	劳动报酬(千元) Earnings (1 000 yuan)	平均劳动报酬(元) Average Earning (yuan)
全国 National	**617508**	**247420**	**5078004**	**8007**	**3532556**	**1788471**	**26356589**	**7317**
北京 Beijing	16780	6135	404082	23534	224705	116981	3276957	14304
天津 Tianjin	3112	1232	42164	13030	51106	26248	469557	8770
河北 Hebei	30121	12686	167496	5448	189508	101728	935496	4856
山西 Shanxi	13752	5996	70895	5336	144429	72201	506720	3550
内蒙古 Inner Mongolia	7744	2925	52774	6644	56408	31590	262065	4518
辽宁 Liaoning	27286	12065	182836	6602	137586	75851	1007424	7135
吉林 Jilin	12616	5624	66903	5407	86474	46042	441653	5134
黑龙江 Heilongjiang	21409	9478	131440	6064	178965	80539	1315707	7460
上海 Shanghai	25577	9848	528385	20262	187185	98386	2802005	14632
江苏 Jiangsu	33038	12289	339055	9874	268494	134160	2028176	7141
浙江 Zhejiang	12898	4701	231519	16401	80079	44763	913660	10479
安徽 Anhui	40568	15333	168403	4074	119157	60647	517719	4285
福建 Fujian	13730	5312	166983	11495	59623	26552	454300	7377
江西 Jiangxi	23411	9671	162765	6788	92660	43754	447867	4707
山东 Shandong	51689	20050	298943	5616	260665	141144	1424021	5361
河南 Henan	66102	26456	301764	4573	243637	118572	1165083	4838
湖北 Hubei	20215	8536	117799	5082	194740	95639	1269974	6456
湖南 Hunan	25453	10979	201569	7926	103157	52697	744749	6993
广东 Guangdong	44707	16938	537821	11543	164192	82438	2121156	12687
广西 Guangxi	26165	9955	176245	6649	94612	45723	503643	5236
海南 Hainan	4036	1639	24027	6117	18066	7953	102699	5627
重庆 Chongqing	6559	2414	45352	6364	51348	26198	333828	6246
四川 Sichuan	24240	10284	197380	7676	115227	55271	778550	6450
贵州 Guizhou	11994	3470	48184	3998	55032	23890	279661	5084
云南 Yunnan	13128	5873	120192	8776	97841	48462	653929	6605
西藏 Tibet	666	284	8075	12442	3474	1437	37296	10696
陕西 Shaanxi	15291	6738	101651	6529	115733	56930	597828	5154
甘肃 Gansu	11308	5330	64951	5714	69214	34493	377445	5403
青海 Qinghai	1501	684	11743	6293	15683	8878	98019	5929
宁夏 Ningxia	2387	899	18081	7425	17965	11097	120349	6658
新疆 Xinjiang	10025	3596	88527	8532	35591	18207	369053	9533

3—3 续表 18 continued

地 区	Region	商业经纪与代理业 Commercial Brokerages and Agencies 年末人数（人） Year-end Figures (person)	# 女 性 Female	劳动报酬（千元） Earnings (1 000 yuan)	平均劳动报酬(元) Average Earning (yuan)	餐饮业 Catering Services 年末人数（人） Year-end Figures (person)	# 女 性 Female	劳动报酬（千元） Earnings (1 000 yuan)	平均劳动报酬（元） Average Earning (yuan)
全 国	**National**	**39603**	**15140**	**918550**	**22860**	**546355**	**309424**	**4873380**	**8869**
北 京	Beijing	4992	1922	252456	49981	68666	34327	822539	12049
天 津	Tianjin	1113	475	10365	9642	13291	6792	142307	10692
河 北	Hebei	205	79	2024	8613	14886	8734	85886	5650
山 西	Shanxi	257	117	1824	7209	11572	6910	46602	4060
内蒙古	Inner Mongolia	340	125	1825	4959	4727	2863	24300	5143
辽 宁	Liaoning	2650	1236	19955	7124	21107	12357	171133	7940
吉 林	Jilin	935	342	9969	10527	9028	5950	53664	5930
黑龙江	Heilongjiang	1246	525	10024	8019	12565	7234	151092	11899
上 海	Shanghai	8485	2881	359965	41905	31368	17907	399729	12598
江 苏	Jiangsu	1674	694	20467	12118	27761	14947	232771	8195
浙 江	Zhejiang	598	214	12588	21121	18199	10797	186002	10283
安 徽	Anhui	143	56	923	6593	13482	6845	61330	4526
福 建	Fujian	2422	885	48089	20299	13755	7830	123212	8680
江 西	Jiangxi	1163	636	7177	5840	8080	4564	41893	5139
山 东	Shandong	2571	1028	35515	13442	33507	18941	239184	6925
河 南	Henan	846	295	4467	5182	29542	17405	158150	5425
湖 北	Hubei	1944	701	11888	5746	23704	14796	161143	6805
湖 南	Hunan	230	53	1926	8338	14746	8898	102869	7076
广 东	Guangdong	2540	973	51768	19934	94106	55964	1161006	12246
广 西	Guangxi	951	306	8279	8761	8833	5606	48212	5485
海 南	Hainan	252	98	1608	6510	4580	2541	33389	7364
重 庆	Chongqing	86	52	359	4080	5322	2954	33981	6355
四 川	Sichuan	288	93	4418	15287	17654	9841	116704	6457
贵 州	Guizhou	35	17	181	5171	9992	3485	32139	3260
云 南	Yunnan	618	223	6597	11013	9860	5914	70397	7020
西 藏	Tibet	40	28	178	4450	194	95	1008	5196
陕 西	Shaanxi	1708	628	15612	8906	10590	6138	65089	6163
甘 肃	Gansu	158	99	645	4108	5006	2847	24233	4818
青 海	Qinghai	67	27	427	6373	306	188	1508	4698
宁 夏	Ningxia	8	1	88	9778	1823	1156	11360	6020
新 疆	Xinjiang	1038	331	16943	17667	8103	4598	70548	9080

3—3 续表 19 continued

地区	Region	金融、保险业 Finance and Insurance 年末人数(人) Year-end Figures (person)	# 女性 Female	劳动报酬(千元) Earnings (1 000 yuan)	平均劳动报酬(元) Average Earning (yuan)	金融业 Finance 年末人数(人) Year-end Figures (person)	# 女性 Female	劳动报酬(千元) Earnings (1 000 yuan)	平均劳动报酬(元) Average Earning (yuan)
全国	**National**	**3359438**	**1496103**	**52471621**	**15628**	**2818777**	**1222187**	**45194014**	**15867**
北京	Beijing	79688	42132	2865093	35870	66861	34257	2588021	38412
天津	Tianjin	40849	18371	742611	18010	38396	17359	702954	18144
河北	Hebei	164908	66937	1906719	11521	147483	59864	1735294	11664
山西	Shanxi	104093	45738	1039737	9920	94477	41385	956527	10010
内蒙古	Inner Mongolia	77171	35749	829485	10677	69121	31238	743297	10592
辽宁	Liaoning	179112	80949	2686127	14869	152519	67319	2310024	14924
吉林	Jilin	96243	44876	1122717	11539	88220	40548	1039913	11660
黑龙江	Heilongjiang	116399	49945	1689168	14467	101359	42537	1482386	14453
上海	Shanghai	109960	56223	3554745	33343	71753	38528	2756835	38631
江苏	Jiangsu	203570	87829	3183656	15989	151879	62107	2523340	16587
浙江	Zhejiang	176703	88862	3520883	20266	139943	67854	2952075	21135
安徽	Anhui	103975	44230	1001107	9639	88150	35930	866446	9785
福建	Fujian	109922	51171	2037290	19094	85806	35829	1757199	20396
江西	Jiangxi	90091	38557	1009561	11187	79992	33733	900614	11169
山东	Shandong	239757	104566	3256191	13664	184386	73615	2610037	13906
河南	Henan	205945	94010	2211396	10710	178351	79746	1994875	11044
湖北	Hubei	133837	59354	1492713	11071	116907	51378	1325833	11179
湖南	Hunan	140428	65322	1830180	13093	113031	50261	1560234	13734
广东	Guangdong	276596	118994	6837474	24277	238904	104171	6006672	24436
广西	Guangxi	81515	33984	988817	12063	75641	31452	924460	12126
海南	Hainan	22863	8442	364440	15574	21267	7805	346685	15892
重庆	Chongqing	61664	25749	924797	14813	48028	20709	711530	14643
四川	Sichuan	167188	76534	2540224	15108	140142	61678	2122254	14953
贵州	Guizhou	51073	21816	605163	11844	45240	19120	546435	12008
云南	Yunnan	75404	30328	880824	11740	68285	27182	805563	11837
西藏	Tibet	6160	2295	171541	27753	5881	2221	166359	28115
陕西	Shaanxi	96636	38676	1116440	11609	79836	31378	922787	11456
甘肃	Gansu	55291	22437	629786	11278	48482	19027	576371	11714
青海	Qinghai	16389	7140	253008	15382	14553	6189	231676	15914
宁夏	Ningxia	20191	9015	288041	14436	18084	7744	261687	14678
新疆	Xinjiang	55817	25872	891687	15975	45800	20023	765631	16594

3—3 续表 20 continued

地区	Region	保险业 Insurance 年末人数（人） Year-end Figures (person)	#女性 Female	劳动报酬（千元） Earnings (1 000 yuan)	平均劳动报酬（元） Average Earning (yuan)	房地产业 Real Estate Trade 年末人数（人） Year-end Figures (person)	#女性 Female	劳动报酬（千元） Earnings (1 000 yuan)	平均劳动报酬（元） Average Earning (yuan)
全国	**National**	**540661**	**273916**	**7277607**	**14291**	**1074788**	**360752**	**14898953**	**14074**
北京	Beijing	12827	7875	277072	22169	135536	45445	2741334	21035
天津	Tianjin	2453	1012	39657	15927	25299	9497	365574	14494
河北	Hebei	17425	7073	171425	10249	25423	9701	242243	9556
山西	Shanxi	9616	4353	83210	8994	12941	4727	99652	7931
内蒙古	Inner Mongolia	8050	4511	86188	11473	16587	5533	152588	9147
辽宁	Liaoning	26593	13630	376103	14540	75381	23815	822983	10964
吉林	Jilin	8023	4328	82804	10210	31580	9997	316976	10122
黑龙江	Heilongjiang	15040	7408	206782	14568	50523	13973	464818	9775
上海	Shanghai	38207	17695	797910	22636	81164	27080	1734748	21326
江苏	Jiangsu	51691	25722	660316	14050	58089	19468	855111	14697
浙江	Zhejiang	36760	21008	568808	16702	45308	14813	803022	17963
安徽	Anhui	15825	8300	134661	8796	25721	8210	214243	8419
福建	Fujian	24116	15342	280091	13633	31660	10406	476540	15264
江西	Jiangxi	10099	4824	108947	11333	17123	6468	143911	8457
山东	Shandong	55371	30951	646154	12769	45826	16559	543978	11914
河南	Henan	27594	14264	216521	8377	36593	12439	282317	7756
湖北	Hubei	16930	7976	166880	10279	34585	13280	351747	10148
湖南	Hunan	27397	15061	269946	10311	31523	12623	296532	9632
广东	Guangdong	37692	14823	830802	23191	112283	38701	2192986	19706
广西	Guangxi	5874	2532	64357	11228	18980	6627	179027	9592
海南	Hainan	1596	637	17755	11195	7968	2657	89102	11198
重庆	Chongqing	13636	5040	213267	15411	20754	6829	202240	9717
四川	Sichuan	27046	14856	417970	15952	27548	9760	297033	10598
贵州	Guizhou	5833	2696	58728	10508	37185	7447	330515	9493
云南	Yunnan	7119	3146	75261	10796	15720	5639	162390	10820
西藏	Tibet	279	74	5182	19629	57	17	830	14561
陕西	Shaanxi	16800	7298	193653	12393	13079	4757	117093	9039
甘肃	Gansu	6809	3410	53415	8043	15647	4873	153303	10011
青海	Qinghai	1836	951	21332	11287	1356	571	13113	9677
宁夏	Ningxia	2107	1271	26354	12402	4517	1598	42004	9663
新疆	Xinjiang	10017	5849	126056	13028	18832	7242	211000	11399

地　区	Region	房地产开发与经营业 Real Estate Development and Operation 年末人数(人) Year-end Figures (person)	# 女　性 Female	劳动报酬(千元) Earnings (1 000 yuan)	平均劳动报酬(元) Average Earning (yuan)	房地产管理业 Real Estate Management 年末人数(人) Year-end Figures (person)	# 女　性 Female	劳动报酬(千元) Earnings (1 000 yuan)	平均劳动报酬(元) Average Earning (yuan)
全　国	**National**	**503430**	**161189**	**7378590**	**14758**	**542268**	**186716**	**7115102**	**13425**
北　京	Beijing	39716	11834	1115998	29809	93517	32536	1575511	17383
天　津	Tianjin	12246	4604	193021	15854	12074	4526	156886	13010
河　北	Hebei	10501	4101	95783	9045	14001	5225	138321	9994
山　西	Shanxi	6755	2578	46120	6983	5558	1871	48096	9058
内蒙古	Inner Mongolia	4702	1509	39849	8218	11391	3796	108101	9537
辽　宁	Liaoning	22196	7200	276582	11891	52276	16165	538038	10572
吉　林	Jilin	8623	2969	89279	9990	22115	6644	219930	10211
黑龙江	Heilongjiang	12465	3253	124194	10269	36772	10252	325220	9514
上　海	Shanghai	36628	11955	912482	24992	41990	13854	782644	18464
江　苏	Jiangsu	30169	9768	449265	14913	26295	9031	382304	14451
浙　江	Zhejiang	22197	6811	421124	19145	21703	7386	356076	16680
安　徽	Anhui	14463	3897	112176	7822	10665	4048	97410	9251
福　建	Fujian	20566	6676	336880	16505	9851	3206	125787	13063
江　西	Jiangxi	6764	2358	59066	7981	9950	3936	81460	8846
山　东	Shandong	24887	8496	292408	11746	19350	7371	232420	12141
河　南	Henan	22169	6422	180760	8152	12899	5318	92047	7196
湖　北	Hubei	18473	6826	200240	10893	15404	6176	144680	9281
湖　南	Hunan	17541	6870	153208	8661	13221	5418	133957	10941
广　东	Guangdong	56168	20817	1180368	20652	52368	16179	924543	18297
广　西	Guangxi	12162	3973	108570	8991	6084	2313	63162	10786
海　南	Hainan	5075	1700	59364	11567	2746	897	28118	10504
重　庆	Chongqing	12410	3741	122741	10001	8140	3007	77235	9261
四　川	Sichuan	15874	5114	151227	9535	10655	4208	134991	12091
贵　州	Guizhou	35041	6450	309099	9453	1926	885	18826	9903
云　南	Yunnan	8632	2880	94662	11746	6417	2492	61683	9786
西　藏	Tibet	49	14	723	14755	8	3	107	13375
陕　西	Shaanxi	6494	2099	59706	9332	6000	2382	52542	8788
甘　肃	Gansu	8587	1992	72676	8464	6580	2722	75770	12119
青　海	Qinghai	812	307	7060	8727	463	226	5119	11056
宁　夏	Ningxia	2784	919	27475	10298	1554	582	13031	8722
新　疆	Xinjiang	8281	3056	86484	10362	10295	4061	121087	12232

3—3 续表 22 continued

地区	Region	房地产代理与经纪业 Real Estate Brokerages and Agencies				社会服务业 Social Services			
		年末人数（人） Year-end Figures (person)	#女性 Female	劳动报酬（千元） Earnings (1 000 yuan)	平均劳动报酬（元） Average Earning (yuan)	年末人数（人） Year-end Figures (person)	#女性 Female	劳动报酬（千元） Earnings (1 000 yuan)	平均劳动报酬（元） Average Earning (yuan)
全国	**National**	**29090**	**12847**	**405261**	**14160**	**4914243**	**2097011**	**58788936**	**11996**
北京	Beijing	2303	1075	49825	22154	658755	224792	13086978	20035
天津	Tianjin	979	367	15667	15857	109455	44326	1376109	12469
河北	Hebei	921	375	8139	8847	178346	78044	1631665	9150
山西	Shanxi	628	278	5436	8363	122476	61100	753591	6193
内蒙古	Inner Mongolia	494	228	4638	9313	73266	35029	523709	7050
辽宁	Liaoning	909	450	8363	9210	278588	124057	2672834	9385
吉林	Jilin	842	384	7767	9257	136705	62156	1262246	9161
黑龙江	Heilongjiang	1286	468	15404	12063	198154	87262	1642848	8212
上海	Shanghai	2546	1271	39622	16199	369746	113694	5769449	15899
江苏	Jiangsu	1625	669	23542	14695	255888	106588	3203291	12497
浙江	Zhejiang	1408	616	25822	19015	210657	92340	3037304	14529
安徽	Anhui	593	265	4657	8085	133053	60776	946427	7124
福建	Fujian	1243	524	13873	11767	111257	51751	1282311	11616
江西	Jiangxi	409	174	3385	8337	70104	34924	531908	7431
山东	Shandong	1589	692	19150	11821	239829	102896	2359254	9833
河南	Henan	1525	699	9510	6641	225532	98662	1744505	7841
湖北	Hubei	708	278	6827	9894	193433	84056	1562593	8116
湖南	Hunan	761	335	9367	10994	150621	75764	1318932	8869
广东	Guangdong	3747	1705	88075	24479	386618	165821	6919972	17897
广西	Guangxi	734	341	7295	9952	117293	59134	999685	8605
海南	Hainan	147	60	1620	10946	45384	23538	409931	9046
重庆	Chongqing	204	81	2264	11264	66011	29092	555566	8601
四川	Sichuan	1019	438	10815	10815	154856	71761	1451976	9413
贵州	Guizhou	218	112	2590	11881	50822	24840	419483	8439
云南	Yunnan	671	267	6045	9358	96862	48751	866219	8948
西藏	Tibet					5760	2788	66217	12033
陕西	Shaanxi	585	276	4845	8397	104143	48268	884246	8477
甘肃	Gansu	480	159	4857	10225	59440	30007	488085	8286
青海	Qinghai	81	38	934	11253	16976	8566	147235	8628
宁夏	Ningxia	179	97	1498	8097	20725	10293	169317	8382
新疆	Xinjiang	256	125	3429	12891	73488	35935	705050	9530

3—3 续表 23 continued

地区	Region	公共设施服务业 Public Facilities Services 年末人数（人） Year-end Figures (person)	#女性 Female	劳动报酬（千元） Earnings (1 000 yuan)	平均劳动报酬（元） Average Earning (yuan)	居民服务业 Resident Services 年末人数（人） Year-end Figures (person)	#女性 Female	劳动报酬（千元） Earnings (1 000 yuan)	平均劳动报酬（元） Average Earning (yuan)
全国	**National**	**2200708**	**891645**	**24949297**	**11394**	**321170**	**141084**	**3090552**	**9490**
北京	Beijing	172117	56525	2637490	15373	45518	17147	473483	10371
天津	Tianjin	53814	19846	664610	12245	10809	4692	123019	11428
河北	Hebei	97753	42163	968533	9961	17439	7025	198907	11464
山西	Shanxi	50223	21948	343545	6889	7924	4480	39925	5042
内蒙古	Inner Mongolia	38213	17066	280986	7161	4380	1905	31596	7356
辽宁	Liaoning	141882	64112	1262141	8671	22162	10003	178289	7878
吉林	Jilin	75491	33155	677756	8861	7853	4640	56327	6878
黑龙江	Heilongjiang	106291	44422	1025061	9508	16524	8141	89815	5440
上海	Shanghai	209897	53450	2993847	14558	19775	9695	247955	11553
江苏	Jiangsu	114010	44378	1552796	13706	18307	7203	177658	9383
浙江	Zhejiang	83899	32173	1336912	16215	6691	2960	105345	15829
安徽	Anhui	57657	25424	472723	8233	29588	12133	133588	4523
福建	Fujian	41437	17777	512517	12472	6884	2706	69422	10146
江西	Jiangxi	38808	18962	300644	7558	2706	1429	17167	6321
山东	Shandong	117190	48291	1207384	10374	14356	6056	153017	10421
河南	Henan	94981	39025	793805	8501	8399	3843	64648	7783
湖北	Hubei	104555	46309	803864	7747	8928	3892	81780	9153
湖南	Hunan	76000	34858	672558	8968	5675	2903	62650	11087
广东	Guangdong	162992	61966	3174713	19762	23786	9977	366097	15169
广西	Guangxi	44610	21074	401630	9167	3439	1469	33984	9802
海南	Hainan	12322	6355	113611	9280	504	228	5592	11051
重庆	Chongqing	38996	16740	317582	8286	1673	702	22674	13953
四川	Sichuan	82276	38712	779403	9616	15832	7450	169486	10516
贵州	Guizhou	24985	11707	208675	8593	2771	1261	23160	8286
云南	Yunnan	36620	17483	330508	9235	3383	1601	30011	8788
西藏	Tibet	428	225	5875	14055	85	70	260	3059
陕西	Shaanxi	42590	18566	379195	8927	6179	3142	37365	5564
甘肃	Gansu	26832	13629	243005	9276	4867	1704	49478	10100
青海	Qinghai	7906	3834	63311	7982	661	320	6756	8866
宁夏	Ningxia	10887	5222	95040	8860	346	202	2788	8128
新疆	Xinjiang	35046	16248	329577	9263	3726	2105	38310	10173

地区 Region	旅馆业 Hotels 年末人数（人）Year-end Figures (person)	#女性 Female	劳动报酬（千元）Earnings (1 000 yuan)	平均劳动报酬（元）Average Earning (yuan)	租赁服务业 Leasing Services 年末人数（人）Year-end Figures (person)	#女性 Female	劳动报酬（千元）Earnings (1 000 yuan)	平均劳动报酬（元）Average Earning (yuan)
全国 National	**1169143**	**647904**	**12354506**	**10481**	**37283**	**13434**	**430431**	**11626**
北京 Beijing	121462	60348	2162353	17551	7841	2243	129824	16496
天津 Tianjin	16284	8335	171992	10228	561	196	7239	12767
河北 Hebei	35893	20087	231146	6311	435	205	3002	6933
山西 Shanxi	27470	15326	153296	5661	442	186	2577	5844
内蒙古 Inner Mongolia	17878	11164	103178	5742	21	4	53	2524
辽宁 Liaoning	41009	23255	408028	9749	1070	469	11119	10363
吉林 Jilin	22874	13421	177048	7831	350	91	3353	9691
黑龙江 Heilongjiang	29889	16152	198171	6588	1939	739	18933	9902
上海 Shanghai	55464	25681	1003095	17933	2971	1175	42374	14181
江苏 Jiangsu	68395	35800	764026	11108	1864	663	19019	10198
浙江 Zhejiang	70698	40875	878010	12212	940	317	13548	13685
安徽 Anhui	32449	18746	226741	6938	64	23	377	5891
福建 Fujian	33718	20227	345012	10154	302	137	2664	8594
江西 Jiangxi	18509	11071	130562	6952	74	20	640	9014
山东 Shandong	66971	34664	569888	8431	3433	1734	26007	7056
河南 Henan	75844	42034	527490	6985	3567	1287	35616	10078
湖北 Hubei	37062	21211	290742	7847	316	104	3091	9395
湖南 Hunan	42535	26968	343444	8121	828	391	7425	9189
广东 Guangdong	103401	57776	1622631	15412	2112	580	40470	18841
广西 Guangxi	42845	26926	337652	7778	238	102	2141	8811
海南 Hainan	24753	13637	196391	7942	115	32	1055	9860
重庆 Chongqing	15600	8534	133294	8449	1346	118	3831	6301
四川 Sichuan	30106	16720	247273	8137	1096	482	10808	9067
贵州 Guizhou	12541	7438	105287	8646	3028	1212	25009	8178
云南 Yunnan	39878	22893	337659	8323	566	223	4770	8518
西藏 Tibet	2822	1321	32027	11373	38	6	1055	27763
陕西 Shaanxi	34949	18319	277021	7914	638	339	4061	6238
甘肃 Gansu	16018	9582	101734	6324	405	142	2965	7469
青海 Qinghai	3675	2230	33719	9148	26	10	291	11192
宁夏 Ningxia	5978	3899	42168	7147	55	22	607	10649
新疆 Xinjiang	22173	13264	203428	9194	602	182	6507	10312

3—3 续表 25 continued

地 区	Region	旅游业 Tourism 年末人数（人）Year-end Figures (person)	#女 性 Female	劳动报酬（千元）Earnings (1 000 yuan)	平均劳动报酬（元）Average Earning (yuan)	娱乐服务业 Recreational Services 年末人数（人）Year-end Figures (person)	#女 性 Female	劳动报酬（千元）Earnings (1 000 yuan)	平均劳动报酬（元）Average Earning (yuan)
全 国	**National**	**128644**	**60189**	**1541198**	**11936**	**66108**	**32238**	**790642**	**11590**
北 京	Beijing	11572	5022	238277	20181	10400	4558	170749	15867
天 津	Tianjin	2084	816	25578	12656	1959	921	20809	9647
河 北	Hebei	4026	1878	32910	8019	3044	1244	21827	7156
山 西	Shanxi	1280	514	8137	6417	287	175	1172	4171
内蒙古	Inner Mongolia	780	348	5890	8147	374	192	2838	6615
辽 宁	Liaoning	4701	2305	47177	9932	2707	1236	26810	9018
吉 林	Jilin	1530	724	13635	9000	1324	664	11635	8619
黑龙江	Heilongjiang	2739	1268	39546	14486	1060	515	15068	13346
上 海	Shanghai	4464	1883	91964	20934	4302	1901	71104	16821
江 苏	Jiangsu	6795	3280	79947	11704	3431	1750	31096	8226
浙 江	Zhejiang	6043	3244	72799	12079	2042	1008	21447	10810
安 徽	Anhui	1049	431	7376	7154	728	322	5236	7242
福 建	Fujian	5035	2333	56339	11086	5773	3149	59751	10373
江 西	Jiangxi	2249	847	14614	6515	350	193	3566	6831
山 东	Shandong	3719	1855	35559	9520	1979	744	22481	10000
河 南	Henan	2731	1288	21490	8058	2149	932	14027	6721
湖 北	Hubei	4804	1975	35224	7361	3170	1946	35772	11151
湖 南	Hunan	3060	1407	25426	8394	1004	533	7507	7411
广 东	Guangdong	21602	10692	339113	15333	10553	5815	166631	15103
广 西	Guangxi	10004	4246	93018	9551	840	397	6454	7593
海 南	Hainan	2973	1429	29666	9908	1901	864	23252	12161
重 庆	Chongqing	3430	1382	29730	8856	209	116	1389	6173
四 川	Sichuan	6876	3064	58339	8281	1811	717	13181	7175
贵 州	Guizhou	953	466	6497	6796	492	248	2327	7227
云 南	Yunnan	5070	2789	42713	8367	1739	902	17283	9373
西 藏	Tibet	1904	945	19254	10597				
陕 西	Shaanxi	2752	1327	31463	11462	1247	644	8408	6808
甘 肃	Gansu	2503	1603	18186	7245	368	221	2857	6391
青 海	Qinghai	526	268	5676	10832	77	33	1209	15701
宁 夏	Ningxia	270	98	2096	7821	303	140	1587	5343
新 疆	Xinjiang	1120	462	13559	11215	485	158	3169	6919

3—3 续表 26 continued

地区	Region	信息、咨询服务业 Information and Consultancy Services				计算机应用服务业 Computer Application Services			
		年末人数(人) Year-end Figures (person)	#女性 Female	劳动报酬(千元) Earnings (1 000 yuan)	平均劳动报酬(元) Average Earning (yuan)	年末人数(人) Year-end Figures (person)	#女性 Female	劳动报酬(千元) Earnings (1 000 yuan)	平均劳动报酬(元) Average Earning (yuan)
全国	**National**	**267979**	**97961**	**5317857**	**20394**	**142516**	**43688**	**4266710**	**30453**
北京	Beijing	95551	35277	2793765	31168	69435	18733	2743833	39280
天津	Tianjin	4199	1661	64812	14845	2847	1074	77669	28141
河北	Hebei	4827	1709	45226	9300	542	169	5821	10603
山西	Shanxi	5223	2135	42451	8248	1425	909	11647	8391
内蒙古	Inner Mongolia	3366	1393	29857	8915	547	226	5665	10356
辽宁	Liaoning	10387	4331	119047	11512	4997	1696	70839	14842
吉林	Jilin	5130	1917	55546	10908	1463	481	24442	17335
黑龙江	Heilongjiang	8259	3300	81070	9861	3314	1026	40777	12621
上海	Shanghai	20130	5641	587798	29834	7404	2449	265837	37300
江苏	Jiangsu	10403	3665	155757	15052	3052	805	60279	21605
浙江	Zhejiang	11433	4488	210602	18985	8268	2125	160107	20144
安徽	Anhui	4634	1565	38137	8301	1235	305	21083	17381
福建	Fujian	6152	2143	87885	14321	2347	622	43208	20087
江西	Jiangxi	1955	609	17138	8839	79	36	1003	13373
山东	Shandong	11333	3889	155831	13679	2518	975	38256	15495
河南	Henan	12189	4106	107483	8891	2341	607	22233	9608
湖北	Hubei	7634	2679	71000	9467	2969	853	51690	17648
湖南	Hunan	3470	1362	31832	9687	3403	2111	31340	9797
广东	Guangdong	13080	5482	325336	24515	14171	5419	462210	34066
广西	Guangxi	2992	1064	31556	10607	441	131	5346	11960
海南	Hainan	1204	445	14254	11770	458	165	11730	25445
重庆	Chongqing	2547	817	26834	10816	574	167	5349	10017
四川	Sichuan	5609	2190	56071	9989	2620	494	27368	10231
贵州	Guizhou	1867	622	19518	10454	133	37	1218	12557
云南	Yunnan	2651	959	26600	10306	1692	486	25507	16726
西藏	Tibet	7	2	192	21333	5	1	118	23600
陕西	Shaanxi	5674	2104	52148	9274	3309	1297	44821	13954
甘肃	Gansu	1458	549	14573	10212	339	76	2058	6218
青海	Qinghai	434	151	5021	11543				
宁夏	Ningxia	1255	429	15420	12258	65	19	777	12141
新疆	Xinjiang	2926	1277	35097	12082	523	194	4479	9695

3-3 续表 27 continued

地 区	Region	其他社会服务业 Other Social Services				卫生、体育和社会福利业 Health Care，Sporting and Social Welfare			
		年末人数（人）Year-end Figures (person)	＃女 性 Female	劳动报酬（千元）Earnings (1 000 yuan)	平均劳动报酬（元）Average Earning (yuan)	年末人数（人）Year-end Figures (person)	＃女 性 Female	劳动报酬（千元）Earnings (1 000 yuan)	平均劳动报酬（元）Average Earning (yuan)
全 国	**National**	**580692**	**168868**	**6047743**	**10584**	**4930424**	**2834639**	**62932365**	**12821**
北 京	Beijing	124859	24939	1737204	14139	156483	89923	3683542	23577
天 津	Tianjin	16898	6785	220381	13247	69776	44324	1145889	16430
河 北	Hebei	14387	3564	124293	8799	217101	125333	2101656	9728
山 西	Shanxi	28202	15427	150841	5333	137940	81873	1176792	8568
内蒙古	Inner Mongolia	7707	2731	63646	8252	104811	60149	1039923	9927
辽 宁	Liaoning	49673	16650	549384	10803	228095	141590	2546739	11184
吉 林	Jilin	20690	7063	242504	11666	144447	88311	1408879	9745
黑龙江	Heilongjiang	28139	11699	134407	4727	181031	108571	1868085	10343
上 海	Shanghai	45339	11819	465475	11249	155830	100440	3485991	22404
江 苏	Jiangsu	29631	9044	362713	12208	289967	160330	4194223	14447
浙 江	Zhejiang	20643	5150	238534	11924	213464	125730	4533838	21507
安 徽	Anhui	5649	1827	41166	7364	169478	89144	1515151	8971
福 建	Fujian	9609	2657	105513	11668	116312	65552	1657861	14335
江 西	Jiangxi	5374	1757	46574	8544	133984	70385	1330102	9962
山 东	Shandong	18330	4688	150831	8508	343138	193293	4301192	12642
河 南	Henan	23331	5540	157713	6982	311364	173891	2861729	9276
湖 北	Hubei	23995	5087	189430	7882	256828	143885	2409918	9380
湖 南	Hunan	14646	5231	136750	9463	229497	128454	2632299	11659
广 东	Guangdong	34921	8114	422771	12274	345030	208709	6331002	18521
广 西	Guangxi	11884	3725	87904	7829	147710	87911	1574324	10687
海 南	Hainan	1154	383	14380	12439	29502	16749	367312	12253
重 庆	Chongqing	1636	516	14883	8949	88017	45013	961683	10878
四 川	Sichuan	8630	1932	90047	10800	261624	138735	3049140	11649
贵 州	Guizhou	4052	1849	27792	6695	87822	48269	845413	9705
云 南	Yunnan	5263	1415	51168	9441	128200	79199	1479335	11591
西 藏	Tibet	471	218	7436	23606	11723	5716	235295	20310
陕 西	Shaanxi	6805	2530	49764	7480	135231	72438	1280922	9515
甘 肃	Gansu	6650	2501	53229	8054	77455	42089	864617	11273
青 海	Qinghai	3671	1720	31252	8628	24107	14035	353882	14779
宁 夏	Ningxia	1566	262	8834	6869	25892	14989	306730	12001
新 疆	Xinjiang	6887	2045	70924	10360	108565	69609	1388901	12764

3－3 续表 28　continued

地区	Region	卫生 Health Care 年末人数（人）Year-end Figures (person)	#女性 Female	劳动报酬（千元）Earnings (1 000 yuan)	平均劳动报酬（元）Average Earning (yuan)	体育 Sports 年末人数（人）Year-end Figures (person)	#女性 Female	劳动报酬（千元）Earnings (1 000 yuan)	平均劳动报酬（元）Average Earning (yuan)
全国	**National**	**4617325**	**2707659**	**58960809**	**12829**	**87611**	**31624**	**1356905**	**15587**
北京	Beijing	124344	83157	3253905	26193	9124	3714	211268	22756
天津	Tianjin	63926	42032	1055446	16479	2509	792	41287	16688
河北	Hebei	203929	119982	1968692	9715	2680	989	28678	10625
山西	Shanxi	128152	77786	1078119	8448	2044	662	23618	11577
内蒙古	Inner Mongolia	97503	57467	963782	9905	1474	353	22700	15644
辽宁	Liaoning	209281	133900	2330841	11153	5250	1783	67040	12733
吉林	Jilin	136151	85103	1323295	9712	2640	807	28993	11003
黑龙江	Heilongjiang	169812	104164	1747166	10310	3220	776	37589	11710
上海	Shanghai	135703	90325	3145421	23158	8577	3183	162824	19158
江苏	Jiangsu	273253	153393	3922290	14339	4373	1482	89012	20430
浙江	Zhejiang	203992	121270	4365165	21665	2525	1029	41605	16477
安徽	Anhui	162848	86275	1453237	8951	1750	516	16304	9630
福建	Fujian	108947	62153	1545984	14263	2108	749	43239	21185
江西	Jiangxi	126502	67231	1259783	10003	1821	771	19764	10956
山东	Shandong	326001	186543	4088368	12647	3769	1204	50616	13376
河南	Henan	297662	168017	2726557	9249	2976	1004	37063	12530
湖北	Hubei	240652	136675	2238790	9298	3133	1146	42729	13927
湖南	Hunan	220185	124310	2534315	11699	1646	608	20779	12717
广东	Guangdong	321756	198054	5888773	18457	9424	3820	194472	20662
广西	Guangxi	140488	84507	1497107	10708	2839	1074	27942	11424
海南	Hainan	26806	15830	334628	12288	249	75	3579	14608
重庆	Chongqing	83120	43108	909636	10892	510	162	4262	8541
四川	Sichuan	250039	133667	2916967	11660	2255	866	28646	12642
贵州	Guizhou	85486	47270	821987	9696	889	309	9980	11213
云南	Yunnan	120703	75880	1404566	11682	3122	1432	29551	9545
西藏	Tibet	11109	5534	223347	20295	509	146	10506	20640
陕西	Shaanxi	126126	68788	1194410	9521	2527	832	23984	9175
甘肃	Gansu	73042	40423	819036	11331	1658	587	15593	9337
青海	Qinghai	22414	13334	333263	14977	459	158	5877	12804
宁夏	Ningxia	23989	14154	285883	12061	657	259	7106	11261
新疆	Xinjiang	103404	67327	1330050	12939	894	336	10299	11507

地区	Region	社会福利保障业 Social Welfare				教育、文化艺术和广播电影电视业 Education, Culture and Arts, Radio, Film and Television			
		年末人数（人）Year-end Figures (person)	#女性 Female	劳动报酬（千元）Earnings (1 000 yuan)	平均劳动报酬（元）Average Earning (yuan)	年末人数（人）Year-end Figures (person)	#女性 Female	劳动报酬（千元）Earnings (1 000 yuan)	平均劳动报酬（元）Average Earning (yuan)
全　国	**National**	**225488**	**95356**	**2614651**	**11590**	**15678940**	**7045474**	**174605003**	**11210**
北　京	Beijing	23015	3052	218369	9610	414493	218266	9179356	22256
天　津	Tianjin	3341	1500	49156	15247	188482	105965	2816037	15046
河　北	Hebei	10492	4362	104286	9742	867007	484237	7432574	8646
山　西	Shanxi	7744	3425	75055	9760	484555	256300	4240176	8858
内蒙古	Inner Mongolia	5834	2329	53441	8904	358795	172260	3416761	9554
辽　宁	Liaoning	13564	5907	148858	11056	583714	311014	6160242	10560
吉　林	Jilin	5656	2401	56591	9963	409321	213238	4139938	10156
黑龙江	Heilongjiang	7999	3631	83330	10484	501464	255737	5465249	10937
上　海	Shanghai	11550	6932	177746	15767	307709	169135	6660981	21503
江　苏	Jiangsu	12341	5455	182921	14736	867725	360109	11466716	13270
浙　江	Zhejiang	6947	3431	127068	18717	517077	256464	9642086	18862
安　徽	Anhui	4880	2353	45610	9424	599172	203564	5069510	8533
福　建	Fujian	5257	2650	68638	13169	464268	207937	5893424	12763
江　西	Jiangxi	5661	2383	50555	8766	483427	176416	4114753	8532
山　东	Shandong	13368	5546	162208	12302	1116148	454079	11723998	10557
河　南	Henan	10726	4870	98109	9120	1115372	500771	8887014	8086
湖　北	Hubei	13043	6064	128399	9824	722372	279484	6690718	9280
湖　南	Hunan	7666	3536	77205	10260	693267	290023	7137280	10384
广　东	Guangdong	13850	6835	247757	18531	936618	461437	14202724	15237
广　西	Guangxi	4383	2330	49275	9752	593047	249609	4805928	8124
海　南	Hainan	2447	844	29105	11633	92027	33276	941894	10286
重　庆	Chongqing	4387	1743	47785	10870	320473	131273	3145993	9884
四　川	Sichuan	9330	4202	103527	11118	838605	333246	8243999	9875
贵　州	Guizhou	1447	690	13446	9338	359387	129083	3178383	8954
云　南	Yunnan	4375	1887	45218	10533	501764	204981	5329023	10764
西　藏	Tibet	105	36	1442	20310	30175	11548	584063	19920
陕　西	Shaanxi	6578	2818	62528	9535	522754	224151	4810795	9293
甘　肃	Gansu	2755	1079	29988	10913	304098	102801	3110072	10354
青　海	Qinghai	1234	543	14742	11937	66453	28455	953420	14350
宁　夏	Ningxia	1246	576	13741	11217	82463	34534	979692	11923
新　疆	Xinjiang	4267	1946	48552	9462	336708	186081	4182204	12513

3—3 续表 30 continued

地区	Region	教育 Education 年末人数(人) Year-end Figures (person)	#女性 Female	劳动报酬(千元) Earnings (1 000 yuan)	平均劳动报酬(元) Average Earning (yuan)	普通高等学校 Regular Institution of Higher Education 年末人数(人) Year-end Figures (person)	#女性 Female	劳动报酬(千元) Earnings (1 000 yuan)	平均劳动报酬(元) Average Earning (yuan)
全国	**National**	**14561575**	**6610823**	**159345376**	**11015**	**1139244**	**464686**	**20009576**	**17887**
北京	Beijing	319692	178932	6713521	21035	98218	43227	2190907	22445
天津	Tianjin	174399	99885	2593179	14981	29919	13081	612237	20125
河北	Hebei	818560	464677	6928924	8534	40621	16996	588265	14606
山西	Shanxi	445427	240359	3905418	8874	26741	11803	362283	13716
内蒙古	Inner Mongolia	327111	158929	3101976	9517	18518	8054	205373	11167
辽宁	Liaoning	532953	290558	5530897	10396	67542	29501	1090023	16191
吉林	Jilin	374908	200148	3811422	10210	44857	18328	814135	18395
黑龙江	Heilongjiang	464811	241435	5071701	10949	43962	17688	707737	16306
上海	Shanghai	271645	155358	5713663	20888	63694	27187	1464660	22949
江苏	Jiangsu	809782	339187	10585950	13129	85012	30277	1425816	16820
浙江	Zhejiang	469559	238262	8618663	18579	41802	16660	1027387	25083
安徽	Anhui	565033	190673	4745032	8473	28027	10246	359477	12973
福建	Fujian	437578	198040	5500197	12640	22890	8911	445409	19697
江西	Jiangxi	457590	166251	3871706	8478	26686	10747	296419	11388
山东	Shandong	1058790	432764	10999626	10442	54266	21387	947819	17960
河南	Henan	1053131	476423	8334354	8034	41953	16381	555048	13549
湖北	Hubei	664758	258357	6170781	9303	70044	27717	1170556	16617
湖南	Hunan	651028	272850	6656198	10306	46940	18802	923337	20250
广东	Guangdong	876659	438191	13022245	14913	49505	22264	1376996	28219
广西	Guangxi	563331	238450	4512259	8027	18318	7611	211579	11666
海南	Hainan	84789	30555	851151	10089	3934	1533	65753	16744
重庆	Chongqing	302517	125049	2917709	9710	24637	9704	450791	18376
四川	Sichuan	789371	315068	7748737	9863	48170	18409	774192	16117
贵州	Guizhou	341545	121984	3019323	8953	15744	6787	101142	6544
云南	Yunnan	472610	193243	5011183	10736	22080	9442	263291	12025
西藏	Tibet	24765	9686	469577	19540	2662	1135	47229	18013
陕西	Shaanxi	481466	208770	4437237	9309	56982	22571	956934	20620
甘肃	Gansu	281915	94335	2872955	10322	18580	6772	220077	12170
青海	Qinghai	60631	26162	872362	14397	4415	1790	66373	13601
宁夏	Ningxia	74531	31356	891509	12008	4393	1767	58922	13946
新疆	Xinjiang	310690	174886	3865921	12538	18132	7908	229409	12829

地区	Region	普通中学 Regular Secondary Schools 年末人数(人) Year-end Figures (person)	#女性 Female	劳动报酬(千元) Earnings (1 000 yuan)	平均劳动报酬(元) Average Earning (yuan)	小学校 Primary Schools 年末人数(人) Year-end Figures (person)	#女性 Female	劳动报酬(千元) Earnings (1 000 yuan)	平均劳动报酬(元) Average Earning (yuan)
全国	**National**	**4903917**	**2033633**	**53172171**	**10970**	**6661347**	**3196524**	**61752111**	**9298**
北京	Beijing	79627	47474	1702869	21546	67198	47604	1302009	19092
天津	Tianjin	53098	30099	738529	14082	39100	27999	519111	13320
河北	Hebei	303842	160940	2541648	8508	383165	238838	2829449	7406
山西	Shanxi	132769	63454	1158393	8867	219077	130088	1711852	7891
内蒙古	Inner Mongolia	97926	44881	942754	9662	162159	81038	1423159	8799
辽宁	Liaoning	176449	93146	1730218	9864	213752	128450	1786445	8346
吉林	Jilin	109409	58333	1012458	9284	161976	94197	1325861	8223
黑龙江	Heilongjiang	151377	82055	1577950	10477	198500	105885	1968576	9929
上海	Shanghai	82809	46686	1712179	20705	54160	37706	1077005	19375
江苏	Jiangsu	292101	107525	3881140	13368	334021	155234	3821980	11489
浙江	Zhejiang	185598	82259	3361220	18507	174764	103332	2984734	17034
安徽	Anhui	173533	46993	1532397	8918	310857	111609	2328279	7558
福建	Fujian	158850	56592	1963767	12598	203700	105328	2353821	11490
江西	Jiangxi	164458	49277	1410447	8612	225180	88194	1688965	7493
山东	Shandong	424554	163118	4364605	10329	453737	192291	3947606	8735
河南	Henan	380547	158889	2991965	7984	506595	243514	3466362	6940
湖北	Hubei	239720	80362	2129541	8973	266775	111699	1930712	7233
湖南	Hunan	266056	101270	2609841	10022	265035	121202	2269842	8482
广东	Guangdong	290269	119706	4339291	15093	447684	243542	5639703	12607
广西	Guangxi	169776	68911	1448518	8647	312190	132332	2208856	7044
海南	Hainan	25929	8555	264895	10175	45901	16189	402292	8823
重庆	Chongqing	94952	34196	861489	9218	149520	66307	1252383	8398
四川	Sichuan	242467	85360	2369552	9921	405417	168613	3523914	8686
贵州	Guizhou	92453	30520	824969	9114	205827	71250	1614320	7914
云南	Yunnan	136735	53014	1511416	11262	262995	104984	2627564	10088
西藏	Tibet	5127	1845	109252	22102	14923	5805	266828	18426
陕西	Shaanxi	143235	56885	1279631	9062	230091	106854	1687514	7396
甘肃	Gansu	81378	23825	875420	10870	147877	48859	1362210	9321
青海	Qinghai	20136	8866	301508	14706	28785	12017	391285	13922
宁夏	Ningxia	22057	8359	271790	12541	34096	15350	401009	11646
新疆	Xinjiang	106680	60238	1352519	12833	136290	80214	1638465	12094

3—3 续表 32 continued

地区 Region		文化艺术业 Culture and Arts				广播电影电视业 Radio，Film and Television			
		年末人数（人）Year-end Figures（person）	#女性 Female	劳动报酬（千元）Earnings（1 000 yuan）	平均劳动报酬（元）Average Earning（yuan）	年末人数（人）Year-end Figures（person）	#女性 Female	劳动报酬（千元）Earnings（1 000 yuan）	平均劳动报酬（元）Average Earning（yuan）
全国	**National**	**634713**	**265985**	**9168569**	**14543**	**482652**	**168666**	**6091058**	**12705**
北京	Beijing	73182	31400	1786718	24693	21619	7934	679117	32452
天津	Tianjin	8775	3897	151744	17396	5308	2183	71114	13315
河北	Hebei	23765	10322	284772	12058	24682	9238	218878	9058
山西	Shanxi	24040	10226	212082	8987	15088	5715	122676	8185
内蒙古	Inner Mongolia	16361	7567	163905	10041	15323	5764	150880	9834
辽宁	Liaoning	31057	13427	390931	12333	19704	7029	238414	12126
吉林	Jilin	19312	8251	201238	10440	15101	4839	127278	8451
黑龙江	Heilongjiang	19901	8592	238525	12072	16752	5710	155023	9255
上海	Shanghai	24446	9786	645562	26203	11618	3991	301756	26013
江苏	Jiangsu	29263	11519	452327	15528	28680	9403	428439	14915
浙江	Zhejiang	23485	9991	528383	22598	24033	8211	495040	20685
安徽	Anhui	17285	6905	167396	9671	16854	5986	157082	9349
福建	Fujian	13405	5622	215149	16073	13285	4275	178078	13444
江西	Jiangxi	13770	5960	129265	9430	12067	4205	113782	9552
山东	Shandong	30794	12595	428796	13946	26564	8720	295576	11227
河南	Henan	36623	14647	348220	9566	25618	9701	204440	8075
湖北	Hubei	32024	11923	283059	8806	25590	9204	236878	9270
湖南	Hunan	18970	7993	225863	12138	23269	9180	255219	11144
广东	Guangdong	31624	13718	684553	22089	28335	9528	495926	17746
广西	Guangxi	16682	7128	174913	10719	13034	4031	118756	9081
海南	Hainan	3802	1429	55020	14590	3436	1292	35723	10409
重庆	Chongqing	9959	4013	136752	13951	7997	2211	91532	11454
四川	Sichuan	25231	10385	271922	10809	24003	7793	223340	9299
贵州	Guizhou	10848	4672	98953	9156	6994	2427	60107	8691
云南	Yunnan	17000	7617	187263	11536	12154	4121	130577	10811
西藏	Tibet	2620	1033	57409	22664	2790	829	57077	20710
陕西	Shaanxi	26792	10681	245422	9264	14496	4700	128136	8836
甘肃	Gansu	11643	4893	124731	10817	10540	3573	112386	10701
青海	Qinghai	2861	1239	41109	14205	2961	1054	39949	13519
宁夏	Ningxia	4498	1962	50992	11400	3434	1216	37191	10783
新疆	Xinjiang	14695	6592	185595	12690	11323	4603	130688	11619

地 区	Region	科学研究和综合技术服务业 Scientific Research and Polytechnical Services				科学研究业 Scientific Research			
		年末人数（人） Year-end Figures (person)	# 女 性 Female	劳动报酬（千元） Earnings (1 000 yuan)	平均劳动报酬（元） Average Earning (yuan)	年末人数（人） Year-end Figures (person)	# 女 性 Female	劳动报酬（千元） Earnings (1 000 yuan)	平均劳动报酬（元） Average Earning (yuan)
全 国	**National**	**1650086**	**541209**	**26773332**	**16220**	**639058**	**220067**	**10893534**	**16825**
北 京	Beijing	285639	89172	6706744	23538	108750	39627	2697138	24294
天 津	Tianjin	44374	14887	723299	16208	12100	4284	197501	15920
河 北	Hebei	45572	15809	585214	12759	15082	4986	264104	17308
山 西	Shanxi	40243	14667	428659	10704	15337	5605	174082	11385
内蒙古	Inner Mongolia	27176	10470	281391	10241	10120	3890	101749	9931
辽 宁	Liaoning	78261	26171	1092267	13819	30467	9817	471671	15157
吉 林	Jilin	44001	14826	548052	12139	17815	6028	243434	13436
黑龙江	Heilongjiang	44673	14134	519418	11625	16523	5166	209257	12634
上 海	Shanghai	88310	31550	2045688	22916	45813	15880	1137812	24241
江 苏	Jiangsu	78101	23829	1502873	19053	29313	9735	545727	18197
浙 江	Zhejiang	45410	13402	969525	21498	10797	3438	207630	18816
安 徽	Anhui	36358	11209	403926	11019	12298	4097	140286	11168
福 建	Fujian	30487	8769	527837	17337	6292	2048	103222	16286
江 西	Jiangxi	33705	10705	337755	10061	18978	6392	179934	9456
山 东	Shandong	59562	18709	856692	14419	20619	6635	316460	15284
河 南	Henan	71775	23211	811413	11235	25524	7615	293055	11446
湖 北	Hubei	69281	23286	849454	12350	25097	8508	319540	12580
湖 南	Hunan	47020	15947	591192	12641	13287	4939	153992	11693
广 东	Guangdong	66700	20432	1666131	25013	19992	6249	461951	22850
广 西	Guangxi	33921	11519	396012	11695	15189	5542	155132	10255
海 南	Hainan	12309	4109	119396	9556	5394	1453	46403	8260
重 庆	Chongqing	50854	17336	576087	11327	9857	3521	123518	12249
四 川	Sichuan	87913	30893	1402862	15857	53205	18931	939868	17583
贵 州	Guizhou	17911	6186	229845	12876	4501	1729	54231	12054
云 南	Yunnan	52232	14594	475325	9906	12375	4538	161167	12781
西 藏	Tibet	2302	772	36257	16958	462	169	9978	21739
陕 西	Shaanxi	87341	30784	1172109	13307	54810	19316	809882	14636
甘 肃	Gansu	27737	8665	321677	11596	15012	4507	177088	11712
青 海	Qinghai	7039	2546	115049	16268	2690	951	48017	17890
宁 夏	Ningxia	8215	2998	107760	12993	3851	1521	52218	13396
新 疆	Xinjiang	25664	9622	373423	14242	7508	2950	97487	12853

3—3 续表 34　continued

地　区	Region	自然科学研究 Natural Science Research 年末人数（人）Year-end Figures (person)	＃女　性 Female	劳动报酬（千元）Earnings (1 000 yuan)	平均劳动报酬（元）Average Earning (yuan)	社会科学研究 Social Science Research 年末人数（人）Year-end Figures (person)	＃女　性 Female	劳动报酬（千元）Earnings (1 000 yuan)	平均劳动报酬（元）Average Earning (yuan)
全　国	**National**	**502570**	**172040**	**8324437**	**16326**	**31827**	**11196**	**552347**	**17339**
北　京	Beijing	65186	23724	1675108	24915	7521	2843	153546	20506
天　津	Tianjin	10236	3588	168635	16054	809	315	11966	14736
河　北	Hebei	12092	3939	225526	18406	965	317	11302	11724
山　西	Shanxi	13334	4917	150422	11315	1267	440	15841	12572
内蒙古	Inner Mongolia	8683	3265	87106	9882	494	200	5996	12287
辽　宁	Liaoning	25275	8028	399363	15440	859	316	13142	15123
吉　林	Jilin	15613	5215	216039	13565	1228	467	16440	13279
黑龙江	Heilongjiang	14320	4528	180921	12609	970	241	14615	14974
上　海	Shanghai	31164	10467	780896	24273	1048	336	22980	21844
江　苏	Jiangsu	20967	6947	379877	17652	512	174	9747	18708
浙　江	Zhejiang	9527	3007	180591	18482	1015	340	22479	22234
安　徽	Anhui	8081	2638	90625	11036	499	151	6899	13966
福　建	Fujian	4561	1492	73978	16142	559	188	9438	16734
江　西	Jiangxi	16238	5578	149995	9206	988	339	11859	12052
山　东	Shandong	17565	5698	268338	15189	1053	336	19469	18524
河　南	Henan	22869	6524	259755	11337	1095	351	12209	11180
湖　北	Hubei	18104	6337	217856	11882	1434	506	21891	14984
湖　南	Hunan	11600	4387	132518	11510	673	202	10123	14953
广　东	Guangdong	15185	4609	309148	20144	1877	691	74902	39032
广　西	Guangxi	12156	4536	114957	9497	938	285	11033	11851
海　南	Hainan	5046	1345	41425	7864	206	61	2945	14159
重　庆	Chongqing	8563	3013	109672	12615	312	136	3522	11288
四　川	Sichuan	47900	16824	874893	18207	1568	600	17762	11171
贵　州	Guizhou	3641	1391	44937	12308	371	136	4552	13043
云　南	Yunnan	10176	3781	127867	12393	933	326	11744	12587
西　藏	Tibet	268	104	5401	20228	130	38	3342	26109
陕　西	Shaanxi	52484	18622	780622	14718	478	156	5649	11968
甘　肃	Gansu	10480	3142	126769	12017	733	247	9332	13015
青　海	Qinghai	1562	524	23793	15203	498	157	6846	13886
宁　夏	Ningxia	3145	1274	43248	13511	272	101	3611	13374
新　疆	Xinjiang	6549	2596	84156	12724	522	200	7165	13493

3—3 续表 35 continued

地 区	Region	其他科学研究 Other Science Research 年末人数（人）Year-end Figures (person)	# 女 性 Female	劳动报酬（千元）Earnings (1 000 yuan)	平均劳动报酬（元）Average Earning (yuan)	综合技术服务业 Polytechnical Services 年末人数（人）Year-end Figures (person)	# 女 性 Female	劳动报酬（千元）Earnings (1 000 yuan)	平均劳动报酬（元）Average Earning (yuan)
全 国	**National**	**104661**	**36831**	**2016750**	**19072**	**1011028**	**321142**	**15879798**	**15830**
北 京	Beijing	36043	13060	868484	23925	176889	49545	4009606	23055
天 津	Tianjin	1055	381	16900	15505	32274	10603	525798	16319
河 北	Hebei	2025	730	27276	13357	30490	10823	321110	10491
山 西	Shanxi	736	248	7819	10609	24906	9062	254577	10284
内蒙古	Inner Mongolia	943	425	8647	9170	17056	6580	179642	10426
辽 宁	Liaoning	4333	1473	59166	13493	47794	16354	620596	12951
吉 林	Jilin	974	346	10955	11483	26186	8798	304618	11270
黑龙江	Heilongjiang	1233	397	13721	11074	28150	8968	310161	11030
上 海	Shanghai	13601	5077	333936	24348	42497	15670	907876	21447
江 苏	Jiangsu	7834	2614	156103	19638	48788	14094	957146	19579
浙 江	Zhejiang	255	91	4560	18024	34613	9964	761895	22367
安 徽	Anhui	3718	1308	42762	11093	24060	7112	263640	10941
福 建	Fujian	1172	368	19806	16630	24195	6721	424615	17613
江 西	Jiangxi	1752	475	18080	10326	14727	4313	157821	10852
山 东	Shandong	2001	601	28653	14420	38943	12074	540232	13956
河 南	Henan	1560	740	21091	13198	46251	15596	518358	11119
湖 北	Hubei	5559	1665	79793	14236	44184	14778	529914	12215
湖 南	Hunan	1014	350	11351	11583	33733	11008	437200	13013
广 东	Guangdong	2930	949	77901	26398	46708	14183	1204180	25956
广 西	Guangxi	2095	721	29142	13930	18732	5977	240880	12857
海 南	Hainan	142	47	2033	14317	6915	2656	72993	10616
重 庆	Chongqing	982	372	10324	9577	40997	13815	452569	11099
四 川	Sichuan	3737	1507	47213	12389	34708	11962	462994	13223
贵 州	Guizhou	489	202	4742	9503	13410	4457	175614	13154
云 南	Yunnan	1266	431	21556	15862	39857	10056	314158	8881
西 藏	Tibet	64	27	1235	19297	1840	603	26279	15652
陕 西	Shaanxi	1848	538	23611	12938	32531	11468	362227	11062
甘 肃	Gansu	3799	1118	40987	10635	12725	4158	144589	11456
青 海	Qinghai	630	270	17378	27760	4349	1595	67032	15276
宁 夏	Ningxia	434	146	5359	12550	4364	1477	55542	12635
新 疆	Xinjiang	437	154	6166	14014	18156	6672	275936	14807

3—3 续表 36 continued

地区 Region	气象 Meteorology 年末人数(人) Year-end Figures (person)	#女性 Female	劳动报酬(千元) Earnings (1 000 yuan)	平均劳动报酬(元) Average Earning (yuan)	地震 Seismology 年末人数(人) Year-end Figures (person)	#女性 Female	劳动报酬(千元) Earnings (1 000 yuan)	平均劳动报酬(元) Average Earning (yuan)
全国 National	**49839**	**17503**	**683097**	**13682**	**14738**	**3978**	**212558**	**14385**
北京 Beijing	2584	1006	76067	28142	1070	378	17684	16466
天津 Tianjin	706	278	9866	13994	532	128	6163	11563
河北 Hebei	2089	861	23316	11113	719	223	8689	12085
山西 Shanxi	1725	673	17342	10030	658	231	6774	10248
内蒙古 Inner Mongolia	2611	1065	27509	10452	576	169	6948	11979
辽宁 Liaoning	1768	693	24432	13921	581	137	7384	12797
吉林 Jilin	1127	394	12719	11276	104	13	1301	12510
黑龙江 Heilongjiang	1711	622	21662	12646	209	35	3205	15262
上海 Shanghai	662	262	14093	21161	375	90	20675	55281
江苏 Jiangsu	1540	457	26118	16509	458	83	7424	16035
浙江 Zhejiang	1472	433	26262	18012	112	20	2342	20017
安徽 Anhui	1525	420	16196	10593	413	85	5510	13406
福建 Fujian	1455	457	21664	14808	630	124	9987	15802
江西 Jiangxi	1557	444	16652	10654	106	22	1539	14657
山东 Shandong	2301	779	32508	14085	468	112	7433	15294
河南 Henan	2144	720	24403	11371	929	279	13064	14108
湖北 Hubei	2291	721	26645	11630	676	216	7496	10895
湖南 Hunan	1922	598	24915	13065	162	53	2575	15606
广东 Guangdong	2156	693	40855	19091	774	192	14271	18273
广西 Guangxi	1625	552	20187	12593	194	47	2870	14643
海南 Hainan	391	136	5545	14145	199	52	3340	16869
重庆 Chongqing	785	276	10653	13853	20	2	168	8000
四川 Sichuan	2622	868	30185	11623	1060	298	10568	10017
贵州 Guizhou	1429	501	14676	10306	36	9	380	21111
云南 Yunnan	1835	663	23215	12583	1198	344	14282	11784
西藏 Tibet					41	16	889	21683
陕西 Shaanxi	1809	666	19474	10712	985	179	9679	9897
甘肃 Gansu	1751	562	20364	11630	432	143	5119	11932
青海 Qinghai	1469	588	22121	15100	236	77	3297	13970
宁夏 Ningxia	583	206	7530	12872	309	88	4189	13513
新疆 Xinjiang	2194	909	25923	11990	476	133	7313	15363

3—3 续表 37 continued

地区	Region	测绘 Survey and Mapping 年末人数(人) Year-end Figures (person)	#女性 Female	劳动报酬(千元) Earnings (1 000 yuan)	平均劳动报酬(元) Average Earning (yuan)	技术监督 Technological Supervision 年末人数(人) Year-end Figures (person)	#女性 Female	劳动报酬(千元) Earnings (1 000 yuan)	平均劳动报酬(元) Average Earning (yuan)
全国	**National**	**43122**	**12512**	**644082**	**14694**	**174732**	**54093**	**2430482**	**14039**
北京	Beijing	1811	521	53645	29524	9628	2992	204557	21706
天津	Tianjin	885	187	20341	22907	3987	1280	62082	15626
河北	Hebei	1196	389	12083	9912	9267	3248	95035	10260
山西	Shanxi	1049	371	13361	12835	5926	2067	57721	9778
内蒙古	Inner Mongolia	1382	566	15726	11169	5008	1706	50420	10108
辽宁	Liaoning	1568	508	24949	16065	12492	4205	148911	11987
吉林	Jilin	1764	502	24442	10054	6835	2260	68317	10032
黑龙江	Heilongjiang	1818	538	20387	11409	8459	2350	93593	11363
上海	Shanghai	445	108	13755	30297	5095	1467	111244	22551
江苏	Jiangsu	2647	616	51108	19170	11674	3177	199791	17189
浙江	Zhejiang	2009	506	36829	18591	5792	1705	109462	19305
安徽	Anhui	1425	389	17021	12072	5428	1557	58334	10707
福建	Fujian	2689	584	37240	13839	3927	1013	64175	16502
江西	Jiangxi	620	211	6246	10156	2956	719	29019	10136
山东	Shandong	2154	589	36783	17053	11561	3423	151379	13359
河南	Henan	1725	589	18749	10445	10337	3317	97856	9622
湖北	Hubei	2166	628	34101	15671	8115	2441	86086	10646
湖南	Hunan	1987	575	21514	10937	5367	1541	69049	12940
广东	Guangdong	2052	529	40965	19704	11824	3426	306669	26004
广西	Guangxi	1630	368	23745	14523	3183	1001	39147	12207
海南	Hainan	289	82	3878	14051	1239	411	17948	14509
重庆	Chongqing	627	129	5856	9266	1655	496	18515	11160
四川	Sichuan	1893	663	18473	9900	6800	2187	84464	12416
贵州	Guizhou	1440	418	20516	13928	2304	708	26026	11365
云南	Yunnan	936	273	14498	15589	2808	759	34358	12346
西藏	Tibet	45	19	1000	22222	25	11	415	18043
陕西	Shaanxi	2226	760	23310	10557	5618	1944	53831	9625
甘肃	Gansu	307	109	3353	10958	2400	807	27637	11588
青海	Qinghai	625	187	9809	15694	316	129	4501	14244
宁夏	Ningxia	485	153	5138	10638	854	294	9916	11611
新疆	Xinjiang	1227	445	15261	12530	3852	1452	50024	13119

3－3 续表 38　continued

地区	Region	海洋环境 Oceanic Environment 年末人数（人）Year-end Figures (person)	＃女性 Female	劳动报酬（千元）Earnings (1 000 yuan)	平均劳动报酬（元）Average Earning (yuan)	环境保护 Environmental Protection 年末人数（人）Year-end Figures (person)	＃女性 Female	劳动报酬（千元）Earnings (1 000 yuan)	平均劳动报酬（元）Average Earning (yuan)
全国	**National**	**6584**	**1124**	**125657**	**19326**	**80998**	**31382**	**951469**	**11927**
北京	Beijing	297	100	5038	17078	2712	850	45158	16439
天津	Tianjin	482	118	6700	13673	1798	657	21444	12122
河北	Hebei	87	18	1240	14253	4204	1656	35672	8602
山西	Shanxi					2908	1172	24526	8522
内蒙古	Inner Mongolia					1961	884	19285	9915
辽宁	Liaoning	244	75	3987	15948	4484	1770	50040	11220
吉林	Jilin					2386	954	22939	9675
黑龙江	Heilongjiang					2311	883	25623	11111
上海	Shanghai	748	121	15978	21361	1942	690	42968	22080
江苏	Jiangsu	147	16	2355	16020	5030	1620	77870	15618
浙江	Zhejiang	1536	176	34613	24273	3615	1248	69675	19555
安徽	Anhui					2222	835	21913	9933
福建	Fujian	572	108	13748	23951	2433	845	37942	15679
江西	Jiangxi					2308	766	19778	9098
山东	Shandong	980	123	15467	15734	4063	1480	52618	13073
河南	Henan	8	1	132	16500	6524	2639	52445	8218
湖北	Hubei					5278	2147	47132	8962
湖南	Hunan					3034	1230	32925	11030
广东	Guangdong	1255	208	22147	17508	3821	1407	62616	17549
广西	Guangxi	56	21	845	15364	2654	1288	26685	10291
海南	Hainan	168	39	3366	19800	560	196	6321	11247
重庆	Chongqing					605	184	8145	13689
四川	Sichuan					3037	1209	33597	11192
贵州	Guizhou	4		41	10250	843	396	8236	9735
云南	Yunnan					2212	904	24940	11530
西藏	Tibet					335	209	3142	9788
陕西	Shaanxi					3502	1480	27980	8084
甘肃	Gansu					1683	757	18680	11502
青海	Qinghai					395	147	6547	16575
宁夏	Ningxia					507	195	5900	11824
新疆	Xinjiang					1631	684	18727	11875

3—3 续表 39 continued

地区	Region	技术推广和科技交流服务业 Technology Application and Dissemination as Well as Science and Technology Exchange Services 年末人数（人） Year-end Figures (person)	# 女性 Female	劳动报酬（千元） Earnings (1 000 yuan)	平均劳动报酬（元） Average Earning (yuan)	工程设计业 Engineering Design 年末人数（人） Year-end Figures (person)	# 女性 Female	劳动报酬（千元） Earnings (1 000 yuan)	平均劳动报酬（元） Average Earning (yuan)
全　国	**National**	**85798**	**28261**	**1205760**	**14252**	**294789**	**95430**	**5289269**	**17774**
北　京	Beijing	19500	5293	359403	18547	27055	9409	755753	28366
天　津	Tianjin	5210	1581	69987	13928	13401	4567	258573	19039
河　北	Hebei	1366	514	14464	10550	9297	3159	102189	10830
山　西	Shanxi	1512	524	12455	8382	7451	2864	88709	12002
内蒙古	Inner Mongolia	1602	626	17632	11195	3080	1281	31049	9510
辽　宁	Liaoning	3922	1270	44655	11340	14363	5238	207629	14304
吉　林	Jilin	1194	408	9751	8139	11537	3789	151281	12878
黑龙江	Heilongjiang	1430	525	13912	9729	9479	3126	104953	10941
上　海	Shanghai	3610	1081	113176	31908	10272	3258	265476	25822
江　苏	Jiangsu	3965	1127	61942	15618	13327	4026	309374	23014
浙　江	Zhejiang	4308	1454	69112	16250	12504	3477	344668	27773
安　徽	Anhui	3083	984	25521	8270	7678	2196	90965	11818
福　建	Fujian	1117	372	15691	13704	8360	2273	175783	21120
江　西	Jiangxi	774	231	6994	9071	4724	1407	61721	12991
山　东	Shandong	2294	739	24289	10570	11705	3814	171556	14763
河　南	Henan	2681	1036	21799	8201	17746	5846	242526	13110
湖　北	Hubei	5817	1982	70663	14657	14806	4752	207393	13822
湖　南	Hunan	5437	1931	59798	11175	15194	4861	220222	14412
广　东	Guangdong	3411	1288	69370	20301	17307	5136	506091	29351
广　西	Guangxi	1218	421	12343	10043	6301	1682	92759	14638
海　南	Hainan	2668	1285	12098	4492	1161	351	17227	15019
重　庆	Chongqing	200	52	1909	10209	5312	1387	90848	17271
四　川	Sichuan	1873	730	22355	10115	15539	5391	234048	14987
贵　州	Guizhou	629	176	5319	8429	6074	2053	93291	15551
云　南	Yunnan	701	231	7744	11142	7294	2266	96692	12760
西　藏	Tibet	567	33	3855	6799	503	163	11037	22479
陕　西	Shaanxi	2226	1072	20621	9356	13394	4330	177502	12853
甘　肃	Gansu	963	323	11372	11858	2025	657	25170	12387
青　海	Qinghai	122	44	2052	16683	736	274	11581	15671
宁　夏	Ningxia	383	159	4193	10779	1053	331	16843	15452
新　疆	Xinjiang	2015	769	21285	10627	6111	2066	126360	18709

3—3 续表 40 continued

地 区	Region	其他综合技术服务业 Other Polytechnical Services 年末人数（人）Year-end Figures (person)	#女 性 Female	劳动报酬（千元）Earnings (1 000 yuan)	平均劳动报酬（元）Average Earning (yuan)	国家机关、政党机关和社会团体 Government Agencies, Party Agencies and Social Organizations 年末人数（人）Year-end Figures (person)	#女 性 Female	劳动报酬（千元）Earnings (1 000 yuan)	平均劳动报酬（元）Average Earning (yuan)
全 国	**National**	**259353**	**76547**	**4314094**	**17122**	**11009142**	**2734630**	**132562503**	**12061**
北 京	Beijing	112232	28996	2492301	22692	247017	78010	5404366	22034
天 津	Tianjin	5273	1807	70642	13440	121060	29673	1939729	16001
河 北	Hebei	2265	755	28422	12526	644058	165628	6221466	9714
山 西	Shanxi	3677	1160	33689	9190	417321	112474	3711679	8961
内蒙古	Inner Mongolia	779	269	9724	12451	295380	81465	3021785	10276
辽 宁	Liaoning	8022	2341	103996	12858	407279	96458	4978933	12212
吉 林	Jilin	1215	471	13746	11295	246746	60491	2543168	10242
黑龙江	Heilongjiang	2733	889	26826	9436	380477	98651	4340203	11326
上 海	Shanghai	19348	8593	310511	16020	150512	43901	3480505	23100
江 苏	Jiangsu	10000	2972	221164	22092	457538	87403	7475441	16231
浙 江	Zhejiang	3265	945	68932	21643	337330	75052	7179191	21431
安 徽	Anhui	2286	646	28180	12199	404842	93030	3922055	9701
福 建	Fujian	3012	945	48385	16286	287169	64326	3899747	13594
江 西	Jiangxi	1549	476	14545	9276	341859	75120	3227550	9454
山 东	Shandong	3417	1015	48199	13767	790355	176357	8854082	11228
河 南	Henan	4157	1169	44928	11132	826398	213955	7270637	8876
湖 北	Hubei	5035	1891	50398	9970	517221	125477	5287006	10201
湖 南	Hunan	630	219	6202	10251	579745	144689	5615832	9820
广 东	Guangdong	4108	1304	141196	34371	674020	164077	12265207	18094
广 西	Guangxi	1871	597	22295	11853	342091	87086	3554184	10375
海 南	Hainan	240	104	3270	16269	79225	21703	908066	11468
重 庆	Chongqing	31793	11289	316475	9998	180206	42929	2058680	11050
四 川	Sichuan	1390	484	16675	11818	577808	152327	6708400	11492
贵 州	Guizhou	651	196	7129	10704	285457	72048	2581793	9113
云 南	Yunnan	22868	4615	98321	5413	360734	90963	3930820	10956
西 藏	Tibet	312	148	5631	31458	60210	17960	1188215	20328
陕 西	Shaanxi	2771	1037	29422	11007	384450	95938	3483581	9151
甘 肃	Gansu	3164	800	32894	10493	232894	55877	2645475	11464
青 海	Qinghai	450	149	7124	14569	61869	17287	904798	14693
宁 夏	Ningxia	190	51	1829	9833	62342	16956	699534	11212
新 疆	Xinjiang	650	214	11043	17473	257534	77936	3288619	12825

3—3 续表 41　continued

地　区	Region	国家机关 Government Agencies 年末人数（人）Year-end Figures (person)	#女　性 Female	劳动报酬（千元）Earnings (1 000 yuan)	平均劳动报酬（元）Average Earning (yuan)	政党机关 Party Agencies 年末人数（人）Year-end Figures (person)	#女　性 Female	劳动报酬（千元）Earnings (1 000 yuan)	平均劳动报酬（元）Average Earning (yuan)
全　国	**National**	**10306760**	**2546695**	**123654539**	**12016**	**534892**	**118511**	**6582985**	**12347**
北　京	Beijing	224106	69801	4927169	22132	9951	3405	198564	19598
天　津	Tianjin	112622	27060	1781547	15801	5296	1359	86256	16217
河　北	Hebei	604087	156714	5817064	9683	33061	6316	333552	10154
山　西	Shanxi	389819	104465	3450753	8920	21792	5624	204960	9456
内蒙古	Inner Mongolia	271404	74722	2759816	10215	19221	4784	211708	11063
辽　宁	Liaoning	377516	87722	4610077	12199	20391	4695	257628	12659
吉　林	Jilin	227199	55025	2336356	10217	13597	3211	145833	10682
黑龙江	Heilongjiang	358999	92716	4083389	11278	17218	4252	202056	11979
上　海	Shanghai	141829	39919	3308313	23288	3052	860	72333	23561
江　苏	Jiangsu	435145	81937	7104517	16214	14390	2468	249436	17318
浙　江	Zhejiang	315397	68855	6722089	21481	14520	3113	314992	21790
安　徽	Anhui	381592	87633	3664611	9613	18066	3361	200721	11215
福　建	Fujian	269843	59685	3667700	13606	12761	2843	173471	13647
江　西	Jiangxi	316539	68946	2981020	9433	19858	4179	195051	9777
山　东	Shandong	748456	168031	8334841	11161	34062	5248	419982	12355
河　南	Henan	778397	202058	6778765	8789	38402	8014	383291	10027
湖　北	Hubei	495246	119684	5056083	10187	14725	2654	157090	10691
湖　南	Hunan	542198	134323	5254233	9823	31264	7774	301574	9802
广　东	Guangdong	639665	153544	11667676	18138	23698	5446	411449	17247
广　西	Guangxi	323176	81297	3350604	10349	13679	3322	155905	11376
海　南	Hainan	74188	20436	844902	11400	3616	720	46337	12765
重　庆	Chongqing	171672	40569	1951938	11009	6898	1699	85880	11813
四　川	Sichuan	539626	141878	6238016	11436	30343	7333	381287	12492
贵　州	Guizhou	260954	65888	2351361	9078	20947	4733	195758	9435
云　南	Yunnan	333431	83810	3607736	10882	22741	5474	275709	12141
西　藏	Tibet	52383	15376	1011845	19934	6549	1918	145678	22558
陕　西	Shaanxi	356992	90083	3162860	8954	22750	4097	221103	9737
甘　肃	Gansu	217450	51778	2432008	11279	15430	2921	176814	11793
青　海	Qinghai	53406	14924	772095	14537	6229	1554	99491	16198
宁　夏	Ningxia	56314	15555	623057	11044	4327	985	53893	12504
新　疆	Xinjiang	238444	72543	3025197	12741	16058	4149	225183	14115

3—3 续表 42　continued

地　区	Region	其　他 Others 年末人数（人） Year-end Figures (person)	♯女　性 Female	劳动报酬（千元） Earnings (1 000 yuan)	平均劳动报酬(元) Average Earning (yuan)	企业管理机构 Enterprise Management Organizations 年末人数（人） Year-end Figures (person)	♯女　性 Female	劳动报酬（千元） Earnings (1 000 yuan)	平均劳动报酬（元） Average Earning (yuan)
全　国	**National**	**1101339**	**413702**	**14242861**	**12862**	**553518**	**190074**	**6630589**	**11903**
北　京	Beijing	124229	48576	2529200	20337	28247	10283	682090	23783
天　津	Tianjin	31970	8315	334744	10152	16274	6090	224741	13654
河　北	Hebei	40058	13902	349160	8663	23373	8045	195223	8359
山　西	Shanxi	35012	11517	258980	7529	28965	9430	221655	7681
内蒙古	Inner Mongolia	36892	11014	385947	10336	11379	3985	104111	9089
辽　宁	Liaoning	46390	20941	459384	9679	16970	6550	187587	11049
吉　林	Jilin	26245	9824	269130	10255	11952	3914	141060	11833
黑龙江	Heilongjiang	41907	16878	315156	7692	25301	10549	196908	7763
上　海	Shanghai	72984	29561	1802820	25057	25898	9766	402919	15342
江　苏	Jiangsu	55505	20299	788850	13147	25889	7348	406618	14465
浙　江	Zhejiang	46055	17569	754687	16386	37456	12445	650091	17236
安　徽	Anhui	17855	6375	160926	9187	13705	4211	131383	9696
福　建	Fujian	26243	7226	394729	14915	11126	3361	149243	13356
江　西	Jiangxi	19701	8420	151135	7980				
山　东	Shandong	64373	28499	611099	9490	42131	16787	411902	9676
河　南	Henan	50716	18839	460952	8937	33053	10673	307692	9276
湖　北	Hubei	32019	12011	293288	9149	13306	3760	148264	11125
湖　南	Hunan	49765	17178	492582	9902	40769	13308	408111	10162
广　东	Guangdong	85158	33935	1338254	15630	40249	12536	535640	13165
广　西	Guangxi	19743	8066	197768	10052	16828	7086	171094	10179
海　南	Hainan	3246	937	31972	9880	2704	790	26043	9696
重　庆	Chongqing	3305	1205	37887	10757	2314	740	26058	10382
四　川	Sichuan	24802	9746	309022	12368	12408	3154	183629	14727
贵　州	Guizhou	16661	3667	143879	8793	15465	3334	132087	8715
云　南	Yunnan	11833	5733	158086	12606	5626	1987	87072	15430
西　藏	Tibet	1003	373	7988	7964	1003	373	7988	7964
陕　西	Shaanxi	17253	7122	127636	7399	13531	5384	97632	7196
甘　肃	Gansu	39053	13942	370633	9982	5997	2637	53257	8751
青　海	Qinghai	8857	3103	112141	12528	6490	2075	84650	12967
宁　夏	Ningxia	8700	2942	92520	10581	1740	604	18963	11949
新　疆	Xinjiang	41801	15370	474062	10879	23369	8869	236878	10200

3—4 采掘业细分类就业人员和平均劳动报酬
EMPLOYMENT AND AVERAGE EARNING IN MINING AND QUARRYING

(2001)

地区	Region	煤炭采选业 Coal Mining and Processing		石油和天然气开采业 Petroleum and Natural Gas Extraction		黑色金属矿采选业 Ferrous Metals Mining & Processing	
		年末人数（人） Year-end Figures (person)	平均劳动报酬（元） Average Earning (yuan)	年末人数（人） Year-end Figures (person)	平均劳动报酬（元） Average Earning (yuan)	年末人数（人） Year-end Figures (person)	平均劳动报酬（元） Average Earning (yuan)
全　国	**National**	**3312375**	**8695**	**735801**	**18695**	**142977**	**9226**
北　京	Beijing	22521	15290			1461	7776
天　津	Tianjin	148	2500	61961	20060		
河　北	Hebei	221058	10207	30937	17322	19148	9207
山　西	Shanxi	505254	8798			7098	6474
内蒙古	Inner Mongolia	139998	7842	1904	15799	2637	6822
辽　宁	Liaoning	178478	8789	69254	14376	7818	5199
吉　林	Jilin	86879	6525	36354	16470	9113	9536
黑龙江	Heilongjiang	275381	6002	98550	22448	452	4465
上　海	Shanghai			131	49496		
江　苏	Jiangsu	119291	10908	24683	18407	4479	6607
浙　江	Zhejiang	8029	11957			1699	14561
安　徽	Anhui	240357	9438			25129	12335
福　建	Fujian	17636	9257	14	9571	2715	11310
江　西	Jiangxi	74465	7426	19	17263	753	5433
山　东	Shandong	386314	11401	162114	22487	13024	11298
河　南	Henan	352030	7860	59329	17287	1245	4091
湖　北	Hubei	14221	5496	39737	15561	7336	8101
湖　南	Hunan	92098	7266	346	6898	3916	4517
广　东	Guangdong	7351	8439	5890	13545	5583	12287
广　西	Guangxi	23457	7020			4887	5657
海　南	Hainan	203	5059			8302	8131
重　庆	Chongqing	70050	6801	9553	13814	666	5927
四　川	Sichuan	123103	6665	16346	18085	5222	7832
贵　州	Guizhou	72672	8255	70	7714	168	4851
云　南	Yunnan	31902	8208	110	8891	4372	9993
西　藏	Tibet	50	5820			728	9951
陕　西	Shaanxi	96742	7148	51436	14303	1186	5953
甘　肃	Gansu	56744	8385	16066	18373	895	7021
青　海	Qinghai	5187	7807	2805	29690		
宁　夏	Ningxia	50778	11456				
新　疆	Xinjiang	39978	9280	48192	16671	2945	14448

3—4 续表 continued

地 区 Region		有色金属矿采选业 Nonferrous Metals Mining & Processing		非金属矿采选业 Nonmetal Minerals Mining & Processing		其他矿采选业 Other Minerals Mining & Processing		木材及竹材采运业 Logging & Transport of Wood & Bamboo	
		年末人数（人） Year-end Figures (person)	平均劳动报酬（元） Average Earning (yuan)	年末人数（人） Year-end Figures (person)	平均劳动报酬（元） Average Earning (yuan)	年末人数（人） Year-end Figures (person)	平均劳动报酬（元） Average Earning (yuan)	年末人数（人） Year-end Figures (person)	平均劳动报酬（元） Average Earning (yuan)
全 国	**National**	**326907**	**8185**	**298034**	**7403**	**13699**	**6547**	**652679**	**4675**
北 京	Beijing	106	19189	1284	10440				
天 津	Tianjin			12756	13556	45	8660	269	12130
河 北	Hebei	12866	7068	21617	7890	20	5200	221	6608
山 西	Shanxi	2940	5849	4105	4553			507	4695
内蒙古	Inner Mongolia	20310	7428	8542	8832			84484	4527
辽 宁	Liaoning	15183	6924	20144	7108	2086	6326		
吉 林	Jilin	11023	6687	4830	4684	781	2831	129541	5100
黑龙江	Heilongjiang	8236	5948	9036	3962			344209	3999
上 海	Shanghai			349	14159			259	6558
江 苏	Jiangsu	2273	13174	28945	7764	183	8204		
浙 江	Zhejiang	3769	14299	5746	8731	170	9955	132	6295
安 徽	Anhui	8101	6074	6635	5724	12	7833	1796	5187
福 建	Fujian	2609	14731	11854	6501	15	8133	13706	7529
江 西	Jiangxi	25242	7311	5050	6807	5136	8693	16578	4874
山 东	Shandong	40396	8788	22907	7132				
河 南	Henan	26047	5805	5647	5297	539	1336		
湖 北	Hubei	5210	7104	27157	5448	537	5571	739	6277
湖 南	Hunan	33895	8914	8041	8387	488	13549	5112	5891
广 东	Guangdong	8568	8853	20565	7982	193	6685	4528	7362
广 西	Guangxi	14646	8744	6961	6315	365	5404	4365	6453
海 南	Hainan	643	7269	3390	5453			3370	5639
重 庆	Chongqing	329	3552	2279	7810	153	9490	365	4603
四 川	Sichuan	8054	9563	23994	6178			15770	7392
贵 州	Guizhou	3442	6837	10777	11296			2860	5154
云 南	Yunnan	29307	9563	11483	9014	45	8405	9777	7907
西 藏	Tibet	752	13338	97	10784	193	7378	831	9549
陕 西	Shaanxi	24620	8366	1901	6501	13	8077	4009	6147
甘 肃	Gansu	10416	7301	1682	6037			6462	5503
青 海	Qinghai	3727	11208	6076	7858	249	2934	134	12797
宁 夏	Ningxia								
新 疆	Xinjiang	4197	12472	4184	7433	2476	3637	2655	8413

3—5 制造业细分类就业人员和平均劳动报酬

EMPLOYMENT AND AVERAGE EARNING IN MANUFACTURING

(2001)

地 区 Region	食品加工业 Food Processing		食品制造业 ood Manufacturing		饮料制造业 Beverage Manufacturing	
	年末人数（人） Year-end Figures (person)	平均劳动报酬（元） Average Earning (yuan)	年末人数（人） Year-end Figures (person)	平均劳动报酬（元） Average Earning (yuan)	年末人数（人） Year-end Figures (person)	平均劳动报酬（元） Average Earning (yuan)
全 国 National	**1003128**	**7172**	**638335**	**9125**	**761261**	**8919**
北 京 Beijing	16683	13600	31333	16631	23394	14579
天 津 Tianjin	15320	12073	22075	12537	13091	14930
河 北 Hebei	32571	5307	23767	6780	35807	6241
山 西 Shanxi	13864	3928	9020	4126	14545	5400
内蒙古 Inner Mongolia	16869	5566	17567	5815	24801	5564
辽 宁 Liaoning	22378	7881	20708	7994	22244	8833
吉 林 Jilin	37386	6224	11453	6127	19735	6798
黑龙江 Heilongjiang	64803	5950	37478	7319	35102	8003
上 海 Shanghai	13970	16615	26971	22477	8149	31304
江 苏 Jiangsu	59888	6550	47606	8869	39928	8023
浙 江 Zhejiang	27868	10471	38306	11517	27067	14811
安 徽 Anhui	40784	4576	21179	5719	48086	6221
福 建 Fujian	35224	9084	30443	8227	17882	11633
江 西 Jiangxi	30046	5485	10988	4195	16301	5904
山 东 Shandong	131476	5905	47394	6343	104293	7382
河 南 Henan	72645	4712	58697	5385	55318	4826
湖 北 Hubei	43720	5575	24261	7964	32671	7767
湖 南 Hunan	23707	7066	14302	6751	16019	8212
广 东 Guangdong	63980	9948	55052	13807	30375	17434
广 西 Guangxi	86853	9060	15966	7210	13399	7525
海 南 Hainan	14406	6905	6180	11700	2387	10647
重 庆 Chongqing	10945	7029	7327	8322	10485	9375
四 川 Sichuan	22839	6195	21233	7782	62152	11954
贵 州 Guizhou	9188	5579	4191	7428	19598	9914
云 南 Yunnan	40255	9200	7838	6669	20237	5413
西 藏 Tibet	596	10170	47	5146	305	7708
陕 西 Shaanxi	17057	5538	8839	6848	14237	7208
甘 肃 Gansu	9070	5616	6631	5855	14585	5924
青 海 Qinghai	3209	5294	829	4549	2326	7893
宁 夏 Ningxia	1555	7175	3618	6919	4586	7012
新 疆 Xinjiang	23973	8108	7036	7883	12156	9530

3—5 续表 1　continued

地　区　Region		烟草加工业 Tobacco Processing		纺织业 Textile Industry		服装及其他纤维制品制造业 Garments and Other Fiber Products	
		年末人数(人) Year-end Figures (person)	平均劳动报酬(元) Average Earning (yuan)	年末人数(人) Year-end Figures (person)	平均劳动报酬(元) Average Earning (yuan)	年末人数(人) Year-end Figures (person)	平均劳动报酬(元) Average Earning (yuan)
全　国	**National**	**249887**	**20269**	**3048860**	**6681**	**1245222**	**8367**
北　京	Beijing	837	51449	33892	10896	37632	11145
天　津	Tianjin	1887	22112	55653	8163	35997	7916
河　北	Hebei	7439	15163	178883	5985	32665	4685
山　西	Shanxi	2402	10462	61458	4167	10971	4122
内蒙古	Inner Mongolia	2719	14024	52337	5866	11308	6239
辽　宁	Liaoning	4034	12927	99336	5250	47704	7238
吉　林	Jilin	5457	17721	40324	4764	18011	4774
黑龙江	Heilongjiang	7318	12405	75664	6056	6990	4148
上　海	Shanghai	6945	46008	82799	12394	53892	12937
江　苏	Jiangsu	7174	29175	390454	7542	125651	7932
浙　江	Zhejiang	2954	40514	117823	9948	74403	10774
安　徽	Anhui	12628	17740	153076	5681	15716	5518
福　建	Fujian	4893	30257	77341	8588	206813	9435
江　西	Jiangxi	7968	11077	61146	5415	12078	4139
山　东	Shandong	14203	24027	453091	6035	141387	7049
河　南	Henan	27390	15102	275485	4834	21541	4410
湖　北	Hubei	14477	8644	215367	5595	67766	5772
湖　南	Hunan	16863	21019	64690	5933	10220	6347
广　东	Guangdong	9624	32758	140542	9500	259105	9643
广　西	Guangxi	7135	11195	36817	6226	7299	4957
海　南	Hainan	471	21637	2496	9736	2785	12784
重　庆	Chongqing	5172	20062	38902	5953	8238	7456
四　川	Sichuan	8400	19395	102428	5621	10365	6954
贵　州	Guizhou	21757	13219	12170	4733	3313	6731
云　南	Yunnan	33906	33566	20879	6891	4454	5362
西　藏	Tibet			501	6205	147	9122
陕　西	Shaanxi	11594	11050	96523	6934	10486	5952
甘　肃	Gansu	2594	13438	18359	6071	2822	4813
青　海	Qinghai	20	10850	1767	4062	972	6468
宁　夏	Ningxia	524	12974	1524	5249	1208	6146
新　疆	Xinjiang	1102	15748	87133	7194	3283	6169

3—5 续表 2　continued

地　区　Region	皮革、毛皮、羽绒及其制品业 Leather，Furs，Down and Related Products		木材加工及竹藤棕草制品业 Timber Processing, Bamboo, Cane Palm Fiber & Straw Products		家具制造业 Furniture Manufacturing		造纸及纸制品业 Papermaking and Paper Products	
	年末人数（人）Year-end Figures (person)	平均劳动报酬（元）Average Earning (yuan)	年末人数（人）Year-end Figures (person)	平均劳动报酬（元）Average Earning (yuan)	年末人数（人）Year-end Figures (person)	平均劳动报酬（元）Average Earning (yuan)	年末人数（人）Year-end Figures (person)	平均劳动报酬（元）Average Earning (yuan)
全　国　National	**555591**	**8217**	**285518**	**6318**	**161454**	**7721**	**620768**	**7730**
北　京　Beijing	4738	9571	3350	14198	12921	12039	8534	14903
天　津　Tianjin	15253	7689	5297	10985	10259	8628	9609	8970
河　北　Hebei	7732	4963	4370	7364	7244	4764	39453	5707
山　西　Shanxi	1920	4054	1457	3175	4919	3566	6514	3800
内蒙古　Inner Mongolia	2939	4801	16389	2528	1505	5030	9192	6422
辽　宁　Liaoning	19314	6323	9578	7031	8221	9006	30769	6388
吉　林　Jilin	3147	4858	25495	5375	4110	7321	25337	6424
黑龙江　Heilongjiang	6134	3625	67338	4344	16389	4887	30202	6813
上　海　Shanghai	13407	11235	3668	11237	8055	12164	11602	16535
江　苏　Jiangsu	16258	7758	4475	7999	4645	6097	32726	11792
浙　江　Zhejiang	40696	9356	6733	9424	6111	9776	20829	12853
安　徽　Anhui	7227	4467	7024	5048	2614	3161	17162	5565
福　建　Fujian	127631	9265	19908	7752	13986	9643	36045	9329
江　西　Jiangxi	11235	4093	12820	5465	2532	3754	15772	6105
山　东　Shandong	96983	7456	15393	6828	11964	5502	84216	6413
河　南　Henan	17404	4517	8981	4526	5844	4283	42829	4641
湖　北　Hubei	8535	6806	10874	6119	5591	5470	25737	6193
湖　南　Hunan	6588	4843	6813	7071	767	5916	24207	8040
广　东　Guangdong	123249	9934	19597	9396	16357	11343	42214	11392
广　西　Guangxi	3710	5232	5290	6425	2573	4607	21916	7763
海　南　Hainan	920	5046	1395	8811	804	7872	1169	7312
重　庆　Chongqing	1879	6534	1061	5210	1221	5398	3912	6102
四　川　Sichuan	7367	6323	7715	8312	2129	5354	28373	7066
贵　州　Guizhou	414	3822	2335	6281	1167	6672	4697	5484
云　南　Yunnan	1597	4745	10382	6488	2519	7435	10104	6980
西　藏　Tibet			99	10253	113	7204	16	8000
陕　西　Shaanxi	3384	6065	4716	4607	2868	6079	10183	4773
甘　肃　Gansu	3189	6550	1452	5836	1697	5207	5396	5445
青　海　Qinghai	193	11015	71	8056	206	6195	801	4105
宁　夏　Ningxia	763	6083	38	7000	571	6378	13454	6685
新　疆　Xinjiang	1785	6139	1404	4772	1552	8597	7798	8182

3—5 续表 3　continued

地　区　Region	印刷业、记录媒介的复制 Printing & Record Medium Reproducted		文教体育用品制造业 Stationery，Educational and Sport Goods		石油加工及炼焦业 Petroleum Processing and Coking Products		化学原料及化学制品制造业 Raw Chemicals Materials & Chemicals	
	年末人数（人）Year-end Figures（person）	平均劳动报酬（元）Average Earning（yuan）	年末人数（人）Year-end Figures（person）	平均劳动报酬（元）Average Earning（yuan）	年末人数（人）Year-end Figures（person）	平均劳动报酬（元）Average Earning（yuan）	年末人数（人）Year-end Figures（person）	平均劳动报酬（元）Average Earning（yuan）
全　国　National	**527143**	**9616**	**268922**	**9492**	**569703**	**15854**	**2336355**	**9288**
北　京　Beijing	39244	18342	9951	14270	26756	25806	51932	16607
天　津　Tianjin	9728	12897	10700	10364	18578	18149	52404	13487
河　北　Hebei	23366	8226	2602	3216	26367	12003	128531	7051
山　西　Shanxi	13993	5086	2123	4620	30317	8727	127512	6677
内蒙古　Inner Mongolia	7801	5086	503	4512	2987	10697	40387	6906
辽　宁　Liaoning	21755	7695	4582	9735	84817	14488	115180	9130
吉　林　Jilin	16478	6168	573	3260	7635	12106	55916	9427
黑龙江　Heilongjiang	20922	6122	5535	4281	59247	17061	51121	6395
上　海　Shanghai	19112	18849	22486	13388	13617	29966	67603	21284
江　苏　Jiangsu	26707	8882	18359	7844	20730	20561	214898	11487
浙　江　Zhejiang	17285	11654	13105	10887	7870	37633	80428	13834
安　徽　Anhui	12208	5607	5805	4434	13559	13105	88686	6414
福　建　Fujian	17045	10601	34974	9956	3563	26221	49471	10760
江　西　Jiangxi	14891	8793	1662	4633	9987	14027	41043	5793
山　东　Shandong	35958	7735	39806	7870	68549	12083	208464	7544
河　南　Henan	30070	5953	1682	3864	19908	11988	192141	6002
湖　北　Hubei	22180	6746	2903	5562	22760	14237	119215	6826
湖　南　Hunan	17987	7840	2132	6545	32750	12651	86251	7512
广　东　Guangdong	44090	13632	83175	10182	23947	24439	75914	17738
广　西　Guangxi	13297	7284	635	4523	1722	13763	64161	9390
海　南　Hainan	2669	7993	29	11000	23	7348	3178	10511
重　庆　Chongqing	7977	7662	1068	6461	1280	16107	52145	8104
四　川　Sichuan	22402	9133	1169	6038	4227	8646	108600	8569
贵　州　Guizhou	11231	7761	523	4768	8	6250	40244	8324
云　南　Yunnan	16040	11178	359	7366	1729	8277	79744	9119
西　藏　Tibet	384	17401					7	8714
陕　西　Shaanxi	23744	8446	954	3505	11489	9466	52398	7624
甘　肃　Gansu	7930	6563	1110	5916	22827	16727	44795	7795
青　海　Qinghai	1639	7024	24	4125	1158	27022	8375	11098
宁　夏　Ningxia	1933	6016	208	4872	5134	11156	17164	7253
新　疆　Xinjiang	7077	8520	185	5917	26162	14374	18447	10968

3—5 续表 4 continued

地区 Region		医药制造业 Medical & Pharmaceutical Products		化学纤维制造业 Chemical Fibers Manufacturing		橡胶制品业 Rubber Products		塑料制品业 Plastic Products	
		年末人数（人） Year-end Figures (person)	平均劳动报酬（元） Average Earning (yuan)	年末人数（人） Year-end Figures (person)	平均劳动报酬（元） Average Earning (yuan)	年末人数（人） Year-end Figures (person)	平均劳动报酬（元） Average Earning (yuan)	年末人数（人） Year-end Figures (person)	平均劳动报酬（元） Average Earning (yuan)
全 国	**National**	**837013**	**11626**	**302928**	**10826**	**405844**	**9089**	**575613**	**8990**
北 京	Beijing	30176	20410	1816	10023	7764	11705	17556	11930
天 津	Tianjin	28349	20486	2902	9432	14626	9459	23278	11421
河 北	Hebei	56267	11434	14416	8281	17262	5844	23668	6670
山 西	Shanxi	18361	5443	4110	5684	9644	6631	6809	3665
内蒙古	Inner Mongolia	11303	6141	42		1373	5621	5081	4274
辽 宁	Liaoning	33043	9361	22929	10472	32126	8968	26248	7908
吉 林	Jilin	35544	6605	12100	7369	6068	7259	13772	4959
黑龙江	Heilongjiang	42679	9473	3880	9791	14013	7395	14105	6556
上 海	Shanghai	34671	24935	36641	16190	22164	18164	26083	13998
江 苏	Jiangsu	58386	12358	38689	13761	22975	10271	37729	9776
浙 江	Zhejiang	33036	15532	14906	12283	18318	10757	41816	10002
安 徽	Anhui	22827	6762	4909	10168	14872	7806	20243	6799
福 建	Fujian	13321	13092	10490	13838	30554	11596	59196	10160
江 西	Jiangxi	34364	7461	12869	5644	3768	4687	11934	5105
山 东	Shandong	53443	10182	33604	8255	53007	8684	49011	7647
河 南	Henan	64764	5617	23907	9849	29301	5778	18288	4582
湖 北	Hubei	44164	7354	10921	5996	16539	6193	18081	5956
湖 南	Hunan	19780	9336	10090	8694	10185	6701	10743	6540
广 东	Guangdong	50055	20430	15943	10763	23776	12900	94785	12039
广 西	Guangxi	21119	10450	4101	9951	8617	7168	8093	6355
海 南	Hainan	4987	11566	2476	9297	2715	6307	1593	9047
重 庆	Chongqing	18824	10596	9254	14519	5099	6054	4693	6344
四 川	Sichuan	35361	10037	8150	10065	7161	7274	11946	6571
贵 州	Guizhou	7230	8226	454	2328	10759	8420	3873	6744
云 南	Yunnan	12094	16502	552	18955	5388	6061	6327	9148
西 藏	Tibet	479	15149					13	3000
陕 西	Shaanxi	36736	10436	1616	6712	6945	5956	6170	4784
甘 肃	Gansu	9122	8863	223	2897	2364	3761	4610	5443
青 海	Qinghai	1035	10240			77	5844	204	1789
宁 夏	Ningxia	1882	12517	265	8576	5065	9664	1971	6843
新 疆	Xinjiang	3611	10058	673	7775	3319	10190	7694	9157

3－5 续表 5　continued

地　区　Region	非金属矿物制品业 Nonmetal Mineral Products		黑色金属冶炼及压延加工业 Smelting & Pressing of Ferrous Metals		有色金属冶炼及压延加工业 Smelting & Pressing of Nonferrous		金属制品业 Metal Products	
	年末人数（人） Year-end Figures (person)	平均劳动报酬（元） Average Earning (yuan)	年末人数（人） Year-end Figures (person)	平均劳动报酬（元） Average Earning (yuan)	年末人数（人） Year-end Figures (person)	平均劳动报酬（元） Average Earning (yuan)	年末人数（人） Year-end Figures (person)	平均劳动报酬（元） Average Earning (yuan)
全　国　National	**2229208**	**7359**	**2052250**	**13266**	**794999**	**11950**	**914905**	**8880**
北　京　Beijing	50720	12703	106225	16839	5511	15983	34179	12305
天　津　Tianjin	21751	11572	42304	15328	4863	11492	41418	9970
河　北　Hebei	169879	6092	182048	12820	11100	10005	45619	6819
山　西　Shanxi	72774	5162	111189	11765	48778	12476	25804	4017
内蒙古　Inner Mongolia	43938	5935	90994	9516	18164	8627	9511	4496
辽　宁　Liaoning	78803	7490	292557	11746	45390	8655	66973	7462
吉　林　Jilin	59282	6702	37507	9582	12508	9557	14829	6408
黑龙江　Heilongjiang	86599	6406	37762	6848	12909	8472	44510	3948
上　海　Shanghai	32646	17951	101728	28023	13392	15182	41650	16334
江　苏　Jiangsu	119565	8593	70908	13251	14678	10329	69642	10742
浙　江　Zhejiang	42606	11006	22225	15761	6698	9607	41506	10785
安　徽　Anhui	75964	5794	69713	12971	36079	10051	17843	6285
福　建　Fujian	69934	9425	21978	12988	7548	16035	34032	11109
江　西　Jiangxi	65326	5088	52504	11963	33465	12534	11282	5250
山　东　Shandong	163214	6632	104124	12730	32648	13990	71100	7648
河　南　Henan	185925	5605	82327	11522	70610	15050	38374	5060
湖　北　Hubei	111951	6081	119133	14651	29437	9104	38136	6792
湖　南　Hunan	116430	6235	63380	13576	49535	13544	19148	6150
广　东　Guangdong	135133	10269	26103	19881	27082	13508	110780	12809
广　西　Guangxi	84738	6580	32490	11813	31968	12110	11422	6025
海　南　Hainan	6483	7655	905	8460	239	13951	1787	7816
重　庆　Chongqing	43965	6910	45010	10292	14538	10630	11564	6287
四　川　Sichuan	111020	7418	149462	12150	22023	8923	45583	8302
贵　州　Guizhou	47499	7153	43271	9492	37215	13142	11971	8646
云　南　Yunnan	46227	8160	38770	14442	51107	10491	8666	6908
西　藏　Tibet	1243	9309					38	7711
陕　西　Shaanxi	72299	6253	26728	7198	18705	8946	22783	9058
甘　肃　Gansu	56222	6922	45532	11513	105137	12374	10328	5812
青　海　Qinghai	7411	7108	12404	9982	12703	15699	1909	9642
宁　夏　Ningxia	13722	6793	5657	8354	13276	15172	7307	8165
新　疆　Xinjiang	35939	9641	17312	15309	7693	11250	5211	8730

3—5 续表 6 continued

地 区 Region	普通机械制造业 Ordinary Machinery Manufacturing 年末人数（人）Year-end Figures (person)	平均劳动报酬（元）Average Earning (yuan)	专用设备制造业 Special Purpose Equipment Manufacturing 年末人数（人）Year-end Figures (person)	平均劳动报酬（元）Average Earning (yuan)	交通运输设备制造业 Transportation Equipment Manufacturing 年末人数（人）Year-end Figures (person)	平均劳动报酬（元）Average Earning (yuan)
全 国 National	**2075925**	**9343**	**1486375**	**9004**	**2363396**	**12141**
北 京 Beijing	54438	15453	66127	16642	82119	16281
天 津 Tianjin	45570	12889	40350	11424	61102	11429
河 北 Hebei	92645	5914	92572	6719	79934	8957
山 西 Shanxi	64814	5575	74128	6119	45591	8712
内蒙古 Inner Mongolia	20964	5794	6791	4784	11295	6124
辽 宁 Liaoning	210992	8475	87406	7976	170839	11698
吉 林 Jilin	50366	5300	30078	5061	199737	15291
黑龙江 Heilongjiang	137940	13253	81222	7872	95201	11486
上 海 Shanghai	101857	19737	81632	17340	129670	26324
江 苏 Jiangsu	225456	10312	113706	10341	154627	12276
浙 江 Zhejiang	87222	12197	40612	12177	42679	12321
安 徽 Anhui	62853	6637	27151	5128	65755	8889
福 建 Fujian	27828	10710	23374	11608	32510	12315
江 西 Jiangxi	43265	5183	20672	5441	64511	9130
山 东 Shandong	171015	7985	171064	7974	124314	10159
河 南 Henan	119531	5629	153599	6857	87032	7541
湖 北 Hubei	83859	6411	56433	6345	240657	10582
湖 南 Hunan	55704	6968	50234	7788	73899	10199
广 东 Guangdong	63217	13558	48294	13056	98699	17610
广 西 Guangxi	40669	9147	23528	7507	40363	12174
海 南 Hainan	515	6374	2571	6702	5918	7712
重 庆 Chongqing	47194	8244	11557	7035	89796	10014
四 川 Sichuan	115488	8284	41212	7686	118498	9713
贵 州 Guizhou	17798	6399	8985	7199	67202	9860
云 南 Yunnan	22724	9299	24828	10422	14079	10307
西 藏 Tibet	54	5582				
陕 西 Shaanxi	64985	6646	64977	8444	136880	9730
甘 肃 Gansu	21187	6942	25864	6618	20833	7319
青 海 Qinghai	3947	7156	1532	8035	598	8141
宁 夏 Ningxia	14966	9383	7127	8247	1036	6081
新 疆 Xinjiang	6862	9015	8749	11193	8022	10698

3－5 续表 7 continued

地　区 Region	电气机械及器材制造业 Electric Equipment and Machinery		电子及通信设备制造业 Electronic and Telecommunications		仪器仪表及文化办公用机械制造业 Instrument Meters, Cultural & Machinery		其他制造业 Other Manufacturing	
	年末人数（人） Year-end Figures (person)	平均劳动报酬(元) Average Earning (yuan)	年末人数（人） Year-end Figures (person)	平均劳动报酬(元) Average Earning (yuan)	年末人数（人） Year-end Figures (person)	平均劳动报酬(元) Average Earning (yuan)	年末人数（人） Year-end Figures (person)	平均劳动报酬(元) Average Earning (yuan)
全　国 National	**1406476**	**10740**	**1481798**	**16350**	**461753**	**11091**	**689451**	**7423**
北　京 Beijing	47198	15796	99395	28476	28105	18724	13212	13114
天　津 Tianjin	45798	12332	90993	19360	20160	11134	14920	8661
河　北 Hebei	42894	8213	14292	11631	9590	5873	13940	5494
山　西 Shanxi	25866	7362	12098	6480	5884	4621	35352	2394
内蒙古 Inner Mongolia	6265	5949	2879	5179	690	4909	12145	4741
辽　宁 Liaoning	88246	9096	63385	12465	19851	8309	34525	6693
吉　林 Jilin	22733	8016	12299	8531	8265	8802	6682	5591
黑龙江 Heilongjiang	52007	4972	12407	5421	21038	6319	8911	5691
上　海 Shanghai	89953	19563	94538	26635	36796	17656	24557	17181
江　苏 Jiangsu	126083	10882	213480	13388	37708	12287	40552	7313
浙　江 Zhejiang	63074	13150	55412	14587	19697	11059	18654	10088
安　徽 Anhui	33012	8377	10239	8142	10165	7074	35420	4417
福　建 Fujian	51192	13073	89048	13139	19049	11166	127785	9789
江　西 Jiangxi	18250	6173	19965	6116	11463	6377	27242	5008
山　东 Shandong	108058	9710	63651	11933	23339	7216	66894	7204
河　南 Henan	71606	7366	23414	13121	19471	7004	27137	5087
湖　北 Hubei	42728	7266	26481	11130	21528	8290	8779	5739
湖　南 Hunan	46758	8574	15323	7635	8387	7554	5196	5591
广　东 Guangdong	220096	12716	386000	19929	68067	16003	66395	9258
广　西 Guangxi	18329	7328	9218	9152	5282	8327	6355	5910
海　南 Hainan	1363	9040	1394	11404	28	14000	2523	6550
重　庆 Chongqing	20768	7586	8034	10137	20144	8727	1960	6289
四　川 Sichuan	50457	9994	74183	7693	8366	9291	7885	5492
贵　州 Guizhou	11482	6062	10115	8950	3770	7335	23666	1411
云　南 Yunnan	14205	9589	3227	20986	6445	7797	7659	6690
西　藏 Tibet							2316	9931
陕　西 Shaanxi	57517	9863	58721	10853	19149	7904	19387	5793
甘　肃 Gansu	22157	9225	10412	8473	5702	4995	18786	6131
青　海 Qinghai	33	5353	208	6338	159	2811	7623	5693
宁　夏 Ningxia	3429	7055	772	13567	3355	9473	602	4441
新　疆 Xinjiang	4919	11949	215	11557	100	26030	2391	10168

3－6 电力、煤气及水的生产和供应业细分类就业人员和平均劳动报酬

EMPLOYMENT AND AVERAGE EARNING IN PRODUCTION AND SUPPLY OF ELECTRICITY, GAS AND WATER

(2001)

地 区	Region	电力、蒸汽、热水的生产和供应业 Electricity, Steam, Hot Water Production & Supply		煤气生产和供应业 Gas Production and Supply		自来水的生产和供应业 Tap Water Production and Supply	
		年末人数(人) Year-end Figures (person)	平均劳动报酬(元) Average Earning (yuan)	年末人数(人) Year-end Figures (person)	平均劳动报酬(元) Average Earning (yuan)	年末人数(人) Year-end Figures (person)	平均劳动报酬(元) Average Earning (yuan)
全 国	**National**	**2227270**	**15207**	**188619**	**13203**	**462148**	**11456**
北 京	Beijing	25674	28860	8263	17984	5756	18505
天 津	Tianjin	23885	18725	8017	15545	3324	18301
河 北	Hebei	128805	13757	11624	11235	20026	9420
山 西	Shanxi	86544	10592	10665	5335	14192	8937
内蒙古	Inner Mongolia	73206	14744	2409	8276	12654	8006
辽 宁	Liaoning	120606	16308	18826	10680	38034	9829
吉 林	Jilin	60421	12758	4643	12121	15688	9918
黑龙江	Heilongjiang	112827	14093	11899	9475	20793	10481
上 海	Shanghai	31299	30812	15697	21744	13180	24538
江 苏	Jiangsu	91733	21423	10483	14769	23190	13955
浙 江	Zhejiang	70289	26126	3487	15335	15510	17927
安 徽	Anhui	62944	11171	5468	9001	14048	8649
福 建	Fujian	60035	16581	2071	18695	12164	14114
江 西	Jiangxi	75220	9572	3794	6976	14700	7538
山 东	Shandong	151844	15460	12570	12058	33072	10807
河 南	Henan	176074	11399	5072	11683	32105	7720
湖 北	Hubei	87283	12890	6845	9073	24688	8162
湖 南	Hunan	80321	12701	3662	9998	22779	11607
广 东	Guangdong	149678	20972	9929	23863	36544	17647
广 西	Guangxi	65860	13569	461	11641	14060	10952
海 南	Hainan	15148	13308	1031	21425	4564	8200
重 庆	Chongqing	42683	12448	7606	14881	8640	9824
四 川	Sichuan	123835	12027	10741	12585	18365	11568
贵 州	Guizhou	44562	15853	2914	10438	7473	8903
云 南	Yunnan	57686	14321	3074	13762	7599	11802
西 藏	Tibet	5052	12315	12	12500	454	14870
陕 西	Shaanxi	66515	13529	3421	9405	11511	8750
甘 肃	Gansu	57220	14359	1509	13302	7272	9825
青 海	Qinghai	13245	20096	11	4417	1161	7415
宁 夏	Ningxia	19692	18567	1069	9074	2686	9836
新 疆	Xinjiang	47084	14178	1346	11583	5916	10100

3－7 分地区分行业在岗职工人数和工资
ON-POST STAFF AND WORKERS AND WAGES BY SECTOR AND REGION

(2001)

地区 Region		总计 Total				企业 Enterprises			
		年末人数（千人）Year-end Figures (1 000 persons)	平均人数（千人）Average Figures (1 000 persons)	工资总额（千元）Total Wages (1 000 yuan)	平均工资（元）Average Wage (yuan)	年末人数（千人）Year-end Figures (1 000 persons)	平均人数（千人）Average Figures (1 000 persons)	工资总额（千元）Total Wages (1 000 yuan)	平均工资（元）Average Wage (yuan)
全国	**National**	**107918**	**108844**	**1183085273**	**10870**	**70523**	**71625**	**748700623**	**10453**
北京	Beijing	4003	4058	77726348	19155	2986	3040	55633137	18298
天津	Tianjin	1840	1864	26672668	14308	1396	1421	19789607	13930
河北	Hebei	5192	5248	45808966	8730	3221	3292	27785051	8440
山西	Shanxi	3630	3621	29412756	8122	2424	2428	18774090	7732
内蒙古	Inner Mongolia	2510	2552	21052768	8250	1548	1595	11953772	7496
辽宁	Liaoning	5453	5557	56375424	10145	3874	3981	39240316	9857
吉林	Jilin	3133	3164	27754434	8771	2105	2138	18012689	8425
黑龙江	Heilongjiang	5109	5110	45535775	8910	3799	3805	32126348	8443
上海	Shanghai	2900	2980	64918815	21781	2188	2266	48393197	21353
江苏	Jiangsu	6258	6406	75854917	11842	4271	4411	47496046	10768
浙江	Zhejiang	3532	3532	57870880	16385	2311	2322	33603212	14473
安徽	Anhui	3720	3739	29570164	7908	2335	2361	17149724	7263
福建	Fujian	3143	3132	37623247	12013	2167	2160	24771297	11468
江西	Jiangxi	2793	2810	22554332	8026	1612	1634	11968044	7325
山东	Shandong	7705	7733	77388241	10008	5168	5210	48854610	9376
河南	Henan	7044	6991	55339993	7916	4495	4472	33811929	7561
湖北	Hubei	5016	5085	43829597	8619	3193	3263	26555644	8138
湖南	Hunan	3979	3970	38207122	9623	2255	2268	20999246	9257
广东	Guangdong	7246	7309	114611277	15682	5032	5099	78014376	15301
广西	Guangxi	2743	2742	24888124	9075	1511	1516	13429497	8860
海南	Hainan	747	749	6235759	8321	510	513	3632406	7086
重庆	Chongqing	2012	2039	19415081	9523	1324	1345	12251863	9112
四川	Sichuan	4867	4935	49025821	9934	2855	2923	27376403	9364
贵州	Guizhou	1892	1887	16964898	8991	1083	1087	9570387	8803
云南	Yunnan	2616	2619	27598169	10537	1438	1452	14794609	10191
西藏	Tibet	160	154	2951954	19144	54	52	750481	14487
陕西	Shaanxi	3238	3249	29635448	9120	1966	1989	17658428	8878
甘肃	Gansu	1930	1943	19327802	9949	1146	1167	10894410	9334
青海	Qinghai	435	444	5735917	12906	241	250	3018011	12086
宁夏	Ningxia	604	615	6424267	10442	380	392	3884295	9899
新疆	Xinjiang	2470	2605	26774309	10278	1634	1773	16507498	9309

3—7 续表 1　continued

地　区　Region		事　业 Institutions				机　关 Agencies & Organizations			
		年末人数（千人）Year-end Figures (1 000 persons)	平均人数（千人）Average Figures (1 000 persons)	工资总额（千元）Total Wages (1 000 yuan)	平均工资（元）Average Wage (yuan)	年末人数（千人）Year-end Figures (1 000 persons)	平均人数（千人）Average Figures (1 000 persons)	工资总额（千元）Total Wages (1 000 yuan)	平均工资（元）Average Wage (yuan)
全　国	**National**	**26818**	**26655**	**306286328**	**11491**	**10576**	**10565**	**128098322**	**12125**
北　京	Beijing	808	808	17395209	21520	210	209	4698002	22477
天　津	Tianjin	331	331	5034122	15219	113	113	1848939	16395
河　北	Hebei	1373	1360	12193178	8964	598	595	5830737	9798
山　西	Shanxi	799	790	6994336	8856	407	404	3644330	9030
内蒙古	Inner Mongolia	675	672	6188097	9206	286	285	2910899	10216
辽　宁	Liaoning	1185	1183	12353513	10446	394	393	4781595	12156
吉　林	Jilin	800	797	7409556	9295	228	229	2332189	10173
黑龙江	Heilongjiang	936	929	9231809	9936	374	376	4177618	11103
上　海	Shanghai	577	579	13115948	22652	135	135	3409670	25225
江　苏	Jiangsu	1558	1562	21180742	13564	429	433	7178129	16561
浙　江	Zhejiang	888	879	17091621	19437	333	331	7176047	21687
安　徽	Anhui	1022	1014	8816210	8693	363	364	3604230	9910
福　建	Fujian	698	695	9030123	13000	278	277	3821827	13794
江　西	Jiangxi	837	833	7330305	8795	344	343	3255983	9502
山　东	Shandong	1788	1775	20125189	11338	749	747	8408442	11252
河　南	Henan	1745	1720	14462280	8409	804	800	7065784	8836
湖　北	Hubei	1290	1289	11882921	9219	533	533	5391032	10113
湖　南	Hunan	1171	1157	11774874	10179	553	545	5433002	9962
广　东	Guangdong	1549	1541	24469678	15874	665	668	12127223	18143
广　西	Guangxi	925	920	8231189	8950	306	307	3227438	10512
海　南	Hainan	159	159	1700639	10710	78	78	902714	11575
重　庆	Chongqing	513	512	5138548	10032	176	182	2024670	11131
四　川	Sichuan	1454	1448	15170503	10475	558	564	6478915	11496
贵　州	Guizhou	525	518	4798918	9264	284	282	2595593	9212
云　南	Yunnan	814	806	8809539	10932	364	362	3994021	11044
西　藏	Tibet	54	53	1112958	21035	51	49	1088515	21997
陕　西	Shaanxi	917	907	8711292	9601	354	353	3265728	9254
甘　肃	Gansu	552	546	5873056	10747	232	229	2560336	11182
青　海	Qinghai	131	131	1791446	13714	64	64	926460	14452
宁　夏	Ningxia	163	162	1845681	11426	61	61	694291	11330
新　疆	Xinjiang	582	579	7022848	12140	254	253	3243963	12810

3—7 续表 2 continued

地 区 Region		农、林、牧、渔业 Farming, Forestry, Animal Husbandry and Fishery 年末人数(千人) Year-end Figures (1 000 persons)	平均人数(千人) Average Figures (1 000 persons)	工资总额(千元) Total Wages (1 000 yuan)	平均工资(元) Average Wage (yuan)	采掘业 Mining and Quarrying 年末人数(千人) Year-end Figures (1 000 persons)	平均人数(千人) Average Figures (1 000 persons)	工资总额(千元) Total Wages (1 000 yuan)	平均工资(元) Average Wage (yuan)
全 国	**National**	**4585**	**4671**	**26817769**	**5741**	**5442**	**5510**	**52821430**	**9586**
北 京	Beijing	26	27	354276	13290	25	25	373070	14642
天 津	Tianjin	11	11	115344	10339	71	76	1456628	19219
河 北	Hebei	95	99	424641	4279	305	308	3259178	10573
山 西	Shanxi	42	42	258980	6186	517	523	4564029	8727
内蒙古	Inner Mongolia	249	250	1322067	5289	258	256	1711450	6693
辽 宁	Liaoning	280	283	1334408	4712	292	298	2913099	9763
吉 林	Jilin	171	170	752607	4417	277	279	2022881	7250
黑龙江	Heilongjiang	467	471	2509749	5323	735	713	5217843	7321
上 海	Shanghai	18	19	276074	14204	1	1	11004	17578
江 苏	Jiangsu	211	213	1399485	6557	179	180	2052456	11381
浙 江	Zhejiang	44	45	630532	14110	19	21	240832	11627
安 徽	Anhui	130	132	692506	5239	280	289	2755201	9525
福 建	Fujian	74	74	507923	6891	47	47	395073	8348
江 西	Jiangxi	186	187	813383	4352	125	128	909216	7103
山 东	Shandong	87	89	718163	8086	624	633	8907126	14069
河 南	Henan	93	93	491075	5275	443	445	4027103	9041
湖 北	Hubei	381	383	1707906	4463	92	104	1101445	10608
湖 南	Hunan	194	193	1073831	5564	139	140	1076842	7670
广 东	Guangdong	163	164	1174407	7157	52	54	495730	9206
广 西	Guangxi	164	163	926407	5690	54	54	390721	7273
海 南	Hainan	225	230	816034	3553	15	15	107017	7112
重 庆	Chongqing	29	30	215103	7085	82	87	660762	7597
四 川	Sichuan	122	123	906291	7373	190	204	1584551	7753
贵 州	Guizhou	47	46	347227	7530	89	90	765773	8490
云 南	Yunnan	188	190	1355783	7135	85	89	793868	8901
西 藏	Tibet	5	4	71997	16190	2	2	24257	10593
陕 西	Shaanxi	66	66	455710	6883	177	178	1671249	9384
甘 肃	Gansu	82	82	639799	7817	91	93	909823	9775
青 海	Qinghai	23	24	234322	9897	18	18	217154	12029
宁 夏	Ningxia	51	52	323602	6227	51	51	586299	11461
新 疆	Xinjiang	660	715	3968137	5549	104	107	1619750	15168

3—7 续表 3　continued

地　区 Region		制造业 Manufacturing				电力、煤气及水的生产和供应业 Production and Supply of Electricity，Gas and Water			
		年末人数（千人）Year-end Figures (1 000 persons)	平均人数（千人）Average Figures (1 000 persons)	工资总额（千元）Total Wages (1 000 yuan)	平均工资（元）Average Wage (yuan)	年末人数（千人）Year-end Figures (1 000 persons)	平均人数（千人）Average Figures (1 000 persons)	工资总额（千元）Total Wages (1 000 yuan)	平均工资（元）Average Wage (yuan)
全　国	**National**	**30098**	**30597**	**299059723**	**9774**	**2840**	**2839**	**41423152**	**14590**
北　京	Beijing	892	935	15494098	16571	39	41	1029664	25221
天　津	Tianjin	749	758	9401287	12401	35	34	626106	18298
河　北	Hebei	1412	1450	11228844	7745	148	146	2011826	13751
山　西	Shanxi	894	892	6210060	6962	111	110	1088624	9893
内蒙古	Inner Mongolia	483	495	3331413	6733	88	87	1182387	13619
辽　宁	Liaoning	1771	1825	17113221	9375	175	174	2497446	14388
吉　林	Jilin	795	813	7264762	8932	80	80	974337	12224
黑龙江	Heilongjiang	1166	1158	9559713	8255	144	144	1916590	13276
上　海	Shanghai	1080	1123	22907286	20406	59	60	1637542	27468
江　苏	Jiangsu	2294	2377	24062182	10125	124	124	2429761	19569
浙　江	Zhejiang	1010	1014	12229968	12060	88	88	2144780	24339
安　徽	Anhui	946	958	6896399	7202	82	82	868847	10639
福　建	Fujian	1279	1274	13059916	10252	73	74	1202030	16335
江　西	Jiangxi	672	684	4777715	6982	92	93	860377	9209
山　东	Shandong	2729	2737	21573832	7881	197	196	2845126	14487
河　南	Henan	1844	1829	12191223	6664	212	211	2293705	10892
湖　北	Hubei	1468	1501	12006241	7996	118	119	1393202	11714
湖　南	Hunan	877	899	7859447	8743	105	105	1308964	12468
广　东	Guangdong	2406	2446	33055815	13512	195	196	4022955	20566
广　西	Guangxi	617	623	5418058	8698	80	79	1050444	13214
海　南	Hainan	73	71	621226	8709	20	21	261587	12737
重　庆	Chongqing	556	577	5120053	8870	58	59	729112	12438
四　川	Sichuan	1220	1257	11179056	8892	152	151	1817665	12039
贵　州	Guizhou	428	433	3694566	8541	54	57	823977	14385
云　南	Yunnan	510	515	5592523	10867	68	67	949093	14179
西　藏	Tibet	6	6	54262	9745	5	5	68026	12574
陕　西	Shaanxi	912	924	7618643	8242	80	79	1019188	12871
甘　肃	Gansu	497	508	4641786	9140	66	66	915684	13903
青　海	Qinghai	71	73	707165	9685	14	15	282276	19073
宁　夏	Ningxia	131	131	1139975	8686	23	23	399305	17184
新　疆	Xinjiang	309	310	3048988	9846	54	54	772526	14321

3—7 续表 4 continued

地区 Region	建筑业 Construction 年末人数（千人）Year-end Figures (1 000 persons)	平均人数（千人）Average Figures (1 000 persons)	工资总额（千元）Total Wages (1 000 yuan)	平均工资（元）Average Wage (yuan)	地质勘查业、水利管理业 Geological Prospecting and Water Conservancy 年末人数（千人）Year-end Figures (1 000 persons)	平均人数（千人）Average Figures (1 000 persons)	工资总额（千元）Total Wages (1 000 yuan)	平均工资（元）Average Wage (yuan)
全 国 National	**7326**	**7523**	**71344075**	**9484**	**1037**	**1046**	**11458213**	**10957**
北 京 Beijing	563	573	7934852	13840	14	14	288264	20248
天 津 Tianjin	108	114	1580137	13879	11	11	185803	17281
河 北 Hebei	318	334	2434722	7292	57	57	623109	10861
山 西 Shanxi	187	192	1367231	7132	32	32	261469	8108
内蒙古 Inner Mongolia	126	157	992420	6313	32	32	273569	8621
辽 宁 Liaoning	397	419	3574626	8539	53	53	562118	10546
吉 林 Jilin	189	202	1412213	6994	26	26	186540	7085
黑龙江 Heilongjiang	365	387	2864199	7403	52	53	707950	13323
上 海 Shanghai	127	133	2550020	19244	8	8	176864	20973
江 苏 Jiangsu	266	270	2803371	10381	50	50	560928	11261
浙 江 Zhejiang	409	402	5280981	13150	17	17	291887	17255
安 徽 Anhui	240	240	1627943	6784	42	42	330378	7879
福 建 Fujian	221	214	2430023	11378	12	12	141099	11297
江 西 Jiangxi	146	146	1117496	7673	32	32	283350	8881
山 东 Shandong	319	328	2742472	8351	47	47	488743	10428
河 南 Henan	525	521	3665051	7033	81	85	1052896	12423
湖 北 Hubei	245	248	2163326	8726	70	70	573337	8173
湖 南 Hunan	216	206	1754570	8498	41	41	338020	8212
广 东 Guangdong	540	534	6516786	12207	43	43	520752	12031
广 西 Guangxi	133	129	1062809	8209	27	27	205623	7708
海 南 Hainan	39	39	294990	7632	6	6	51694	9276
重 庆 Chongqing	221	211	1821168	8648	11	12	131083	11311
四 川 Sichuan	494	493	4119135	8355	58	59	804611	13601
贵 州 Guizhou	167	161	1260227	7811	15	15	127630	8345
云 南 Yunnan	170	167	1524251	9100	25	26	262500	10231
西 藏 Tibet	10	9	74746	8641	2	2	55424	23036
陕 西 Shaanxi	195	204	1570081	7714	64	64	628712	9756
甘 肃 Gansu	113	121	964205	7969	43	43	451112	10423
青 海 Qinghai	35	38	307965	8182	20	20	417821	21198
宁 夏 Ningxia	41	53	489657	9225	11	11	113498	10374
新 疆 Xinjiang	201	280	3042402	10869	34	34	361429	10575

3－7 续表 5　continued

地区 Region		交通运输、仓储及邮电通信业 Transport, Storage, Post and Telecommunications				批发和零售贸易、餐饮业 Wholesale and Retail Trade and Catering Services			
		年末人数（千人）Year-end Figures (1 000 persons)	平均人数（千人）Average Figures (1 000 persons)	工资总额（千元）Total Wages (1 000 yuan)	平均工资（元）Average Wage (yuan)	年末人数（千人）Year-end Figures (1 000 persons)	平均人数（千人）Average Figures (1 000 persons)	工资总额（千元）Total Wages (1 000 yuan)	平均工资（元）Average Wage (yuan)
全　国	**National**	**6288**	**6338**	**89791842**	**14167**	**8395**	**8582**	**70304137**	**8192**
北　京	Beijing	172	172	3882032	22571	401	410	6814812	16632
天　津	Tianjin	125	127	2555942	20107	131	134	1580198	11769
河　北	Hebei	282	282	3201293	11351	442	449	2431814	5411
山　西	Shanxi	228	228	2715940	11917	313	310	1443610	4663
内蒙古	Inner Mongolia	180	180	2031229	11264	123	127	681086	5382
辽　宁	Liaoning	370	375	4979640	13267	310	319	2544312	7980
吉　林	Jilin	240	238	2344487	9834	238	238	1345831	5665
黑龙江	Heilongjiang	326	329	3947538	11997	377	380	2741208	7215
上　海	Shanghai	203	210	6042432	28741	263	284	5212606	18348
江　苏	Jiangsu	384	397	5596945	14096	590	629	5234656	8324
浙　江	Zhejiang	188	193	3980060	20644	237	249	3482849	14004
安　徽	Anhui	198	199	1706702	8597	357	362	1710508	4725
福　建	Fujian	140	140	2423939	17281	165	171	1782995	10416
江　西	Jiangxi	170	170	1937468	11372	218	223	1225211	5492
山　东	Shandong	331	331	4716997	14234	611	621	3812770	6139
河　南	Henan	358	358	3783659	10567	711	702	3678196	5239
湖　北	Hubei	323	328	3470836	10587	431	448	2825588	6313
湖　南	Hunan	262	263	3140083	11934	281	282	2197656	7790
广　东	Guangdong	434	441	9899769	22454	603	618	8210279	13281
广　西	Guangxi	163	163	2057816	12596	215	218	1339294	6156
海　南	Hainan	39	38	595850	15518	46	46	311406	6762
重　庆	Chongqing	152	153	1566371	10218	130	135	939900	6985
四　川	Sichuan	239	241	2973096	12340	316	331	2277381	6883
贵　州	Guizhou	92	92	1068106	11581	142	142	821999	5782
云　南	Yunnan	168	167	2045923	12225	210	217	1990857	9184
西　藏	Tibet	14	15	285418	19460	7	7	88501	13069
陕　西	Shaanxi	210	209	2642658	12664	229	229	1327611	5787
甘　肃	Gansu	120	120	1513353	12636	139	141	824682	5859
青　海	Qinghai	35	36	581340	16068	22	23	156474	6698
宁　夏	Ningxia	33	33	482327	14751	35	35	247141	7031
新　疆	Xinjiang	108	108	1622593	15073	103	104	1022706	9832

3—7 续表 6 continued

地　区	Region	金融、保险业 Finance and Insurance 年末人数（千人）Year-end Figures (1 000 persons)	平均人数（千人）Average Figures (1 000 persons)	工资总额（千元）Total Wages (1 000 yuan)	平均工资（元）Average Wage (yuan)	房地产业 Real Estate Trade 年末人数（千人）Year-end Figures (1 000 persons)	平均人数（千人）Average Figures (1 000 persons)	工资总额（千元）Total Wages (1 000 yuan)	平均工资（元）Average Wage (yuan)
全　国	**National**	**2916**	**2930**	**47692191**	**16277**	**974**	**965**	**13606770**	**14096**
北　京	Beijing	72	72	2723117	37910	110	106	2251280	21194
天　津	Tianjin	37	37	693914	18804	23	23	345078	14739
河　北	Hebei	147	148	1772207	11978	25	25	240069	9582
山　西	Shanxi	91	91	956025	10457	12	12	97544	7992
内蒙古	Inner Mongolia	71	72	782933	10938	16	16	151815	9245
辽　宁	Liaoning	158	160	2451588	15349	70	70	786050	11186
吉　林	Jilin	88	88	1051992	11907	31	31	311963	10159
黑龙江	Heilongjiang	106	106	1582329	14893	47	46	456131	9924
上　海	Shanghai	90	89	3135528	35051	56	57	1442508	25338
江　苏	Jiangsu	157	157	2709393	17280	55	55	822144	15032
浙　江	Zhejiang	148	148	3191379	21626	42	41	760221	18513
安　徽	Anhui	88	88	901953	10290	25	25	208302	8321
福　建	Fujian	90	90	1816693	20198	29	29	416975	14617
江　西	Jiangxi	82	82	939481	11513	17	16	138636	8444
山　东	Shandong	191	192	2751036	14294	44	44	527609	11982
河　南	Henan	179	180	2027420	11261	36	36	273607	7706
湖　北	Hubei	126	127	1433320	11251	34	34	347294	10192
湖　南	Hunan	111	111	1591423	14346	31	29	284424	9682
广　东	Guangdong	255	261	6421680	24573	110	109	2150157	19691
广　西	Guangxi	77	77	950180	12305	18	18	168851	9520
海　南	Hainan	22	22	353110	16032	8	8	87071	11143
重　庆	Chongqing	50	50	752053	15006	20	20	195614	9679
四　川	Sichuan	136	138	2142319	15567	27	27	291281	10671
贵　州	Guizhou	48	48	586000	12122	21	22	172140	7719
云　南	Yunnan	73	72	862614	11941	15	14	153660	10988
西　藏	Tibet	6	6	170547	28274			610	13261
陕　西	Shaanxi	82	82	982379	11942	13	13	115800	9058
甘　肃	Gansu	53	51	609360	11841	15	15	148735	10123
青　海	Qinghai	15	15	245230	16230	1	1	12980	9759
宁　夏	Ningxia	18	18	269124	14895	4	4	41123	9628
新　疆	Xinjiang	50	50	835864	16607	18	18	207098	11685

3－7 续表 7 continued

地 区 Region	社会服务业 Social Services				卫生、体育和社会福利业 Health Care, Sporting and Social Welfare			
	年末人数（千人）Year-end Figures (1 000 persons)	平均人数（千人）Average Figures (1 000 persons)	工资总额（千元）Total Wages (1 000 yuan)	平均工资（元）Average Wage (yuan)	年末人数（千人）Year-end Figures (1 000 persons)	平均人数（千人）Average Figures (1 000 persons)	工资总额（千元）Total Wages (1 000 yuan)	平均工资（元）Average Wage (yuan)
全 国 National	**4635**	**4620**	**54842662**	**11869**	**4806**	**4783**	**61854288**	**12933**
北 京 Beijing	573	569	11129752	19557	135	134	3484833	25961
天 津 Tianjin	99	100	1283844	12824	68	68	1135835	16665
河 北 Hebei	175	175	1607425	9195	215	214	2089176	9744
山 西 Shanxi	120	120	742084	6208	136	136	1167830	8606
内蒙古 Inner Mongolia	73	73	519840	7077	104	104	1031689	9959
辽 宁 Liaoning	269	273	2564766	9399	223	222	2509419	11308
吉 林 Jilin	134	135	1237062	9164	143	143	1393895	9717
黑龙江 Heilongjiang	190	191	1608390	8419	179	178	1855823	10407
上 海 Shanghai	298	295	4955528	16778	141	141	3354633	23733
江 苏 Jiangsu	240	241	3053104	12670	281	282	4125488	14639
浙 江 Zhejiang	199	197	2874187	14566	207	205	4450333	21734
安 徽 Anhui	129	129	925669	7202	164	164	1484521	9075
福 建 Fujian	106	105	1228802	11674	114	113	1626756	14409
江 西 Jiangxi	67	68	512798	7507	132	131	1316143	10048
山 东 Shandong	233	233	2295978	9865	337	334	4256635	12733
河 南 Henan	222	218	1713746	7858	307	304	2828181	9290
湖 北 Hubei	188	187	1520131	8133	253	253	2379988	9406
湖 南 Hunan	144	141	1274233	9006	226	222	2595716	11705
广 东 Guangdong	382	383	6797253	17769	339	336	6225910	18556
广 西 Guangxi	114	113	977220	8677	144	144	1553134	10818
海 南 Hainan	45	45	400314	8964	29	29	359368	12344
重 庆 Chongqing	65	64	545281	8550	87	87	954502	10928
四 川 Sichuan	151	150	1417563	9456	255	255	2976770	11657
贵 州 Guizhou	49	47	405754	8556	84	84	834934	9990
云 南 Yunnan	94	94	840613	8951	125	125	1469794	11804
西 藏 Tibet	6	5	64949	12075	10	10	226795	22757
陕 西 Shaanxi	102	102	859881	8392	133	133	1270435	9573
甘 肃 Gansu	58	58	483328	8366	77	76	860571	11335
青 海 Qinghai	17	17	145867	8692	23	23	352085	15066
宁 夏 Ningxia	20	20	166137	8391	25	25	303896	12097
新 疆 Xinjiang	72	73	691163	9526	108	108	1379200	12789

3—7 续表 8　continued

地区 Region	教育、文化艺术和广播电影电视业 Education ,Culture and Arts Radio , Film and Television 年末人数（千人）Year-end Figures (1 000 persons)	平均人数（千人）Average Figures (1 000 persons)	工资总额（千元）Total Wages (1 000 yuan)	平均工资（元）Average Wage (yuan)	科学研究和综合技术服务业 Scientific Research and Polytechnical Services 年末人数（千人）Year-end Figures (1 000 persons)	平均人数（千人）Average Figures (1 000 persons)	工资总额（千元）Total Wages (1 000 yuan)	平均工资（元）Average Wage (yuan)
全　国　National	**15121**	**15002**	**171806231**	**11452**	**1539**	**1545**	**25394446**	**16437**
北　京　Beijing	388	387	8718025	22507	237	238	5854972	24551
天　津　Tianjin	182	181	2769148	15333	42	42	697951	16712
河　北　Hebei	845	835	7343420	8791	45	46	583190	12809
山　西　Shanxi	456	449	4159578	9262	39	39	422308	10789
内蒙古　Inner Mongolia	353	351	3396766	9680	27	27	280324	10256
辽　宁　Liaoning	563	562	6063765	10798	75	76	1069672	14096
吉　林　Jilin	405	403	4109084	10200	44	45	544890	12177
黑龙江　Heilongjiang	493	490	5426122	11070	43	43	507305	11786
上　海　Shanghai	282	285	6425308	22574	79	81	1932667	23959
江　苏　Jiangsu	852	848	11375795	13408	75	76	1467599	19326
浙　江　Zhejiang	504	498	9514872	19107	43	43	935971	21914
安　徽　Anhui	588	582	5015888	8624	36	36	398239	11117
福　建　Fujian	455	452	5836190	12912	29	29	508574	17509
江　西　Jiangxi	463	460	4029180	8766	33	33	331936	10099
山　东　Shandong	1047	1040	11470573	11028	58	58	841906	14626
河　南　Henan	1092	1075	8815596	8204	70	71	800068	11291
湖　北　Hubei	674	671	6519289	9712	68	68	839690	12430
湖　南　Hunan	684	678	7075148	10434	46	45	579599	12748
广　东　Guangdong	906	902	13982719	15497	65	65	1613362	24997
广　西　Guangxi	548	544	4665028	8572	33	33	390216	11741
海　南　Hainan	87	87	923134	10618	12	12	118236	9599
重　庆　Chongqing	318	315	3128021	9923	50	50	570159	11360
四　川　Sichuan	823	818	8177256	9998	86	87	1382462	15974
贵　州　Guizhou	343	338	3126321	9248	17	17	224057	13100
云　南　Yunnan	488	481	5292855	11005	31	32	406061	12806
西　藏　Tibet	28	27	566437	21105	2	2	34049	20100
陕　西　Shaanxi	490	484	4717126	9744	86	87	1160632	13367
甘　肃　Gansu	285	282	3071912	10898	27	26	319207	12366
青　海　Qinghai	65	65	949557	14572	7	7	114477	16557
宁　夏　Ningxia	82	82	977516	11942	8	8	107119	13030
新　疆　Xinjiang	334	331	4164602	12589	25	25	357548	14084

3－7 续表 9　continued

地　区　Region		国家机关、政党机关和社会团体 Government Agencies，Party Agencies and Social Organizations				其　他 Others			
		年末人数（千人）Year-end Figures（1 000 persons）	平均人数（千人）Average Figures（1 000 persons）	工资总额（千元）Total Wages（1 000 yuan）	平均工资（元）Average Wage（yuan）	年末人数（千人）Year-end Figures（1 000 persons）	平均人数（千人）Average Figures（1 000 persons）	工资总额（千元）Total Wages（1 000 yuan）	平均工资（元）Average Wage（yuan）
全　国	**National**	**10875**	**10852**	**131771800**	**12142**	**1041**	**1040**	**13096544**	**12590**
北　京	Beijing	242	240	5358432	22292	115	113	2034869	18030
天　津	Tianjin	116	116	1915694	16552	31	32	329759	10232
河　北	Hebei	642	638	6211060	9733	40	40	346992	8659
山　西	Shanxi	415	412	3701122	8986	35	34	256322	7535
内蒙古	Inner Mongolia	294	293	3015408	10302	34	33	348372	10627
辽　宁	Liaoning	402	401	4956046	12345	46	47	455248	9768
吉　林	Jilin	245	247	2536572	10286	26	26	265318	10227
黑龙江	Heilongjiang	377	380	4327529	11388	41	40	307356	7699
上　海	Shanghai	132	132	3342901	25247	61	62	1515914	24389
江　苏	Jiangsu	447	450	7404711	16451	53	57	756899	13341
浙　江	Zhejiang	331	329	7126274	21662	44	44	735754	16730
安　徽	Anhui	398	397	3889249	9798	17	17	157859	9392
福　建	Fujian	284	284	3880072	13669	24	24	366187	15147
江　西	Jiangxi	339	338	3212541	9492	19	18	149401	8255
山　东	Shandong	787	785	8834023	11260	64	63	605252	9550
河　南	Henan	820	813	7243484	8912	50	50	454983	9022
湖　北	Hubei	512	513	5257083	10249	32	32	290921	9180
湖　南	Hunan	575	568	5588511	9847	46	46	468655	10267
广　东	Guangdong	670	674	12216309	18138	84	83	1307394	15660
广　西	Guangxi	338	339	3537066	10445	19	19	195257	10137
海　南	Hainan	78	78	902766	11576	3	3	31956	9890
重　庆	Chongqing	179	185	2049396	11064	3	3	36503	10755
四　川	Sichuan	572	577	6671824	11564	24	24	304560	12607
贵　州	Guizhou	279	277	2565467	9261	16	16	140720	8825
云　南	Yunnan	355	353	3910058	11089	12	11	147716	13055
西　藏	Tibet	55	53	1158000	21835	1	1	7936	7968
陕　西	Shaanxi	382	377	3469330	9190	17	17	126013	7511
甘　肃	Gansu	231	229	2635261	11523	33	33	338984	10299
青　海	Qinghai	61	61	902655	14774	8	8	108549	13178
宁　夏	Ningxia	62	62	697064	11319	7	7	80484	11760
新　疆	Xinjiang	257	255	3283301	12886	34	34	397002	11592

3—8 分地区分登记注册类型专业技术人员年末人数
NUMBER OF TECHNICAL PERSONNEL BY REGISTRATION STATUS AND REGION

(2001)

单位:人 (person)

地区	Region	年末人数 Year-end Figures				女性 Female			
		合计 Total	国有单位 State-owned Units	城镇集体单位 Urban Collective-owned Units	其他单位 Other Ownership Units	合计 Total	国有单位 State-owned Units	城镇集体单位 Urban Collective-owned Units	其他单位 Other Ownership Units
全国	**National**	**30532709**	**24654583**	**2347315**	**3530811**	**12837852**	**10711831**	**927369**	**1198652**
北京	Beijing	1296550	895636	75715	325199	576277	439581	28474	108222
天津	Tianjin	495906	374030	28087	93789	244022	194021	12160	37841
河北	Hebei	1586827	1392039	91083	103705	765073	694531	33614	36928
山西	Shanxi	907116	761447	71022	74647	429323	371824	31493	26006
内蒙古	Inner Mongolia	704393	595047	35935	73411	319308	275303	15246	28759
辽宁	Liaoning	1436608	1158420	103898	174290	691630	578525	48284	64821
吉林	Jilin	934463	799827	58006	76630	436196	381450	27177	27569
黑龙江	Heilongjiang	1145400	963527	56380	125493	519171	448486	22558	48127
上海	Shanghai	785872	536660	42445	206767	346741	257532	22186	67023
江苏	Jiangsu	1672377	1251490	162155	258732	632312	485586	64146	82580
浙江	Zhejiang	1096490	764318	92681	239491	489041	373055	36855	79131
安徽	Anhui	1044371	858556	93271	92544	364348	302125	33675	28548
福建	Fujian	844871	644324	64858	135689	332866	267647	21703	43516
江西	Jiangxi	850932	759983	42816	48133	321886	289289	16246	16351
山东	Shandong	2294462	1863373	189333	241756	894981	735605	74411	84965
河南	Henan	1896071	1236049	480432	179590	795164	525629	208206	61329
湖北	Hubei	1143481	1001409	58736	83336	425443	381035	19284	25124
湖南	Hunan	1236474	1083675	82316	70483	503250	446305	33030	23915
广东	Guangdong	1887295	1414325	126331	346639	809974	651713	43717	114544
广西	Guangxi	924282	826655	40987	56640	377866	344697	13402	19767
海南	Hainan	160871	141277	5705	13889	56786	51581	1697	3508
重庆	Chongqing	598178	480476	43358	74344	221446	188376	13565	19505
四川	Sichuan	1579216	1308658	140716	129842	633352	539984	49786	43582
贵州	Guizhou	585944	519478	20889	45577	221727	200381	6035	15311
云南	Yunnan	880627	783957	34479	62191	359727	326778	10959	21990
西藏	Tibet	38832	37461	350	1021	16231	15750	67	414
陕西	Shaanxi	991566	862362	48724	80480	406964	361268	19234	26462
甘肃	Gansu	522265	474893	23516	23856	187367	171439	7939	7989
青海	Qinghai	133469	123913	4433	5123	56580	52592	1850	2138
宁夏	Ningxia	175884	156294	6439	13151	71202	64796	2054	4352
新疆	Xinjiang	681616	585024	22219	74373	331598	294947	8316	28335

3—9 分地区分行业专业技术人员年末人数

NUMBER OF TECHNICAL PERSONNEL BY SECTOR AND REGION

(2001)

单位：人

(person)

地区 Region		合计 Total	农、林、牧、渔业 Farming, Forestry, Animal Husbandry and Fishery	采掘业 Mining and Quarrying	制造业 Manufacturing	电力、煤气及水的生产和供应业 Production and Supply of Electricity, Gas and Water	建筑业 Construction	地质勘查业、水利管理业 Geological Prospecting and Water Conservancy	交通运输、仓储及邮电通信业 Transport, Storage, Post and Telecommunications
全国总计	**National**	**30532709**	**767890**	**829518**	**4389531**	**647275**	**1469783**	**305996**	**1059270**
北京	Beijing	1296550	7157	3669	185763	8947	142103	5984	36742
天津	Tianjin	495906	3396	18596	101045	6661	31310	2721	28287
河北	Hebei	1586827	22032	49495	199220	34204	72492	19575	46514
山西	Shanxi	907116	12264	70037	129645	28408	46310	9491	28538
内蒙古	Inner Mongolia	704393	45956	41911	70939	19478	22351	10118	24331
辽宁	Liaoning	1436608	34711	37886	263270	36659	67593	14243	64291
吉林	Jilin	934463	33540	55804	122314	22858	36990	8030	31112
黑龙江	Heilongjiang	1145400	45124	131528	149467	36838	48404	8167	39922
上海	Shanghai	785872	4719	22	184192	11624	39758	3412	42124
江苏	Jiangsu	1672377	30373	24687	330586	29882	65980	12580	66999
浙江	Zhejiang	1096490	15362	3372	134197	24982	67871	6821	39124
安徽	Anhui	1044371	22645	41928	127594	20126	44687	11283	26031
福建	Fujian	844871	12540	6722	118904	17891	49428	4186	26058
江西	Jiangxi	850932	23857	20931	103372	20244	25789	15208	22282
山东	Shandong	2294462	30420	73990	383233	51326	71770	18233	71352
河南	Henan	1896071	18046	62997	249311	40444	92932	16775	43850
湖北	Hubei	1143481	37277	11070	171947	21383	58175	20575	52335
湖南	Hunan	1236474	19808	19518	152113	21462	45465	9888	42206
广东	Guangdong	1887295	21634	7496	277657	42354	99832	10649	88356
广西	Guangxi	924282	33170	8463	96301	17475	28004	7029	26777
海南	Hainan	160871	26461	2735	8261	2686	6125	801	9278
重庆	Chongqing	598178	11477	10681	102479	10736	39199	4035	22141
四川	Sichuan	1579216	47665	25111	215299	34631	84175	17168	43121
贵州	Guizhou	585944	17152	15493	78604	12055	26338	4985	13965
云南	Yunnan	880627	53540	14974	87996	16868	32722	10875	31415
西藏	Tibet	38832	1023	150	658	1160	806	963	2078
陕西	Shaanxi	991566	23558	23698	184918	19165	45230	18726	40014
甘肃	Gansu	522265	16969	15546	84546	14401	17767	12620	17751
青海	Qinghai	133469	7433	2350	9778	4260	7618	5487	5636
宁夏	Ningxia	175884	9314	7499	18928	6054	10652	3840	5162
新疆	Xinjiang	681616	79267	21159	46994	12013	41907	11528	21478

3－9 续表 continued

单位：人 (person)

地区	Region	批发和零售贸易、餐饮业 Wholesale and Retail Trade & Catering Services	金融、保险业 Finance and Insurance	房地产业 Real Estate Trade	社会服务业 Social Services	卫生、体育和社会福利业 Health Care, Sporting and Social Welfare	教育、文化艺术和广播电影电视业 Education, Culture and Arts, Radio, Film and Television	科学研究和综合技术服务业 Scientific Research and Polytechnical Services	国家机关政党机关和社会团体 Government Agencies, Party Agencies and Social Organizations	其他 Others
全国总计	**National**	**1332019**	**1639060**	**259460**	**657235**	**3449176**	**11676089**	**867251**	**954770**	**228386**
北京	Beijing	91643	56947	31024	116257	98259	278434	141379	60861	31381
天津	Tianjin	23709	25663	5323	17982	53089	140396	23490	9191	5047
河北	Hebei	74329	83970	6739	30186	152333	689782	25990	72147	7819
山西	Shanxi	42678	48483	2876	13422	99784	346479	22419	0	6282
内蒙古	Inner Mongolia	17982	39613	3288	9613	78779	277426	16396	20095	6117
辽宁	Liaoning	65825	100030	16845	40641	163268	453097	45770	23074	9405
吉林	Jilin	40239	55240	7777	20230	106798	334456	26848	24412	7815
黑龙江	Heilongjiang	50250	55232	8123	18614	124523	365811	24049	30032	9316
上海	Shanghai	42226	57904	14718	30327	101221	195401	39400	4822	14002
江苏	Jiangsu	72501	88798	15878	30778	202781	609067	45789	32258	13440
浙江	Zhejiang	53911	88258	15336	36341	152774	413447	28186	1598	14910
安徽	Anhui	43009	43100	6733	15684	118889	458074	20103	40649	3836
福建	Fujian	27619	49669	8431	14121	81942	376789	18151	26563	5857
江西	Jiangxi	35176	45576	3931	8258	96838	378557	14518	32319	4076
山东	Shandong	120083	113990	17884	40628	262629	879704	36677	107821	14722
河南	Henan	74372	84175	7851	25911	202533	840640	34036	93601	8597
湖北	Hubei	47530	42528	6543	17515	158460	425202	31265	37503	4173
湖南	Hunan	49280	58161	7057	17419	161296	524460	23676	74908	9757
广东	Guangdong	106153	140357	27320	52003	234276	713256	37964	12645	15343
广西	Guangxi	38060	46985	6021	17992	102806	425640	18726	45797	5036
海南	Hainan	4760	8707	1711	4230	18774	59259	3639	2859	585
重庆	Chongqing	20111	23081	5255	6945	59523	251556	19964	10303	692
四川	Sichuan	51785	81101	7274	17066	189393	659570	45900	54742	5215
贵州	Guizhou	18079	25354	9076	5892	62095	250890	10915	32009	3042
云南	Yunnan	36913	51028	4752	11879	94729	386414	20418	23211	2893
西藏	Tibet	449	4976	11	484	6303	14769	849	4089	64
陕西	Shaanxi	34573	45331	3167	13973	97383	359259	52040	26943	3588
甘肃	Gansu	16942	25583	2903	6115	51488	203888	13792	17217	4737
青海	Qinghai	2965	9613	427	2045	16864	50358	4709	2865	1061
宁夏	Ningxia	5551	11213	1358	2751	19611	66894	4441	1371	1245
新疆	Xinjiang	23316	28394	3828	11933	79735	247114	15752	29053	8145

3－10　分地区分行业女性专业技术人员年末人数
NUMBER OF FEMALE TECHNICAL PERSONNEL BY SECTOR AND REGION

(2001)

单位：人　　　　(person)

地　区 Region	合　计 Total	农、林、牧、渔业 Farming, Forestry, Animal Husbandry and Fishery	采掘业 Mining and Quarrying	制造业 Manufacturing	电力、煤气及水的生产和供应业 Production and Supply of Electricity, Gas and Water	建筑业 Construction	地质勘查业、水利管理业 Geological Prospecting and Water Conservancy	交通运输、仓储及邮电通信业 Transport, Storage, Post and Telecommunications
全国总计 National	**12837852**	**225512**	**285213**	**1498922**	**196344**	**364553**	**87241**	**333828**
北　京 Beijing	576277	2481	1459	65431	3685	34534	2151	15871
天　津 Tianjin	244022	1213	8961	41142	2410	9191	992	9359
河　北 Hebei	765073	8096	18359	72107	10930	18870	6790	15658
山　西 Shanxi	429323	4183	26033	48800	8955	12663	3250	10966
内蒙古 Inner Mongolia	319308	15283	15736	28726	6653	6266	3630	7747
辽　宁 Liaoning	691630	10360	14459	97250	13232	20921	4026	21643
吉　林 Jilin	436196	10729	18372	44430	7169	10592	2526	10761
黑龙江 Heilongjiang	519171	13465	49986	58883	11690	14285	2632	13214
上　海 Shanghai	346741	1255	13	54626	3153	8369	880	9879
江　苏 Jiangsu	632312	7513	7739	104821	7195	13284	2680	17613
浙　江 Zhejiang	489041	3677	1040	46261	6743	12027	1564	11240
安　徽 Anhui	364348	5362	16674	37581	5262	10199	2804	7061
福　建 Fujian	332866	3226	1546	40145	4652	9228	833	6712
江　西 Jiangxi	321886	5833	6422	33985	6499	6338	3470	7319
山　东 Shandong	894981	8808	20101	127672	15233	15465	4593	19274
河　南 Henan	795164	5153	19265	86611	13067	20481	5431	14398
湖　北 Hubei	425443	8302	2919	50868	6294	17842	5655	17066
湖　南 Hunan	503250	5119	6515	50715	6822	12021	2176	13858
广　东 Guangdong	809974	5688	2310	86604	10193	19769	2486	24590
广　西 Guangxi	377866	9024	2796	30606	5102	6944	1717	8155
海　南 Hainan	56786	9285	985	2166	660	803	154	2117
重　庆 Chongqing	221446	2508	2960	33039	3136	7682	982	6346
四　川 Sichuan	633352	11377	8005	75140	11220	23598	5809	14623
贵　州 Guizhou	221727	4388	4901	27565	3606	6638	1468	4774
云　南 Yunnan	359727	18042	5055	30602	5396	9985	2813	11750
西　藏 Tibet	16231	379	38	223	397	212	266	682
陕　西 Shaanxi	406964	7030	6507	65014	5776	12191	5139	15134
甘　肃 Gansu	187367	4499	4873	29276	3856	4845	3777	4991
青　海 Qinghai	56580	2657	696	3545	1339	2415	1386	1902
宁　夏 Ningxia	71202	2805	3196	6863	1910	2703	1028	1619
新　疆 Xinjiang	331598	27772	7292	18225	4109	14192	4133	7506

3－10续表 continued

单位：人 (person)

地区 Region	批发和零售贸易、餐饮业 Wholesale and Retail Trade & Catering Services	金融、保险业 Finance and Insurance	房地产业 Real Estate Trade	社会服务业 Social Services	卫生、体育和社会福利业 Health Care, Sporting and Social Welfare	教育、文化艺术和广播电影电视业 Education, Culture and Arts, Radio, Film and Television	科学研究和综合技术服务业 Scientific Research and Polytechnical Services	国家机关政党机关和社会团体 Government Agencies, Party Agencies and Social Organizations	其他 Others
全国总计 National	**546332**	**724419**	**92926**	**258077**	**2123387**	**5393942**	**298848**	**321822**	**86486**
北京 Beijing	40461	30065	10862	43992	71733	165016	51842	24397	12297
天津 Tianjin	11017	12595	2239	7370	37535	85044	9115	3479	2360
河北 Hebei	32082	35055	2799	12873	93594	398392	9502	26844	3122
山西 Shanxi	18817	22140	1244	6274	64660	189895	9091		2352
内蒙古 Inner Mongolia	7687	18092	1326	4415	48252	139654	6474	6889	2478
辽宁 Liaoning	31929	46512	6960	18407	113436	260955	17637	8568	5335
吉林 Jilin	17399	25748	3168	8870	71298	183465	10155	8642	2872
黑龙江 Heilongjiang	21568	25076	3132	7944	81591	192853	8607	10635	3610
上海 Shanghai	17477	29550	4706	11108	71421	114212	13157	1454	5481
江苏 Jiangsu	25955	36092	5412	10814	116804	249992	13442	8059	4897
浙江 Zhejiang	21965	43605	5139	13630	96133	211444	8450	727	5396
安徽 Anhui	15042	16564	2085	5194	65130	155892	5893	12461	1144
福建 Fujian	10448	19957	2477	4822	47207	167763	5060	7349	1441
江西 Jiangxi	14413	18571	1448	3447	54130	142571	4901	10959	1580
山东 Shandong	45091	45066	6496	15224	159146	362471	12024	33622	4695
河南 Henan	29614	37780	2715	10385	119538	383980	11717	31703	3326
湖北 Hubei	16811	18323	2281	6156	88999	162373	9702	10301	1551
湖南 Hunan	20788	25797	2537	7017	93870	220425	7594	24923	3073
广东 Guangdong	44935	63458	9439	19630	147744	351710	11475	4207	5736
广西 Guangxi	14941	19999	2210	7080	64707	182352	6206	14337	1690
海南 Hainan	1536	3269	547	1010	10833	21313	1153	789	166
重庆 Chongqing	7975	9625	1583	2527	32253	102615	4948	3030	237
四川 Sichuan	21483	36429	2911	7181	108285	269686	17290	18464	1851
贵州 Guizhou	7083	11026	2879	2385	36872	93162	3742	10364	874
云南 Yunnan	13777	20647	1900	4588	61226	157568	7203	8084	1091
西藏 Tibet	157	1935	2	166	3599	6268	301	1579	27
陕西 Shaanxi	14622	18942	1157	5635	56621	164730	17730	9351	1385
甘肃 Gansu	7068	9750	855	2606	29428	68522	4453	6432	2136
青海 Qinghai	1344	4565	156	700	10729	21567	1949	1236	394
宁夏 Ningxia	2341	4756	513	1079	11867	27961	1711	373	477
新疆 Xinjiang	10506	13430	1748	5548	54746	140091	6324	12645	3331

3－11 分地区分行业不在岗职工人数及生活费
NOT-ON-POST STAFF AND WORKERS AND LIVING SUBSIDIES BY SECTOR AND REGION

(2001)

地区	Region	总计 Total 年末人数（人） Year-end Figures (person)	＃内退 Inner-retirement	生活费（千元） Living Subsidies (1 000 yuan)	＃内退 Inner-retirement	平均生活费（元） Average Living Subsidies (yuan)	＃内退 Inner-retirement
全国	**National**	**21004652**	**4772245**	**44426504**	**27484957**	**2096**	**5854**
北京	Beijing	348196	139596	1981149	1080682	5693	8047
天津	Tianjin	540203	113846	1276557	683896	2326	5920
河北	Hebei	846472	215385	1952800	1207417	2364	5935
山西	Shanxi	645336	94694	922320	439838	1523	5007
内蒙古	Inner Mongolia	308015	71091	650145	374945	2132	5473
辽宁	Liaoning	2359119	358973	3216793	1945128	1314	5473
吉林	Jilin	1068694	165838	1595009	1009475	1509	6140
黑龙江	Heilongjiang	1730356	169824	1809706	958752	1044	5740
上海	Shanghai	853980	195390	2909851	1496469	3473	8057
江苏	Jiangsu	1181667	432036	3895772	2526634	3268	5924
浙江	Zhejiang	256618	109144	1082470	751222	3963	6653
安徽	Anhui	727924	143372	1333541	610999	1847	4262
福建	Fujian	253146	81773	509943	355026	1943	4375
江西	Jiangxi	892452	166330	1175293	703423	1341	4356
山东	Shandong	1284053	446509	3525656	2817883	2872	6539
河南	Henan	1188498	204290	1650042	985792	1405	5039
湖北	Hubei	1345662	346971	2702260	1582851	2025	4307
湖南	Hunan	1318726	232551	2193061	1246054	1713	5486
广东	Guangdong	627729	134572	1473317	1021283	2333	7857
广西	Guangxi	357976	96703	662922	473964	1801	4924
海南	Hainan	119638	17769	221291	115778	1845	6017
重庆	Chongqing	382064	102210	1070456	499892	2564	4912
四川	Sichuan	750324	255329	2045589	1444761	2694	5579
贵州	Guizhou	221959	61743	513362	343300	2386	5945
云南	Yunnan	219695	100123	887842	695592	4110	7378
西藏	Tibet	3362	2607	27486	21730	7795	8720
陕西	Shaanxi	666098	151763	1387492	798204	1506	5245
甘肃	Gansu	255237	71581	691985	489596	2897	7613
青海	Qinghai	41836	10901	126998	86241	3264	8883
宁夏	Ningxia	41657	17017	134535	109424	3298	6532
新疆	Xinjiang	167960	62314	800861	608706	4644	9695

3—11 续表 1 continued

地　区 Region	农、林、牧、渔业 Farming, Forestry, Animal Husbandry and Fishery		采掘业 Mining and Quarrying		制造业 Manufacturing		电力、煤气及水的生产和供应业 Production and Supply of Electricity, Gas and Water	
	年末人数（人）Year-end Figures (person)	平均生活费（元）Average Living Subsidy (yuan)	年末人数（人）Year-end Figures (person)	平均生活费（元）Average Living Subsidy (yuan)	年末人数（人）Year-end Figures (person)	平均生活费（元）Average Living Subsidy (yuan)	年末人数（人）Year-end Figures (person)	平均生活费（元）Average Living Subsidy (yuan)
全　国 National	**568480**	**1181**	**1448180**	**2189**	**10220307**	**1925**	**187909**	**5884**
北　京 Beijing	2483	5623	1460	4960	159126	5061	1106	8200
天　津 Tianjin	3014	2639	3986	7376	348192	1927	988	6327
河　北 Hebei	9570	2150	59686	3553	441276	2141	3476	5746
山　西 Shanxi	2358	1023	69869	2476	310949	1411	4446	2719
内蒙古 Inner Mongolia	18259	1346	65151	2514	88654	1490	6194	7035
辽　宁 Liaoning	50722	751	136965	1113	1284262	1195	21816	5842
吉　林 Jilin	30542	1083	127325	1892	495573	1219	9607	7332
黑龙江 Heilongjiang	87496	526	307802	727	709285	985	12726	3930
上　海 Shanghai	6452	3414	118	1135	509454	3001	1188	5099
江　苏 Jiangsu	20053	2164	44061	4543	682384	3170	4285	9102
浙　江 Zhejiang	8690	3000	5498	3759	118903	3564	2528	5837
安　徽 Anhui	9578	1227	37516	2606	362317	1870	2002	5601
福　建 Fujian	11993	1447	9688	1881	113678	1847	2752	5767
江　西 Jiangxi	49571	635	81627	1616	421703	1298	11520	4967
山　东 Shandong	8511	1836	99394	6689	632614	2405	12848	8153
河　南 Henan	10661	449	68600	2412	558882	1173	13368	2928
湖　北 Hubei	52207	719	27898	1961	668519	1934	13656	6655
湖　南 Hunan	37656	978	85736	1843	601881	1602	12019	5832
广　东 Guangdong	17245	1999	16630	2156	215720	1983	9583	4241
广　西 Guangxi	15354	1016	23367	1672	143517	1889	5065	6448
海　南 Hainan	34536	1302	4135	1990	24868	1214	2433	8858
重　庆 Chongqing	1784	2418	25143	3681	211730	2574	4256	6807
四　川 Sichuan	7356	1871	60089	2110	361191	2878	14282	6792
贵　州 Guizhou	2485	982	10562	2624	104810	2525	2476	6058
云　南 Yunnan	15220	1743	8356	2804	93141	4132	5068	10864
西　藏 Tibet	57	4827	61	3935	261	3408	96	8926
陕　西 Shaanxi	3174	2767	38960	1386	352462	1184	3113	5371
甘　肃 Gansu	2500	1556	15774	2710	133624	3186	1561	10577
青　海 Qinghai	2257	1524	2030	917	13093	1873	695	10852
宁　夏 Ningxia	1673	1313	2657	2313	20346	2955	300	5728
新　疆 Xinjiang	45023	1535	8036	5534	37892	3932	2456	5604

3—11 续表 2 continued

地 区 Region	建筑业 Construction		地质勘查业、水利管理业 Geological Prospecting and Water Conservancy		交通运输、仓储及邮电通信业 Transport, Storage, Post and Telecommunications		批发和零售贸易、餐饮业 Wholesale and Retail Trade and Catering Services	
	年末人数（人） Year-end Figures (person)	平均生活费（元） Average Living Subsidy (yuan)	年末人数（人） Year-end Figures (person)	平均生活费（元） Average Living Subsidy (yuan)	年末人数（人） Year-end Figures (person)	平均生活费（元） Average Living Subsidy (yuan)	年末人数（人） Year-end Figures (person)	平均生活费（元） Average Living Subsidy (yuan)
全 国 National	**1422632**	**2187**	**148502**	**3392**	**1164881**	**3230**	**4348315**	**1230**
北 京 Beijing	49323	4059	486	9080	14027	8013	50263	5323
天 津 Tianjin	31626	2895	543	9993	35983	3325	77100	2239
河 北 Hebei	48036	2435	6859	5053	47028	3009	173528	1073
山 西 Shanxi	53893	1875	3337	1548	30977	2318	134853	532
内蒙古 Inner Mongolia	32249	1491	5940	2706	19818	3794	43988	819
辽 宁 Liaoning	202376	1074	9277	1848	113223	2090	408337	761
吉 林 Jilin	70101	1200	7283	2248	41930	2555	223693	688
黑龙江 Heilongjiang	122964	631	6370	2709	91311	2709	295189	572
上 海 Shanghai	35942	5177	543	7440	45681	6286	141549	2885
江 苏 Jiangsu	52406	3970	4221	4273	69332	4464	244630	2107
浙 江 Zhejiang	16768	3959	2261	5048	23219	5287	46246	2657
安 徽 Anhui	63358	2345	4971	3211	43092	1920	173510	1122
福 建 Fujian	19423	1920	1457	2771	18302	2648	62051	1432
江 西 Jiangxi	53357	1133	8086	2280	47025	1704	181163	857
山 东 Shandong	40362	2965	4833	3289	61342	4091	317329	1082
河 南 Henan	51925	1811	13714	5873	64790	2672	331210	583
湖 北 Hubei	89637	2422	12792	2423	75630	2417	305551	1364
湖 南 Hunan	68908	1769	13313	2291	71108	2413	308210	1151
广 东 Guangdong	38047	2748	4350	2358	44422	4483	217564	1273
广 西 Guangxi	19096	1795	3178	3362	23071	2283	98732	759
海 南 Hainan	3473	628	688	2970	5569	6024	32098	928
重 庆 Chongqing	28851	2004	1094	3759	26133	2207	61567	1680
四 川 Sichuan	64414	2311	11690	4135	50459	2537	138374	1645
贵 州 Guizhou	18055	1581	2417	2806	14643	3658	43248	1394
云 南 Yunnan	22222	3346	5186	2361	19416	6877	38909	3304
西 藏 Tibet	36	2846			1807	7769	268	8156
陕 西 Shaanxi	65603	2073	3127	3595	32053	3644	127653	1227
甘 肃 Gansu	19785	1767	3049	3970	15562	3977	46542	1228
青 海 Qinghai	6379	2417	4396	6665	2975	9067	5141	892
宁 夏 Ningxia	4968	2577	206	4089	2082	7414	5517	2562
新 疆 Xinjiang	29049	8912	2835	1943	12871	6154	14302	3913

3—11 续表 3 continued

地 区 Region	金融、保险业 Finance and Insurance		房地产业 Real Estate Trade		社会服务业 Social Services		卫生、体育和社会福利业 Health Care , Sporting & Social Welfare	
	年末人数（人） Year-end Figures （person）	平均生活费（元） Average Living Subsidy （yuan）	年末人数（人） Year-end Figures （person）	平均生活费（元） Average Living Subsidy （yuan）	年末人数（人） Year-end Figures （person）	平均生活费（元） Average Living Subsidy （yuan）	年末人数（人） Year-end Figures （person）	平均生活费（元） Average Living Subsidy （yuan）
全 国 National	**155313**	**9837**	**114125**	**3072**	**463082**	**2943**	**110069**	**3389**
北 京 Beijing	2905	14515	5638	7371	33674	7434	1827	5934
天 津 Tianjin	1574	12133	2733	3032	18578	3144	2583	5099
河 北 Hebei	10532	11373	1929	4592	9784	2242	2766	2529
山 西 Shanxi	6908	7914	1899	919	7495	1085	2230	4279
内蒙古 Inner Mongolia	3040	7292	440	4767	6930	1981	2177	3359
辽 宁 Liaoning	11263	11175	11062	2843	60542	1987	12515	2587
吉 林 Jilin	5054	10495	2677	2609	16756	3228	5310	3576
黑龙江 Heilongjiang	5830	9449	5238	1730	39908	1161	6840	2453
上 海 Shanghai	2200	16520	7935	5491	46887	3927	4593	6871
江 苏 Jiangsu	6389	11495	5063	5866	24485	4235	3322	3345
浙 江 Zhejiang	4697	12175	2069	4747	8619	4093	3145	4109
安 徽 Anhui	3537	8286	822	1545	12783	1794	2760	1747
福 建 Fujian	1497	10030	862	3386	5274	2423	819	2474
江 西 Jiangxi	4118	8355	1926	2503	9151	1713	3005	2340
山 东 Shandong	12886	9600	4441	5583	21401	3438	5299	5151
河 南 Henan	11485	8136	2520	1281	18834	1547	7109	1364
湖 北 Hubei	9943	8765	6944	2844	24604	2803	14789	3540
湖 南 Hunan	6502	10171	21885	1253	23989	2616	11120	2431
广 东 Guangdong	11795	10704	9609	2862	13702	3186	3583	2246
广 西 Guangxi	3716	8583	1617	1413	8396	2670	1643	4379
海 南 Hainan	1527	14585	1250	1746	4557	1241	458	2724
重 庆 Chongqing	2728	9259	830	3227	8430	3023	607	4099
四 川 Sichuan	5549	6775	1792	3988	9395	2685	4888	4262
贵 州 Guizhou	2893	8050	7606	1660	5207	1771	831	4571
云 南 Yunnan	2315	10904	335	4344	3610	3304	660	4462
西 藏 Tibet	166				127	6857	58	24250
陕 西 Shaanxi	5581	8468	1568	1997	11058	1791	2526	3213
甘 肃 Gansu	4608	8877	1891	3741	3246	2727	673	5962
青 海 Qinghai	889	6203	16	8538	376	1228	442	8304
宁 夏 Ningxia	883	10891	282	3505	1184	2032	96	5624
新 疆 Xinjiang	2303	13637	1246	4774	4100	3846	1395	5452

3－11续表4 continued

地区 Region	教育、文化艺术和广播电影电视业 Education, Culture and Art, Radio, Film and Television		科学研究和综合技术服务业 Scientific Research and Polytechnical Services		国家机关、政党机关和社会团体 Government Agencies, Party Agencies & Social Organizations		其他 Others	
	年末人数（人） Year-end Figures (person)	平均生活费（元） Average Living Subsidy (yuan)	年末人数（人） Year-end Figures (person)	平均生活费（元） Average Living Subsidy (yuan)	年末人数（人） Year-end Figures (person)	平均生活费（元） Average Living Subsidy (yuan)	年末人数（人） Year-end Figures (person)	平均生活费（元） Average Living Subsidy (yuan)
全国 National	**199366**	**5604**	**64135**	**5208**	**214955**	**5928**	**174401**	**2662**
北京 Beijing	6801	9879	9799	9312	3763	12692	5515	4472
天津 Tianjin	3013	6490	2707	4479	478	4629	7105	3377
河北 Hebei	6346	6011	1724	3573	14984	7984	8948	1561
山西 Shanxi	5329	2792	1242	1552	5432	3389	4119	494
内蒙古 Inner Mongolia	4382	6278	659	5005	5016	7519	5118	1521
辽宁 Liaoning	14319	5642	4955	3859	6947	7980	10538	2731
吉林 Jilin	16220	5983	1803	5115	8676	6908	6144	1444
黑龙江 Heilongjiang	10624	5012	2075	2578	16005	6099	10693	723
上海 Shanghai	9103	9639	4941	8345	2084	4481	35310	2844
江苏 Jiangsu	7486	6328	2904	7394	6413	7076	4233	7956
浙江 Zhejiang	5701	9145	1226	4970	2245	9713	4803	4919
安徽 Anhui	4708	4322	722	4725	3469	3923	2779	3509
福建 Fujian	1740	2299	694	3731	2093	6233	823	2708
江西 Jiangxi	5447	2855	1680	1296	7826	4434	5247	1043
山东 Shandong	17669	8238	2404	4825	31528	6549	11192	2322
河南 Henan	10170	2566	2621	4638	16269	3347	6340	1698
湖北 Hubei	18116	3748	4000	3773	17541	3991	3835	3104
湖南 Hunan	14865	4423	3447	3586	24596	3301	13491	1330
广东 Guangdong	4977	4318	1874	4170	8878	10168	9750	3859
广西 Guangxi	6235	4650	1000	2767	2814	5184	1175	2157
海南 Hainan	1051	1886	373	1963	2051	8318	571	1468
重庆 Chongqing	2551	3597	1150	3846	4980	5954	230	1591
四川 Sichuan	8835	4443	3944	4835	5607	6467	2459	5099
贵州 Guizhou	2031	3610	526	6215	2188	3906	1981	1688
云南 Yunnan	1542	4801	722	3463	1376	8081	1617	5977
西藏 Tibet	101	11523	15	9214	284	19528	25	
陕西 Shaanxi	5453	4389	3366	3631	7913	5891	2488	1285
甘肃 Gansu	1313	7313	591	6002	1500	4490	3018	3532
青海 Qinghai	800	6778	121	5914	631	8535	1595	2525
宁夏 Ningxia	499	7741	170	5052	456	6373	338	7338
新疆 Xinjiang	1939	9977	680	4199	1078	7014	2755	5408

3—12 分地区分行业其他就业人员和平均劳动报酬
OTHER EMPLOYMENT AND AVERAGE EARNING BY SECTOR AND REGION

(2001)

地 区	Region	合计 Total 年末人数(人) Year-end Figures (person)	# 聘用的离退休人员 Hired Retirement	#港澳台和外籍人员 Hong Kong, Macao, Taiwan & Foreign Personnel	平均劳动报酬(元) Average Earning (yuan)	# 聘用的离退休人员 Hired Retirement	#港澳台和外籍人员 Hong Kong, Macao, Taiwan & Foreign Personnel
全 国	**National**	**3740451**	**554653**	**36840**	**9816**	**10113**	**180994**
北 京	Beijing	390745	150702	5469	19519	12171	302519
天 津	Tianjin	83362	23254	1903	12778	7672	191295
河 北	Hebei	99235	10097	329	6078	7073	130365
山 西	Shanxi	94716	8964	56	4922	5791	68412
内蒙古	Inner Mongolia	32099	4000	37	5524	7294	89500
辽 宁	Liaoning	150664	42975	1498	8713	7589	157985
吉 林	Jilin	42005	6373	535	7810	8632	121156
黑龙江	Heilongjiang	243678	8954	188	5410	7258	70016
上 海	Shanghai	482781	94271	7020	14928	10905	261576
江 苏	Jiangsu	223448	19140	2510	10843	9345	202424
浙 江	Zhejiang	131264	26236	1547	13111	11852	101326
安 徽	Anhui	100553	10261	125	4750	5561	107261
福 建	Fujian	94544	12839	4938	13604	11198	75905
江 西	Jiangxi	80654	5513	202	5211	5301	40150
山 东	Shandong	188514	14185	2738	8160	8817	125261
河 南	Henan	144431	14276	281	5591	7521	80399
湖 北	Hubei	136878	10240	485	5450	7899	75984
湖 南	Hunan	170852	8560	283	6570	8406	75290
广 东	Guangdong	125320	20684	4753	18451	17444	174550
广 西	Guangxi	122446	4516	311	4847	7535	56127
海 南	Hainan	17982	1739	248	5873	12884	100531
重 庆	Chongqing	35585	9395	199	10000	7155	159897
四 川	Sichuan	137596	14498	254	8435	9091	42529
贵 州	Guizhou	103004	4537	112	5926	6443	40439
云 南	Yunnan	80696	9721	297	4453	7249	61459
西 藏	Tibet	13795	214	30	6778	47062	25688
陕 西	Shaanxi	93297	8040	222	5442	6386	139296
甘 肃	Gansu	51033	2606	185	4068	6508	19431
青 海	Qinghai	11385	463		4716	5599	
宁 夏	Ningxia	11180	1698	38	6936	7063	33632
新 疆	Xinjiang	46709	5702	47	5635	9337	135981

注:港澳台和外籍人员是指聘用的港澳台和外籍人员(以下相关表同)。

a) Hong Kong, Macao, Taiwan and Foreign Personnel are those who are hired by the units . (The same as the following relative tables).

3－12 续表 1　continued

地区 Region	农、林、牧、渔业 Farming，Forestry，Animal Husbandry and Fishery				采掘业 Mining and Quarrying			
	年末人数（人）Year-end Figures (person)	# 聘用的离退休人员 Hired Retirement	平均劳动报酬（元）Average Earning (yuan)	# 聘用的离退休人员 Hired Retirement	年末人数（人）Year-end Figures (person)	# 聘用的离退休人员 Hired Retirement	平均劳动报酬（元）Average Earning (yuan)	# 聘用的离退休人员 Hired Retirement
全　国　National	**247354**	**5673**	**4381**	**3887**	**40750**	**5041**	**5101**	**6677**
北　京　Beijing	330	159	28417	9000	76	64	16441	10696
天　津　Tianjin	38	23	8767	3667	4210	271	13932	7013
河　北　Hebei	187	26	4773	6321	380	32	5754	7738
山　西　Shanxi	519	85	2790	3573	2655	162	5629	4841
内蒙古　Inner Mongolia	2555	71	2798	6742	190	143	4610	5688
辽　宁　Liaoning	381	77	5751	7597	809	298	7606	15528
吉　林　Jilin	1427	27	3107	9880	1076	40	6407	9735
黑龙江　Heilongjiang	150579	253	4477	2143	1115	330	6589	5953
上　海　Shanghai	14716	211	4875	9840	121	21	15154	7750
江　苏　Jiangsu	5118	87	4778	6218	938	45	7027	4286
浙　江　Zhejiang	860	125	7953	7805	52	15	7254	9063
安　徽　Anhui	5142	2083	3081	2596	2247	657	4847	4320
福　建　Fujian	3136	102	4013	7009	1249	122	16074	13309
江　西　Jiangxi	8402	821	3332	334	2401	105	6275	5968
山　东　Shandong	1097	77	3962	13800	782	196	8934	3608
河　南　Henan	1542	110	4174	4559	1513	385	8993	5730
湖　北　Hubei	9587	282	4344	2944	2945	14	8618	7769
湖　南　Hunan	9031	76	3938	4272	4431	476	5278	6867
广　东　Guangdong	3320	136	7263	11908	329	143	7274	7630
广　西　Guangxi	4605	171	2957	4098	1012	135	3494	5355
海　南　Hainan	2796	19	3208	9952	1020	47	4558	4277
重　庆　Chongqing	106	25	4056	5190	1713	69	5566	8204
四　川　Sichuan	1739	94	3032	4783	1998	84	5970	6200
贵　州　Guizhou	1489	11	2456	11375	873	26	7802	12480
云　南　Yunnan	11745	86	3242	5613	1828	900	4273	5187
西　藏　Tibet	1726	2	6586	24000	294		10430	
陕　西　Shaanxi	476	23	4751	6833	2470	81	3823	8014
甘　肃　Gansu	220	6	4937	12333	1060	23	4900	4839
青　海　Qinghai	985		1796	7000	676	18	4300	4389
宁　夏　Ningxia	212	12	4762	4833	73	46	8241	4049
新　疆　Xinjiang	3288	393	7924	4103	214	93	411	9469

3－12 续表 2 continued

地区 Region	制造业 Manufacturing				电力、煤气及水的生产和供应业 Production and Supply of Electricity，Gas and Water			
	年末人数（人）Year-end Figures（person）	＃聘用的离退休人员 Hired Retirement	平均劳动报酬（元）Average Earning（yuan）	＃聘用的离退休人员 Hired Retirement	年末人数（人）Year-end Figures（person）	＃聘用的离退休人员 Hired Retirement	平均劳动报酬（元）Average Earning（yuan）	＃聘用的离退休人员 Hired Retirement
全国 National	**603560**	**139914**	**15576**	**10247**	**37609**	**5074**	**6167**	**11126**
北京 Beijing	64069	23776	24096	13625	453	240	19568	22330
天津 Tianjin	24895	8085	22647	9428	534	471	4511	7589
河北 Hebei	11101	3910	9257	7296	12483	110	4335	9259
山西 Shanxi	10168	3645	4399	5336	576	53	6904	6341
内蒙古 Inner Mongolia	2697	1286	6467	7568	245	18	4882	6579
辽宁 Liaoning	39192	17126	11774	8078	2252	780	5553	5948
吉林 Jilin	6262	2861	12819	7234	764	117	5806	7761
黑龙江 Heilongjiang	13785	3241	6479	8975	1159	92	5049	11573
上海 Shanghai	140401	21935	19955	12632	1528	844	13566	10133
江苏 Jiangsu	62270	5591	16449	10422	1497	291	12404	18313
浙江 Zhejiang	20189	6539	18120	12813	808	317	17886	14987
安徽 Anhui	13874	2009	4510	6522	776	47	6177	9617
福建 Fujian	17102	4553	24745	11644	1177	203	10493	16901
江西 Jiangxi	10771	1218	5222	4597	1282	73	5068	6151
山东 Shandong	18196	3528	21425	9584	586	80	6278	9205
河南 Henan	20426	3175	4585	6814	1398	150	5585	11689
湖北 Hubei	19801	2591	7213	6224	568	168	7272	6877
湖南 Hunan	22134	2079	5563	6399	1375	52	5905	3574
广东 Guangdong	15674	4770	47433	15939	1448	271	11592	22715
广西 Guangxi	10824	954	4719	6499	841	47	3159	7596
海南 Hainan	1263	345	12364	9925	409	9	7770	10333
重庆 Chongqing	6852	4107	10152	7276	481	40	4793	8861
四川 Sichuan	11083	3728	6134	7248	896	167	7320	12065
贵州 Guizhou	8604	1240	4881	6364	1068	100	6009	3874
云南 Yunnan	5369	1890	6747	7078	584	136	4324	8224
西藏 Tibet	149	18	11690	614167	43	2	8169	9000
陕西 Shaanxi	12915	2855	5002	6359	1777	62	4590	8113
甘肃 Gansu	7668	986	3241	5041	385	21	6406	16524
青海 Qinghai	784	126	4892	5289	72	18	11250	13167
宁夏 Ningxia	1826	612	5526	6788	42	19	3857	4684
新疆 Xinjiang	3216	1135	3093	8934	102	76	372	10521

3—12 续表 3　continued

地　区　Region	建筑业 Construction				地质勘查业、水利管理业 Geological Prospecting and Water Conservancy			
	年末人数（人）Year-end Figures (person)	# 聘用的离退休人员 Hired Retirement	平均劳动报酬（元）Average Earning (yuan)	# 聘用的离退休人员 Hired Retirement	年末人数（人）Year-end Figures (person)	# 聘用的离退休人员 Hired Retirement	平均劳动报酬（元）Average Earning (yuan)	# 聘用的离退休人员 Hired Retirement
全　国　National	**413882**	**42907**	**8274**	**11134**	**12324**	**3002**	**6618**	**10520**
北　京　Beijing	28561	13062	14443	13841	361	228	12716	10092
天　津　Tianjin	5347	1421	7309	8470	155	68	6604	6353
河　北　Hebei	17414	1058	6550	9904	198	56	4211	5214
山　西　Shanxi	16119	873	7202	5364	346	71	7631	4290
内蒙古　Inner Mongolia	2118	590	6262	7135	46	16	4043	6500
辽　宁　Liaoning	15513	4392	8778	8366	314	70	9482	7896
吉　林　Jilin	8165	255	7140	9172	107	31	12557	8316
黑龙江　Heilongjiang	12975	419	8182	6709	1234	75	6955	9080
上　海　Shanghai	21415	3643	11972	14301	399	275	15261	17935
江　苏　Jiangsu	11756	687	6731	9333	652	56	7265	6833
浙　江　Zhejiang	17315	2140	15142	10606	528	128	10617	11927
安　徽　Anhui	15959	646	5505	5570	1090	74	3139	7000
福　建　Fujian	11415	973	8899	11518	171	61	8852	12210
江　西　Jiangxi	4513	183	4882	12031	203	30	3341	5500
山　东　Shandong	10873	671	7253	7364	152	44	9011	7233
河　南　Henan	30991	2038	6736	8773	479	131	4630	10062
湖　北　Hubei	9674	1036	6434	8817	1127	345	8117	11083
湖　南　Hunan	42830	556	6346	8354	813	111	4915	9309
广　东　Guangdong	12721	2059	11273	17981	406	216	11284	14137
广　西　Guangxi	13839	179	6451	7577	212	50	5611	14333
海　南　Hainan	981	135	5197	12433	77	18	4753	16176
重　庆　Chongqing	2300	1200	9173	7027	15	10	16286	35000
四　川　Sichuan	40500	1942	8642	8998	460	264	5482	6717
贵　州　Guizhou	28777	462	6627	9700	334	12	3266	9600
云　南　Yunnan	2639	686	6310	8037	217	51	2680	6737
西　藏　Tibet	1010	9	7660	13600	58	5	22298	
陕　西　Shaanxi	9050	496	6057	6610	64	4	2812	3750
甘　肃　Gansu	3086	146	8974	8286	977	353	5607	10814
青　海　Qinghai	2548	130	5483	6602	749	3	2360	1333
宁　夏　Ningxia	2092	154	5795	7506	178	24	5373	9750
新　疆　Xinjiang	11386	666	10625	11770	202	122	9957	10877

3—12 续表 4 continued

地区 Region		交通运输、仓储及邮电通信业 Transport, Storage, Post and Telecommunications				批发和零售贸易、餐饮业 Wholesale and Retail Trade and Catering Services			
		年末人数（人） Year-end Figures (person)	# 聘用的离退休人员 Hired Retirement	平均劳动报酬（元） Average Earning (yuan)	# 聘用的离退休人员 Hired Retirement	年末人数（人） Year-end Figures (person)	# 聘用的离退休人员 Hired Retirement	平均劳动报酬（元） Average Earning (yuan)	# 聘用的离退休人员 Hired Retirement
全　国	**National**	**227374**	**12694**	**9048**	**8903**	**346347**	**57141**	**8592**	**8826**
北　京	Beijing	7428	1285	19708	10539	59085	17260	13179	9887
天　津	Tianjin	2210	154	10771	7205	13684	3289	8197	6915
河　北	Hebei	6224	142	4870	7466	2990	681	5413	5744
山　西	Shanxi	8756	68	6672	5843	6015	864	3655	3969
内蒙古	Inner Mongolia	4772	192	4819	8911	571	145	4294	5224
辽　宁	Liaoning	10590	1465	7686	7632	10036	3351	7157	7231
吉　林	Jilin	3012	97	5550	11434	1797	388	3891	8468
黑龙江	Heilongjiang	6680	158	8342	6071	18182	598	5395	6218
上　海	Shanghai	20762	2491	16281	9487	87198	16626	11547	9881
江　苏	Jiangsu	12702	455	8563	4539	22387	1533	7052	7330
浙　江	Zhejiang	6250	518	12145	10288	12033	2631	9758	9165
安　徽	Anhui	7005	461	4100	6004	9230	399	2769	5599
福　建	Fujian	7985	417	17177	11002	5940	1052	8867	9389
江　西	Jiangxi	7457	180	7178	5197	6514	195	5453	5106
山　东	Shandong	9828	309	7721	9117	9013	844	4362	7501
河　南	Henan	9908	454	6240	5323	10895	901	4340	3599
湖　北	Hubei	9197	157	6411	9204	11160	337	5552	5113
湖　南	Hunan	19975	794	7512	8321	11442	309	5276	8846
广　东	Guangdong	10200	753	13623	19246	8628	1840	19300	12753
广　西	Guangxi	20938	145	6998	8465	7576	319	5221	5892
海　南	Hainan	1141	36	7532	11378	1587	82	1953	6663
重　庆	Chongqing	3437	280	6341	6686	1365	256	4715	6344
四　川	Sichuan	9734	339	8187	7477	5233	889	4991	5874
贵　州	Guizhou	5131	422	7134	5083	7689	295	3451	5720
云　南	Yunnan	3188	263	5999	8076	5264	760	4860	6072
西　藏	Tibet	24	10	11625	15000	282	6	11872	89000
陕　西	Shaanxi	5037	202	9136	6150	4947	677	3385	3956
甘　肃	Gansu	1903	71	6228	5679	2889	139	2679	4661
青　海	Qinghai	426	19	9822	4130	141	15	6507	11800
宁　夏	Ningxia	383	38	11332	5615	618	151	4348	3834
新　疆	Xinjiang	5091	319	5263	7960	1956	309	3738	6837

3—12 续表5 continued

地区 Region	金融、保险业 Finance and Insurance				房地产业 Real Estate Trade			
	年末人数（人）Year-end Figures (person)	# 聘用的离退休人员 Hired Retirement	平均劳动报酬（元）Average Earning (yuan)	# 聘用的离退休人员 Hired Retirement	年末人数（人）Year-end Figures (person)	# 聘用的离退休人员 Hired Retirement	平均劳动报酬（元）Average Earning (yuan)	# 聘用的离退休人员 Hired Retirement
全 国 National	**443768**	**7462**	**11178**	**10750**	**100542**	**26284**	**13852**	**11516**
北 京 Beijing	8114	593	17654	10386	25750	10241	20335	12461
天 津 Tianjin	4170	185	11246	7352	1944	581	11324	8883
河 北 Hebei	17855	89	7668	3343	247	123	7320	8254
山 西 Shanxi	12913	93	6254	12422	599	90	5856	7859
内蒙古 Inner Mongolia	5980	36	7620	5524	194	40	2973	4732
辽 宁 Liaoning	21341	165	11204	7851	4946	1403	7712	9313
吉 林 Jilin	8421	71	7910	8901	590	81	8245	8442
黑龙江 Heilongjiang	10032	162	10163	4159	3138	330	5464	7639
上 海 Shanghai	19649	1797	24436	11352	25347	5521	11970	10702
江 苏 Jiangsu	46690	542	11206	9345	3547	879	9446	8963
浙 江 Zhejiang	28263	480	12594	11550	3624	1199	11762	13883
安 徽 Anhui	15998	91	6119	5204	395	137	14385	6054
福 建 Fujian	19772	213	13164	9359	2785	1159	22127	14218
江 西 Jiangxi	8555	144	8108	4377	609	403	8821	9063
山 东 Shandong	49235	867	11020	16835	1624	631	10079	10949
河 南 Henan	27430	167	6959	17336	571	230	9754	10173
湖 北 Hubei	7482	114	7988	5904	629	151	7612	9710
湖 南 Hunan	29018	224	8274	3439	886	112	8606	14722
广 东 Guangdong	21687	137	20468	13299	2125	969	20532	19032
广 西 Guangxi	4941	143	8124	17907	948	139	10966	9266
海 南 Hainan	1332	11	8234	9545	142	60	14203	14279
重 庆 Chongqing	12153	128	14029	10443	551	319	10988	6949
四 川 Sichuan	30939	501	13041	12781	595	223	7879	8482
贵 州 Guizhou	2765	123	6958	5958	15947	343	12654	10241
云 南 Yunnan	2563	170	6525	7418	924	505	8525	7758
西 藏 Tibet	60		6671		11		20000	
陕 西 Shaanxi	14768	89	9638	5250	171	64	7606	7984
甘 肃 Gansu	2685	39	4663	5564	627	92	7368	6420
青 海 Qinghai	1372	2	5813	5000	22	10	5320	6200
宁 夏 Ningxia	1896	19	10036	6583	79	59	11592	7983
新 疆 Xinjiang	5689	67	10179	19328	975	190	4958	7811

3－12 续表 6　continued

地　区　Region		社会服务业 Social Services				卫生、体育和社会福利业 Health Care, Sporting and Social Welfare			
		年末人数（人）Year-end Figures (person)	# 聘用的离退休人员 Hired Retirement	平均劳动报酬（元）Average Earning (yuan)	# 聘用的离退休人员 Hired Retirement	年末人数（人）Year-end Figures (person)	# 聘用的离退休人员 Hired Retirement	平均劳动报酬（元）Average Earning (yuan)	# 聘用的离退休人员 Hired Retirement
全　国	**National**	**279731**	**62116**	**14081**	**10967**	**124363**	**60408**	**8565**	**9470**
北　京	Beijing	85467	27362	23268	12659	21613	17762	9033	7433
天　津	Tianjin	9992	2316	8998	7150	1537	1021	6327	6213
河　北	Hebei	3684	1214	6886	5432	1683	1129	7568	8014
山　西	Shanxi	2151	803	5355	6840	1650	756	5402	7058
内蒙古	Inner Mongolia	751	153	4645	6333	1174	396	7050	9391
辽　宁	Liaoning	10072	4985	9066	7440	5352	3124	6440	6829
吉　林	Jilin	2376	680	9030	10493	1056	650	13331	10964
黑龙江	Heilongjiang	8106	668	3824	6862	2036	716	5373	8496
上　海	Shanghai	71646	8540	12055	11297	14639	6363	9218	8674
江　苏	Jiangsu	15512	1975	9775	7454	8902	2954	8087	9323
浙　江	Zhejiang	11515	2891	13908	12272	6222	3335	13823	13303
安　徽	Anhui	3897	444	4807	5603	5107	1763	5762	6918
福　建	Fujian	5096	981	10416	10651	2809	1161	11323	11774
江　西	Jiangxi	3191	90	5840	3455	2395	617	5537	7052
山　东	Shandong	6532	1332	8807	10255	5986	2649	7521	9105
河　南	Henan	3668	1142	7007	8180	4096	2573	8235	8079
湖　北	Hubei	5598	917	7547	7731	4020	1381	7682	12293
湖　南	Hunan	7041	388	6180	7757	3469	1182	9082	14044
广　东	Guangdong	4198	1377	29859	20456	6324	3407	16650	20783
广　西	Guangxi	3074	257	6326	8403	3506	1017	5654	8130
海　南	Hainan	664	174	14527	14179	648	282	9184	18789
重　庆	Chongqing	735	218	12512	8781	1096	824	6755	6809
四　川	Sichuan	3981	483	7911	10909	6286	2673	11343	13050
贵　州	Guizhou	2244	340	6008	5370	3656	297	2965	5031
云　南	Yunnan	2881	1173	8833	9281	2785	781	3072	6866
西　藏	Tibet	113	25	10226	12080	1580	2	5250	7167
陕　西	Shaanxi	2569	438	13199	6430	1927	764	5468	7736
甘　肃	Gansu	1092	152	4210	9352	815	166	5201	10268
青　海	Qinghai	311	25	4834	4591	618	23	3125	2913
宁　夏	Ningxia	283	141	7950	8558	428	200	6470	11014
新　疆	Xinjiang	1291	432	9745	11350	948	440	9950	11276

3—12续表7 continued

地 区 Region		教育、文化艺术和广播电影电视业 Education, Culture and Arts, Radio, Film and Television				科学研究和综合技术服务业 Scientific Research and Polytechnical Services			
		年末人数（人）Year-end Figures (person)	# 聘用的离退休人员 Hired Retirement	平均劳动报酬（元）Average Earning (yuan)	# 聘用的离退休人员 Hired Retirement	年末人数（人）Year-end Figures (person)	# 聘用的离退休人员 Hired Retirement	平均劳动报酬（元）Average Earning (yuan)	# 聘用的离退休人员 Hired Retirement
全 国	**National**	**·557647**	**50591**	**4878**	**9622**	**110642**	**44500**	**13049**	**12561**
北 京	Beijing	26621	12660	18389	13768	48455	20261	18337	14429
天 津	Tianjin	6010	2122	7138	4657	2823	1957	8854	8268
河 北	Hebei	22127	844	3660	6448	333	237	5953	5504
山 西	Shanxi	28862	675	2723	7512	873	368	7041	7585
内蒙古	Inner Mongolia	6003	336	2981	6832	145	141	7462	7638
辽 宁	Liaoning	20606	2706	4419	4929	3289	2197	7166	6658
吉 林	Jilin	4690	470	6439	12262	424	317	7866	7850
黑龙江	Heilongjiang	8804	674	4095	5528	1547	772	7386	7068
上 海	Shanghai	25604	11230	9374	9868	8861	5695	13134	12586
江 苏	Jiangsu	15711	1489	5783	7239	3000	1488	12014	13895
浙 江	Zhejiang	13347	2914	9629	11295	2542	1149	14057	13492
安 徽	Anhui	11576	572	4286	5810	809	442	6803	8374
福 建	Fujian	9621	873	5861	7356	1314	421	13769	14317
江 西	Jiangxi	20548	765	3782	7753	678	165	8289	7612
山 东	Shandong	68994	1408	3602	4156	1744	881	7984	8384
河 南	Henan	23256	1115	2910	6769	1368	752	8324	9438
湖 北	Hubei	48315	1539	3445	7583	1240	714	7958	8976
湖 南	Hunan	9103	920	6732	6674	1349	552	8925	9677
广 东	Guangdong	30747	2137	7363	14912	2111	1365	25505	24452
广 西	Guangxi	45360	390	2976	5665	649	263	9229	10236
海 南	Hainan	4615	341	4053	15610	170	71	6591	9329
重 庆	Chongqing	2746	883	5891	6311	560	470	8835	8113
四 川	Sichuan	15688	1072	3944	6310	1831	1276	10614	11173
贵 州	Guizhou	16872	321	3079	3868	709	247	7748	7830
云 南	Yunnan	13701	485	2561	4663	20953	905	4256	9739
西 藏	Tibet	2549	4	7102	3750	465	5	4973	2200
陕 西	Shaanxi	32482	821	2789	6881	1422	912	9189	8331
甘 肃	Gansu	18669	81	2063	4891	505	175	1282	3880
青 海	Qinghai	1176	19	3018	2500	89	29	3620	3575
宁 夏	Ningxia	326	52	6952	7200	75	54	8781	8865
新 疆	Xinjiang	2918	673	5162	9140	309	219	19058	11500

3—12 续表 8 continued

地区	Region	国家机关、政党机关和社会团体 Government Agencies, Party Agencies and Social Organizations				其他 Others			
		年末人数（人） Year-end Figures (person)	# 聘用的离退休人员 Hired Retirement	平均劳动报酬（元） Average Earning (yuan)	# 聘用的离退休人员 Hired Retirement	年末人数（人） Year-end Figures (person)	# 聘用的离退休人员 Hired Retirement	平均劳动报酬（元） Average Earning (yuan)	# 聘用的离退休人员 Hired Retirement
全国	**National**	**134123**	**23008**	**5695**	**6579**	**60435**	**8838**	**17077**	**11588**
北京	Beijing	5306	3478	9380	8324	9056	2271	42963	15088
天津	Tianjin	5089	1079	4383	4379	724	211	6691	4816
河北	Hebei	2136	394	4532	3781	193	52	9345	4635
山西	Shanxi	2118	271	4494	5598	396	87	6995	6225
内蒙古	Inner Mongolia	1359	232	4692	4493	3299	205	8242	8563
辽宁	Liaoning	5436	711	3670	4826	535	125	4815	5615
吉林	Jilin	1658	184	3871	7277	180	104	12664	7906
黑龙江	Heilongjiang	3496	332	3936	4423	810	134	7414	6014
上海	Shanghai	18417	6415	7536	6827	12078	2664	29291	12517
江苏	Jiangsu	10214	866	6750	7521	2552	202	9783	10418
浙江	Zhejiang	6115	1322	8796	7845	1601	533	9102	12966
安徽	Anhui	7011	400	4462	5159	437	36	4332	5026
福建	Fujian	2746	445	6547	6632	2226	103	12464	9920
江西	Jiangxi	2744	484	5102	3832	391	40	2059	4474
山东	Shandong	3654	621	4980	4970	218	47	5755	9327
河南	Henan	5961	666	4320	5606	929	287	5209	8450
湖北	Hubei	5168	397	5587	5538	367	97	6450	6500
湖南	Hunan	4423	389	6297	6524	3532	340	5832	9695
广东	Guangdong	4091	902	11303	11874	1311	202	14461	16896
广西	Guangxi	3709	272	4338	5168	412	35	6080	14588
海南	Hainan	1132	104	4443	8796	5	5	3200	3200
重庆	Chongqing	1358	458	8644	5744	117	108	10813	11825
四川	Sichuan	6119	697	5393	6128	514	66	5395	9696
贵州	Guizhou	6570	242	2603	4436	276	56	7594	3887
云南	Yunnan	5825	766	3362	4335	230	164	8458	7472
西藏	Tibet	5424	126	5577	3048	7		7429	
陕西	Shaanxi	2757	403	4490	4000	465	149	3424	3007
甘肃	Gansu	1964	66	4963	4471	6488	90	7507	6876
青海	Qinghai	478	16	4455	4667	938	10	5031	5900
宁夏	Ningxia	791	92	3046	2714	1878	25	6335	5600
新疆	Xinjiang	940	216	3301	5494	8184	352	8263	10215

3—13 分地区分登记注册类型城镇单位年末人数
EMPLOYMENT AND NOT-ON-POST STAFF AND WORKERS IN URBAN UNITS BY REGISTRATION STATUS AND REGION

(2001)

单位:千人 (1 000 persons)

地 区	Region	就业人员 Employment				在岗职工 On-post Staff and Workers			
		合 计 Total	国有单位 State-Owned Units	集体单位 Collective-owned Units	其他单位 Other Ownership Units	合 计 Total	国有单位 State-Owned Units	集体单位 Collective-owned Units	其他单位 Other Ownership Units
全 国	**National**	**111658**	**76399**	**12910**	**22349**	**107918**	**74090**	**12408**	**21419**
北 京	Beijing	4394	2463	458	1473	4003	2359	400	1244
天 津	Tianjin	1923	1066	201	656	1840	1033	180	627
河 北	Hebei	5291	4098	544	650	5192	4028	524	640
山 西	Shanxi	3724	2750	468	506	3630	2672	458	500
内蒙古	Inner Mongolia	2542	1889	205	448	2510	1863	202	445
辽 宁	Liaoning	5604	3814	760	1030	5453	3728	737	989
吉 林	Jilin	3175	2335	388	452	3133	2302	384	446
黑龙江	Heilongjiang	5353	3909	692	752	5109	3690	680	739
上 海	Shanghai	3383	1841	276	1266	2900	1637	215	1048
江 苏	Jiangsu	6482	3891	932	1659	6258	3774	903	1581
浙 江	Zhejiang	3663	1839	383	1441	3532	1775	373	1384
安 徽	Anhui	3821	2591	605	624	3720	2528	581	611
福 建	Fujian	3237	1632	300	1305	3143	1583	289	1271
江 西	Jiangxi	2873	2291	287	296	2793	2222	279	292
山 东	Shandong	7894	5335	936	1623	7705	5195	920	1590
河 南	Henan	7188	4570	1380	1238	7044	4477	1344	1223
湖 北	Hubei	5153	3903	534	716	5016	3795	524	697
湖 南	Hunan	4150	3284	418	448	3979	3164	391	424
广 东	Guangdong	7371	4001	913	2457	7246	3918	900	2428
广 西	Guangxi	2866	2275	265	326	2743	2187	237	320
海 南	Hainan	765	636	44	85	747	620	43	84
重 庆	Chongqing	2048	1366	242	439	2012	1348	238	427
四 川	Sichuan	5005	3610	599	796	4867	3505	584	779
贵 州	Guizhou	1995	1580	164	251	1892	1489	157	246
云 南	Yunnan	2697	2120	224	353	2616	2073	200	343
西 藏	Tibet	173	158	9	7	160	145	9	7
陕 西	Shaanxi	3331	2651	280	400	3238	2579	265	394
甘 肃	Gansu	1981	1631	204	145	1930	1588	198	143
青 海	Qinghai	447	372	38	37	435	362	37	37
宁 夏	Ningxia	615	488	40	87	604	479	39	85
新 疆	Xinjiang	2516	2011	120	385	2470	1975	117	378

3—13 续表 continued

单位:千人 (1 000 persons)

地 区 Region	其他就业人员 Others 合 计 Total	国有单位 State-Owned Units	集体单位 Collective-owned Units	其他单位 Other Ownership Units	不在岗职工 Not-on-post Staff and Workers 合 计 Total	国有单位 State-Owned Units	集体单位 Collective-owned Units	其他单位 Other Ownership Units
全 国 National	**3740**	**2309**	**502**	**929**	**21005**	**13007**	**5122**	**2876**
北 京 Beijing	391	104	58	228	348	246	38	64
天 津 Tianjin	83	33	20	30	540	333	121	86
河 北 Hebei	99	70	19	10	846	564	171	112
山 西 Shanxi	95	78	11	6	645	403	149	94
内蒙古 Inner Mongolia	32	26	2	3	308	186	64	58
辽 宁 Liaoning	151	87	23	41	2359	1260	878	221
吉 林 Jilin	42	32	4	6	1069	674	293	101
黑龙江 Heilongjiang	244	219	12	12	1730	1131	437	162
上 海 Shanghai	483	204	61	218	854	506	190	158
江 苏 Jiangsu	223	117	28	78	1182	622	328	232
浙 江 Zhejiang	131	64	10	57	257	109	59	89
安 徽 Anhui	101	63	24	14	728	366	210	152
福 建 Fujian	95	49	11	34	253	148	74	31
江 西 Jiangxi	81	69	8	4	892	610	185	97
山 东 Shandong	189	140	16	32	1284	713	332	239
河 南 Henan	144	93	37	15	1188	684	301	203
湖 北 Hubei	137	107	10	19	1346	904	273	169
湖 南 Hunan	171	120	27	24	1319	876	311	131
广 东 Guangdong	125	84	13	28	628	400	171	57
广 西 Guangxi	122	88	28	6	358	245	72	42
海 南 Hainan	18	16	1	1	120	98	17	4
重 庆 Chongqing	36	18	5	13	382	232	86	64
四 川 Sichuan	138	105	15	17	750	480	130	141
贵 州 Guizhou	103	91	7	5	222	162	31	29
云 南 Yunnan	81	47	24	10	220	157	32	31
西 藏 Tibet	14	13	…	…	3	3	…	…
陕 西 Shaanxi	93	72	15	6	666	489	120	57
甘 肃 Gansu	51	43	6	2	255	202	34	19
青 海 Qinghai	11	10	1	1	42	32	5	5
宁 夏 Ningxia	11	9	1	1	42	29	5	8
新 疆 Xinjiang	47	36	4	7	168	142	5	21

3—14 分地区分登记注册类型城镇单位劳动报酬和生活费

EARNINGS AND LIVING SUBSIDIES IN URBAN UNITS BY REGISTRATION STATUS AND REGION

(2001)

单位:亿元 (100 million yuan)

地区 Region		就业人员劳动报酬 Earnings of Employment				在岗职工工资总额 Wages of On-post Staff and Workers			
		合计 Total	国有单位 State-Owned Units	集体单位 Collective-owned Units	其他单位 Other Ownership Units	合计 Total	国有单位 State-Owned Units	集体单位 Collective-owned Units	其他单位 Other Ownership Units
全国	**National**	**12205.4**	**8515.2**	**898.5**	**2791.7**	**11830.9**	**8355.6**	**864.6**	**2610.7**
北京	Beijing	852.7	492.0	51.5	309.2	777.3	477.8	44.8	254.7
天津	Tianjin	277.6	162.0	16.9	98.7	266.7	159.5	15.6	91.7
河北	Hebei	465.6	375.1	33.3	57.2	458.1	370.9	31.4	55.8
山西	Shanxi	298.9	234.4	22.6	41.9	294.1	230.5	22.2	41.5
内蒙古	Inner Mongolia	212.5	164.9	12.4	35.2	210.5	163.3	12.2	35.0
辽宁	Liaoning	577.9	408.3	49.7	119.9	563.8	401.7	48.3	113.8
吉林	Jilin	281.2	212.5	22.5	46.2	277.5	210.2	22.3	45.1
黑龙江	Heilongjiang	468.9	341.4	34.1	93.4	455.4	330.2	33.1	92.1
上海	Shanghai	717.0	389.3	36.9	290.8	649.2	371.3	31.9	246.0
江苏	Jiangsu	782.3	507.6	73.0	201.7	758.5	498.6	71.4	188.5
浙江	Zhejiang	595.6	353.0	47.2	195.4	578.7	346.1	46.3	186.3
安徽	Anhui	300.6	219.2	30.7	50.7	295.7	216.0	29.9	49.8
福建	Fujian	388.9	216.4	27.1	145.4	376.2	212.2	26.3	137.7
江西	Jiangxi	229.9	190.2	14.8	24.9	225.5	186.5	14.5	24.6
山东	Shandong	789.7	585.4	59.0	145.3	773.9	577.7	58.0	138.1
河南	Henan	561.7	387.5	77.2	96.9	553.4	381.9	75.7	95.8
湖北	Hubei	445.8	357.4	30.9	57.5	438.3	352.0	30.4	55.9
湖南	Hunan	393.4	323.6	28.1	41.7	382.1	315.8	26.6	39.6
广东	Guangdong	1169.0	673.2	83.9	411.9	1146.1	663.8	82.7	399.6
广西	Guangxi	254.9	205.0	16.8	33.0	248.9	201.4	15.2	32.4
海南	Hainan	63.5	51.2	2.7	9.5	62.4	50.6	2.7	9.1
重庆	Chongqing	197.9	139.6	16.1	42.2	194.2	138.2	15.8	40.1
四川	Sichuan	501.9	391.3	39.9	70.7	490.3	382.5	39.0	68.8
贵州	Guizhou	175.5	143.2	10.1	22.2	169.6	138.1	9.7	21.8
云南	Yunnan	279.6	227.1	15.2	37.3	276.0	225.3	14.4	36.3
西藏	Tibet	30.6	29.2	0.6	0.8	29.5	28.3	0.5	0.7
陕西	Shaanxi	301.7	248.0	14.8	38.9	296.4	244.2	14.2	37.9
甘肃	Gansu	195.5	168.2	13.8	13.5	193.3	166.3	13.6	13.4
青海	Qinghai	57.9	52.2	2.4	3.4	57.4	51.7	2.3	3.3
宁夏	Ningxia	65.1	54.3	3.4	7.5	64.2	53.6	3.3	7.4
新疆	Xinjiang	272.2	212.6	10.9	48.7	267.7	209.2	10.6	47.9

3—14 续表 continued

单位:亿元 (100 million yuan)

地区 Region		其他就业人员劳动报酬 Earnings of Others				不在岗职工生活费 Living Subsidies of Not-on-post Staff and Workers			
		合计 Total	国有单位 State-Owned Units	集体单位 Collective-owned Units	其他单位 Other Ownership Units	合计 Total	国有单位 State-Owned Units	集体单位 Collective-owned Units	其他单位 Other Ownership Units
全国	**National**	**374.5**	**159.6**	**33.9**	**181.0**	**444.3**	**322.8**	**40.8**	**80.6**
北京	Beijing	75.4	14.2	6.7	54.6	19.8	14.0	1.5	4.3
天津	Tianjin	10.8	2.5	1.3	7.0	12.8	8.0	1.4	3.4
河北	Hebei	7.5	4.2	1.9	1.4	19.5	15.5	1.3	2.7
山西	Shanxi	4.8	3.9	0.4	0.4	9.2	7.0	0.5	1.7
内蒙古	Inner Mongolia	2.0	1.6	0.2	0.2	6.5	5.0	0.3	1.2
辽宁	Liaoning	14.1	6.6	1.4	6.1	32.2	23.6	3.6	5.0
吉林	Jilin	3.7	2.3	0.3	1.1	16.0	12.7	0.8	2.5
黑龙江	Heilongjiang	13.6	11.2	1.0	1.3	18.1	15.1	0.7	2.3
上海	Shanghai	67.8	18.0	5.0	44.8	29.1	18.6	3.9	6.6
江苏	Jiangsu	23.8	9.0	1.6	13.2	39.0	23.0	6.7	9.3
浙江	Zhejiang	16.9	6.8	0.9	9.1	10.8	5.3	1.4	4.2
安徽	Anhui	4.9	3.1	0.9	0.9	13.3	8.4	1.7	3.3
福建	Fujian	12.7	4.1	0.9	7.7	5.1	3.5	0.6	1.0
江西	Jiangxi	4.4	3.7	0.4	0.3	11.8	8.7	0.7	2.4
山东	Shandong	15.8	7.7	1.0	7.2	35.3	25.7	3.4	6.1
河南	Henan	8.3	5.6	1.5	1.2	16.5	11.5	1.4	3.6
湖北	Hubei	7.5	5.3	0.5	1.6	27.0	20.7	2.7	3.6
湖南	Hunan	11.3	7.8	1.5	2.0	21.9	16.8	2.1	3.0
广东	Guangdong	22.9	9.3	1.2	12.3	14.7	11.1	1.2	2.5
广西	Guangxi	6.0	3.6	1.7	0.7	6.6	5.0	0.4	1.2
海南	Hainan	1.1	0.7	0.1	0.4	2.2	2.0	0.1	0.2
重庆	Chongqing	3.8	1.4	0.3	2.1	10.7	8.4	0.8	1.5
四川	Sichuan	11.7	8.8	1.0	1.9	20.5	15.1	1.5	3.9
贵州	Guizhou	5.8	5.1	0.4	0.4	5.1	3.9	0.2	1.0
云南	Yunnan	3.7	1.8	0.9	1.0	8.9	7.0	0.5	1.4
西藏	Tibet	1.0	0.9	…	0.1	0.3	0.3		…
陕西	Shaanxi	5.4	3.8	0.6	1.0	13.9	11.7	1.1	1.1
甘肃	Gansu	2.2	1.8	0.2	0.1	6.9	6.3	0.3	0.4
青海	Qinghai	0.6	0.5	…	…	1.3	1.1	…	0.2
宁夏	Ningxia	0.9	0.7	0.1	0.1	1.3	1.0	0.1	0.3
新疆	Xinjiang	4.5	3.4	0.3	0.8	8.0	6.9	0.1	1.0

3－15　分地区分登记注册类型城镇单位平均劳动报酬和平均生活费

AVERAGE EARNING AND AVERAGE LIVING SUBSIDY IN URBAN UNITS BY REGISTRATION STATUS AND REGION

(2001)

单位:元　(yuan)

地区	Region	就业人员平均劳动报酬 Average Earning of Employment				在岗职工平均工资 Average Wage of On-post Staff and Workers			
		合计 Total	国有单位 State-Owned Units	集体单位 Collective-owned Units	其他单位 Other Ownership Units	合计 Total	国有单位 State-Owned Units	集体单位 Collective-owned Units	其他单位 Other Ownership Units
全国	**National**	**10834**	**11045**	**6851**	**12437**	**10870**	**11178**	**6867**	**12140**
北京	Beijing	19187	19528	11060	21192	19155	19776	11063	20594
天津	Tianjin	14242	14868	8159	15120	14308	15110	8345	14734
河北	Hebei	8669	9065	5777	8705	8730	9139	5746	8678
山西	Shanxi	8039	8512	4904	8330	8122	8618	4927	8351
内蒙古	Inner Mongolia	8213	8686	5542	7563	8250	8737	5525	7579
辽宁	Liaoning	10104	10514	6345	11389	10145	10609	6354	11258
吉林	Jilin	8757	9005	5755	10039	8771	9043	5765	9935
黑龙江	Heilongjiang	8747	8705	4951	12449	8910	8924	4917	12490
上海	Shanghai	20876	20715	12735	22979	21781	21961	13693	23277
江苏	Jiangsu	11809	12771	7488	12040	11842	12917	7543	11790
浙江	Zhejiang	16270	19213	12121	13625	16385	19514	12208	13508
安徽	Anhui	7823	8408	5048	8090	7908	8501	5106	8125
福建	Fujian	12059	13161	9035	11355	12013	13313	9098	11028
江西	Jiangxi	7945	8249	5122	8329	8026	8346	5149	8349
山东	Shandong	9963	10918	6203	9005	10008	11067	6235	8732
河南	Henan	7868	8518	5669	7897	7916	8573	5726	7889
湖北	Hubei	8536	9018	5659	8061	8619	9133	5677	8035
湖南	Hunan	9496	9857	6786	9351	9623	9991	6877	9380
广东	Guangdong	15728	16664	9045	16708	15682	16779	9040	16392
广西	Guangxi	8893	9005	6350	10181	9075	9209	6388	10156
海南	Hainan	8261	8000	6191	11363	8321	8102	6207	11091
重庆	Chongqing	9532	9997	6595	9688	9523	10035	6614	9503
四川	Sichuan	9893	10717	6555	8695	9934	10783	6575	8650
贵州	Guizhou	8839	9125	6172	8785	8991	9308	6218	8831
云南	Yunnan	10352	10702	6929	10375	10537	10880	7203	10407
西藏	Tibet	18021	18938	6362	12005	19144	20112	6236	13125
陕西	Shaanxi	9012	9310	5210	9728	9120	9440	5293	9625
甘肃	Gansu	9789	10264	6631	8984	9949	10442	6728	9041
青海	Qinghai	12685	13757	6079	8778	12906	14028	6101	8841
宁夏	Ningxia	10370	11042	7072	8412	10442	11112	7166	8464
新疆	Xinjiang	10141	10097	8207	10924	10278	10145	8197	11594

3—15 续表 continued

单位:元 (yuan)

地区 Region	其他就业人员平均劳动报酬 Average Earning of Others				不在岗职工平均生活费 Average Living Subsidy of Not-On-post Staff and Workers			
	合计 Total	国有单位 State-Owned Units	集体单位 Collective-owned Units	其他单位 Other Ownership Units	合计 Total	国有单位 State-Owned Units	集体单位 Collective-owned Units	其他单位 Other Ownership Units
全国 National	**9816**	**6796**	**6464**	**19222**	**2096**	**2490**	**801**	**2569**
北京 Beijing	19519	13727	11036	24512	5693	5745	3840	6638
天津 Tianjin	12778	7412	6433	23033	2326	2413	1105	3755
河北 Hebei	6078	5294	6352	9918	2364	2836	776	2461
山西 Shanxi	4922	4913	3950	6689	1523	1867	334	1908
内蒙古 Inner Mongolia	5524	5385	6829	5625	2132	2666	551	2045
辽宁 Liaoning	8713	6810	6036	14545	1314	1778	407	2100
吉林 Jilin	7810	6493	4991	17448	1509	1899	262	2480
黑龙江 Heilongjiang	5410	5065	6409	10133	1044	1331	166	1429
上海 Shanghai	14928	9544	8802	21467	3473	3749	2077	4276
江苏 Jiangsu	10843	7854	5667	17279	3268	3636	2042	3992
浙江 Zhejiang	13111	10798	8933	16571	3963	4654	2161	4312
安徽 Anhui	4750	4784	3643	6545	1847	2290	826	2152
福建 Fujian	13604	8288	7471	24145	1943	2261	807	3127
江西 Jiangxi	5211	5230	4229	6890	1341	1456	374	2484
山东 Shandong	8160	5413	4793	22679	2872	3710	1142	2622
河南 Henan	5591	5913	3743	8650	1405	1684	481	1752
湖北 Hubei	5450	4923	4726	9072	2025	2337	987	2087
湖南 Hunan	6570	6383	5501	8821	1713	1976	672	2478
广东 Guangdong	18451	11201	9345	44630	2333	2762	674	4359
广西 Guangxi	4847	4050	6018	11568	1801	2067	436	2972
海南 Hainan	5873	4155	5549	30245	1845	2008	461	4198
重庆 Chongqing	10000	7259	5687	15510	2564	3360	790	2304
四川 Sichuan	8435	8462	5821	10676	2694	3098	1114	2775
贵州 Guizhou	5926	5933	5206	6781	2386	2467	713	3628
云南 Yunnan	4453	3533	4227	9310	4110	4631	1522	4178
西藏 Tibet	6778	6490	8635	8587	7795	8017		4020
陕西 Shaanxi	5442	4917	3796	16406	1506	2389	913	341
甘肃 Gansu	4068	4048	3574	5661	2897	3335	839	1937
青海 Qinghai	4716	4643	4695	5756	3264	3659	320	3648
宁夏 Ningxia	6936	7580	4550	5468	3298	3426	1787	3724
新疆 Xinjiang	5635	7827	8542	2368	4644	4602	2534	5646

3-16 分地区城镇单位就业人员增加来源

INCREASE OF EMPLOYMENT IN URBAN UNITS BY REGION

(2001)

单位:人 (person)

地区 Region	合计 Total	从农村招收 Recruited from Country-side	从城镇招收 Recruited from Cities and Towns	录用的复员转业军人 Recruited Demobilized and Transferred Armymen	录用的大、中专、技工学校毕业生 Recruited Graduates	调入 Transferred Into	#由外省、自治区、直辖市调入 Transferred from Other Regions	其他 Others
全国 National	**8344880**	**1940844**	**1031542**	**256314**	**1406033**	**1776993**	**56757**	**1933154**
北京 Beijing	793802	272797	89648	5944	80368	147867	17864	197178
天津 Tianjin	186013	20449	22070	2383	28876	41415	1286	70820
河北 Hebei	293292	66161	26430	17716	79334	58453	981	45198
山西 Shanxi	156000	29891	15103	7281	38828	31398	437	33499
内蒙古 Inner Mongolia	158257	33043	24436	4285	20682	33638	916	42173
辽宁 Liaoning	365543	53387	46595	15142	52259	108278	1129	89882
吉林 Jilin	152447	23915	20129	8911	27849	55130	632	16513
黑龙江 Heilongjiang	331908	15048	31442	11018	36903	80063	584	157434
上海 Shanghai	604797	25298	78074	3851	44371	166627	3546	286576
江苏 Jiangsu	550186	65372	66521	12360	94002	112147	2424	199784
浙江 Zhejiang	376529	134374	56717	6638	62444	63843	2832	52513
安徽 Anhui	167589	26459	17810	8864	44432	35558	737	34466
福建 Fujian	358766	173553	67157	5400	40318	33118	882	39220
江西 Jiangxi	143200	20787	18125	7256	28361	27233	410	41438
山东 Shandong	622881	155996	67071	21270	121228	206537	1721	50779
河南 Henan	346011	66421	30499	25330	97751	83150	1102	42860
湖北 Hubei	213997	45651	31347	10565	44097	38512	1592	43825
湖南 Hunan	199479	22253	18516	11594	40659	58793	981	47664
广东 Guangdong	690979	282904	130644	13731	116941	71694	8696	75065
广西 Guangxi	141261	24175	17231	4621	36936	32608	472	25690
海南 Hainan	31713	6912	5725	1445	6497	5591	655	5543
重庆 Chongqing	150455	46842	21410	5731	24414	30203	707	21855
四川 Sichuan	290831	80409	36929	13296	48451	63112	733	48634
贵州 Guizhou	104297	29838	9845	3924	27408	21681	1819	11601
云南 Yunnan	280531	53799	25693	6057	43477	48780	543	102725
西藏 Tibet	9454	887	700	454	3588	2442	261	1383
陕西 Shaanxi	193039	19996	13418	11815	56056	39174	620	52580
甘肃 Gansu	61680	6362	5236	3269	19107	15440	242	12266
青海 Qinghai	50640	2848	2084	936	4848	5812	227	34112
宁夏 Ningxia	47400	16439	6118	1335	5879	11590	152	6039
新疆 Xinjiang	271903	118578	28819	3892	29669	47106	1574	43839

3—17 分地区城镇单位就业人员减少去向

DECREASE OF EMPLOYMENT IN URBAN UNITS BY REGION

(2001)

单位:人 (person)

地区 Region	合计 Total	离休、退休、退职 Retired and Resigned	开除、除名、辞退 Expelled Expunged and Dismissed	终止、解除合同 Contract Closed or Terminated	不在岗职工 Not-on-post Staff and Workers	调出 Transferred Out	#调到外省、自治区、直辖市 Transferred to Other Regions	其他 Others
全国 National	**12566803**	**1901987**	**851909**	**3558762**	**2616799**	**1683264**	**53328**	**1954082**
北京 Beijing	875486	108845	67859	317991	41496	151427	11264	187868
天津 Tianjin	289089	39895	14597	82539	70734	42812	1186	38512
河北 Hebei	467414	90785	41630	108224	114205	62859	3011	49711
山西 Shanxi	225644	46145	14566	39128	74959	27449	1006	23397
内蒙古 Inner Mongolia	264423	33988	29196	79948	42820	33925	2099	44546
辽宁 Liaoning	869810	122506	26378	234700	253998	106792	1218	125436
吉林 Jilin	353252	54769	28098	94613	92030	53921	885	29821
黑龙江 Heilongjiang	544432	80217	20481	137975	152167	63182	1576	90410
上海 Shanghai	695844	65748	8306	153706	160619	130074	506	177391
江苏 Jiangsu	956954	138424	31621	296874	197150	95476	4063	197409
浙江 Zhejiang	433799	54955	35821	196811	37545	57537	1021	51130
安徽 Anhui	300348	60570	15599	76638	76757	39677	1864	31107
福建 Fujian	363629	43668	88815	117495	27933	30759	816	54959
江西 Jiangxi	337691	51467	10760	49501	141435	30516	1605	54012
山东 Shandong	801040	90194	63360	177052	187613	203179	2668	79642
河南 Henan	493710	91843	29780	105033	153146	80302	2034	33606
湖北 Hubei	510716	77533	19391	176546	119027	41307	1783	76912
湖南 Hunan	420166	66693	13554	75755	118803	56619	2190	88742
广东 Guangdong	905275	125996	116393	407997	87051	65691	3005	102147
广西 Guangxi	246289	49791	19604	49445	65415	34321	600	27713
海南 Hainan	53361	13636	6911	16079	6021	5157	932	5557
重庆 Chongqing	264963	60250	17536	88040	54297	26195	793	18645
四川 Sichuan	528764	112542	25466	171023	88232	61796	1045	69705
贵州 Guizhou	138957	31105	12770	29980	31176	20609	864	13317
云南 Yunnan	364834	52883	34202	75133	55850	42517	1357	104249
西藏 Tibet	8953	3182	664	363	604	2169	133	1971
陕西 Shaanxi	268685	63724	12504	42132	88454	34527	1234	27344
甘肃 Gansu	85624	16299	4751	13961	26869	15897	765	7847
青海 Qinghai	84362	5140	1976	11117	11906	6051	247	48172
宁夏 Ningxia	60116	9346	10198	14574	6842	14657	275	4499
新疆 Xinjiang	353173	39848	29122	118389	31645	45864	1283	88305

3—18 分地区国有控股企业就业人员和劳动报酬

EMPLOYMENT AND EARNINGS IN STATE-OWNED AND CONTROLLING SHARE HOLD ENTERPRISES BY REGION

(2001)

地　区 Region	就业人员（人） Employment (person)								
	年末人数 Year-end Figures	# 女性 Female	在岗职工 On-post Staff and Workers	# 专业技术人员 Technical Personnel	其他就业人员 Other Employment	# 离退休反聘人员 Hired Retirement	# 港澳台外籍人员 Hong Kong Macao Taiwan & Foreign Personnel	不在岗职工 Not-on-post Staff and Workers	# 内退 Innerretirement
全　国 National	**53329431**	**18933210**	**51414408**	**11248546**	**1915023**	**192991**	**3865**	**14039863**	**3628378**
北　京 Beijing	1964201	655139	1823653	504581	140548	46491	1077	270872	114696
天　津 Tianjin	930414	315690	898247	213522	32167	7250	129	394549	93604
河　北 Hebei	2322120	812792	2278223	460919	43897	2437	58	555358	166291
山　西 Shanxi	1968341	610243	1919639	357169	48702	2671	11	452375	77346
内蒙古 Inner Mongolia	1222497	427144	1204138	227203	18359	1127	11	192660	51822
辽　宁 Liaoning	4386797	1560325	4287369	1259946	99428	20757	255	1422652	300926
吉　林 Jilin	1595456	548188	1568280	332379	27176	2067	61	698092	130338
黑龙江 Heilongjiang	3023060	991208	2812357	502874	210703	2405	6	1162744	132438
上　海 Shanghai	1804034	584865	1553998	346126	250036	35372	605	606574	153168
江　苏 Jiangsu	2850060	1043691	2737542	549588	112518	5839	275	737413	294381
浙　江 Zhejiang	1043018	396299	990215	261896	52803	6781	125	130902	58967
安　徽 Anhui	1782472	617374	1737590	333390	44882	5297	36	440040	101922
福　建 Fujian	881976	312793	843107	183721	38869	3350	126	155471	59686
江　西 Jiangxi	1496744	548191	1450441	333780	46303	1964	26	643122	129490
山　东 Shandong	3339288	1213892	3270728	642447	68560	3765	122	730881	291354
河　南 Henan	3298260	1188817	3216484	540507	81776	4306	49	771715	158239
湖　北 Hubei	2556267	979554	2495784	404593	60483	3762	67	942722	256145
湖　南 Hunan	2214392	818449	2096354	482901	118038	4252	80	929798	178515
广　东 Guangdong	2303978	839484	2255796	534730	48182	7353	308	379253	98860
广　西 Guangxi	1171716	435956	1136762	231987	34954	1579	22	248630	75327
海　南 Hainan	450588	187676	440087	67825	10501	800	24	95658	15469
重　庆 Chongqing	1482420	516983	1462755	503640	19665	5248	47	251042	79621
四　川 Sichuan	2206260	778203	2121207	472449	85053	4906	44	538272	203302
贵　州 Guizhou	944034	302708	879236	182125	64798	1917	16	182511	55381
云　南 Yunnan	1080037	396656	1056993	235702	23044	3009	22	161372	80096
西　藏 Tibet	168302	57766	154999	38526	13303	212	30	3320	2567
陕　西 Shaanxi	1645495	576189	1603454	359053	42041	2567	25	520757	126738
甘　肃 Gansu	1178222	419928	1148388	286030	29834	1595	182	208311	63179
青　海 Qinghai	199277	69523	193181	43173	6096	261		30038	9497
宁　夏 Ningxia	308906	111659	301771	62317	7135	713	17	31784	13135
新　疆 Xinjiang	1510799	615825	1475630	293447	35169	2938	9	150975	55878

3－18 续表　continued

地　区　Region	劳动报酬和生活费　Earnings and Living Subsidies						
	就业人员劳动报酬（千元）Earnings of Employment (1 000 yuan)	在岗职工工资总额 Wages of On-post Staff and Workers	其他就业人员劳动报酬 Earnings of Others	不在岗职工生活费（千元）Living Subsidies of Not-on-post Staff and Workers (1 000 yuan)	就业人员平均报酬（元）Average Earnings of Employment (yuan)	在岗职工平均工资（元）Average Wage of On-post Staff and Workers (yuan)	不在岗职工平均生活费（元）Average Living Subsidy of Not-on-post Staff and Workers (yuan)
全　国　National	**593685968**	**576635785**	**17050183**	**34754281**	**10935**	**11014**	**2434**
北　京　Beijing	38946371	36392439	2553932	1542693	19207	19242	5729
天　津　Tianjin	14016722	13697849	318873	1030791	14632	14794	2605
河　北　Hebei	22246953	21903723	343230	1482073	9374	9439	2766
山　西　Shanxi	16655463	16347623	307840	816551	8414	8468	1911
内蒙古　Inner Mongolia	10048425	9921372	127053	496449	8082	8112	2538
辽　宁　Liaoning	47677005	46874477	802528	2774436	10672	10759	1857
吉　林　Jilin	14628670	14398436	230234	1266517	9006	9031	1834
黑龙江　Heilongjiang	26165414	25053948	1111466	1464682	8607	8858	1258
上　海　Shanghai	38428656	35561528	2867128	2202751	20841	21993	3703
江　苏　Jiangsu	34906153	33839979	1066174	2800977	11865	11937	3728
浙　江　Zhejiang	18276607	17650728	625879	622076	17267	17512	4480
安　徽　Anhui	14635032	14386323	248709	991525	8097	8166	2245
福　建　Fujian	12165045	11725505	439540	379162	13572	13675	2331
江　西　Jiangxi	11720617	11447492	273125	961956	7718	7779	1530
山　东　Shandong	35682167	35127531	554636	2438926	10565	10610	3437
河　南　Henan	27240809	26736182	504627	1352653	8260	8317	1734
湖　北　Hubei	22502182	22141071	361111	2085319	8589	8647	2253
湖　南　Hunan	21339783	20552556	787227	1746100	9560	9725	1934
广　东　Guangdong	41911886	41159663	752223	1092951	17799	17838	2866
广　西　Guangxi	10911649	10719844	191805	508166	9285	9390	2055
海　南　Hainan	3104786	3054287	50499	187486	6824	6879	1968
重　庆　Chongqing	15204197	15053922	150275	899760	10036	10073	3340
四　川　Sichuan	23089814	22264388	825426	1661955	10232	10237	3022
贵　州　Guizhou	8657260	8213479	443781	464978	9118	9226	2620
云　南　Yunnan	11635633	11526997	108636	744930	10600	10751	4682
西　藏　Tibet	3010745	2911159	99586	27381	18296	19453	7852
陕　西　Shaanxi	15309620	15010320	299300	1137774	9215	9286	1464
甘　肃　Gansu	12054880	11899697	155183	626345	10114	10251	3222
青　海　Qinghai	2754226	2717155	37071	102580	13252	13506	3721
宁　夏　Ningxia	3308616	3241542	67074	105398	10552	10615	3395
新　疆　Xinjiang	15450582	15104570	346012	738940	9415	9589	4780

四、国有单位就业人员和劳动报酬

Employment and Earnings in State-owned Units

4—1 分行业就业人员和劳动报酬

(国有单位)

EMPLOYMENT AND EARNINGS BY SECTOR

(State-owned Units, 2001)

项 目	Item	年末人数(千人) Year-end Figures (1 000 persons)	# 女性 Female	劳动报酬(亿元) Earnings (100 million yuan)	平均劳动报酬(元) Average Earning (yuan)
全国总计	**National Total**	**76399**	**27882**	**8515.2**	**11045**
按隶属关系分组	**Grouped by Administrtive Relationship**				
中央	Under Central Government	14854	4899	2287.9	15087
省、自治区、直辖市	Under Provincial Government	12932	4376	1525.6	11629
地区	Under Perfectural Government	15705	6251	1826.5	11460
县及县以下	At and Below County Level	32708	12303	2854.5	8734
其他	Other	199	52	20.7	10707
按企、事业和机关分组	**Grouped by Enterprises, Institutions and Agencies**				
企业	Enterprises	39538	13728	4243.5	10513
其中:地方	Local	26840	9665	2329.9	8507
事业	Institutions	26193	11513	2986.7	11456
其中:地方	Local	24427	10809	2685.5	11055
机关	Agencies and Organizations	10669	2641	1285.0	12052
其中:地方	Local	10116	2469	1194.1	11823
按国民经济行业分组	**Grouped by Sector**				
农、林、牧、渔业	**Farming, Forestry, Animal Husbandry & Fishery**	**4645**	**1753**	**265.7**	**5633**
农业	Farming	2633	1076	131.0	4865
林业	Forestry	720	275	38.5	5276
畜牧业	Animal Husbandry	270	100	14.3	5202
渔业	Fishery	89	28	6.4	7108
农、林、牧、渔服务业	Services	933	274	75.6	8117
采掘业	**Mining and Quarrying**	**4046**	**1007**	**387.7**	**9426**
制造业	**Manufacturing**	**12100**	**4599**	**1190.5**	**9550**
电力、煤气及水的生产和供应业	**Production and Supply of Electricity, Gas and Water**	**2319**	**745**	**325.2**	**14001**
建筑业	**Construction**	**3576**	**695**	**378.9**	**10189**
土木工程建筑业	Civil Engineering	3085	588	309.5	9694
线路、管道和设备安装业	Circuit Pipelines and Equipment Installation	459	100	66.3	13430
装修装饰业	Buildings Fitting up and Decoration	32	6	3.1	9550
地质勘查业、水利管理业	**Geological Prospecting and Water Conservancy**	**1028**	**280**	**113.6**	**10952**
地质勘察业	Geological Prospecting	472	133	62.9	13066
水利管理业	Water Conservancy	556	146	50.7	9120
交通运输、仓储及邮电通信业	**Transport, Storage, Post and Telecommunications**	**5362**	**1484**	**762.7**	**14099**
铁路运输业	Railway Transport	1760	378	263.3	14878
公路运输业	Highway Transport	695	234	55.0	7782
管道运输业	Pipeline Transport	15	5	3.0	18342
水上运输业	Water Way Transport	194	26	37.0	17792
航空运输业	Air Transport	87	30	22.0	25561
交通运输辅助业	Transport Supporting & Auxiliary Services	1234	317	162.5	13116
其他交通运输业	Other Transport	9	3	1.2	12806
仓储业	Storage	310	105	27.4	8672
邮电通信业	Post and Telecommunications	1056	387	191.3	18066
批发和零售贸易、餐饮业	**Wholesale & Retail Trade & Catering Services**	**4606**	**1954**	**384.4**	**8162**
食品、饮料、烟草和家庭日用品批发业	Wholesale Trade of Food, Beverages, Tobacco and Household Goods	2026	791	166.5	8063
能源、材料和机械电子设备批发业	Wholesale Trade of Energy, Materials and Electronic Equipment	660	230	69.0	10106

4－1 续表 continued

项　目	Item	年末人数（千人）Year-end Figures (1 000 persons)	＃女性 Female	劳动报酬（亿元）Earnings (100 million yuan)	平均劳动报酬（元）Average Earning (yuan)
其他批发业	Other Wholesale Trade	250	102	26.3	10357
零售业	Retail Trade	1451	713	103.6	6984
商业经纪与代理业	Commercial Brokerage and Agencies	24	9	4.1	16656
餐饮业	Catering Services	195	108	14.8	7443
金融、保险业	**Finance and Insurance**	**2217**	**970**	**350.2**	**15678**
金融业	Finance	1890	810	311.6	16228
保险业	Insurance	328	160	38.6	12308
房地产业	**Real Estate Trade**	**634**	**216**	**80.9**	**12897**
房地产开发与经营业	Real Estate Development and Operation	237	76	31.8	13391
房地产管理业	Real Estate Managment	377	132	46.6	12575
房地产代理与经纪业	Real Estate Brokerages and Agencies	20	8	2.5	13017
社会服务业	**Social Services**	**3226**	**1387**	**358.4**	**11130**
公共设施服务业	Public Facilities Services	1807	763	207.2	11502
居民服务业	Resident Services	140	58	16.0	11253
旅馆业	Hotels	679	378	64.0	9372
租赁服务业	Leasing Services	17	6	1.9	11535
旅游业	Tourism	79	36	9.3	11664
娱乐服务业	Recreational Services	16	7	1.7	9697
信息、咨询服务业	Information and Consultancy Services	123	43	18.0	14747
计算机应用服务业	Computer Application Services	20	7	3.8	19887
其他社会服务业	Other Social Services	347	88	36.5	10766
卫生、体育和社会福利业	**Health Care, Sporting and Social Welfare**	**4334**	**2530**	**571.2**	**13243**
卫生	Health Care	4056	2412	534.9	13255
体育	Sports	80	28	12.4	15485
社会福利保障业	Social Welfare	198	89	23.9	12092
教育、文化艺术和广播电影电视业	**Education, Culture and Arts, Radio, Film amd Television**	**15077**	**6763**	**1699.0**	**11339**
教育	Education	14013	6350	1552.2	11146
＃普通高等学校	Regular Institution of Higher Education	1136	463	199.6	17895
普通中学	Regular Secondary Schools	4867	2016	527.8	10967
小学校	Primary Schools	6208	2990	587.4	9482
文化艺术业	Culture and Arts	600	251	88.1	14791
广播电影电视业	Radio, Film and Television	465	162	58.6	12701
科学研究和综合技术服务业	**Scientific Research and Polytechnical Services**	**1419**	**476**	**229.6**	**16048**
科学研究业	Scientific Research	633	218	108.0	16829
自然科学研究	Natural Science Research	498	171	82.5	16324
社会科学研究	Social Science Research	32	11	5.5	17406
其他科学研究	Other Science Research	104	37	20.0	19096
综合技术服务业	Polytechnical Services	786	258	121.6	15414
＃气象	Meteorology	50	17	6.8	13648
地震	Seismology	15	4	2.1	14291
测绘	Surveying and Mapping	42	12	6.3	14746
技术监督	Technological Supervision	164	52	22.6	13931
海洋环境	Oceanic Environment	7	1	1.3	19325
环境保护	Environmental Protection	77	30	9.1	11981
技术推广和科技交流服务业	Technology Application & Dissemination as Well as Science & Technology Exchange Services	56	19	6.9	12305
工程设计业	Engineering Design	270	88	48.3	17661
其他综合技术服务业	Other Polytechnical Services	106	35	18.0	16920
国家机关、政党机关和社会团体	**Government Agencies, Party Agencies and Social Organizations**	**10970**	**2719**	**1322.0**	**12071**
＃国家机关	Government Agencies	10279	2538	1233.9	12023
政党机关	Party Agencies	534	118	65.8	12347
其他行业	**Others**	**839**	**305**	**95.3**	**11293**
＃企业管理机构	Enterprise Management Organizations	397	125	50.4	12594

4－2 分行业在岗职工人数和工资

（国有单位）

ON-POST STAFF AND WORKERS AND WAGES BY SECTOR

(State-owned Units, 2001)

项　目	Item	年末人数（千人）Year-end Figures (1 000 persons)	工资总额（亿元）Total Wages (100 million yuan)	平均人数（千人）Average Figures (1 000 persons)	平均工资（元）Average Wage (yuan)
全国总计	**National Total**	**74090**	**8355.6**	**74749**	**11178**
按隶属关系分组	**Grouped by Administrtive Relationship**				
中央	Under Central Government	14147	2222.9	14467	15365
省、自治区、直辖市	Under Provincial Government	12436	1491.7	12632	11809
地区	Under Perfectural Government	15387	1798.9	15594	11536
县及县以下	At and Below County Level	31926	2821.9	31867	8855
其他	Other	195	20.1	188	10678
按企、事业和机关分组	**Grouped by Enterprises, Institutions and Agencies**				
企业	Enterprises	38092	4132.4	38916	10619
其中:地方	Local	26056	2278.0	26579	8571
事业	Institutions	25458	2945.5	25304	11640
其中:地方	Local	23735	2650.0	23578	11239
机关	Agencies and Organizations	10540	1277.7	10528	12136
其中:地方	Local	9993	1187.2	9973	11904
按国民经济行业分组	**Grouped by Sector**				
农、林、牧、渔业	**Farming, Forestry, Animal Husbandry & Fishery**	**4401**	**255.8**	**4485**	**5702**
农业	Farming	2429	122.7	2499	4910
林业	Forestry	705	37.8	714	5296
畜牧业	Animal Husbandry	261	13.9	267	5217
渔业	Fishery	87	6.3	87	7177
农、林、牧、渔服务业	Services	920	75.1	918	8178
采掘业	**Mining and Quarrying**	**4016**	**385.7**	**4083**	**9446**
制造业	**Manufacturing**	**11937**	**1178.9**	**12294**	**9590**
电力、煤气及水的生产和供应业	**Production and Supply of Electricity, Gas and Water**	**2288**	**323.5**	**2289**	**14132**
建筑业	**Construction**	**3358**	**359.8**	**3493**	**10299**
土木工程建筑业	Civil Engineering	2893	292.6	2989	9790
线路、管道和设备安装业	Circuit Pipelines and Equipment Installation	437	64.3	475	13534
装修装饰业	Buildings Fitting up and Decoration	29	2.8	29	9700
地质勘查业、水利管理业	Geological Prospecting and Water Conservancy	1017	112.8	1025	11005
地质勘查业	Geological Prospecting	467	62.5	477	13119
水利管理业	Water Conservancy	550	50.3	549	9169
交通运输、仓储及邮电通信业	**Transport, Storage, Post and Telecommunications**	**5183**	**748.3**	**5226**	**14318**
铁路运输业	Railway Transport	1699	257.9	1702	15150
公路运输业	Highway Transport	686	54.4	697	7808
管道运输业	Pipeline Transport	15	3.0	16	18356
水上运输业	Water Way Transport	193	36.8	206	17848
航空运输业	Air Transport	87	22.0	86	25585
交通运输辅助业	Transport Supporting & Auxiliary Services	1216	161.3	1222	13205
其他交通运输业	Other Transport	9	1.2	9	12845
仓储业	Storage	306	27.0	311	8664
邮电通信业	Post and Telecommunications	971	184.6	975	18925
批发和零售贸易、餐饮业	**Wholesale & Retail Trade & Catering Services**	**4466**	**375.7**	**4570**	**8220**
食品、饮料、烟草和家庭日用品批发业	Wholesale Trade of Food, Beverages, Tobacco and Household Goods	1986	163.7	2021	8100
能源、材料和机械电子设备批发业	Wholesale Trade of Energy, Materials and Electronic Equipment	633	67.5	657	10285

4－2 续表 continued

项　目	Item	年末人数（千人）Year-end Figures (1 000 persons)	工资总额（千元）Total Wages (1 000 yuan)	平均人数（千人）Average Figures (1 000 persons)	平均工资（元）Average Wage (yuan)
其他批发业	Other Wholesale Trade	242	2571712	247	10430
零售业	Retail Trade	1394	10041342	1430	7021
商业经纪与代理业	Commercial Brokerage and Agencies	23	399821	24	16918
餐饮业	Catering Services	188	1431135	192	7450
金融、保险业	**Finance and Insurance**	**1930**	**32376808**	**1950**	**16605**
金融业	Finance	1779	30100407	1802	16702
保险业	Insurance	152	2276401	148	15420
房地产业	Real Estate Trade	**586**	**7683814**	**586**	**13111**
房地产开发与经营业	Real Estate Development and Operation	212	2917047	215	13576
房地产管理业	Real Estate Managment	355	4517297	352	12828
房地产代理与经纪业	Real Estate Brokerages and Agencies	19	249470	19	13104
社会服务业	Social Services	**3103**	**34802618**	**3093**	**11254**
公共设施服务业	Public Facilities Services	1757	20358860	1747	11653
居民服务业	Resident Services	135	1565607	137	11427
旅馆业	Hotels	652	6151318	656	9383
租赁服务业	Leasing Services	15	180616	16	11461
旅游业	Tourism	77	911708	78	11763
娱乐服务业	Recreational Services	15	158747	16	9752
信息、咨询服务业	Information and Consultancy Services	112	1658103	112	14811
计算机应用服务业	Computer Application Services	18	344371	17	19810
其他社会服务业	Other Social Services	322	3473288	314	11058
卫生、体育和社会福利业	**Health Care, Sporting and Social Welfare**	**4246**	**56336285**	**4223**	**13340**
卫生	Health Care	3978	52786274	3956	13344
体育	Sports	77	1205015	76	15776
社会福利保障业	Social Welfare	191	2344996	191	12293
教育、文化艺术和广播电影电视业	**Education, Culture and Arts, Radio, Film amd Television**	**14554**	**167412044**	**14444**	**11591**
教育	Education	13522	153111546	13420	11409
＃普通高等学校	Regular Institution of Higher Education	1114	19754024	1094	18060
普通中学	Regular Secondary Schools	4775	52281147	4717	11082
小学校	Primary Schools	5877	57654012	5851	9853
文化艺术业	Culture and Arts	578	8591340	573	14982
广播电影电视业	Radio, Film and Television	454	5709158	451	12665
科学研究和综合技术服务业	**Scientific Research and Polytechnical Services**	**1370**	**22370853**	**1379**	**16218**
科学研究业	Scientific Research	615	10621249	622	17069
自然科学研究	Natural Science Research	486	8136695	492	16552
社会科学研究	Social Science Research	31	541698	31	17577
其他科学研究	Other Science Research	99	1942856	100	19456
综合技术服务业	Polytechnical Services	755	11749604	757	15518
＃气象	Meteorology	49	674506	49	13703
地震	Seismology	15	209268	15	14339
测绘	Surveying and Mapping	41	624040	42	14797
技术监督	Technological Supervision	158	2201592	157	14005
海洋环境	Oceanic Environment	7	125050	6	19445
环境保护	Environmental Protection	76	898879	75	12025
技术推广和科技交流服务业	Technology Application & Dissemination as Well as Science & Technology Exchange Services	53	662440	53	12427
工程设计业	Engineering Design	257	4655101	261	17853
其他综合技术服务业	Other Polytechnical Services	97	1677407	98	17145
国家机关、政党机关和社会团体	**Government Agencies, Party Agencies and Social Organizations**	**10838**	**131414881**	**10815**	**12152**
＃国家机关	Government Agencies	10156	122668314	10134	12105
政党机关	Party Agencies	531	6555731	529	12389
其他行业	Others	796	9114431	793	11488
＃企业管理机构	Enterprise Management Organizations	384	4936131	386	12774

4—3 分地区分行业就业人员和劳动报酬

（国有单位）

EMPLOYMENT AND EARNINGS BY SECTOR AND REGION

(State-owned Units, 2001)

地区 Region	总计 Total				中央属单位 Units Under Central Government			
	年末人数（人）Year-end Figures (person)	#女性 Female	劳动报酬（千元）Earnings (1 000 yuan)	平均劳动报酬（元）Average Earning (yuan)	年末人数（人）Year-end Figures (person)	#女性 Female	劳动报酬（千元）Earnings (1 000 yuan)	平均劳动报酬（元）Average Earning (yuan)
全国 National	**76399101**	**27881881**	**851517370**	**11045**	**14854101**	**4899223**	**228789002**	**15087**
北京 Beijing	2463217	934640	49197731	19528	977944	365605	22528948	22602
天津 Tianjin	1066038	403884	16199128	14868	281290	85069	5354689	18129
河北 Hebei	4097598	1593515	37513897	9065	700607	209588	9046745	12680
山西 Shanxi	2749911	972839	23435374	8512	556677	166908	6356737	11284
内蒙古 Inner Mongolia	1889147	701156	16489982	8686	308957	103292	3681811	11796
辽宁 Liaoning	3814423	1384440	40831738	10514	927933	268798	13649809	14449
吉林 Jilin	2334614	878506	21251833	9005	522041	160885	7473846	14017
黑龙江 Heilongjiang	3908854	1373935	34141039	8705	767577	234085	10237611	13183
上海 Shanghai	1841100	686233	38926395	20715	496758	149035	12892609	25565
江苏 Jiangsu	3891260	1371687	50760318	12771	593035	177504	10597349	17405
浙江 Zhejiang	1839449	722856	35296841	19213	283063	103529	6072002	21215
安徽 Anhui	2590954	866229	21917061	8408	341499	97683	3878400	11180
福建 Fujian	1631580	593720	21636179	13161	204071	69331	3830200	18668
江西 Jiangxi	2290705	797306	19018923	8249	320637	99251	4029598	12417
山东 Shandong	5334965	1897133	58540359	10918	817332	258706	14074767	16891
河南 Henan	4570015	1656336	38750563	8518	774407	260865	10177433	12956
湖北 Hubei	3902521	1444939	35737783	9018	803497	271796	10696949	12852
湖南 Hunan	3284204	1194567	32361318	9857	519514	179770	7369171	13934
广东 Guangdong	4001137	1552215	67316151	16664	541219	193071	13377097	24328
广西 Guangxi	2275137	857745	20499962	9005	254038	80621	3514355	13779
海南 Hainan	635808	251467	5124723	8000	47278	16615	737172	15434
重庆 Chongqing	1366301	472922	13958505	9997	348401	113574	4292098	12047
四川 Sichuan	3609522	1282090	39127785	10717	812962	280585	12078714	14686
贵州 Guizhou	1579645	511613	14318289	9125	278418	86085	3426509	12332
云南 Yunnan	2120122	781056	22714321	10702	244572	83620	3237288	13174
西藏 Tibet	157833	54082	2920648	18938	14105	4960	408718	29337
陕西 Shaanxi	2651190	928558	24799787	9310	731826	247452	9158360	12367
甘肃 Gansu	1630852	552599	16817356	10264	326030	112380	4392863	13307
青海 Qinghai	372165	132154	5221021	13757	96229	32092	1839233	18584
宁夏 Ningxia	487844	180109	5430128	11042	78490	26475	1262148	15918
新疆 Xinjiang	2010990	851350	21262232	10097	883694	359993	9115773	9543

4－3 续表 1 continued

地 区 Region	省、自治区、直辖市属单位 Units Under Provincial Government				地区属单位 Units Under Prefectural Government			
	年末人数（人）Year-end Figures (person)	＃女 性 Female	劳动报酬（千元）Earnings (1 000 yuan)	平均劳动报酬（元）Average Earning (yuan)	年末人数（人）Year-end Figures (person)	＃女 性 Female	劳动报酬（千元）Earnings (1 000 yuan)	平均劳动报酬（元）Average Earning (yuan)
全 国 National	**12932489**	**4375756**	**152561051**	**11629**	**15705444**	**6251394**	**182651058**	**11460**
北 京 Beijing	771056	262505	14158730	17550	612501	289065	11308741	18163
天 津 Tianjin	453514	159229	6442697	13898	248510	125812	3411986	13741
河 北 Hebei	580661	171399	6658637	11385	860542	367269	7653705	8675
山 西 Shanxi	623763	188769	6017310	9490	447725	178060	3332779	7401
内蒙古 Inner Mongolia	327834	107614	2789659	8424	458796	178862	3410597	7402
辽 宁 Liaoning	361008	106594	4431597	12125	1266202	493686	13525005	10319
吉 林 Jilin	310588	110499	2887865	9213	506578	197060	4141697	8016
黑龙江 Heilongjiang	1315625	437062	8444479	6431	792243	304287	7475488	9369
上 海 Shanghai	761648	260533	14567481	18563	549610	263081	10897037	19579
江 苏 Jiangsu	443191	153152	5940421	13262	988929	374042	14126908	13824
浙 江 Zhejiang	181520	63876	4414320	24124	346728	132228	6688787	18897
安 徽 Anhui	382663	120499	3636327	9358	589371	232476	5400890	9082
福 建 Fujian	221291	71034	3279487	14586	347155	126201	5167150	14613
江 西 Jiangxi	368641	130103	3456325	9284	336724	135993	2938027	8588
山 东 Shandong	640881	196169	8527458	13119	1092440	422298	12232988	11067
河 南 Henan	360740	122679	3822468	10675	1025558	389510	8620556	8423
湖 北 Hubei	420255	161223	3443160	8101	859627	338426	8459109	9687
湖 南 Hunan	449059	149825	5375599	11919	688784	274628	6180224	8984
广 东 Guangdong	415449	150893	8426957	19955	1052413	405511	20386110	19189
广 西 Guangxi	280213	107865	2536669	9134	507449	202060	5212445	10207
海 南 Hainan	331226	144008	2155198	6406	56052	22440	692424	12364
重 庆 Chongqing	316437	106104	3483935	10594				
四 川 Sichuan	361672	119062	4176166	11429	693150	259262	7107864	9978
贵 州 Guizhou	297310	87090	2651787	9006	221577	84373	2016957	9018
云 南 Yunnan	533997	193756	5979655	11088	232683	92547	2473064	10535
西 藏 Tibet	37161	14110	675867	18886	39909	16030	722583	18566
陕 西 Shaanxi	471504	155786	4210254	8804	356513	129253	3402077	9452
甘 肃 Gansu	439482	145804	4433923	9890	209721	81898	2081368	9787
青 海 Qinghai	86270	29981	1080014	11920	42410	18073	489745	11439
宁 夏 Ningxia	184407	66677	1949456	10424	49729	20453	510319	10357
新 疆 Xinjiang	203423	81856	2507150	11547	225815	96510	2584428	11103

4—3 续表 2 continued

地 区 Region	县及县以下属单位 Units at and Below County Level				其他隶属关系单位 Other Units			
	年末人数（人） Year-end Figures (person)	＃女 性 Female	劳动报酬（千元） Earnings (1 000 yuan)	平均劳动报酬(元) Average Earning (yuan)	年末人数（人） Year-end Figures (person)	＃女 性 Female	劳动报酬（千元） Earnings (1 000 yuan)	平均劳动报酬（元） Average Earning (yuan)
全 国 National	**32707616**	**12303172**	**285449439**	**8734**	**199451**	**52336**	**2066820**	**10707**
北 京 Beijing	12215	5172	259719	21208	89501	12293	941593	11622
天 津 Tianjin	77243	31866	882813	11507	5481	1908	106943	19353
河 北 Hebei	1952840	843583	14131571	7231	2948	1676	23239	7456
山 西 Shanxi	1121746	439102	7728548	6990				
内蒙古 Inner Mongolia	791584	310831	6592701	8319	1976	557	15214	7484
辽 宁 Liaoning	1259223	515328	9224885	7306	57	34	442	7367
吉 林 Jilin	991846	408818	6727250	6774	3561	1244	21175	5985
黑龙江 Heilongjiang	1030135	397131	7954787	7715	3274	1370	28674	9023
上 海 Shanghai	30626	12907	539784	17391	2458	677	29484	11761
江 苏 Jiangsu	1866105	666989	20095640	10600				
浙 江 Zhejiang	1028138	423223	18121732	17873				
安 徽 Anhui	1273824	414049	8964160	7051	3597	1522	37284	7048
福 建 Fujian	858740	326999	9353910	10876	323	155	5432	16870
江 西 Jiangxi	1264515	431827	8594409	6786	188	132	564	3000
山 东 Shandong	2775634	1016679	23615928	8541	8678	3281	89218	10621
河 南 Henan	2389627	875196	15993952	6769	19683	8086	136154	6991
湖 北 Hubei	1819142	673494	13138565	7170				
湖 南 Hunan	1598368	579776	13197172	8319	28479	10568	239152	8347
广 东 Guangdong	1976638	798863	24903110	12513	15418	3877	222877	15008
广 西 Guangxi	1233403	467175	9236208	7491	34	24	285	8382
海 南 Hainan	201252	68404	1539929	7686				
重 庆 Chongqing	701463	253244	6182472	8693				
四 川 Sichuan	1741514	623080	15762937	9005	224	101	2104	9108
贵 州 Guizhou	777430	252395	6130669	7989	4910	1670	92367	16053
云 南 Yunnan	1108870	411133	11024314	9999				
西 藏 Tibet	66577	18969	1112878	16982	81	13	602	11804
陕 西 Shaanxi	1090265	395730	8021549	7401	1082	337	7547	6551
甘 肃 Gansu	655619	212517	5909202	9129				
青 海 Qinghai	147256	52008	1812029	12317				
宁 夏 Ningxia	175218	66504	1708205	9695				
新 疆 Xinjiang	690560	310180	6988411	10082	7498	2811	66470	8689

4－3 续表 3 continued

地　区	Region	企业单位 Enterprises 年末人数（人）Year-end Figures (person)	# 女　性 Female	劳动报酬（千元）Earnings (1 000 yuan)	平均劳动报酬(元) Average Earning (yuan)	非农企业单位 Nonagricultural Enterprises 年末人数（人）Year-end Figures (person)	# 女　性 Female	劳动报酬（千元）Earnings (1 000 yuan)	平均劳动报酬（元）Average Earning (yuan)
全　国	**National**	**39537593**	**13727955**	**424345767**	**10513**	**34892923**	**11975140**	**397773987**	**11159**
北　京	Beijing	1432443	468454	26997091	18147	1412289	461303	26708189	18206
天　津	Tianjin	614133	201388	9284687	14579	605332	198518	9197633	14650
河　北	Hebei	2124505	742944	19533756	8970	2032440	709005	19123157	9190
山　西	Shanxi	1549489	477978	12916653	8260	1509036	466424	12667202	8316
内蒙古	Inner Mongolia	936504	321325	7471772	7871	693330	232468	6173906	8760
辽　宁	Liaoning	2233868	714543	23747461	10310	1958703	617785	22458973	11088
吉　林	Jilin	1320877	448938	11599508	8613	1151334	387752	10854180	9217
黑龙江	Heilongjiang	2592890	842408	20748293	7953	1994172	622349	17657740	8776
上　海	Shanghai	1097676	339910	22584676	19918	1069039	333351	22306558	20120
江　苏	Jiangsu	1995054	700209	23632851	11408	1788706	617815	22283854	11962
浙　江	Zhejiang	650442	241248	11680194	17750	609817	229243	11104187	18001
安　徽	Anhui	1239900	430116	9775622	7752	1110446	380697	9101368	8051
福　建	Fujian	676327	233994	9128430	13186	604023	209166	8643036	13943
江　西	Jiangxi	1096728	396998	8417859	7558	904648	323135	7588813	8236
山　东	Shandong	2799947	993930	30396554	10714	2722293	972389	29763775	10788
河　南	Henan	2480109	882153	20323023	8197	2394560	854106	19866038	8298
湖　北	Hubei	2045201	777941	18401778	8742	1664756	622569	16704002	9694
湖　南	Hunan	1589815	573944	15378554	9558	1395838	500669	14318102	10112
广　东	Guangdong	1793919	642260	30952094	16861	1641759	581583	29935353	17793
广　西	Guangxi	994959	366670	8899392	8916	831030	304120	7976846	9547
海　南	Hainan	397703	167912	2546219	6325	171426	62119	1732602	10082
重　庆	Chongqing	699429	231018	6957402	9605	676778	224869	6785095	9682
四　川	Sichuan	1652458	567886	17883889	10577	1554555	540159	17128787	10758
贵　州	Guizhou	747385	233486	6874993	9219	698996	219700	6525522	9345
云　南	Yunnan	921038	335479	9877052	10607	727560	259785	8511910	11577
西　藏	Tibet	40748	14288	648295	16163	34866	12741	567885	16555
陕　西	Shaanxi	1366833	462932	12858047	9257	1303342	444380	12416519	9366
甘　肃	Gansu	832923	293356	8406080	9917	752075	267008	7771690	10137
青　海	Qinghai	175445	60408	2510503	13728	151512	54002	2277479	14359
宁　夏	Ningxia	262605	94634	2887039	10786	211437	72383	2562872	11891
新　疆	Xinjiang	1176240	469205	11026000	8657	516825	193547	7060714	12623

4—3 续表 4　continued

地区 Region	企业中地方单位 Local Enterprises 年末人数（人）Year-end Figures (person)	#女性 Female	劳动报酬（千元）Earnings (1 000 yuan)	平均劳动报酬（元）Average Earning (yuan)	事业单位 Institutions 年末人数（人）Year-end Figures (person)	#女性 Female	劳动报酬（千元）Earnings (1 000 yuan)	平均劳动报酬（元）Average Earning (yuan)
全　国 National	**26839660**	**9665349**	**232986089**	**8507**	**26192759**	**11512910**	**298670707**	**11456**
北　京 Beijing	793198	271265	12829658	15303	818627	400377	17481958	21308
天　津 Tianjin	364000	127255	4557785	12138	334037	174019	5043636	15073
河　北 Hebei	1507336	559631	11581535	7475	1374019	698341	12147205	8906
山　西 Shanxi	1032701	324277	6980695	6713	793370	387200	6877048	8756
内蒙古 Inner Mongolia	659786	230269	4142599	6187	665451	299764	6105229	9206
辽　宁 Liaoning	1400893	480379	11464578	7874	1182543	575058	12290791	10398
吉　林 Jilin	857475	309686	5091671	5835	785474	373947	7321190	9345
黑龙江 Heilongjiang	1872295	623801	11245623	5981	939746	431468	9215106	9858
上　海 Shanghai	707446	233646	12184016	16566	591958	303051	12807805	21580
江　苏 Jiangsu	1505444	555485	14942510	9519	1461469	588253	19932541	13613
浙　江 Zhejiang	412345	153375	6559722	15750	850562	406113	16389888	19454
安　徽 Anhui	954101	349238	6535521	6739	984698	353192	8526917	8712
福　建 Fujian	505386	175461	5871620	11286	675419	296233	8672983	12900
江　西 Jiangxi	810779	307620	4809288	5838	848577	320780	7340697	8666
山　东 Shandong	2068789	765665	17640169	8439	1786022	736959	19741381	11109
河　南 Henan	1797548	648938	11281995	6311	1282555	563948	11350399	8963
湖　北 Hubei	1367087	554688	9576596	6844	1316747	533983	11926682	9061
湖　南 Hunan	1114216	410748	8848711	7869	1139569	483244	11539099	10241
广　东 Guangdong	1369412	497636	20507916	14617	1541100	748736	24223716	15792
广　西 Guangxi	771253	296957	5766401	7454	971531	413861	8365479	8634
海　南 Hainan	365870	157177	2022728	5461	159008	61897	1671947	10518
重　庆 Chongqing	387864	129695	3281855	8089	490432	199834	4974626	10155
四　川 Sichuan	971548	338957	8030142	8012	1394909	566218	14749102	10595
贵　州 Guizhou	481983	151750	3583671	7463	542035	204072	4833741	9027
云　南 Yunnan	713714	265453	7089675	9788	831916	351378	8843225	10710
西　藏 Tibet	29516	10440	335943	11554	60540	23357	1154524	19448
陕　西 Shaanxi	771030	268359	5696992	7275	928716	385727	8674037	9425
甘　肃 Gansu	558331	199927	4637190	8132	565066	203885	5847781	10429
青　海 Qinghai	89059	31850	811418	8649	133678	54406	1787355	13431
宁　夏 Ningxia	194358	71615	1758262	8851	163188	68588	1846345	11395
新　疆 Xinjiang	404897	164106	3319604	7664	579797	305021	6988274	12101

4—3 续表 5　continued

地区 Region	事业中地方单位 Local Institutions 年末人数（人）Year-end Figures (person)	# 女性 Female	劳动报酬（千元）Earnings (1 000 yuan)	平均劳动报酬（元）Average Earning (yuan)	机关单位 Agencies and Organizations 年末人数（人）Year-end Figures (person)	# 女性 Female	劳动报酬（千元）Earnings (1 000 yuan)	平均劳动报酬（元）Average Earning (yuan)
全　国 National	**24426557**	**10809330**	**268545631**	**11055**	**10668749**	**2641016**	**128500896**	**12052**
北　京 Beijing	442724	237030	9332769	21005	212147	65809	4718682	22331
天　津 Tianjin	307020	163776	4499931	14772	117868	28477	1870805	15852
河　北 Hebei	1320701	680192	11478652	8763	599074	152230	5832936	9781
山　西 Shanxi	767341	378272	6618769	8717	407052	107661	3641673	9008
内蒙古 Inner Mongolia	645693	291993	5898163	9168	287192	80067	2912981	10185
辽　宁 Liaoning	1119469	549929	11409969	10215	398012	94839	4793486	12034
吉　林 Jilin	739125	355877	6526179	8856	228263	55621	2331135	10141
黑龙江 Heilongjiang	906502	420207	8705930	9663	376218	100059	4177640	11046
上　海 Shanghai	490697	261759	10443884	21192	151466	43272	3533914	23282
江　苏 Jiangsu	1376993	560329	18379009	13354	434737	83225	7194926	16399
浙　江 Zhejiang	822131	395059	15822287	19431	338445	75495	7226759	21472
安　徽 Anhui	943385	339634	8066606	8602	366356	82921	3614522	9849
福　建 Fujian	662545	291972	8415054	12759	279834	63493	3834766	13725
江　西 Jiangxi	823108	312423	7047965	8585	345400	79528	3260367	9459
山　东 Shandong	1718572	710594	18780318	10981	748996	166244	8402424	11238
河　南 Henan	1211228	543776	10533242	8801	807351	210235	7077141	8808
湖　北 Hubei	1216069	493845	10355357	8524	540573	133015	5409323	9987
湖　南 Hunan	1088982	462256	10746339	9991	554820	137379	5443665	9949
广　东 Guangdong	1459934	713290	22356681	15391	666118	161219	12140341	18123
广　西 Guangxi	956859	408268	8210453	8602	308647	77214	3235091	10458
海　南 Hainan	151406	59990	1564895	10356	79097	21658	906557	11468
重　庆 Chongqing	461690	190175	4481508	9725	176440	42070	2026477	11127
四　川 Sichuan	1292262	525018	12913542	10025	562155	147986	6494794	11434
贵　州 Guizhou	531787	200365	4697037	8944	290225	74055	2609555	9063
云　南 Yunnan	809411	342785	8583952	10706	367168	94199	3994044	10927
西　藏 Tibet	59145	22795	1117182	19272	56545	16437	1117829	20419
陕　西 Shaanxi	804562	336426	6840015	8573	355641	79899	3267703	9220
甘　肃 Gansu	519674	186653	5310308	10333	232863	55358	2563495	11142
青　海 Qinghai	127364	52113	1701160	13427	63042	17340	923163	14525
宁　夏 Ningxia	156265	65955	1759671	11344	62051	16887	696744	11223
新　疆 Xinjiang	493913	256574	5948804	12124	254953	77124	3247958	12747

4—3 续表 6 continued

地区 Region	机关中地方单位 Local Organizations 年末人数（人）Year-end Figures (person)	# 女性 Female	劳动报酬（千元）Earnings (1 000 yuan)	平均劳动报酬（元）Average Earning (yuan)	农、林、牧、渔业 Farming, Forestry, Animal Husbandry and Fishery 年末人数（人）Year-end Figures (person)	# 女性 Female	劳动报酬（千元）Earnings (1 000 yuan)	平均劳动报酬（元）Average Earning (yuan)
全　国 National	**10115752**	**2469078**	**119405781**	**11823**	**4644670**	**1752815**	**26571780**	**5633**
北　京 Beijing	159850	48447	3564762	22428	20154	7151	288902	13999
天　津 Tianjin	108247	25876	1679780	15482	8801	2870	87054	9642
河　北 Hebei	568954	144104	5406965	9563	92065	33939	410599	4242
山　西 Shanxi	393192	103382	3479173	8903	40453	11554	249451	6176
内蒙古 Inner Mongolia	274244	75399	2764983	10126	243174	88857	1297866	5307
辽　宁 Liaoning	366128	85334	4307382	11766	275165	96758	1288488	4640
吉　林 Jilin	215973	52058	2160137	9940	169543	61186	745328	4409
黑龙江 Heilongjiang	359206	94472	3923201	10871	598718	220059	3090553	5177
上　海 Shanghai	146199	41793	3405886	23241	28637	6559	278118	11031
江　苏 Jiangsu	415788	78369	6841450	16305	206348	82394	1348997	6462
浙　江 Zhejiang	321910	70893	6842830	21377	40625	12005	576007	13982
安　徽 Anhui	351969	79674	3436534	9750	129454	49419	674254	5163
福　建 Fujian	259578	56956	3519305	13585	72304	24828	485394	6705
江　西 Jiangxi	329439	74294	3065058	9315	192080	73863	829046	4309
山　东 Shandong	721594	158887	7955887	11058	77654	21541	632779	8089
河　南 Henan	786832	202757	6757893	8673	85549	28047	456985	5348
湖　北 Hubei	515868	124610	5108881	9890	380445	155372	1697776	4445
湖　南 Hunan	533013	131225	5157945	9819	193977	73275	1060452	5492
广　东 Guangdong	615154	144341	10851580	17525	152160	60677	1016741	6632
广　西 Guangxi	292987	71899	3008753	10259	163929	62550	922546	5672
海　南 Hainan	71254	17685	799928	11218	226277	105793	813617	3526
重　庆 Chongqing	168346	39478	1903044	10966	22651	6149	172307	7319
四　川 Sichuan	532750	137530	6105387	11344	97903	27727	755102	7648
贵　州 Guizhou	282547	71743	2518705	8990	48389	13786	349471	7366
云　南 Yunnan	352425	89198	3803406	10853	193478	75694	1365142	6967
西　藏 Tibet	54986	15874	1058203	19894	5882	1547	80410	13842
陕　西 Shaanxi	343772	76321	3104420	9071	63491	18552	441528	6976
甘　肃 Gansu	226817	53639	2476995	11053	80848	26348	634390	7837
青　海 Qinghai	59513	16099	869210	14482	23933	6406	233024	9603
宁　夏 Ningxia	58731	16064	650047	11071	51168	22251	324167	6219
新　疆 Xinjiang	228486	70677	2878051	12686	659415	275658	3965286	5552

4—3 续表 7 continued

地区 Region	农业 Farming 年末人数（人）Year-end Figures (person)	#女性 Female	劳动报酬（千元）Earnings (1 000 yuan)	平均劳动报酬（元）Average Earning (yuan)	林业 Forestry 年末人数（人）Year-end Figures (person)	#女性 Female	劳动报酬（千元）Earnings (1 000 yuan)	平均劳动报酬（元）Average Earning (yuan)
全国 National	**2633242**	**1076482**	**13097537**	**4865**	**720373**	**274816**	**3847393**	**5276**
北京 Beijing	1744	615	22638	11574	2444	899	32447	12547
天津 Tianjin	3303	1172	29682	8488	541	136	7449	14750
河北 Hebei	52983	21629	142914	2487	7123	1757	48708	6771
山西 Shanxi	6671	1997	39956	5923	13910	3241	83992	6030
内蒙古 Inner Mongolia	125481	46938	582591	4598	40965	14952	217759	5230
辽宁 Liaoning	199202	72829	712824	3548	15952	5170	95191	5966
吉林 Jilin	69526	26756	236346	3391	34971	13096	150000	4391
黑龙江 Heilongjiang	475088	182387	2411241	5065	50132	14133	261755	5402
上海 Shanghai	18267	3889	114402	8027	521	158	9122	17147
江苏 Jiangsu	132160	58477	791637	5913	19633	7492	116845	5954
浙江 Zhejiang	10459	3808	150316	14035	5675	1678	53662	9586
安徽 Anhui	69619	31828	308403	4371	15559	5297	80737	5180
福建 Fujian	41545	16277	179821	4352	10532	2758	103103	9669
江西 Jiangxi	112270	46336	427274	3786	43723	16049	198481	4562
山东 Shandong	10696	3185	78796	7184	8564	2361	66038	7685
河南 Henan	31004	11056	128033	4142	8464	2111	57340	6654
湖北 Hubei	265248	119195	1128610	4236	13285	4604	58985	4388
湖南 Hunan	131789	54293	691839	5252	20327	6930	96034	4764
广东 Guangdong	96222	43130	549434	5694	30607	11168	218205	6966
广西 Guangxi	80265	35282	380798	4847	39473	15217	199412	5020
海南 Hainan	14595	6387	41372	3463	204270	97345	727209	3441
重庆 Chongqing	2010	729	12036	5941	4204	1034	30593	6541
四川 Sichuan	11102	3669	90787	8040	20999	6011	145458	6922
贵州 Guizhou	9686	3212	60632	6336	5845	2155	39188	6732
云南 Yunnan	61690	27978	278923	4447	64231	28568	423815	6420
西藏 Tibet	674	293	9075	13095	699	240	8260	12747
陕西 Shaanxi	8834	2431	54376	6117	8604	1826	59395	6911
甘肃 Gansu	27021	11270	142214	5204	17074	4533	160052	9403
青海 Qinghai	8659	2065	68158	7288	2621	421	19963	7826
宁夏 Ningxia	34343	16140	169704	4818	4811	1917	39794	8075
新疆 Xinjiang	521086	221229	3062705	5361	4614	1559	38401	8017

4—3 续表 8 continued

地区 Region	畜牧业 Animal Husbandry 年末人数(人) Year-end Figures (person)	#女性 Female	劳动报酬(千元) Earnings (1 000 yuan)	平均劳动报酬(元) Average Earning (yuan)	渔业 Fishery 年末人数(人) Year-end Figures (person)	#女性 Female	劳动报酬(千元) Earnings (1 000 yuan)	平均劳动报酬(元) Average Earning (yuan)
全 国 National	**269696**	**100017**	**1432547**	**5202**	**88522**	**27620**	**635803**	**7108**
北 京 Beijing	8108	3004	91392	11376	452	114	7012	14983
天 津 Tianjin	884	413	7010	7249	95	13	1478	15723
河 北 Hebei	2177	685	13783	5665	2627	501	8534	3126
山 西 Shanxi	3954	1166	12641	3195	305	87	2153	6990
内蒙古 Inner Mongolia	32859	11386	140756	4310	5672	2269	34061	6339
辽 宁 Liaoning	10590	4154	50033	4412	9875	2799	160301	16132
吉 林 Jilin	19384	5962	66835	3413	3121	1277	9971	3188
黑龙江 Heilongjiang	38057	13131	174334	4717	4409	1213	20677	4766
上 海 Shanghai	2541	880	35924	12698	2662	115	35413	12404
江 苏 Jiangsu	5583	1847	46421	8015	9327	3376	62885	6521
浙 江 Zhejiang	1519	590	16782	10744	2805	849	37448	12860
安 徽 Anhui	2504	927	13624	5507	2591	778	13479	5273
福 建 Fujian	1043	435	7357	6914	1672	483	13066	7271
江 西 Jiangxi	6443	2712	41095	6060	8312	3499	33765	4128
山 东 Shandong	3642	1432	31282	8482	6639	1273	41821	5940
河 南 Henan	3959	1120	20340	5134	769	183	5372	6774
湖 北 Hubei	5523	2590	24084	4359	12492	4373	52191	4187
湖 南 Hunan	2973	1134	15057	5118	6466	2111	33952	5262
广 东 Guangdong	2698	893	38373	14118	3748	903	34101	8890
广 西 Guangxi	2802	1017	18143	6484	444	127	2535	5882
海 南 Hainan	545	212	3385	6245	1852	690	6562	3543
重 庆 Chongqing	588	154	5176	7975	354	70	2169	5959
四 川 Sichuan	5295	2095	33359	6167	271	72	2287	7598
贵 州 Guizhou	1432	731	10594	7101	82	24	540	6279
云 南 Yunnan	2365	901	19715	8379	162	42	1628	9465
西 藏 Tibet	1344	230	20326	15146				
陕 西 Shaanxi	4223	1554	29007	6949	301	91	2024	6724
甘 肃 Gansu	1809	695	13058	7116	137	34	1537	10748
青 海 Qinghai	4102	1372	35303	8661	164	39	1878	11451
宁 夏 Ningxia	458	113	4414	9659	193	59	1629	8354
新 疆 Xinjiang	90292	36482	392944	4137	523	156	5334	9914

4—3续表 9 continued

地区 Region		农、林、牧、渔服务业 Services				采掘业 Mining and Quarrying			
		年末人数（人） Year-end Figures (person)	＃女性 Female	劳动报酬（千元） Earnings (1 000 yuan)	平均劳动报酬（元） Average Earning (yuan)	年末人数（人） Year-end Figures (person)	＃女性 Female	劳动报酬（千元） Earnings (1 000 yuan)	平均劳动报酬（元） Average Earning (yuan)
全国	**National**	**932837**	**273880**	**7558500**	**8117**	**4046328**	**1006883**	**38773063**	**9426**
北京	Beijing	7406	2519	135413	17834	23208	4351	343109	14616
天津	Tianjin	3978	1136	41435	10448	62718	20911	1341057	19945
河北	Hebei	27155	9367	196660	7285	255759	54330	2550224	9867
山西	Shanxi	15613	5063	110709	7165	378984	73365	3437024	8914
内蒙古	Inner Mongolia	38197	13312	322699	8457	213206	62207	1337421	6334
辽宁	Liaoning	39546	11806	270139	6833	206381	48779	2111630	10182
吉林	Jilin	42541	14095	282176	6645	234218	73942	1589779	6755
黑龙江	Heilongjiang	31032	9195	222546	7162	526258	125512	2527084	4909
上海	Shanghai	4646	1517	83257	17554	212	45	6830	33317
江苏	Jiangsu	39645	11202	331209	8320	148881	34420	1821530	12148
浙江	Zhejiang	20167	5080	317799	15568	8214	1818	99327	10996
安徽	Anhui	39181	10589	258011	6545	140633	29475	1537149	10429
福建	Fujian	17512	4875	182047	10374	39748	11057	318706	8023
江西	Jiangxi	21332	5267	128431	6095	109195	26692	798403	7132
山东	Shandong	48113	13290	414842	8654	524749	137470	8038750	15005
河南	Henan	41353	13577	245900	5973	193864	51902	1569370	7963
湖北	Hubei	83897	24610	433906	5158	77657	24266	1002474	11252
湖南	Hunan	32422	8807	223570	7033	118208	30602	898211	7428
广东	Guangdong	18885	4583	176628	9324	42706	10897	396618	8952
广西	Guangxi	40945	10907	321658	7818	48091	12190	348107	7222
海南	Hainan	5015	1159	35089	6991	15444	5210	106189	6931
重庆	Chongqing	15495	4162	122333	7729	67574	12932	559375	7733
四川	Sichuan	60236	15880	483211	7958	142880	39034	1263862	8270
贵州	Guizhou	31344	7664	238517	7826	56372	12786	504647	8738
云南	Yunnan	65030	18205	641061	9912	70245	21169	648236	9029
西藏	Tibet	3165	784	42749	13675	1622	416	17533	11261
陕西	Shaanxi	41529	12650	296726	7179	162230	36056	1505430	9241
甘肃	Gansu	34807	9816	317529	9171	71573	16596	672848	9173
青海	Qinghai	8387	2509	107722	13260	17036	4482	213722	12057
宁夏	Ningxia	11363	4022	108626	9596	45609	12830	544342	11965
新疆	Xinjiang	42900	16232	465902	10943	42853	11141	664076	14602

4—3 续表 10 continued

地 区 Region	制造业 Manufacturing				电力、煤气及水的生产和供应业 Production and Supply of Electricity, Gas and water			
	年末人数（人）Year-end Figures (person)	# 女 性 Female	劳动报酬（千元）Earnings (1 000 yuan)	平均劳动报酬（元）Average Earning (yuan)	年末人数（人）Year-end Figures (person)	# 女 性 Female	劳动报酬（千元）Earnings (1 000 yuan)	平均劳动报酬（元）Average Earning (yuan)
全 国 National	**12100055**	**4598768**	**119047465**	**9550**	**2319277**	**745056**	**32524274**	**14001**
北 京 Beijing	404446	135688	6990179	15966	23860	8770	658495	26105
天 津 Tianjin	214752	78462	2445100	10944	30386	7093	547015	17992
河 北 Hebei	769932	306676	6572963	8226	142497	39958	1765205	12555
山 西 Shanxi	431313	155860	2991584	6830	95759	30632	946148	9957
内蒙古 Inner Mongolia	91074	36960	595625	6301	70223	23693	875160	12657
辽 宁 Liaoning	818207	265700	8426999	9894	127933	36971	1715841	13415
吉 林 Jilin	331201	123775	3281558	9566	67515	20071	805473	11905
黑龙江 Heilongjiang	513443	183682	4137926	7998	124238	39046	1569479	12596
上 海 Shanghai	426200	129862	8538656	18711	44026	12076	1140298	25381
江 苏 Jiangsu	720869	280882	7805192	10177	92143	24571	1782881	19307
浙 江 Zhejiang	143963	61460	1830889	12920	65007	17168	1519845	23363
安 徽 Anhui	409394	166653	3056023	7320	70753	21024	753153	10663
福 建 Fujian	128224	51581	1547774	11228	56286	18344	897307	15842
江 西 Jiangxi	353363	140557	2479427	6855	81070	27435	719469	8804
山 东 Shandong	1083733	446543	9026333	8232	175669	54245	2510732	14340
河 南 Henan	779444	316714	5333968	6910	180833	62304	1904765	10599
湖 北 Hubei	778613	309961	7367592	9135	100294	34757	1143414	11356
湖 南 Hunan	503669	193609	4828274	9237	94402	34318	1117093	11888
广 东 Guangdong	355029	140670	4887145	13157	142494	45852	2870638	20030
广 西 Guangxi	340636	131827	2828401	8194	71756	24114	903781	12606
海 南 Hainan	36897	15144	302355	8322	14630	5781	159252	10815
重 庆 Chongqing	286093	103699	2780379	9193	42113	14924	544754	12952
四 川 Sichuan	582988	218960	5733186	9544	109275	40054	1399769	12898
贵 州 Guizhou	231182	84825	2040927	8748	51147	16559	785198	14348
云 南 Yunnan	278729	106936	3373921	12008	46469	16896	649277	13989
西 藏 Tibet	2845	975	28858	10090	5468	1869	68040	12556
陕 西 Shaanxi	545051	205357	4499059	8079	69996	23269	887843	12757
甘 肃 Gansu	339443	122835	3330489	9585	55180	19913	796856	14588
青 海 Qinghai	36949	12662	432551	11248	13595	4509	274709	19728
宁 夏 Ningxia	51378	17847	509039	9794	22195	7423	381367	17190
新 疆 Xinjiang	110995	52406	1045093	9250	32065	11417	431017	12505

4—3 续表 11　continued

地区 Region	建筑业 Construction 年末人数(人) Year-end Figures (person)	#女性 Female	劳动报酬(千元) Earnings (1 000 yuan)	平均劳动报酬(元) Average Earning (yuan)	土木工程建筑业 Civil Engineering 年末人数(人) Year-end Figures (person)	#女性 Female	劳动报酬(千元) Earnings (1 000 yuan)	平均劳动报酬(元) Average Earning (yuan)
全　国 National	**3575924**	**695233**	**37888056**	**10189**	**3085154**	**588459**	**30948644**	**9694**
北　京 Beijing	234545	36383	3657253	14834	204820	31899	3055323	14529
天　津 Tianjin	49816	11496	754804	14045	35752	8414	515677	13583
河　北 Hebei	176813	38092	1536437	8166	150925	31400	1244310	7768
山　西 Shanxi	137433	30254	1049248	7263	116471	24950	861914	7056
内蒙古 Inner Mongolia	50106	10710	360835	6463	42328	8962	273904	6046
辽　宁 Liaoning	190474	41686	2064541	10079	156647	33249	1615199	9543
吉　林 Jilin	108352	23654	855078	7407	96927	21630	711013	6843
黑龙江 Heilongjiang	170574	41832	1611677	8395	138358	34513	1225736	7791
上　海 Shanghai	79820	13849	1498346	19282	68178	12249	1271033	19271
江　苏 Jiangsu	128535	24275	1556800	11761	103575	18209	1134404	10875
浙　江 Zhejiang	43306	7063	808162	17154	33446	4704	534183	15607
安　徽 Anhui	111931	21072	902672	7953	90046	15659	706927	7825
福　建 Fujian	78132	11824	960793	12166	72949	10963	881931	11970
江　西 Jiangxi	70051	13242	666275	9361	60066	11174	529956	8753
山　东 Shandong	155043	28852	1482484	9300	135264	23770	1258827	9020
河　南 Henan	309024	47278	2513400	8044	275020	39914	2052036	7460
湖　北 Hubei	146176	36616	1473525	9877	131383	33213	1305540	9722
湖　南 Hunan	147450	28783	1266886	8961	135012	25566	1131674	8891
广　东 Guangdong	180629	25656	2763523	15056	156493	21895	2189585	13752
广　西 Guangxi	57272	11428	482318	8670	52661	10735	441684	8659
海　南 Hainan	22549	3086	201320	8809	21739	2944	193659	8784
重　庆 Chongqing	63136	11855	589058	9149	58051	10689	540656	9136
四　川 Sichuan	268140	47205	2699035	10027	212958	37872	1988626	9125
贵　州 Guizhou	115761	17330	914801	8339	104875	14700	723149	7504
云　南 Yunnan	99733	18532	909156	9328	98327	18136	895270	9327
西　藏 Tibet	3890	876	39106	11038	3157	682	33102	11705
陕　西 Shaanxi	137164	30472	1233198	8526	117216	25437	1002193	8156
甘　肃 Gansu	69971	16163	675569	8957	60100	13513	521850	7952
青　海 Qinghai	21629	4946	214421	8584	13374	2580	116316	7502
宁　夏 Ningxia	27884	6048	305497	9977	24756	5437	247944	9201
新　疆 Xinjiang	120585	34675	1841838	12090	114280	33401	1745023	12006

4—3 续表 12 continued

地区 Region	线路、管道和设备安装业 Circuit, Pipelines and Equipment Installation 年末人数(人) Year-end Figures (person)	#女性 Female	劳动报酬(千元) Earnings (1 000 yuan)	平均劳动报酬(元) Average Earning (yuan)	装修装饰业 Buildings Fitting up and Decoration 年末人数(人) Year-end Figures (person)	#女性 Female	劳动报酬(千元) Earnings (1 000 yuan)	平均劳动报酬(元) Average Earning (yuan)
全国 National	**458892**	**100318**	**6630486**	**13430**	**31878**	**6456**	**308926**	**9550**
北京 Beijing	23742	3685	522713	17366	5983	799	79217	12866
天津 Tianjin	13334	2913	229638	15294	730	169	9489	12436
河北 Hebei	24515	6368	279319	10479	1373	324	12808	9830
山西 Shanxi	20825	5262	186779	8426	137	42	555	4051
内蒙古 Inner Mongolia	7717	1738	86561	8268	61	10	370	6271
辽宁 Liaoning	32691	8186	441058	12829	1136	251	8284	6932
吉林 Jilin	10918	1916	140904	12723	507	108	3161	6769
黑龙江 Heilongjiang	31502	7072	382153	11271	714	247	3788	5091
上海 Shanghai	9719	1326	208164	21191	1923	274	19149	9942
江苏 Jiangsu	23618	5634	408833	15305	1342	432	13563	10084
浙江 Zhejiang	9669	2322	270956	21515	191	37	3023	10388
安徽 Anhui	18365	4824	173313	8898	3520	589	22432	6104
福建 Fujian	4778	813	73971	15087	405	48	4891	12477
江西 Jiangxi	8447	1809	124350	13561	1538	259	11969	8215
山东 Shandong	17034	4383	205360	12047	2745	699	18297	6537
河南 Henan	33219	7160	453725	12391	785	204	7639	9769
湖北 Hubei	13025	2924	157693	12120	1768	479	10292	5446
湖南 Hunan	12295	3173	134606	9591	143	44	606	10632
广东 Guangdong	21072	3119	523458	24617	3064	642	50480	16459
广西 Guangxi	3945	593	35916	9038	666	100	4718	7236
海南 Hainan	573	116	4142	7229	237	26	3519	15038
重庆 Chongqing	4911	1131	46441	9288	174	35	1961	9660
四川 Sichuan	54776	9250	706063	13876	406	83	4346	11842
贵州 Guizhou	10699	2587	190150	14458	187	43	1502	8163
云南 Yunnan	1166	353	11871	9612	240	43	2015	8092
西藏 Tibet	681	173	5684	8573	52	21	320	6154
陕西 Shaanxi	19053	4742	227584	10913	895	293	3421	3793
甘肃 Gansu	9342	2591	151699	16089	529	59	2020	5565
青海 Qinghai	8255	2366	98105	10353				
宁夏 Ningxia	2951	565	55636	16150	177	46	1917	8408
新疆 Xinjiang	6055	1224	93641	14203	250	50	3174	7779

4—3 续表 13 continued

地 区	Region	地质勘查业、水利管理业 Geological Prospecting and Water Conservancy				地质勘查业 Geological Prospecting			
		年末人数(人) Year-end Figures (person)	#女 性 Female	劳动报酬(千元) Earnings (1 000 yuan)	平均劳动报酬(元) Average Earning (yuan)	年末人数(人) Year-end Figures (person)	#女 性 Female	劳动报酬(千元) Earnings (1 000 yuan)	平均劳动报酬(元) Average Earning (yuan)
全 国	**National**	**1028042**	**279820**	**11356207**	**10952**	**471890**	**133333**	**6290926**	**13066**
北 京	Beijing	13846	3674	286139	20265	5172	1511	121433	23139
天 津	Tianjin	10866	2327	185480	17100	3845	754	85421	22067
河 北	Hebei	55900	14888	617371	10935	37359	10017	467355	12295
山 西	Shanxi	32203	7828	260763	8120	14001	3439	127502	8975
内 蒙 古	Inner Mongolia	31710	10150	273324	8627	11040	3617	96779	8750
辽 宁	Liaoning	52500	14072	560401	10615	29742	8171	370407	12337
吉 林	Jilin	25156	6723	184229	7250	7042	1503	64546	8865
黑 龙 江	Heilongjiang	52899	12096	696883	13282	34385	7148	545576	16050
上 海	Shanghai	8363	1971	176240	20608	3249	828	70173	20512
江 苏	Jiangsu	48638	10197	551533	11275	11860	2373	151819	12602
浙 江	Zhejiang	16334	3636	282278	17158	6589	1572	108468	16201
安 徽	Anhui	41927	10768	329301	7801	14836	3577	124348	8327
福 建	Fujian	12172	2729	139628	11375	4479	900	48243	10429
江 西	Jiangxi	32390	8357	283716	8854	19683	4896	199463	10155
山 东	Shandong	46841	11604	487589	10435	13493	3365	143628	10585
河 南	Henan	81052	31887	1051557	12441	48388	23195	819357	15668
湖 北	Hubei	69628	21737	575769	8215	21116	6025	240097	11204
湖 南	Hunan	40243	10397	330299	8187	12363	3320	119756	9479
广 东	Guangdong	40872	9604	500539	12161	11054	2486	159963	14234
广 西	Guangxi	26583	6510	202934	7674	6832	1822	60857	9187
海 南	Hainan	5625	1475	51616	9242	1881	475	28339	14806
重 庆	Chongqing	11198	2802	130033	11420	7702	1934	101206	13034
四 川	Sichuan	57403	16590	797893	13682	41359	12148	653014	15517
贵 州	Guizhou	15508	4766	128503	8238	9148	3146	80660	8689
云 南	Yunnan	24682	5873	253554	9992	12100	2943	124400	9701
西 藏	Tibet	2448	562	56695	23019	1667	360	43937	25679
陕 西	Shaanxi	63933	16603	626099	9783	37386	9050	424374	11282
甘 肃	Gansu	42288	11041	453204	10481	15884	4413	202272	11841
青 海	Qinghai	20379	5670	419598	20505	16147	4703	376838	23167
宁 夏	Ningxia	11227	2995	114305	10289	3224	888	32575	10073
新 疆	Xinjiang	33228	10288	348734	10339	8864	2754	98120	11072

4—3 续表 14 continued

地区 Region	水利管理业 Water Conservancy				交通运输、仓储及邮电通信业 Transport，Storage，Post and Telecommunications			
	年末人数（人） Year-end Figures (person)	# 女性 Female	劳动报酬（千元） Earnings (1 000 yuan)	平均劳动报酬（元） Average Earning (yuan)	年末人数（人） Year-end Figures (person)	# 女性 Female	劳动报酬（千元） Earnings (1 000 yuan)	平均劳动报酬（元） Average Earning (yuan)
全国 National	**556152**	**146487**	**5065281**	**9120**	**5361951**	**1484316**	**76270594**	**14099**
北京 Beijing	8674	2163	164706	18565	147686	42975	3221863	21754
天津 Tianjin	7021	1573	100059	14343	96036	22442	1945618	19970
河北 Hebei	18541	4871	150016	8131	262322	65105	2984897	11383
山西 Shanxi	18202	4389	133261	7442	210783	51706	2603909	12537
内蒙古 Inner Mongolia	20670	6533	176545	8561	172109	48185	1998383	11570
辽宁 Liaoning	22758	5901	189994	8344	303035	78154	4104196	13335
吉林 Jilin	18114	5220	119683	6601	212814	56100	2190465	10236
黑龙江 Heilongjiang	18514	4948	151307	8189	303331	79204	3779071	12325
上海 Shanghai	5114	1143	106067	20672	149248	31881	4212814	27202
江苏 Jiangsu	36778	7824	399714	10841	292215	71423	4467317	14817
浙江 Zhejiang	9745	2064	173810	17814	121550	31495	2695858	21388
安徽 Anhui	27091	7191	204953	7513	144066	37627	1400532	9616
福建 Fujian	7693	1829	91385	11947	113644	32400	1860618	16250
江西 Jiangxi	12707	3461	84253	6794	161594	46875	1893564	11701
山东 Shandong	33348	8239	343961	10374	293929	76617	4278998	14491
河南 Henan	32664	8692	232200	7205	315513	92378	3505783	11108
湖北 Hubei	48512	15712	335672	6899	288195	85522	3237328	11071
湖南 Hunan	27880	7077	210543	7598	232712	70062	2916395	12437
广东 Guangdong	29818	7118	340576	11382	307905	89844	6842920	21919
广西 Guangxi	19751	4688	142077	7169	145069	37770	1826793	12545
海南 Hainan	3744	1000	23277	6341	29766	9202	429915	14475
重庆 Chongqing	3496	868	28827	7961	120896	35167	1347712	11117
四川 Sichuan	16044	4442	144879	8924	198418	67504	2667693	13374
贵州 Guizhou	6360	1620	47843	7575	90680	28862	1040017	11428
云南 Yunnan	12582	2930	129154	10289	150833	45266	1853001	12293
西藏 Tibet	781	202	12758	16965	14216	4858	282311	19517
陕西 Shaanxi	26547	7553	201725	7645	202860	57951	2631652	12879
甘肃 Gansu	26404	6628	250932	9593	111184	34893	1451208	13016
青海 Qinghai	4232	967	42760	10188	34440	11211	573920	16212
宁夏 Ningxia	8003	2107	81730	10378	33279	10086	496121	14631
新疆 Xinjiang	24364	7534	250614	10077	101623	31551	1529722	15106

4—3 续表 15　continued

地区 Region		铁路运输业 Railway Transport				公路运输业 Highway Transport			
		年末人数（人） Year-end Figures (person)	＃女性 Female	劳动报酬（千元） Earnings (1 000 yuan)	平均劳动报酬（元） Average Earning (yuan)	年末人数（人） Year-end Figures (person)	＃女性 Female	劳动报酬（千元） Earnings (1 000 yuan)	平均劳动报酬（元） Average Earning (yuan)
全　国	**National**	**1760250**	**377999**	**26330800**	**14878**	**695168**	**233556**	**5496648**	**7782**
北　京	Beijing	63015	12588	1112948	18440	15945	4571	209384	13330
天　津	Tianjin	33027	6801	536699	16283	6111	1511	60479	8856
河　北	Hebei	93618	14542	932436	9918	40289	14157	269053	6603
山　西	Shanxi	115745	21761	1657121	14613	13371	3951	62507	4674
内蒙古	Inner Mongolia	84513	17024	1171923	13559	12000	4871	58907	4795
辽　宁	Liaoning	92810	17434	1392849	14637	28962	10148	224295	7593
吉　林	Jilin	74287	14450	1020254	13394	21642	8129	115736	5332
黑龙江	Heilongjiang	115078	21220	1729945	14431	22578	7956	210442	9741
上　海	Shanghai	36475	6216	685732	19010	10143	1832	135068	12410
江　苏	Jiangsu	62248	12824	965367	15526	41737	11154	442320	10251
浙　江	Zhejiang	22890	3992	487747	20584	15853	4608	195766	11824
安　徽	Anhui	43481	8015	476890	10974	21341	7360	132785	5967
福　建	Fujian	24936	4866	428501	17300	21413	5596	204712	9358
江　西	Jiangxi	66071	17121	993363	14978	23610	7571	160917	6834
山　东	Shandong	79773	13868	1173168	14528	54828	18518	383414	6887
河　南	Henan	117334	25878	1824997	15552	50477	17028	296246	5832
湖　北	Hubei	92907	24185	1308382	14219	39616	16590	257717	6361
湖　南	Hunan	87772	21635	1243548	14198	30871	11658	189629	6137
广　东	Guangdong	32592	5998	657761	19827	39713	11793	518534	13000
广　西	Guangxi	42795	7240	655178	15455	25921	9418	220600	8447
海　南	Hainan	1991	527	24381	11638	3265	889	33008	10030
重　庆	Chongqing	35969	9879	429662	11909	13328	4131	100059	7418
四　川	Sichuan	35803	10399	551535	15408	27499	10887	181096	6291
贵　州	Guizhou	35480	9490	494064	13770	12366	5005	81303	6489
云　南	Yunnan	50544	11951	723470	14262	32020	10301	229407	7091
西　藏	Tibet					3374	869	36942	10465
陕　西	Shaanxi	102801	27449	1589765	15226	20591	6689	140973	6792
甘　肃	Gansu	49144	13778	862127	17385	14997	5504	80420	5374
青　海	Qinghai	14032	4398	265458	18833	7270	2576	69595	9496
宁　夏	Ningxia	14077	3489	230332	15778	4602	1610	35493	7432
新　疆	Xinjiang	39042	8981	705197	18397	19435	6675	159841	7771

4—3 续表 16 continued

地 区	Region	管道运输业 Pipeline Transport 年末人数（人） Year-end Figures (person)	# 女 性 Female	劳动报酬（千元） Earnings (1 000 yuan)	平均劳动报酬(元) Average Earning (yuan)	水上运输业 Water Way Transport 年末人数（人） Year-end Figures (person)	# 女 性 Female	劳动报酬（千元） Earnings (1 000 yuan)	平均劳动报酬（元） Average Earning (yuan)
全 国	**National**	**14651**	**4763**	**299376**	**18342**	**194425**	**25952**	**3696876**	**17792**
北 京	Beijing								
天 津	Tianjin					11571	950	284970	24622
河 北	Hebei	384	128	10282	26230	2096	136	37286	18118
山 西	Shanxi					30	6	121	4033
内蒙古	Inner Mongolia								
辽 宁	Liaoning	2563	754	39261	15403	9635	936	225516	23002
吉 林	Jilin	187	57	2793	14936	516	126	754	1461
黑龙江	Heilongjiang	322	99	6994	21520	5073	801	42353	8382
上 海	Shanghai	102	46	1504	14189	26741	2177	1036270	33943
江 苏	Jiangsu	7405	2414	188879	21220	21778	2861	374315	14130
浙 江	Zhejiang					5819	656	96778	14304
安 徽	Anhui	11	3	114	10364	7122	1107	56084	7897
福 建	Fujian					4124	696	57192	13588
江 西	Jiangxi					4531	814	25727	5588
山 东	Shandong	1052	384	12693	11313	12468	1159	196192	15170
河 南	Henan					628	153	2536	4038
湖 北	Hubei	574	213	9093	13511	20120	3150	178116	8461
湖 南	Hunan					6939	1630	51279	7162
广 东	Guangdong					25878	2143	786114	29097
广 西	Guangxi	7	3	77	11000	4034	864	29012	6278
海 南	Hainan					1045	90	19326	18232
重 庆	Chongqing					14188	2455	123708	8644
四 川	Sichuan	870	299	15029	17176	8110	2499	62669	7542
贵 州	Guizhou					1271	321	6358	4745
云 南	Yunnan					611	184	3742	7238
西 藏	Tibet								
陕 西	Shaanxi	60	12	480	8000	42	10	246	5857
甘 肃	Gansu					55	28	212	3855
青 海	Qinghai								
宁 夏	Ningxia	1114	351	12177	10931				
新 疆	Xinjiang								

4—3 续表 17 continued

地区 Region	航空运输业 Air Transport 年末人数（人）Year-end Figures (person)	# 女性 Female	劳动报酬（千元）Earnings (1 000 yuan)	平均劳动报酬（元）Average Earning (yuan)	交通运输辅助业 Transport Supporting & Auxiliary Services 年末人数（人）Year-end Figures (person)	# 女性 Female	劳动报酬（千元）Earnings (1 000 yuan)	平均劳动报酬（元）Average Earning (yuan)
全 国 National	**87224**	**29867**	**2204091**	**25561**	**1234221**	**316798**	**16253650**	**13116**
北 京 Beijing	8640	3746	426408	49250	20008	5445	421232	20212
天 津 Tianjin	1637	488	52728	32329	21108	5042	548906	25996
河 北 Hebei	1309	338	15095	11558	67827	16233	879493	13042
山 西 Shanxi	133	51	892	6809	41515	10043	398589	9578
内蒙古 Inner Mongolia	1051	295	15526	14257	31842	9247	276412	9200
辽 宁 Liaoning	8465	3175	118536	14076	82432	19105	950112	11630
吉 林 Jilin	2768	708	57562	20856	32901	7159	234769	7116
黑龙江 Heilongjiang	3610	860	70441	19331	57630	13410	480664	8472
上 海 Shanghai	253	80	7406	30477	38241	6913	1095755	27622
江 苏 Jiangsu	1800	500	34211	18880	92310	20920	1292832	13842
浙 江 Zhejiang	971	237	42914	44060	38676	9085	900429	22814
安 徽 Anhui	1354	353	20895	15341	28757	7181	283964	9732
福 建 Fujian	4439	1539	162335	37284	18914	4563	276911	14465
江 西 Jiangxi	1716	417	44056	25659	23448	5744	218695	9128
山 东 Shandong	394	119	4755	12008	69743	16329	1269946	18235
河 南 Henan	1322	412	24859	18565	74042	22198	577898	7898
湖 北 Hubei	1187	337	35156	29031	72377	20137	667656	9090
湖 南 Hunan	1956	805	15235	7797	49394	13467	576857	11385
广 东 Guangdong	8658	3261	324638	37444	99419	26861	2029600	20117
广 西 Guangxi	1885	525	19929	10522	40097	9237	412432	10225
海 南 Hainan	958	390	18543	19643	15125	4495	191085	12747
重 庆 Chongqing	3035	1162	34076	11336	26705	7336	258294	9534
四 川 Sichuan	8865	3532	238141	29205	57705	16577	580272	10062
贵 州 Guizhou	1285	349	18287	14209	17052	5356	161489	9488
云 南 Yunnan	5421	1804	116628	22463	29874	9245	307428	10221
西 藏 Tibet	683	212	10423	15792	6034	2291	109044	17835
陕 西 Shaanxi	3902	1380	87073	22338	35314	9075	318179	8973
甘 肃 Gansu	3132	985	50955	16029	20445	5797	237288	11674
青 海 Qinghai	480	125	5550	11563	3793	1220	54771	14463
宁 夏 Ningxia	309	111	6396	20970	5695	1585	61323	11225
新 疆 Xinjiang	5606	1571	124442	22394	15798	5502	181325	11458

地　区 Region	其他交通运输业 Other Transports 年末人数（人） Year-end Figures (person)	＃女　性 Female	劳动报酬（千元） Earnings (1 000 yuan)	平均劳动报酬（元） Average Earning (yuan)	仓储业 Storage 年末人数（人） Year-end Figures (person)	＃女　性 Female	劳动报酬（千元） Earnings (1 000 yuan)	平均劳动报酬（元） Average Earning (yuan)
全　国 National	**9331**	**2873**	**119893**	**12806**	**310203**	**105368**	**2736039**	**8672**
北　京 Beijing					5421	1541	90613	15250
天　津 Tianjin					9215	2806	105669	11106
河　北 Hebei	20	7	50	2500	8163	2976	69449	8516
山　西 Shanxi	591	258	3798	6770	7237	2446	48246	7050
内蒙古 Inner Mongolia	95	25	1415	14895	12302	4342	70279	5742
辽　宁 Liaoning	2677	763	24414	9220	31818	9982	246767	7089
吉　林 Jilin	163	45	470	2883	49560	14585	285644	5890
黑龙江 Heilongjiang					49345	16173	391175	8021
上　海 Shanghai	504	168	21666	42152	8546	2466	178243	19408
江　苏 Jiangsu	265	67	5335	19981	9419	3022	124324	12462
浙　江 Zhejiang	411	70	8501	18643	2134	551	32805	13417
安　徽 Anhui	131	39	2037	15550	7134	2807	46899	6610
福　建 Fujian	21	9	398	9950	3863	1246	47141	12017
江　西 Jiangxi	2132	664	25397	12281	10722	4129	67131	6227
山　东 Shandong	400	112	4605	11455	10858	3769	99948	9024
河　南 Henan					17376	7499	111579	6498
湖　北 Hubei	291	111	2035	6993	9468	3425	71723	6483
湖　南 Hunan	52	26	851	16686	10234	3948	80197	8064
广　东 Guangdong	335	118	8390	20266	9039	3439	206659	22293
广　西 Guangxi					3503	1178	27663	7940
海　南 Hainan	9	4	56	6222	578	224	4841	10235
重　庆 Chongqing					4276	1635	35919	8021
四　川 Sichuan	82	20	1219	15430	6305	2350	66399	10360
贵　州 Guizhou					4075	1613	39338	9557
云　南 Yunnan	397	62	2520	6495	2991	1115	36269	11962
西　藏 Tibet	24	6	481	20042	484	146	7686	15041
陕　西 Shaanxi	213	72	1581	6756	8036	2959	56169	6955
甘　肃 Gansu	363	185	2728	7515	4056	1505	41147	9827
青　海 Qinghai	110	35	1601	16172	1009	353	11234	10833
宁　夏 Ningxia					394	106	4939	11459
新　疆 Xinjiang	45	7	345	7667	2642	1032	29944	11593

4—3 续表 19 continued

地 区	Region	邮电通信业 Post and Telecommunications 年末人数（人）Year-end Figures (person)	#女性 Female	劳动报酬（千元）Earnings (1 000 yuan)	平均劳动报酬（元）Average Earning (yuan)	批发和零售贸易、餐饮业 Wholesale & Retail Trade & Catering Services 年末人数（人）Year-end Figures (person)	#女性 Female	劳动报酬（千元）Earnings (1 000 yuan)	平均劳动报酬（元）Average Earning (yuan)
全 国	**National**	**1056478**	**387140**	**19133221**	**18066**	**4605734**	**1953926**	**38439987**	**8162**
北 京	Beijing	34657	15084	961278	26265	164624	78592	3245893	18649
天 津	Tianjin	13367	4844	356167	25807	55656	22753	735444	12575
河 北	Hebei	48616	16588	771753	16045	277621	131622	1650455	5865
山 西	Shanxi	32161	13190	432635	13625	174551	76380	856742	4991
内蒙古	Inner Mongolia	30306	12381	403921	13229	81942	36035	484327	5810
辽 宁	Liaoning	43673	15857	882446	20449	156490	66585	1310643	8014
吉 林	Jilin	30790	10841	472483	15239	141187	55007	822926	5801
黑龙江	Heilongjiang	49695	18685	847057	16733	247836	92121	1646722	6678
上 海	Shanghai	28243	11983	1051170	37996	116905	52448	2208463	18254
江 苏	Jiangsu	55253	17661	1039734	18794	278074	112141	2479151	8378
浙 江	Zhejiang	34796	12296	930918	26088	68154	25928	1238678	17442
安 徽	Anhui	34735	10762	380864	10866	205325	82887	1040690	4995
福 建	Fujian	35934	13885	683428	18885	95504	38695	1139760	11496
江 西	Jiangxi	29364	10415	358278	12426	149541	63350	910474	5977
山 东	Shandong	64413	22359	1134277	17920	327183	146153	2126266	6379
河 南	Henan	54334	19210	667668	12107	424119	181945	2349806	5577
湖 北	Hubei	51655	17374	707450	13571	230397	92660	1581574	6559
湖 南	Hunan	45494	16893	758799	16410	177381	76809	1431556	7974
广 东	Guangdong	92271	36231	2311224	24886	290775	125749	4075589	13471
广 西	Guangxi	26827	9305	461902	17258	137669	58476	912413	6575
海 南	Hainan	6795	2583	138675	20280	29961	11891	203477	6729
重 庆	Chongqing	23395	8569	365994	16068	68608	27336	553302	7803
四 川	Sichuan	53179	20941	971333	18190	178262	73573	1416435	7669
贵 州	Guizhou	19151	6728	239178	12699	105751	36647	590629	5595
云 南	Yunnan	28975	10604	433537	15237	112209	46952	1248880	10487
西 藏	Tibet	3617	1334	117735	32470	6007	2224	81291	14023
陕 西	Shaanxi	31901	10305	437186	13923	136483	59882	814257	5907
甘 肃	Gansu	18992	7111	176331	9367	85268	39291	505792	5914
青 海	Qinghai	7746	2504	165711	19329	12523	6299	101268	7732
宁 夏	Ningxia	7088	2834	145461	20141	22981	12166	176125	7592
新 疆	Xinjiang	19055	7783	328628	17908	46747	21329	500959	10416

4—3 续表 20 continued

地　区 Region	食品、饮料、烟草和家庭日用品批发业 Wholesale Trade of Food, Beverages, Tobacco and Household Goods				能源、材料和机械电子设备批发业 Wholesale Trade of Energy, Materials and Electronic Equipment			
	年末人数（人） Year-end Figures (person)	#女性 Female	劳动报酬（千元） Earnings (1 000 yuan)	平均劳动报酬（元） Average Earning (yuan)	年末人数（人） Year-end Figures (person)	#女性 Female	劳动报酬（千元） Earnings (1 000 yuan)	平均劳动报酬（元） Average Earning (yuan)
全　国 National	**2026307**	**791005**	**16650832**	**8063**	**659621**	**229804**	**6904583**	**10106**
北　京 Beijing	32773	12622	698623	20215	29678	9493	799038	25603
天　津 Tianjin	16165	6076	226908	13388	17873	5514	271502	14773
河　北 Hebei	111932	50022	701207	6223	38861	13834	249281	6189
山　西 Shanxi	50245	21670	245302	4923	51391	16658	319600	6282
内蒙古 Inner Mongolia	34222	12957	201186	5805	11074	3727	88844	7772
辽　宁 Liaoning	62208	22553	456172	7110	26089	8994	323666	11942
吉　林 Jilin	80352	27215	471552	5915	15171	5153	117929	7010
黑龙江 Heilongjiang	116076	41540	689221	5913	26619	8334	236793	8520
上　海 Shanghai	27437	11016	620933	21910	14757	4485	335857	21008
江　苏 Jiangsu	122644	44417	1020235	7856	39338	13500	405652	9560
浙　江 Zhejiang	37018	13022	689955	17867	13926	4464	293201	20703
安　徽 Anhui	120105	45656	587882	4867	24126	8489	154304	6141
福　建 Fujian	44434	16625	572810	12430	15457	5036	207588	12944
江　西 Jiangxi	61996	25270	371633	5968	18339	7163	127646	6802
山　东 Shandong	147024	59552	985666	6624	39496	13700	297814	7198
河　南 Henan	229854	89240	1328164	5802	44942	17115	269687	5926
湖　北 Hubei	104126	43533	734474	6794	31920	11252	242743	7111
湖　南 Hunan	86848	36188	738861	8478	21820	8122	170875	7885
广　东 Guangdong	141459	57240	2059466	14060	49797	17885	852120	16424
广　西 Guangxi	51374	20456	324657	6306	21162	7422	173972	8159
海　南 Hainan	11613	4060	80027	6783	3816	1382	36481	9427
重　庆 Chongqing	35992	12889	324833	8613	9652	3293	79280	8040
四　川 Sichuan	90711	35030	663802	7080	22021	8707	209719	9143
贵　州 Guizhou	49973	17588	345187	6884	12451	3659	72713	5964
云　南 Yunnan	53150	19882	788879	13480	15627	6017	155870	9735
西　藏 Tibet	634	221	8049	12797	1603	406	30697	21958
陕　西 Shaanxi	50632	21427	290562	5733	20225	6949	156163	7432
甘　肃 Gansu	30209	12604	185521	6195	10792	4266	90244	7858
青　海 Qinghai	2311	1075	19862	8445	1901	726	23582	12334
宁　夏 Ningxia	7428	3211	57547	7625	3300	1472	28967	8540
新　疆 Xinjiang	15362	6148	161656	10188	6397	2587	82755	12048

4—3 续表 21 continued

地区 Region	其他批发业 Other Wholesale Trade 年末人数（人）Year-end Figures (person)	# 女性 Female	劳动报酬（千元）Earnings (1 000 yuan)	平均劳动报酬（元）Average Earning (yuan)	零售业 Retail Trade 年末人数（人）Year-end Figures (person)	# 女性 Female	劳动报酬（千元）Earnings (1 000 yuan)	平均劳动报酬（元）Average Earning (yuan)
全国 National	**249530**	**102110**	**2632790**	**10357**	**1451243**	**713392**	**10360799**	**6984**
北京 Beijing	9056	3262	266606	28171	76787	44775	1186792	14534
天津 Tianjin	1425	552	23573	15863	16202	8663	170124	9661
河北 Hebei	12028	5160	94053	7677	105356	57333	555988	5220
山西 Shanxi	7851	3261	47567	6155	58656	31052	222123	3898
内蒙古 Inner Mongolia	4169	1689	33335	7886	30120	16221	147535	4807
辽宁 Liaoning	13698	5706	92372	6568	46028	24694	372708	7517
吉林 Jilin	5952	2726	31015	5622	35589	17501	175536	4932
黑龙江 Heilongjiang	9566	3399	60666	6307	89711	35623	604866	6982
上海 Shanghai	9157	3165	246311	25746	54041	28343	810724	14680
江苏 Jiangsu	12005	4502	186861	14680	92347	43950	764089	7750
浙江 Zhejiang	2511	950	60601	23682	11740	5790	159666	12684
安徽 Anhui	6471	2610	43246	6652	50024	23596	234432	4578
福建 Fujian	6408	2769	89932	13479	22848	11098	190698	7983
江西 Jiangxi	15427	6414	127872	8077	47971	21391	249347	5037
山东 Shandong	17451	7316	156030	8707	105076	56268	558765	5218
河南 Henan	23264	10229	138110	5956	110395	56578	530751	4899
湖北 Hubei	7552	3181	58531	7353	77431	29685	496848	6117
湖南 Hunan	10777	4286	126446	11726	48545	22774	334105	6660
广东 Guangdong	17325	7451	269843	14843	58472	28775	612923	10032
广西 Guangxi	12217	4618	114147	9416	46467	22064	261618	5534
海南 Hainan	2207	963	13258	6362	10717	4584	64265	5888
重庆 Chongqing	1563	669	14297	8831	19573	9541	124241	6264
四川 Sichuan	11190	5366	121559	10645	47984	21094	373327	7440
贵州 Guizhou	7816	1866	27696	3550	28195	11689	131807	4679
云南 Yunnan	3170	1270	31883	9747	35614	17064	240797	6569
西藏 Tibet	586	258	7385	12979	3181	1338	35102	10976
陕西 Shaanxi	8172	3456	63129	7610	51630	25186	270077	5200
甘肃 Gansu	5743	3112	34169	6018	35712	17393	183655	5163
青海 Qinghai	221	102	2160	9818	7838	4278	54222	6494
宁夏 Ningxia	1069	413	10752	10086	10294	6517	73651	7179
新疆 Xinjiang	3483	1389	39385	10321	16699	8534	170017	9948

4—3 续表 22 continued

地区	Region	商业经纪与代理业 Commercial Brokerages and Agencies 年末人数（人）Year-end Figures (person)	# 女性 Female	劳动报酬（千元）Earnings (1 000 yuan)	平均劳动报酬（元）Average Earning (yuan)	餐饮业 Catering Services 年末人数（人）Year-end Figures (person)	# 女性 Female	劳动报酬（千元）Earnings (1 000 yuan)	平均劳动报酬（元）Average Earning (yuan)
全 国	**National**	**24184**	**9456**	**412925**	**16656**	**194849**	**108159**	**1478058**	**7443**
北 京	Beijing	3230	1226	133387	40104	13100	7214	161447	11670
天 津	Tianjin	75	23	1153	15171	3916	1925	42184	10586
河 北	Hebei	172	60	1780	8856	9272	5213	48146	5088
山 西	Shanxi	130	67	720	5496	6278	3672	21430	3514
内蒙古	Inner Mongolia	162	93	1083	6224	2195	1348	12344	5647
辽 宁	Liaoning	2383	1156	17582	6977	6084	3482	48143	7878
吉 林	Jilin	758	286	8607	11091	3365	2126	18287	5352
黑龙江	Heilongjiang	905	343	8342	9187	4959	2882	46834	9194
上 海	Shanghai	1910	640	47647	23437	9603	4799	146991	14953
江 苏	Jiangsu	979	454	10006	10179	10761	5318	92308	8156
浙 江	Zhejiang	309	101	6285	19764	2650	1601	28970	10440
安 徽	Anhui	117	43	760	6667	4482	2493	20066	4364
福 建	Fujian	2172	779	44624	21270	4185	2388	34108	7807
江 西	Jiangxi	700	435	4291	5806	5108	2677	29685	5698
山 东	Shandong	2486	985	34495	13533	15650	8332	93496	5993
河 南	Henan	181	76	1403	7972	15483	8707	81691	5353
湖 北	Hubei	1852	659	11382	5772	7516	4350	37596	4854
湖 南	Hunan	184	41	1601	8654	9207	5398	59668	6229
广 东	Guangdong	1595	624	35371	21142	22127	13774	245866	10575
广 西	Guangxi	767	242	7018	9259	5682	3674	31001	5345
海 南	Hainan	187	70	1166	6407	1421	832	8280	5948
重 庆	Chongqing					1828	944	10651	5668
四 川	Sichuan	115	53	846	7357	6241	3323	47182	7503
贵 州	Guizhou	27	11	136	5037	7289	1834	13090	1810
云 南	Yunnan	357	129	3653	10232	4291	2590	27798	6518
西 藏	Tibet	3	1	58	19333				
陕 西	Shaanxi	1655	597	15330	9007	4169	2267	18996	4500
甘 肃	Gansu					2812	1916	12203	4303
青 海	Qinghai	67	27	427	6373	185	91	1015	5126
宁 夏	Ningxia	8	1	88	9778	882	552	5120	5523
新 疆	Xinjiang	698	234	13684	22071	4108	2437	33462	8737

4—3续表 23 continued

地 区 Region	金融、保险业 Finance and Insurance 年末人数（人）Year-end Figures (person)	# 女 性 Female	劳动报酬（千元）Earnings (1 000 yuan)	平均劳动报酬（元）Average Earning (yuan)	金融业 Finance 年末人数（人）Year-end Figures (person)	# 女 性 Female	劳动报酬（千元）Earnings (1 000 yuan)	平均劳动报酬（元）Average Earning (yuan)
全 国 National	**2217379**	**969879**	**35016115**	**15678**	**1889521**	**809724**	**31156625**	**16228**
北 京 Beijing	47540	24343	1756207	35906	44181	22881	1635526	35868
天 津 Tianjin	27308	12190	465016	16731	26703	11880	458846	16888
河 北 Hebei	106079	41938	1291869	12005	93209	36589	1169959	12308
山 西 Shanxi	71478	31612	765264	10608	63060	27769	695340	10853
内蒙古 Inner Mongolia	57090	25705	653501	11325	49040	21194	567313	11303
辽 宁 Liaoning	122784	53562	1866898	14976	104853	45633	1617339	15136
吉 林 Jilin	63085	28030	805136	12563	57103	25166	747882	12890
黑龙江 Heilongjiang	73815	30311	1188795	15881	73815	30311	1188795	15881
上 海 Shanghai	42966	24256	1286630	29554	40622	23192	1191457	28973
江 苏 Jiangsu	137380	57057	2121074	15728	103774	41859	1785277	17072
浙 江 Zhejiang	108207	53681	2082445	19457	85083	40050	1752597	20508
安 徽 Anhui	71073	29326	725584	10178	59360	23465	626256	10467
福 建 Fujian	73458	32570	1474140	20106	61935	25860	1336330	21327
江 西 Jiangxi	68346	27936	785015	11381	58479	23208	680053	11412
山 东 Shandong	151773	63413	2216744	14447	117000	44302	1849245	15323
河 南 Henan	133362	58901	1566598	11643	108385	46182	1368623	12336
湖 北 Hubei	91112	38537	1019775	11027	82634	35150	948199	11261
湖 南 Hunan	86000	39195	1183594	13825	69978	31166	1032505	14704
广 东 Guangdong	179592	77929	4614733	25295	156714	70544	4165598	26018
广 西 Guangxi	58158	25363	765720	13119	53192	23200	716090	13374
海 南 Hainan	17078	6309	293078	16720	15782	5780	280741	17305
重 庆 Chongqing	36243	16122	495930	13606	31304	13413	439509	13841
四 川 Sichuan	113136	52023	1835061	15966	93151	41557	1561469	16433
贵 州 Guizhou	36169	15472	446640	12303	30859	13029	394560	12648
云 南 Yunnan	53768	22953	652579	12169	48057	20534	590781	12315
西 藏 Tibet	5682	2056	160465	28167	5403	1982	155283	28581
陕 西 Shaanxi	69517	28585	788248	11388	56982	22111	667192	11586
甘 肃 Gansu	45785	19091	558500	12048	39223	15819	507319	12705
青 海 Qinghai	12990	5389	218683	16813	11695	4856	199929	17104
宁 夏 Ningxia	15557	6883	231996	14925	13450	5612	205642	15325
新 疆 Xinjiang	40848	19141	700197	17002	34495	15430	620970	17758

4—3 续表 24 continued

地区 Region	保险业 Insurance 年末人数（人）Year-end Figures (person)	# 女性 Female	劳动报酬（千元）Earnings (1 000 yuan)	平均劳动报酬（元）Average Earning (yuan)	房地产业 Real Estate Trade 年末人数（人）Year-end Figures (person)	# 女性 Female	劳动报酬（千元）Earnings (1 000 yuan)	平均劳动报酬（元）Average Earning (yuan)
全国 National	**327858**	**160155**	**3859490**	**12308**	**634003**	**215844**	**8094020**	**12897**
北京 Beijing	3359	1462	120681	36427	45772	15698	906619	19880
天津 Tianjin	605	310	6170	9904	13691	4977	201972	14760
河北 Hebei	12870	5349	121910	9711	21961	8379	212618	9709
山西 Shanxi	8418	3843	69924	8659	9851	3605	79538	8316
内蒙古 Inner Mongolia	8050	4511	86188	11473	14968	4969	142526	9478
辽宁 Liaoning	17931	7929	249559	14015	55537	17565	576335	10540
吉林 Jilin	5982	2864	57254	9435	22552	6852	214887	9529
黑龙江 Heilongjiang					39371	11182	355133	9615
上海 Shanghai	2344	1064	95173	39458	39246	13097	831006	20922
江苏 Jiangsu	33606	15198	335797	11087	38769	13062	602857	15406
浙江 Zhejiang	23124	13631	329848	15293	22509	7621	444036	19735
安徽 Anhui	11713	5861	99328	8670	18751	6197	165168	8873
福建 Fujian	11523	6710	137810	12927	11045	3897	164274	15042
江西 Jiangxi	9867	4728	104962	11189	15379	5856	129593	8461
山东 Shandong	34773	19111	367499	11221	33998	12108	399650	11824
河南 Henan	24977	12719	197975	8389	21165	8032	153159	7305
湖北 Hubei	8478	3387	71576	8643	25572	9945	232142	9044
湖南 Hunan	16022	8029	151089	9814	21120	8089	210078	10147
广东 Guangdong	22878	7385	449135	20112	51743	19025	951518	18175
广西 Guangxi	4966	2163	49630	10290	11408	4145	112617	9851
海南 Hainan	1296	529	12337	9446	3841	1350	40908	10712
重庆 Chongqing	4939	2709	56421	12015	10783	3627	97160	8929
四川 Sichuan	19985	10466	273592	13735	17364	6749	199882	11204
贵州 Guizhou	5310	2443	52080	10198	28936	4807	262474	9872
云南 Yunnan	5711	2419	61798	10926	7050	2680	72604	11182
西藏 Tibet	279	74	5182	19629	57	17	830	14561
陕西 Shaanxi	12535	6474	121056	10411	9707	3644	84704	8797
甘肃 Gansu	6562	3272	51181	7963	8622	3400	95270	11593
青海 Qinghai	1295	533	18754	14229	913	414	9681	10580
宁夏 Ningxia	2107	1271	26354	12402	2983	1091	28306	9901
新疆 Xinjiang	6353	3711	79227	12748	9339	3764	116475	12655

4—3 续表 25 continued

地区 Region	房地产开发与经营业 Real Estate Development and Operation 年末人数(人) Year-end Figures (person)	#女性 Female	劳动报酬(千元) Earnings (1 000 yuan)	平均劳动报酬(元) Average Earning (yuan)	房地产管理业 Real Estate Management 年末人数(人) Year-end Figures (person)	#女性 Female	劳动报酬(千元) Earnings (1 000 yuan)	平均劳动报酬(元) Average Earning (yuan)
全 国 National	**237084**	**75631**	**3177637**	**13391**	**377315**	**131820**	**4662814**	**12575**
北 京 Beijing	11278	3439	301401	26770	33994	12067	593042	17521
天 津 Tianjin	4708	1621	76274	16204	8417	3123	115823	13797
河 北 Hebei	7644	3041	70768	9181	13396	4963	133711	10075
山 西 Shanxi	4167	1625	28560	6957	5108	1722	45810	9376
内蒙古 Inner Mongolia	3247	1010	30770	9141	11237	3737	107214	9587
辽 宁 Liaoning	10287	3456	118856	11043	44649	13836	450207	10391
吉 林 Jilin	4308	1487	40528	8896	17594	5089	168129	9694
黑龙江 Heilongjiang	5151	1648	46725	9137	33136	9134	294495	9582
上 海 Shanghai	15222	4886	365243	23780	23476	8004	455651	19142
江 苏 Jiangsu	17735	5954	287084	16036	19874	6656	299509	14911
浙 江 Zhejiang	7840	2327	158370	20218	13621	4859	264445	19360
安 徽 Anhui	8041	2113	67238	8354	10209	3852	93965	9322
福 建 Fujian	6414	2130	106998	16685	3666	1337	46095	12901
江 西 Jiangxi	5128	1793	45414	7817	9855	3894	80883	8875
山 东 Shandong	16095	5445	188172	11683	16661	6110	195295	11872
河 南 Henan	8146	2524	62726	7738	11543	4835	81223	7077
湖 北 Hubei	10605	3822	90205	8562	14307	5871	135436	9347
湖 南 Hunan	7784	2715	72473	8824	12642	5059	128990	11019
广 东 Guangdong	24492	9690	479485	18794	25464	8516	432019	17250
广 西 Guangxi	5553	1863	49338	8796	5224	2013	56906	10958
海 南 Hainan	2399	815	26202	10890	1295	475	13086	10345
重 庆 Chongqing	3527	975	28617	8036	7122	2594	66738	9285
四 川 Sichuan	6498	2383	61983	9523	9956	3971	127939	12250
贵 州 Guizhou	27552	4177	247360	9811	1227	564	13284	10906
云 南 Yunnan	4111	1400	41823	11702	2573	1115	26839	10500
西 藏 Tibet	49	14	723	14755	8	3	107	13375
陕 西 Shaanxi	3654	1271	30365	8430	5496	2111	49748	9081
甘 肃 Gansu	1724	562	15716	9531	6467	2703	75089	12231
青 海 Qinghai	393	161	3830	9746	463	226	5119	11056
宁 夏 Ningxia	1487	497	15089	10793	1317	497	11719	9184
新 疆 Xinjiang	1845	787	19301	10089	7318	2884	94298	13272

4—3 续表 26 continued

地 区	Region	房地产代理与经纪业 Real Estate Brokerages and Agencies 年末人数(人) Year-end Figures (person)	#女 性 Female	劳动报酬(千元) Earnings (1 000 yuan)	平均劳动报酬(元) Average Earning (yuan)	社会服务业 Social Services 年末人数(人) Year-end Figures (person)	#女 性 Female	劳动报酬(千元) Earnings (1 000 yuan)	平均劳动报酬(元) Average Earning (yuan)
全 国	**National**	**19604**	**8393**	**253569**	**13017**	**3225905**	**1387257**	**35841314**	**11130**
北 京	Beijing	500	192	12176	24499	305720	108754	5052169	16619
天 津	Tianjin	566	233	9875	16967	59490	23579	763467	12584
河 北	Hebei	921	375	8139	8847	151591	67024	1431603	9439
山 西	Shanxi	576	258	5168	9019	92268	42943	616160	6712
内蒙古	Inner Mongolia	484	222	4542	9307	62277	29123	465054	7342
辽 宁	Liaoning	601	273	7272	12305	200216	88497	1903550	9345
吉 林	Jilin	650	276	6230	9555	108685	46452	1014429	9209
黑龙江	Heilongjiang	1084	400	13913	12823	140044	60078	1255112	8919
上 海	Shanghai	548	207	10112	18154	208883	63992	3270219	15722
江 苏	Jiangsu	1160	452	16264	14254	172311	71185	2226962	12886
浙 江	Zhejiang	1048	435	21221	21053	111307	46978	1722851	15640
安 徽	Anhui	501	232	3965	8175	83581	37804	670710	8037
福 建	Fujian	965	430	11181	11958	66769	30351	811959	12133
江 西	Jiangxi	396	169	3296	8387	58623	28572	462528	7703
山 东	Shandong	1242	553	16183	13030	181709	76829	1773222	9784
河 南	Henan	1476	673	9210	6659	165045	72149	1324118	8140
湖 北	Hubei	660	252	6501	10126	142845	63581	1101005	7770
湖 南	Hunan	694	315	8615	10975	117831	56407	1035847	8909
广 东	Guangdong	1787	819	40014	22304	211748	90687	3728611	17717
广 西	Guangxi	631	269	6373	10116	85833	42706	729691	8584
海 南	Hainan	147	60	1620	10946	24252	12718	223155	9204
重 庆	Chongqing	134	58	1805	13571	46399	20713	384506	8359
四 川	Sichuan	910	395	9960	11229	119934	56031	1158041	9701
贵 州	Guizhou	157	66	1830	11656	38774	19141	319237	8477
云 南	Yunnan	366	165	3942	10860	60191	30780	526502	8810
西 藏	Tibet					4630	2431	55169	12596
陕 西	Shaanxi	557	262	4591	8362	72556	32224	613284	8545
甘 肃	Gansu	431	135	4465	10384	47637	23394	404330	8564
青 海	Qinghai	57	27	732	12407	12188	6408	111610	9145
宁 夏	Ningxia	179	97	1498	8097	17413	8616	145115	8500
新 疆	Xinjiang	176	93	2876	15462	55155	27110	541098	9701

地区	Region	公共设施服务业 Public Facilities Services 年末人数（人）Year-end Figures (person)	＃女性 Female	劳动报酬（千元）Earnings (1 000 yuan)	平均劳动报酬（元）Average Earning (yuan)	居民服务业 Resident Services 年末人数（人）Year-end Figures (person)	＃女性 Female	劳动报酬（千元）Earnings (1 000 yuan)	平均劳动报酬（元）Average Earning (yuan)
全　国	**National**	**1806557**	**762950**	**20716000**	**11502**	**139994**	**58429**	**1598192**	**11253**
北　京	Beijing	114601	47951	2092050	17962	8945	3889	137703	15176
天　津	Tianjin	40468	15473	510185	12376	3039	1307	49551	16220
河　北	Hebei	93330	40434	932238	10052	14201	5109	181063	12780
山　西	Shanxi	46053	19228	324008	7075	4509	2222	26840	6006
内蒙古	Inner Mongolia	36058	16100	270973	7279	3378	1226	26925	8171
辽　宁	Liaoning	125262	57885	1127887	8803	11346	5650	95403	8450
吉　林	Jilin	66327	28005	592673	8813	6040	3376	44960	7037
黑龙江	Heilongjiang	93259	38080	923696	9891	6037	2718	58256	9669
上　海	Shanghai	131825	39065	2095244	16052	6353	2618	113110	14653
江　苏	Jiangsu	86214	33463	1240597	14426	9163	3112	98526	10404
浙　江	Zhejiang	60362	23420	1019037	17247	3252	1206	59142	18373
安　徽	Anhui	51030	22286	428270	8434	3077	1171	27393	8914
福　建	Fujian	33034	14184	421390	12857	3604	1127	41786	11549
江　西	Jiangxi	31707	15191	261579	7987	2033	1039	14285	6962
山　东	Shandong	97330	39904	992204	10271	8674	3290	96443	11097
河　南	Henan	85247	35988	723282	8628	3781	1586	32058	8674
湖　北	Hubei	96492	42851	739960	7739	6977	2730	70093	10043
湖　南	Hunan	70056	32132	617232	8952	2660	1038	29283	11394
广　东	Guangdong	122789	48800	2438772	20149	6979	2692	119846	17219
广　西	Guangxi	40920	19338	360467	8959	2514	937	27855	10967
海　南	Hainan	10208	5393	98695	9798	350	167	4108	11670
重　庆	Chongqing	31743	13819	262472	8386	865	284	12848	14853
四　川	Sichuan	75806	35553	734552	9831	10330	4825	115333	10969
贵　州	Guizhou	22191	10482	188347	8759	1146	496	9426	8043
云　南	Yunnan	31886	15551	285055	9140	1620	682	16568	10310
西　藏	Tibet	428	225	5875	14055				
陕　西	Shaanxi	38493	16624	351463	9216	2671	1273	17197	6811
甘　肃	Gansu	26277	13414	239347	9329	3459	1020	39186	10795
青　海	Qinghai	6571	3198	54410	8243	441	159	4580	10362
宁　夏	Ningxia	10555	5112	91923	8835	244	132	2190	9125
新　疆	Xinjiang	30035	13801	292117	9520	2306	1348	26235	11260

4—3 续表 28 continued

地区 Region	旅馆业 Hotels 年末人数（人）Year-end Figures (person)	# 女性 Female	劳动报酬（千元）Earnings (1 000 yuan)	平均劳动报酬（元）Average Earning (yuan)	租赁服务业 Leasing Services 年末人数（人）Year-end Figures (person)	# 女性 Female	劳动报酬（千元）Earnings (1 000 yuan)	平均劳动报酬（元）Average Earning (yuan)
全国 National	**678979**	**378169**	**6400805**	**9372**	**16514**	**6450**	**193307**	**11535**
北京 Beijing	59789	31278	879432	14598	2403	783	43773	18231
天津 Tianjin	7081	3542	67487	9329	242	103	3431	14178
河北 Hebei	29892	16425	194494	6376	165	75	1342	8133
山西 Shanxi	21470	11351	125344	5924	283	121	1796	6369
内蒙古 Inner Mongolia	12715	7819	76725	6013				
辽宁 Liaoning	22005	12309	183376	8243	398	144	3268	8316
吉林 Jilin	14977	8737	114189	7580	291	65	2873	10010
黑龙江 Heilongjiang	20824	10898	139903	6680	365	167	3167	8677
上海 Shanghai	31177	14438	561481	17863	2424	1047	35276	14410
江苏 Jiangsu	46223	24251	500564	10769	1295	456	11884	9107
浙江 Zhejiang	28280	16776	353163	12326	326	96	6086	16906
安徽 Anhui	20008	11319	138632	6863	19	10	107	5632
福建 Fujian	15903	9697	162624	9954	157	60	1609	10381
江西 Jiangxi	15936	9470	111600	6887	57	16	514	8712
山东 Shandong	49823	25567	410171	8193	1253	753	10889	8534
河南 Henan	47308	26144	339412	7202	1214	509	10854	8753
湖北 Hubei	21661	12219	142811	6645	284	84	2816	9481
湖南 Hunan	27957	17087	218625	7820	585	261	5635	9503
广东 Guangdong	39686	22769	531914	13299	892	203	12623	14151
广西 Guangxi	24702	15922	190841	7550	95	42	882	9188
海南 Hainan	9249	5296	66980	7212	58	16	442	7492
重庆 Chongqing	8834	4895	64244	7202	20	6	119	5950
四川 Sichuan	18569	10639	156224	8408	474	201	5747	10082
贵州 Guizhou	9036	5404	68067	7918	2239	859	19944	8837
云南 Yunnan	19646	11831	160356	8018	199	96	1342	6611
西藏 Tibet	1785	1041	21280	11915	38	6	1055	27763
陕西 Shaanxi	21573	10819	158831	7381	124	63	917	7278
甘肃 Gansu	11199	6733	73410	6549	390	139	2911	7581
青海 Qinghai	2432	1639	20102	8138	26	10	291	11192
宁夏 Ningxia	3984	2543	27385	6858	46	17	557	11604
新疆 Xinjiang	15255	9311	141138	9268	152	42	1157	7562

4—3 续表 29 continued

地 区	Region	旅游业 Tourism				娱乐服务业 Recreational Services			
		年末人数（人）Year-end Figures (person)	# 女 性 Female	劳动报酬（千元）Earnings (1 000 yuan)	平均劳动报酬(元) Average Earning (yuan)	年末人数（人）Year-end Figures (person)	# 女 性 Female	劳动报酬（千元）Earnings (1 000 yuan)	平均劳动报酬（元）Average Earning (yuan)
全 国	**National**	**78955**	**36423**	**930347**	**11664**	**15792**	**7082**	**165467**	**9697**
北 京	Beijing	5892	2518	137046	21970	1297	565	20122	13326
天 津	Tianjin	1145	479	16564	13826	809	355	10376	11672
河 北	Hebei	2450	1160	17771	7134	1499	530	10584	6678
山 西	Shanxi	1219	481	7843	6493	13	7	110	8462
内蒙古	Inner Mongolia	672	304	5742	8298	212	127	1622	6514
辽 宁	Liaoning	3020	1366	31157	10159	711	366	6955	9463
吉 林	Jilin	989	447	8764	8879	102	27	1095	8111
黑龙江	Heilongjiang	814	331	6345	7961	433	178	4359	8860
上 海	Shanghai	2195	908	45594	21147	696	333	11836	15995
江 苏	Jiangsu	5489	2578	65641	11834	1348	625	12770	8098
浙 江	Zhejiang	2426	1196	35537	14382	276	146	4175	15072
安 徽	Anhui	765	313	5717	7425	479	198	3342	6963
福 建	Fujian	4221	2020	48438	11210	321	163	3418	10648
江 西	Jiangxi	2244	847	14569	6510	88	35	677	6838
山 东	Shandong	2641	1263	22012	8405	494	231	3579	7410
河 南	Henan	1622	707	14120	8999	368	156	2701	7241
湖 北	Hubei	2913	1218	22982	7930	555	265	4095	7012
湖 南	Hunan	1590	722	12722	8315	705	354	5067	7147
广 东	Guangdong	15970	7936	221996	13708	1177	525	18926	12609
广 西	Guangxi	5668	2464	51468	9334	416	173	3866	9316
海 南	Hainan	1326	677	12639	9119	1025	463	14363	13679
重 庆	Chongqing	1744	663	16496	9686	167	90	981	5542
四 川	Sichuan	2405	1243	19015	7043	1300	493	9523	7275
贵 州	Guizhou	721	363	5043	7024	108	64	816	7771
云 南	Yunnan	2463	1262	24919	10289	267	125	2352	8809
西 藏	Tibet	1904	945	19254	10597				
陕 西	Shaanxi	1900	808	17147	8940	185	88	1384	7522
甘 肃	Gansu	1348	674	10283	7589	306	196	2458	6384
青 海	Qinghai	405	198	4857	11993	77	33	1209	15701
宁 夏	Ningxia	147	51	1253	8524	233	122	1327	5951
新 疆	Xinjiang	647	281	7413	10806	125	49	1379	11588

4—3 续表 30 continued

地区 Region	信息、咨询服务业 Information and Consultancy Services				计算机应用服务业 Computer Application Services			
	年末人数（人） Year-end Figures (person)	#女性 Female	劳动报酬（千元） Earnings (1 000 yuan)	平均劳动报酬（元） Average Earning (yuan)	年末人数（人） Year-end Figures (person)	#女性 Female	劳动报酬（千元） Earnings (1 000 yuan)	平均劳动报酬（元） Average Earning (yuan)
全 国 National	**122507**	**43314**	**1803215**	**14747**	**19521**	**6738**	**384946**	**19887**
北 京 Beijing	20651	7914	548840	26610	6833	2013	174285	25099
天 津 Tianjin	1768	647	28629	14329	55	16	650	11818
河 北 Hebei	3860	1350	36694	9563	365	124	4002	10846
山 西 Shanxi	4268	1850	36825	8772	1317	856	11070	8703
内蒙古 Inner Mongolia	3021	1262	28003	9331	506	212	5354	10539
辽 宁 Liaoning	5425	2106	63336	11751	735	269	8816	11770
吉 林 Jilin	3328	1231	35351	10716	283	100	3219	11335
黑龙江 Heilongjiang	3262	1367	33441	10447	1005	261	15607	15407
上 海 Shanghai	9007	1435	124582	13781	1091	425	30499	29326
江 苏 Jiangsu	6303	2244	94060	14881	173	65	2740	14891
浙 江 Zhejiang	4072	1638	88614	21983	923	282	21742	23454
安 徽 Anhui	3528	1129	30398	8688	115	28	1246	10741
福 建 Fujian	3553	1177	53760	15131	559	163	5988	11151
江 西 Jiangxi	1862	580	16495	8945	79	36	1003	13373
山 东 Shandong	7859	2529	107993	13574	710	187	9803	14675
河 南 Henan	8146	2859	73991	9099	709	170	7322	10627
湖 北 Hubei	5077	1745	46541	9301	283	83	3260	13145
湖 南 Hunan	2409	885	23772	10426	345	109	7137	21826
广 东 Guangdong	5520	2135	130466	23563	2000	846	54960	27702
广 西 Guangxi	1886	659	21422	11370	350	114	4503	13014
海 南 Hainan	942	349	11720	12402	96	36	1454	15146
重 庆 Chongqing	1619	510	14462	9044	344	114	3095	9266
四 川 Sichuan	4750	1863	47115	9888	45	16	540	12558
贵 州 Guizhou	1242	419	12243	9810	36	12	323	9519
云 南 Yunnan	979	359	10195	10521	227	83	3049	13314
西 藏 Tibet	7	2	192	21333	5	1	118	23600
陕 西 Shaanxi	3409	1286	28255	8384	49	22	318	6625
甘 肃 Gansu	1379	511	13705	10107	27	8	268	10308
青 海 Qinghai	434	151	5021	11543				
宁 夏 Ningxia	1144	392	14049	12238	65	19	777	12141
新 疆 Xinjiang	1797	730	23045	12767	191	68	1798	10158

4—3 续表 31 continued

地区	Region	其他社会服务业 Other Social Services 年末人数（人）Year-end Figures (person)	#女性 Female	劳动报酬（千元）Earnings (1 000 yuan)	平均劳动报酬（元）Average Earning (yuan)	卫生、体育和社会福利业 Health Care, Sporting and Social Welfare 年末人数（人）Year-end Figures (person)	#女性 Female	劳动报酬（千元）Earnings (1 000 yuan)	平均劳动报酬（元）Average Earning (yuan)
全国	**National**	**347086**	**87702**	**3649035**	**10766**	**4334034**	**2529686**	**57117685**	**13243**
北京	Beijing	85309	11843	1018918	12657	127135	82424	3329825	26262
天津	Tianjin	4883	1657	76594	16044	67392	43132	1122059	16655
河北	Hebei	5829	1817	53415	9194	202529	117468	2009505	9968
山西	Shanxi	13136	6827	82324	6142	115772	69839	1051906	9124
内蒙古	Inner Mongolia	5715	2073	49710	8858	90214	52899	944395	10467
辽宁	Liaoning	31314	8402	383352	12096	208155	129925	2412602	11624
吉林	Jilin	16348	4464	211305	12837	133002	81426	1330053	9988
黑龙江	Heilongjiang	14045	6078	70338	4849	172431	103109	1800518	10471
上海	Shanghai	24115	3723	252597	11032	129987	84273	2943090	22631
江苏	Jiangsu	16103	4391	200180	12557	203713	115328	3189679	15678
浙江	Zhejiang	11390	2218	135355	12156	178031	106452	3984256	22688
安徽	Anhui	4560	1350	35605	7872	117226	64364	1179389	10116
福建	Fujian	5417	1760	72946	13761	85974	50960	1263973	14782
江西	Jiangxi	4617	1358	41806	8853	125159	65870	1264431	10138
山东	Shandong	12925	3105	120128	9327	287298	162775	3804128	13357
河南	Henan	16650	4030	120378	7518	298744	166517	2773375	9372
湖北	Hubei	8603	2386	68447	7978	245475	137779	2333519	9494
湖南	Hunan	11524	3819	116374	10245	198945	113116	2414714	12348
广东	Guangdong	16735	4781	199108	12179	324775	196018	6025485	18722
广西	Guangxi	9282	3057	68387	7863	146658	87157	1565903	10705
海南	Hainan	998	321	12754	12780	25935	14847	334880	12767
重庆	Chongqing	1063	332	9789	9047	69773	36981	822936	11770
四川	Sichuan	6255	1198	69992	11349	204987	113611	2645512	12895
贵州	Guizhou	2055	1042	15028	7295	86675	47590	836806	9734
云南	Yunnan	2904	791	22666	7881	126049	77946	1460065	11635
西藏	Tibet	463	211	7395	24088	11723	5716	235295	20310
陕西	Shaanxi	4152	1241	37772	9575	121562	65676	1198020	9904
甘肃	Gansu	3252	699	22762	7084	73847	40221	835922	11436
青海	Qinghai	1802	1020	21140	12094	23440	13622	346167	14865
宁夏	Ningxia	995	228	5654	7015	25488	14757	303751	12067
新疆	Xinjiang	4647	1480	46816	10184	105940	67888	1355526	12768

4—3 续表 32 continued

地 区	Region	卫生 Health Care 年末人数（人） Year-end Figures (person)	# 女 性 Female	劳动报酬（千元） Earnings (1 000 yuan)	平均劳动报酬（元） Average Earning (yuan)	体育 Sports 年末人数（人） Year-end Figures (person)	# 女 性 Female	劳动报酬（千元） Earnings (1 000 yuan)	平均劳动报酬（元） Average Earning (yuan)
全 国	**National**	**4055987**	**2412037**	**53488748**	**13255**	**80448**	**28350**	**1236339**	**15485**
北 京	Beijing	114106	76545	3049955	26761	7700	3092	184152	23594
天 津	Tianjin	61620	40880	1032025	16713	2509	792	41287	16688
河 北	Hebei	189441	112166	1877276	9971	2680	989	28678	10625
山 西	Shanxi	106071	65792	953959	9029	2044	662	23618	11577
内蒙古	Inner Mongolia	83059	50294	869129	10480	1474	353	22700	15644
辽 宁	Liaoning	190205	122647	2204247	11621	5094	1733	62410	12199
吉 林	Jilin	125107	78442	1246343	9951	2579	785	28415	11039
黑龙江	Heilongjiang	161572	98862	1682319	10439	3162	749	37180	11796
上 海	Shanghai	113669	76151	2650040	23275	8006	3122	154826	19436
江 苏	Jiangsu	187928	108949	2928143	15606	4365	1477	88757	20475
浙 江	Zhejiang	169082	102269	3820662	22904	2507	1019	41434	16534
安 徽	Anhui	111108	61794	1121347	10142	1713	491	16091	9717
福 建	Fujian	79082	47811	1173084	14896	1935	695	24878	13382
江 西	Jiangxi	117759	62744	1194366	10187	1811	769	19698	10980
山 东	Shandong	270599	156224	3595767	13403	3769	1204	50616	13376
河 南	Henan	285487	160801	2640588	9342	2922	982	36503	12583
湖 北	Hubei	229350	130598	2162636	9415	3133	1146	42729	13927
湖 南	Hunan	189935	109127	2320210	12428	1635	605	20704	12757
广 东	Guangdong	305250	187412	5640522	18632	6383	2252	147516	22920
广 西	Guangxi	139657	83924	1490294	10722	2827	1067	27886	11457
海 南	Hainan	23247	13930	302250	12867	249	75	3579	14608
重 庆	Chongqing	64971	35147	772117	11856	510	162	4262	8541
四 川	Sichuan	193672	108716	2514891	12973	2224	854	28426	12719
贵 州	Guizhou	84431	46641	814030	9722	844	289	9582	11407
云 南	Yunnan	119843	75317	1397266	11705	1974	791	19792	10088
西 藏	Tibet	11109	5534	223347	20295	509	146	10506	20640
陕 西	Shaanxi	112808	62166	1114533	9931	2222	709	21239	9546
甘 肃	Gansu	69434	38555	790341	11508	1658	587	15593	9337
青 海	Qinghai	21978	13057	327163	14990	459	158	5877	12804
宁 夏	Ningxia	23596	13922	282942	12130	657	259	7106	11261
新 疆	Xinjiang	100811	65620	1296956	12947	894	336	10299	11507

4—3 续表 33 continued

地 区 Region	社会福利保障业 Social Welfare 年末人数(人) Year-end Figures (person)	# 女 性 Female	劳动报酬(千元) Earnings (1 000 yuan)	平均劳动报酬(元) Average Earning (yuan)	教育、文化艺术和广播电影电视业 Education ,Culture and Arts ,Radio , Film and Television 年末人数(人) Year-end Figures (person)	# 女 性 Female	劳动报酬(千元) Earnings (1 000 yuan)	平均劳动报酬(元) Average Earning (yuan)
全 国 National	**197599**	**89299**	**2392598**	**12092**	**15076928**	**6762641**	**169897599**	**11339**
北 京 Beijing	5329	2787	95718	19090	390383	207669	8761419	22488
天 津 Tianjin	3263	1460	48747	15495	186042	104062	2792800	15122
河 北 Hebei	10408	4313	103551	9751	863251	482481	7405779	8652
山 西 Shanxi	7657	3385	74329	9776	477543	252898	4202396	8907
内蒙古 Inner Mongolia	5681	2252	52566	8987	358296	171972	3412962	9557
辽 宁 Liaoning	12856	5545	145945	11444	579482	308170	6114356	10558
吉 林 Jilin	5316	2199	55295	10355	408105	212636	4127810	10156
黑龙江 Heilongjiang	7697	3498	81019	10593	498608	254483	5434925	10938
上 海 Shanghai	8312	5000	138224	16816	300444	165867	6530329	21586
江 苏 Jiangsu	11420	4902	172779	15052	850201	349835	11291772	13343
浙 江 Zhejiang	6442	3164	122160	19427	506457	250101	9481133	18926
安 徽 Anhui	4405	2079	41951	9600	594948	201842	5039686	8543
福 建 Fujian	4957	2454	66011	13480	461484	206506	5857568	12762
江 西 Jiangxi	5589	2357	50367	8844	483190	176254	4113349	8533
山 东 Shandong	12930	5347	157745	12373	1104755	448247	11613940	10562
河 南 Henan	10335	4734	96284	9288	650471	289485	5826768	9095
湖 北 Hubei	12992	6035	128154	9844	720063	278159	6674642	9288
湖 南 Hunan	7375	3384	73800	10198	688218	287249	7091299	10389
广 东 Guangdong	13142	6354	237447	18728	926553	454595	14053520	15239
广 西 Guangxi	4174	2166	47723	9838	591802	248943	4795324	8123
海 南 Hainan	2439	842	29051	11648	90078	32351	918549	10242
重 庆 Chongqing	4292	1672	46557	10830	319506	130815	3138623	9891
四 川 Sichuan	9091	4041	102195	11271	834604	331821	8203161	9874
贵 州 Guizhou	1400	660	13194	9478	357594	128161	3165179	8962
云 南 Yunnan	4232	1838	43007	10363	499728	204105	5302537	10754
西 藏 Tibet	105	36	1442	20310	30175	11548	584063	19920
陕 西 Shaanxi	6532	2801	62248	9559	518526	222176	4778207	9305
甘 肃 Gansu	2755	1079	29988	10913	303137	102371	3098253	10348
青 海 Qinghai	1003	407	13127	13101	66430	28432	953287	14353
宁 夏 Ningxia	1235	576	13703	11287	82164	34375	977054	11933
新 疆 Xinjiang	4235	1932	48271	9467	334690	185032	4156909	12512

4—3 续表 34 continued

地 区 Region	教育 Education 年末人数（人）Year-end Figures (person)	# 女 性 Female	劳动报酬（千元）Earnings (1 000 yuan)	平均劳动报酬（元）Average Earning (yuan)	普通高等学校 Regular Institution of Higher Education 年末人数（人）Year-end Figures (person)	# 女 性 Female	劳动报酬（千元）Earnings (1 000 yuan)	平均劳动报酬（元）Average Earning (yuan)
全 国 National	**14012530**	**6349603**	**155221745**	**11146**	**1135873**	**463144**	**19960958**	**17895**
北 京 Beijing	305177	172197	6451358	21117	98218	43227	2190907	22445
天 津 Tianjin	172223	98123	2573067	15057	29919	13081	612237	20125
河 北 Hebei	817503	463997	6920284	8535	40621	16996	588265	14606
山 西 Shanxi	441595	238318	3879455	8890	26741	11803	362283	13716
内蒙古 Inner Mongolia	326760	158725	3099150	9518	18518	8054	205373	11167
辽 宁 Liaoning	529806	288191	5491566	10384	67542	29501	1090023	16191
吉 林 Jilin	374068	199715	3803035	10210	44857	18328	814135	18395
黑龙江 Heilongjiang	462815	240476	5049520	10948	43560	17406	701023	16302
上 海 Shanghai	267913	153310	5647556	20931	63346	27021	1457769	22962
江 苏 Jiangsu	798193	331284	10472058	13182	85012	30277	1425816	16820
浙 江 Zhejiang	461068	232811	8492990	18635	40755	16103	1011348	25356
安 徽 Anhui	563261	189914	4729874	8473	28027	10246	359477	12973
福 建 Fujian	435496	196885	5472339	12636	22590	8826	439553	19699
江 西 Jiangxi	457415	166116	3870536	8479	26686	10747	296419	11388
山 东 Shandong	1050651	428182	10919298	10441	54266	21387	947819	17960
河 南 Henan	590258	265912	5289896	9106	40936	16027	544696	13591
湖 北 Hubei	663293	257382	6160746	9309	70044	27717	1170556	16617
湖 南 Hunan	647932	271382	6630054	10311	46940	18802	923337	20250
广 东 Guangdong	869073	432393	12920105	14925	49505	22264	1376996	28219
广 西 Guangxi	562351	237914	4503605	8025	18318	7611	211579	11666
海 南 Hainan	82910	29656	828338	10035	3934	1533	65753	16744
重 庆 Chongqing	302003	124765	2913979	9714	24637	9704	450791	18376
四 川 Sichuan	788368	314589	7734517	9856	48041	18362	772249	16117
贵 州 Guizhou	340500	121523	3010019	8953	15744	6787	101142	6544
云 南 Yunnan	471814	192807	4999939	10730	21952	9391	262468	12035
西 藏 Tibet	24765	9686	469577	19540	2662	1135	47229	18013
陕 西 Shaanxi	480420	208115	4420956	9294	56982	22571	956934	20620
甘 肃 Gansu	280992	93915	2861327	10314	18580	6772	220077	12170
青 海 Qinghai	60608	26139	872229	14400	4415	1790	66373	13601
宁 夏 Ningxia	74352	31243	889913	12014	4393	1767	58922	13946
新 疆 Xinjiang	308947	173938	3844459	12538	18132	7908	229409	12829

4—3 续表 35　continued

地　区	Region	普通中学 Regular Secondary Schools				小　学 Primary Schools			
		年末人数（人）Year-end Figures (person)	＃女　性 Female	劳动报酬（千元）Earnings (1 000 yuan)	平均劳动报酬（元）Average Earning (yuan)	年末人数（人）Year-end Figures (person)	＃女　性 Female	劳动报酬（千元）Earnings (1 000 yuan)	平均劳动报酬（元）Average Earning (yuan)
全　国	**National**	**4867431**	**2016188**	**52775012**	**10967**	**6208324**	**2990157**	**58740929**	**9482**
北　京	Beijing	75049	45394	1609055	21535	66875	47476	1284397	18924
天　津	Tianjin	52598	29734	732208	14098	39100	27999	519111	13320
河　北	Hebei	303772	160905	2540834	8507	383165	238838	2829449	7406
山　西	Shanxi	129823	61955	1138846	8914	218961	129994	1711235	7892
内蒙古	Inner Mongolia	97888	44863	942423	9662	162137	81028	1422916	8799
辽　宁	Liaoning	176223	92986	1728262	9866	213657	128395	1785167	8343
吉　林	Jilin	108887	58051	1006728	9275	161976	94197	1325861	8223
黑龙江	Heilongjiang	150970	81815	1572830	10471	198500	105885	1968576	9929
上　海	Shanghai	82078	46305	1694837	20677	53968	37556	1073594	19376
江　苏	Jiangsu	290915	107136	3870098	13379	331278	153806	3803942	11530
浙　江	Zhejiang	183134	81068	3316786	18483	174159	102926	2974361	17034
安　徽	Anhui	173247	46916	1529903	8919	309996	111291	2321215	7556
福　建	Fujian	158198	56307	1955933	12598	203690	105324	2353757	11490
江　西	Jiangxi	164458	49277	1410447	8612	225180	88194	1688965	7493
山　东	Shandong	422723	162183	4347672	10328	451051	190890	3929600	8741
河　南	Henan	364198	151111	2874898	8016	64946	43060	577944	9053
湖　北	Hubei	239646	80341	2128791	8972	266621	111584	1929419	7232
湖　南	Hunan	264452	100633	2596997	10027	264811	121098	2267589	8481
广　东	Guangdong	289983	119556	4335373	15094	447454	243419	5633949	12601
广　西	Guangxi	169680	68842	1447503	8646	312190	132332	2208856	7044
海　南	Hainan	25330	8254	257785	10129	45282	15912	394550	8765
重　庆	Chongqing	94952	34196	861489	9218	149520	66307	1252383	8398
四　川	Sichuan	242020	85104	2360612	9899	405417	168613	3523914	8686
贵　州	Guizhou	92445	30518	824905	9114	205155	70963	1609224	7915
云　南	Yunnan	136735	53014	1511416	11262	262995	104984	2627564	10088
西　藏	Tibet	5127	1845	109252	22102	14923	5805	266828	18426
陕　西	Shaanxi	142987	56728	1271550	9020	229880	106719	1684674	7390
甘　肃	Gansu	81378	23825	875420	10870	146958	48441	1350632	9300
青　海	Qinghai	20136	8866	301508	14706	28785	12017	391285	13922
宁　夏	Ningxia	22057	8359	271790	12541	34096	15350	401009	11646
新　疆	Xinjiang	106342	60101	1348861	12838	135598	79754	1628963	12086

4—3 续表 36 continued

地区 Region	文化艺术业 Culture and Arts				广播电影电视业 Radio，Film and Television			
	年末人数（人）Year-end Figures (person)	＃女性 Female	劳动报酬（千元）Earnings (1 000 yuan)	平均劳动报酬（元）Average Earning (yuan)	年末人数（人）Year-end Figures (person)	＃女性 Female	劳动报酬（千元）Earnings (1 000 yuan)	平均劳动报酬（元）Average Earning (yuan)
全　国 National	**599701**	**251120**	**8813557**	**14791**	**464697**	**161918**	**5862297**	**12701**
北　京 Beijing	64902	28037	1657951	25764	20304	7435	652110	33022
天　津 Tianjin	8610	3826	149787	17517	5209	2113	69946	13346
河　北 Hebei	21216	9282	268185	12687	24532	9202	217310	9041
山　西 Shanxi	20987	8914	201495	9778	14961	5666	121446	8172
内蒙古 Inner Mongolia	16302	7528	163550	10056	15234	5719	150262	9850
辽　宁 Liaoning	30255	13053	386153	12518	19421	6926	236637	12210
吉　林 Jilin	18980	8102	197864	10445	15057	4819	126911	8452
黑龙江 Heilongjiang	19654	8478	235997	12096	16139	5529	149408	9251
上　海 Shanghai	23028	9207	623736	26868	9503	3350	259037	27304
江　苏 Jiangsu	25609	9950	415145	16306	26399	8601	404569	15325
浙　江 Zhejiang	22815	9649	517803	22798	22574	7641	470340	20921
安　徽 Anhui	16133	6436	160953	9966	15554	5492	148859	9594
福　建 Fujian	12993	5473	210883	16263	12995	4148	174346	13455
江　西 Jiangxi	13749	5948	129160	9437	12026	4190	113653	9564
山　东 Shandong	28587	11660	407205	14267	25517	8405	287437	11370
河　南 Henan	35636	14223	343279	9693	24577	9350	193593	7967
湖　北 Hubei	31563	11771	279689	8833	25207	9006	234207	9304
湖　南 Hunan	18312	7700	221586	12345	21974	8167	239659	11085
广　东 Guangdong	30158	13026	659282	22312	27322	9176	474133	17586
广　西 Guangxi	16442	7009	173290	10763	13009	4020	118429	9074
海　南 Hainan	3738	1405	54506	14696	3430	1290	35705	10422
重　庆 Chongqing	9650	3891	134774	14208	7853	2159	89870	11457
四　川 Sichuan	24167	9989	260633	10816	22069	7243	208011	9473
贵　州 Guizhou	10115	4215	95121	9437	6979	2423	60039	8700
云　南 Yunnan	16173	7288	176629	11450	11741	4010	125969	10808
西　藏 Tibet	2620	1033	57409	22664	2790	829	57077	20710
陕　西 Shaanxi	23763	9402	230381	9795	14343	4659	126870	8852
甘　肃 Gansu	11640	4893	124709	10818	10505	3563	112217	10721
青　海 Qinghai	2861	1239	41109	14205	2961	1054	39949	13519
宁　夏 Ningxia	4393	1921	50051	11445	3419	1211	37090	10804
新　疆 Xinjiang	14650	6572	185242	12697	11093	4522	127208	11545

4—3 续表 37 continued

地 区	Region	科学研究和综合技术服务业 Scientific Research and Polytechnical Services 年末人数(人) Year-end Figures (person)	#女 性 Female	劳动报酬(千元) Earnings (1 000 yuan)	平均劳动报酬(元) Average Earning (yuan)	科学研究业 Scientific Research 年末人数(人) Year-end Figures (person)	#女 性 Female	劳动报酬(千元) Earnings (1 000 yuan)	平均劳动报酬(元) Average Earning (yuan)
全 国	**National**	**1419496**	**476156**	**22955865**	**16048**	**633212**	**218176**	**10796535**	**16829**
北 京	Beijing	178319	62291	4366570	24112	107719	39312	2680042	24361
天 津	Tianjin	36538	12467	616398	16617	12012	4241	196681	15968
河 北	Hebei	45006	15612	578558	12771	15064	4979	263945	17318
山 西	Shanxi	38096	13968	411126	10841	15249	5566	173059	11383
内蒙古	Inner Mongolia	26540	10156	276419	10305	10103	3879	101664	9939
辽 宁	Liaoning	73590	24498	1046019	14042	30205	9719	467726	15158
吉 林	Jilin	41753	14170	522262	12177	17026	5818	231007	13344
黑龙江	Heilongjiang	40987	13114	487918	11916	16380	5149	208156	12686
上 海	Shanghai	80763	29106	1840699	22471	44877	15531	1109066	24100
江 苏	Jiangsu	74686	22848	1449289	19192	29094	9653	542801	18260
浙 江	Zhejiang	38585	11298	858694	22292	10594	3353	204686	18891
安 徽	Anhui	35419	10905	395063	11055	12251	4081	139847	11175
福 建	Fujian	29098	8405	498072	17108	6229	2026	102449	16327
江 西	Jiangxi	33167	10621	332075	10042	18978	6392	179934	9456
山 东	Shandong	56358	17543	820825	14575	20529	6602	315220	15298
河 南	Henan	69437	22538	788983	11279	25104	7518	289264	11485
湖 北	Hubei	62803	21027	761478	12026	24836	8434	316814	12600
湖 南	Hunan	45855	15417	574512	12593	13116	4873	151515	11643
广 东	Guangdong	60744	18539	1500484	24708	19763	6172	457748	22913
广 西	Guangxi	33657	11434	393801	11725	15157	5526	154937	10265
海 南	Hainan	11951	3996	115406	9509	5311	1430	45548	8228
重 庆	Chongqing	19793	6259	269249	13523	9802	3502	122596	12230
四 川	Sichuan	86775	30539	1386733	15933	53177	18923	939659	17588
贵 州	Guizhou	17335	6107	224270	12953	4489	1723	54186	12076
云 南	Yunnan	29439	10174	379184	12694	12015	4433	156016	12799
西 藏	Tibet	2275	766	35939	17025	462	169	9978	21739
陕 西	Shaanxi	84686	29579	1137020	13299	54782	19304	809642	14639
甘 肃	Gansu	25952	8043	302304	11621	14980	4497	176920	11726
青 海	Qinghai	6898	2495	112756	16268	2549	900	45724	17980
宁 夏	Ningxia	7996	2930	105804	13099	3851	1521	52218	13396
新 疆	Xinjiang	24995	9311	367955	14399	7508	2950	97487	12853

4—3 续表 38 continued

地区 Region		自然科学研究 Natural Science Research				社会科学研究 Social Science Research			
		年末人数（人）Year-end Figures (person)	#女性 Female	劳动报酬（千元）Earnings (1 000 yuan)	平均劳动报酬（元）Average Earning (yuan)	年末人数（人）Year-end Figures (person)	#女性 Female	劳动报酬（千元）Earnings (1 000 yuan)	平均劳动报酬（元）Average Earning (yuan)
全国	**National**	**498137**	**170568**	**8249467**	**16324**	**31532**	**11098**	**549365**	**17406**
北京	Beijing	64482	23491	1665447	25025	7496	2830	153209	20526
天津	Tianjin	10236	3588	168635	16054	756	280	11646	15344
河北	Hebei	12077	3934	225406	18419	965	317	11302	11724
山西	Shanxi	13296	4899	150078	11322	1217	419	15162	12531
内蒙古	Inner Mongolia	8666	3254	87021	9891	494	200	5996	12287
辽宁	Liaoning	25198	7994	399063	15475	859	316	13142	15123
吉林	Jilin	14824	5005	203612	13466	1228	467	16440	13279
黑龙江	Heilongjiang	14250	4511	180362	12643	897	241	14073	15585
上海	Shanghai	30499	10197	756465	23987	1034	328	22760	21927
江苏	Jiangsu	20762	6867	377155	17732	512	174	9747	18708
浙江	Zhejiang	9324	2922	177647	18561	1015	340	22479	22234
安徽	Anhui	8051	2627	90366	11044	499	151	6899	13966
福建	Fujian	4553	1490	73897	16152	555	186	9396	16779
江西	Jiangxi	16238	5578	149995	9206	988	339	11859	12052
山东	Shandong	17509	5669	267390	15194	1053	336	19469	18524
河南	Henan	22509	6452	256682	11379	1095	351	12209	11180
湖北	Hubei	17877	6278	215657	11908	1423	502	21784	15023
湖南	Hunan	11429	4321	130041	11451	673	202	10123	14953
广东	Guangdong	15009	4542	305646	20160	1877	691	74902	39032
广西	Guangxi	12156	4536	114957	9497	938	285	11033	11851
海南	Hainan	5024	1337	41286	7870	147	47	2253	15020
重庆	Chongqing	8508	2994	108750	12596	312	136	3522	11288
四川	Sichuan	47900	16824	874893	18207	1562	599	17719	11186
贵州	Guizhou	3629	1385	44892	12336	371	136	4552	13043
云南	Yunnan	9816	3676	122716	12398	933	326	11744	12587
西藏	Tibet	268	104	5401	20228	130	38	3342	26109
陕西	Shaanxi	52456	18610	780382	14722	478	156	5649	11968
甘肃	Gansu	10476	3140	126721	12017	733	247	9332	13015
青海	Qinghai	1421	473	21500	15098	498	157	6846	13886
宁夏	Ningxia	3145	1274	43248	13511	272	101	3611	13374
新疆	Xinjiang	6549	2596	84156	12724	522	200	7165	13493

4—3续表39 continued

地 区	Region	其他科学研究 Other Science Research 年末人数（人）Year-end Figures (person)	#女 性 Female	劳动报酬（千元）Earnings (1 000 yuan)	平均劳动报酬（元）Average Earning (yuan)	综合技术服务业 Polytechnical Services 年末人数（人）Year-end Figures (person)	#女 性 Female	劳动报酬（千元）Earnings (1 000 yuan)	平均劳动报酬（元）Average Earning (yuan)
全 国	**National**	**103543**	**36510**	**1997703**	**19096**	**786284**	**257980**	**12159330**	**15414**
北 京	Beijing	35741	12991	861386	23929	70600	22979	1686528	23728
天 津	Tianjin	1020	373	16400	15560	24526	8226	419717	16939
河 北	Hebei	2022	728	27237	13358	29942	10633	314613	10466
山 西	Shanxi	736	248	7819	10609	22847	8402	238067	10478
内蒙古	Inner Mongolia	943	425	8647	9170	16437	6277	174755	10531
辽 宁	Liaoning	4148	1409	55521	13219	43385	14779	578293	13253
吉 林	Jilin	974	346	10955	11483	24727	8352	291255	11387
黑龙江	Heilongjiang	1233	397	13721	11074	24607	7965	279762	11402
上 海	Shanghai	13344	5006	329841	24533	35886	13575	731633	20382
江 苏	Jiangsu	7820	2612	155899	19647	45592	13195	906488	19797
浙 江	Zhejiang	255	91	4560	18024	27991	7945	654008	23622
安 徽	Anhui	3701	1303	42582	11095	23168	6824	255216	10990
福 建	Fujian	1121	350	19156	16804	22869	6379	395623	17323
江 西	Jiangxi	1752	475	18080	10326	14189	4229	152141	10835
山 东	Shandong	1967	597	28361	14499	35829	10941	505605	14158
河 南	Henan	1500	715	20373	13246	44333	15020	499719	11163
湖 北	Hubei	5536	1654	79373	14219	37967	12593	444664	11647
湖 南	Hunan	1014	350	11351	11583	32739	10544	422997	12971
广 东	Guangdong	2877	939	77200	26639	40981	12367	1042736	25588
广 西	Guangxi	2063	705	28947	14066	18500	5908	238864	12916
海 南	Hainan	140	46	2009	14350	6640	2566	69858	10585
重 庆	Chongqing	982	372	10324	9577	9991	2757	146653	14833
四 川	Sichuan	3715	1500	47047	12413	33598	11616	447074	13301
贵 州	Guizhou	489	202	4742	9503	12846	4384	170084	13260
云 南	Yunnan	1266	431	21556	15862	17424	5741	223168	12623
西 藏	Tibet	64	27	1235	19297	1813	597	25961	15715
陕 西	Shaanxi	1848	538	23611	12938	29904	10275	327378	10844
甘 肃	Gansu	3771	1110	40867	10681	10972	3546	125384	11476
青 海	Qinghai	630	270	17378	27760	4349	1595	67032	15276
宁 夏	Ningxia	434	146	5359	12550	4145	1409	53586	12823
新 疆	Xinjiang	437	154	6166	14014	17487	6361	270468	15051

4—3 续表 40 continued

地　区	Region	气象 Meteorology 年末人数（人）Year-end Figures (person)	#女性 Female	劳动报酬（千元）Earnings (1 000 yuan)	平均劳动报酬（元）Average Earning (yuan)	地震 Seismology 年末人数（人）Year-end Figures (person)	#女性 Female	劳动报酬（千元）Earnings (1 000 yuan)	平均劳动报酬（元）Average Earning (yuan)
全　国	**National**	**49665**	**17451**	**678984**	**13648**	**14688**	**3962**	**210444**	**14291**
北　京	Beijing	2503	991	73245	27945	1067	377	17614	16446
天　津	Tianjin	667	261	9385	14092	532	128	6163	11563
河　北	Hebei	2089	861	23316	11113	719	223	8689	12085
山　西	Shanxi	1725	673	17342	10030	658	231	6774	10248
内蒙古	Inner Mongolia	2611	1065	27509	10452	576	169	6948	11979
辽　宁	Liaoning	1768	693	24432	13921	581	137	7384	12797
吉　林	Jilin	1127	394	12719	11276	104	13	1301	12510
黑龙江	Heilongjiang	1711	622	21662	12646	209	35	3205	15262
上　海	Shanghai	662	262	14093	21161	328	75	18631	56976
江　苏	Jiangsu	1525	449	25738	16425	458	83	7424	16035
浙　江	Zhejiang	1469	432	26207	18012	112	20	2342	20017
安　徽	Anhui	1525	420	16196	10593	413	85	5510	13406
福　建	Fujian	1449	455	21648	14838	630	124	9987	15802
江　西	Jiangxi	1557	444	16652	10654	106	22	1539	14657
山　东	Shandong	2301	779	32508	14085	468	112	7433	15294
河　南	Henan	2134	716	24291	11388	929	279	13064	14108
湖　北	Hubei	2291	721	26645	11630	676	216	7496	10895
湖　南	Hunan	1911	596	24884	13124	162	53	2575	15606
广　东	Guangdong	2147	690	40639	19070	774	192	14271	18273
广　西	Guangxi	1625	552	20187	12593	194	47	2870	14643
海　南	Hainan	391	136	5545	14145	199	52	3340	16869
重　庆	Chongqing	785	276	10653	13853	20	2	168	8000
四　川	Sichuan	2622	868	30185	11623	1060	298	10568	10017
贵　州	Guizhou	1429	501	14676	10306	36	9	380	21111
云　南	Yunnan	1835	663	23215	12583	1198	344	14282	11784
西　藏	Tibet					41	16	889	21683
陕　西	Shaanxi	1809	666	19474	10712	985	179	9679	9897
甘　肃	Gansu	1751	562	20364	11630	432	143	5119	11932
青　海	Qinghai	1469	588	22121	15100	236	77	3297	13970
宁　夏	Ningxia	583	206	7530	12872	309	88	4189	13513
新　疆	Xinjiang	2194	909	25923	11990	476	133	7313	15363

4—3 续表 41　continued

地　区	Region	测绘 Survey and Mapping 年末人数（人）Year-end Figures (person)	# 女　性 Female	劳动报酬（千元）Earnings (1 000 yuan)	平均劳动报酬（元）Average Earning (yuan)	技术监督 Technological Supervision 年末人数（人）Year-end Figures (person)	# 女　性 Female	劳动报酬（千元）Earnings (1 000 yuan)	平均劳动报酬（元）Average Earning (yuan)
全　国	**National**	**42020**	**12168**	**630382**	**14746**	**163508**	**51516**	**2263266**	**13931**
北　京	Beijing	1680	490	51160	30362	7991	2590	178716	22582
天　津	Tianjin	867	182	20131	23139	3791	1219	59680	15822
河　北	Hebei	1196	389	12083	9912	9155	3209	94197	10294
山　西	Shanxi	976	348	13033	13464	5838	2034	57266	9848
内蒙古	Inner Mongolia	1352	550	15522	11264	4974	1688	50097	10112
辽　宁	Liaoning	1555	504	24859	16142	11960	4063	143440	12065
吉　林	Jilin	1741	484	24292	10088	6525	2194	65823	10105
黑龙江	Heilongjiang	1804	532	20387	11499	7322	2151	83273	11611
上　海	Shanghai	445	108	13755	30297	4501	1367	103130	23391
江　苏	Jiangsu	2464	540	48390	19379	10935	3015	189016	17344
浙　江	Zhejiang	1809	469	33579	18822	5135	1577	100888	19883
安　徽	Anhui	1389	375	16691	12148	5375	1548	57757	10706
福　建	Fujian	2653	573	36743	13839	3653	961	60647	16739
江　西	Jiangxi	620	211	6246	10156	2569	704	24230	9642
山　东	Shandong	1991	547	34882	17493	10750	3079	143747	13490
河　南	Henan	1725	589	18749	10445	10031	3226	95007	9625
湖　北	Hubei	2137	620	33756	15722	7764	2344	83244	10765
湖　南	Hunan	1987	575	21514	10937	5239	1498	67854	13046
广　东	Guangdong	2029	524	40736	19813	10581	3144	257472	24433
广　西	Guangxi	1630	368	23745	14523	3074	963	38330	12301
海　南	Hainan	264	77	3593	14202	1170	395	17408	14904
重　庆	Chongqing	627	129	5856	9266	1587	485	17700	11125
四　川	Sichuan	1828	635	17987	9982	6686	2174	83229	12443
贵　州	Guizhou	1440	418	20516	13928	2002	685	22701	11356
云　南	Yunnan	921	264	14366	15701	1926	603	22714	11867
西　藏	Tibet	45	19	1000	22222	25	11	415	18043
陕　西	Shaanxi	2201	754	23250	10655	5614	1943	53796	9625
甘　肃	Gansu	307	109	3353	10958	2393	804	27586	11601
青　海	Qinghai	625	187	9809	15694	316	129	4501	14244
宁　夏	Ningxia	485	153	5138	10638	814	276	9599	11778
新　疆	Xinjiang	1227	445	15261	12530	3812	1437	49803	13200

4—3 续表 42 continued

地区 Region	海洋环境 Oceanic Environment 年末人数（人）Year-end Figures (person)	#女性 Female	劳动报酬（千元）Earnings (1 000 yuan)	平均劳动报酬（元）Average Earning (yuan)	环境保护 Environmental Protection 年末人数（人）Year-end Figures (person)	#女性 Female	劳动报酬（千元）Earnings (1 000 yuan)	平均劳动报酬（元）Average Earning (yuan)
全国 National	**6580**	**1123**	**125554**	**19325**	**76699**	**29814**	**905736**	**11981**
北京 Beijing	297	100	5038	17078	1381	552	26630	19145
天津 Tianjin	482	118	6700	13673	1572	576	19453	12591
河北 Hebei	87	18	1240	14253	4204	1656	35672	8602
山西 Shanxi					2867	1159	24254	8573
内蒙古 Inner Mongolia					1887	822	18951	10129
辽宁 Liaoning	244	75	3987	15948	4219	1640	49188	11686
吉林 Jilin					2386	954	22939	9675
黑龙江 Heilongjiang					2241	871	25122	11235
上海 Shanghai	748	121	15978	21361	1883	673	42388	22463
江苏 Jiangsu	147	16	2355	16020	4988	1608	77311	15634
浙江 Zhejiang	1536	176	34613	24273	3056	1012	61134	20183
安徽 Anhui					2220	835	21896	9935
福建 Fujian	572	108	13748	23951	2342	814	37245	15937
江西 Jiangxi					2261	742	19440	9140
山东 Shandong	976	122	15364	15710	3633	1329	48497	13334
河南 Henan	8	1	132	16500	6497	2632	52315	8232
湖北 Hubei					5152	2105	46578	9074
湖南 Hunan					2931	1152	32226	11182
广东 Guangdong	1255	208	22147	17508	3716	1382	61403	17731
广西 Guangxi	56	21	845	15364	2654	1288	26685	10291
海南 Hainan	168	39	3366	19800	477	167	5325	11117
重庆 Chongqing					605	184	8145	13689
四川 Sichuan					3032	1207	33562	11199
贵州 Guizhou	4		41	10250	843	396	8236	9735
云南 Yunnan					2091	874	23973	11734
西藏 Tibet					335	209	3142	9788
陕西 Shaanxi					3463	1467	27627	8069
甘肃 Gansu					1230	482	15225	12378
青海 Qinghai					395	147	6547	16575
宁夏 Ningxia					507	195	5900	11824
新疆 Xinjiang					1631	684	18727	11875

4—3 续表 43　continued

地　区　Region	技术推广和科技交流服务业 Technology Application and Dissemination as Well as Science and Technology Exchange Services 年末人数（人）Year-end Figures (person)	#女　性 Female	劳动报酬（千元）Earnings (1 000 yuan)	平均劳动报酬(元) Average Earning (yuan)	工程设计业 Engineering Design 年末人数（人）Year-end Figures (person)	#女　性 Female	劳动报酬（千元）Earnings (1 000 yuan)	平均劳动报酬（元）Average Earning (yuan)
全　国　National	**56046**	**19263**	**692015**	**12305**	**269912**	**87789**	**4829309**	**17661**
北　京　Beijing	5777	1953	99318	16689	20871	7894	613207	29434
天　津　Tianjin	1788	656	22294	12310	12779	4346	247665	19057
河　北　Hebei	1199	466	11795	9813	9082	3074	99615	10802
山　西　Shanxi	1382	491	11486	8311	7231	2772	87277	12161
内蒙古　Inner Mongolia	1560	608	17446	11380	2641	1092	27209	9683
辽　宁　Liaoning	3410	1095	39309	11464	12719	4530	190188	14633
吉　林　Jilin	946	355	8323	8733	10867	3548	143861	12996
黑龙江　Heilongjiang	1352	490	13276	9820	8250	2794	94881	11324
上　海　Shanghai	2273	660	61117	27505	8398	2666	226123	26754
江　苏　Jiangsu	3611	1030	55626	15253	12691	3802	296659	23178
浙　江　Zhejiang	1954	673	34131	17823	10561	2896	308226	29260
安　徽　Anhui	2715	847	21193	7746	7370	2099	88641	12013
福　建　Fujian	947	314	12591	12809	7770	2129	157176	20249
江　西　Jiangxi	774	231	6994	9071	4720	1405	61704	12999
山　东　Shandong	2076	641	22562	10837	10532	3436	156913	15000
河　南　Henan	2352	947	18052	7724	17193	5621	235628	13127
湖　北　Hubei	2048	634	16059	7826	13844	4497	188114	13391
湖　南　Hunan	5077	1715	56523	11282	14887	4755	211904	14161
广　东　Guangdong	2643	965	56675	21468	15138	4475	443679	29278
广　西　Guangxi	1196	413	12167	10080	6295	1681	92526	14682
海　南　Hainan	2641	1276	11726	4398	1129	338	16897	15195
重　庆　Chongqing	156	41	1615	11062	5241	1373	89287	17237
四　川　Sichuan	1697	678	17169	9839	14934	5186	227055	15116
贵　州　Guizhou	629	176	5319	8429	5892	2019	91825	15710
云　南　Yunnan	609	201	6653	10889	6390	1998	82785	12369
西　藏　Tibet	567	33	3855	6799	503	163	11037	22479
陕　西　Shaanxi	1790	647	14506	8108	12440	3990	163975	12759
甘　肃　Gansu	901	313	10708	11924	1863	614	23109	12546
青　海　Qinghai	122	44	2052	16683	736	274	11581	15671
宁　夏　Ningxia	317	144	3672	11333	950	298	15781	15989
新　疆　Xinjiang	1537	526	17803	11689	5995	2024	124781	18781

4—3 续表 44　continued

地　区　Region	其他综合技术服务业 Other Polytechnical Services 年末人数（人）Year-end Figures (person)	# 女　性 Female	劳动报酬（千元）Earnings (1 000 yuan)	平均劳动报酬（元）Average Earning (yuan)	国家机关、政党机关和社会团体 Government Agencies，Party Agencies and Social Organizations 年末人数（人）Year-end Figures (person)	# 女　性 Female	劳动报酬（千元）Earnings (1 000 yuan)	平均劳动报酬（元）Average Earning (yuan)
全　国　National	**106219**	**34624**	**1801928**	**16920**	**10970310**	**2718649**	**132195762**	**12071**
北　京　Beijing	29033	8032	621600	21203	246800	77946	5400394	22040
天　津　Tianjin	2048	740	28246	13483	120725	29481	1936003	16015
河　北　Hebei	2211	737	28006	12644	642971	165281	6212857	9718
山　西　Shanxi	2170	694	20635	9558	416353	112216	3702555	8960
内蒙古　Inner Mongolia	779	269	9724	12451	295022	81347	3017914	10276
辽　宁　Liaoning	6683	1960	92389	13712	406475	96406	4959279	12188
吉　林　Jilin	1031	410	11997	11659	246039	60336	2536809	10246
黑龙江　Heilongjiang	1718	470	17956	10550	378964	98215	4325656	11333
上　海　Shanghai	16648	7643	236418	14131	149296	43282	3467570	23203
江　苏　Jiangsu	8773	2652	203969	23107	452572	85254	7414897	16276
浙　江　Zhejiang	2359	690	52888	22486	335894	74260	7161060	21471
安　徽　Anhui	2161	615	27332	12458	402135	91684	3904715	9723
福　建　Fujian	2853	901	45838	16295	286162	63900	3890646	13611
江　西　Jiangxi	1449	433	14009	9543	340249	74698	3214134	9466
山　东　Shandong	3102	896	43699	14056	788984	175566	8843802	11234
河　南　Henan	3464	1009	40025	11810	823871	213002	7253045	8882
湖　北　Hubei	4055	1456	42772	10468	514827	124210	5269911	10215
湖　南　Hunan	545	200	5517	10509	577222	143588	5596752	9830
广　东　Guangdong	2698	787	105714	38823	670471	162336	12222700	18126
广　西　Guangxi	1776	575	21505	12041	340698	86478	3543970	10383
海　南　Hainan	201	86	2658	16407	79097	21658	906557	11468
重　庆　Chongqing	970	267	13229	13881	179535	42809	2051173	11059
四　川　Sichuan	1245	438	14690	11743	575279	151536	6680225	11496
贵　州　Guizhou	571	180	6390	10886	285318	72003	2580770	9114
云　南　Yunnan	2449	793	35072	14362	359093	90543	3914682	10961
西　藏　Tibet	285	142	5313	34954	60198	17957	1188143	20331
陕　西　Shaanxi	1602	629	14663	9411	383131	95547	3473141	9156
甘　肃　Gansu	2095	519	19920	9522	232313	55742	2640510	11471
青　海　Qinghai	450	149	7124	14569	60856	16519	899478	14864
宁　夏　Ningxia	180	49	1773	10074	62342	16956	699534	11212
新　疆　Xinjiang	615	203	10857	18186	257418	77893	3286880	12824

4—3 续表 45 continued

地 区 Region	国家机关 Government Agencies				政党机关 Party Agencies			
	年末人数（人）Year-end Figures (person)	＃女 性 Female	劳动报酬（千元）Earnings (1 000 yuan)	平均劳动报酬（元）Average Earning (yuan)	年末人数（人）Year-end Figures (person)	＃女 性 Female	劳动报酬（千元）Earnings (1 000 yuan)	平均劳动报酬（元）Average Earning (yuan)
全 国 National	**10279253**	**2537899**	**123388708**	**12023**	**534476**	**118267**	**6577652**	**12347**
北 京 Beijing	224106	69801	4927169	22132	9951	3405	198564	19598
天 津 Tianjin	112316	26880	1778043	15813	5296	1359	86256	16217
河 北 Hebei	603031	156380	5808765	9687	33061	6316	333552	10154
山 西 Shanxi	388930	104221	3442097	8919	21792	5624	204960	9456
内蒙古 Inner Mongolia	271046	74604	2755945	10214	19221	4784	211708	11063
辽 宁 Liaoning	376712	87670	4590423	12173	20391	4695	257628	12659
吉 林 Jilin	226495	54870	2330027	10220	13597	3211	145833	10682
黑龙江 Heilongjiang	357595	92363	4069385	11284	17218	4252	202056	11979
上 海 Shanghai	141518	39673	3304585	23314	3052	860	72333	23561
江 苏 Jiangsu	431865	80963	7058829	16232	14051	2269	244642	17402
浙 江 Zhejiang	315397	68855	6722089	21481	14520	3113	314992	21790
安 徽 Anhui	378895	86291	3647359	9636	18066	3361	200721	11215
福 建 Fujian	269328	59546	3661497	13609	12743	2841	173305	13654
江 西 Jiangxi	315195	68641	2969476	9443	19826	4147	194908	9785
山 东 Shandong	747760	167904	8328365	11162	34062	5248	419982	12355
河 南 Henan	776040	201164	6762532	8795	38396	8013	383259	10028
湖 北 Hubei	494258	119372	5048983	10193	14725	2654	157090	10691
湖 南 Hunan	540875	133964	5242860	9826	31264	7774	301574	9802
广 东 Guangdong	638205	153252	11649387	18151	23698	5446	411449	17247
广 西 Guangxi	322392	81086	3343018	10351	13679	3322	155905	11376
海 南 Hainan	74060	20391	843393	11400	3616	720	46337	12765
重 庆 Chongqing	171001	40449	1944431	11018	6898	1699	85880	11813
四 川 Sichuan	537241	141164	6210617	11439	30343	7333	381287	12492
贵 州 Guizhou	260836	65854	2350530	9079	20929	4724	195583	9434
云 南 Yunnan	331845	83412	3592100	10887	22738	5473	275686	12142
西 藏 Tibet	52371	15373	1011773	19938	6549	1918	145678	22558
陕 西 Shaanxi	355823	89739	3153359	8957	22750	4097	221103	9737
甘 肃 Gansu	216883	51653	2427097	11285	15430	2921	176814	11793
青 海 Qinghai	52553	14295	767478	14688	6229	1554	99491	16198
宁 夏 Ningxia	56314	15555	623057	11044	4327	985	53893	12504
新 疆 Xinjiang	238367	72514	3024039	12740	16058	4149	225183	14115

4—3 续表 46 continued

地 区 Region	其他行业 Others				企业管理机构 Enterprise Management Organizations			
	年末人数（人）Year-end Figures (person)	# 女性 Female	劳动报酬（千元）Earnings (1 000 yuan)	平均劳动报酬（元）Average Earning (yuan)	年末人数（人）Year-end Figures (person)	# 女性 Female	劳动报酬（千元）Earnings (1 000 yuan)	平均劳动报酬（元）Average Earning (yuan)
全 国 National	**839065**	**304952**	**9527584**	**11293**	**397397**	**125427**	**5039092**	**12594**
北 京 Beijing	89179	37931	932695	10553	23876	8510	601589	24761
天 津 Tianjin	25821	5642	259841	9719	10753	3670	157672	14523
河 北 Hebei	31301	10722	282957	8964	15206	5020	134393	8839
山 西 Shanxi	27071	8179	211560	7926	22675	6947	180851	7979
内蒙古 Inner Mongolia	31196	8188	354270	11232	8520	2742	85660	10193
辽 宁 Liaoning	37999	17112	369960	9506	10770	3821	119318	11108
吉 林 Jilin	21407	8146	225611	10565	9558	3116	111629	11713
黑龙江 Heilongjiang	27337	9891	233587	8826	15685	5760	139206	8822
上 海 Shanghai	36104	13669	697087	19809	14300	5097	253777	16988
江 苏 Jiangsu	45925	16815	650387	12957	21387	5924	338367	14427
浙 江 Zhejiang	31306	11892	511322	16401	23178	6885	415212	17810
安 徽 Anhui	14338	5182	142972	10296	10580	3273	115464	11147
福 建 Fujian	21576	5673	325567	14880	8330	2226	106710	12705
江 西 Jiangxi	17308	7128	137424	8210				
山 东 Shandong	45289	17627	484117	10763	24364	6627	295330	12052
河 南 Henan	38522	13257	378883	9493	24558	7380	239772	9676
湖 北 Hubei	28419	10810	265859	9368	11086	3103	125298	11313
湖 南 Hunan	40971	13651	405356	9945	32047	9814	321267	10293
广 东 Guangdong	62941	24137	865387	13665	29565	9244	394095	13191
广 西 Guangxi	15918	6654	165643	10432	13600	5873	145994	10761
海 南 Hainan	2427	656	24449	10120	1926	520	19122	9985
重 庆 Chongqing	2000	732	22008	10460	1663	519	18840	10392
四 川 Sichuan	22174	9133	286195	12807	10513	2710	167183	15841
贵 州 Guizhou	14054	2771	128720	9273	13090	2514	118772	9189
云 南 Yunnan	8426	4557	105001	11487	2798	1005	45409	15811
西 藏 Tibet	715	264	6500	9091	715	264	6500	9091
陕 西 Shaanxi	10297	2985	88097	8522	7748	2306	65825	8448
甘 肃 Gansu	37804	13257	361911	10098	5038	2084	46523	9072
青 海 Qinghai	7966	2690	106146	13414	5599	1662	78655	14327
宁 夏 Ningxia	8180	2855	87605	10732	1607	566	17376	11967
新 疆 Xinjiang	35094	12746	410467	11137	16662	6245	173283	10498

4—4 采掘业细分类就业人员和平均劳动报酬

（国有单位）

EMPLOYMENT AND AVERAGE EARNING IN MINING AND QUARRYING

（State-owned Units，2001）

地区 Region	煤炭采选业 Coal Mining and Processing		石油和天然气开采业 Petroleum and Natural Gas Extraction		黑色金属矿采选业 Ferrous Metals Mining & Processing	
	年末人数（人） Year-end Figures (person)	平均劳动报酬（元） Average Earning (yuan)	年末人数（人） Year-end Figures (person)	平均劳动报酬（元） Average Earning (yuan)	年末人数（人） Year-end Figures (person)	平均劳动报酬（元） Average Earning (yuan)
全　国 National	**2355068**	**8868**	**517513**	**18636**	**98620**	**9855**
北　京 Beijing	21498	15060			1461	7776
天　津 Tianjin	20	12000	61961	20060		
河　北 Hebei	191229	9949	15194	14173	16788	9350
山　西 Shanxi	370612	9000			2594	6015
内蒙古 Inner Mongolia	112360	7837			522	6550
辽　宁 Liaoning	115614	8335	65603	14570	1670	8045
吉　林 Jilin	79466	6606	19370	18074	417	4597
黑龙江 Heilongjiang	176495	6457	43	6860	452	4465
上　海 Shanghai			103	56162		
江　苏 Jiangsu	109972	11256	24683	18407	4411	6658
浙　江 Zhejiang	100	8235			1532	15042
安　徽 Anhui	110291	10160			23484	12937
福　建 Fujian	16837	9236			2181	11515
江　西 Jiangxi	61019	7684	19	17263	753	5433
山　东 Shandong	310944	11964	158279	22711	13024	11298
河　南 Henan	146389	6988	25344	14891	176	4209
湖　北 Hubei	12593	5464	39737	15561	985	5988
湖　南 Hunan	71213	6847			3764	4510
广　东 Guangdong	3879	8987	5754	12707	5015	12794
广　西 Guangxi	23422	7015			3791	5864
海　南 Hainan	203	5059			8302	8131
重　庆 Chongqing	60556	7166	5672	15038	666	5927
四　川 Sichuan	91529	6904	16293	18130	2684	7883
贵　州 Guizhou	40937	8358				
云　南 Yunnan	28521	8212	69	10217	3008	10416
西　藏 Tibet	50	5820				
陕　西 Shaanxi	84467	6612	51436	14303	807	5715
甘　肃 Gansu	50565	8596	6841	18458	30	9000
青　海 Qinghai	5187	7807	2805	29690		
宁　夏 Ningxia	45609	11965				
新　疆 Xinjiang	13491	8076	18307	23802	103	9307

4—4续表　continued

地区 Region	有色金属矿采选业 Nonferrous Metals Mining & Processing		非金属矿采选业 Nonmetal Minerals Mining & Processing		其他矿采选业 Other Minerals Mining & Processing		木材及竹材采运业 Logging & Transport of Wood & Bamboo	
	年末人数（人） Year-end Figures (person)	平均劳动报酬（元） Average Earning (yuan)	年末人数（人） Year-end Figures (person)	平均劳动报酬（元） Average Earning (yuan)	年末人数（人） Year-end Figures (person)	平均劳动报酬（元） Average Earning (yuan)	年末人数（人） Year-end Figures (person)	平均劳动报酬（元） Average Earning (yuan)
全　国　National	**244925**	**8260**	**185570**	**7190**	**10208**	**6968**	**634424**	**4662**
北　京　Beijing	82	19927	167	11734				
天　津　Tianjin			737	9619				
河　北　Hebei	11296	7065	21011	7996	20	5200	221	6608
山　西　Shanxi	1772	4938	3499	4674			507	4695
内蒙古　Inner Mongolia	13294	7473	2570	5920			84460	4527
辽　宁　Liaoning	11263	6955	11293	7221	938	8830		
吉　林　Jilin	7098	7018	3371	4498	157	1622	124339	5086
黑龙江　Heilongjiang	7663	5921	2985	5760			338620	4042
上　海　Shanghai			109	11981				
江　苏　Jiangsu	829	12936	8986	8298				
浙　江　Zhejiang	2820	12341	3487	8486	143	10315	132	6295
安　徽　Anhui	3760	7180	1334	5696	12	7833	1752	5265
福　建　Fujian	66	12803	10122	6006			10542	7154
江　西　Jiangxi	21767	7104	4168	6292	5116	8698	16353	4894
山　东　Shandong	31336	8941	11166	6837				
河　南　Henan	18979	5401	2437	5714	539	1336		
湖　北　Hubei	1218	4364	22357	5543	40	9714	727	6285
湖　南　Hunan	31616	9051	6697	8766	488	13549	4430	5620
广　东　Guangdong	6690	8909	17069	6936	43	6047	4256	7486
广　西　Guangxi	10729	8874	5782	6479	309	4818	4058	6617
海　南　Hainan	296	5534	3273	5307			3370	5639
重　庆　Chongqing	329	3552	56	5051			295	3580
四　川　Sichuan	5892	9825	12049	6252			14433	7456
贵　州　Guizhou	3309	6898	9500	11804			2626	5212
云　南　Yunnan	18542	10566	10713	9092	45	8405	9347	7970
西　藏　Tibet	737	13039	72	13389			763	9558
陕　西　Shaanxi	19968	8448	1597	6218	13	8077	3942	6167
甘　肃　Gansu	6565	8041	1110	5665			6462	5503
青　海　Qinghai	3138	11958	5666	7864	106	5435	134	12797
宁　夏　Ningxia								
新　疆　Xinjiang	3871	12861	2187	7582	2239	3281	2655	8413

4—5 制造业细分类就业人员和平均劳动报酬

（国有单位）

EMPLOYMENT AND AVERAGE EARNING IN MANUFACTURING

（State-owned Units，2001）

地区 Region	食品加工业 Food Processing		食品制造业 Food Manufacturing		饮料制造业 Beverage Manufacturing	
	年末人数（人）Year-end Figures (person)	平均劳动报酬（元）Average Earning (yuan)	年末人数（人）Year-end Figures (person)	平均劳动报酬（元）Average Earning (yuan)	年末人数（人）Year-end Figures (person)	平均劳动报酬（元）Average Earning (yuan)
全国 National	**507777**	**5952**	**218717**	**7003**	**302387**	**6991**
北京 Beijing	5784	12483	9216	13045	10622	13466
天津 Tianjin	4184	7812	4393	7315	2739	12213
河北 Hebei	18362	4306	10702	5517	16704	5845
山西 Shanxi	11913	3971	3080	3508	10275	5828
内蒙古 Inner Mongolia	4411	5270	2641	4690	11024	5740
辽宁 Liaoning	11964	6836	11909	6580	7331	6908
吉林 Jilin	16646	3998	3978	2762	6775	3651
黑龙江 Heilongjiang	36970	5065	13440	6161	16546	8848
上海 Shanghai	5470	11174	4581	14084	1457	13108
江苏 Jiangsu	35629	6185	17098	7068	18463	6010
浙江 Zhejiang	10704	9216	17050	9325	4734	11547
安徽 Anhui	23776	4233	8226	4618	21768	5266
福建 Fujian	6798	8367	5801	9079	4555	10354
江西 Jiangxi	21482	4945	8477	4056	11065	5346
山东 Shandong	65005	4964	20266	4973	54225	6326
河南 Henan	37211	3995	11377	4616	31540	4162
湖北 Hubei	35057	5404	11057	7621	8923	5394
湖南 Hunan	13655	6675	3965	5740	9889	7113
广东 Guangdong	25926	8529	12122	12030	8363	14579
广西 Guangxi	40635	7259	7089	5095	4835	4876
海南 Hainan	9252	6026	5168	12013	434	8915
重庆 Chongqing	4170	5164	2594	5665	1935	5655
四川 Sichuan	9115	5481	8315	7053	5434	6582
贵州 Guizhou	7077	5435	2022	7961	13940	11592
云南 Yunnan	17922	8846	3494	6262	4480	9116
西藏 Tibet	545	10550	47	5146	55	3745
陕西 Shaanxi	12874	5714	3551	5244	6453	5446
甘肃 Gansu	4405	5306	2465	6491	3166	5479
青海 Qinghai	1908	5457	463	5727	1964	8358
宁夏 Ningxia	1019	7739	1624	6285	1628	8523
新疆 Xinjiang	7908	8004	2506	6695	1065	7644

4—5 续表 1　continued

地　区　Region	烟草加工业 Tobacco Processing		纺织业 Textile Industry		服装及其他纤维制品制造业 Garments and Other Fiber Products	
	年末人数(人) Year-end Figures (person)	平均劳动报酬(元) Average Earning (yuan)	年末人数(人) Year-end Figures (person)	平均劳动报酬(元) Average Earning (yuan)	年末人数(人) Year-end Figures (person)	平均劳动报酬(元) Average Earning (yuan)
全　国　National	**219952**	**21059**	**1271978**	**6363**	**116178**	**7691**
北　京　Beijing	837	51449	16179	10849	3887	11976
天　津　Tianjin	1887	22112	25221	7573	1984	8281
河　北　Hebei	7038	15075	107954	6398	9815	5578
山　西　Shanxi	2212	10894	34609	4171	2444	4412
内蒙古　Inner Mongolia	2603	14576	6290	4219	2927	8271
辽　宁　Liaoning	3049	13349	56744	4738	7606	6839
吉　林　Jilin	4889	18723	23759	4503	2841	5530
黑龙江　Heilongjiang	7318	12405	51524	5823	796	3669
上　海　Shanghai	5786	49893	32323	10247	4508	11828
江　苏　Jiangsu	6966	29544	143632	7477	9162	8557
浙　江　Zhejiang	2883	41226	21946	9368	1766	14321
安　徽　Anhui	11292	18497	82381	6553	2827	6064
福　建　Fujian	4392	32011	5305	7071	214	5899
江　西　Jiangxi	7096	11696	20319	4939	2725	2730
山　东　Shandong	14050	24074	179320	6203	12316	4823
河　南　Henan	22443	16037	102746	4555	3135	5191
湖　北　Hubei	14286	8676	112530	6141	14960	8229
湖　南　Hunan	16851	21026	36573	6029	1957	7238
广　东　Guangdong	7946	34843	18042	8785	9953	11211
广　西　Guangxi	2241	9085	24519	6355	1049	7620
海　南　Hainan	471	21637	992	8675		
重　庆　Chongqing	4276	21280	16101	6727	5828	8318
四　川　Sichuan	8188	19570	43435	5787	3746	9809
贵　州　Guizhou	14611	10817	4631	4981	1641	8186
云　南　Yunnan	30773	35760	12003	6069	955	6401
西　藏　Tibet			311	4465	65	7985
陕　西　Shaanxi	11594	11050	44088	6148	4183	6519
甘　肃　Gansu	2490	13534	12909	6520	630	4059
青　海　Qinghai	20	10850	613	1491	341	9951
宁　夏　Ningxia	524	12974	1237	5384		
新　疆　Xinjiang	940	16702	33742	6997	1917	6635

4—5 续表 2 continued

地区	Region	皮革、毛皮、羽绒及其制品业 Leather, Furs, Down and Related Products		木材加工及竹藤棕草制品业 Timber Processing, Bamboo, Cane Palm Fiber & Straw Products		家具制造业 Furniture Manufacturing		造纸及纸制品业 Papermaking and Paper Products	
		年末人数（人） Year-end Figures (person)	平均劳动报酬（元） Average Earning (yuan)	年末人数（人） Year-end Figures (person)	平均劳动报酬（元） Average Earning (yuan)	年末人数（人） Year-end Figures (person)	平均劳动报酬（元） Average Earning (yuan)	年末人数（人） Year-end Figures (person)	平均劳动报酬（元） Average Earning (yuan)
全　国	**National**	**54390**	**7078**	**70434**	**6932**	**17547**	**6638**	**199662**	**6763**
北　京	Beijing	995	9599	909	11032	786	10108	2831	11478
天　津	Tianjin	492	4759	822	16030	300	14838	3490	8032
河　北	Hebei	3580	5448	2231	6951	1507	3094	19125	6654
山　西	Shanxi	796	4308	352	3900	688	6767	2098	4399
内蒙古	Inner Mongolia	938	6265	150	4493	188	5840	129	5169
辽　宁	Liaoning	848	6215	1667	7445	338	4286	9254	6055
吉　林	Jilin	933	4272	3791	5759	199	6255	7188	6810
黑龙江	Heilongjiang	813	5901	13337	7558	604	3858	3936	5914
上　海	Shanghai	5034	11133	840	10382	2245	10059	3103	13194
江　苏	Jiangsu	2895	8139	507	6332	810	8840	6265	8009
浙　江	Zhejiang	500	6418	1268	9284	10	9600	3690	12231
安　徽	Anhui	1252	3425	1323	4824	184	2674	5534	5775
福　建	Fujian	1753	5241	2133	9792	409	7705	5429	9928
江　西	Jiangxi	8390	4247	9474	5127	846	3349	7615	4908
山　东	Shandong	1420	7636	4964	5590	1221	4765	40384	5940
河　南	Henan	5303	5106	2267	5355	63	2356	16255	4981
湖　北	Hubei	3511	10461	4748	5653	1049	4571	9177	5292
湖　南	Hunan	295	2564	1433	4865	7	8500	11473	8940
广　东	Guangdong	7337	10145	3304	7665	3036	6282	7159	6923
广　西	Guangxi	844	4456	2481	7591	603	5227	10697	8076
海　南	Hainan			754	9324	29	4138	473	8298
重　庆	Chongqing	459	5200	366	5991	36	6583	560	5725
四　川	Sichuan	571	5602	2431	9792	49	4800	5246	7217
贵　州	Guizhou	140	2813	1756	6144	149	7205	3077	5933
云　南	Yunnan	89	4958	3593	6973	90	5100	2514	6323
西　藏	Tibet			99	10253	53	7961		
陕　西	Shaanxi	2344	6799	2352	4487	696	8179	6104	5025
甘　肃	Gansu	2164	7703	743	6751	618	5792	2262	4486
青　海	Qinghai	138	13650	29	4414	25	2750	521	3488
宁　夏	Ningxia							2438	6802
新　疆	Xinjiang	556	8254	310	9261	709	9679	1635	6408

4—5 续表 3　continued

地区 Region	印刷业、记录媒介的复制 Printing & Record Medium Reproducted		文教体育用品制造业 Stationery, Educational and Sport Goods		石油加工及炼焦业 Petroleum Processing and Coking Products		化学原料及化学制品制造业 Raw Chemicals Materials & Chemicals	
	年末人数（人） Year-end Figures (person)	平均劳动报酬（元） Average Earning (yuan)	年末人数（人） Year-end Figures (person)	平均劳动报酬（元） Average Earning (yuan)	年末人数（人） Year-end Figures (person)	平均劳动报酬（元） Average Earning (yuan)	年末人数（人） Year-end Figures (person)	平均劳动报酬（元） Average Earning (yuan)
全　国 National	**237457**	**10484**	**20255**	**9110**	**362926**	**15746**	**1079735**	**8069**
北　京 Beijing	25268	16570	3372	16859	22330	26421	12694	14375
天　津 Tianjin	4466	12209	1723	7145	16028	17880	11249	9429
河　北 Hebei	12012	10511	420	3189	18671	12336	71765	7478
山　西 Shanxi	6541	5374	930	4402	4992	5997	66552	6114
内蒙古 Inner Mongolia	2876	6024	4	12250	2087	12695	10363	8200
辽　宁 Liaoning	8050	10144	2146	8330	41535	16033	61640	9198
吉　林 Jilin	4895	6394	16	4278	4674	8984	16159	8560
黑龙江 Heilongjiang	9083	7006	1143	4392	30867	15816	26382	7122
上　海 Shanghai	9846	20129	3878	11543	2472	32725	18584	14795
江　苏 Jiangsu	11277	9532	446	5845	15454	21080	75321	10262
浙　江 Zhejiang	3855	14311	164	13114	1856	18436	8166	12541
安　徽 Anhui	6946	6562	192	4727	12780	13488	56248	6765
福　建 Fujian	6397	9700	93	4104	2582	29847	19715	9344
江　西 Jiangxi	9603	10439	594	4620	6825	11821	27084	5276
山　东 Shandong	14810	9081	987	4511	62598	12223	110678	6947
河　南 Henan	11629	7206	61	4131	8012	17204	108879	5947
湖　北 Hubei	11735	6699	276	3003	21275	14737	56166	7565
湖　南 Hunan	7996	8527	259	6855	29740	13085	44814	6869
广　东 Guangdong	13785	14107	1313	8179	15251	21357	19724	10980
广　西 Guangxi	8723	7777	315	4321	1461	12701	29941	7040
海　南 Hainan	1526	6561			23	7348	1957	11730
重　庆 Chongqing	3140	8351	255	6151	1134	17450	23817	8751
四　川 Sichuan	10963	11859	535	6951	3855	8842	40527	9752
贵　州 Guizhou	4269	9981	133	5286			22740	8656
云　南 Yunnan	5127	9349	52	6130	1047	8201	57960	9208
西　藏 Tibet	384	17401					7	8714
陕　西 Shaanxi	11916	9426	629	2942	8832	10718	31475	7351
甘　肃 Gansu	4554	7595	287	11923	8999	16990	32371	8153
青　海 Qinghai	754	8995			1158	27022	7631	11473
宁　夏 Ningxia	546	6442	32	1795	4685	11653	5907	7544
新　疆 Xinjiang	4485	9056			11703	14964	3219	12364

4—5 续表 4　continued

地　区　Region	医药制造业 Medical & Pharmaceutical Products		化学纤维制造业 Chemical Fibers Manufacturing		橡胶制品业 Rubber Products		塑料制品业 Plastic Products	
	年末人数（人） Year-end Figures (person)	平均劳动报酬（元） Average Earning (yuan)	年末人数（人） Year-end Figures (person)	平均劳动报酬（元） Average Earning (yuan)	年末人数（人） Year-end Figures (person)	平均劳动报酬（元） Average Earning (yuan)	年末人数（人） Year-end Figures (person)	平均劳动报酬（元） Average Earning (yuan)
全　国　National	**301573**	**10053**	**102686**	**9482**	**106261**	**8014**	**70499**	**7474**
北　京　Beijing	9974	18181	347	4478	3083	9769	2687	11379
天　津　Tianjin	4232	17734	839	10465	3289	6986	2758	6518
河　北　Hebei	34274	11884	13711	8437	4454	6366	8190	7703
山　西　Shanxi	7662	5187	2459	5362	2713	3118	864	2710
内蒙古　Inner Mongolia	7444	5758			918	6399	274	4014
辽　宁　Liaoning	17808	8346	17289	11031	9361	6343	3695	6682
吉　林　Jilin	12279	5927	157	3141	1524	8185	1582	4260
黑龙江　Heilongjiang	12006	6729	49	9521	2702	7223	3506	5430
上　海　Shanghai	14993	18776	4621	15399	4477	14463	4683	11530
江　苏　Jiangsu	13536	10179	9172	8416	5352	10688	1809	10880
浙　江　Zhejiang	1412	10753	713	11401	500	7987	1257	9518
安　徽　Anhui	8732	6359	681	4870	1454	5347	5294	5937
福　建　Fujian	6556	15681	75	13553	2675	11928	1431	8051
江　西　Jiangxi	17559	7014	2315	5802	1441	4313	1687	4526
山　东　Shandong	20180	10182	17990	7872	18651	9554	8988	8877
河　南　Henan	31092	4627	14049	8645	6434	5364	3097	3311
湖　北　Hubei	10209	5861	882	6319	5750	5176	3519	6052
湖　南　Hunan	6585	7448	2498	6604	6159	7179	1918	5345
广　东　Guangdong	15881	20904	1231	13420	4385	13154	2604	12364
广　西　Guangxi	10857	11992	4072	9984	5056	9404	1856	6458
海　南　Hainan	1960	9240	201	15155	847	7597	599	6588
重　庆　Chongqing	4464	7367	6734	15279	2447	7132	683	7393
四　川　Sichuan	6756	9052	40	7037	2848	7786	652	5680
贵　州　Guizhou	1117	5762	162	3796	2128	8759	844	6695
云　南　Yunnan	2510	10530	125	5440	2859	5094	986	7213
西　藏　Tibet	53	22429					13	3000
陕　西　Shaanxi	11954	8760	1451	7116	3580	6477	1996	5733
甘　肃　Gansu	6915	9070	223	2897	1082	1288	1855	5621
青　海　Qinghai	276	3728					36	417
宁　夏　Ningxia	182	4903	265	8576			33	6788
新　疆　Xinjiang	2115	10685	335	8459	92	9565	1103	6710

4—5 续表 5　continued

地　区	Region	非金属矿物制品业 Nonmetal Mineral Products		黑色金属冶炼及压延加工业 Smelting & Pressing of Ferrous Metals		有色金属冶炼及压延加工业 Smelting & Pressing of Nonferrous		金属制品业 Metal Products	
		年末人数（人）Year-end Figures (person)	平均劳动报酬（元）Average Earning (yuan)	年末人数（人）Year-end Figures (person)	平均劳动报酬（元）Average Earning (yuan)	年末人数（人）Year-end Figures (person)	平均劳动报酬（元）Average Earning (yuan)	年末人数（人）Year-end Figures (person)	平均劳动报酬（元）Average Earning (yuan)
全　国	**National**	**945235**	**6909**	**1165350**	**14747**	**508517**	**12833**	**175951**	**8633**
北　京	Beijing	15875	12811	102364	16900	2414	15753	8416	12994
天　津	Tianjin	9135	8796	36135	14928	919	8339	10902	8050
河　北	Hebei	90088	6373	114417	12782	6678	8572	10989	7347
山　西	Shanxi	46740	5067	21339	10528	39776	13190	3863	2925
内蒙古	Inner Mongolia	11211	6092	1472	6462	2802	6211	2045	3235
辽　宁	Liaoning	43240	7130	212620	13016	19574	8993	13790	9777
吉　林	Jilin	24227	5103	9492	6611	7566	10335	3323	5891
黑龙江	Heilongjiang	35913	6287	23460	7014	1800	3879	12105	5023
上　海	Shanghai	14595	15272	96145	28759	8638	13472	11494	14830
江　苏	Jiangsu	41395	9648	23107	11435	7992	10661	8391	15352
浙　江	Zhejiang	6007	11655	16265	17374	468	17949	2736	15068
安　徽	Anhui	28119	5531	4222	7008	25668	10292	4948	7610
福　建	Fujian	6971	7352	725	5415	3255	15058	838	6839
江　西	Jiangxi	40737	5279	11442	13680	29869	13215	5192	4778
山　东	Shandong	76213	6589	44455	12662	21145	16509	15556	7503
河　南	Henan	70058	5957	20678	8017	49690	17914	3293	6393
湖　北	Hubei	36536	5720	97168	16515	24280	9524	7830	5171
湖　南	Hunan	61340	6138	45158	15385	31684	14048	6718	6710
广　东	Guangdong	36479	8166	14507	18950	7131	14089	6641	13485
广　西	Guangxi	48648	6014	25444	12856	20759	13356	1227	4039
海　南	Hainan	5103	7832	437	5927	131	17023	565	4921
重　庆	Chongqing	13425	6070	37223	10907	12886	10808	3352	6729
四　川	Sichuan	39661	8219	98423	13882	12577	7310	13029	9133
贵　州	Guizhou	20682	6806	2967	6726	30184	14595	2742	10045
云　南	Yunnan	17549	7218	34493	15106	37947	9427	1848	6428
西　藏	Tibet	758	8795						
陕　西	Shaanxi	45627	6290	24367	7373	11695	8781	6735	8051
甘　肃	Gansu	37855	7653	41236	12120	67869	13322	5041	6528
青　海	Qinghai	5116	7396	2047	6470	9388	17723	784	18335
宁　夏	Ningxia	3835	6928	2287	7105	9178	18696	701	3895
新　疆	Xinjiang	12097	9910	1255	6441	4554	11294	857	6910

4—5 续表 6 continued

地 区 Region	普通机械制造业 Ordinary Machinery Manufacturing		专用设备制造业 Special Purpose Equipment Manufacturing		交通运输设备制造业 Transportation Equipment Manufacturing	
	年末人数（人） Year-end Figures (person)	平均劳动报酬(元) Average Earning (yuan)	年末人数（人） Year-end Figures (person)	平均劳动报酬(元) Average Earning (yuan)	年末人数（人） Year-end Figures (person)	平均劳动报酬(元) Average Earning (yuan)
全 国 National	**810495**	**8469**	**707462**	**8347**	**1307861**	**11580**
北 京 Beijing	25721	14115	21293	13761	43094	15210
天 津 Tianjin	11361	9608	12611	10417	17687	10272
河 北 Hebei	46069	6253	61327	6950	48447	9470
山 西 Shanxi	33682	5413	29827	5518	31442	9643
内 蒙 古 Inner Mongolia	2834	5660	1999	4958	4478	7199
辽 宁 Liaoning	61953	7936	37153	7784	91755	11828
吉 林 Jilin	21501	6587	16547	4182	108392	16576
黑 龙 江 Heilongjiang	28022	7509	44801	6808	68320	13607
上 海 Shanghai	38896	16619	39942	16734	40566	17826
江 苏 Jiangsu	74324	10963	39816	9959	75930	13498
浙 江 Zhejiang	11210	14481	5214	10485	7062	12370
安 徽 Anhui	26787	7532	13801	4585	33715	9645
福 建 Fujian	9373	10220	3826	7054	10937	11068
江 西 Jiangxi	22252	5344	7267	5642	27099	7834
山 东 Shandong	76149	8061	79534	8363	74963	11680
河 南 Henan	42284	6022	67666	7415	49119	6683
湖 北 Hubei	38784	6603	32672	6598	168949	11247
湖 南 Hunan	22683	6203	37155	6809	48288	10410
广 东 Guangdong	21757	10033	15649	11288	32500	14613
广 西 Guangxi	22057	7019	16502	7622	23613	9128
海 南 Hainan	398	5804	1625	6357	2309	6848
重 庆 Chongqing	25948	8100	6215	7413	22040	8118
四 川 Sichuan	56506	8949	21787	8329	94885	9986
贵 州 Guizhou	12254	6919	5042	7018	41999	10687
云 南 Yunnan	11776	8567	11208	9896	10027	11103
西 藏 Tibet	54	5582				
陕 西 Shaanxi	35294	5764	44947	8651	106233	9344
甘 肃 Gansu	18037	7310	22700	6807	18287	7618
青 海 Qinghai	1493	7845	741	6678	565	8073
宁 夏 Ningxia	5980	8190	3713	6494	24	3792
新 疆 Xinjiang	5056	9129	4882	8865	5136	11152

4—5 续表 7 continued

地　区 Region	电气机械及器材制造业 Electric Equipment and Machinery		电子及通信设备制造业 Electronic and Telecommunications		仪器仪表及文化办公用机械制造业 Instrument Meters, Cultural & Machinery		其他制造业 Other Manufacturing	
	年末人数（人） Year-end Figures (person)	平均劳动报酬（元） Average Earning (yuan)	年末人数（人） Year-end Figures (person)	平均劳动报酬（元） Average Earning (yuan)	年末人数（人） Year-end Figures (person)	平均劳动报酬（元） Average Earning (yuan)	年末人数（人） Year-end Figures (person)	平均劳动报酬（元） Average Earning (yuan)
全　国 National	**387440**	**9680**	**277987**	**9461**	**165773**	**8646**	**100209**	**5858**
北　京 Beijing	17128	14274	14510	21885	8947	13984	2949	12123
天　津 Tianjin	7914	8599	9067	9387	7864	9023	1061	5623
河　北 Hebei	16683	8028	3008	6193	3776	6132	2195	3670
山　西 Shanxi	15100	9221	9708	6165	4191	4464	342	3891
内蒙古 Inner Mongolia	1828	4936	1284	5213	381	4143	1757	3766
辽　宁 Liaoning	20397	6554	19255	7375	5741	6978	7295	7323
吉　林 Jilin	10286	8252	4389	6246	2888	6655	1766	9461
黑龙江 Heilongjiang	19272	4573	3564	4882	11753	6526	4714	5924
上　海 Shanghai	27460	14342	6523	22398	10022	13321	3018	11947
江　苏 Jiangsu	27702	10352	29580	12272	12330	11161	4473	4939
浙　江 Zhejiang	3871	18198	4955	11429	2530	10292	600	11058
安　徽 Anhui	6648	5848	4434	8402	2489	7957	607	4843
福　建 Fujian	8870	13962	2636	12876	1148	11108	811	10117
江　西 Jiangxi	8028	6422	13525	5901	7782	6637	12534	6067
山　东 Shandong	21297	9766	9338	7458	7275	5237	4163	5375
河　南 Henan	22441	5522	7876	6693	9241	7786	2563	4012
湖　北 Hubei	19651	6824	11099	8925	13350	7836	972	6345
湖　南 Hunan	23288	8375	5844	6647	6079	7393	725	6400
广　东 Guangdong	20301	17153	15480	13592	4507	14769	2715	9683
广　西 Guangxi	12582	8038	6757	9994	3466	9282	1303	3648
海　南 Hainan	338	8702	779	10706	20	16300	506	3911
重　庆 Chongqing	9703	7270	4973	7699	15926	9138	213	4118
四　川 Sichuan	16814	10444	56565	6524	3236	6900	1415	5653
贵　州 Guizhou	4447	6115	5536	8309	1258	7300	23253	1337
云　南 Yunnan	2844	8174	1015	11069	65	7672	92	8965
西　藏 Tibet							401	11334
陕　西 Shaanxi	27068	11527	17779	9311	11413	7165	4911	8837
甘　肃 Gansu	12772	10187	8311	6431	4756	4761	10291	8378
青　海 Qinghai	12	5083					926	5813
宁　夏 Ningxia	1437	7729			3339	9490	275	3055
新　疆 Xinjiang	1258	9193	197	12381			1363	14333

4—6 电力、煤气及水的生产和供应业细分类就业人员和平均劳动报酬

（国有单位）

EMPLOYMENT AND AVERAGE EARNING IN PRODUCTION AND SUPPLY OF ELECTRICITY, GAS AND WATER

(State-owned Units, 2001)

地区 Region	电力、蒸汽、热水的生产和供应业 Electricity, Steam, Hot Water Production & Supply		煤气生产和供应业 Gas Production and Supply		自来水的生产和供应业 Tap Water Production and Supply	
	年末人数（人） Year-end Figures (person)	平均劳动报酬（元） Average Earning (yuan)	年末人数（人） Year-end Figures (person)	平均劳动报酬（元） Average Earning (yuan)	年末人数（人） Year-end Figures (person)	平均劳动报酬（元） Average Earning (yuan)
全 国 National	**1747301**	**14792**	**156496**	**12892**	**415480**	**11112**
北 京 Beijing	15042	30767	3158	15896	5660	18599
天 津 Tianjin	22536	18597	6671	15963	1179	18144
河 北 Hebei	115105	13234	7631	10457	19761	9364
山 西 Shanxi	71982	10800	9698	5143	14079	8968
内蒙古 Inner Mongolia	56066	13825	2409	8276	11748	8045
辽 宁 Liaoning	79336	15786	15054	10650	33543	9348
吉 林 Jilin	48828	12462	3479	12262	15208	10041
黑龙江 Heilongjiang	92763	13457	11019	9291	20456	10457
上 海 Shanghai	16684	29012	14434	21718	12908	24743
江 苏 Jiangsu	63542	21491	8426	14626	20175	14414
浙 江 Zhejiang	50432	24964	2572	15757	12003	18219
安 徽 Anhui	53987	11248	4930	9199	11836	8599
福 建 Fujian	43597	16031	1935	19106	10754	14475
江 西 Jiangxi	65473	9297	3599	7065	11998	6580
山 东 Shandong	134621	15454	10406	11707	30642	10335
河 南 Henan	145421	11158	5011	11774	30401	7728
湖 北 Hubei	70830	12537	6664	9045	22800	8317
湖 南 Hunan	69255	12015	3190	10188	21957	11731
广 东 Guangdong	110462	20807	6672	25176	25360	15238
广 西 Guangxi	58771	13050	431	12048	12554	10550
海 南 Hainan	9849	11220	407	28993	4374	8132
重 庆 Chongqing	27173	13195	7263	15105	7677	10125
四 川 Sichuan	83345	13112	9836	12624	16094	11961
贵 州 Guizhou	41363	16051	2614	10791	7170	8977
云 南 Yunnan	36423	14379	3022	13885	7024	11994
西 藏 Tibet	5052	12315	12	12500	404	15553
陕 西 Shaanxi	55283	13760	3415	9413	11298	8795
甘 肃 Gansu	47789	15319	178	6274	7213	9829
青 海 Qinghai	12434	20888	0	0	1161	7415
宁 夏 Ningxia	18440	18698	1069	9074	2686	9836
新 疆 Xinjiang	25417	12964	1291	11781	5357	10330

4－7 分地区分行业在岗职工人数和工资

（国有单位）

ON-POST STAFF AND WORKERS AND WAGES BY SECTOR AND REGION

（State-owned Units，2001）

地区 Region	总计 Total				企业单位 Enterprises			
	年末人数（人） Year-end Figures (person)	平均劳动报酬(元) Average Earning (yuan)	年末人数（人） Year-end Figures (person)	平均劳动报酬(元) Average Earning (yuan)	年末人数（人） Year-end Figures (person)	平均劳动报酬(元) Average Earning (yuan)	年末人数（人） Year-end Figures (person)	平均劳动报酬(元) Average Earning (yuan)
全国 National	**74090**	**74749**	**835556247**	**11178**	**38092**	**38916**	**413235404**	**10619**
北京 Beijing	2359	2416	47777109	19776	1360	1417	26013588	18357
天津 Tianjin	1033	1055	15945275	15110	595	617	9113873	14765
河北 Hebei	4028	4059	37093286	9139	2083	2129	19233090	9035
山西 Shanxi	2672	2674	23046258	8618	1505	1519	12636152	8317
内蒙古 Inner Mongolia	1863	1869	16333639	8737	919	930	7353796	7904
辽宁 Liaoning	3728	3786	40168725	10609	2181	2243	23251391	10367
吉林 Jilin	2302	2325	21022693	9043	1297	1321	11433224	8658
黑龙江 Heilongjiang	3690	3700	33018070	8924	2395	2410	19723867	8184
上海 Shanghai	1637	1691	37125953	21961	964	1015	21383704	21074
江苏 Jiangsu	3774	3860	49860877	12917	1920	2000	23029743	11515
浙江 Zhejiang	1775	1774	34612793	19514	615	624	11283447	18077
安徽 Anhui	2528	2541	21602713	8501	1205	1226	9590720	7826
福建 Fujian	1583	1594	21223739	13313	645	660	8831734	13377
江西 Jiangxi	2222	2234	18645189	8346	1059	1076	8184106	7606
山东 Shandong	5195	5220	57774285	11067	2741	2779	29958914	10780
河南 Henan	4477	4455	38191629	8573	2405	2404	19865952	8263
湖北 Hubei	3795	3854	35203495	9133	2000	2060	18122518	8798
湖南 Hunan	3164	3161	31584242	9991	1491	1510	14734616	9760
广东 Guangdong	3918	3956	66384496	16779	1752	1795	30411710	16946
广西 Guangxi	2187	2186	20135509	9209	962	967	8730360	9029
海南 Hainan	620	624	5055885	8102	389	393	2505592	6377
重庆 Chongqing	1348	1377	13819401	10035	687	711	6860187	9643
四川 Sichuan	3505	3547	38246688	10783	1580	1622	17211532	10610
贵州 Guizhou	1489	1484	13812070	9308	686	690	6458209	9359
云南 Yunnan	2073	2071	22533447	10880	901	909	9781671	10759
西藏 Tibet	145	141	2834395	20112	39	39	632960	16425
陕西 Shaanxi	2579	2587	24422691	9440	1331	1350	12591589	9324
甘肃 Gansu	1588	1593	16633516	10442	814	827	8286701	10016
青海 Qinghai	362	369	5170305	14028	170	177	2474650	14017
宁夏 Ningxia	479	482	5356324	11112	256	260	2823620	10859
新疆 Xinjiang	1975	2062	20921550	10145	1145	1236	10722188	8672

4—7 续表 1 continued

地区	Region	事业单位 Institutions 年末人数（人）Year-end Figures (person)	事业单位 Institutions 平均劳动报酬（元）Average Earning (yuan)	年末人数（人）Year-end Figures (person)	平均劳动报酬（元）Average Earning (yuan)	机关单位 Agencies & Organizations 年末人数（人）Year-end Figures (person)	机关单位 Agencies & Organizations 平均劳动报酬（元）Average Earning (yuan)	年末人数（人）Year-end Figures (person)	平均劳动报酬（元）Average Earning (yuan)
全　国	**National**	**25458**	**25304**	**294549470**	**11640**	**10540**	**10528**	**127771373**	**12136**
北　京	Beijing	789	790	17065519	21608	210	209	4698002	22477
天　津	Tianjin	325	325	4984282	15321	113	113	1847120	16395
河　北	Hebei	1348	1336	12036544	9011	597	594	5823652	9801
山　西	Shanxi	762	753	6779541	9004	405	402	3630565	9034
内蒙古	Inner Mongolia	658	655	6073467	9278	286	284	2906376	10217
辽　宁	Liaoning	1154	1151	12147686	10552	393	392	4769648	12162
吉　林	Jilin	779	776	7264482	9362	227	228	2324987	10188
黑龙江	Heilongjiang	922	915	9129569	9973	373	375	4164634	11112
上　海	Shanghai	539	541	12338543	22809	134	135	3403706	25238
江　苏	Jiangsu	1428	1430	19697084	13775	426	430	7134050	16587
浙　江	Zhejiang	827	819	16153299	19731	333	331	7176047	21687
安　徽	Anhui	963	955	8424758	8825	361	361	3587235	9938
福　建	Fujian	661	657	8576543	13045	277	277	3815462	13797
江　西	Jiangxi	820	817	7216925	8833	343	341	3244158	9508
山　东	Shandong	1709	1697	19431945	11448	746	744	8383426	11269
河　南	Henan	1270	1253	11274206	8998	802	798	7051471	8841
湖　北	Hubei	1265	1264	11709862	9266	530	531	5371115	10120
湖　南	Hunan	1122	1108	11431462	10315	551	543	5418164	9974
广　东	Guangdong	1503	1495	23875194	15967	663	666	12097592	18155
广　西	Guangxi	919	913	8185253	8961	306	306	3219896	10521
海　南	Hainan	154	153	1649036	10762	78	78	901257	11576
重　庆	Chongqing	486	485	4941770	10197	175	181	2017444	11140
四　川	Sichuan	1368	1363	14573504	10692	556	562	6461652	11502
贵　州	Guizhou	519	512	4760880	9293	283	281	2592981	9212
云　南	Yunnan	811	802	8776599	10940	362	360	3975177	11049
西　藏	Tibet	54	53	1112920	21035	51	49	1088515	21997
陕　西	Shaanxi	895	885	8575347	9690	353	352	3255755	9258
甘　肃	Gansu	543	538	5793254	10777	231	228	2553561	11197
青　海	Qinghai	130	129	1774661	13759	63	63	920994	14605
宁　夏	Ningxia	162	161	1838413	11438	61	61	694291	11330
新　疆	Xinjiang	576	573	6956922	12147	254	253	3242440	12810

4—7 续表 2 continued

地区 Region	农、林、牧、渔业 Farming, Forestry, Animal Husbandry and Fishery				采掘业 Mining and Quarrying			
	年末人数（人）Year-end Figures (person)	平均劳动报酬（元）Average Earning (yuan)	年末人数（人）Year-end Figures (person)	平均劳动报酬（元）Average Earning (yuan)	年末人数（人）Year-end Figures (person)	平均劳动报酬（元）Average Earning (yuan)	年末人数（人）Year-end Figures (person)	平均劳动报酬（元）Average Earning (yuan)
全　国 National	**4401**	**4485**	**25576410**	**5702**	**4016**	**4083**	**38567288**	**9446**
北　京 Beijing	20	21	287889	14031	23	23	342449	14625
天　津 Tianjin	9	9	86903	9654	59	63	1288668	20303
河　北 Hebei	92	97	409535	4241	255	258	2548565	9872
山　西 Shanxi	40	40	247906	6224	377	383	3425600	8934
内蒙古 Inner Mongolia	241	242	1290493	5334	213	211	1337196	6336
辽　宁 Liaoning	275	277	1285899	4639	206	207	2111173	10182
吉　林 Jilin	168	168	741269	4421	233	235	1584630	6757
黑龙江 Heilongjiang	448	452	2443606	5401	526	514	2522021	4904
上　海 Shanghai	15	16	239977	14654	…	…	6454	39115
江　苏 Jiangsu	202	204	1330319	6514	149	150	1821336	12150
浙　江 Zhejiang	40	40	570324	14090	8	9	99217	11011
安　徽 Anhui	124	126	660722	5238	139	146	1531176	10468
福　建 Fujian	69	69	475147	6842	39	39	314848	8050
江　西 Jiangxi	184	185	802888	4351	108	110	787840	7138
山　东 Shandong	77	77	629340	8142	524	535	8036656	15019
河　南 Henan	84	84	450973	5367	193	196	1564265	7980
湖　北 Hubei	371	372	1655163	4447	75	87	981929	11323
湖　南 Hunan	185	184	1024719	5568	115	117	879572	7499
广　东 Guangdong	149	150	995412	6629	42	44	394913	8963
广　西 Guangxi	159	159	910692	5740	47	47	345144	7279
海　南 Hainan	224	228	805703	3532	14	15	102771	7059
重　庆 Chongqing	23	23	171998	7335	66	71	550009	7750
四　川 Sichuan	96	97	750175	7735	141	151	1252299	8302
贵　州 Guizhou	47	46	345495	7539	56	57	496727	8752
云　南 Yunnan	182	184	1327373	7208	69	71	645111	9082
西　藏 Tibet	4	4	69068	16937	1	1	14502	11401
陕　西 Shaanxi	63	63	439420	6992	160	161	1498109	9316
甘　肃 Gansu	81	81	632993	7847	71	73	670879	9201
青　海 Qinghai	23	23	231384	9908	16	17	210860	12383
宁　夏 Ningxia	51	52	323186	6225	46	45	544258	11967
新　疆 Xinjiang	656	711	3940439	5541	43	44	658111	14868

4—7 续表 3 continued

地区 Region	制造业 Manufacturing 年末人数（人）Year-end Figures (person)	平均劳动报酬（元）Average Earning (yuan)	年末人数（人）Year-end Figures (person)	平均劳动报酬（元）Average Earning (yuan)	电力、煤气及水的生产和供应业 Production and Supply of Electricity, Gas and Water 年末人数（人）Year-end Figures (person)	平均劳动报酬（元）Average Earning (yuan)	年末人数（人）Year-end Figures (person)	平均劳动报酬（元）Average Earning (yuan)
全　国 National	**11937**	**12294**	**117893826**	**9590**	**2288**	**2289**	**32349915**	**14132**
北　京 Beijing	392	426	6819709	16015	24	25	653643	26098
天　津 Tianjin	212	221	2428627	10994	30	30	544240	18369
河　北 Hebei	768	796	6553379	8236	130	129	1715782	13323
山　西 Shanxi	428	434	2981035	6871	96	95	944684	9964
内蒙古 Inner Mongolia	91	94	594235	6303	70	69	874591	12671
辽　宁 Liaoning	811	840	8354978	9948	126	127	1708766	13487
吉　林 Jilin	330	341	3271262	9583	67	67	801457	11957
黑龙江 Heilongjiang	506	509	4103456	8055	123	123	1563812	12675
上　海 Shanghai	396	425	8208999	19302	43	44	1126956	25617
江　苏 Jiangsu	707	754	7705807	10216	92	92	1776738	19353
浙　江 Zhejiang	142	140	1807723	12931	65	65	1515848	23470
安　徽 Anhui	406	414	3040270	7349	70	70	749016	10713
福　建 Fujian	127	136	1534469	11272	55	56	888261	15967
江　西 Jiangxi	347	355	2445326	6895	80	81	714036	8853
山　东 Shandong	1079	1091	9006557	8258	175	175	2508279	14363
河　南 Henan	768	762	5296606	6955	180	179	1898477	10629
湖　北 Hubei	771	799	7330406	9172	100	100	1139686	11377
湖　南 Hunan	494	513	4787901	9326	93	93	1110237	11971
广　东 Guangdong	351	368	4845252	13180	141	142	2860246	20123
广　西 Guangxi	333	338	2807999	8302	71	71	902548	12743
海　南 Hainan	36	35	298165	8534	14	14	157738	11008
重　庆 Chongqing	284	300	2764860	9218	42	42	544327	12968
四　川 Sichuan	580	598	5717081	9566	109	108	1395771	12940
贵　州 Guizhou	227	228	2018336	8869	50	54	778238	14529
云　南 Yunnan	278	280	3367486	12048	46	46	647340	14180
西　藏 Tibet	3	3	28632	10132	5	5	67558	12604
陕　西 Shaanxi	539	551	4477276	8129	68	68	879899	12969
甘　肃 Gansu	336	343	3321408	9672	55	54	795843	14628
青　海 Qinghai	37	38	430391	11287	14	14	274410	19742
宁　夏 Ningxia	51	51	505805	9856	22	22	381162	17223
新　疆 Xinjiang	110	112	1040390	9285	32	32	430326	13471

4—7 续表 4　continued

地区 Region	建筑业 Construction				地质勘查业、水利管理业 Geological Prospecting and Water Conservancy			
	年末人数(人) Year-end Figures (person)	平均劳动报酬(元) Average Earning (yuan)	年末人数(人) Year-end Figures (person)	平均劳动报酬(元) Average Earning (yuan)	年末人数(人) Year-end Figures (person)	平均劳动报酬(元) Average Earning (yuan)	年末人数(人) Year-end Figures (person)	平均劳动报酬(元) Average Earning (yuan)
全　国 National	**3358**	**3493**	**35978426**	**10299**	**1017**	**1025**	**11281091**	**11005**
北　京 Beijing	228	241	3575714	14853	14	14	283151	20484
天　津 Tianjin	48	52	740264	14280	11	11	184514	17244
河　北 Hebei	170	174	1435804	8232	56	56	616571	10957
山　西 Shanxi	123	128	928429	7226	32	32	258062	8122
内蒙古 Inner Mongolia	50	56	360660	6463	32	32	273138	8633
辽　宁 Liaoning	183	196	1968779	10059	52	53	557645	10621
吉　林 Jilin	101	108	800568	7436	25	25	181194	7199
黑龙江 Heilongjiang	164	177	1471668	8335	52	52	690525	13394
上　海 Shanghai	67	69	1416597	20398	8	8	173020	20924
江　苏 Jiangsu	124	127	1518371	11957	48	48	548302	11324
浙　江 Zhejiang	43	46	799740	17336	16	16	277519	17344
安　徽 Anhui	108	110	878540	7989	41	41	326802	7910
福　建 Fujian	74	75	920434	12340	12	12	138454	11414
江　西 Jiangxi	68	70	657082	9430	32	32	283001	8891
山　东 Shandong	149	155	1446120	9301	47	47	486054	10441
河　南 Henan	290	291	2355646	8095	81	84	1048974	12492
湖　北 Hubei	143	145	1446074	9940	69	69	566394	8217
湖　南 Hunan	118	115	1091659	9499	39	40	326323	8254
广　东 Guangdong	177	180	2715703	15097	41	41	496771	12160
广　西 Guangxi	54	53	453228	8622	26	26	201709	7692
海　南 Hainan	22	22	198645	8944	6	6	51250	9305
重　庆 Chongqing	63	63	582632	9181	11	11	129842	11414
四　川 Sichuan	238	243	2449397	10064	57	58	795249	13750
贵　州 Guizhou	91	90	772801	8617	15	15	127412	8347
云　南 Yunnan	99	97	904766	9313	25	25	252563	10120
西　藏 Tibet	3	3	33180	11418	2	2	55424	23036
陕　西 Shaanxi	133	140	1187744	8511	64	64	625905	9790
甘　肃 Gansu	68	73	639158	8782	41	42	447270	10606
青　海 Qinghai	19	22	199286	9033	20	20	417821	21198
宁　夏 Ningxia	27	30	296175	10032	11	11	113253	10380
新　疆 Xinjiang	113	143	1733562	12097	33	34	346979	10342

4—7 续表 5 continued

地　区	Region	交通运输、仓储及邮电通信业 Transport , Storage , Post and Telecommunications				批发和零售贸易、餐饮业 Wholesale and Retail Trade and Catering Services			
		年末人数（人）Year-end Figures (person)	平均劳动报酬（元）Average Earning (yuan)	年末人数（人）Year-end Figures (person)	平均劳动报酬（元）Average Earning (yuan)	年末人数（人）Year-end Figures (person)	平均劳动报酬（元）Average Earning (yuan)	年末人数（人）Year-end Figures (person)	平均劳动报酬（元）Average Earning (yuan)
全　国	**National**	**5183**	**5226**	**74828540**	**14318**	**4466**	**4570**	**37569017**	**8220**
北　京	Beijing	142	142	3149263	22128	155	164	3131912	19056
天　津	Tianjin	95	97	1942425	20048	53	56	718250	12800
河　北	Hebei	257	257	2959199	11525	276	279	1639672	5868
山　西	Shanxi	203	201	2562299	12717	171	169	846357	5018
内蒙古	Inner Mongolia	167	168	1974907	11769	82	83	482989	5814
辽　宁	Liaoning	295	299	4039589	13528	154	160	1292314	8052
吉　林	Jilin	210	210	2172261	10320	140	140	816544	5822
黑龙江	Heilongjiang	297	300	3719375	12415	232	234	1583442	6781
上　海	Shanghai	137	144	4088622	28306	95	102	2018159	19697
江　苏	Jiangsu	281	291	4375270	15051	269	288	2424653	8428
浙　江	Zhejiang	117	122	2654536	21781	65	68	1204602	17657
安　徽	Anhui	138	139	1373386	9854	200	202	1022016	5053
福　建	Fujian	107	108	1802334	16648	92	95	1109037	11673
江　西	Jiangxi	154	154	1836180	11902	144	147	880754	5973
山　东	Shandong	285	286	4210804	14709	323	329	2111536	6427
河　南	Henan	306	307	3447431	11238	418	415	2333549	5617
湖　北	Hubei	279	283	3178390	11215	224	235	1544006	6564
湖　南	Hunan	215	215	2772317	12865	170	171	1392915	8133
广　东	Guangdong	300	305	6758373	22180	286	298	4030058	13540
广　西	Guangxi	139	140	1791237	12772	132	133	879381	6636
海　南	Hainan	29	29	422137	14757	28	29	201122	7045
重　庆	Chongqing	118	118	1327994	11235	68	70	548572	7837
四　川	Sichuan	190	191	2594208	13557	175	181	1399528	7717
贵　州	Guizhou	86	86	1001911	11708	99	99	568110	5741
云　南	Yunnan	148	148	1838747	12419	109	115	1235559	10780
西　藏	Tibet	14	14	282036	19529	6	6	78163	14114
陕　西	Shaanxi	198	196	2559618	13028	134	135	805004	5956
甘　肃	Gansu	109	109	1437914	13145	83	84	500147	5990
青　海	Qinghai	34	35	567758	16328	12	13	100505	7738
宁　夏	Ningxia	33	33	480737	14768	23	23	174024	7644
新　疆	Xinjiang	97	97	1507282	15561	46	47	496137	10491

4—7 续表 6 continued

地区 Region	金融、保险业 Finance and Insurance 年末人数（人）Year-end Figures (person)	平均劳动报酬（元）Average Earning (yuan)	年末人数（人）Year-end Figures (person)	平均劳动报酬（元）Average Earning (yuan)	房地产业 Real Estate Trade 年末人数（人）Year-end Figures (person)	平均劳动报酬（元）Average Earning (yuan)	年末人数（人）Year-end Figures (person)	平均劳动报酬（元）Average Earning (yuan)
全 国 National	**1930**	**1950**	**32376808**	**16605**	**586**	**586**	**7683814**	**13111**
北 京 Beijing	47	48	1751345	36370	41	41	855504	20905
天 津 Tianjin	24	24	431679	17836	13	13	197844	14987
河 北 Hebei	94	95	1203204	12631	22	22	211858	9724
山 西 Shanxi	61	61	690342	11327	9	9	78683	8389
内蒙古 Inner Mongolia	51	52	607146	11758	15	15	141889	9578
辽 宁 Liaoning	105	107	1683766	15717	53	52	563135	10758
吉 林 Jilin	56	57	753564	13237	22	22	212252	9554
黑龙江 Heilongjiang	70	70	1138847	16257	36	36	349278	9810
上 海 Shanghai	39	39	1235973	31604	28	29	723956	25266
江 苏 Jiangsu	107	108	1864904	17335	37	37	589792	15754
浙 江 Zhejiang	88	88	1852307	21135	21	21	434077	20222
安 徽 Anhui	60	60	652967	10883	18	18	163410	8922
福 建 Fujian	65	66	1383731	21109	11	10	159156	15232
江 西 Jiangxi	61	61	721506	11753	15	15	125385	8459
山 东 Shandong	122	125	1963378	15685	33	33	394540	11920
河 南 Henan	111	113	1409953	12531	21	21	152355	7341
湖 北 Hubei	87	88	987490	11218	25	25	230388	9072
湖 南 Hunan	70	70	1055949	15162	21	20	202971	10269
广 东 Guangdong	166	170	4394648	25900	51	52	939541	18213
广 西 Guangxi	54	54	734939	13496	11	11	112152	9891
海 南 Hainan	16	16	284363	17470	4	4	40679	10719
重 庆 Chongqing	32	33	457295	14025	11	11	95468	8909
四 川 Sichuan	90	91	1554761	17012	17	17	196417	11334
贵 州 Guizhou	34	34	429865	12710	14	15	111274	7585
云 南 Yunnan	52	51	638504	12454	7	6	70866	11360
西 藏 Tibet	6	6	159471	28744	…	…	610	13261
陕 西 Shaanxi	59	59	706990	11994	10	10	83952	8821
甘 肃 Gansu	43	42	539562	12773	8	8	94789	11734
青 海 Qinghai	12	12	211342	18028	1	1	9620	10689
宁 夏 Ningxia	14	14	213281	15563	3	3	28020	9929
新 疆 Xinjiang	37	37	663736	17847	9	9	113953	13263

4—7 续表 7　continued

地　区	Region	社会服务业 Social Services				卫生、体育和社会福利业 Health Care Sporting and Social Welfare			
		年末人数（人） Year-end Figures (person)	平均劳动报酬（元） Average Earning (yuan)	年末人数（人） Year-end Figures (person)	平均劳动报酬（元） Average Earning (yuan)	年末人数（人） Year-end Figures (person)	平均劳动报酬（元） Average Earning (yuan)	年末人数（人） Year-end Figures (person)	平均劳动报酬（元） Average Earning (yuan)
全　国	**National**	**3103**	**3093**	**34802618**	**11254**	**4246**	**4223**	**56336285**	**13340**
北　京	Beijing	285	284	4795435	16860	124	124	3285100	26525
天　津	Tianjin	56	57	744614	12990	66	66	1112176	16897
河　北	Hebei	150	150	1424084	9476	201	200	1998109	9986
山　西	Shanxi	91	90	607559	6731	114	114	1044246	9172
内 蒙 古	Inner Mongolia	62	63	461636	7375	89	89	937164	10505
辽　宁	Liaoning	195	197	1863073	9440	203	202	2382339	11767
吉　林	Jilin	107	108	999141	9261	132	132	1316465	9956
黑 龙 江	Heilongjiang	133	133	1226852	9236	171	170	1788982	10535
上　海	Shanghai	177	177	2983666	16879	118	119	2837957	23924
江　苏	Jiangsu	165	165	2163280	13075	198	198	3141728	15871
浙　江	Zhejiang	106	105	1668225	15928	173	171	3914207	22948
安　徽	Anhui	81	80	656415	8156	114	113	1157947	10237
福　建	Fujian	64	64	792956	12350	84	84	1246584	14924
江　西	Jiangxi	56	57	446176	7774	123	122	1252221	10226
山　东	Shandong	177	176	1741745	9882	282	280	3764961	13458
河　南	Henan	163	160	1311543	8190	295	292	2742199	9381
湖　北	Hubei	139	138	1079601	7827	242	242	2304713	9522
湖　南	Hunan	113	111	1004081	9084	196	192	2383122	12397
广　东	Guangdong	210	209	3703324	17761	319	316	5933898	18752
广　西	Guangxi	84	82	717363	8708	143	143	1544936	10837
海　南	Hainan	24	24	220949	9192	26	26	329354	12831
重　庆	Chongqing	46	45	380948	8386	69	69	817908	11841
四　川	Sichuan	117	116	1129754	9751	200	200	2582115	12909
贵　州	Guizhou	37	36	309521	8594	83	82	826493	10025
云　南	Yunnan	59	59	519172	8873	123	123	1451815	11849
西　藏	Tibet	5	4	54168	12668	10	10	226795	22757
陕　西	Shaanxi	72	71	609590	8594	120	119	1188894	9958
甘　肃	Gansu	47	46	400693	8659	73	72	831993	11500
青　海	Qinghai	12	12	110310	9236	23	23	344645	15156
宁　夏	Ningxia	17	17	142607	8519	25	25	301048	12167
新　疆	Xinjiang	54	55	534137	9737	105	105	1346171	12794

4－7 续表 8　continued

地　区　Region	教育、文化艺术和广播电影电视业 Education，Culture and Arts，Radio，Film and Television				科学研究和综合技术服务业 Scientific Research and Polytechnical Services			
	年末人数（人）Year-end Figures（person）	平均劳动报酬（元）Average Earning（yuan）	年末人数（人）Year-end Figures（person）	平均劳动报酬（元）Average Earning（yuan）	年末人数（人）Year-end Figures（person）	平均劳动报酬（元）Average Earning（yuan）	年末人数（人）Year-end Figures（person）	平均劳动报酬（元）Average Earning（yuan）
全　国　National	**14554**	**14444**	**167412044**	**11591**	**1370**	**1379**	**22370853**	**16218**
北　京　Beijing	374	374	8472427	22680	162	165	4127109	24939
天　津　Tianjin	181	179	2751446	15400	35	36	604632	16935
河　北　Hebei	841	832	7317410	8798	45	45	576654	12821
山　西　Shanxi	449	443	4123923	9314	37	37	405861	10880
内蒙古　Inner Mongolia	352	350	3392978	9682	26	27	275466	10319
辽　宁　Liaoning	559	557	6023514	10805	71	72	1030740	14255
吉　林　Jilin	404	402	4098206	10201	41	43	520242	12217
黑龙江　Heilongjiang	490	487	5396788	11071	40	40	479849	12099
上　海　Shanghai	277	279	6322884	22637	73	75	1759681	23545
江　苏　Jiangsu	835	832	11207734	13479	72	73	1422803	19460
浙　江　Zhejiang	494	489	9365938	19165	37	37	839700	22707
安　徽　Anhui	584	578	4987348	8635	35	35	389942	11147
福　建　Fujian	452	450	5807306	12912	28	28	482041	17284
江　西　Jiangxi	463	459	4027776	8767	33	33	329961	10102
山　东　Shandong	1036	1030	11364481	11038	55	55	807640	14768
河　南　Henan	644	633	5799483	9158	68	69	780186	11337
湖　北　Hubei	672	669	6503401	9722	62	62	751928	12105
湖　南　Hunan	679	674	7034337	10439	45	44	563202	12697
广　东　Guangdong	896	893	13838390	15504	59	59	1460108	24779
广　西　Guangxi	547	543	4655041	8572	33	33	388544	11768
海　南　Hainan	86	85	902798	10594	12	12	114516	9561
重　庆　Chongqing	317	314	3120717	9930	19	19	263893	13694
四　川　Sichuan	819	814	8137404	9997	85	85	1366701	16048
贵　州　Guizhou	341	336	3113275	9256	17	17	221755	13153
云　南　Yunnan	486	479	5267789	10995	29	29	376014	12817
西　藏　Tibet	28	27	566437	21105	2	2	33903	20144
陕　西　Shaanxi	486	480	4685669	9760	84	84	1128207	13358
甘　肃　Gansu	284	281	3060093	10893	25	24	300137	12428
青　海　Qinghai	65	65	949424	14575	7	7	112184	16563
宁　夏　Ningxia	82	82	974963	11952	8	8	105168	13136
新　疆　Xinjiang	332	329	4142664	12587	25	25	352086	14241

4—7 续表 9　continued

地　区　Region	国家机关、政党机关和社会团体 Government Agencies，Party Agencies and Social Organizations				其他 Others			
	年末人数（人）Year-end Figures (person)	平均劳动报酬（元）Average Earning (yuan)	年末人数（人）Year-end Figures (person)	平均劳动报酬（元）Average Earning (yuan)	年末人数（人）Year-end Figures (person)	平均劳动报酬（元）Average Earning (yuan)	年末人数（人）Year-end Figures (person)	平均劳动报酬（元）Average Earning (yuan)
全　国　National	**10838**	**10815**	**131414881**	**12152**	**796**	**793**	**9114431**	**11488**
北　京　Beijing	242	240	5356062	22294	86	83	890397	10700
天　津　Tianjin	116	116	1912613	16558	25	26	256380	9758
河　北　Hebei	641	637	6202458	9736	31	31	281002	8958
山　西　Shanxi	414	411	3692017	8986	27	26	209255	7918
内蒙古　Inner Mongolia	294	292	3011537	10302	28	27	317614	11711
辽　宁　Liaoning	401	401	4936392	12320	38	38	366623	9604
吉　林　Jilin	244	246	2530213	10290	21	21	223425	10584
黑龙江　Heilongjiang	375	378	4312982	11396	27	26	226587	8875
上　海　Shanghai	132	132	3333532	25274	31	31	649520	20973
江　苏　Jiangsu	443	445	7345378	16495	44	48	624462	13113
浙　江　Zhejiang	330	328	7108866	21693	31	30	499964	16751
安　徽　Anhui	395	394	3872145	9820	14	13	140611	10471
福　建　Fujian	283	283	3871111	13683	19	20	297870	15147
江　西　Jiangxi	338	337	3199162	9504	17	16	135895	8537
山　东　Shandong	785	783	8823762	11266	45	44	478432	10870
河　南　Henan	818	810	7225900	8918	38	39	374089	9520
湖　北　Hubei	510	511	5240194	10263	28	28	263732	9402
湖　南　Hunan	573	565	5569719	9855	38	37	385218	10417
广　东　Guangdong	666	670	12174884	18170	62	61	842975	13712
广　西　Guangxi	337	337	3526887	10454	16	16	163709	10550
海　南　Hainan	78	78	901257	11576	2	2	24438	10132
重　庆　Chongqing	178	184	2042033	11072	2	2	20905	10468
四　川　Sichuan	569	574	6644070	11568	22	22	281758	13090
贵　州　Guizhou	279	277	2564467	9262	14	14	126390	9304
云　南　Yunnan	353	351	3894073	11095	8	8	96269	11926
西　藏　Tibet	55	53	1158000	21835	1	1	6448	9107
陕　西　Shaanxi	380	376	3458895	9196	10	10	87519	8562
甘　肃　Gansu	230	228	2630303	11530	31	32	330334	10443
青　海　Qinghai	60	60	897335	14948	7	7	103030	13947
宁　夏　Ningxia	62	62	697064	11319	6	6	75573	12065
新　疆　Xinjiang	256	255	3281570	12885	27	28	334007	12111

4—8 分地区分行业专业技术人员年末人数

（国有单位）

NUMBER OF TECHNICAL PERSONNEL BY SECTOR AND REGION

（State-owned Units，2001）

单位：人 （person）

地 区 Region	合 计 Total	农、林、牧、渔业 Farming, Forestry, Animal Husbandry and Fishery	采掘业 Mining and Quarrying	制造业 Manufacturing	电力、煤气及水的生产和供应业 Production and Supply of Electricity, Gas and Water	建筑业 Construction	地质勘查业、水利管理业 Geological Prospecting and Water Conservancy	交通运输、仓储及邮电通信业 Transport, Storage, Post and Telecommunications
全 国 National	**24654583**	**719469**	**637758**	**2022219**	**520821**	**792329**	**302045**	**894360**
北 京 Beijing	895636	5994	3073	90972	4705	64499	5891	29937
天 津 Tianjin	374030	2997	16821	35175	5751	16426	2688	23139
河 北 Hebei	1392039	20398	40687	116675	28939	45414	19397	43283
山 西 Shanxi	761447	11625	52876	74321	26125	36234	9410	24742
内蒙古 Inner Mongolia	595047	44708	37126	11931	16169	11025	10112	23265
辽 宁 Liaoning	1158420	33013	28578	138903	25643	37920	14076	55258
吉 林 Jilin	799827	32738	51557	60329	19187	23803	7925	28490
黑龙江 Heilongjiang	963527	43484	94052	80561	29392	26635	7893	37551
上 海 Shanghai	536660	4104	19	69998	8723	22182	3350	29927
江 苏 Jiangsu	1251490	27897	22815	107620	22119	36650	12272	53977
浙 江 Zhejiang	764318	14040	1300	20232	18149	10443	6487	26107
安 徽 Anhui	858556	21558	26801	57631	16687	26512	11162	20208
福 建 Fujian	644324	11945	5063	18994	13377	16364	4133	20713
江 西 Jiangxi	759983	23198	19215	58070	17578	13755	15190	20569
山 东 Shandong	1863373	27821	63029	167610	46101	38451	18089	60756
河 南 Henan	1236049	16279	30331	108221	34853	53824	16593	37729
湖 北 Hubei	1001409	34869	9509	101380	17141	42970	20316	47279
湖 南 Hunan	1083675	17920	15637	97644	18877	29795	9678	35833
广 东 Guangdong	1414325	19425	6847	52357	29796	43260	10242	64529
广 西 Guangxi	826655	32436	7935	55702	15843	10961	6832	22937
海 南 Hainan	141277	26289	2725	4081	1823	3959	793	5974
重 庆 Chongqing	480476	7903	8876	64197	7836	12837	4020	18837
四 川 Sichuan	1308658	33408	19397	120980	25830	45896	16952	35149
贵 州 Guizhou	519478	17100	10734	43830	11296	16759	4970	12924
云 南 Yunnan	783957	53002	12544	52443	11316	20775	10632	28401
西 藏 Tibet	37461	982	114	329	1153	396	963	2044
陕 西 Shaanxi	862362	22194	21187	116412	17619	34808	18671	37829
甘 肃 Gansu	474893	16823	13280	64247	12468	12875	12605	16714
青 海 Qinghai	123913	7172	2299	5860	4191	5931	5487	5456
宁 夏 Ningxia	156294	9272	6988	8624	5703	6906	3820	5155
新 疆 Xinjiang	585024	78875	6343	16890	6431	24064	11396	19648

4－8 续表 continued

单位:人 (person)

地　区 Region	批发和零售贸易、餐饮业 Wholesale and Retail Trade & Catering Services	金融、保险业 Finance and Insurance	房地产业 Real Estate Trade	社会服务业 Social Services	卫生、体育和社会福利业 Health Care, Sporting and Social Welfare	教育、文化艺术和广播电影电视业 Education, Culture and Arts, Radio, Film and Television	科学研究和综合技术服务业 Scientific Research and Polytechnical Services	国家机关政党机关和社会团体 Government Agencies, Party Agencies and Social Organizations	其他 Others
全　国 National	**802011**	**1176156**	**153805**	**418838**	**3037687**	**11262852**	**797577**	**947946**	**168710**
北　京 Beijing	43401	38849	10958	43062	90960	271339	110174	60801	21021
天　津 Tianjin	11481	18833	3257	12782	51363	139515	21067	9143	3592
河　北 Hebei	52143	60380	5672	26146	142374	687711	25676	71610	5534
山　西 Shanxi	27412	32741	2109	11480	82965	342936	21629		4842
内蒙古 Inner Mongolia	13627	30518	2832	8499	67286	277161	16041	20078	4669
辽　宁 Liaoning	39220	70035	11851	28116	149921	451269	43998	23034	7585
吉　林 Jilin	25839	39712	5446	16141	98235	333803	25793	24200	6629
黑龙江 Heilongjiang	37599	40480	6508	14132	120095	364981	22505	29724	7935
上　海 Shanghai	18367	32264	7654	14790	84750	193816	35907	4818	5991
江　苏 Jiangsu	37354	66769	11601	21963	140629	602659	44334	31491	11340
浙　江 Zhejiang	16594	54309	7394	17780	127757	408146	24728	770	10082
安　徽 Anhui	26835	33026	4729	11149	82612	456180	19815	40383	3268
福　建 Fujian	19367	38269	3327	8662	59609	376030	17455	26414	4602
江　西 Jiangxi	26672	36280	3356	7274	90386	378478	14437	32086	3439
山　东 Shandong	71543	78872	13463	31582	217388	875342	35095	107379	10852
河　南 Henan	49905	58193	3792	19190	195161	478772	33305	92824	7077
湖　北 Hubei	28822	33004	5291	13801	151342	424470	30292	37386	3537
湖　南 Hunan	33494	38478	4932	13286	140037	522723	23153	74680	7508
广　东 Guangdong	59146	101450	12264	26315	221983	709736	34591	12400	9984
广　西 Guangxi	26169	33895	4181	14723	102133	425101	18691	45474	3642
海　南 Hainan	3115	7536	702	1999	16940	58553	3484	2856	448
重　庆 Chongqing	11924	16873	2425	4503	47231	251140	11137	10201	536
四　川 Sichuan	31994	54470	4072	13672	144882	658071	45247	54062	4576
贵　州 Guizhou	13937	20002	6622	4211	61373	250203	10762	31986	2769
云　南 Yunnan	23261	38333	2743	6763	94046	385823	19158	22973	1744
西　藏 Tibet	370	4669	11	377	6303	14769	839	4089	53
陕　西 Shaanxi	23589	34402	2285	8912	87132	357649	50643	26771	2259
甘　肃 Gansu	10566	22207	1308	4436	49206	203234	13253	17072	4599
青　海 Qinghai	1805	8468	318	1690	16516	50358	4600	2834	928
宁　夏 Ningxia	4201	9556	790	2408	19258	66751	4297	1371	1194
新　疆 Xinjiang	12259	23283	1912	8994	77814	246133	15471	29036	6475

4—9 分地区分行业女性专业技术人员年末人数

（国有单位）

NUMBER OF FEMALE TECHNICAL PERSONNEL BY SECTOR AND REGION

(State-owned Units, 2001)

单位:人 (person)

地区 Region	合计 Total	农、林、牧、渔业 Farming, Forestry, Animal Husbandry and Fishery	采掘业 Mining and Quarrying	制造业 Manufacturing	电力、煤气及水的生产和供应业 Production and Supply of Electricity, Gas and Water	建筑业 Construction	地质勘查业、水利管理业 Geological Prospecting and Water Conservancy	交通运输、仓储及邮电通信业 Transport, Storage, Post and Telecommunications
全国 National	**10711831**	**215760**	**221141**	**692174**	**159068**	**219242**	**86312**	**283886**
北京 Beijing	439581	2165	1305	33126	1910	17714	2131	13356
天津 Tianjin	194021	1142	8348	13879	2025	5172	982	7436
河北 Hebei	694531	7859	15455	42779	9460	13154	6736	14464
山西 Shanxi	371824	4081	21053	28640	8374	10263	3235	9535
内蒙古 Inner Mongolia	275303	15053	14086	4390	5606	3208	3628	7353
辽宁 Liaoning	578525	9988	10978	50143	9434	11828	3968	18086
吉林 Jilin	381450	10508	16886	21424	6045	6631	2512	9690
黑龙江 Heilongjiang	448486	12753	36386	32371	9196	7963	2558	12222
上海 Shanghai	257532	1137	10	20127	2366	5002	866	6586
江苏 Jiangsu	485586	7036	7114	33641	5623	7743	2608	14082
浙江 Zhejiang	373055	3451	374	7232	5068	2670	1493	7553
安徽 Anhui	302125	5184	11058	17362	4327	6692	2769	5551
福建 Fujian	267647	3031	1227	5789	3471	3461	823	5371
江西 Jiangxi	289289	5757	5931	18716	5653	3752	3469	6646
山东 Shandong	735605	8231	16628	52884	13639	8841	4556	16266
河南 Henan	525629	4810	8227	37816	11217	13636	5392	12208
湖北 Hubei	381035	8011	2446	30193	4763	14770	5597	15797
湖南 Hunan	446305	4622	5236	32692	5844	8571	2142	11997
广东 Guangdong	651713	5231	2172	16216	7648	9220	2427	17926
广西 Guangxi	344697	8705	2653	16607	4544	3077	1673	6917
海南 Hainan	51581	9246	983	1113	425	565	154	1585
重庆 Chongqing	188376	1832	2500	21700	2264	3187	980	5718
四川 Sichuan	539984	9016	6352	43063	8427	14894	5727	12353
贵州 Guizhou	200381	4369	3721	15539	3399	4813	1467	4362
云南 Yunnan	326778	17875	4340	18549	3734	6442	2759	10573
西藏 Tibet	15750	378	36	107	397	85	266	669
陕西 Shaanxi	361268	6789	5980	41563	5355	9817	5128	14509
甘肃 Gansu	171439	4450	4249	22375	3466	3699	3776	4634
青海 Qinghai	52592	2588	686	1925	1309	1859	1386	1834
宁夏 Ningxia	64796	2805	3036	3418	1811	1783	1027	1615
新疆 Xinjiang	294947	27657	1685	6795	2268	8730	4077	6992

4－9 续表 continued

单位：人 (person)

地区 Region		批发和零售贸易、餐饮业 Wholesale and Retail Trade & Catering Services	金融、保险业 Finance and Insurance	房地产业 Real Estate Trade	社会服务业 Social Services	卫生、体育和社会福利业 Health Care, Sporting and Social Welfare	教育、文化艺术和广播电影电视业 Education, Culture and Arts, Radio, Film and Television	科学研究和综合技术服务业 Scientific Research and Polytechnical Services	国家机关政党机关和社会团体 Government Agencies, Party Agencies and Social Organizations	其他 Others
全国	**National**	**324388**	**516497**	**57241**	**169209**	**1901978**	**5199276**	**279469**	**319543**	**66647**
北京	Beijing	19352	20870	4205	18458	66481	160691	43309	24361	10147
天津	Tianjin	4970	9535	1416	4874	36602	84253	8244	3457	1686
河北	Hebei	22484	24796	2384	11008	87962	397431	9380	26696	2483
山西	Shanxi	12184	14658	953	5271	54941	188068	8804		1764
内蒙古	Inner Mongolia	5900	13747	1152	3964	42744	139468	6311	6888	1805
辽宁	Liaoning	18476	32653	5013	13171	105153	259648	16971	8555	4460
吉林	Jilin	10448	18051	2187	7107	65942	183133	9795	8601	2490
黑龙江	Heilongjiang	15702	17884	2568	6094	78584	192427	8211	10536	3031
上海	Shanghai	7284	16876	2478	5183	60154	113505	11974	1451	2533
江苏	Jiangsu	12985	27373	3948	8092	84007	246196	13082	7830	4226
浙江	Zhejiang	6329	26606	2629	6971	82591	208403	7425	255	4005
安徽	Anhui	9281	12565	1566	3854	47477	155260	5801	12375	1003
福建	Fujian	7710	14819	1064	3105	37025	167375	4879	7313	1184
江西	Jiangxi	10810	13959	1278	2918	50773	142510	4875	10912	1330
山东	Shandong	26622	29182	4894	11844	133337	360011	11482	33530	3658
河南	Henan	19516	24698	1422	7908	115086	218076	11472	31416	2729
湖北	Hubei	10192	14191	1931	5080	84971	161944	9471	10274	1404
湖南	Hunan	14196	16588	1861	5278	82952	219652	7429	24838	2407
广东	Guangdong	23567	46982	4155	9212	139787	349262	10481	4110	3317
广西	Guangxi	10296	15007	1571	5692	64196	182084	6195	14252	1228
海南	Hainan	1031	2830	256	526	9907	20928	1103	789	140
重庆	Chongqing	4536	7143	744	1621	26988	102445	3562	2993	163
四川	Sichuan	13457	25192	1673	5807	88010	269066	17050	18185	1712
贵州	Guizhou	5586	9069	2100	1777	36462	92859	3715	10364	779
云南	Yunnan	8365	16443	1195	2871	60818	157279	6820	8041	674
西藏	Tibet	127	1754	2	159	3599	6268	298	1579	26
陕西	Shaanxi	9786	14893	861	3825	51572	163989	17203	9309	689
甘肃	Gansu	4656	8748	405	1813	28208	68136	4321	6400	2103
青海	Qinghai	779	4030	115	530	10518	21567	1898	1224	344
宁夏	Ningxia	1827	4125	314	935	11724	27880	1658	373	465
新疆	Xinjiang	5934	11230	901	4261	53407	139462	6250	12636	2662

4—10 分地区分行业不在岗职工人数及生活费

（国有单位）

NOT-ON-POST STAFF AND WORKERS AND LIVING SUBSIDIES BY SECTOR AND REGION

(State-owned Units，2001)

地 区	Region	总计 Total 年末人数（人）Year-end Figures (person)	# 内退 Inner-retirement	生活费（千元）Living Subsidies (1 000 yuan)	# 内退 Inner-retirement	平均生活费（元）Average Living Subsidies (yuan)	# 内退 Inner-retirement
全 国	**National**	**13006907**	**3271058**	**32282745**	**20303897**	**2490**	**6335**
北 京	Beijing	246051	105188	1403896	848890	5745	8383
天 津	Tianjin	333137	67201	797602	410602	2413	5942
河 北	Hebei	563524	160681	1553793	946825	2836	6260
山 西	Shanxi	402552	67548	703363	323554	1867	5250
内蒙古	Inner Mongolia	186004	48062	498344	275777	2666	5917
辽 宁	Liaoning	1260170	251002	2360314	1499873	1778	6045
吉 林	Jilin	674374	123679	1267956	770540	1899	6399
黑龙江	Heilongjiang	1130875	133695	1506372	800143	1331	6167
上 海	Shanghai	505642	133075	1864925	1052719	3749	8390
江 苏	Jiangsu	621915	237233	2303506	1523550	3636	6425
浙 江	Zhejiang	108659	45055	532135	373008	4654	7963
安 徽	Anhui	366065	87617	836648	404069	2290	4655
福 建	Fujian	148019	52883	348856	242370	2261	4707
江 西	Jiangxi	610336	112010	866518	483858	1456	4382
山 东	Shandong	713029	291699	2568567	2134685	3710	7636
河 南	Henan	684302	137790	1149235	734937	1684	5553
湖 北	Hubei	903584	244114	2069151	1222664	2337	4773
湖 南	Hunan	876379	167352	1683620	958473	1976	5858
广 东	Guangdong	399646	96748	1105667	765781	2762	8210
广 西	Guangxi	244733	68835	502112	348583	2067	5215
海 南	Hainan	98162	15659	195947	100447	2008	5871
重 庆	Chongqing	232437	73645	840912	384657	3360	5256
四 川	Sichuan	480027	174136	1510295	1074112	3098	6139
贵 州	Guizhou	162486	43046	389809	245144	2467	6149
云 南	Yunnan	157322	74646	704472	552606	4631	7925
西 藏	Tibet	3303	2555	26690	21641	8017	8858
陕 西	Shaanxi	489185	124227	1171783	690731	2389	5563
甘 肃	Gansu	202072	62727	630093	452106	3335	8051
青 海	Qinghai	31638	7976	106783	69819	3659	9798
宁 夏	Ningxia	29307	11381	98239	78078	3426	6979
新 疆	Xinjiang	141972	49593	685142	513655	4602	10121

4—10 续表 1 continued

地区 Region	农、林、牧、渔业 Farming, Forestry, Animal Husbandry and Fishery		采掘业 Mining and Quarrying		制造业 Manufacturing		电力、煤气及水的生产和供应业 Production and Supply of Electricity, Gas and Water	
	年末人数(人) Year-end Figures (person)	平均生活费(元) Average Living Subsidy (yuan)	年末人数(人) Year-end Figures (person)	平均生活费(元) Average Living Subsidy (yuan)	年末人数(人) Year-end Figures (person)	平均生活费(元) Average Living Subsidy (yuan)	年末人数(人) Year-end Figures (person)	平均生活费(元) Average Living Subsidy (yuan)
全 国 National	**539833**	**1203**	**1130684**	**2357**	**5733553**	**2206**	**157473**	**5778**
北 京 Beijing	2438	5631	1459	4960	110578	5199	707	8808
天 津 Tianjin	2508	2546	929	7714	208706	1812	429	6721
河 北 Hebei	9357	2161	57587	3534	261050	2483	3331	5825
山 西 Shanxi	2323	1019	53368	2672	174670	1634	3542	3022
内蒙古 Inner Mongolia	15657	1472	59430	2590	24265	1443	4404	6272
辽 宁 Liaoning	49635	759	59672	1963	657946	1551	17271	6028
吉 林 Jilin	29070	1126	105831	1999	270654	1408	8428	7572
黑龙江 Heilongjiang	73035	627	253190	749	388861	1305	11944	3944
上 海 Shanghai	6054	3171	80	685	308947	2976	967	4287
江 苏 Jiangsu	19206	2154	31901	5039	322645	3202	3713	9633
浙 江 Zhejiang	8269	2868	3274	3351	38550	3380	1973	6594
安 徽 Anhui	9084	1251	13592	2735	167812	2262	1598	5538
福 建 Fujian	11787	1465	8797	1880	57350	1891	2325	5553
江 西 Jiangxi	49181	630	71689	1656	254099	1275	10086	4817
山 东 Shandong	7808	1823	83775	7369	296529	2880	11139	8315
河 南 Henan	9736	463	47613	2150	279884	1237	12440	2759
湖 北 Hubei	51360	721	25912	1882	395875	2325	11674	6110
湖 南 Hunan	37081	976	75218	1784	387555	1712	10849	5482
广 东 Guangdong	16315	1926	16336	2163	115438	2253	7742	3845
广 西 Guangxi	15137	1017	22139	1735	96750	1735	4825	6474
海 南 Hainan	34496	1303	4117	1998	16553	1207	2192	7866
重 庆 Chongqing	1592	2532	22262	4078	130006	3297	2863	7491
四 川 Sichuan	6730	1843	43060	2115	218062	3204	10481	7475
贵 州 Guizhou	2470	988	9114	2935	69577	2301	2335	6259
云 南 Yunnan	15049	1734	6838	3459	60416	4818	3374	10865
西 藏 Tibet	57	5963	61	3935	217	3733	96	8926
陕 西 Shaanxi	3071	2820	29957	1732	264589	2231	2767	5431
甘 肃 Gansu	2485	1564	15006	2679	110323	3582	1545	10656
青 海 Qinghai	2257	1524	1941	960	6490	1057	630	12064
宁 夏 Ningxia	1630	1345	2582	2298	11393	2717	300	5728
新 疆 Xinjiang	44955	1530	3954	2493	27763	3890	1503	4752

4—10 续表 2 continued

地区 Region	建筑业 Construction 年末人数（人）Year-end Figures (person)	建筑业 Construction 平均生活费（元）Average Living Subsidy (yuan)	地质勘查业、水利管理业 Geological Prospecting and Water Conservancy 年末人数（人）Year-end Figures (person)	地质勘查业、水利管理业 Geological Prospecting and Water Conservancy 平均生活费（元）Average Living Subsidy (yuan)	交通运输、仓储及邮电通信业 Transport, Storage, Post and Telecommunications 年末人数（人）Year-end Figures (person)	交通运输、仓储及邮电通信业 Transport, Storage, Post and Telecommunications 平均生活费（元）Average Living Subsidy (yuan)	批发和零售贸易、餐饮业 Wholesale and Retail Trade and Catering Services 年末人数（人）Year-end Figures (person)	批发和零售贸易、餐饮业 Wholesale and Retail Trade and Catering Services 平均生活费（元）Average Living Subsidy (yuan)
全　国 National	**919855**	**2668**	**146320**	**3416**	**771510**	**4291**	**2426553**	**1417**
北　京 Beijing	41678	3560	485	9078	12766	8295	31086	5784
天　津 Tianjin	19036	2495	542	10011	18734	5087	51983	2506
河　北 Hebei	37569	2645	6789	5091	31451	3725	106368	1337
山　西 Shanxi	45885	2087	3334	1550	21544	3118	72241	613
内蒙古 Inner Mongolia	15344	2341	5931	2708	14540	4819	25844	1103
辽　宁 Liaoning	78677	1699	8857	1924	70523	2821	226393	919
吉　林 Jilin	47874	1610	7283	2248	30492	3415	119429	875
黑龙江 Heilongjiang	68535	843	6238	2747	63744	3860	182885	719
上　海 Shanghai	22871	6003	543	7440	33540	7248	57262	3349
江　苏 Jiangsu	32542	4475	4143	4274	41773	5787	117806	2342
浙　江 Zhejiang	6304	4570	2175	5097	11315	6610	13571	3263
安　徽 Anhui	43291	2828	4821	3238	16712	3256	85792	1358
福　建 Fujian	9396	2732	1408	2758	11449	3656	34823	1814
江　西 Jiangxi	36193	1378	8083	2281	33464	2273	113828	1013
山　东 Shandong	21458	3610	4821	3289	42157	5355	154915	1295
河　南 Henan	36219	2199	13605	5911	44264	3432	181008	754
湖　北 Hubei	70103	2741	12639	2408	52760	2988	194133	1421
湖　南 Hunan	47271	2258	12782	2344	36689	3880	175392	1374
广　东 Guangdong	19991	3965	4228	2383	27580	6142	140772	1450
广　西 Guangxi	7712	2293	3167	3370	17172	4385	54481	925
海　南 Hainan	2727	660	688	2970	4005	7106	22881	1164
重　庆 Chongqing	16208	2790	1092	3765	15307	3263	28388	2252
四　川 Sichuan	53854	2556	11506	4185	31023	3416	68780	2065
贵　州 Guizhou	13830	1921	2417	2806	13540	3926	29738	1637
云　南 Yunnan	17406	3556	5159	2270	17935	7207	21625	4188
西　藏 Tibet	36	2846			1804	7741	256	8312
陕　西 Shaanxi	54856	2176	3126	3593	24941	4304	73180	1472
甘　肃 Gansu	16933	1841	3049	3970	13318	4347	25824	1506
青　海 Qinghai	5584	2740	4396	6665	2848	9361	2983	934
宁　夏 Ningxia	4328	2586	206	4089	2025	7589	3533	2891
新　疆 Xinjiang	26144	9386	2807	1899	12095	6339	9353	4003

4—10 续表 3 continued

地　区 Region	金融、保险业 Finance and Insurance		房地产业 Real Estate Trade		社会服务业 Social Services		卫生、体育和社会服务业 Health Care, Sporting & Social Welfare	
	年末人数（人） Year-end Figures (person)	平均生活费（元） Average Living Subsidy (yuan)	年末人数（人） Year-end Figures (person)	平均生活费（元） Average Living Subsidy (yuan)	年末人数（人） Year-end Figures (person)	平均生活费（元） Average Living Subsidy (yuan)	年末人数（人） Year-end Figures (person)	平均生活费（元） Average Living Subsidy (yuan)
全　国 National	**126671**	**10515**	**77676**	**3256**	**316572**	**3122**	**90365**	**3748**
北　京 Beijing	2011	15476	3833	7815	14009	7215	1573	5693
天　津 Tianjin	1456	12008	2138	3117	13951	3564	2524	5140
河　北 Hebei	9424	12129	1527	5346	7756	2494	2313	2769
山　西 Shanxi	5118	9071	845	1742	4961	1465	1723	5405
内蒙古 Inner Mongolia	2690	7388	413	5114	5054	2620	1738	3759
辽　宁 Liaoning	8322	12203	8096	2989	35007	2838	8420	3618
吉　林 Jilin	4488	11112	1337	3059	13393	3851	4842	3863
黑龙江 Heilongjiang	4652	9956	4619	1934	31955	1363	6253	2670
上　海 Shanghai	1570	17647	6237	5255	31320	4414	2686	8288
江　苏 Jiangsu	5327	11921	3225	6360	18510	4325	1988	3289
浙　江 Zhejiang	2727	14665	1236	6363	4888	4259	2493	4568
安　徽 Anhui	3269	8636	508	1463	7802	1915	747	2772
福　建 Fujian	1291	10703	452	2741	3583	2953	453	2827
江　西 Jiangxi	3460	8940	1817	2482	7623	1760	2778	2362
山　东 Shandong	10099	9989	3263	5533	15129	3558	3847	6641
河　南 Henan	9485	9031	1901	1303	12684	1810	6272	1430
湖　北 Hubei	8146	9336	5291	3028	19867	2896	14227	3605
湖　南 Hunan	5590	11380	11724	1503	17259	2828	9556	2678
广　东 Guangdong	8110	13481	6631	2490	9942	3178	3390	2141
广　西 Guangxi	3307	9032	779	2193	6964	2646	1615	4407
海　南 Hainan	1490	14732	1136	1734	3680	1316	438	2808
重　庆 Chongqing	1966	9450	579	4106	4338	3328	465	4660
四　川 Sichuan	4535	6702	1089	3680	6611	2951	3841	5164
贵　州 Guizhou	2567	8379	6498	1452	4076	1846	825	4613
云　南 Yunnan	2053	11394	200	6036	2056	3286	640	4575
西　藏 Tibet	166				127	6810	58	24250
陕　西 Shaanxi	5097	8635	1046	2784	6857	2116	2116	3683
甘　肃 Gansu	4479	8928	490	4604	2604	3019	626	5848
青　海 Qinghai	819	6249	10	11857	290	1188	442	8304
宁　夏 Ningxia	777	11191	172	4277	879	1998	90	5736
新　疆 Xinjiang	2180	14190	584	6333	3397	4060	1386	5462

4—10 续表 4 continued

地 区 Region	教育、文化艺术和广播电影电视业 Education, Culture and Art, Radio, Film and Television		科学研究和综合技术服务业 Scientific Research and Poly-technical Services		国家机关、政党机关和社会团体 Government Agencies, Party Agencies & Social Organizations		其他 Others	
	年末人数(人) Year-end Figures (person)	平均生活费(元) Average Living Subsidy (yuan)	年末人数(人) Year-end Figures (person)	平均生活费(元) Average Living Subsidy (yuan)	年末人数(人) Year-end Figures (person)	平均生活费(元) Average Living Subsidy (yuan)	年末人数(人) Year-end Figures (person)	平均生活费(元) Average Living Subsidy (yuan)
全 国 National	**189825**	**5756**	**60473**	**5213**	**210808**	**6013**	**108736**	**2963**
北 京 Beijing	6469	10103	9083	8685	3763	12692	4113	4588
天 津 Tianjin	2941	6596	2554	4583	447	4908	4259	4205
河 北 Hebei	5498	6822	1663	3634	14921	8008	6920	1772
山 西 Shanxi	4605	3395	1008	1918	4978	3559	2407	590
内 蒙 古 Inner Mongolia	4292	6382	641	5179	5003	7499	758	3370
辽 宁 Liaoning	13495	5917	4608	4062	6945	7980	6303	3608
吉 林 Jilin	16171	6000	1494	5480	8599	6921	4989	1540
黑 龙 江 Heilongjiang	10246	5195	1908	2854	15019	6507	7791	945
上 海 Shanghai	8457	10182	4502	8687	2081	4486	18525	2251
江 苏 Jiangsu	7016	6486	2805	7517	6203	7152	3112	8692
浙 江 Zhejiang	5578	9221	1120	5127	2235	9738	2951	5323
安 徽 Anhui	4601	4351	718	4732	3376	3944	2342	4106
福 建 Fujian	1672	2341	627	4068	2047	6275	559	3015
江 西 Jiangxi	5426	2866	1680	1297	7744	4459	3185	1203
山 东 Shandong	17330	8369	2263	5011	31441	6548	7055	2589
河 南 Henan	7409	2201	2503	4746	16189	3359	3090	2831
湖 北 Hubei	17623	3789	3919	3789	17329	4004	2726	3626
湖 南 Hunan	14605	4449	3346	3658	24435	3307	7027	1944
广 东 Guangdong	4769	4371	1741	4347	8869	10174	7792	3506
广 西 Guangxi	6100	4759	998	2772	2766	5252	821	2277
海 南 Hainan	1010	1983	373	1963	2051	8318	325	1621
重 庆 Chongqing	2468	3690	1088	3975	3732	8469	83	3053
四 川 Sichuan	8714	4485	3935	4829	5481	6501	2325	5239
贵 州 Guizhou	1989	3634	526	6215	2188	3906	796	2237
云 南 Yunnan	1464	4395	696	3213	1355	8274	1056	6892
西 藏 Tibet	101	11523	15	9214	284	19528	25	
陕 西 Shaanxi	5254	4511	3281	3732	7678	6004	1369	1593
甘 肃 Gansu	1304	7368	479	6513	1484	4540	2123	5158
青 海 Qinghai	800	6778	121	5914	631	8591	1396	2784
宁 夏 Ningxia	496	7766	170	5052	456	6373	270	8244
新 疆 Xinjiang	1922	9914	608	4464	1078	7014	2243	5817

4—11 分地区分行业其他就业人员和平均劳动报酬

(国有单位)

OTHER EMPLOYMENT AND AVERAGE EARNING BY SECTOR AND REGION

(State-owned Units, 2001)

地区 Region		合计 Total				
	年末人数(人) Year-end Figures (person)	# 离退休反聘人员 Hired Retirement	# 港澳台和外籍人员 Hong Kong, Macao, Taiwan & Foreign Personnel	平均劳动报酬(元) Average Earning (yuan)	# 离退休反聘人员 Hired Retirement	# 港澳台和外籍人员 Hong Kong, Macao, Taiwan & Foreign Personnel
全国 National	**2308838**	**253801**	**2791**	**6796**	**9382**	**37011**
北京 Beijing	104461	50608	386	13727	12342	51254
天津 Tianjin	33313	8790	30	7412	6026	277393
河北 Hebei	69810	4612	48	5294	6897	56732
山西 Shanxi	77801	4058	19	4913	6577	9479
内蒙古 Inner Mongolia	26451	1870	16	5385	7210	27056
辽宁 Liaoning	86850	17203	156	6810	6556	31778
吉林 Jilin	32221	2583	228	6493	9459	26512
黑龙江 Heilongjiang	218807	3746	3	5065	6015	19000
上海 Shanghai	204337	46779	288	9544	9687	52256
江苏 Jiangsu	117297	9395	85	7854	8845	78826
浙江 Zhejiang	64432	10986	82	10798	11148	23675
安徽 Anhui	62911	6480	24	4784	5428	96552
福建 Fujian	48846	5006	98	8288	9724	26536
江西 Jiangxi	69064	4240	51	5230	5265	36306
山东 Shandong	139831	7798	118	5413	7184	12107
河南 Henan	92784	7908	57	5913	8030	49533
湖北 Hubei	107269	7222	125	4923	8219	20521
湖南 Hunan	120064	5988	157	6383	8271	23675
广东 Guangdong	83590	12174	344	11201	16862	51657
广西 Guangxi	88170	3348	38	4050	6831	26714
海南 Hainan	15760	1134	17	4155	12717	16176
重庆 Chongqing	18439	4702	47	7259	6298	41311
四川 Sichuan	105006	8836	121	8462	9583	8913
贵州 Guizhou	90988	2571	26	5933	5183	7378
云南 Yunnan	46982	4391	67	3533	5762	27701
西藏 Tibet	13241	193	11	6490	4945	25444
陕西 Shaanxi	72142	4705	107	4917	6136	26176
甘肃 Gansu	42722	1670	9	4048	6942	3233
青海 Qinghai	10285	326		4643	5125	
宁夏 Ningxia	8656	1046	17	7580	7165	20294
新疆 Xinjiang	36308	3433	16	7827	8698	124000

4—11 续表 1　continued

地　区 Region	农、林、牧、渔业 Farming, Forestry, Animal Husbandry and Fishery				采掘业 Mining and Quarrying			
	年末人数（人）Year-end Figures (person)	＃离退休反聘人员 Hired Retirement	平均劳动报酬（元）Average Earning (yuan)	＃离退休反聘人员 Hired Retirement	年末人数（人）Year-end Figures (person)	＃离退休反聘人员 Hired Retirement	平均劳动报酬（元）Average Earning (yuan)	＃离退休反聘人员 Hired Retirement
全　国 National	**243579**	**5137**	**4287**	**3324**	**30106**	**2232**	**6730**	**5328**
北　京 Beijing	120	97	8513	7505	67	61	11186	10151
天　津 Tianjin	19	17	5593	1867	4194	264	13915	7013
河　北 Hebei	174	13	4646	5733	320	5	5386	4400
山　西 Shanxi	517	84	2744	3556	2032	113	5425	4356
内蒙古 Inner Mongolia	2546	65	2847	6867	87	85	1844	2095
辽　宁 Liaoning	297	72	5220	7514	61	52	7879	4019
吉　林 Jilin	1380	18	2941	11000	828	25	6272	5556
黑龙江 Heilongjiang	150512	231	4477	1968	590	42	9273	6000
上　海 Shanghai	13584	66	4317	8794	52	2	9400	11000
江　苏 Jiangsu	4293	70	4117	5774	61	14	5543	2385
浙　江 Zhejiang	706	83	7926	6378	17	5	5000	12500
安　徽 Anhui	5061	2074	3040	2574	1140	57	5381	6000
福　建 Fujian	2926	80	3471	4530	621	47	6304	6521
江　西 Jiangxi	8371	821	3327	334	1524	93	6673	6061
山　东 Shandong	1054	64	3686	15561	310	166	3173	2189
河　南 Henan	1497	96	4190	4673	1101	301	4740	4870
湖　北 Hubei	9530	278	4355	2923	2590	8	8658	4000
湖　南 Hunan	9007	61	3951	4299	3513	126	5128	4462
广　东 Guangdong	3160	103	6760	10713	276	130	6931	7238
广　西 Guangxi	4543	168	2966	4027	889	132	3784	5348
海　南 Hainan	2537	5	3003	9833	1017	45	4486	3956
重　庆 Chongqing	89	12	3253	4938	1447	30	6877	9176
四　川 Sichuan	1637	48	2819	4826	1826	37	5834	5912
贵　州 Guizhou	1489	11	2456	11375	680	18	7952	15353
云　南 Yunnan	11712	72	3207	5152	756	214	4069	4580
西　藏 Tibet	1707	2	6552	24000	288		10635	
陕　西 Shaanxi	452	21	4802	7650	2278	68	3491	7841
甘　肃 Gansu	216	6	4954	12333	790	10	4495	5444
青　海 Qinghai	985		1796	7000	640	18	4100	4389
宁　夏 Ningxia	212	12	4762	4833	16	16	6000	6000
新　疆 Xinjiang	3246	387	7969	4099	95	48	4918	7827

4—11 续表 2 continued

地区 Region	制造业 Manufacturing 年末人数（人）Year-end Figures (person)	# 离退休反聘人员 Hired Retirement	平均劳动报酬（元）Average Earning (yuan)	# 离退休反聘人员 Hired Retirement	电力、煤气及水的生产和供应业 Production and Supply of Electricity, Gas and Water 年末人数（人）Year-end Figures (person)	# 离退休反聘人员 Hired Retirement	平均劳动报酬（元）Average Earning (yuan)	# 离退休反聘人员 Hired Retirement
全　国 National	**163121**	**32185**	**6719**	**8486**	**31264**	**3033**	**5144**	**10411**
北　京 Beijing	12268	6239	14209	10835	202	158	27106	26211
天　津 Tianjin	2417	1217	6576	7046	372	340	3576	6930
河　北 Hebei	1942	618	5924	6862	12430	70	4182	7487
山　西 Shanxi	3810	829	2564	4403	228	37	7072	2794
内蒙古 Inner Mongolia	154	101	5865	7690	114	10	4589	10091
辽　宁 Liaoning	7125	2721	6061	7627	1574	631	5891	6505
吉　林 Jilin	1540	412	6158	9397	635	116	6385	7839
黑龙江 Heilongjiang	7410	326	4336	6594	1069	38	4657	9128
上　海 Shanghai	30336	6633	10622	10727	722	255	14270	18877
江　苏 Jiangsu	13620	823	7862	8232	536	85	11461	9446
浙　江 Zhejiang	2139	589	12116	11129	484	109	8577	16402
安　徽 Anhui	3563	494	4179	6046	740	26	5786	6769
福　建 Fujian	1667	471	7731	9404	978	151	8965	17480
江　西 Jiangxi	6824	394	4840	4628	1196	60	5101	7183
山　东 Shandong	5175	766	3372	7656	448	39	5451	7500
河　南 Henan	11918	615	3616	6709	1035	89	5690	10467
湖　北 Hubei	7394	768	5093	5753	567	167	7267	6855
湖　南 Hunan	9409	856	4322	4239	1188	46	5615	4000
广　东 Guangdong	3693	1191	10970	13062	1152	144	8837	15733
广　西 Guangxi	7782	519	2938	4976	805	41	1419	6020
海　南 Hainan	972	204	3004	9547	397	7	3823	7750
重　庆 Chongqing	2404	1249	6250	5585	79	20	5145	5400
四　川 Sichuan	2804	1196	5249	4943	673	91	6076	6787
贵　州 Guizhou	4349	371	3936	5264	1045	88	5990	2945
云　南 Yunnan	1113	565	4381	4826	458	58	2552	6421
西　藏 Tibet	34	11	6647	2455	43	2	8169	9000
陕　西 Shaanxi	6099	1107	3549	4945	1759	51	4534	7137
甘　肃 Gansu	3491	403	2228	5007	156	19	4690	16474
青　海 Qinghai	387	32	6606	6059	72	18	11960	13167
宁　夏 Ningxia	644	203	4945	6138	40	17	3796	4588
新　疆 Xinjiang	638	262	5030	8709	67	50	274	11471

4—11 续表 3 continued

地　区 Region	建筑业 Construction 年末人数（人）Year-end Figures (person)	# 离退休反聘人员 Hired Retirement	平均劳动报酬（元）Average Earning (yuan)	# 离退休反聘人员 Hired Retirement	地质勘查业、水利管理业 Geological Prospecting and Water Conservancy 年末人数（人）Year-end Figures (person)	# 离退休反聘人员 Hired Retirement	平均劳动报酬（元）Average Earning (yuan)	# 离退休反聘人员 Hired Retirement
全　国 National	**217426**	**13486**	**8480**	**11960**	**11043**	**2658**	**6356**	**9993**
北　京 Beijing	6263	3046	14032	15723	306	221	10061	9995
天　津 Tianjin	1597	207	7637	6661	153	66	6571	6273
河　北 Hebei	7236	533	7331	10578	198	56	4211	5214
山　西 Shanxi	14059	138	7556	16034	333	66	7921	4438
内蒙古 Inner Mongolia	26	9	6731	6000	46	16	4043	6500
辽　宁 Liaoning	7638	1121	10521	8025	268	27	9503	5235
吉　林 Jilin	7308	40	7008	8222	104	28	12593	8200
黑龙江 Heilongjiang	6372	79	9086	7050	1223	72	6956	9250
上　海 Shanghai	13304	1257	9899	15713	290	166	11378	13110
江　苏 Jiangsu	4737	289	7136	11600	452	54	6475	6674
浙　江 Zhejiang	804	284	8594	8532	447	90	10552	13151
安　徽 Anhui	4218	283	6823	5445	605	74	2789	7000
福　建 Fujian	4039	327	9204	13783	147	44	8097	10867
江　西 Jiangxi	1607	63	6157	8151	203	30	3341	5500
山　东 Shandong	5622	182	9253	9283	146	40	8873	6077
河　南 Henan	19120	1031	7346	11671	467	128	4654	10116
湖　北 Hubei	3668	834	7415	8462	1091	345	8110	11083
湖　南 Hunan	29719	278	6626	8937	813	111	4915	9309
广　东 Guangdong	3276	848	13030	18170	318	181	12274	15793
广　西 Guangxi	2836	33	9491	6667	205	50	5543	14333
海　南 Hainan	634	91	4141	12322	77	18	4753	16176
重　庆 Chongqing	418	281	6970	6614	11	6	19100	175000
四　川 Sichuan	30576	999	9678	9970	448	253	5508	6827
贵　州 Guizhou	24406	135	7091	8504	334	12	3266	9600
云　南 Yunnan	430	237	13591	9508	177	40	2365	6413
西　藏 Tibet	660	9	9303	13600	58	5	22298	
陕　西 Shaanxi	4095	274	8949	6642	64	4	2939	3750
甘　肃 Gansu	1523	79	13803	9962	941	317	5551	10871
青　海 Qinghai	2144	113	5185	5018	749	3	2360	1333
宁　夏 Ningxia	1221	101	8498	8050	175	21	5313	9810
新　疆 Xinjiang	7870	285	11967	13472	194	114	9750	10560

4—11 续表 4 continued

地 区 Region	交通运输、仓储及邮电通信业 Transport, Storage, Post and Telecommunications				批发和零售贸易、餐饮业 Wholesale and Retail Trade and Catering Services			
	年末人数（人） Year-end Figures (person)	# 离退休反聘人员 Hired Retirement	平均劳动报酬（元） Average Earning (yuan)	# 离退休反聘人员 Hired Retirement	年末人数（人） Year-end Figures (person)	# 离退休反聘人员 Hired Retirement	平均劳动报酬（元） Average Earning (yuan)	# 离退休反聘人员 Hired Retirement
全 国 National	**178660**	**8414**	**7856**	**7867**	**140076**	**14508**	**6264**	**8316**
北 京 Beijing	5303	874	12552	8838	9419	3617	11749	10056
天 津 Tianjin	1099	35	5957	3886	2506	471	7252	5768
河 北 Hebei	5617	68	4705	5641	1888	378	5485	5803
山 西 Shanxi	8232	59	6689	6127	3074	295	3479	4390
内蒙古 Inner Mongolia	4686	177	4774	9335	321	74	4536	5823
辽 宁 Liaoning	8270	1026	7036	7293	2960	914	6025	6184
吉 林 Jilin	2896	60	5183	12109	1130	88	4004	6280
黑龙江 Heilongjiang	6127	134	8477	5481	15383	217	4835	6144
上 海 Shanghai	11844	1440	11912	8140	21580	3112	10275	9597
江 苏 Jiangsu	10735	178	8526	2924	8730	533	6624	7362
浙 江 Zhejiang	4173	217	9902	11244	2856	553	12179	10088
安 徽 Anhui	5610	262	4325	6149	5534	219	3076	6362
福 建 Fujian	6449	318	9340	10604	3557	480	7419	7453
江 西 Jiangxi	7337	120	7597	7287	5240	144	6104	5614
山 东 Shandong	8588	182	7556	5447	4569	227	3091	6407
河 南 Henan	9137	418	6612	5474	5792	230	2734	3656
湖 北 Hubei	8846	138	6556	9672	6513	174	6328	4758
湖 南 Hunan	17514	766	7579	8203	7138	217	4678	7918
广 东 Guangdong	8181	334	11282	16908	4823	946	9275	12060
广 西 Guangxi	5580	87	6620	8063	5793	201	5282	6044
海 南 Hainan	1112	21	7110	7810	1501	36	1392	5415
重 庆 Chongqing	3033	220	6516	6326	707	103	5175	7163
四 川 Sichuan	8076	192	9055	6151	3113	405	5073	7044
贵 州 Guizhou	5115	410	7013	4966	6537	107	3408	5212
云 南 Yunnan	2896	125	5317	4527	3234	246	2983	4887
西 藏 Tibet	23	9	11957	17000	267	6	12077	88000
陕 西 Shaanxi	4924	142	9167	6080	2603	190	3459	5201
甘 肃 Gansu	1689	71	6312	5679	1960	101	2795	4630
青 海 Qinghai	425	19	9812	4130	110	9	7000	10500
宁 夏 Ningxia	382	37	11337	5632	407	90	4830	3407
新 疆 Xinjiang	4761	275	5102	7068	831	125	6020	5786

4—11 续表 5　continued

地　区　Region	金融、保险业 Finance and Insurance				房地产业 Real Estate Trade			
	年末人数（人）Year-end Figures (person)	＃离退休反聘人员 Hired Retirement	平均劳动报酬（元）Average Earning (yuan)	＃离退休反聘人员 Hired Retirement	年末人数（人）Year-end Figures (person)	＃离退休反聘人员 Hired Retirement	平均劳动报酬（元）Average Earning (yuan)	＃离退休反聘人员 Hired Retirement
全　国　National	**287117**	**3419**	**9303**	**9395**	**47558**	**9125**	**9879**	**9652**
北　京　Beijing	756	312	6414	7651	5049	2617	10920	10577
天　津　Tianjin	3535	61	9286	6887	509	234	8547	6188
河　北　Hebei	12322	62	7177	2770	114	45	6786	7638
山　西　Shanxi	10797	46	6694	18955	417	29	4622	6679
内蒙古　Inner Mongolia	5945	26	7637	4548	166	21	2857	4048
辽　宁　Liaoning	17442	109	10446	5684	2713	582	5656	8178
吉　林　Jilin	6688	38	7205	9632	311	17	7866	6188
黑龙江　Heilongjiang	4259	20	10395	4788	2891	159	4402	7230
上　海　Shanghai	4381	768	11443	10053	11566	2708	9673	9413
江　苏　Jiangsu	30355	273	9390	11348	1699	552	7717	7781
浙　江　Zhejiang	20602	209	11872	8941	1025	354	9632	10406
安　徽　Anhui	11063	50	6434	5021	281	78	5880	5556
福　建　Fujian	8196	136	11639	9643	493	121	10843	12654
江　西　Jiangxi	7498	79	8373	4885	503	357	8501	9327
山　东　Shandong	29483	90	8964	8287	778	332	7300	8099
河　南　Henan	22691	115	7111	26392	208	28	3792	4583
湖　北　Hubei	4280	55	7249	6089	308	82	6425	8338
湖　南　Hunan	15691	123	7992	2894	398	27	7569	10273
广　东　Guangdong	13100	107	17251	10519	801	323	15636	19525
广　西　Guangxi	4124	55	7876	5100	79	29	5000	7138
海　南　Hainan	1208	2	6961	11000	24	12	9542	12667
重　庆　Chongqing	3993	46	10053	13815	136	64	10193	7633
四　川　Sichuan	23250	334	11905	15695	395	100	6794	7216
贵　州　Guizhou	2465	84	6764	4850	15329	47	12688	9860
云　南　Yunnan	2138	79	5964	5024	250	79	6816	6474
西　藏　Tibet	60		6671		11		20000	
陕　西　Shaanxi	11016	67	7910	5662	113	42	6714	7000
甘　肃　Gansu	2539	35	4602	4889	135	10	3436	5000
青　海　Qinghai	1326	1	5717	5000	12		4067	
宁　夏　Ningxia	1845	6	10171	5667	37	32	7730	8000
新　疆　Xinjiang	4069	31	9134	7419	807	44	4121	6837

4—11 续表 6 continued

地区 Region	社会服务业 Social Services				卫生、体育和社会福利业 Health Care, Sporting and Social Welfare			
	年末人数（人）Year-end Figures (person)	# 离退休反聘人员 Hired Retirement	平均劳动报酬（元）Average Earning (yuan)	# 离退休反聘人员 Hired Retirement	年末人数（人）Year-end Figures (person)	# 离退休反聘人员 Hired Retirement	平均劳动报酬（元）Average Earning (yuan)	# 离退休反聘人员 Hired Retirement
全 国 National	**122739**	**21661**	**8136**	**9926**	**88469**	**37427**	**8674**	**10928**
北 京 Beijing	20684	7056	13110	12583	2869	2180	15213	16071
天 津 Tianjin	3046	446	5636	8714	1497	1009	6376	6227
河 北 Hebei	1444	238	5433	5833	1548	1057	7582	7923
山 西 Shanxi	1542	497	5574	8570	1424	667	5331	6642
内蒙古 Inner Mongolia	666	109	4570	6963	1036	300	7089	9765
辽 宁 Liaoning	5286	2262	6386	6156	4698	2861	5932	6816
吉 林 Jilin	1829	293	6729	8730	876	556	14425	11655
黑龙江 Heilongjiang	7014	272	3579	5142	1911	640	5378	8813
上 海 Shanghai	31410	3870	9174	10258	11625	4330	9205	8499
江 苏 Jiangsu	7312	895	8635	7273	5636	2137	8736	9922
浙 江 Zhejiang	5321	1121	10077	11621	5197	2728	13901	13294
安 徽 Anhui	2516	270	4805	6236	3289	1236	6183	7469
福 建 Fujian	2691	352	7010	10907	2006	836	8787	10790
江 西 Jiangxi	2626	64	6171	2505	2142	570	5379	7002
山 东 Shandong	4403	682	6312	7655	5128	2368	7744	9235
河 南 Henan	1803	332	4955	8119	3728	2325	8588	8285
湖 北 Hubei	3692	363	5696	6899	3857	1297	7688	12515
湖 南 Hunan	5326	217	5535	7175	2763	996	9498	14581
广 东 Guangdong	2050	545	13001	15835	5373	3124	16935	20966
广 西 Guangxi	2134	126	4700	7842	3473	994	5644	8150
海 南 Hainan	209	73	10606	18043	333	243	9833	20017
重 庆 Chongqing	524	150	6177	5444	888	650	5936	6149
四 川 Sichuan	3222	262	8048	7591	5040	1910	12344	15208
贵 州 Guizhou	1581	186	5917	2555	3640	288	2931	4925
云 南 Yunnan	1254	307	5855	8700	2635	666	2785	6782
西 藏 Tibet	93	12	9625	6333	1580	2	5250	7167
陕 西 Shaanxi	872	266	4387	5780	1576	669	5787	8003
甘 肃 Gansu	918	89	3869	9470	791	159	5218	10238
青 海 Qinghai	287	16	4981	4933	568	23	2782	2913
宁 夏 Ningxia	204	108	7509	8389	419	191	6301	10863
新 疆 Xinjiang	780	182	7575	10595	923	415	9879	11121

4—11 续表 7　continued

地区 Region	教育、文化艺术和广播电影电视业 Education, Culture and Arts, Radio, Film and Television				科学研究和综合技术服务业 Scientific Research and Polytechnical Services			
	年末人数（人） Year-end Figures (person)	# 离退休反聘人员 Hired Retirement	平均劳动报酬（元） Average Earning (yuan)	# 离退休反聘人员 Hired Retirement	年末人数（人） Year-end Figures (person)	# 离退休反聘人员 Hired Retirement	平均劳动报酬（元） Average Earning (yuan)	# 离退休反聘人员 Hired Retirement
全　国 National	**523183**	**44106**	**4608**	**8831**	**49402**	**29137**	**11471**	**11840**
北　京 Beijing	16725	9337	18026	12464	15889	10100	15347	14332
天　津 Tianjin	5482	2079	6871	4609	1437	1173	8459	7787
河　北 Hebei	22029	808	3640	6151	317	233	5877	5430
山　西 Shanxi	28335	646	2698	7510	609	231	8492	9155
内蒙古 Inner Mongolia	6002	336	2980	6832	131	129	7388	7540
辽　宁 Liaoning	20409	2651	4199	4936	2249	1395	6983	6494
吉　林 Jilin	4587	380	6300	11724	328	233	6623	6607
黑龙江 Heilongjiang	8678	565	4043	4996	1181	536	6284	7020
上　海 Shanghai	23644	10518	8941	9213	7385	4729	11285	11719
江　苏 Jiangsu	14821	1351	5684	7604	2461	1155	11036	12415
浙　江 Zhejiang	12331	2337	9400	10703	1612	787	12326	12454
安　徽 Anhui	11418	562	4237	5797	734	393	6801	8726
福　建 Fujian	9113	771	5435	6677	1134	361	13097	13348
江　西 Jiangxi	20548	765	3782	7753	340	162	5207	7432
山　东 Shandong	68737	1267	3558	4065	1568	744	8109	8276
河　南 Henan	6789	648	3719	6073	1168	659	7751	8552
湖　北 Hubei	48270	1530	3445	7604	1217	696	7945	8957
湖　南 Hunan	8742	916	6510	6704	1325	546	8934	9536
广　东 Guangdong	30489	2022	7265	14757	1849	1171	22394	22739
广　西 Guangxi	45292	359	2967	5677	577	263	9255	10236
海　南 Hainan	4452	207	3526	13377	151	62	5597	8757
重　庆 Chongqing	2742	879	5879	6271	524	451	8369	7846
四　川 Sichuan	15573	1005	3912	6159	1795	1244	10678	11191
贵　州 Guizhou	16792	309	3084	3853	404	215	5540	8005
云　南 Yunnan	13494	462	2490	4527	552	422	5936	5874
西　藏 Tibet	2549	4	7102	3750	449	5	4757	2200
陕　西 Shaanxi	32341	781	2766	6547	1080	601	8523	6995
甘　肃 Gansu	18669	81	2063	4891	466	139	1163	3207
青　海 Qinghai	1176	19	3018	2500	89	29	3620	3575
宁　夏 Ningxia	314	41	6947	7136	73	54	8958	8865
新　疆 Xinjiang	2640	470	4561	7286	308	219	19073	11500

4—11 续表 8 continued

地区 Region	国家机关、政党机关和社会团体 Government Agencies, Party Agencies and Social Organizations				其他 Others			
	年末人数（人） Year-end Figures (person)	# 离退休反聘人员 Hired Retirement	平均劳动报酬（元） Average Earning (yuan)	# 离退休反聘人员 Hired Retirement	年末人数（人） Year-end Figures (person)	# 离退休反聘人员 Hired Retirement	平均劳动报酬（元） Average Earning (yuan)	# 离退休反聘人员 Hired Retirement
全　国 National	**132379**	**22324**	**5698**	**6513**	**42716**	**4949**	**8218**	**9917**
北　京 Beijing	5210	3409	9263	8136	3331	1284	8191	12080
天　津 Tianjin	4986	1066	4347	4401	464	105	7508	4808
河　北 Hebei	2134	393	4533	3780	97	35	9924	4743
山　西 Shanxi	2114	267	4494	5613	278	54	8798	7255
内蒙古 Inner Mongolia	1359	232	4692	4493	3166	180	8291	8577
辽　宁 Liaoning	5436	711	3670	4826	424	68	4473	6214
吉　林 Jilin	1658	184	3871	7277	123	95	8886	6649
黑龙江 Heilongjiang	3496	332	3936	4423	691	83	7503	5659
上　海 Shanghai	17713	5946	7637	6663	4901	979	11269	10261
江　苏 Jiangsu	9997	850	6774	7574	1852	136	10072	10410
浙　江 Zhejiang	5923	1275	8963	7847	795	245	8540	10357
安　徽 Anhui	6953	379	4465	5234	186	23	5166	5304
福　建 Fujian	2681	436	6645	6708	2148	75	12504	9977
江　西 Jiangxi	2737	481	5117	3840	368	37	1862	4771
山　东 Shandong	3646	613	4985	5005	176	36	5885	10925
河　南 Henan	5957	666	4322	5606	373	227	7821	9079
湖　北 Hubei	5113	397	5606	5550	333	90	6525	6059
湖　南 Hunan	4302	387	6417	6542	3216	315	5329	9517
广　东 Guangdong	4027	878	11227	11946	1022	127	12108	16634
广　西 Guangxi	3698	270	4342	5161	360	21	5357	9950
海　南 Hainan	1132	104	4443	8796	4	4	2750	2750
重　庆 Chongqing	1345	446	8763	5647	99	95	10308	8000
四　川 Sichuan	6067	696	5372	6131	511	64	5391	9833
贵　州 Guizhou	6563	242	2602	4436	259	48	7845	3804
云　南 Yunnan	5796	748	3353	4375	87	71	8168	7826
西　藏 Tibet	5412	126	5576	3048	7		7429	
陕　西 Shaanxi	2755	402	4491	4002	115	20	4983	7409
甘　肃 Gansu	1962	64	4969	4586	6476	87	7508	7529
青　海 Qinghai	478	16	4455	4667	837	10	5924	5900
宁　夏 Ningxia	791	92	3046	2714	1876	25	6336	5600
新　疆 Xinjiang	938	216	3300	5494	8141	310	8241	9894

4－12 分地区在岗职工用工情况

(国有单位)

TYPES OF ON-POST STAFF AND WORKERS BY REGION

(State-owned Units, 2001)

单位：人 (person)

地区 Region		合计 Total		企业 Enterprises		企业中地方 Local Enterprises	
		长期职工 Long-term Employment	临时职工 Temporary Employment	长期职工 Long-term Employment	临时职工 Temporary Employment	长期职工 Long-term Employment	临时职工 Temporary Employment
全 国	**National**	**70909785**	**3180478**	**36092862**	**1999031**	**24550351**	**1506134**
北 京	Beijing	2128912	229844	1212434	147745	696846	57122
天 津	Tianjin	994193	38532	568152	26565	332910	23421
河 北	Hebei	3918354	109434	2018254	64389	1441464	43368
山 西	Shanxi	2533128	138982	1426667	78758	960143	61861
内蒙古	Inner Mongolia	1810693	52003	888714	30492	631946	24331
辽 宁	Liaoning	3606464	121109	2121123	59749	1340650	43923
吉 林	Jilin	2208002	94391	1238008	58976	800791	45855
黑龙江	Heilongjiang	3557784	132263	2302661	92597	1613297	81247
上 海	Shanghai	1611873	24890	954546	9080	593695	6723
江 苏	Jiangsu	3686845	87118	1882390	37797	1439040	29469
浙 江	Zhejiang	1634839	140178	538374	76875	339661	59207
安 徽	Anhui	2431591	96452	1150608	54039	886601	46796
福 建	Fujian	1488916	93818	580799	64048	439330	49568
江 西	Jiangxi	2133273	88368	1000983	57754	743406	44603
山 东	Shandong	5034445	160689	2640978	99614	1972859	79348
河 南	Henan	4313850	163381	2278764	126553	1649686	112104
湖 北	Hubei	3769512	25740	1983218	16536	1330616	10470
湖 南	Hunan	3020040	144100	1393967	97204	979424	79547
广 东	Guangdong	3658194	259353	1587889	164446	1209523	139964
广 西	Guangxi	2069465	117502	900191	62300	696028	54850
海 南	Hainan	588535	31513	366952	21575	339586	18816
重 庆	Chongqing	1247086	100776	621086	66058	341494	42653
四 川	Sichuan	3295462	209054	1442639	137357	841791	113313
贵 州	Guizhou	1394752	93905	616728	69634	398707	56751
云 南	Yunnan	1945005	128135	809375	91474	623572	74358
西 藏	Tibet	133650	10942	34607	4671	24191	3917
陕 西	Shaanxi	2496618	82430	1290972	40190	724687	30509
甘 肃	Gansu	1531522	56608	781142	32681	526260	24439
青 海	Qinghai	349229	12651	161374	8138	79852	6149
宁 夏	Ningxia	452811	26377	236584	19439	177422	14726
新 疆	Xinjiang	1864742	109940	1062683	82297	374873	26726

4—12 续表 1 continued

单位:人 (person)

地区 Region	事业 Institutions 长期职工 Long-term Employment	事业 Institutions 临时职工 Temporary Employment	事业中地方 Local Institutions 长期职工 Long-term Employment	事业中地方 Local Institutions 临时职工 Temporary Employment	机关 Organizations 长期职工 Long-term Employment	机关 Organizations 临时职工 Temporary Employment	机关中地方 Local Organizations 长期职工 Long-term Employment	机关中地方 Local Organizations 临时职工 Temporary Employment
全国 National	**24513245**	**944654**	**22936259**	**798457**	**10303678**	**236793**	**9791011**	**201700**
北京 Beijing	716663	72055	396506	33172	199815	10044	150241	8041
天津 Tianjin	316753	8350	293585	5309	109288	3617	101521	2065
河北 Hebei	1313836	34230	1264857	30308	586264	10815	557190	9799
山西 Shanxi	716266	45525	693227	42636	390195	14699	378247	12905
内蒙古 Inner Mongolia	641004	16657	622389	15657	280975	4854	268801	4209
辽宁 Liaoning	1104289	49860	1050044	41962	381052	11500	352743	8256
吉林 Jilin	751122	27625	709502	23142	218872	7790	207598	6807
黑龙江 Heilongjiang	891441	30547	862209	27020	363682	9119	347883	7972
上海 Shanghai	523277	15383	435032	9954	134050	427	129094	427
江苏 Jiangsu	1386286	41255	1310696	33920	418169	8066	401119	6528
浙江 Zhejiang	778228	48872	753446	46104	318237	14431	302775	13474
安徽 Anhui	928311	34511	890288	32266	352672	7902	339224	7061
福建 Fujian	638300	22357	626062	21879	269817	7413	252167	4951
江西 Jiangxi	797910	22351	773237	21871	334380	8263	320132	6614
山东 Shandong	1661955	46995	1603403	38663	731512	14080	705853	12507
河南 Henan	1245438	24944	1176351	23029	789648	11884	769713	11346
湖北 Hubei	1256821	8436	1161709	4877	529473	768	505355	717
湖南 Hunan	1085497	36680	1040410	31662	540576	10216	519694	9371
广东 Guangdong	1424086	78474	1358458	64514	646219	16433	598365	13528
广西 Guangxi	869961	49015	857441	46949	299313	6187	285005	5154
海南 Hainan	146094	7462	138781	7272	75489	2476	68912	1246
重庆 Chongqing	458498	27110	431349	25951	167502	7608	160401	6619
四川 Sichuan	1310705	57342	1215329	52851	542118	14355	516681	10938
贵州 Guizhou	499285	19535	489381	19427	278739	4736	271497	4340
云南 Yunnan	781026	29552	759883	28586	354604	7109	340568	6508
西藏 Tibet	49990	4042	48643	4006	49053	2229	47627	2101
陕西 Shaanxi	860274	34564	747903	23810	345372	7676	334160	7100
甘肃 Gansu	523831	19524	482659	16036	226549	4403	220717	4211
青海 Qinghai	126289	3545	120505	3093	61566	968	58162	876
宁夏 Ningxia	156152	5749	149633	5389	60075	1189	56870	1074
新疆 Xinjiang	553657	22107	473341	17142	248402	5536	222696	4955

4—12 续表 2 continued

单位:人 (person)

地区 Region	农、林、牧、渔业 Farming, Forestry, Animal Husbandry and Fishery		采掘业 Mining and Quarrying		制造业 Manufacturing		电力、煤气及水的生产和供应业 Production and Supply of Electricity, Gas and Water	
	长期职工 Long-term Employment	临时职工 Temporary Employment	长期职工 Long-term Employment	临时职工 Temporary Employment	长期职工 Long-term Employment	临时职工 Temporary Employment	长期职工 Long-term Employment	临时职工 Temporary Employment
全 国 National	**4280799**	**120292**	**3867670**	**148552**	**11504750**	**432184**	**2219583**	**68430**
北 京 Beijing	17713	2321	23083	58	374460	17718	22928	730
天 津 Tianjin	8714	68	58524		210106	2229	24925	5089
河 北 Hebei	91005	886	250916	4523	743462	24528	125969	4098
山 西 Shanxi	38420	1516	360292	16660	403633	23870	93742	1789
内蒙古 Inner Mongolia	238418	2210	207555	5564	85994	4926	67642	2467
辽 宁 Liaoning	271997	2871	201039	5281	801497	9585	121705	4654
吉 林 Jilin	166710	1453	221650	11740	318053	11608	64777	2103
黑龙江 Heilongjiang	442963	5243	499790	25878	474375	31658	121030	2139
上 海 Shanghai	14857	196	160		394341	1523	43186	118
江 苏 Jiangsu	198245	3810	147352	1468	699509	7740	90086	1521
浙 江 Zhejiang	38262	1657	7866	331	116353	25471	62708	1815
安 徽 Anhui	122072	2321	136644	2849	391346	14485	67745	2268
福 建 Fujian	67501	1877	34427	4700	116445	10112	53655	1653
江 西 Jiangxi	178952	4757	101740	5931	331003	15536	76505	3369
山 东 Shandong	74295	2305	515613	8826	1046202	32356	169946	5275
河 南 Henan	82573	1479	185268	7495	746840	20686	177730	2068
湖 北 Hubei	370083	832	74334	733	766173	5046	98597	1130
湖 南 Hunan	175388	9582	108276	6419	474324	19936	92041	1173
广 东 Guangdong	138060	10940	41438	992	320955	30381	135044	6298
广 西 Guangxi	151288	8098	42833	4369	314284	18570	69354	1597
海 南 Hainan	222218	1522	14036	391	29308	6617	13828	405
重 庆 Chongqing	21912	650	60435	5692	271593	12096	40658	1376
四 川 Sichuan	93775	2491	134147	6907	559595	20589	104729	3873
贵 州 Guizhou	44971	1929	52869	2823	211432	15401	47618	2484
云 南 Yunnan	177497	4269	65455	4034	259617	17999	44704	1307
西 藏 Tibet	3627	548	1132	202	2300	511	4976	449
陕 西 Shaanxi	62244	795	155477	4475	527297	11655	66892	1345
甘 肃 Gansu	78548	2084	68082	2701	330062	5890	53761	1263
青 海 Qinghai	22382	566	14714	1682	35468	1094	12862	661
宁 夏 Ningxia	48061	2895	44794	799	45927	4807	19688	2467
新 疆 Xinjiang	618048	38121	37729	5029	102796	7561	30552	1446

4—12 续表 3 continued

单位:人 (person)

地区 Region	建筑业 Constrution 长期职工 Long-term Employment	建筑业 Constrution 临时职工 Temporary Employment	地质勘查业、水利管理业 Geological Prospecting and Water Conservancy 长期职工 Long-term Employment	地质勘查业、水利管理业 Geological Prospecting and Water Conservancy 临时职工 Temporary Employment	交通运输、仓储及邮电通信业 Transport, Storage, Post and Telecommunications 长期职工 Long-term Employment	交通运输、仓储及邮电通信业 Transport, Storage, Post and Telecommunications 临时职工 Temporary Employment	批发和零售贸易餐饮业 Wholesale and Retail Trade, Catering Services 长期职工 Long-term Employment	批发和零售贸易餐饮业 Wholesale and Retail Trade, Catering Services 临时职工 Temporary Employment
全 国 National	**2737181**	**621317**	**991158**	**25841**	**5012376**	**170915**	**4280680**	**184978**
北 京 Beijing	160465	67817	12355	1185	130536	11847	141648	13557
天 津 Tianjin	46933	1286	10529	184	93576	1361	48234	4916
河 北 Hebei	158434	11143	51556	4146	251982	4723	270427	5306
山 西 Shanxi	115614	7760	30294	1576	193781	8770	160357	11120
内蒙古 Inner Mongolia	44934	5146	31458	206	162047	5376	79008	2613
辽 宁 Liaoning	168110	14726	51830	402	286463	8302	148425	5105
吉 林 Jilin	91797	9247	24773	279	202240	7678	133701	6356
黑龙江 Heilongjiang	151133	13069	50674	1002	290886	6318	228092	4361
上 海 Shanghai	64492	2024	7885	188	136814	590	94487	838
江 苏 Jiangsu	114305	9493	46548	1638	279020	2460	263028	6316
浙 江 Zhejiang	27293	15209	15125	762	112572	4805	57466	7832
安 徽 Anhui	89693	18020	40000	1322	133389	5067	193463	6328
福 建 Fujian	47961	26132	11819	206	102471	4724	85811	6136
江 西 Jiangxi	55569	12875	31507	680	150188	4069	138433	5868
山 东 Shandong	124386	25035	45527	1168	280042	5299	314323	8291
河 南 Henan	221188	68716	80158	427	301357	5019	412636	5691
湖 北 Hubei	139136	3372	68198	339	278696	653	222925	959
湖 南 Hunan	90803	26928	39189	241	206174	9024	163138	7105
广 东 Guangdong	127191	50162	39156	1398	284400	15324	265711	20241
广 西 Guangxi	46296	8140	25216	1162	131578	7911	124373	7503
海 南 Hainan	13429	8486	5408	140	25672	2982	27615	845
重 庆 Chongqing	39081	23637	10943	244	108452	9411	60621	7280
四 川 Sichuan	161518	76046	56566	389	181654	8688	165191	9958
贵 州 Guizhou	57912	33443	14972	202	81278	4287	92420	6794
云 南 Yunnan	61273	38030	24082	423	136825	11112	97039	11936
西 藏 Tibet	2673	557	2187	203	13808	385	4709	1031
陕 西 Shaanxi	121987	11082	63409	460	193932	4004	130419	3461
甘 肃 Gansu	56940	11508	39039	2308	106408	3087	80345	2963
青 海 Qinghai	16950	2535	19511	119	32573	1442	12125	288
宁 夏 Ningxia	21838	4825	10803	249	31567	1330	20789	1785
新 疆 Xinjiang	97847	14868	30441	2593	91995	4867	43721	2195

4—12 续表 4 continued

单位:人 (person)

地 区 Region	金融、保险业 Finance and Insurance 长期职工 Long-term Employment	金融、保险业 临时职工 Temporary Employment	房地产业 Real Estate Trade 长期职工 Long-term Employment	房地产业 临时职工 Temporary Employment	社会服务业 Social Services 长期职工 Long-term Employment	社会服务业 临时职工 Temporary Employment	卫生、体育和社会福利业 Health Care, Sporting and Social Welfare 长期职工 Long-term Employment	卫生、体育和社会福利业 临时职工 Temporary Employment
全 国 National	**1823033**	**107229**	**552653**	**33792**	**2779768**	**323398**	**4087154**	**158411**
北 京 Beijing	46133	651	33564	7159	251991	33045	116272	7994
天 津 Tianjin	23412	361	13138	44	54282	2162	64941	954
河 北 Hebei	90432	3325	21494	353	137864	12283	195872	5109
山 西 Shanxi	54203	6478	9075	359	79288	11438	108894	5454
内蒙古 Inner Mongolia	48530	2615	14058	744	57026	4585	87197	1981
辽 宁 Liaoning	97424	7918	49234	3590	174429	20501	198664	4793
吉 林 Jilin	53347	3050	20324	1917	94325	12531	127749	4377
黑龙江 Heilongjiang	66550	3006	34774	1706	124035	8995	165972	4548
上 海 Shanghai	38511	74	27415	265	169889	7584	116311	2051
江 苏 Jiangsu	102881	4144	36489	581	155052	9947	191373	6704
浙 江 Zhejiang	79466	8139	19193	2291	88780	17206	159580	13254
安 徽 Anhui	56627	3383	17822	648	71397	9668	108365	5572
福 建 Fujian	60888	4374	9592	960	55330	8748	77765	6203
江 西 Jiangxi	55619	5229	14612	264	47351	8646	119064	3953
山 东 Shandong	115464	6826	32515	705	154695	22611	273240	8930
河 南 Henan	104897	5774	20394	563	148757	14485	289119	5897
湖 北 Hubei	86618	214	25227	37	137072	2081	240910	708
湖 南 Hunan	65781	4528	20354	368	97945	14560	189374	6808
广 东 Guangdong	156028	10464	46330	4612	183270	26428	294390	25012
广 西 Guangxi	51132	2902	10875	454	70675	13024	135497	7688
海 南 Hainan	15155	715	3628	189	19389	4654	25006	596
重 庆 Chongqing	28816	3434	8811	1836	38846	7029	65504	3381
四 川 Sichuan	84091	5795	15858	1111	96447	20265	192087	7860
贵 州 Guizhou	32349	1355	12800	807	32533	4660	81124	1911
云 南 Yunnan	50073	1557	5966	834	51524	7413	119598	3816
西 藏 Tibet	5235	387	29	17	3631	906	9331	812
陕 西 Shaanxi	54761	3740	9309	285	66400	5284	116108	3878
甘 肃 Gansu	39240	4006	8211	276	42763	3956	70947	2109
青 海 Qinghai	11419	245	876	25	11325	576	22206	666
宁 夏 Ningxia	13243	469	2459	487	16185	1024	23755	1314
新 疆 Xinjiang	34708	2071	8227	305	47272	7103	100939	4078

4—12 续表 5 continued

单位:人 (person)

地区	Region	教育、文化艺术和广播电影电视业 Education, Culture and Arts, Radio, Film and Television 长期职工 Long-term Employment	临时职工 Temporary Employment	科学研究和综合技术服务业 Scientific Research and Polytechnical Services 长期职工 Long-term Employment	临时职工 Temporary Employment	国家机关、政党机关和社会团体 Government Agencies, Party Agencies & Social Organizations 长期职工 Long-term Employment	临时职工 Temporary Employment	其他 Others 长期职工 Long-term Employment	临时职工 Temporary Employment
全 国	**National**	**14179362**	**374383**	**1329256**	**40838**	**10582583**	**255348**	**681779**	**114570**
北 京	Beijing	346918	26740	154444	7986	229849	11741	66553	19295
天 津	Tianjin	175637	4923	34391	710	112011	3728	14840	10517
河 北	Hebei	829192	12030	43910	779	627816	13021	28023	3181
山 西	Shanxi	426800	22408	35827	1660	397897	16342	25011	1782
内蒙古	Inner Mongolia	345539	6755	26127	282	288437	5226	26723	1307
辽 宁	Liaoning	545850	13223	69503	1838	389446	11593	30848	6727
吉 林	Jilin	393824	9694	40233	1192	236449	7932	18050	3234
黑龙江	Heilongjiang	479071	10859	37629	2177	366111	9357	24699	1947
上 海	Shanghai	273916	2884	73267	111	131152	431	25190	6013
江 苏	Jiangsu	820031	15349	70875	1350	433684	8891	38367	5706
浙 江	Zhejiang	472341	21785	35059	1914	315437	14534	27338	3173
安 徽	Anhui	571403	12127	33025	1660	386048	9134	12552	1600
福 建	Fujian	443120	9251	27092	872	276069	7412	18970	458
江 西	Jiangxi	454957	7685	32081	746	330056	7456	15636	1304
山 东	Shandong	1024396	11622	53755	1035	771592	13746	38454	6659
河 南	Henan	634186	9496	66845	1424	806044	11870	35858	2291
湖 北	Hubei	666807	4986	61462	124	508575	1139	24699	3387
湖 南	Hunan	662509	16967	43363	1167	562469	10451	28912	8843
广 东	Guangdong	870266	25798	55455	3440	650098	16346	50402	11517
广 西	Guangxi	521682	24828	31145	1935	329546	7454	13691	1867
海 南	Hainan	84407	1219	11533	267	75489	2476	2414	9
重 庆	Chongqing	301195	15569	18022	1247	170451	7739	1746	155
四 川	Sichuan	793249	25782	82975	2005	553754	15458	19826	1837
贵 州	Guizhou	332649	8153	16713	218	274379	4376	8733	5062
云 南	Yunnan	469402	16832	27968	919	346669	6628	7313	1026
西 藏	Tibet	25448	2178	1527	299	52352	2434	685	23
陕 西	Shaanxi	471208	14977	82440	1166	364686	15690	10049	133
甘 肃	Gansu	277878	6590	24690	796	225254	5097	29354	1974
青 海	Qinghai	63922	1332	6706	103	59414	964	6776	353
宁 夏	Ningxia	79499	2351	7712	211	60350	1201	6141	163
新 疆	Xinjiang	322060	9990	23482	1205	250999	5481	23926	3027

4—13 分地区城镇单位就业人员增加来源

（国有单位）

INCREASE OF EMPLOYMENT IN URBAN UNITS BY REGION

（State-owned Units，2001）

单位：人 (person)

地区 Region	合计 Total	从农村招收 Recruited from Country-side	从城镇招收 Recruited from Cities and Towns	录用的复员转业军人 Recruited Demobilized and Transferred Armymen	录用的大、中专、技工学校毕业生 Recruited Graduates	调入 Transferred Into	#由外省、自治区、直辖市调入 Transferred from Other Regions	其他 Others
全国 National	**4394364**	**591425**	**355425**	**196997**	**972721**	**1256835**	**33782**	**1020961**
北京 Beijing	316980	105711	17878	3470	40582	65236	6564	84103
天津 Tianjin	86093	4190	7596	1539	13822	21729	558	37217
河北 Hebei	210467	29061	13649	15383	67717	48968	775	35689
山西 Shanxi	114737	16028	8855	5818	31721	26064	393	26251
内蒙古 Inner Mongolia	95746	12735	9961	3517	16866	29193	872	23474
辽宁 Liaoning	210224	19063	17660	12524	35894	75324	678	49759
吉林 Jilin	102982	10676	11353	7264	22075	39366	400	12248
黑龙江 Heilongjiang	203059	3945	10012	9591	28384	58333	398	92794
上海 Shanghai	264522	5446	18076	2442	25213	91717	2673	121628
江苏 Jiangsu	251623	15960	16779	8286	56728	68306	1589	85564
浙江 Zhejiang	136038	19752	12176	3729	32499	44028	1688	23854
安徽 Anhui	106586	11355	8452	7049	33114	26771	409	19845
福建 Fujian	86630	13681	13151	2681	17821	24354	432	14942
江西 Jiangxi	89570	6340	6697	6092	25269	24901	354	20271
山东 Shandong	317525	35087	24641	15957	83032	125039	1126	33769
河南 Henan	211796	24662	14665	19841	59763	69341	819	23524
湖北 Hubei	144343	15770	16636	8856	34410	34216	1469	34455
湖南 Hunan	149686	11224	9691	9640	33348	53281	672	32502
广东 Guangdong	223307	40908	33446	6851	56687	54143	4706	31272
广西 Guangxi	104239	9761	10291	3773	31796	30085	423	18533
海南 Hainan	21235	3892	3349	857	4401	4739	622	3997
重庆 Chongqing	83997	11660	8400	4246	18349	24992	642	16350
四川 Sichuan	191115	37692	15948	10623	39459	55600	637	31793
贵州 Guizhou	80380	21406	6305	3164	23025	19207	1783	7273
云南 Yunnan	166858	21154	8760	4814	36540	39874	260	55716
西藏 Tibet	9024	626	669	442	3536	2380	252	1371
陕西 Shaanxi	132103	12052	6679	10451	50152	30679	525	22090
甘肃 Gansu	54149	3288	4379	3017	18362	14591	240	10512
青海 Qinghai	21571	1651	1283	851	4284	5469	223	8033
宁夏 Ningxia	31581	8603	3088	1125	4315	10425	131	4025
新疆 Xinjiang	176198	58046	14900	3104	23557	38484	1469	38107

4—14 分地区城镇单位就业人员减少去向

(国有单位)

DECREASE OF EMPLOYMENT IN URBAN UNITS BY REGION

(State-owned Units, 2001)

单位:人 (person)

地 区 Region	合 计 Total	离休、退休、退职 Retired and Resigned	开除、除名、辞退 Expelled Expunged and Dismissed	终止、解除合同 Contract Closed or Terminated	不在岗职工 Not-on-post Staff and Workers	调 出 Transferred Out	#调到外省、自治区、直辖市 Transferred to Other Regions	其 他 Others
全 国 National	**7375497**	**1358062**	**350361**	**1666502**	**1671014**	**1245369**	**39307**	**1084189**
北 京 Beijing	438479	79305	21688	141347	33599	89148	4261	73392
天 津 Tianjin	141814	26345	4894	34262	38514	26001	901	11798
河 北 Hebei	326162	71167	22198	69826	84057	44583	2595	34331
山 西 Shanxi	147534	32688	5918	23516	46714	21414	843	17284
内蒙古 Inner Mongolia	170435	25237	15999	42448	23360	28117	1966	35274
辽 宁 Liaoning	485399	81228	11370	106337	139254	68584	1042	78626
吉 林 Jilin	242613	42757	16416	56217	60760	44942	722	21521
黑龙江 Heilongjiang	406070	63444	12713	89466	116687	49835	1344	73925
上 海 Shanghai	367198	41737	3360	66911	94817	83043	442	77330
江 苏 Jiangsu	475585	87082	14053	118882	102406	63987	3710	89175
浙 江 Zhejiang	165959	29933	12366	44974	14869	43453	816	20364
安 徽 Anhui	190584	43949	7643	40579	49048	30767	1529	18598
福 建 Fujian	134943	26278	20530	33701	17001	24354	345	13079
江 西 Jiangxi	216693	37118	5780	28332	93846	28359	1431	23258
山 东 Shandong	450446	61747	23423	82486	111901	132628	1974	38261
河 南 Henan	297597	57737	9694	57021	89573	63403	1575	20169
湖 北 Hubei	358287	60471	12328	108512	89696	36261	1641	51019
湖 南 Hunan	303403	51148	8374	41755	80073	48959	1937	73094
广 东 Guangdong	369571	78063	25110	126113	54447	50263	2417	35575
广 西 Guangxi	174857	39329	11514	30695	45453	30294	546	17572
海 南 Hainan	43298	12116	5265	11878	5334	4617	889	4088
重 庆 Chongqing	163738	43950	6617	45332	36364	21688	728	9787
四 川 Sichuan	345004	87936	13981	96154	52860	53102	881	40971
贵 州 Guizhou	103119	23769	9074	19052	23405	18421	740	9398
云 南 Yunnan	221233	36743	15593	33560	41909	35044	298	58384
西 藏 Tibet	8138	2841	636	346	461	2065	129	1789
陕 西 Shaanxi	205584	52955	8985	31937	66732	30451	1191	14524
甘 肃 Gansu	64096	13841	3266	6874	20726	14399	754	4990
青 海 Qinghai	67122	4257	1538	7996	8745	5529	238	39057
宁 夏 Ningxia	42533	7537	4624	9020	4979	13127	249	3246
新 疆 Xinjiang	248003	35354	15411	60973	23424	38531	1173	74310

五、城镇集体单位就业人员和劳动报酬

Employment and Earnings in Urban Collective-owned Units

5－1　分行业就业人员和劳动报酬

（城镇集体单位）

EMPLOYMENT AND EARNINGS BY SECTOR

（Urban Collective-owned Units，2001）

项　　目	Item	年末人数（千人）Year-end Figures (1 000 persons)	＃女性 Female	劳动报酬（千元）Earnings (1 000 yuan)	平均劳动报酬（元）Average Earning (yuan)
全国总计	**National Total**	**12910**	**5099**	**89853147**	**6851**
按企、事业和机关分组	**Grouped by Enterprises, Institutions and Agencies**				
企业	Enterprises	11508	4443	78084101	6663
事业	Institutions	1366	644	11437664	8418
机关	Agencies and Organizations	36	12	331382	8890
按国民经济行业分组	**Grouped by Sector**				
农、林、牧、渔业	**Farming, Forestry, Animal Husbandry & Fishery**	**118**	**32**	**675352**	**5626**
农业	Farming	22	10	106603	4609
林业	Forestry	7	3	22694	3448
畜牧业	Animal Husbandry	6	2	36190	5544
渔业	Fishery	7	2	46848	6743
农、林、牧、渔服务业	Services	76	16	463017	6025
采掘业	**Mining and Quarrying**	**309**	**114**	**1754684**	**5515**
制造业	**Manufacturing**	**4371**	**2099**	**27060439**	**6101**
电力、煤气及水的生产和供应业	**Production and Supply of Electricity, Gas and Water**	**84**	**26**	**1046005**	**12233**
建筑业	**Construction**	**2552**	**436**	**18804434**	**7225**
土木工程建筑业	Civil Engineering	2238	349	15786849	6893
线路、管道和设备安装业	Circuit Pipelines and Equipment Installation	256	74	2611701	10244
装修装饰业	Buildings Fitting up and Decoration	58	13	405884	7062
地质勘查业、水利管理业	**Geological Prospecting and Water Conservancy**	**16**	**3**	**124519**	**7622**
地质勘查业	Geological Prospecting	3	1	29881	7998
水利管理业	Water Conservancy	13	3	94638	7510
交通运输、仓储及邮电通信业	**Transport, Storage, Post and Telecommunications**	**491**	**155**	**3136053**	**6311**
铁路运输业	Railway Transport	38	22	176268	4982
公路运输业	Highway Transport	192	55	1179358	6022
管道运输业	Pipeline Transport	1	…	12567	14379
水上运输业	Water Way Transport	90	25	534727	5815
航空运输业	Air Transport	1	…	9617	9484
交通运输辅助业	Transport Supporting & Auxiliary Services	131	36	875001	6632
其他交通运输业	Other Transport	9	2	58678	6875
仓储业	Storage	15	6	118529	7344
邮电通信业	Post and Telecommunications	15	7	171308	11221
批发和零售贸易、餐饮业	**Wholesale & Retail Trade & Catering Services**	**2232**	**995**	**12551301**	**5450**
食品、饮料、烟草和家庭日用品批发业	Wholesale Trade of Food, Beverages, Tobacco and Household Goods	477	208	2848610	5810
能源、材料和机械电子设备批发业	Wholesale Trade of Energy, Materials and Electronic Equipment	186	74	1484052	7617
其他批发业	Other Wholesale Trade	298	115	1497718	4852
零售业	Retail Trade	1175	544	6100299	5033
商业经纪与代理业	Commercial Brokerage and Agencies	3	1	17581	6407
餐饮业	Catering Services	93	54	603041	6407
金融、保险业	**Finance and Insurance**	**691**	**292**	**7428044**	**10707**
金融业	Finance	691	292	7425778	10710

5－1 续表 continued

项　　目	Item	年末人数（千人）Year-end Figures (1 000 persons)	＃女性 Female	劳动报酬（千元）Earnings (1 000 yuan)	平均劳动报酬（元）Average Earning (yuan)
保险业	Insurance	…	…	2266	5795
房地产业	**Real Estate Trade**	**69**	**23**	**724472**	**10516**
房地产开发与经营业	Real Estate Development and Operation	44	14	444971	10093
房地产管理业	Real Estate Managment	23	8	264258	11485
房地产代理与经纪业	Real Estate Brokerages and Agencies	2	1	15243	8482
社会服务业	**Social Services**	**591**	**266**	**4730520**	**7902**
公共设施服务业	Public Facilities Services	156	69	1357829	8587
居民服务业	Resident Services	133	59	958494	7038
旅馆业	Hotels	111	68	788214	7019
租赁服务业	Leasing Services	7	3	63110	9386
旅游业	Tourism	6	3	60185	9394
娱乐服务业	Recreational Services	6	3	49201	7371
信息、咨询服务业	Information and Consultancy Services	26	9	312200	12202
计算机应用服务业	Computer Application Services	5	1	57138	10961
其他社会服务业	Other Social Services	140	51	1084149	7667
卫生、体育和社会福利业	**Health Care, Sporting and Social Welfare**	**577**	**294**	**5457844**	**9474**
卫生	Health Care	550	289	5264277	9578
体育	Sports	…	…	2393	7795
社会福利保障业	Social Welfare	26	5	191174	7308
教育、文化艺术和广播电影电视业	**Education, Culture and Arts, Radio, Film and Television**	**552**	**260**	**3918668**	**7192**
教育	Education	520	247	3661267	7131
＃普通高等学校	Regular Institution of Higher Education	2	1	23621	15142
普通中学	Regular Secondary Schools	25	12	210566	8595
小学校	Primary Schools	450	205	2958979	6669
文化艺术业	Culture and Arts	23	10	177177	7670
广播电影电视业	Radio, Film and Television	8	3	80224	9594
科学研究和综合技术服务业	**Scientific Research and Polytechnical Services**	**53**	**13**	**458344**	**9522**
科学研究业	Scientific Research	1	…	13774	9128
自然科学研究	Natural Science Research	1	…	8842	8421
社会科学研究	Social Science Research	…	…	1405	10255
其他科学研究	Other Science Research	…	…	3527	10953
综合技术服务业	Polytechnical Services	51	13	444570	9535
＃气象	Meteorology	…	…	704	11932
地震	Seismology				
测绘	Surveying and Mapping	1	…	7931	11561
技术监督	Technological Supervision	3	1	34142	11593
海洋环境	Oceanic Environment				
环境保护	Environmental Protection	2	1	19723	9414
技术推广和科技交流服务业	Technology Application & Dissemination as Well as Science & Technology Exchange Services	6	1	60372	10723
工程设计业	Engineering Design	8	3	104829	13488
其他综合技术服务业	Other Polytechnical Services	32	7	216276	7895
国家机关、政党机关和社会团体	**Government Agencies, Party Agencies and Social Organizations**	**39**	**16**	**366741**	**9304**
＃国家机关	Government Agencies	28	9	265831	9431
政党机关	Party Agencies	…	…	5333	12637
其他行业	**Others**	**166**	**73**	**1615727**	**9638**
＃企业管理机构	Enterprise Management Organizations	122	52	1061401	8645

5－2 分行业在岗职工人数和工资

（城镇集体单位）

ON-POST STAFF AND WORKERS AND WAGES BY SECTOR

(Urban Collective-owned Units, 2001)

项　目	Item	年末人数（千人）Year-end Figures (1 000 persons)	工资总额（千元）Total Wages (1 000 yuan)	平均人数（千人）Average Figures (1 000 persons)	平均工资（元）Average Wage (yuan)
全国总计	**National Total**	**12408**	**86459068**	**12590**	**6867**
按企、事业和机关分组	**Grouped by Enterprises, Institutions and Agencies**				
企业	Enterprises	11052	74953959	11242	6667
事业	Institutions	1321	11178160	1312	8518
机关	Agencies Organizations	35	326949	36	8960
按国民经济行业分组	**Grouped by Sector**				
农、林、牧、渔业	**Farming, Forestry, Animal Husbandry & Fishery**	**117**	**670038**	**119**	**5654**
农业	Farming	22	105816	23	4650
林业	Forestry	7	22552	7	3442
畜牧业	Animal Husbandry	6	35883	6	5548
渔业	Fishery	6	45042	7	6885
农、林、牧、渔服务业	Services	76	460745	76	6047
采掘业	**Mining and Quarrying**	**305**	**1728113**	**313**	**5517**
制造业	**Manufacturing**	**4253**	**26268572**	**4315**	**6088**
电力、煤气及水的生产和供应业	**Electricity, Gas and Water Production and Supply**	**82**	**1028023**	**84**	**12250**
建筑业	**Construction**	**2428**	**17813503**	**2454**	**7260**
土木工程建筑业	Civil Engineering	2127	14929692	2155	6927
线路、管道和设备安装业	Circuit Pipelines and Equipment Installation	246	2502293	244	10248
装修装饰业	Buildings Fitting up and Decoration	55	381518	54	7006
地质勘查业、水利管理业	**Geological Prospecting, Water Conservancy**	**15**	**121183**	**16**	**7605**
地质勘查业	Geological Prospecting	3	28790	4	8019
水利管理业	Water Conservancy	12	92393	12	7485
交通运输、仓储及邮电通信业	**Transport, Storage, Post and Telecommunications**	**467**	**2989508**	**473**	**6322**
铁路运输业	Railway Transport	37	170339	34	4954
公路运输业	Highway Transport	188	1141852	191	5984
管道运输业	Pipeline Transport	1	12555	1	14381
水上运输业	Water Way Transport	86	527339	89	5944
航空运输业	Air Transport	1	9167	1	9910
交通运输辅助业	Transport Supporting & Auxiliary Services	117	790345	118	6689
其他交通运输业	Other Transport	9	56976	8	6883
仓储业	Storage	15	113068	16	7218
邮电通信业	Postal and Telecommunications	14	167867	15	11159
批发和零售贸易、餐饮业	**Wholesale & Retail Trade, Catering Services**	**2160**	**12112581**	**2232**	**5428**
食品、饮料、烟草和家庭日用品批发业	Wholesale Trade of Food, Beverages, Tobacco and Household Goods	464	2772414	477	5806
能源、材料和机械电子设备批发业	Wholesale Trade of Energy, Materials and Electronic Equipment	178	1419042	185	7654
其他批发业	Other Wholesale Trade	289	1441562	300	4802
零售业	Retail Trade	1138	5896304	1176	5014
商业经纪与代理业	Commercial Brokerage and Agencies	3	17282	3	6432
餐饮业	Catering Services	89	565977	90	6297
金融、保险业	**Finance and Insurance**	**665**	**7281979**	**667**	**10914**
金融业	Banking	664	7279950	667	10917

5—2 续表 continued

项　　目	Item	年末人数（千人）Year-end Figures (1 000 persons)	工资总额（千元）Total Wages (1 000 yuan)	平均人数（千人）Average Figures (1 000 persons)	平均工资（元）Average Wage (yuan)
保险业	Insurance	…	2029	…	5915
房地产业	**Real Estate Trade**	**64**	**680220**	**64**	**10658**
房地产开发与经营业	Real Estate Development and Operation	42	425148	42	10152
房地产管理业	Real Estate Managment	20	240373	20	11847
房地产代理与经纪业	Real Estate Brokerages and Agencies	2	14699	2	8871
社会服务业	**Social Services**	**556**	**4486372**	**564**	**7950**
公共设施服务业	Public Facilities Services	147	1309477	149	8774
居民服务业	Resident Services	124	903824	127	7113
旅馆业	Hotels	106	752594	107	7018
租赁服务业	Leasing Services	6	59940	6	9345
旅游业	Tourism	6	57382	6	9481
娱乐服务业	Recreational Services	6	45204	6	7294
信息、咨询服务业	Information and Consultancy Services	22	270723	22	12520
计算机应用服务业	Computer Application Services	5	51788	5	10843
其他社会服务业	Other Social Services	135	1035440	136	7631
卫生、体育和社会福利业	**Health Care, Sporting and Social Welfare**	**543**	**5231754**	**543**	**9638**
卫生	Health Care	536	5150646	535	9626
体育	Sports	…	2135	…	7571
社会福利保障业	Social Welfare	7	78973	7	10571
教育、文化艺术和广播电影电视业	**Education, Culture and Arts, Radio, Film and Television**	**530**	**3812056**	**522**	**7304**
教育	Education	499	3566669	492	7252
＃普通高等学校	Regular Institution of Higher Education	1	21755	1	15429
普通中学	Regular Secondary Schools	23	192031	22	8551
小学校	Primary Schools	435	2922271	428	6833
文化艺术业	Culture and Arts	22	167386	22	7624
广播电影电视业	Radio, Film and Television	8	78001	8	9608
科学研究和综合技术服务业	**Scientific Research and Polytechnical Services**	**28**	**337546**	**28**	**12137**
科学研究业	Scientific Research	1	12229	1	9584
自然科学研究	Natural Science Research	1	8142	1	9128
社会科学研究	Social Science Research	…	1360	…	10303
其他科学研究	Other Science Research	…	2727	…	10821
综合技术服务业	Polytechnical Services	27	325317	27	12260
＃气象	Meteorology	…	694	…	12393
地震	Seismology				
测绘	Surveying and Mapping	1	7516	1	11457
技术监督	Technological Supervision	3	29142	2	11661
海洋环境	Oceanic Environment				
环境保护	Environmental Protection	2	18811	2	9792
技术推广和科技交流服务业	Technology Application&Dissemination as Well as Science & Technology Exchange Services	5	49212	5	10622
工程设计业	Engineering Design	7	89062	6	13772
其他综合技术服务业	Other Polytechnical Services	10	130287	10	12700
国家机关、政党机关和社会团体	**Government Agencies, Party Agencies and Social Organizations**	**37**	**356919**	**38**	**9487**
＃国家机关	Government Agencies	27	261991	28	9493
政党机关	Party Agencies	…	5333	…	12637
其他行业	**Others**	**157**	**1540701**	**160**	**9621**
＃企业管理机构	Enterprise Management Organizations	117	1039101	119	8705

5—3 分地区分行业就业人员和劳动报酬

（城镇集体单位）

EMPLOYMENT AND EARNINGS BY SECTOR AND REGION

（Urban Collective-owned Units，2001）

地 区	Region	总 计 Total				企业单位 Enterprises			
		年末人数（人）Year-end Figures (person)	#女 性 Female	劳动报酬（千元）Earnings (1 000 yuan)	平均劳动报酬（元）Average Earning (yuan)	年末人数（人）Year-end Figures (person)	#女 性 Female	劳动报酬（千元）Earnings (1 000 yuan)	平均劳动报酬（元）Average Earning (yuan)
全 国	**National**	**12910455**	**5099279**	**89853147**	**6851**	**11507802**	**4443346**	**78084101**	**6663**
北 京	Beijing	458136	113057	5149589	11060	440807	103162	4864396	10845
天 津	Tianjin	200508	81045	1685673	8159	194028	77488	1628698	8138
河 北	Hebei	543830	205575	3327513	5777	517868	193099	3163049	5749
山 西	Shanxi	468465	188110	2263262	4904	429176	168171	2033001	4811
内蒙古	Inner Mongolia	204773	94582	1237374	5542	186542	86109	1118016	5450
辽 宁	Liaoning	760021	332332	4966510	6345	727554	315142	4753115	6336
吉 林	Jilin	387837	190698	2251078	5755	366023	178816	2104563	5700
黑龙江	Heilongjiang	692138	267196	3410197	4951	676910	259210	3295527	4893
上 海	Shanghai	275869	121245	3690887	12735	234193	98462	2913912	11724
江 苏	Jiangsu	931895	399999	7304276	7488	794422	331416	5773552	6899
浙 江	Zhejiang	382661	128972	4718328	12121	324528	99804	3833762	11576
安 徽	Anhui	605429	240222	3074567	5048	542977	211736	2672555	4891
福 建	Fujian	300427	110732	2712736	9035	263805	92934	2294308	8698
江 西	Jiangxi	286882	113947	1481125	5122	268527	106080	1353571	4997
山 东	Shandong	936112	410088	5901018	6203	854060	368722	5190853	5969
河 南	Henan	1380428	563279	7720196	5669	889686	341790	4494052	5120
湖 北	Hubei	533987	230086	3090404	5659	507355	218938	2907251	5597
湖 南	Hunan	417732	159194	2811199	6786	371082	138838	2485072	6758
广 东	Guangdong	913348	339110	8390612	9045	869462	316702	7854326	8888
广 西	Guangxi	264518	96237	1682688	6350	256729	93030	1627858	6326
海 南	Hainan	44239	16147	273819	6191	39418	13695	229498	5850
重 庆	Chongqing	242313	86253	1610783	6595	214112	75629	1404393	6516
四 川	Sichuan	599167	206522	3992960	6555	511080	173584	3378763	6483
贵 州	Guizhou	164336	52371	1008139	6172	158545	49654	971554	6165
云 南	Yunnan	223825	82659	1522713	6929	218566	80352	1474931	6874
西 藏	Tibet	8967	3220	55152	6362	8944	3217	54922	6352
陕 西	Shaanxi	279781	116464	1479421	5210	256641	106675	1338706	5131
甘 肃	Gansu	204488	78702	1379681	6631	194588	74368	1293315	6524
青 海	Qinghai	37638	13647	236787	6079	35306	12220	216742	5926
宁 夏	Ningxia	40455	14808	335122	7072	39628	14421	327783	7037
新 疆	Xinjiang	120250	42780	1089338	8207	115240	39882	1032057	8083

5－3 续表 1 continued

地　区	Region	非农企业 Nonagricultural Enterprises 年末人数(人) Year-end Figures (person)	# 女　性 Female	劳动报酬(千元) Earnings (1 000 yuan)	平均劳动报酬(元) Average Earning (yuan)	事　业 Institutions 年末人数(人) Year-end Figures (person)	# 女　性 Female	劳动报酬(千元) Earnings (1 000 yuan)	平均劳动报酬(元) Average Earning (yuan)
全　国	**National**	**11389669**	**4410880**	**77408749**	**6673**	**1366414**	**643926**	**11437664**	**8418**
北　京	Beijing	440220	102982	4857210	10843	17329	9895	285193	16703
天　津	Tianjin	193969	77482	1628352	8139	6267	3439	54511	8725
河　北	Hebei	515433	192626	3149650	5750	25109	12272	157372	6323
山　西	Shanxi	427258	167731	2022589	4808	37586	19507	216477	5807
内蒙古	Inner Mongolia	183813	85570	1103815	5459	17756	8309	114832	6500
辽　宁	Liaoning	724574	314188	4733895	6339	31283	16649	201430	6396
吉　林	Jilin	363912	177946	2096286	5710	20762	11710	139313	6682
黑龙江	Heilongjiang	659374	250840	3235679	4934	13721	7516	101686	7429
上　海	Shanghai	232981	98239	2895899	11709	41127	22460	769391	18891
江　苏	Jiangsu	787750	329918	5726628	6899	134270	67573	1486322	10995
浙　江	Zhejiang	322231	99471	3796242	11543	58133	29168	884566	15228
安　徽	Anhui	539265	210214	2655829	4894	59631	27148	384666	6434
福　建	Fujian	263184	92748	2288109	8695	36043	17657	411968	11474
江　西	Jiangxi	266643	105808	1345276	5002	16889	7493	115695	6884
山　东	Shandong	847715	366909	5136181	5954	78738	40423	685137	8749
河　南	Henan	881603	339910	4459879	5128	488607	220789	3211823	6664
湖　北	Hubei	500447	217328	2872080	5605	24285	10506	163236	6724
湖　南	Hunan	363151	136847	2442701	6790	44818	19671	311173	7023
广　东	Guangdong	865023	315641	7817457	8891	41766	21626	505746	12068
广　西	Guangxi	255585	92514	1622648	6333	6825	2840	47274	7058
海　南	Hainan	38740	13411	228009	5916	4696	2408	42864	8800
重　庆	Chongqing	207360	74363	1362774	6529	27538	10516	199020	7142
四　川	Sichuan	490507	170053	3259640	6512	86363	32525	596917	6924
贵　州	Guizhou	158392	49602	970634	6165	5471	2606	33950	6240
云　南	Yunnan	215757	79150	1467247	6926	3372	1803	28875	8703
西　藏	Tibet	8917	3213	54640	6339	23	3	230	10000
陕　西	Shaanxi	253934	106246	1326323	5137	21948	9496	130737	5985
甘　肃	Gansu	193397	74000	1286494	6528	8989	3989	79590	8934
青　海	Qinghai	34998	12131	214095	5903	1341	684	14573	10932
宁　夏	Ningxia	39579	14418	327367	7036	827	387	7339	9117
新　疆	Xinjiang	113957	39381	1025121	8112	4901	2858	55758	11260

5－3 续表 2　continued

地　区	Region	机　关 Agencies and Organizations 年末人数（人）Year-end Figures (person)	♯女　性 Female	劳动报酬（千元）Earnings (1 000 yuan)	平均劳动报酬（元）Average Earning (yuan)	农、林、牧、渔业 Farming，Forestry，Animal Husbandryand Fishery 年末人数（人）Year-end Figures (person)	♯女　性 Female	劳动报酬（千元）Earnings (1 000 yuan)	平均劳动报酬（元）Average Earning (yuan)
全　国	**National**	**36239**	**12007**	**331382**	**8890**	**118133**	**32466**	**675352**	**5626**
北　京	Beijing					587	180	7186	12347
天　津	Tianjin	213	118	2464	11568	59	6	346	4740
河　北	Hebei	853	204	7092	8142	2435	473	13399	5530
山　西	Shanxi	1703	432	13784	8156	1918	440	10412	5398
内蒙古	Inner Mongolia	475	164	4526	9390	2729	539	14201	4829
辽　宁	Liaoning	1184	541	11965	10114	2980	954	19220	5681
吉　林	Jilin	1052	172	7202	6872	2111	870	8277	3884
黑龙江	Heilongjiang	1507	470	12984	8714	17536	8370	59848	3370
上　海	Shanghai	549	323	7584	13665	1212	223	18013	14753
江　苏	Jiangsu	3203	1010	44402	13117	6672	1498	46924	6817
浙　江	Zhejiang					2297	333	37520	16278
安　徽	Anhui	2821	1338	17346	6140	3712	1522	16726	4390
福　建	Fujian	579	141	6460	11005	621	186	6199	9982
江　西	Jiangxi	1466	374	11859	7948	1884	272	8295	4375
山　东	Shandong	3314	943	25028	7409	6345	1813	54672	7918
河　南	Henan	2135	700	14321	6720	8083	1880	34173	4241
湖　北	Hubei	2347	642	19917	8411	6908	1610	35171	5036
湖　南	Hunan	1832	685	14954	6640	7931	1991	42371	5309
广　东	Guangdong	2120	782	30540	14447	4439	1061	36869	8330
广　西	Guangxi	964	367	7556	7830	1144	516	5210	4582
海　南	Hainan	125	44	1457	11295	678	284	1489	2167
重　庆	Chongqing	663	108	7370	8890	6752	1266	41619	6108
四　川	Sichuan	1724	413	17280	9531	20573	3531	119123	5772
贵　州	Guizhou	320	111	2635	8528	153	52	920	6013
云　南	Yunnan	1887	504	18907	10062	2809	1202	7684	2820
西　藏	Tibet					27	4	282	10444
陕　西	Shaanxi	1192	293	9978	8192	2707	429	12383	4571
甘　肃	Gansu	911	345	6776	7414	1191	368	6821	5781
青　海	Qinghai	991	743	5472	5231	308	89	2647	8622
宁　夏	Ningxia					49	3	416	8490
新　疆	Xinjiang	109	40	1523	13972	1283	501	6936	5315

5—3 续表 3　continued

地　区	Region	采掘业 Mining and Quarrying 年末人数（人）Year-end Figures (person)	#女　性 Female	劳动报酬（千元）Earnings (1 000 yuan)	平均劳动报酬（元）Average Earning (yuan)	制造业 Manufacturing 年末人数（人）Year-end Figures (person)	#女　性 Female	劳动报酬（千元）Earnings (1 000 yuan)	平均劳动报酬（元）Average Earning (yuan)
全　国	**National**	**309026**	**114296**	**1754684**	**5515**	**4371311**	**2098520**	**27060439**	**6101**
北　京	Beijing	170	16	1083	6524	73601	29196	821615	10540
天　津	Tianjin	194	42	1541	7984	83855	36858	630232	7115
河　北	Hebei	4899	1996	32775	6257	210916	98965	1138101	5267
山　西	Shanxi	28028	6463	145287	5241	170210	70315	713375	4323
内蒙古	Inner Mongolia	9940	5590	43690	4096	71011	36445	333174	4475
辽　宁	Liaoning	30350	14241	203899	5991	331958	159008	1929245	5702
吉　林	Jilin	9386	4055	44030	4497	185901	94921	1088857	5753
黑龙江	Heilongjiang	46547	11642	197924	4262	270136	113002	1157942	4506
上　海	Shanghai	8	3	23	4600	77627	36200	900653	10846
江　苏	Jiangsu	15438	9549	87651	5825	370387	178682	2609957	6688
浙　江	Zhejiang	186	45	1419	7840	84913	39552	853736	9609
安　徽	Anhui	32257	15637	178455	5064	188739	92671	934911	4905
福　建	Fujian	1254	215	9574	8120	90103	48198	685867	7629
江　西	Jiangxi	8671	1985	45971	5249	88363	44858	382740	4259
山　东	Shandong	39991	18121	227641	5789	397849	199125	2372523	5893
河　南	Henan	13833	3702	83708	5596	337444	158707	1571580	4723
湖　北	Hubei	10095	1411	74750	7316	238261	119604	1333598	5518
湖　南	Hunan	5104	2174	37395	6990	125656	58324	777386	6132
广　东	Guangdong	4847	564	36278	7552	323752	177041	2679152	8068
广　西	Guangxi	3608	1997	25003	7378	79603	37905	530068	6596
海　南	Hainan	44	24	134	3045	6084	2858	37017	6223
重　庆	Chongqing	3664	1919	16126	3897	78097	37883	500191	6181
四　川	Sichuan	12702	4298	62652	4939	155044	72015	981265	6178
贵　州	Guizhou	623	161	3561	5965	44165	19211	276929	6264
云　南	Yunnan	4330	1376	29073	6221	65445	29045	479646	7240
西　藏	Tibet	976	159	9321	9629	1511	780	11452	8572
陕　西	Shaanxi	2799	665	14004	5388	92945	46715	441026	4734
甘　肃	Gansu	10531	3743	77846	7378	71173	35133	477727	6646
青　海	Qinghai	986	346	5547	5760	9436	3811	45101	4569
宁　夏	Ningxia	4775	1362	39566	7382	13409	6080	81184	5985
新　疆	Xinjiang	2790	795	18757	6533	33717	15412	284189	8293

5-3 续表 4 continued

地区	Region	电力、煤气及水的生产和供应业 Production and Supply of Electricity, Gas and Water 年末人数(人) Year-end Figures (person)	#女性 Female	劳动报酬(千元) Earnings (1 000 yuan)	平均劳动报酬(元) Average Earning (yuan)	建筑业 Construction 年末人数(人) Year-end Figures (person)	#女性 Female	劳动报酬(千元) Earnings (1 000 yuan)	平均劳动报酬(元) Average Earning (yuan)
全 国	**National**	**83829**	**26222**	**1046005**	**12233**	**2552132**	**435826**	**18804434**	**7225**
北 京	Beijing	96	12	1206	14707	185565	13140	2086164	11475
天 津	Tianjin	370	93	3816	12636	26071	7417	267681	10052
河 北	Hebei	915	311	7251	7681	104571	10223	820835	6394
山 西	Shanxi	6315	2566	59940	9583	44321	9477	251068	5627
内蒙古	Inner Mongolia	1301	529	9957	7701	43409	13134	359493	6474
辽 宁	Liaoning	10936	3769	159901	14188	168814	54010	1139689	6457
吉 林	Jilin	1110	456	10074	9848	60978	22428	373435	5882
黑龙江	Heilongjiang	5208	1643	77459	14544	158345	42825	830241	5059
上 海	Shanghai	2428	829	64859	25178	15202	3631	240316	14628
江 苏	Jiangsu	6310	1903	79681	12195	91191	14834	686516	7431
浙 江	Zhejiang	2728	664	42555	15645	122246	9428	1372017	11583
安 徽	Anhui	232	41	1185	5043	109757	17172	580926	5424
福 建	Fujian	1621	461	24146	14528	86992	13131	843491	9820
江 西	Jiangxi	480	86	3649	7508	70918	13343	403265	5773
山 东	Shandong	2849	1059	20939	7233	127112	22430	880267	6606
河 南	Henan	2900	914	25303	8645	167884	19982	894715	5417
湖 北	Hubei	1101	443	9734	8980	74328	15243	457154	6174
湖 南	Hunan	1720	583	20021	11924	85620	13679	554936	6850
广 东	Guangdong	16414	4673	214215	12894	250285	28650	1963795	8036
广 西	Guangxi	1580	382	34953	21983	53458	9219	340710	6465
海 南	Hainan	253	80	1092	4316	13009	2607	70550	5523
重 庆	Chongqing	1728	664	10488	6073	70304	11950	491506	7474
四 川	Sichuan	2719	968	25728	9554	171749	25995	1113375	6515
贵 州	Guizhou	704	236	4211	6033	62620	9436	367282	6016
云 南	Yunnan	1443	447	18106	12814	34569	5921	232181	7123
西 藏	Tibet					4813	1746	23159	4920
陕 西	Shaanxi	26	7	99	3808	56952	11091	342739	5604
甘 肃	Gansu	9040	2033	98283	9913	40694	6032	281120	6523
青 海	Qinghai	142	45	1815	12782	13745	2464	95558	6663
宁 夏	Ningxia	532	172	10056	18902	8701	1484	111748	7558
新 疆	Xinjiang	628	153	5283	8618	27909	3704	328502	8245

5—3 续表 5 continued

地区 Region	装修装饰业 Building Fitting up and Decoration 年末人数（人）Year-end Figures (person)	#女性 Female	劳动报酬（千元）Earnings (1 000 yuan)	平均劳动报酬（元）Average Earning (yuan)	地质勘查业、水利管理业 Geological Prospecting and Water Conservancy 年末人数（人）Year-end Figures (person)	#女性 Female	劳动报酬（千元）Earnings (1 000 yuan)	平均劳动报酬（元）Average Earning (yuan)
全国 National	**57693**	**13074**	**405884**	**7062**	**16000**	**3332**	**124519**	**7622**
北京 Beijing	9076	1412	80118	9492	254	29	3003	11418
天津 Tianjin	3070	404	24596	9313	31	2	292	9419
河北 Hebei	578	183	3211	5247	706	132	4716	6699
山西 Shanxi	1287	289	6109	4593	430	152	2952	6833
内蒙古 Inner Mongolia	8	4	13	1625	66	5	216	3273
辽宁 Liaoning	1433	300	8933	7101	827	223	4815	5766
吉林 Jilin	356	87	2189	6308	822	175	4246	4605
黑龙江 Heilongjiang	9982	3501	45475	4627	476	216	15824	11207
上海 Shanghai	1897	319	21106	10070				
江苏 Jiangsu	3226	523	26401	7078	1439	284	11950	8898
浙江 Zhejiang	1275	147	13236	11410	666	131	9685	14630
安徽 Anhui	1087	85	6723	5877	467	144	2726	5837
福建 Fujian	698	157	5753	8574	329	67	2338	7128
江西 Jiangxi	890	150	7006	7989	38	3	167	4395
山东 Shandong	3390	568	21576	6239	114	19	704	6175
河南 Henan	5428	771	27715	5171	650	138	3221	4978
湖北 Hubei	2402	696	8223	3301	726	146	4274	5887
湖南 Hunan	355	57	1559	4668	1584	347	11551	7157
广东 Guangdong	2984	632	31578	10568	2239	348	21875	9586
广西 Guangxi	795	104	8942	11971				
海南 Hainan	28	9	473	16893	65	22	444	6831
重庆 Chongqing	2995	1592	24706	7952	157	52	824	5215
四川 Sichuan	881	140	6155	6255	1389	434	8876	7061
贵州 Guizhou	574	45	3860	6621	29	6	173	7208
云南 Yunnan	562	94	3883	8175	193	49	1530	7356
西藏 Tibet								
陕西 Shaanxi	2060	691	13246	5695	520	99	2807	5482
甘肃 Gansu					1669	74	3986	3543
青海 Qinghai	118	67	432	3630				
宁夏 Ningxia	101	15	883	8101	45	2	273	8273
新疆 Xinjiang	157	32	1784	8109	69	33	1051	15232

5—3 续表 6　continued

地区	Region	交通运输、仓储及邮电通信业 Transport, Storage, Post and Telecommunications				仓储业 Storage			
		年末人数（人）Year-end Figures (person)	＃女性 Female	劳动报酬（千元）Earnings (1 000 yuan)	平均劳动报酬（元）Average Earning (yuan)	年末人数（人）Year-end Figures (person)	＃女性 Female	劳动报酬（千元）Earnings (1 000 yuan)	平均劳动报酬（元）Average Earning (yuan)
全　国	**National**	**491300**	**154823**	**3136053**	**6311**	**15431**	**6266**	**118529**	**7344**
北　京	Beijing	5475	1563	69718	11899	802	204	9326	11556
天　津	Tianjin	11188	2120	97011	8420	1290	407	10627	7825
河　北	Hebei	12582	3134	66057	5292	220	44	1453	6605
山　西	Shanxi	11249	4094	57913	5142	535	259	2875	5143
内蒙古	Inner Mongolia	6577	2961	27942	4118	50	13	376	8356
辽　宁	Liaoning	32341	13302	204333	6065	2297	1379	5952	2581
吉　林	Jilin	24966	13972	101654	4489	125	32	592	4736
黑龙江	Heilongjiang	20852	8453	113507	5255	699	222	7374	5248
上　海	Shanghai	11380	2877	133601	11070	1135	359	18308	13922
江　苏	Jiangsu	52940	16272	392203	7036	700	272	7158	10053
浙　江	Zhejiang	10112	3357	119333	11368	127	43	1437	11315
安　徽	Anhui	36944	10910	164579	4466	186	116	645	3468
福　建	Fujian	11448	2026	94017	8211	225	59	3061	12099
江　西	Jiangxi	12917	4055	74165	5551	43	19	295	6860
山　东	Shandong	19072	5654	103635	5426	725	265	4537	6148
河　南	Henan	32458	11046	168291	5202	2195	1171	8284	4549
湖　北	Hubei	24827	6693	120482	4790	962	286	6286	6441
湖　南	Hunan	27869	6715	137709	4966	446	144	3678	8321
广　东	Guangdong	32508	9202	307544	9282	384	175	4998	11437
广　西	Guangxi	25224	4703	157744	6368	157		1299	8274
海　南	Hainan	584	107	5254	9043				
重　庆	Chongqing	17005	5168	94050	5489	148	48	1002	6680
四　川	Sichuan	25916	7647	144896	5460	1303	474	12577	9652
贵　州	Guizhou	2571	739	17673	6445	108	37	947	9763
云　南	Yunnan	6372	1709	56590	8768	471	202	4666	10166
西　藏	Tibet	22	2	177	8045				
陕　西	Shaanxi	4996	1823	25252	4992	70	32	503	7085
甘　肃	Gansu	9227	3786	65882	7561	28	4	273	9750
青　海	Qinghai	77	10	377	5095				
宁　夏	Ningxia	13	2	126	9692				
新　疆	Xinjiang	1588	721	14338	9121				

5—3 续表 7 continued

地区	Region	邮电通信业 Post and Telecommunications				批发和零售贸易、餐饮业 Wholesale & Retail Trade & Catering Services			
		年末人数（人） Year-end Figures (person)	# 女性 Female	劳动报酬（千元） Earnings (1 000 yuan)	平均劳动报酬（元） Average Earning (yuan)	年末人数（人） Year-end Figures (person)	# 女性 Female	劳动报酬（千元） Earnings (1 000 yuan)	平均劳动报酬（元） Average Earning (yuan)
全　国	**National**	**14639**	**7176**	**171308**	**11221**	**2231931**	**995312**	**12551301**	**5450**
北　京	Beijing	923	562	12642	11652	71064	29392	770381	10442
天　津	Tianjin	69	31	568	8738	44044	19017	327783	7385
河　北	Hebei	353	117	2748	7874	116310	52543	505198	4221
山　西	Shanxi	331	226	1356	4403	110817	46990	439715	3997
内蒙古	Inner Mongolia					23417	12124	115042	4545
辽　宁	Liaoning	1259	512	14496	11606	75614	36032	421456	5504
吉　林	Jilin	1327	265	12327	8525	44971	22788	186895	4212
黑龙江	Heilongjiang	1131	592	9006	7549	81531	37814	340699	4132
上　海	Shanghai	68	42	943	13282	80733	36429	896899	10311
江　苏	Jiangsu	2931	1111	48959	16664	186177	81677	1135541	5555
浙　江	Zhejiang	1333	630	21675	15787	42887	18920	456209	9363
安　徽	Anhui					107938	46299	420852	3848
福　建	Fujian	48	19	327	6813	40827	15978	260765	6098
江　西	Jiangxi					64718	30178	252497	3809
山　东	Shandong	168	77	1900	11111	181464	82829	832511	4463
河　南	Henan	1138	579	9305	8105	225083	97119	968423	4392
湖　北	Hubei	270	181	3082	11415	114635	54406	561746	4582
湖　南	Hunan	86	17	2300	26744	70961	33033	411926	5785
广　东	Guangdong	1216	882	13206	10540	128520	53770	1038247	7708
广　西	Guangxi	5	1	31	6200	64265	27609	300107	4588
海　南	Hainan					11117	4695	49140	4399
重　庆	Chongqing	336	156	2307	8038	31202	13016	156592	4678
四　川	Sichuan	383	362	3594	7951	85318	39336	466275	5072
贵　州	Guizhou	232	148	2283	6856	28610	12336	142966	4944
云　南	Yunnan	870	533	7022	7284	56853	27006	342936	5940
西　藏	Tibet					455	193	2696	5978
陕　西	Shaanxi	63	57	518	7194	62160	29206	266465	4344
甘　肃	Gansu					37628	16931	200123	5206
青　海	Qinghai					5117	2861	21683	4001
宁　夏	Ningxia					7491	3482	42548	5455
新　疆	Xinjiang	99	76	713	7059	30004	11303	216985	7218

5—3 续表 8 continued

地区	Region	零售业 Retail Trade 年末人数（人） Year-end Figures (person)	＃女性 Female	劳动报酬（千元） Earnings (1 000 yuan)	平均劳动报酬（元） Average Earning (yuan)	餐饮业 Catering Services 年末人数（人） Year-end Figures (person)	＃女性 Female	劳动报酬（千元） Earnings (1 000 yuan)	平均劳动报酬（元） Average Earning (yuan)
全国	**National**	**1175080**	**543690**	**6100299**	**5033**	**93186**	**53920**	**603041**	**6407**
北京	Beijing	39130	17444	391861	9738	10604	4278	85180	7912
天津	Tianjin	19839	9207	138022	6891	2383	1384	18770	7419
河北	Hebei	57186	25747	231690	3940	1515	1006	8140	5178
山西	Shanxi	65698	27791	186639	2866	2763	1666	11152	4051
内蒙古	Inner Mongolia	15632	8938	68682	4194	1177	745	5989	5067
辽宁	Liaoning	41655	20590	184532	4378	3502	2000	17744	5038
吉林	Jilin	28322	14731	104804	3823	2074	1597	9084	4446
黑龙江	Heilongjiang	51913	24824	179290	3464	2744	1624	15994	5822
上海	Shanghai	45681	20643	473871	9653	4095	2450	40122	9061
江苏	Jiangsu	106364	48128	581379	4994	4920	2804	32969	6419
浙江	Zhejiang	21884	10171	211491	8071	3473	2006	33319	9725
安徽	Anhui	45080	21704	162818	3576	4965	2206	22916	4611
福建	Fujian	26106	9661	150677	5548	2264	1245	15328	6659
江西	Jiangxi	40123	19141	146275	3559	2094	1324	7258	3522
山东	Shandong	100313	48304	438905	4297	6345	3881	44342	6582
河南	Henan	97925	42163	443686	4536	8518	5675	47611	5586
湖北	Hubei	56507	27762	293343	4973	2526	1566	12350	4805
湖南	Hunan	33452	15936	210684	6015	1533	898	9207	7034
广东	Guangdong	43086	19840	340896	7405	10701	6581	86131	8128
广西	Guangxi	36005	15656	146796	4036	2232	1370	12072	5757
海南	Hainan	5301	2048	23030	4344	759	411	3899	4904
重庆	Chongqing	16828	7686	83746	4571	550	329	2711	4707
四川	Sichuan	43348	21256	224277	4861	4109	2604	23028	5474
贵州	Guizhou	18858	8122	90305	4724	794	479	5463	7226
云南	Yunnan	38473	18372	216197	5637	1258	860	7068	5691
西藏	Tibet	213	68	1491	7134	194	95	1008	5196
陕西	Shaanxi	43016	20350	171740	4027	2429	1554	9516	3944
甘肃	Gansu	21924	10041	118158	5255	1922	772	10274	5354
青海	Qinghai	4198	2400	16844	3800	114	94	426	3672
宁夏	Ningxia	4470	2231	25573	5536	248	160	1384	5672
新疆	Xinjiang	6550	2735	42597	6328	381	256	2586	6547

5—3 续表 9 continued

地区	Region	金融、保险业 Finance and Insurance 年末人数(人) Year-end Figures (person)	#女性 Female	劳动报酬(千元) Earnings (1 000 yuan)	平均劳动报酬(元) Average Earning (yuan)	金融业 Finance 年末人数(人) Year-end Figures (person)	#女性 Female	劳动报酬(千元) Earnings (1 000 yuan)	平均劳动报酬(元) Average Earning (yuan)
全国	**National**	**691102**	**292458**	**7428044**	**10707**	**690711**	**292306**	**7425778**	**10710**
北京	Beijing	6588	3597	77004	11765	6588	3597	77004	11765
天津	Tianjin	4687	1801	83906	17852	4687	1801	83906	17852
河北	Hebei	46424	18744	430528	9384	46424	18744	430528	9384
山西	Shanxi	28650	12218	230158	8103	28650	12218	230158	8103
内蒙古	Inner Mongolia	19566	9780	170368	8750	19566	9780	170368	8750
辽宁	Liaoning	32680	13984	375381	11356	32680	13984	375381	11356
吉林	Jilin	25065	12105	214322	8543	25065	12105	214322	8543
黑龙江	Heilongjiang	19715	8360	194315	9832	19715	8360	194315	9832
上海	Shanghai	3969	1997	79310	19867	3969	1997	79310	19867
江苏	Jiangsu	34156	13400	419725	12398	34148	13396	419643	12399
浙江	Zhejiang	34919	17489	657832	18753	34919	17489	657832	18753
安徽	Anhui	25642	10694	208878	8164	25477	10613	207713	8171
福建	Fujian	16586	6767	241468	14613	16586	6767	241468	14613
江西	Jiangxi	18381	8883	179671	10037	18381	8883	179671	10037
山东	Shandong	53679	22314	522791	9761	53679	22314	522791	9761
河南	Henan	61578	29003	499813	8141	61538	28994	499573	8142
湖北	Hubei	25457	11816	220988	8586	25457	11816	220988	8586
湖南	Hunan	36947	15835	411124	11099	36947	15835	411124	11099
广东	Guangdong	54691	20632	808204	13897	54691	20632	808204	13897
广西	Guangxi	18950	6235	168197	8754	18838	6228	167889	8789
海南	Hainan	4175	1479	37859	8885	4175	1479	37859	8885
重庆	Chongqing	8299	3462	107371	12722	8299	3462	107371	12722
四川	Sichuan	41473	16962	456473	11015	41473	16962	456473	11015
贵州	Guizhou	11020	4241	102056	9300	11020	4241	102056	9300
云南	Yunnan	16352	4860	164034	10066	16352	4860	164034	10066
西藏	Tibet								
陕西	Shaanxi	18479	6928	154885	8392	18479	6928	154885	8392
甘肃	Gansu	9310	3249	69402	7443	9259	3208	69052	7447
青海	Qinghai	2786	1294	30878	11044	2786	1294	30878	11044
宁夏	Ningxia	2961	1307	30553	10627	2961	1307	30553	10627
新疆	Xinjiang	7917	3022	80550	10160	7902	3012	80429	10164

5—3 续表 10 continued

地区	Region	房地产业 Real Estate Trade 年末人数(人) Year-end Figures (person)	#女性 Female	劳动报酬(千元) Earnings (1 000 yuan)	平均劳动报酬(元) Average Earning (yuan)	房地产开发与经营业 Real Estate Development and Operation 年末人数(人) Year-end Figures (person)	#女性 Female	劳动报酬(千元) Earnings (1 000 yuan)	平均劳动报酬(元) Average Earning (yuan)
全国	**National**	**68622**	**23240**	**724472**	**10516**	**43703**	**14126**	**444971**	**10093**
北京	Beijing	3897	1459	45504	11782	388	128	6952	17826
天津	Tianjin	1598	561	16254	10261	703	311	6646	9563
河北	Hebei	662	302	5962	8246	354	151	2881	7044
山西	Shanxi	1174	353	6154	5176	1077	315	5701	5323
内蒙古	Inner Mongolia	549	224	2402	4619	473	181	2051	4619
辽宁	Liaoning	3042	1019	22384	7456	1101	431	9485	8025
吉林	Jilin	431	165	3709	6406	90	34	1600	7240
黑龙江	Heilongjiang	4559	796	49606	11016	3788	594	43077	11426
上海	Shanghai	4841	1559	74196	15470	2304	777	40132	17396
江苏	Jiangsu	8031	2796	89749	11326	4304	1277	40990	9811
浙江	Zhejiang	2100	575	28696	13991	1103	314	18584	17018
安徽	Anhui	3103	1065	16797	5504	2844	955	15246	5461
福建	Fujian	2435	866	33839	13700	1139	372	11405	9883
江西	Jiangxi	302	131	2427	8312	289	126	2338	8380
山东	Shandong	2678	1176	27411	10205	1915	762	19722	10375
河南	Henan	3187	962	19156	6079	2678	798	16234	6135
湖北	Hubei	1505	416	11484	7605	1023	273	7052	6900
湖南	Hunan	2107	890	14445	7116	1849	780	12644	7148
广东	Guangdong	11936	4308	171554	14026	8923	3208	124068	13591
广西	Guangxi	1497	420	11398	7717	1223	318	9123	7509
海南	Hainan	629	179	5371	8392	562	166	4879	8500
重庆	Chongqing	577	201	3608	6330	404	154	2646	6615
四川	Sichuan	1763	571	15401	8761	1519	495	13286	8799
贵州	Guizhou	1766	604	14601	7112	1430	436	11256	6556
云南	Yunnan	1209	408	10650	8666	709	213	5638	7734
西藏	Tibet								
陕西	Shaanxi	822	358	5062	6181	362	112	2560	7131
甘肃	Gansu	388	112	2714	6636	226	69	1641	6538
青海	Qinghai	81	42	594	7615	81	42	594	7615
宁夏	Ningxia	52	18	389	7627	52	18	389	7627
新疆	Xinjiang	1701	704	12955	7847	790	316	6151	8201

5—3 续表 11 continued

地区	Region	社会服务业 Social Services 年末人数（人） Year-end Figures (person)	# 女性 Female	劳动报酬（千元） Earnings (1 000 yuan)	平均劳动报酬（元） Average Earning (yuan)	信息、咨询服务业 Information and Consultancy Services 年末人数（人） Year-end Figures (person)	# 女性 Female	劳动报酬（千元） Earnings (1 000 yuan)	平均劳动报酬（元） Average Earning (yuan)
全 国	**National**	**590993**	**265582**	**4730520**	**7902**	**25913**	**8744**	**312200**	**12202**
北 京	Beijing	58827	18695	603989	9704	7171	2141	92261	13393
天 津	Tianjin	16493	7550	137925	8258	1117	500	14559	12816
河 北	Hebei	15490	5711	111304	7083	403	85	3353	7798
山 西	Shanxi	26056	15769	116685	4514	418	62	1736	4163
内蒙古	Inner Mongolia	6323	3449	33525	5268	168	44	703	4111
辽 宁	Liaoning	39166	18484	269125	6628	1052	429	9839	9335
吉 林	Jilin	14754	9823	95629	6602	314	91	3038	9319
黑龙江	Heilongjiang	40305	20047	191527	4613	561	233	3341	5913
上 海	Shanghai	28670	10535	319404	10973	2899	1044	56572	19787
江 苏	Jiangsu	44470	19900	436234	9650	1225	425	12196	9891
浙 江	Zhejiang	29351	12897	350034	11854	2362	688	43700	19075
安 徽	Anhui	34417	15345	152641	4444	625	280	4157	6609
福 建	Fujian	14425	6826	118675	8580	639	255	7481	11369
江 西	Jiangxi	8128	4455	38421	4728	45	9	262	5822
山 东	Shandong	18783	8274	142619	7623	893	328	9236	10116
河 南	Henan	37626	15870	228624	6154	1611	350	8732	5485
湖 北	Hubei	18135	9439	136345	7472	167	64	1256	7566
湖 南	Hunan	11556	5932	89903	7907	400	175	2892	7859
广 东	Guangdong	48144	17804	617384	12537	1315	520	18290	13825
广 西	Guangxi	8593	4175	60211	7077	569	191	4052	7059
海 南	Hainan	2575	1355	18600	7159	19	11	123	6474
重 庆	Chongqing	3747	1768	24263	6395	247	83	1356	5490
四 川	Sichuan	17173	7612	132148	7737	226	96	1961	8833
贵 州	Guizhou	6981	3085	44910	6418	88	20	639	7180
云 南	Yunnan	10677	5402	76990	7167	527	171	4641	8806
西 藏	Tibet	847	220	6470	7684				
陕 西	Shaanxi	12444	6503	68028	5093	547	305	2448	4364
甘 肃	Gansu	6115	3684	31074	5233	36	22	404	14429
青 海	Qinghai	2990	1374	17446	5890				
宁 夏	Ningxia	1190	459	7553	7221	9	4	64	7111
新 疆	Xinjiang	6542	3140	52834	8246	260	118	2908	11821

5－3 续表 12 continued

地 区	Region	计算机应用服务业 Computer Application Services				卫生、体育和社会福利业 Health Care, Sporting and Social Welfare			
		年末人数（人） Year-end Figures (person)	＃女 性 Female	劳动报酬（千元） Earnings (1 000 yuan)	平均劳动报酬（元） Average Earning (yuan)	年末人数（人） Year-end Figures (person)	＃女 性 Female	劳动报酬（千元） Earnings (1 000 yuan)	平均劳动报酬（元） Average Earning (yuan)
全 国	**National**	**5215**	**1273**	**57138**	**10961**	**576969**	**294457**	**5457844**	**9474**
北 京	Beijing	1133	309	18789	16367	26561	6132	263385	9929
天 津	Tianjin	94	25	757	8053	2294	1143	23386	10239
河 北	Hebei	44	7	598	13591	14572	7865	92151	6376
山 西	Shanxi	52	31	267	5135	22106	11989	124586	5662
内蒙古	Inner Mongolia					14460	7176	94703	6580
辽 宁	Liaoning	363	146	2572	7066	17858	10334	100006	5569
吉 林	Jilin	88	42	255	2898	11239	6765	76524	6835
黑龙江	Heilongjiang	183	96	1054	6237	8357	5316	64887	7706
上 海	Shanghai	35	10	559	15528	24848	15976	518003	21056
江 苏	Jiangsu	30	17	193	6433	85805	44755	998128	11552
浙 江	Zhejiang	66	8	891	13708	34376	18628	531783	15573
安 徽	Anhui					51703	24485	330518	6386
福 建	Fujian	82	17	858	14542	28434	13522	332386	11733
江 西	Jiangxi					8816	4510	65647	7481
山 东	Shandong	79	24	1094	13848	55741	30453	495312	8954
河 南	Henan	424	97	2457	5754	12360	7249	86703	7034
湖 北	Hubei					10334	5347	67783	6579
湖 南	Hunan					29444	14864	207238	7114
广 东	Guangdong	406	126	8835	20034	16539	10698	242882	14845
广 西	Guangxi	33	9	321	8917	966	672	7614	7981
海 南	Hainan	9	4	116	12889	3559	1900	32378	8657
重 庆	Chongqing					18201	7998	137727	7467
四 川	Sichuan	1729	230	15498	9053	56290	24930	400040	7111
贵 州	Guizhou					1010	605	7407	7377
云 南	Yunnan	77	16	518	6727	890	542	7731	8619
西 藏	Tibet								
陕 西	Shaanxi	16	2	160	10000	13254	6585	79196	6018
甘 肃	Gansu	269	55	1326	5023	3608	1868	28695	7966
青 海	Qinghai					436	277	6100	14353
宁 夏	Ningxia					404	232	2979	7678
新 疆	Xinjiang	3	2	20	6667	2504	1641	31966	12630

5—3 续表 13 continued

地区	Region	社会福利保障业 Social Welfare 年末人数（人）Year-end Figures (person)	# 女性 Female	劳动报酬（千元）Earnings (1 000 yuan)	平均劳动报酬（元）Average Earning (yuan)	教育、文化艺术和广播电影电视业 Education, Culture and Arts, Radio, Film and Television 年末人数（人）Year-end Figures (person)	# 女性 Female	劳动报酬（千元）Earnings (1 000 yuan)	平均劳动报酬（元）Average Earning (yuan)
全国	**National**	**26319**	**5207**	**191174**	**7308**	**552005**	**260050**	**3918668**	**7192**
北京	Beijing	17520	165	107203	6116	7458	3933	107656	15124
天津	Tianjin	20	10	219	11526	2335	1840	21460	9055
河北	Hebei	84	49	735	8647	3407	1628	23624	7107
山西	Shanxi	87	40	726	8345	6644	3202	33854	5165
内蒙古	Inner Mongolia	16	3	50	3125	360	210	2759	7860
辽宁	Liaoning	708	362	2913	4097	3213	2356	23511	7148
吉林	Jilin	340	202	1296	3812	695	335	6344	9128
黑龙江	Heilongjiang	206	87	1559	7642	2194	1007	23912	10914
上海	Shanghai	3178	1932	38094	12677	3573	1705	55321	15240
江苏	Jiangsu	699	416	6510	9130	15733	9273	152108	9454
浙江	Zhejiang	406	228	3816	9493	5582	3563	81968	14676
安徽	Anhui	204	135	929	4622	4126	1695	28268	6840
福建	Fujian	193	123	1677	8221	1194	784	13995	11614
江西	Jiangxi	72	26	188	2611	94	67	506	5326
山东	Shandong	425	193	4348	10279	10239	5204	92682	9489
河南	Henan	388	135	1819	4688	461752	209851	3027692	6647
湖北	Hubei	51	29	245	4804	1613	1059	10723	6591
湖南	Hunan	288	152	3364	11804	2495	1098	19615	8458
广东	Guangdong	704	480	10155	14782	8066	5830	104838	13219
广西	Guangxi	146	104	1071	7596	961	508	8259	8740
海南	Hainan					574	245	6748	11797
重庆	Chongqing	95	71	1228	12660	710	353	4709	6595
四川	Sichuan	239	161	1332	5437	1936	753	13804	7178
贵州	Guizhou	47	30	252	5250	1209	707	8520	7136
云南	Yunnan	124	44	921	7310	526	335	4633	8808
西藏	Tibet								
陕西	Shaanxi	46	17	280	6087	3510	1571	19403	5618
甘肃	Gansu					961	430	11819	12402
青海	Qinghai					23	23	133	5783
宁夏	Ningxia	11		38	3455	219	94	2143	10061
新疆	Xinjiang	22	13	206	9364	603	391	7661	13051

5—3 续表 14 continued

地 区	Region	教 育 Education				科学研究和综合技术服务业 Scientific Research and Polytechnical Services			
		年末人数（人）Year-end Figures (person)	# 女 性 Female	劳动报酬（千元）Earnings (1 000 yuan)	平均劳动报酬（元）Average Earning (yuan)	年末人数（人）Year-end Figures (person)	# 女 性 Female	劳动报酬（千元）Earnings (1 000 yuan)	平均劳动报酬（元）Average Earning (yuan)
全 国	**National**	**520334**	**247228**	**3661267**	**7131**	**52608**	**13461**	**458344**	**9522**
北 京	Beijing	6939	3743	100753	15174	10906	2519	161707	15078
天 津	Tianjin	2093	1708	18496	8725	2698	592	23198	8912
河 北	Hebei	803	575	6611	8212	214	73	2287	10588
山 西	Shanxi	3546	1875	23127	6576	1920	634	15879	8375
内蒙古	Inner Mongolia	313	186	2495	8207	55	30	382	6945
辽 宁	Liaoning	2281	1922	18401	8071	2595	979	21005	8405
吉 林	Jilin	401	203	3159	7878	906	309	7237	8023
黑龙江	Heilongjiang	1536	773	17398	11297	1496	556	11145	7692
上 海	Shanghai	2140	1163	33554	15342	877	264	14569	16152
江 苏	Jiangsu	11174	7682	110491	9579	1015	357	14040	13698
浙 江	Zhejiang	3865	2769	52694	13630	2135	814	32409	15251
安 徽	Anhui	1739	752	14630	8341	436	141	3424	7660
福 建	Fujian	808	648	9988	12210	429	148	6500	15366
江 西	Jiangxi	55	46	330	5893	114	58	488	4281
山 东	Shandong	7549	4258	70799	9998	1022	406	11274	10656
河 南	Henan	460271	209198	3019808	6651	1535	491	13538	8785
湖 北	Hubei	1386	950	9017	6520	473	182	3913	7598
湖 南	Hunan	1861	822	15668	9238	360	150	2758	7515
广 东	Guangdong	6292	5102	78975	12769	1365	381	22825	16154
广 西	Guangxi	924	488	7946	8780	241	76	2010	7913
海 南	Hainan	506	219	6228	12308	16	5	143	8938
重 庆	Chongqing	380	226	2520	6684	11	2	112	10182
四 川	Sichuan	454	204	4507	10128	698	236	8338	12102
贵 州	Guizhou	510	267	5094	10188	166	26	1336	9475
云 南	Yunnan	413	279	3821	9207	19267	3473	63273	4181
西 藏	Tibet					27	6	318	11778
陕 西	Shaanxi	492	308	4587	9304	227	46	1522	6675
甘 肃	Gansu	923	420	11628	12708	1272	468	11726	9627
青 海	Qinghai	23	23	133	5783				
宁 夏	Ningxia	99	48	1101	11351	94	24	673	7237
新 疆	Xinjiang	558	371	7308	13263	38	15	315	6848

5—3 续表 15 continued

地 区	Region	国家机关、政党机关和社会团体 Government Agencies, Party Agencies and Social Organizations 年末人数（人）Year-end Figures (person)	# 女 性 Female	劳动报酬（千元）Earnings (1 000 yuan)	平均劳动报酬（元）Average Earning (yuan)	其他行业 Others 年末人数（人）Year-end Figures (person)	# 女 性 Female	劳动报酬（千元）Earnings (1 000 yuan)	平均劳动报酬（元）Average Earning (yuan)
全 国	**National**	**38832**	**15981**	**366741**	**9304**	**165662**	**73253**	**1615727**	**9638**
北 京	Beijing	131	36	2612	17184	6956	3158	127376	16004
天 津	Tianjin	330	190	3672	11094	4261	1813	47170	10909
河 北	Hebei	1087	347	8609	7791	8640	3128	64716	7503
山 西	Shanxi	968	258	9124	9272	7659	3190	46160	6225
内蒙古	Inner Mongolia	358	118	3871	10753	4652	2268	25649	5426
辽 宁	Liaoning					7647	3637	72540	9340
吉 林	Jilin	707	155	6359	9020	3795	1376	23486	6099
黑龙江	Heilongjiang	1513	436	14547	9495	13368	6713	66814	5011
上 海	Shanghai	1216	619	12935	10585	19285	8398	362785	18841
江 苏	Jiangsu	4966	2149	60544	12114	7165	2670	83325	11317
浙 江	Zhejiang	1209	632	15752	12755	6954	1944	127380	17853
安 徽	Anhui	2707	1346	17340	6389	3249	1055	16341	4855
福 建	Fujian	1007	426	9101	8967	2722	1131	30375	11428
江 西	Jiangxi	1610	422	13416	7248	1448	641	9800	6731
山 东	Shandong	1371	791	10280	7672	17803	10420	105757	5847
河 南	Henan	2527	953	17592	6970	11528	5412	77664	7049
湖 北	Hubei	2082	1110	15667	7529	3507	1161	26592	7447
湖 南	Hunan	2021	895	16231	8059	6357	2684	56590	8521
广 东	Guangdong	3549	1741	42507	12031	6054	2407	82443	12892
广 西	Guangxi	1393	608	10214	8152	3035	1212	20990	6911
海 南	Hainan	128	45	1509	11432	749	262	6091	8154
重 庆	Chongqing	671	120	7507	9034	1188	431	14090	10797
四 川	Sichuan	2529	791	28175	10608	1895	443	16391	8555
贵 州	Guizhou	139	45	1023	7104	2570	881	14571	5957
云 南	Yunnan	1641	420	16138	9822	1249	464	11518	9319
西 藏	Tibet	12	3	72	6000	277	107	1205	4350
陕 西	Shaanxi	1319	391	10440	7733	6621	4047	36110	5483
甘 肃	Gansu	512	123	4445	8614	1169	668	8018	6621
青 海	Qinghai	1013	768	5320	4986	498	243	3588	7398
宁 夏	Ningxia					520	87	4915	8460
新 疆	Xinjiang	116	43	1739	14991	2841	1202	25277	8826

5—4 分地区分行业在岗职工人数和工资

（城镇集体单位）

ON-POST STAFF AND WORKERS AND WAGES BY SECTOR AND REGION

（Urban Collective-owned Units，2001）

地 区 Region		总 计 Total				企业单位 Enterprises			
		年末人数（人）Year-end Figures (person)	平均人数（人）Average Figures (person)	工资总额（千元）Total Wages (1 000 yuan)	平均工资（元）Average Wage (yuan)	年末人数（人）Year-end Figures (person)	平均人数（人）Average Figures (person)	工资总额（千元）Total Wages (1 000 yuan)	平均工资（元）Average Wage (yuan)
全 国	**National**	**12408173**	**12590487**	**86459068**	**6867**	**11051875**	**11241726**	**74953959**	**6667**
北 京	Beijing	399938	405288	4483792	11063	384940	390263	4227528	10833
天 津	Tianjin	180039	186460	1556097	8345	174679	181117	1506947	8320
河 北	Hebei	524382	546333	3139351	5746	498953	521099	2976749	5712
山 西	Shanxi	457868	450536	2219741	4927	419336	412320	1992742	4833
内蒙古	Inner Mongolia	202455	220473	1218197	5525	184376	202486	1099872	5432
辽 宁	Liaoning	736865	760325	4830834	6354	705286	728517	4622163	6345
吉 林	Jilin	384074	385976	2225318	5765	362406	364227	2079799	5710
黑龙江	Heilongjiang	679735	672884	3308439	4917	664601	657804	3194384	4856
上 海	Shanghai	215325	233052	3191147	13693	178461	196363	2458195	12519
江 苏	Jiangsu	903404	946796	7141773	7543	771597	813728	5645966	6938
浙 江	Zhejiang	372713	378913	4625787	12208	316117	322343	3757610	11657
安 徽	Anhui	581498	584824	2986308	5106	521203	524401	2595597	4950
福 建	Fujian	289059	288534	2625159	9098	253506	253101	2214561	8750
江 西	Jiangxi	279297	280787	1445755	5149	261323	262875	1320724	5024
山 东	Shandong	919720	930573	5801859	6235	839138	850820	5098487	5992
河 南	Henan	1343517	1322687	7573250	5726	869245	855886	4390090	5129
湖 北	Hubei	523580	535650	3041151	5677	497578	509631	2861592	5615
湖 南	Hunan	391122	386871	2660447	6877	345404	341414	2341677	6859
广 东	Guangdong	900020	914497	8267445	9040	857379	871728	7743418	8883
广 西	Guangxi	236575	237381	1516452	6388	229324	230151	1463382	6358
海 南	Hainan	43208	43117	267643	6207	38716	38434	225825	5876
重 庆	Chongqing	237735	239225	1582283	6614	209810	210826	1378279	6538
四 川	Sichuan	583947	592787	3897529	6575	497657	506600	3294670	6503
贵 州	Guizhou	157251	155824	968971	6218	151660	150368	933608	6209
云 南	Yunnan	200268	199518	1437174	7203	195119	194415	1389899	7149
西 藏	Tibet	8512	8214	51223	6236	8511	8213	51185	6232
陕 西	Shaanxi	264927	268126	1419231	5293	242150	245438	1279891	5215
甘 肃	Gansu	198361	201657	1356742	6728	188521	191897	1270737	6622
青 海	Qinghai	37088	38344	233923	6101	34807	35985	214116	5950
宁 夏	Ningxia	39165	45696	327442	7166	38347	44900	320235	7132
新 疆	Xinjiang	116525	129139	1058605	8197	111725	124376	1004031	8073

5—4 续表 1 continued

地区 Region		事业单位 Institutions 年末人数(人) Year-end Figures (person)	平均人数(人) Average Figures (person)	工资总额(千元) Total Wages (1 000 yuan)	平均工资(元) Average Wage (yuan)	机关单位 Agencies & Organizations 年末人数(人) Year-end Figures (person)	平均人数(人) Average Figures (person)	工资总额(千元) Total Wages (1 000 yuan)	平均工资(元) Average Wage (yuan)
全 国	**National**	**1320807**	**1312271**	**11178160**	**8518**	**35491**	**36490**	**326949**	**8960**
北 京	Beijing	14998	15025	256264	17056				
天 津	Tianjin	5250	5233	47331	9045	110	110	1819	16536
河 北	Hebei	24578	24365	155517	6383	851	869	7085	8153
山 西	Shanxi	36831	36528	213234	5838	1701	1688	13765	8155
内蒙古	Inner Mongolia	17605	17506	113802	6501	474	481	4523	9403
辽 宁	Liaoning	30405	30635	196724	6422	1174	1173	11947	10185
吉 林	Jilin	20616	20701	138317	6682	1052	1048	7202	6872
黑龙江	Heilongjiang	13627	13590	101071	7437	1507	1490	12984	8714
上 海	Shanghai	36563	36386	726988	19980	301	303	5964	19683
江 苏	Jiangsu	128641	129720	1451728	11191	3166	3348	44079	13166
浙 江	Zhejiang	56596	56570	868177	15347				
安 徽	Anhui	57574	57698	373716	6477	2721	2725	16995	6237
福 建	Fujian	35029	34901	404233	11582	524	532	6365	11964
江 西	Jiangxi	16514	16434	113206	6889	1460	1478	11825	8001
山 东	Shandong	77274	76381	678356	8881	3308	3372	25016	7419
河 南	Henan	472141	464674	3168847	6820	2131	2127	14313	6729
湖 北	Hubei	23655	23651	159642	6750	2347	2368	19917	8411
湖 南	Hunan	43972	43296	303932	7020	1746	2161	14838	6866
广 东	Guangdong	40561	40699	494396	12148	2080	2070	29631	14314
广 西	Guangxi	6292	6271	45528	7260	959	959	7542	7864
海 南	Hainan	4367	4554	40361	8863	125	129	1457	11295
重 庆	Chongqing	27275	27601	196778	7129	650	798	7226	9055
四 川	Sichuan	84569	84377	585596	6940	1721	1810	17263	9538
贵 州	Guizhou	5278	5154	32751	6354	313	302	2612	8649
云 南	Yunnan	3278	3237	28431	8783	1871	1866	18844	10099
西 藏	Tibet	1	1	38	38000				
陕 西	Shaanxi	21587	21472	129367	6025	1190	1216	9973	8201
甘 肃	Gansu	8930	8847	79230	8956	910	913	6775	7421
青 海	Qinghai	1291	1314	14341	10914	990	1045	5466	5231
宁 夏	Ningxia	818	796	7207	9054				
新 疆	Xinjiang	4691	4654	53051	11399	109	109	1523	13972

5—4 续表 2　continued

地　区 Region		农、林、牧、渔业 Farming, Forestry, Animal Husbandry and Fishery				采掘业 Mining and Quarrying			
		年末人数（人）Year-end Figures (person)	平均人数（人）Average Figures (person)	工资总额（千元）Total Wages (1 000 yuan)	平均工资（元）Average Wage (yuan)	年末人数（人）Year-end Figures (person)	平均人数（人）Average Figures (person)	工资总额（千元）Total Wages (1 000 yuan)	平均工资（元）Average Wage (yuan)
全　国	**National**	**117076**	**118506**	**670038**	**5654**	**304731**	**313260**	**1728113**	**5517**
北　京	Beijing	575	570	7065	12395	170	166	1083	6524
天　津	Tianjin	59	73	346	4740	194	193	1541	7984
河　北	Hebei	2422	2410	13308	5522	4872	5211	32530	6243
山　西	Shanxi	1917	1925	10377	5391	27636	27408	143280	5228
内蒙古	Inner Mongolia	2723	2744	13788	5025	9913	10640	43591	4097
辽　宁	Liaoning	2972	3372	19114	5668	29604	33123	196988	5947
吉　林	Jilin	2076	2097	8172	3897	9207	9599	42903	4470
黑龙江	Heilongjiang	17485	17717	59669	3368	46239	46115	197076	4274
上　海	Shanghai	1167	1177	17511	14878	5	2	9	4500
江　苏	Jiangsu	6305	6234	44965	7213	14903	14547	84993	5843
浙　江	Zhejiang	2267	2275	37315	16402	181	176	1387	7881
安　徽	Anhui	3702	3800	16687	4391	31646	34331	174909	5095
福　建	Fujian	616	616	6189	10047	1251	1176	9562	8131
江　西	Jiangxi	1873	1885	8255	4379	7843	7929	41448	5227
山　东	Shandong	6324	6884	54588	7930	39955	39286	227530	5792
河　南	Henan	8048	8029	34075	4244	13740	14865	83150	5594
湖　北	Hubei	6899	6975	35141	5038	10047	10170	74403	7316
湖　南	Hunan	7907	7934	42304	5332	4942	5195	36646	7054
广　东	Guangdong	4425	4415	36748	8323	4843	4800	36259	7554
广　西	Guangxi	1085	1091	5124	4697	3600	3381	24958	7382
海　南	Hainan	527	536	1251	2334	44	44	134	3045
重　庆	Chongqing	6739	6805	41522	6102	3624	3943	15541	3941
四　川	Sichuan	20472	20535	118708	5781	12648	12628	61742	4889
贵　州	Guizhou	153	153	920	6013	622	596	3552	5960
云　南	Yunnan	2808	2724	7680	2819	4264	4607	28859	6264
西　藏	Tibet	9	9	98	10889	970	962	9317	9685
陕　西	Shaanxi	2695	2697	12327	4571	2796	2595	13968	5383
甘　肃	Gansu	1187	1176	6806	5787	10482	10451	77510	7417
青　海	Qinghai	308	307	2647	8622	986	963	5547	5760
宁　夏	Ningxia	49	49	416	8490	4718	5291	38966	7365
新　疆	Xinjiang	1282	1292	6922	5358	2786	2867	18731	6533

5—4 续表 3 continued

地 区 Region		制造业 Manufacturing				电力、煤气及水的生产和供应业 Production and Supply of Electricity, Gas and Water			
		年末人数（人）Year-end Figures (person)	平均人数（人）Average Figures (person)	工资总额（千元）Total Wages (1 000 yuan)	平均工资（元）Average Wage (yuan)	年末人数（人）Year-end Figures (person)	平均人数（人）Average Figures (person)	工资总额（千元）Total Wages (1 000 yuan)	平均工资（元）Average Wage (yuan)
全 国	**National**	**4252692**	**4314887**	**26268572**	**6088**	**82245**	**83918**	**1028023**	**12250**
北 京	Beijing	65930	69762	709212	10166	27	36	641	17806
天 津	Tianjin	76656	81040	583705	7203	261	263	3403	12939
河 北	Hebei	206445	211186	1111148	5261	914	943	7249	7687
山 西	Shanxi	166802	161508	699620	4332	6023	5946	57755	9713
内蒙古	Inner Mongolia	70172	73585	327346	4449	1299	1291	9951	7708
辽 宁	Liaoning	318602	327175	1858756	5681	10903	11235	159609	14206
吉 林	Jilin	183883	186648	1076993	5770	1110	1023	10074	9848
黑龙江	Heilongjiang	266926	253685	1135421	4476	5177	5295	77089	14559
上 海	Shanghai	61192	66695	751582	11269	1925	2089	59551	28507
江 苏	Jiangsu	362701	382127	2562457	6706	6247	6401	78996	12341
浙 江	Zhejiang	82810	86674	833180	9613	2704	2697	38296	14199
安 徽	Anhui	183909	185260	917178	4951	229	231	1176	5091
福 建	Fujian	87296	86903	664170	7643	1588	1629	23900	14672
江 西	Jiangxi	86952	88073	375844	4267	480	486	3649	7508
山 东	Shandong	393683	398050	2355080	5917	2814	2869	20752	7233
河 南	Henan	333159	328836	1552125	4720	2889	2917	25262	8660
湖 北	Hubei	233459	236925	1310057	5529	1101	1084	9734	8980
湖 南	Hunan	119852	120905	748518	6191	1636	1616	19447	12034
广 东	Guangdong	321158	329460	2647971	8037	16348	16541	213385	12900
广 西	Guangxi	78207	78899	520433	6596	1577	1586	34939	22030
海 南	Hainan	6052	5917	36814	6222	253	253	1092	4316
重 庆	Chongqing	75871	78498	485939	6190	1725	1718	10444	6079
四 川	Sichuan	152061	155131	964863	6220	2714	2654	25705	9685
贵 州	Guizhou	42446	42366	267763	6320	699	693	4143	5978
云 南	Yunnan	63455	64357	469273	7292	1441	1412	18099	12818
西 藏	Tibet	1464	1289	11150	8650				
陕 西	Shaanxi	88334	89057	426209	4786	25	25	95	3800
甘 肃	Gansu	67834	68615	464491	6770	8835	9699	96437	9943
青 海	Qinghai	9279	9711	44633	4596	142	142	1815	12782
宁 夏	Ningxia	13023	13194	79102	5995	531	531	10052	18930
新 疆	Xinjiang	33079	33356	277539	8321	628	613	5283	8618

5—4 续表 4　continued

地　区　Region		建筑业 Construction				地质勘查业、水利管理业 Geological Prospecting and Water Conservancy			
		年末人数（人）Year-end Figures (person)	平均人数（人）Average Figures (person)	工资总额（千元）Total Wages (1 000 yuan)	平均工资（元）Average Wage (yuan)	年末人数（人）Year-end Figures (person)	平均人数（人）Average Figures (person)	工资总额（千元）Total Wages (1 000 yuan)	平均工资（元）Average Wage (yuan)
全　国	**National**	**2427831**	**2453817**	**17813503**	**7260**	**15493**	**15934**	**121183**	**7605**
北　京	Beijing	176394	171710	1942384	11312	250	259	2983	11517
天　津	Tianjin	23935	24459	254582	10409	31	31	292	9419
河　北	Hebei	94770	108638	692784	6377	706	704	4716	6699
山　西	Shanxi	42716	42729	243036	5688	417	415	2921	7039
内蒙古	Inner Mongolia	42493	54379	350135	6439	66	66	216	3273
辽　宁	Liaoning	164777	171436	1111869	6486	781	789	4385	5558
吉　林	Jilin	60592	62714	368412	5874	822	922	4246	4605
黑龙江	Heilongjiang	152673	155096	767952	4951	473	1409	15809	11220
上　海	Shanghai	12435	13277	203301	15312				
江　苏	Jiangsu	86185	87445	659844	7546	1240	1243	10834	8716
浙　江	Zhejiang	120079	116264	1352187	11630	649	649	9588	14773
安　徽	Anhui	101114	99151	547884	5526	467	467	2726	5837
福　建	Fujian	81612	80390	798580	9934	314	313	2107	6732
江　西	Jiangxi	68161	67073	389702	5810	38	38	167	4395
山　东	Shandong	123875	127000	844330	6648	114	114	704	6175
河　南	Henan	160471	156430	853859	5458	641	638	3189	4998
湖　北	Hubei	71419	71172	444022	6239	690	690	3974	5759
湖　南	Hunan	75247	69444	483263	6959	1584	1614	11551	7157
广　东	Guangdong	243534	237866	1912365	8040	2153	2196	21214	9660
广　西	Guangxi	43184	42578	282624	6638				
海　南	Hainan	12700	12371	68688	5552	65	65	444	6831
重　庆	Chongqing	69210	64626	484054	7490	157	158	824	5215
四　川	Sichuan	164613	163381	1061276	6496	1377	1245	8823	7087
贵　州	Guizhou	58480	56909	345700	6075	29	24	173	7208
云　南	Yunnan	33123	30772	223332	7258	165	167	1352	8096
西　藏	Tibet	4463	4357	20009	4592				
陕　西	Shaanxi	52426	54455	315402	5792	520	509	2807	5515
甘　肃	Gansu	39482	41396	277367	6700	1633	1110	3842	3461
青　海	Qinghai	13579	14137	94403	6678				
宁　夏	Ningxia	8099	13776	107690	7817	42	30	245	8167
新　疆	Xinjiang	25990	38386	312467	8140	69	69	1051	15232

5—4 续表 5 continued

地区 Region		交通运输、仓储及邮电通信业 Transport, Storage, Post and Telecommunications				批发和零售贸易、餐饮业 Wholesale and Retail Trade and Catering Services			
		年末人数（人）Year-end Figures (person)	平均人数（人）Average Figures (person)	工资总额（千元）Total Wages (1 000 yuan)	平均工资（元）Average Wage (yuan)	年末人数（人）Year-end Figures (person)	平均人数（人）Average Figures (person)	工资总额（千元）Total Wages (1 000 yuan)	平均工资（元）Average Wage (yuan)
全　国	**National**	**467209**	**472848**	**2989508**	**6322**	**2160459**	**2231704**	**12112581**	**5428**
北　京	Beijing	5109	5386	62442	11593	64443	66969	689869	10301
天　津	Tianjin	11025	11330	94432	8335	37018	38127	286404	7512
河　北	Hebei	12432	12460	65862	5286	115591	118937	501122	4213
山　西	Shanxi	11233	11236	57790	5143	109281	108402	434612	4009
内蒙古	Inner Mongolia	6497	6708	27338	4075	23319	25188	114526	4547
辽　宁	Liaoning	31789	33100	198943	6010	74179	75128	414408	5516
吉　林	Jilin	24864	22539	99984	4436	44588	43616	185570	4255
黑龙江	Heilongjiang	20801	21549	113395	5262	79784	80670	330805	4101
上　海	Shanghai	9854	10511	118802	11303	58947	67619	737114	10901
江　苏	Jiangsu	51949	54655	387213	7085	181151	199564	1113548	5580
浙　江	Zhejiang	9945	10325	117686	11398	41010	46465	445557	9589
安　徽	Anhui	35899	35746	161925	4530	105388	106880	415857	3891
福　建	Fujian	11269	11244	92682	8243	40018	41934	255799	6100
江　西	Jiangxi	12797	12848	73643	5732	63894	65483	250635	3827
山　东	Shandong	18422	18438	100582	5455	178581	182727	820907	4493
河　南	Henan	31737	31665	167309	5284	221482	216460	948298	4381
湖　北	Hubei	24482	24806	119510	4818	113739	121607	558180	4590
湖　南	Hunan	26406	26760	135978	5081	68589	68718	402085	5851
广　东	Guangdong	32268	32821	305596	9311	127427	133599	1029070	7703
广　西	Guangxi	11327	11146	70584	6333	63009	64152	295778	4611
海　南	Hainan	582	579	5233	9038	11083	11137	49003	4400
重　庆	Chongqing	16722	16825	93005	5528	30825	33074	155112	4690
四　川	Sichuan	25359	25966	142955	5505	84258	90893	462286	5086
贵　州	Guizhou	2568	2539	15578	6135	27999	28289	140303	4960
云　南	Yunnan	6291	6372	55771	8753	55946	56416	338556	6001
西　藏	Tibet	21	21	173	8238	450	446	2655	5953
陕　西	Shaanxi	4928	5013	25118	5011	60046	59212	260231	4395
甘　肃	Gansu	9026	8672	65785	7586	36788	37740	198541	5261
青　海	Qinghai	77	74	377	5095	5107	5409	21615	3996
宁　夏	Ningxia	13	13	126	9692	7320	7629	42006	5506
新　疆	Xinjiang	1517	1501	13691	9121	29199	29214	212129	7261

5-4 续表 6　continued

地区 Region		金融、保险业 Finance and Insurance				房地产业 Real Estate Trade			
		年末人数（人）Year-end Figures (person)	平均人数（人）Average Figures (person)	工资总额（千元）Total Wages (1 000 yuan)	平均工资（元）Average Wage (yuan)	年末人数（人）Year-end Figures (person)	平均人数（人）Average Figures (person)	工资总额（千元）Total Wages (1 000 yuan)	平均工资（元）Average Wage (yuan)
全　国	**National**	**664820**	**667200**	**7281979**	**10914**	**63536**	**63823**	**680220**	**10658**
北　京	Beijing	6588	6545	77004	11765	3209	3176	37862	11921
天　津	Tianjin	4687	4700	83906	17852	1247	1307	13435	10279
河　北	Hebei	43999	43460	414212	9531	653	671	5825	8681
山　西	Shanxi	26838	26598	224189	8429	1122	1140	5917	5190
内蒙古	Inner Mongolia	19531	19432	170171	8757	542	513	2360	4600
辽　宁	Liaoning	32551	32929	375055	11390	2724	2635	20700	7856
吉　林	Jilin	24727	24731	212196	8580	431	579	3709	6406
黑龙江	Heilongjiang	19407	19461	192690	9901	4544	4488	49507	11031
上　海	Shanghai	3969	3992	79310	19867	3111	3066	58325	19023
江　苏	Jiangsu	32650	32370	409384	12647	7742	7674	88243	11499
浙　江	Zhejiang	34553	34717	654157	18843	1828	1799	25699	14285
安　徽	Anhui	22903	22657	197561	8720	3065	3012	16643	5526
福　建	Fujian	16462	16385	240487	14677	2315	2343	32750	13978
江　西	Jiangxi	17439	16957	174710	10303	288	279	2336	8373
山　东	Shandong	49871	49912	500814	10034	2657	2649	27095	10228
河　南	Henan	58699	58454	483687	8275	3120	3084	18791	6093
湖　北	Hubei	25155	25436	219749	8639	1365	1378	10388	7538
湖　南	Hunan	32536	32568	386486	11867	1949	1908	13660	7159
广　东	Guangdong	54560	58051	806219	13888	11655	11938	168455	14111
广　西	Guangxi	18497	18737	164794	8795	1447	1426	10838	7600
海　南	Hainan	4137	4223	37574	8897	598	609	5044	8282
重　庆	Chongqing	8110	8287	106542	12857	508	504	3412	6770
四　川	Sichuan	39965	39932	448569	11233	1742	1742	15238	8747
贵　州	Guizhou	10934	10883	101479	9325	1680	1968	13945	7086
云　南	Yunnan	16182	16117	162391	10076	1086	1068	9294	8702
西　藏	Tibet								
陕　西	Shaanxi	17171	17141	149570	8726	802	799	4899	6131
甘　肃	Gansu	9164	9059	67914	7497	376	397	2664	6710
青　海	Qinghai	2740	2742	30441	11102	81	78	594	7615
宁　夏	Ningxia	2913	2832	30389	10731	46	45	340	7556
新　疆	Xinjiang	7882	7892	80329	10179	1603	1548	12252	7915

5—4 续表 7 continued

地 区 Region		社会服务业 Social Services				卫生、体育和社会福利业 Health Care Sporting and Social Welfare			
		年末人数（人）Year-end Figures (person)	平均人数（人）Average Figures (person)	工资总额（千元）Total Wages (1 000 yuan)	平均工资（元）Average Wage (yuan)	年末人数（人）Year-end Figures (person)	平均人数（人）Average Figures (person)	工资总额（千元）Total Wages (1 000 yuan)	平均工资（元）Average Wage (yuan)
全 国	**National**	**556246**	**564302**	**4486372**	**7950**	**543321**	**542812**	**5231754**	**9638**
北 京	Beijing	50866	54053	523157	9679	8946	8918	155895	17481
天 津	Tianjin	14082	14247	124495	8738	2281	2273	23305	10253
河 北	Hebei	13964	14232	100863	7087	14437	14307	91067	6365
山 西	Shanxi	25650	25449	114924	4516	21880	21780	123284	5660
内蒙古	Inner Mongolia	6284	6325	33339	5271	14322	14245	93700	6578
辽 宁	Liaoning	37866	39044	260801	6680	17464	17562	97027	5525
吉 林	Jilin	14665	14394	94973	6598	11098	11053	75557	6836
黑龙江	Heilongjiang	39689	40882	190010	4648	8232	8283	64161	7746
上 海	Shanghai	21203	21648	259232	11975	21886	21821	494415	22658
江 苏	Jiangsu	41980	42731	419759	9823	82697	83561	978845	11714
浙 江	Zhejiang	28141	28343	339410	11975	33427	33219	520606	15672
安 徽	Anhui	33254	33213	149165	4491	49907	49930	321439	6438
福 建	Fujian	13348	12805	113128	8835	27815	27686	326976	11810
江 西	Jiangxi	7716	7716	37359	4842	8570	8531	63916	7492
山 东	Shandong	18289	18185	140351	7718	54891	54459	490009	8998
河 南	Henan	36804	36339	225025	6192	12013	11903	84481	7097
湖 北	Hubei	17475	17564	132634	7551	10197	10176	66973	6581
湖 南	Hunan	10794	10877	86937	7993	28764	28445	202626	7123
广 东	Guangdong	47448	48538	612323	12615	15646	15492	231700	14956
广 西	Guangxi	8249	8130	58566	7204	933	921	7391	8025
海 南	Hainan	2476	2499	18027	7214	3248	3441	29980	8713
重 庆	Chongqing	3688	3735	23912	6402	18000	18235	135827	7449
四 川	Sichuan	16804	16665	130863	7853	55047	55013	391095	7109
贵 州	Guizhou	6617	6645	43737	6582	994	989	7241	7322
云 南	Yunnan	10339	10370	74443	7179	839	846	7388	8733
西 藏	Tibet	847	842	6470	7684				
陕 西	Shaanxi	11013	12605	64400	5109	12943	12858	77936	6061
甘 肃	Gansu	6061	5895	30811	5227	3584	3577	28578	7989
青 海	Qinghai	2970	2943	17396	5911	386	406	5868	14453
宁 夏	Ningxia	1187	1043	7540	7229	395	379	2848	7515
新 疆	Xinjiang	6477	6345	52322	8246	2479	2503	31620	12633

5—4 续表 8 continued

地 区 Region		教育、文化艺术和广播电影电视业 Education, Culture and Arts Radio, Film and Television				科学研究和综合技术服务业 Scientific Research and Polytechnical Services			
		年末人数（人）Year-end Figures (person)	平均人数（人）Average Figures (person)	工资总额（千元）Total Wages (1 000 yuan)	平均工资（元）Average Wage (yuan)	年末人数（人）Year-end Figures (person)	平均人数（人）Average Figures (person)	工资总额（千元）Total Wages (1 000 yuan)	平均工资（元）Average Wage (yuan)
全 国	**National**	**529785**	**521908**	**3812056**	**7304**	**28266**	**27811**	**337546**	**12137**
北 京	Beijing	5042	4983	72884	14627	6847	6817	112249	16466
天 津	Tianjin	1807	1828	15964	8733	2465	2243	20865	9302
河 北	Hebei	3345	3276	23348	7127	202	204	2206	10814
山 西	Shanxi	6129	6046	31938	5283	1717	1675	15185	9066
内蒙古	Inner Mongolia	359	350	2748	7851	55	55	382	6945
辽 宁	Liaoning	3130	3206	23194	7235	1978	1929	17982	9322
吉 林	Jilin	693	693	6334	9140	836	832	6407	7701
黑龙江	Heilongjiang	2124	2121	23351	11009	1405	1352	10697	7912
上 海	Shanghai	2920	2954	48688	16482	629	656	10655	16242
江 苏	Jiangsu	15364	15709	150040	9551	955	968	13511	13958
浙 江	Zhejiang	5203	5201	77867	14972	2052	2041	31306	15339
安 徽	Anhui	3973	3979	27264	6852	391	392	3123	7967
福 建	Fujian	1143	1155	13458	11652	373	369	6200	16802
江 西	Jiangxi	94	95	506	5326	114	114	488	4281
山 东	Shandong	10097	9621	92020	9564	1015	999	11174	11185
河 南	Henan	445778	438657	2987726	6811	1409	1374	11974	8715
湖 北	Hubei	1569	1579	10540	6675	472	514	3906	7599
湖 南	Hunan	2340	2036	16921	8311	360	362	2749	7594
广 东	Guangdong	7832	7689	101605	13214	1322	1369	22094	16139
广 西	Guangxi	911	899	8056	8961	169	194	1471	7582
海 南	Hainan	552	550	6635	12064	15	15	129	8600
重 庆	Chongqing	706	711	4700	6610	11	11	112	10182
四 川	Sichuan	1837	1823	13152	7214	680	661	8116	12278
贵 州	Guizhou	1197	1183	8460	7151	144	119	1204	10118
云 南	Yunnan	485	492	4333	8807	1024	989	9095	9196
西 藏	Tibet					11	11	146	13273
陕 西	Shaanxi	3406	3349	19262	5752	217	218	1422	6523
甘 肃	Gansu	961	953	11819	12402	1268	1191	11715	9836
青 海	Qinghai	23	23	133	5783				
宁 夏	Ningxia	219	213	2143	10061	92	91	668	7341
新 疆	Xinjiang	546	534	6967	13047	38	46	315	6848

5—4 续表 9 continued

地 区	Region	国家机关、政党机关和社会团体 Government Agencies, Party Agencies and Social Organizations				其 他 Others			
		年末人数（人）Year-end Figures (person)	平均人数（人）Average Figures (person)	工资总额（千元）Total Wages (1 000 yuan)	平均工资（元）Average Wage (yuan)	年末人数（人）Year-end Figures (person)	平均人数（人）Average Figures (person)	工资总额（千元）Total Wages (1 000 yuan)	平均工资（元）Average Wage (yuan)
全 国	**National**	**37088**	**37622**	**356919**	**9487**	**157375**	**160135**	**1540701**	**9621**
北 京	Beijing	67	79	1476	18684	5475	5859	87586	14949
天 津	Tianjin	227	228	3027	13276	4064	4118	46395	11266
河 北	Hebei	1085	1103	8602	7799	8545	8591	64509	7509
山 西	Shanxi	964	980	9105	9291	7543	7299	45808	6276
内蒙古	Inner Mongolia	358	360	3871	10753	4522	4592	24735	5387
辽 宁	Liaoning					7545	7662	72003	9397
吉 林	Jilin	707	705	6359	9020	3775	3831	23429	6116
黑龙江	Heilongjiang	1513	1532	14547	9495	13263	13229	66260	5009
上 海	Shanghai	512	514	9369	18228	15570	17031	343283	20156
江 苏	Jiangsu	4749	4781	59333	12410	6586	6786	79808	11761
浙 江	Zhejiang	1038	1063	15246	14342	6826	7005	126300	18030
安 徽	Anhui	2649	2656	17104	6440	3002	3119	15667	5023
福 建	Fujian	942	950	8961	9433	2697	2636	30210	11461
江 西	Jiangxi	1603	1835	13379	7291	1435	1445	9718	6725
山 东	Shandong	1363	1332	10261	7703	17769	18048	105662	5854
河 南	Henan	2523	2520	17584	6978	11004	10516	76715	7295
湖 北	Hubei	2027	2026	15461	7631	3484	3548	26479	7463
湖 南	Hunan	1932	1920	16089	8380	6284	6569	55187	8401
广 东	Guangdong	3485	3466	41425	11952	5916	6256	81016	12950
广 西	Guangxi	1382	1241	10179	8202	2998	3000	20717	6906
海 南	Hainan	128	132	1509	11432	748	746	6086	8158
重 庆	Chongqing	658	800	7363	9204	1181	1295	13974	10791
四 川	Sichuan	2477	2604	27754	10658	1893	1914	16384	8560
贵 州	Guizhou	132	137	1000	7299	2557	2331	13773	5909
云 南	Yunnan	1612	1614	15985	9904	1208	1195	11323	9475
西 藏	Tibet					277	277	1205	4350
陕 西	Shaanxi	1317	1348	10435	7741	6288	6245	35150	5629
甘 肃	Gansu	511	515	4444	8629	1169	1211	8018	6621
青 海	Qinghai	1013	1067	5320	4986	397	342	3134	9164
宁 夏	Ningxia					518	580	4911	8467
新 疆	Xinjiang	114	114	1731	15184	2836	2859	25256	8834

5—5 分地区分行业不在岗职工人数及生活费

（城镇集体单位）

NOT-ON-POST STAFF AND WORKERS AND LIVING SUBSIDIES BY SECTOR AND REGION

（Urban Collective-owned Units，2001）

地区	Region	总计 Total 年末人数（人）Year-end Figures (person)	# 内退 Inner-retirement	生活费（千元）Living Subsidies (1 000 yuan)	# 内退 Inner-retirement	平均生活费（元）Average Living Subsidies (yuan)	# 内退 Inner-retirement
全国	**National**	**5121537**	**541637**	**4080917**	**1883852**	**801**	**3492**
北京	Beijing	38127	10471	151544	57196	3840	5510
天津	Tianjin	120730	11658	142215	45223	1105	3817
河北	Hebei	170901	17186	131745	55692	776	3342
山西	Shanxi	149224	7942	46267	22089	334	2976
内蒙古	Inner Mongolia	64048	5290	32988	14906	551	2916
辽宁	Liaoning	878407	45490	360123	142199	407	3046
吉林	Jilin	292935	12035	75478	36816	262	2860
黑龙江	Heilongjiang	437096	10141	73286	29150	166	2611
上海	Shanghai	190322	23552	387812	137454	2077	5928
江苏	Jiangsu	327783	84141	666950	326336	2042	4163
浙江	Zhejiang	58754	14209	135152	71045	2161	4880
安徽	Anhui	209680	22076	168638	59743	826	2684
福建	Fujian	74454	13674	61571	38151	807	2683
江西	Jiangxi	185040	17864	69075	28234	374	1929
山东	Shandong	331909	65109	344271	223222	1142	3535
河南	Henan	300835	22438	136924	64630	481	3055
湖北	Hubei	273354	44915	273223	128109	987	2598
湖南	Hunan	311106	29613	205401	94150	672	3172
广东	Guangdong	171357	12712	117150	57106	674	4821
广西	Guangxi	71536	7775	36354	22706	436	2281
海南	Hainan	17449	275	8464	1514	461	4376
重庆	Chongqing	85709	10395	81301	36953	790	3425
四川	Sichuan	129696	22541	146865	80474	1114	3350
贵州	Guizhou	30593	3713	20464	10519	713	2989
云南	Yunnan	31689	7820	47920	33702	1522	4391
西藏	Tibet						
陕西	Shaanxi	119678	10944	109459	31905	913	2766
甘肃	Gansu	34383	3921	26548	17153	839	5097
青海	Qinghai	4775	401	1469	623	320	1785
宁夏	Ningxia	4724	1286	8129	6146	1787	4656
新疆	Xinjiang	5243	2050	14127	10706	2534	5084

5－5 续表 1 continued

地区 Region	农、林、牧、渔业 Farming, Forestry, Animal Husbandry and Fishery		采掘业 Mining and Quarrying		制造业 Manufacturing		电力、煤气及水的生产和供应业 Production and Supply of Electricity, Gas and Water	
	年末人数（人）Year-end Figures (person)	平均生活费（元）Average Living Subsidy (yuan)	年末人数（人）Year-end Figures (person)	平均生活费（元）Average Living Subsidy (yuan)	年末人数（人）Year-end Figures (person)	平均生活费（元）Average Living Subsidy (yuan)	年末人数（人）Year-end Figures (person)	平均生活费（元）Average Living Subsidy (yuan)
全　国 National	**23902**	**501**	**160690**	**314**	**2517092**	**802**	**4198**	**2369**
北　京 Beijing	16	6118	1	4000	19867	3125		
天　津 Tianjin	249	1532	11		80970	1114	27	1038
河　北 Hebei	213	795	351	584	94268	904	78	1638
山　西 Shanxi	34	1235	4858	844	74304	250	201	1439
内蒙古 Inner Mongolia	2385	491	1962	157	31516	413	7	6714
辽　宁 Liaoning	1016	316	72145	147	471236	377	1420	935
吉　林 Jilin	950	320	16704	21	153390	254	238	2093
黑龙江 Heilongjiang	13461	25	34897	55	212372	135	77	9718
上　海 Shanghai	275	8311	38	2000	97011	1607	137	8783
江　苏 Jiangsu	601	2220	5672	2261	183397	2237	197	1815
浙　江 Zhejiang	209	8115			25521	2326	245	1402
安　徽 Anhui	168	831	762	1275	104102	825	34	2853
福　建 Fujian	163	423	197	742	32051	797	75	6982
江　西 Jiangxi	356	1279	3857	955	90996	267	111	1248
山　东 Shandong	351	1852	3443	2698	164879	1260	147	1477
河　南 Henan	868	278	2122	872	125587	372	27	235
湖　北 Hubei	719	528	34	2029	150333	914	249	2555
湖　南 Hunan	443	826	2290	994	121828	693	151	3768
广　东 Guangdong	455	1368	179	1238	64373	558	327	3737
广　西 Guangxi	128	230	861	238	20979	779	7	
海　南 Hainan	40	125	18		5315	496	5	333
重　庆 Chongqing	161	1457	965	173	43982	682	34	242
四　川 Sichuan	433	2632	947	911	53109	1178	289	4447
贵　州 Guizhou			67	209	11259	680	53	2660
云　南 Yunnan	57	1400	543	794	15715	1743	50	2787
西　藏 Tibet								
陕　西 Shaanxi	81	519	7467	34	50500	1020		
甘　肃 Gansu	15	286	78	822	12208	824	4	
青　海 Qinghai			44		2688	202		
宁　夏 Ningxia	43		75	2757	2291	1148		
新　疆 Xinjiang	12	1083	102	1514	1045	1870	8	6125

5—5 续表 2 continued

地区 Region	建筑业 Construction		地质勘查业、水利管理业 Geological Prospecting and Water Conservancy		交通运输、仓储及邮电通信业 Transport, Storage, Post and Telecommunications		批发和零售贸易、餐饮业 Wholesale and Retail Trade and Catering Services	
	年末人数(人) Year-end Figures (person)	平均生活费(元) Average Living Subsidy (yuan)	年末人数(人) Year-end Figures (person)	平均生活费(元) Average Living Subsidy (yuan)	年末人数(人) Year-end Figures (person)	平均生活费(元) Average Living Subsidy (yuan)	年末人数(人) Year-end Figures (person)	平均生活费(元) Average Living Subsidy (yuan)
全 国 National	**362853**	**819**	**1841**	**1559**	**293434**	**640**	**1542679**	**710**
北 京 Beijing	3403	6759	1	10000	881	3831	8857	3835
天 津 Tianjin	2400	2461			14524	305	17305	1386
河 北 Hebei	4088	895	21	4833	8816	738	57560	524
山 西 Shanxi	5601	266	3		6465	265	50445	351
内蒙古 Inner Mongolia	11022	1000	9	1444	1074	421	11991	435
辽 宁 Liaoning	101016	580	420	272	37470	414	157659	344
吉 林 Jilin	18970	253			9833	231	87284	256
黑龙江 Heilongjiang	44181	192	70	143	26423	140	93114	251
上 海 Shanghai	4398	2652			5936	2313	56788	2285
江 苏 Jiangsu	13015	2392	68	4667	18592	1743	97584	1466
浙 江 Zhejiang	3913	2135	73	4141	3748	1747	20374	1582
安 徽 Anhui	14938	1142	150	2347	18122	768	65242	716
福 建 Fujian	8363	779	39	2385	6116	597	25024	779
江 西 Jiangxi	14765	447	3	1333	11659	262	60462	450
山 东 Shandong	11502	1593	3	500	11578	863	128047	594
河 南 Henan	12627	885	109	615	17786	896	128312	361
湖 北 Hubei	13893	861	97	4412	18435	907	82386	995
湖 南 Hunan	19407	673	530	992	28389	462	116527	627
广 东 Guangdong	13928	679	120	1548	13744	590	70221	519
广 西 Guangxi	4782	374			4743	134	38698	360
海 南 Hainan	743	561			1198	668	9086	330
重 庆 Chongqing	8744	828	2		7395	639	21728	965
四 川 Sichuan	8417	1014	113	2915	12083	569	50426	1039
贵 州 Guizhou	4000	362			656	1008	11673	699
云 南 Yunnan	2282	823	9	6111	550	1856	11287	1239
西 藏 Tibet								
陕 西 Shaanxi	8879	1566	1	8000	5217	525	42245	757
甘 肃 Gansu	1719	923			1862	1612	17105	729
青 海 Qinghai	727	18					1237	425
宁 夏 Ningxia	480	2606			32	1594	1573	1896
新 疆 Xinjiang	650	2124			107	579	2439	2596

5—5 续表 3 continued

地 区 Region	金融、保险业 Finance and Insurance		房地产业 Real Estate Trade		社会服务业 Social Services		卫生、体育和社会福利业 Health Care, Sporting & Social Welfare	
	年末人数（人） Year-end Figures (person)	平均生活费（元） Average Living Subsidy (yuan)	年末人数（人） Year-end Figures (person)	平均生活费（元） Average Living Subsidy (yuan)	年末人数（人） Year-end Figures (person)	平均生活费（元） Average Living Subsidy (yuan)	年末人数（人） Year-end Figures (person)	平均生活费（元） Average Living Subsidy (yuan)
全 国 National	**21076**	**6085**	**17677**	**1384**	**87082**	**1488**	**19317**	**1741**
北 京 Beijing	452	12333	198	4211	2713	4796	249	7593
天 津 Tianjin	24	8000	145	4497	3078	1449	59	2867
河 北 Hebei	701	2873	114	381	1289	1311	453	915
山 西 Shanxi	1389	3635	580	522	1845	193	501	632
内蒙古 Inner Mongolia	350	6604	2		718	552	439	1454
辽 宁 Liaoning	2037	7943	1710	505	22995	695	3978	312
吉 林 Jilin	545	5599	241	1122	3020	718	465	965
黑龙江 Heilongjiang	534	4798	558	120	6448	287	586	235
上 海 Shanghai	2	4500	315	3502	8184	2100	1906	4967
江 苏 Jiangsu	773	8178	711	3956	4341	4042	1227	3265
浙 江 Zhejiang	1358	8158	346	2352	1472	1916	644	2413
安 徽 Anhui	146	1562	122	1377	3254	1179	2013	1382
福 建 Fujian	117	5860	248	2661	1332	1075	323	2310
江 西 Jiangxi	277	5317	71	1831	1181	741	227	2072
山 东 Shandong	2298	7428	448	2723	3288	3814	1452	1538
河 南 Henan	1545	4048	315	417	5318	1027	837	643
湖 北 Hubei	1588	5538	451	2581	3001	2210	562	1874
湖 南 Hunan	659	1550	7975	802	4518	1833	1495	856
广 东 Guangdong	3173	5695	1416	2800	1787	2306	186	3876
广 西 Guangxi	348	4953	46	605	386	827	28	3133
海 南 Hainan	37	8757	55	231	686	615	20	900
重 庆 Chongqing	455	8287	136	626	492	1873	142	2392
四 川 Sichuan	932	7371	298	2151	1272	933	1044	1462
贵 州 Guizhou	202	2488	480	985	970	1177	6	
云 南 Yunnan	260	6936	81	1505	572	1725	16	2063
西 藏 Tibet								
陕 西 Shaanxi	483	6655	333	742	2474	1382	397	860
甘 肃 Gansu	129	7020	8	500	194	884	47	7128
青 海 Qinghai	69	5543	6	4667	4	750		
宁 夏 Ningxia	99	8566			57	1275	6	4000
新 疆 Xinjiang	94	4563	268	3506	193	3869	9	3889

5—5 续表 4 continued

地区 Region	教育、文化艺术和广播电影电视业 Education, Culture and Art, Radio, Film and Television		科学研究和综合技术服务业 Scientific Research and Poly-technical Services		国家机关、政党机关和社会团体 Government Agencies, Party Agencies & Social Organizations		其他 Others	
	年末人数（人） Year-end Figures (person)	平均生活费（元） Average Living Subsidy (yuan)	年末人数（人） Year-end Figures (person)	平均生活费（元） Average Living Subsidy (yuan)	年末人数（人） Year-end Figures (person)	平均生活费（元） Average Living Subsidy (yuan)	年末人数（人） Year-end Figures (person)	平均生活费（元） Average Living Subsidy (yuan)
全　国 National	**8872**	**2288**	**1805**	**1751**	**4147**	**1611**	**54872**	**1796**
北　京 Beijing	294	6054	118	10714			1077	4166
天　津 Tianjin	59	1200	73	2875	31		1775	1401
河　北 Hebei	845	657	14	231	63	2455	2027	845
山　西 Shanxi	724	108	234		454	155	1586	388
内蒙古 Inner Mongolia	69	2116			13	14846	2491	95
辽　宁 Liaoning	791	820	285	255			4229	1355
吉　林 Jilin	49	408	48	191	77	5575	1121	822
黑龙江 Heilongjiang	328	43	160	169	986	219	2901	79
上　海 Shanghai	557	3280	151	2491	3	1333	14621	3789
江　苏 Jiangsu	454	4410	34	5182	210	5198	907	3965
浙　江 Zhejiang	87	5442	54	4463	10	4200	700	4704
安　徽 Anhui	94	3531	3	4000	93	3116	437	1034
福　建 Fujian	59	1121	62	177	46	4261	239	1702
江　西 Jiangxi	21	143			82	2346	972	885
山　东 Shandong	339	1272	102	785	87	7000	3945	1684
河　南 Henan	2758	3626	60	467	80	1188	2484	573
湖　北 Hubei	379	1345	62	3435	57	4978	1108	1797
湖　南 Hunan	239	2326	71	581	152	2189	6432	648
广　东 Guangdong	177	2236	90	767	9	4889	1172	1409
广　西 Guangxi	129	198	2		48	684	351	1853
海　南 Hainan		783					246	1276
重　庆 Chongqing	78	1207			1248	767	147	629
四　川 Sichuan	96	1495	2	7000	126	5268	109	2491
贵　州 Guizhou	42	2000					1185	1282
云　南 Yunnan	18	4222	1		21	1229	227	2315
西　藏 Tibet								
陕　西 Shaanxi	177	800	85		235	1936	1104	898
甘　肃 Gansu	9		94	2414	16		895	305
青　海 Qinghai								
宁　夏 Ningxia							68	4059
新　疆 Xinjiang							316	3963

5－6 分地区分行业其他就业人员和平均劳动报酬

（城镇集体单位）

OTHER EMPLOYMENT AND AVERAGE EARNING BY SECTOR AND REGION

（Urban Collective-owned Units，2001）

地 区	Region	合 计 Total 年末人数（人） Year-end Figures (person)	# 离退休反聘人员 Hired Retirement	#港澳台和外籍人员 Hong Kong, Macao, Taiwan & Foreign Personnel	平均劳动报酬（元） Average Earning (yuan)	# 离退休反聘人员 Hired Retirement	#港澳台和外籍人员 Hong Kong, Macao, Taiwan & Foreign Personnel
全 国	**National**	**502282**	**121208**	**541**	**6464**	**7757**	**46007**
北 京	Beijing	58198	35207	17	11036	8515	119545
天 津	Tianjin	20469	6667		6433	6055	6167
河 北	Hebei	19448	3671		6352	5879	
山 西	Shanxi	10597	3498	1	3950	4633	11667
内蒙古	Inner Mongolia	2318	1470		6829	7300	
辽 宁	Liaoning	23156	12698	5	6036	6934	90800
吉 林	Jilin	3763	1810	1	4991	6746	12000
黑龙江	Heilongjiang	12403	2346		6409	8093	
上 海	Shanghai	60544	19005	17	8802	9722	43951
江 苏	Jiangsu	28491	4102	1	5667	6805	12667
浙 江	Zhejiang	9948	2886	18	8933	10652	21625
安 徽	Anhui	23931	2624	6	3643	4807	9286
福 建	Fujian	11368	1992	37	7471	8862	14628
江 西	Jiangxi	7585	687	2	4229	4630	3333
山 东	Shandong	16392	2155	2	4793	6596	16000
河 南	Henan	36911	3328	45	3743	6320	22000
湖 北	Hubei	10407	1327	4	4726	6162	6621
湖 南	Hunan	26610	1108	3	5501	7657	1500
广 东	Guangdong	13328	2237	170	9345	10882	63064
广 西	Guangxi	27943	569	16	6018	9058	26000
海 南	Hainan	1031	133	2	5549	8192	16500
重 庆	Chongqing	4578	2303		5687	6548	
四 川	Sichuan	15220	3068	1	5821	6580	7000
贵 州	Guizhou	7085	907	20	5206	6045	5714
云 南	Yunnan	23557	1887		4227	6767	
西 藏	Tibet	455	1		8635	2000	
陕 西	Shaanxi	14854	1795		3796	4240	
甘 肃	Gansu	6127	518	170	3574	5899	
青 海	Qinghai	550	55		4695	7420	
宁 夏	Ningxia	1290	281	1	4550	5625	4000
新 疆	Xinjiang	3725	873	2	8542	8891	81000

5－6 续表 1　continued

地　区	Region	农、林、牧、渔业 Farming，Forestry，Animal Husbandry and Fishery				采 掘 业 Mining and Quarrying			
		年末人数（人） Year-end Figures (person)	# 离退休反聘人员 Hired Retirement	平均劳动报酬（元） Average Earning (yuan)	# 离退休反聘人员 Hired Retirement	年末人数（人） Year-end Figures (person)	# 离退休反聘人员 Hired Retirement	平均劳动报酬（元） Average Earning (yuan)	# 聘用的离退休人员 Hired Retirement
全　国	**National**	**1057**	**172**	**3466**	**6312**	**4295**	**1131**	**5427**	**7470**
北　京	Beijing	12	9	10083	11444				
天　津	Tianjin								
河　北	Hebei	13	13	7000	7000	27	27	9074	9074
山　西	Shanxi	1		8750		392	24	6392	1045
内蒙古	Inner Mongolia	6	3	2096	4333	27	6	3667	5167
辽　宁	Liaoning	8	1	9636	5000	746	245	7578	17992
吉　林	Jilin	35	3	3088	7000	179	7	5839	14900
黑龙江	Heilongjiang	51	7	4475	4429	308	80	2578	6396
上　海	Shanghai	45	13	11409	15667	3		4667	
江　苏	Jiangsu	367	14	3018	8786	535	2	5316	6500
浙　江	Zhejiang	30	7	6833	8667	5	3	6400	7333
安　徽	Anhui	10	2	3900	5000	611	582	3914	4142
福　建	Fujian	5	1	2000	5000	3		4000	
江　西	Jiangxi	11		3636		828	9	5456	3222
山　东	Shandong	21	5	4000	5200	36	1	3083	3000
河　南	Henan	35	8	3379	3444	93	23	5936	10348
湖　北	Hubei	9	1	3333	2000	48	2	7229	18000
湖　南	Hunan	24	15	1426	4133	162	16	4832	13100
广　东	Guangdong	14	13	11000	11300	4	4	4750	4750
广　西	Guangxi	59		1870		8	3	5625	5667
海　南	Hainan	151		1576					
重　庆	Chongqing	13	9	10778	1000	40	24	3000	5700
四　川	Sichuan	101	45	4069	4667	54	19	15690	6609
贵　州	Guizhou					1	1	9000	9000
云　南	Yunnan	1	1	4000	4000	66	16	3242	5750
西　藏	Tibet	18		10222		6		667	
陕　西	Shaanxi	12	1	4667	7000	3	3	9000	9000
甘　肃	Gansu	4		3750		49		3360	
青　海	Qinghai								
宁　夏	Ningxia					57	30	8696	3037
新　疆	Xinjiang	1	1	1077	1077	4	4	6500	6500

5—6 续表 2　continued

地　区	Region	制造业 Manufacturing 年末人数（人） Year-end Figures (person)	# 离退休反聘人员 Hired Retirement	平均劳动报酬（元） Average Earning (yuan)	# 离退休反聘人员 Hired Retirement	电力、煤气及水的生产和供应业 Production and Supply of Electricity，Gas and Water 年末人数（人） Year-end Figures (person)	# 离退休反聘人员 Hired Retirement	平均劳动报酬（元） Average Earning (yuan)	# 聘用的离退休人员 Hired Retirement
全　国	**National**	**118619**	**39429**	**6558**	**7240**	**1584**	**672**	**11302**	**4886**
北　京	Beijing	7671	4242	13721	10022	69	62	12283	9385
天　津	Tianjin	7199	2531	6177	6310	109	81	10590	7231
河　北	Hebei	4471	2288	5516	5791	1	1	2000	2000
山　西	Shanxi	3408	1799	3921	4920	292	3	7071	
内蒙古	Inner Mongolia	839	728	6777	7504	2	2	3000	3000
辽　宁	Liaoning	13356	7667	6304	6778	33	19	8343	10591
吉　林	Jilin	2018	1250	4514	6613				
黑龙江	Heilongjiang	3210	1647	6866	9015	31	31	11935	17619
上　海	Shanghai	16435	2712	9120	10673	503	404	10899	2602
江　苏	Jiangsu	7686	1617	5847	7412	63	3	5150	6000
浙　江	Zhejiang	2103	796	9460	9547	24	9	185174	11000
安　徽	Anhui	4830	787	3326	4934	3		2250	
福　建	Fujian	2807	865	7225	7214	33	13	7455	9769
江　西	Jiangxi	1411	380	3855	2701				
山　东	Shandong	4166	861	3827	7199	35	6	7192	6333
河　南	Henan	4285	1410	4947	5955	11	11	4100	4100
湖　北	Hubei	4802	932	4966	5891				
湖　南	Hunan	5804	507	4915	6444	84	1	9111	8000
广　东	Guangdong	2594	774	11947	8696	66	13	11370	15857
广　西	Guangxi	1396	257	6595	5985	3	2	3500	3667
海　南	Hainan	32	29	6548	6179				
重　庆	Chongqing	2226	1472	5882	6506	3	1	4889	8000
四　川	Sichuan	2983	1046	4438	6011	5	1	590	4000
贵　州	Guizhou	1719	453	4979	5635	5	5	13600	13600
云　南	Yunnan	1990	590	5488	6227	2	2	7000	
西　藏	Tibet	47		6426					
陕　西	Shaanxi	4611	853	3606	4635	1	1	4000	4000
甘　肃	Gansu	3339	378	4053	5674	205		8546	
青　海	Qinghai	157	32	2925	3515				
宁　夏	Ningxia	386	179	5612	5732	1	1	4000	4000
新　疆	Xinjiang	638	347	7276	8659				

5—6 续表 3　continued

地　区　Region	建筑业 Construction				地质勘查业、水利管理业 Geological Prospecting and Water Conservancy			
	年末人数（人）Year-end Figures (person)	＃离退休反聘人员 Hired Retirement	平均劳动报酬（元）Average Earning (yuan)	＃离退休反聘人员 Hired Retirement	年末人数（人）Year-end Figures (person)	＃离退休反聘人员 Hired Retirement	平均劳动报酬（元）Average Earning (yuan)	＃聘用的离退休人员 Hired Retirement
全　国　National	**124301**	**15072**	**6655**	**9305**	**507**	**164**	**8278**	**8427**
北　京　Beijing	9171	4838	14238	11753	4	3	5000	5333
天　津　Tianjin	2136	763	6036	7273				
河　北　Hebei	9801	416	6490	9157				
山　西　Shanxi	1605	684	4254	3961	13	5	1824	2400
内蒙古　Inner Mongolia	916	525	8116	7251				
辽　宁　Liaoning	4037	1846	5500	7476	46	43	9348	10000
吉　林　Jilin	386	128	6532	7669				
黑龙江　Heilongjiang	5672	151	6919	5726	3	3	5000	5000
上　海　Shanghai	2767	1005	11743	12449				
江　苏　Jiangsu	5006	193	5394	7031	199	2	11160	10500
浙　江　Zhejiang	2167	346	9071	13619	17	7	7462	6286
安　徽　Anhui	8643	200	4155	4305				
福　建　Fujian	5380	284	8158	12415	15	15	15400	15400
江　西　Jiangxi	2757	80	4882	18261				
山　东　Shandong	3237	374	5745	4640				
河　南　Henan	7413	515	4680	8168	9	1	3556	3000
湖　北　Hubei	2909	119	4572	7182	36		8333	
湖　南　Hunan	10373	168	6194	9480				
广　东　Guangdong	6751	437	7888	11227	86	34	7686	6294
广　西　Guangxi	10274	64	5736	5813				
海　南　Hainan	309	22	4609	9682				
重　庆　Chongqing	1094	429	6571	5976				
四　川　Sichuan	7136	569	6935	7377	12	11	4417	4273
贵　州　Guizhou	4140	235	5208	6727				
云　南　Yunnan	1446	219	4854	7774	28	1	4341	
西　藏　Tibet	350		9000					
陕　西　Shaanxi	4526	165	4077	5325				
甘　肃　Gansu	1212	54	2209	6057	36	36	9600	9600
青　海　Qinghai	166	13	5634	20909				
宁　夏　Ningxia	602	18	4022	4810	3	3	9333	9333
新　疆　Xinjiang	1919	212	10998	10265				

5－6 续表 4 continued

地 区 Region	交通运输、仓储及邮电通信业 Transport, Storage, Post and Telecommunications				批发和零售贸易、餐饮业 Wholesale and Retail Trade and Catering Services			
	年末人数（人） Year-end Figures (person)	# 离退休反聘人员 Hired Retirement	平均劳动报酬（元） Average Earning (yuan)	# 离退休反聘人员 Hired Retirement	年末人数（人） Year-end Figures (person)	# 离退休反聘人员 Hired Retirement	平均劳动报酬（元） Average Earning (yuan)	# 聘用的离退休人员 Hired Retirement
全 国 National	**24091**	**1545**	**6080**	**6682**	**71472**	**19237**	**6172**	**7761**
北 京 Beijing	366	86	15383	8421	6621	3087	11830	8728
天 津 Tianjin	163	42	13503	4780	7026	1881	6614	5575
河 北 Hebei	150	48	8478	15273	719	204	5449	6181
山 西 Shanxi	16	6	4731	4800	1536	443	3146	3499
内蒙古 Inner Mongolia	80	9	7744	3556	98	37	4230	4946
辽 宁 Liaoning	552	251	9151	7804	1435	734	4901	6082
吉 林 Jilin	102	26	16058	8885	383	195	1764	5304
黑龙江 Heilongjiang	51	8	2196	4625	1747	102	5571	4852
上 海 Shanghai	1526	241	9499	7364	21786	8709	8251	9345
江 苏 Jiangsu	991	231	4574	5451	5026	508	4535	5864
浙 江 Zhejiang	167	50	9576	6479	1877	360	4715	7454
安 徽 Anhui	1045	161	2402	6179	2550	104	2012	3843
福 建 Fujian	179	45	6481	7391	809	178	6019	8284
江 西 Jiangxi	120	60	1018	1052	824	37	2313	3375
山 东 Shandong	650	38	4619	6946	2883	394	3042	6863
河 南 Henan	721	13	1434	3688	3601	455	5005	1932
湖 北 Hubei	345	13	2817	7000	896	93	3566	5253
湖 南 Hunan	1463	11	1786	4636	2372	45	3947	12313
广 东 Guangdong	240	23	6224	8739	1093	311	8373	9039
广 西 Guangxi	13897	14	6397	4467	1256	92	3436	5640
海 南 Hainan	2	2	10500	10500	34	17	4029	3625
重 庆 Chongqing	283	36	3393	9472	377	43	3682	5395
四 川 Sichuan	557	63	3399	5662	1060	303	3828	3766
贵 州 Guizhou	3	3	10320	2667	611	50	4227	4697
云 南 Yunnan	81	31	9988	9471	907	278	3321	6396
西 藏 Tibet	1	1	4000	1000	5		8200	
陕 西 Shaanxi	68	16	2913	3250	2114	458	2928	3200
甘 肃 Gansu	201		2366		840	19	2247	2667
青 海 Qinghai					10	4	6800	8000
宁 夏 Ningxia					171	26	3170	4960
新 疆 Xinjiang	71	17	9113	9235	805	70	5720	6247

5—6 续表 5　continued

地　区 Region		金融、保险业 Finance and Insurance				房地产业 Real Estate Trade			
		年末人数（人）Year-end Figures (person)	# 离退休反聘人员 Hired Retirement	平均劳动报酬（元）Average Earning (yuan)	# 离退休反聘人员 Hired Retirement	年末人数（人）Year-end Figures (person)	# 离退休反聘人员 Hired Retirement	平均劳动报酬（元）Average Earning (yuan)	# 聘用的离退休人员 Hired Retirement
全　国	**National**	**26282**	**779**	**5504**	**7871**	**5086**	**1485**	**8733**	**8209**
北　京	Beijing					688	233	11140	8788
天　津	Tianjin					351	58	10177	6509
河　北	Hebei	2425	16	6748	4615	9	2	2635	5000
山　西	Shanxi	1812	33	3303	5094	52	36	4837	6200
内蒙古	Inner Mongolia	35	10	5051	8273	7	6	6000	6400
辽　宁	Liaoning	129	5	2587	3200	318	38	4589	8095
吉　林	Jilin	338	5	5955	7200				
黑龙江	Heilongjiang	308	17	5363	4353	15	9	6600	23500
上　海	Shanghai					1730	287	9174	10028
江　苏	Jiangsu	1506	103	6973	3283	289	44	6024	9061
浙　江	Zhejiang	366	27	10152	9038	272	114	11893	10074
安　徽	Anhui	2739	36	3865	5972	38	19	3850	2789
福　建	Fujian	124	65	7058	7193	120	56	8575	8477
江　西	Jiangxi	942	65	5261	3794	14	3	7000	9000
山　东	Shandong	3808	16	6023	2579	21	15	8541	8357
河　南	Henan	2879	52	5479	2571	67	42	5448	4595
湖　北	Hubei	302	2	4103	4500	140	24	8303	11792
湖　南	Hunan	4411	81	5507	3283	158	13	6434	6375
广　东	Guangdong	131	19	18726	9706	281	81	10577	11863
广　西	Guangxi	453	11	7134	137167	50	36	10980	8438
海　南	Hainan	38	2	7500	16000	31	5	10548	10200
重　庆	Chongqing	189	8	5418	13500	69	69	2970	2640
四　川	Sichuan	1508	116	5238	7802	21	1	10188	9000
贵　州	Guizhou	86	35	6341	8629	86	67	7718	5639
云　南	Yunnan	170	15	9179	9167	123	121	8422	5306
西　藏	Tibet								
陕　西	Shaanxi	1308	16	4042	3313	20	7	8150	9000
甘　肃	Gansu	146	4	5615	13667	12	4	4167	6000
青　海	Qinghai	46	1	8093	5000				
宁　夏	Ningxia	48	10	3814	5200	6	2	8167	8000
新　疆	Xinjiang	35	9	6139	10222	98	93	6825	6720

5—6 续表 6 continued

地 区	Region	社会服务业 Social Services 年末人数（人）Year-end Figures (person)	#离退休反聘人员 Hired Retirement	平均劳动报酬（元）Average Earning (yuan)	#离退休反聘人员 Hired Retirement	卫生、体育和社会福利业 Health Care, Sporting and Social Welfare 年末人数（人）Year-end Figures (person)	#离退休反聘人员 Hired Retirement	平均劳动报酬（元）Average Earning (yuan)	#聘用的离退休人员 Hired Retirement
全 国	**National**	**34747**	**10380**	**7113**	**7537**	**33648**	**22428**	**6795**	**6932**
北 京	Beijing	7961	3805	9871	8612	17615	15380	6104	6082
天 津	Tianjin	2411	1070	5470	5190	13	11	7364	5333
河 北	Hebei	1526	561	7045	2732	135	72	7425	9610
山 西	Shanxi	406	199	4370	4278	226	89	5865	10071
内蒙古	Inner Mongolia	39	25	4769	2609	138	96	6777	8227
辽 宁	Liaoning	1300	1000	5329	5508	394	221	7542	6982
吉 林	Jilin	89	29	7289	2966	141	93	6762	6565
黑龙江	Heilongjiang	616	30	2374	7967	125	76	5299	5455
上 海	Shanghai	7467	1859	8067	9601	2962	2016	8485	9151
江 苏	Jiangsu	2490	367	6657	5334	3108	807	6780	7734
浙 江	Zhejiang	1210	268	8958	10099	949	579	12044	13324
安 徽	Anhui	1163	124	3073	3556	1796	524	4975	5690
福 建	Fujian	1077	154	5401	7221	619	247	8401	11956
江 西	Jiangxi	412	9	2584	4125	246	40	7094	7343
山 东	Shandong	494	67	4337	6167	850	273	6181	7953
河 南	Henan	822	190	4427	10701	347	229	5253	6423
湖 北	Hubei	660	58	5433	6310	137	68	6378	7042
湖 南	Hunan	762	64	6016	5234	680	179	6703	10273
广 东	Guangdong	696	105	7158	12621	893	255	12868	16055
广 西	Guangxi	344	38	4352	4171	33	23	6758	7407
海 南	Hainan	99	4	5788	6000	311	39	8020	10974
重 庆	Chongqing	59	19	5949	3556	201	172	9091	8520
四 川	Sichuan	369	57	3104	8362	1243	760	7208	7704
贵 州	Guizhou	364	11	3323	4455	16	9	11067	9500
云 南	Yunnan	338	179	6828	7142	51	39	6725	6925
西 藏	Tibet								
陕 西	Shaanxi	1431	36	4818	4194	311	90	4186	5765
甘 肃	Gansu	54	11	6116	7538	24	7	4680	11000
青 海	Qinghai	20	5	2632	3000	50		12211	
宁 夏	Ningxia	3	3	4333	4000	9	9	14556	14556
新 疆	Xinjiang	65	33	8258	7438	25	25	12357	13840

5－6 续表 7　continued

地　区 Region	教育、文化艺术和广播电影电视业 Education, Culture and Arts, Radio, Film and Television				科学研究和综合技术服务业 Scientific Research and Polytechnical Services			
	年末人数（人） Year-end Figures (person)	# 离退休反聘人员 Hired Retirement	平均劳动报酬（元） Average Earning (yuan)	# 离退休反聘人员 Hired Retirement	年末人数（人） Year-end Figures (person)	# 离退休反聘人员 Hired Retirement	平均劳动报酬（元） Average Earning (yuan)	# 聘用的离退休人员 Hired Retirement
全　国 National	**22220**	**2642**	**4645**	**11832**	**24342**	**3599**	**5944**	**10567**
北　京 Beijing	2416	1145	16287	14777	4059	1880	12656	13188
天　津 Tianjin	528	43	10140	6048	233	101	6481	9212
河　北 Hebei	62	6	5750	6333	12		6750	
山　西 Shanxi	515	23	3764	8261	203	119	3140	4798
内蒙古 Inner Mongolia	1		11000					
辽　宁 Liaoning	83	38	3819	4523	617	534	5304	5369
吉　林 Jilin	2	2	5000	5000	70	70	11857	11100
黑龙江 Heilongjiang	70	62	8014	7419	91	74	4619	3275
上　海 Shanghai	653	303	9812	17061	248	188	15911	12372
江　苏 Jiangsu	369	110	5442	3672	60	53	9281	9000
浙　江 Zhejiang	379	215	10680	11160	83	43	13131	10310
安　徽 Anhui	153	7	6519	5429	45	44	5473	5500
福　建 Fujian	51	24	10740	15043	56	23	5556	7667
江　西 Jiangxi								
山　东 Shandong	142	86	4534	4011	7	7	1695	7692
河　南 Henan	15974	286	2375	7140	126	63	9365	16349
湖　北 Hubei	44	8	3813	3750	1	1	7000	7000
湖　南 Hunan	155	4	9519	750			1800	9000
广　东 Guangdong	234	97	13360	14495	43	18	16614	24667
广　西 Guangxi	50	23	4413	6826	72		8983	
海　南 Hainan	22	11	5136	5182	1	1	14000	14000
重　庆 Chongqing	4	4	3000	1667				
四　川 Sichuan	99	57	6520	6373	18	18	7929	11769
贵　州 Guizhou	12	12	5455		22	22	6000	6000
云　南 Yunnan	41	10	8824	5200	18243	326	3830	7949
西　藏 Tibet					16		10750	
陕　西 Shaanxi	104	9	1343	3300	10	10	10000	10000
甘　肃 Gansu					4	4	407	
青　海 Qinghai								
宁　夏 Ningxia					2		2500	
新　疆 Xinjiang	57	57	13094	13094				

5-6 续表 8 continued

地区 Region		国家机关、政党机关和社会团体 Government Agencies, Party Agencies and Social Organizations				其他 Others			
		年末人数（人） Year-end Figures (person)	# 离退休反聘人员 Hired Retirement	平均劳动报酬（元） Average Earning (yuan)	# 离退休反聘人员 Hired Retirement	年末人数（人） Year-end Figures (person)	# 离退休反聘人员 Hired Retirement	平均劳动报酬（元） Average Earning (yuan)	# 聘用的离退休人员 Hired Retirement
全　国	**National**	**1744**	**684**	**5475**	**9002**	**8287**	**1789**	**10001**	**8397**
北　京	Beijing	64	52	15562	16817	1481	385	18948	10501
天　津	Tianjin	103	13	6262	2692	197	73	3762	3395
河　北	Hebei	2	1	3500	4000	95	16	6088	4313
山　西	Shanxi	4	4	4750	4750	116	31	3034	5065
内蒙古	Inner Mongolia					130	23	6770	9174
辽　宁	Liaoning					102	56	5114	4966
吉　林	Jilin					20	2	2850	6500
黑龙江	Heilongjiang					105	49	5276	6429
上　海	Shanghai	704	469	5037	9375	3715	799	8769	9596
江　苏	Jiangsu	217	16	5581	3333	579	32	6095	8781
浙　江	Zhejiang	171	28	2942	7034	128	34	8308	9871
安　徽	Anhui	58	21	4069	3762	247	13	2729	4600
福　建	Fujian	65	9	2154	2778	25	13	7500	8545
江　西	Jiangxi	7	3	2313	2667	13	1	7455	2000
山　东	Shandong	8	8	2375	2375	34	4	2436	3375
河　南	Henan	4		2000		524	30	1894	5156
湖　北	Hubei	55		3745		23	6	4913	11667
湖　南	Hunan	89	1	1511	3000	73	3	19486	12333
广　东	Guangdong	64	24	16149	9217	138	29	10266	16160
广　西	Guangxi	11	2	2917	6000	37	4	7378	9000
海　南	Hainan					1	1	5000	5000
重　庆	Chongqing	13	12	4645	8545	7	5	11600	14500
四　川	Sichuan	52	1	8096	4000	2	1	3500	2000
贵　州	Guizhou	7		3286		13	4	6939	
云　南	Yunnan	29	18	5276	2824	41	41	4756	4351
西　藏	Tibet	12		6000					
陕　西	Shaanxi	2	1	2500	3000	333	129	2815	2220
甘　肃	Gansu	1	1	1000					
青　海	Qinghai					101		3175	
宁　夏	Ningxia					2		4000	
新　疆	Xinjiang	2		4000		5	5	4200	4200

5—7 分地区城镇单位就业人员增加来源

（城镇集体单位）

INCREASE OF EMPLOYMENT IN URBAN UNITS BY REGION

（Urban Collective-owned Units，2001）

单位：人 （person）

地区 Region	合计 Total	从农村招收 Recruited from Countryside	从城镇招收 Recruited from Cities and Towns	录用的复员转业军人 Recruited Demobilized and Transferred Armymen	录用的大、中专、技工学校毕业生 Recruited Graduates	调入 Transferred Into	#由外省、自治区、直辖市调入 Transferred from Other Regions	其他 Others
全国 National	**861485**	**324017**	**107505**	**13997**	**80620**	**114415**	**2455**	**220931**
北京 Beijing	98031	62636	6070	180	2579	8089	1083	18477
天津 Tianjin	17328	799	1701	214	983	2967	31	10664
河北 Hebei	36330	19105	3448	670	3339	4308	45	5460
山西 Shanxi	14637	5448	2088	265	1868	2278	18	2690
内蒙古 Inner Mongolia	15718	7866	5465	56	487	1106	4	738
辽宁 Liaoning	39911	7577	6588	516	1669	10455	70	13106
吉林 Jilin	14926	6852	3466	333	1019	2160	9	1096
黑龙江 Heilongjiang	24219	2390	2995	229	1720	6993	23	9892
上海 Shanghai	71605	5867	5045	171	1390	15110	165	44022
江苏 Jiangsu	55338	10518	5129	1393	5274	12085	131	20939
浙江 Zhejiang	26513	11391	3790	471	2448	3254	36	5159
安徽 Anhui	20992	8672	2805	537	2304	4016	21	2658
福建 Fujian	31739	14195	5664	390	2508	1452	36	7530
江西 Jiangxi	13963	4528	2685	511	1063	1039	26	4137
山东 Shandong	51177	11657	9745	1593	9859	12914	98	5409
河南 Henan	65258	19132	5003	1748	25622	8159	164	5594
湖北 Hubei	26624	15117	3881	498	1577	2355	7	3196
湖南 Hunan	17299	3787	1541	701	1627	2580	34	7063
广东 Guangdong	54593	27845	10295	1124	4554	2421	186	8354
广西 Guangxi	12027	5021	2234	146	1195	908	13	2523
海南 Hainan	1711	1109	166	59	163	142	5	72
重庆 Chongqing	19665	12603	2560	294	943	957	10	2308
四川 Sichuan	35141	18292	4130	722	2098	2141	22	7758
贵州 Guizhou	8977	4701	1289	144	761	459	11	1623
云南 Yunnan	36524	7997	2370	272	979	2043	148	22863
西藏 Tibet	304	254	20		12	16		2
陕西 Shaanxi	12420	3299	2866	466	1187	1464	39	3138
甘肃 Gansu	4401	2083	387	118	282	614		917
青海 Qinghai	2577	922	262	19	40	110		1224
宁夏 Ningxia	5988	4155	1022	50	152	164	3	445
新疆 Xinjiang	25549	18199	2795	107	918	1656	17	1874

5－8 分地区城镇单位就业人员减少去向

（城镇集体单位）

DECREASE OF EMPLOYMENT IN URBAN UNITS BY REGION

（Urban Collective-owned Units，2001）

单位：人 （person）

地区 Region	合计 Total	离休、退休、退职 Retired and Resigned	开除、除名、辞退 Expelled Expunged and Dismissed	终止、解除合同 Contract Closed or Terminated	不在岗职工 Not-on-post Staff and Workers	调出 Transferred Out	＃调到外省、自治区、直辖市 Transferred to Other Regions	其他 Others
全国 National	**2024012**	**251929**	**149926**	**640758**	**496109**	**141127**	**2794**	**344163**
北京 Beijing	112256	11911	12328	48108	1337	10909	1732	27663
天津 Tianjin	46230	4634	2491	13333	11613	4382	90	9777
河北 Hebei	68303	10185	7797	21599	15131	5883	68	7708
山西 Shanxi	37842	7592	5523	8909	10538	3096	20	2184
内蒙古 Inner Mongolia	50091	2553	8254	15746	13400	3116	20	7022
辽宁 Liaoning	201372	24348	7068	46767	82172	13890	19	27127
吉林 Jilin	57849	6118	7561	16340	22876	2335	21	2619
黑龙江 Heilongjiang	97228	12409	5363	31978	27983	8138	25	11357
上海 Shanghai	95602	9813	1303	15536	30019	12556	2	26375
江苏 Jiangsu	229969	25234	5629	82160	51974	10678	90	54294
浙江 Zhejiang	52172	6912	2179	29387	5054	2802	38	5838
安徽 Anhui	55243	8630	4262	17072	16165	4606	41	4508
福建 Fujian	52357	6544	14035	13659	6178	2379	202	9562
江西 Jiangxi	73924	8683	2573	14223	20886	1172	34	26387
山东 Shandong	122776	13858	8132	27765	41382	22652	100	8987
河南 Henan	83999	17741	9438	15907	24195	9616	52	7102
湖北 Hubei	86237	8794	3124	40171	15194	2326	29	16628
湖南 Hunan	62746	8763	1504	17828	23718	3968	35	6965
广东 Guangdong	114336	14130	13901	52523	15076	3303	51	15403
广西 Guangxi	33028	4936	3258	6629	13373	1324	14	3508
海南 Hainan	2561	1010	139	523	328	96	2	465
重庆 Chongqing	45181	9413	3925	22334	6182	1508	15	1819
四川 Sichuan	81058	11490	5174	37789	14199	2735	33	9671
贵州 Guizhou	13055	2336	1624	4136	2987	769	9	1203
云南 Yunnan	54846	5564	3416	11078	5627	2176	19	26985
西藏 Tibet	196	16	1	3				176
陕西 Shaanxi	34582	4955	1815	4570	11536	1827	11	9879
甘肃 Gansu	11218	1159	902	3702	3002	1198	8	1255
青海 Qinghai	11075	307	109	1059	1551	100		7949
宁夏 Ningxia	8533	649	3982	2194	1009	444	5	255
新疆 Xinjiang	28147	1242	3116	17730	1424	1143	9	3492

六、其他单位就业人员和劳动报酬

Employment and Wages in Other Ownership Units

6—1 分行业就业人员和劳动报酬

(其他单位)

EMPLOYMENT AND EARNINGS BY SECTOR

(Other Ownership Units, 2001)

项　目	Item	年末人数(千人) Year-end Figures (1 000 persons)	#女　性 Female	劳动报酬(千元) Earnings (1 000 yuan)	平均劳动报酬(元) Average Earning (yuan)
全国总计	**National Total**	**22349**	**9275**	**279165207**	**12437**
按登记注册类型分组	**Grouped by Registration Status**				
内资	Domestic Funded	15640	5803	177113414	11224
股份合作	Cooperative Units	1533	602	13004591	8446
联营	Joint-owned Units	447	167	5373176	11882
国有联营	State Joint-owned Units	195	73	2658120	13603
集体联营	Collective Joint-owned Units	65	23	682115	10289
有限责任公司	Limited Liability Corporations	8410	2984	93776038	11024
国有独资	State Funded Corporations	2910	955	34491362	11674
股份有限公司	Share-holding Corporations Ltd	4826	1894	60048640	12333
其他	Others	423	157	4910969	11888
港、澳、台商投资	Funded by Entrepreneurs from Hong Kong, Macao and Taiwan	3256	1670	42190249	12959
外商投资	Foreign Funded	3453	1802	59861544	17553
按企、事业分组	**Grouped by Enterprises Institutions**				
企业	Enterprises	22300	9252	278449896	12431
事业	Institutions	49	24	715311	15444
按国民经济行业分组	**Grouped by Sector**				
农、林、牧、渔业	**Farming, Forestry, Animal Husbandry & Fishery**	**69**	**24**	**606001**	**8649**
农业	Farming	22	10	149100	6665
林业	Forestry	8	2	54516	7123
畜牧业	Animal Husbandry	21	8	241190	11628
渔业	Fishery	13	2	110969	8060
农、林、牧、渔服务业	Services	6	2	50226	9074
采掘业	**Mining and Quarrying**	**1127**	**264**	**12581725**	**11087**
制造业	**Manufacturing**	**14230**	**6486**	**162737787**	**11361**
电力、煤气及水的生产和供应业	**Production and Supply of Electricity, Gas and Water**	**475**	**146**	**8103305**	**17192**
建筑业	**Construction**	**1612**	**237**	**18400725**	**11120**
土木工程建筑业	Civil Engineering	1370	189	14905633	10549
线路、管道和设备安装业	Circuit Pipelines and Equipment Installation	160	33	2407910	15153
装修装饰业	Buildings Fitting up and Decoration	82	15	1087182	13113
地质勘查业、水利管理业	**Geological Prospecting and Water Conservancy**	**5**	**1**	**63523**	**11583**
地质勘查业	Geological Prospecting	3	1	38990	13861
水利管理业	Water Conservancy	3	1	24533	9185
交通运输、仓储及邮电通信业	**Transport, Storage, Post and Telecommunications**	**662**	**205**	**12479777**	**18826**
铁路运输业	Railway Transport	54	12	1144773	21153
公路运输业	Highway Transport	222	68	1988790	8933
管道运输业	Pipeline Transport	2	1	51562	20791
水上运输业	Water Way Transport	48	8	757356	15393
航空运输业	Air Transport	34	11	1092136	32438
交通运输辅助业	Transport Supporting & Auxiliary Services	129	36	2841937	22345
其他交通运输业	Other Transport	4	1	60785	16353
仓储业	Storage	30	9	587450	19302
邮电通信业	Post and Telecommunications	139	58	3954988	28360
批发和零售贸易、餐饮业	**Wholesale & Retail Trade & Catering Services**	**1904**	**992**	**22263094**	**11634**

6-1续表 continued

项　　目	Item	年末人数（千人）Year-end Figures (1 000 persons)	＃女性 Female	劳动报酬（千元）Earnings (1 000 yuan)	平均劳动报酬（元）Average Earning (yuan)
食品、饮料、烟草和家庭日用品批发业	Wholesale Trade of Food, Beverages, Tobacco and Household Goods	404	189	4778309	11641
能源、材料和机械电子设备批发业	Wholesale Trade of Energy, Materials and Electronic Equipment	252	89	3361473	13129
其他批发业	Other Wholesale Trade	70	30	947496	13282
零售业	Retail Trade	906	531	9895491	10919
商业经纪与代理业	Commercial Brokerage and Agencies	13	5	488044	38593
餐饮业	Catering Services	258	147	2792281	10874
金融、保险业	**Finance and Insurance**	**451**	**234**	**10027462**	**23300**
金融业	Finance	239	120	6611611	28126
保险业	Insurance	212	114	3415851	17491
房地产业	**Real Estate Trade**	**372**	**122**	**6080461**	**16791**
房地产开发与经营业	Real Estate Development and Operation	223	71	3755982	17182
房地产管理业	Real Estate Managment	142	47	2188030	16068
房地产代理与经纪业	Real Estate Brokerages and Agencies	8	4	136449	18582
社会服务业	**Social Services**	**1097**	**444**	**18217102**	**16839**
公共设施服务业	Public Facilities Services	238	60	2875468	12475
居民服务业	Resident Services	48	24	533866	11253
旅馆业	Hotels	379	202	5165487	13471
租赁服务业	Leasing Services	14	4	174014	12851
旅游业	Tourism	43	21	550666	12819
娱乐服务业	Recreational Services	44	22	575974	12949
信息、咨询服务业	Information and Consultancy Services	120	46	3202442	28369
计算机应用服务业	Computer Application Services	118	36	3824626	33103
其他社会服务业	Other Social Services	93	31	1314559	14436
卫生、体育和社会福利业	**Health Care, Sporting and Social Welfare**	**19**	**10**	**356836**	**18482**
卫生	Health Care	11	7	207784	19184
体育	Sports	7	3	118173	17119
社会福利保障业	Social Welfare	2	1	30879	19631
教育、文化艺术和广播电影电视业	**Education, Culture and Arts, Radio, Film and Television**	**50**	**23**	**788736**	**16449**
教育	Education	29	14	462364	17142
＃普通高等学校	Regular Institution of Higher Education	2	1	24997	15159
普通中学	Regular Secondary Schools	11	5	186593	17943
小学校	Primary Schools	3	2	52203	18208
文化艺术业	Culture and Arts	12	5	177835	15512
广播电影电视业	Radio, Film and Television	9	4	148537	15614
科学研究和综合技术服务业	**Scientific Research and Polytechnical Services**	**178**	**52**	**3359123**	**19523**
科学研究业	Scientific Research	4	1	83225	18787
自然科学研究	Natural Science Research	3	1	66128	19079
社会科学研究	Social Science Research	…	…	1577	10109
其他科学研究	Other Science Research	1	…	15520	19208
综合技术服务业	Polytechnical Services	174	50	3275898	19543
＃气象	Meteorology	…	…	3409	29137
技术监督	Technological Supervision	8	2	133074	17240
海洋环境	Oceanic Environment	…	…	103	20600
环境保护	Environmental Protection	2	1	26010	12487
技术推广和科技交流服务业	Technology Application & Dissemination as Well as Science & Technology Exchange Services	24	8	453373	19941
工程设计业	Engineering Design	17	5	355131	21701
其他综合技术服务业	Other Polytechnical Services	122	35	2295890	19446
其他行业	**Others**	**97**	**35**	**3099550**	**32267**
＃企业管理机构	Enterprise Management Organizations	34	13	530096	15515

6－2 分行业在岗职工人数和工资

（其他单位）

ON-POST STAFF AND WORKERS AND WAGES BY SECTOR

（Other Ownership Units，2001）

项 目	Item	年末人数（千人）Year-end Figures (1 000 persons)	工资总额（千元）Total Wages (1 000 yuan)	平均人数（千人）Average Figures (1 000 persons)	平均工资（元）Average Wage (yuan)
全 国 总 计	**National Total**	**21419**	**261069958**	**21505**	**12140**
按登记注册类型分组	**Grouped by Registration Status**				
内资	Domestic Funded	14984	169403066	15115	11207
股份合作	Cooperative Units	1473	12420859	1479	8398
联营	Joint-owned Units	430	5162417	434	11887
国有联营	State Joint-owned Units	188	2564147	188	13619
集体联营	Collective Joint-owned Units	63	663814	64	10344
有限责任公司	Limited Liability Corporations	8096	90115004	8198	10993
国有独资	State Funded Corporations	2862	33919281	2907	11668
股份有限公司	Share-holding Corporations Ltd	4617	57538011	4646	12385
其他	Others	368	4166775	359	11621
港、澳、台商投资	Funded by Entrepreneurs from Hong Kong, Macao and Taiwan	3153	39536823	3152	12544
外商投资	Foreign Funded	3282	52130069	3238	16101
按企、事业分组	**Grouped by Enterprises Institutions**				
企业	Enterprises	21380	260511260	21467	12136
事业	Institutions	40	558698	38	14628
按国民经济行业分组	**Grouped by Sector**				
农、林、牧、渔业	**Farming, Forestry, Animal Husbandry & Fishery**	**66**	**571321**	**67**	**8473**
农业	Farming	20	132875	21	6352
林业	Forestry	8	52712	7	7049
畜牧业	Animal Husbandry	20	228519	20	11409
渔业	Fishery	13	109658	14	8019
农、林、牧、渔服务业	Services	5	47557	5	8923
采掘业	**Mining and Quarrying**	**1121**	**12526029**	**1114**	**11246**
制造业	**Manufacturing**	**13908**	**154897325**	**13988**	**11074**
电力、煤气及水的生产和供应业	**Production and Supply of Electricity, Gas and Water**	**470**	**8045214**	**466**	**17256**
建筑业	**Construction**	**1539**	**17552146**	**1576**	**11139**
土木工程建筑业	Civil Engineering	1315	14290524	1352	10572
线路、管道和设备安装业	Circuit Pipelines and Equipment Installation	151	2304695	150	15389
装修装饰业	Buildings Fitting up and Decoration	74	956927	74	12892
地质勘查业、水利管理业	**Geological Prospecting and Water Conservancy**	**5**	**55939**	**5**	**11892**
地质勘查业	Geological Prospecting	3	36615	3	13693
水利管理业	Water Conservancy	2	19324	2	9519
交通运输、仓储及邮电通信业	**Transport, Storage, Post and Telecommunications**	**638**	**11973794**	**639**	**18737**
铁路运输业	Railway Transport	53	1134244	53	21265
公路运输业	Highway Transport	216	1927597	217	8880
管道运输业	Pipeline Transport	2	51316	2	20886
水上运输业	Water Way Transport	47	718314	48	14839
航空运输业	Air Transport	34	1083035	33	32438
交通运输辅助业	Transport Supporting & Auxiliary Services	125	2703299	123	22052
其他交通运输业	Other Transport	4	58292	4	16041
仓储业	Storage	29	541747	29	18734
邮电通信业	Post and Telecommunications	128	3755950	129	29063
批发和零售贸易、餐饮业	**Wholesale & Retail Trade & Catering Services**	**1769**	**20622539**	**1780**	**11584**

6—2 续表 continued

项　目	Item	年末人数（千人）Year-end Figures (1 000 persons)	工资总额（千元）Total Wages (1 000 yuan)	平均人数（千人）Average Figures (1 000 persons)	平均工资（元）Average Wage (yuan)
食品、饮料、烟草和家庭日用品批发业	Wholesale Trade of Food, Beverages, Tobacco and Household Goods	385	4541752	390	11647
能源、材料和机械电子设备批发业	Wholesale Trade of Energy, Materials and Electronic Equipment	234	3116858	239	13031
其他批发业	Other Wholesale Trade	68	905273	68	13231
零售业	Retail Trade	841	9226384	842	10954
商业经纪与代理业	Commercial Brokerage and Agencies	11	346140	11	32682
餐饮业	Catering Services	230	2486132	230	10815
金融、保险业	**Finance and Insurance**	**321**	**8033404**	**313**	**25662**
金融业	Finance	231	6234293	228	27345
保险业	Insurance	89	1799111	85	21152
房地产业	**Real Estate Trade**	**324**	**5242736**	**315**	**16621**
房地产开发与经营业	Real Estate Development and Operation	201	3282516	197	16638
房地产管理业	Real Estate Managment	117	1849768	112	16488
房地产代理与经纪业	Real Estate Brokerages and Agencies	6	110452	6	18566
社会服务业	Social Services	975	15553672	964	16142
公共设施服务业	Public Facilities Services	211	2620061	205	12770
居民服务业	Resident Services	43	463691	42	10966
旅馆业	Hotels	357	4579456	360	12714
租赁服务业	Leasing Services	13	154291	12	12384
旅游业	Tourism	41	525135	41	12832
娱乐服务业	Recreational Services	40	489276	40	12341
信息、咨询服务业	Information and Consultancy Services	94	2360303	88	26673
计算机应用服务业	Computer Application Services	101	3252589	99	32896
其他社会服务业	Other Social Services	75	1108870	76	14683
卫生、体育和社会福利业	**Health Care, Sporting and Social Welfare**	**17**	**286249**	**17**	**17045**
卫生	Health Care	9	167792	9	18213
体育	Sports	6	98537	6	15888
社会福利保障业	Social Welfare	1	19920	1	14445
教育、文化艺术和广播电影电视业	**Education, Culture and Arts, Radio, Film and Television**	**38**	**582131**	**36**	**15951**
教育	Education	22	321896	20	15705
＃普通高等学校	Regular Institution of Higher Education	1	20436	1	15648
普通中学	Regular Secondary Schools	9	134185	8	17102
小学校	Primary Schools	2	30004	2	13515
文化艺术业	Culture and Arts	8	132099	8	16550
广播电影电视业	Radio, Film and Television	8	128136	8	15985
科学研究和综合技术服务业	**Scientific Research and Polytechnical Services**	**141**	**2686047**	**138**	**19506**
科学研究业	Scientific Research	4	73818	4	19119
自然科学研究	Natural Science Research	3	59639	3	19097
社会科学研究	Social Science Research	…	1217	…	9015
其他科学研究	Other Science Research	1	12962	1	21496
综合技术服务业	Polytechnical Services	137	2612229	134	19517
＃气象	Meteorology	…	1536	…	19948
技术监督	Technological Supervision	5	89803	5	17765
海洋环境	Oceanic Environment	…	89	…	22250
环境保护	Environmental Protection	2	19306	2	12819
技术推广和科技交流服务业	Technology Application & Dissemination as Well as Science & Technology Exchange Services	19	366105	18	20013
工程设计业	Engineering Design	14	296923	14	21733
其他综合技术服务业	Other Polytechnical Services	97	1830388	95	19322
其他行业	**Others**	**87**	**2441412**	**87**	**28156**
＃企业管理机构	Enterprise Management Organizations	33	506062	33	15524

6—3 分地区分行业就业人员和劳动报酬

（其他单位）

EMPLOYMENT AND EARNINGS BY SECTOR AND REGION

(Other Ownership Units, 2001)

地区	Region	总计 Total 年末人数（人）Year-end Figures (person)	#女性 Female	劳动报酬（千元）Earnings (1 000 yuan)	平均劳动报酬（元）Average Earning (yuan)	内资 Domestic Funded 年末人数（人）Year-end Figures (person)	#女性 Female	劳动报酬（千元）Earnings (1 000 yuan)	平均劳动报酬（元）Average Earning (yuan)
全国	**National**	**22348806**	**9275435**	**279165207**	**12437**	**15640065**	**5803026**	**177113414**	**11224**
北京	Beijing	1472557	500820	30920937	21192	1062621	334040	17764632	16865
天津	Tianjin	656404	289035	9871126	15120	269417	92662	3896327	14350
河北	Hebei	649958	255574	5716237	8705	520549	199304	4445404	8434
山西	Shanxi	505954	163248	4189880	8330	476486	151595	3956371	8344
内蒙古	Inner Mongolia	448044	170611	3522072	7563	413724	148388	3292604	7646
辽宁	Liaoning	1029694	401982	11988018	11389	729870	246951	7907087	10582
吉林	Jilin	452131	179980	4616887	10039	366064	138761	3521539	9374
黑龙江	Heilongjiang	751809	272508	9339744	12449	679075	239841	8649181	12760
上海	Shanghai	1265561	492451	29078115	22979	657722	235945	12834146	19511
江苏	Jiangsu	1658601	728940	20169427	12040	1096210	456659	12375435	11064
浙江	Zhejiang	1441015	562958	19541436	13625	1123108	401645	15015788	13372
安徽	Anhui	624246	219029	5070892	8090	564658	192575	4507266	7944
福建	Fujian	1305275	695141	14544862	11355	327945	122465	3983756	12442
江西	Jiangxi	295820	123258	2491464	8329	246695	99601	2142635	8515
山东	Shandong	1622608	811673	14528207	9005	1071739	461507	9244034	8619
河南	Henan	1237529	464588	9694256	7897	1105199	406829	8459530	7719
湖北	Hubei	716288	320941	5747212	8061	615792	272046	4715757	7698
湖南	Hunan	447934	191781	4166197	9351	395836	165581	3665426	9279
广东	Guangdong	2456684	1211710	41192075	16708	937926	354266	17577583	18746
广西	Guangxi	325984	126123	3303834	10181	260417	95916	2719288	10492
海南	Hainan	84810	35121	947981	11363	52847	20073	589433	11331
重庆	Chongqing	439236	145946	4222119	9688	390943	128297	3617848	9331
四川	Sichuan	795932	291734	7072371	8695	742011	269683	6513195	8569
贵州	Guizhou	250694	86470	2221937	8785	233056	80087	2060625	8746
云南	Yunnan	352832	130957	3726678	10375	323126	118577	3342896	10160
西藏	Tibet	6686	2270	80556	12005	6529	2148	77785	11867
陕西	Shaanxi	400269	154257	3892848	9728	362777	140224	3444550	9450
甘肃	Gansu	145497	57264	1351962	8984	125304	49906	1120670	8617
青海	Qinghai	37078	13803	336179	8778	36679	13721	334038	8801
宁夏	Ningxia	86699	31919	748829	8412	75872	28270	639568	8205
新疆	Xinjiang	384977	143343	4870869	10924	369868	135463	4699017	10921

6—3 续表 1 continued

地区	Region	股份合作 Cooperative Units 年末人数(人) Year-end Figures (person)	# 女性 Female	劳动报酬(千元) Earnings (1 000 yuan)	平均劳动报酬(元) Average Earning (yuan)	联营 Joint-owned Units 年末人数(人) Year-end Figures (person)	# 女性 Female	劳动报酬(千元) Earnings (1 000 yuan)	平均劳动报酬(元) Average Earning (yuan)
全国	**National**	**1532824**	**601607**	**13004591**	**8446**	**447473**	**167088**	**5373176**	**11882**
北京	Beijing	97359	27970	1088056	11157	44487	14284	669117	14387
天津	Tianjin	12136	4735	152802	12236	7966	2831	109437	13390
河北	Hebei	64100	27610	422583	6527	4260	1543	41772	9751
山西	Shanxi	43945	15674	239549	5801	2923	720	22096	7559
内蒙古	Inner Mongolia	22280	7874	115458	4897	5126	2108	36012	6361
辽宁	Liaoning	56439	23801	378197	6668	3602	1343	33673	8861
吉林	Jilin	23343	11281	188156	8093	3024	1406	17650	6425
黑龙江	Heilongjiang	78791	31046	812059	10284	10052	3145	92498	9227
上海	Shanghai	55261	21309	829511	14645	30121	10620	517603	16563
江苏	Jiangsu	160531	65133	1363721	8246	42905	17936	473039	10380
浙江	Zhejiang	158655	61694	1653717	10594	14690	5937	215363	14095
安徽	Anhui	58930	24404	316415	5417	11122	3922	87983	7870
福建	Fujian	35964	9967	375430	10336	41108	13371	471773	12565
江西	Jiangxi	27092	7554	174680	6456	2395	960	16042	6743
山东	Shandong	119408	52577	777320	6501	25700	12143	217901	8507
河南	Henan	65793	27110	369353	5685	18021	7666	101522	5661
湖北	Hubei	43953	18842	284224	6229	15168	5210	122574	8252
湖南	Hunan	33616	14539	262380	7942	8590	2985	64740	7991
广东	Guangdong	118935	52786	1278683	10852	61429	23878	1124540	18130
广西	Guangxi	12683	5176	88129	6828	3168	1417	22491	6955
海南	Hainan	2443	897	26149	10497	6921	2765	56384	8377
重庆	Chongqing	36315	12096	267666	7530	39124	13361	362801	9246
四川	Sichuan	60875	22955	533117	8665	10847	4326	80326	7539
贵州	Guizhou	13897	4116	96121	7217	5069	1909	35662	6953
云南	Yunnan	44426	17573	367240	7900	3134	1237	33425	10934
西藏	Tibet	215	59	1540	12833	77	26	619	7936
陕西	Shaanxi	31962	10680	177845	5543	3250	1129	26863	8045
甘肃	Gansu	29267	12822	173508	5673	17467	6637	260769	14037
青海	Qinghai	4368	1788	27633	6266	176	53	945	3203
宁夏	Ningxia	10523	3898	83527	7656	1433	505	16300	8816
新疆	Xinjiang	9319	3641	79822	8076	4118	1715	41256	9851

6—3 续表 2　continued

地区	Region	国有联营 State Joint-owned Units 年末人数（人）Year-end Figures (person)	# 女性 Female	劳动报酬（千元）Earnings (1 000 yuan)	平均劳动报酬（元）Average Earning (yuan)	集体联营 Collective Joint-owned Units 年末人数（人）Year-end Figures (person)	# 女性 Female	劳动报酬（千元）Earnings (1 000 yuan)	平均劳动报酬（元）Average Earning (yuan)
全　国	**National**	**195034**	**72666**	**2658120**	**13603**	**64944**	**22822**	**682115**	**10289**
北　京	Beijing	12517	4889	235199	18774	2705	1036	33939	11967
天　津	Tianjin	3437	1259	51972	14715	618	291	5405	8445
河　北	Hebei	2719	764	29110	10675	718	348	7087	9682
山　西	Shanxi	2066	447	15518	7475	271	72	1340	4945
内蒙古	Inner Mongolia	3586	1785	26928	6631	268	79	1954	5631
辽　宁	Liaoning	735	293	5753	7640	73	29	800	10667
吉　林	Jilin	937	341	7269	8014	1187	696	6288	6754
黑龙江	Heilongjiang	1041	389	8817	8421	64	22	293	4578
上　海	Shanghai	13676	4246	264456	18647	3070	1149	41275	11999
江　苏	Jiangsu	13736	6218	164031	11882	1214	480	19615	7130
浙　江	Zhejiang	5711	2173	103582	17691	2966	1379	40505	13172
安　徽	Anhui	9274	3220	76415	8187	522	130	3467	6934
福　建	Fujian	18108	6057	218895	13899	9255	1887	113388	12923
江　西	Jiangxi	1807	768	13207	7487	47	26	204	3238
山　东	Shandong	11109	4246	98403	8830	2566	1328	17840	7311
河　南	Henan	6479	2579	31276	4802	1236	426	6850	5647
湖　北	Hubei	8353	2847	70708	8883	5097	1692	31253	6046
湖　南	Hunan	2740	1064	17580	6614	529	265	2462	4637
广　东	Guangdong	35181	13662	737739	20421	8738	3326	127320	14751
广　西	Guangxi	1782	713	14936	8326	522	287	3100	5448
海　南	Hainan	3932	1437	29631	7613	460	196	3829	8722
重　庆	Chongqing	12092	4367	114391	9464	19675	6734	189656	9608
四　川	Sichuan	1848	732	9668	5849	944	144	7165	7805
贵　州	Guizhou	2240	865	19430	8880	1000	285	4811	4899
云　南	Yunnan	1302	412	12752	10267	264	90	1401	5718
西　藏	Tibet	24	9	131	5458				
陕　西	Shaanxi	2315	655	17643	7351	425	273	6426	15156
甘　肃	Gansu	13668	5288	237918	16182				
青　海	Qinghai	176	53	945	3203				
宁　夏	Ningxia	653	246	3834	7387	14	4	91	6500
新　疆	Xinjiang	1790	642	19983	10590	496	148	4351	8971

6—3 续表 3 continued

地 区	Region	有限责任公司 Limited Liability Corporations 年末人数(人) Year-end Figures (person)	#女 性 Female	劳动报酬(千元) Earnings (1 000 yuan)	平均劳动报酬(元) Average Earning (yuan)	国有独资 State Funded Corporations 年末人数(人) Year-end Figures (person)	#女 性 Female	劳动报酬(千元) Earnings (1 000 yuan)	平均劳动报酬(元) Average Earning (yuan)
全 国	**National**	**8410318**	**2984255**	**93776038**	**11024**	**2910084**	**955420**	**34491362**	**11674**
北 京	Beijing	505636	151431	9178425	18184	59587	20810	1375724	20101
天 津	Tianjin	188129	61009	2590396	13612	96359	28700	1426673	14326
河 北	Hebei	298877	105546	2883355	9357	132427	44112	1605546	11886
山 西	Shanxi	343123	104728	3115753	9066	223954	60194	2415955	10852
内蒙古	Inner Mongolia	292519	103309	2416273	7867	130597	45202	1269079	9497
辽 宁	Liaoning	431626	131447	4714519	10726	203477	54864	2348986	11208
吉 林	Jilin	160009	55630	1476154	8972	69316	23395	715559	10475
黑龙江	Heilongjiang	267106	82741	2065921	7881	114179	26052	864802	8226
上 海	Shanghai	308869	112612	5600249	18143	55130	17160	1148183	19896
江 苏	Jiangsu	541259	220969	6205478	11217	138850	51194	2096708	14423
浙 江	Zhejiang	708674	253167	9372246	13126	79498	28986	1393083	17323
安 徽	Anhui	301902	101046	2206110	7242	136999	33716	1226036	8890
福 建	Fujian	143951	53888	1687347	11942	38484	13786	597082	15447
江 西	Jiangxi	173110	74419	1522575	8559	131502	55468	1223108	9063
山 东	Shandong	548563	228735	4855526	8872	140519	42707	1731820	12414
河 南	Henan	691549	236565	5376722	7811	400963	132318	3523406	8795
湖 北	Hubei	165554	65840	1414659	8859	50249	19171	513199	9949
湖 南	Hunan	206993	85284	1888811	9051	71221	27577	707444	9750
广 东	Guangdong	453631	159153	9164241	20237	139976	48773	2962268	20346
广 西	Guangxi	159977	56555	1711588	10764	85997	25288	1013745	11766
海 南	Hainan	17942	6556	189719	11039	1166	227	13218	11307
重 庆	Chongqing	205493	64276	1725319	8590	35823	15941	346153	9487
四 川	Sichuan	358843	126347	3004775	8140	37417	13954	335357	8782
贵 州	Guizhou	171122	58338	1524386	8730	121145	39907	1146896	9164
云 南	Yunnan	167840	62294	1680314	9866	42533	15991	462994	9905
西 藏	Tibet	2912	1135	39583	13278	708	330	13414	18709
陕 西	Shaanxi	220027	86897	2095242	9462	71315	34507	753760	10649
甘 肃	Gansu	43777	16858	323498	7049	119	41	802	4718
青 海	Qinghai	20819	7736	208989	9573	15028	5057	159679	10160
宁 夏	Ningxia	45124	17157	384404	8256	12029	4239	112085	9132
新 疆	Xinjiang	265362	92587	3153461	10527	73517	25753	988598	13418

6—3 续表 4 continued

地 区	Region	股份有限公司 Share-holding Corporations Ltd 年末人数(人) Year-end Figures (person)	#女 性 Female	劳动报酬(千元) Earnings (1 000 yuan)	平均劳动报酬(元) Average Earning (yuan)	其 他 Others 年末人数(人) Year-end Figures (person)	#女 性 Female	劳动报酬(千元) Earnings (1 000 yuan)	平均劳动报酬(元) Average Earning (yuan)
全 国	**National**	**4826040**	**1893546**	**60048640**	**12333**	**423410**	**156530**	**4910969**	**11888**
北 京	Beijing	173134	63070	3531511	20552	242005	77285	3297523	14169
天 津	Tianjin	60791	23955	1039632	17290	395	132	4060	9760
河 北	Hebei	150186	63827	1070976	7297	3126	778	26718	8555
山 西	Shanxi	85954	30197	576349	6722	541	276	2624	4850
内蒙古	Inner Mongolia	93439	35023	723163	7704	360	74	1698	4410
辽 宁	Liaoning	234197	88480	2760060	11328	4006	1880	20638	5893
吉 林	Jilin	176055	68796	1819352	10039	3633	1648	20227	5130
黑龙江	Heilongjiang	322275	122614	5673317	17412	851	295	5386	6270
上 海	Shanghai	254330	87029	5670310	22434	9141	4375	216473	25530
江 苏	Jiangsu	342261	149160	4245233	12318	9254	3461	87964	9091
浙 江	Zhejiang	237778	78983	3725883	15926	3311	1864	48579	13577
安 徽	Anhui	183988	61260	1815583	9844	8716	1943	81175	9343
福 建	Fujian	99226	41604	1368640	14100	7696	3635	80566	10135
江 西	Jiangxi	36370	13716	373452	10118	7728	2952	55886	7551
山 东	Shandong	374015	166120	3363561	8943	4053	1932	29726	7560
河 南	Henan	325874	134403	2590337	8077	3962	1085	21596	5512
湖 北	Hubei	320522	147606	2427043	7525	70595	34548	467257	6686
湖 南	Hunan	142632	61312	1391044	9844	4005	1461	58451	15111
广 东	Guangdong	292195	111795	5849605	19970	11736	6654	160514	13320
广 西	Guangxi	84061	32541	895395	10703	528	227	1685	4773
海 南	Hainan	23436	8992	299461	12751	2105	863	17720	8339
重 庆	Chongqing	107053	37680	1244382	11403	2958	884	17680	5947
四 川	Sichuan	296449	110408	2763561	9106	14997	5647	131416	8621
贵 州	Guizhou	42243	15473	398875	9534	725	251	5581	7894
云 南	Yunnan	104149	36527	1237579	11697	3577	946	24338	7224
西 藏	Tibet	3325	928	36043	10676				
陕 西	Shaanxi	106743	41227	1140689	10675	795	291	3911	4938
甘 肃	Gansu	33247	12969	353249	10565	1546	620	9646	6195
青 海	Qinghai	11177	4095	94904	8411	139	49	1567	11438
宁 夏	Ningxia	18792	6710	155337	8339				
新 疆	Xinjiang	90143	37046	1414114	12223	926	474	10364	11229

6—3 续表 5 continued

地 区	Region	港、澳、台商投资 Funded by Entrepreneurs from Hong Kong,Macao and Taiwan				外商投资 Foreign Funded			
		年末人数（人）Year-end Figures (person)	#女 性 Female	劳动报酬（千元）Earnings (1 000 yuan)	平均劳动报酬(元) Average Earning (yuan)	年末人数（人）Year-end Figures (person)	#女 性 Female	劳动报酬（千元）Earnings (1 000 yuan)	平均劳动报酬(元) Average Earning (yuan)
全 国	**National**	**3255809**	**1670112**	**42190249**	**12959**	**3452932**	**1802297**	**59861544**	**17553**
北 京	Beijing	153190	61697	3503448	22820	256746	105083	9652857	38272
天 津	Tianjin	117121	53755	1535136	13208	269866	142618	4439663	16748
河 北	Hebei	54770	22697	567566	10300	74639	33573	703267	9441
山 西	Shanxi	17546	5703	139509	7814	11922	5950	94000	8547
内蒙古	Inner Mongolia	16809	11212	91239	5944	17511	11011	138229	7019
辽 宁	Liaoning	83565	34156	1096053	12844	216259	120875	2984878	13567
吉 林	Jilin	24612	10103	236590	9665	61455	31116	858758	14375
黑龙江	Heilongjiang	36637	15256	373532	10175	36097	17411	317031	8884
上 海	Shanghai	205917	84707	4180987	20095	401922	171799	12062982	30190
江 苏	Jiangsu	219587	102659	2552982	11770	342804	169622	5241010	15421
浙 江	Zhejiang	173155	90261	2438103	14278	144752	71052	2087545	14854
安 徽	Anhui	18618	8963	143532	7582	40970	17491	420094	10363
福 建	Fujian	620611	365278	6511042	10621	356719	207398	4050064	11649
江 西	Jiangxi	35097	16998	231168	6873	14028	6659	117661	8484
山 东	Shandong	128360	62727	1045424	8049	422509	287439	4238749	10314
河 南	Henan	78005	34180	744135	9596	54325	23579	490591	9070
湖 北	Hubei	42818	21794	383716	8798	57678	27101	647739	11408
湖 南	Hunan	28752	14525	275817	9717	23346	11675	224954	10161
广 东	Guangdong	1055034	588324	14720694	13816	463724	269120	8893798	19241
广 西	Guangxi	27990	14511	193528	6816	37577	15696	391018	10583
海 南	Hainan	15182	7693	165915	11012	16781	7355	192633	11788
重 庆	Chongqing	21483	8273	231300	10836	26810	9376	372971	13968
四 川	Sichuan	23378	9914	238494	10307	30543	12137	320682	10607
贵 州	Guizhou	7622	3034	72358	9913	10016	3349	88954	8887
云 南	Yunnan	16718	7107	191637	11329	12988	5273	192145	14493
西 藏	Tibet					157	122	2771	17877
陕 西	Shaanxi	14770	6131	135579	9813	22722	7902	312719	14296
甘 肃	Gansu	5863	1704	59478	9784	14330	5654	171814	11963
青 海	Qinghai	399	82	2141	6297				
宁 夏	Ningxia	2593	1235	16893	6589	8234	2414	92368	10859
新 疆	Xinjiang	9607	5433	112253	11312	5502	2447	59599	10454

6－3续表6 continued

地区	Region	企业 Enterprises 年末人数(人) Year-end Figures (person)	#女性 Female	劳动报酬(千元) Earnings (1 000 yuan)	平均劳动报酬(元) Average Earning (yuan)	非农企业 Nonagricultural Enterprises 年末人数(人) Year-end Figures (person)	#女性 Female	劳动报酬(千元) Earnings (1 000 yuan)	平均劳动报酬(元) Average Earning (yuan)
全国	**National**	**22299966**	**9251792**	**278449896**	**12431**	**22230794**	**9227407**	**277843895**	**12443**
北京	Beijing	1464984	497945	30761847	21182	1459059	495525	30694253	21220
天津	Tianjin	656189	288936	9868578	15122	654113	288215	9840257	15127
河北	Hebei	649789	255499	5714647	8705	649542	255435	5712849	8705
山西	Shanxi	505651	163088	4187997	8331	505535	163059	4187295	8331
内蒙古	Inner Mongolia	447916	170538	3521239	7563	442549	167890	3503433	7611
辽宁	Liaoning	1028908	401492	11978715	11389	1026619	401029	11948530	11391
吉林	Jilin	451510	179667	4608737	10034	450872	179399	4605305	10041
黑龙江	Heilongjiang	751683	272448	9338575	12450	750356	272268	9331998	12463
上海	Shanghai	1262538	491229	28996128	22968	1259432	490547	28967513	23000
江苏	Jiangsu	1655810	727509	20131662	12034	1652443	726141	20101587	12040
浙江	Zhejiang	1436066	560080	19463642	13615	1434003	559456	19439797	13618
安徽	Anhui	622310	218249	5052545	8086	620041	217571	5037154	8091
福建	Fujian	1302380	693764	14487147	11335	1298473	692235	14458536	11346
江西	Jiangxi	295784	123242	2491198	8329	295319	123102	2488808	8335
山东	Shandong	1620721	811035	14512557	9003	1616958	810495	14477982	9007
河南	Henan	1234760	463290	9671007	7895	1233715	462969	9664942	7897
湖北	Hubei	714689	320353	5732361	8058	711186	319081	5714689	8073
湖南	Hunan	442390	188917	4124089	9374	441324	188235	4117281	9380
广东	Guangdong	2451100	1207674	41091622	16705	2441498	1204224	40946769	16712
广西	Guangxi	325928	126075	3303124	10181	322825	124546	3292510	10245
海南	Hainan	83622	34552	935203	11363	82380	34212	924991	11404
重庆	Chongqing	439236	145946	4222119	9688	439119	145912	4220508	9687
四川	Sichuan	794977	291253	7060585	8689	789525	289606	7022543	8702
贵州	Guizhou	250067	86236	2216521	8786	249935	86188	2215709	8787
云南	Yunnan	352472	130852	3722077	10373	349318	129622	3700854	10406
西藏	Tibet	6686	2270	80556	12005	6231	2059	77725	12242
陕西	Shaanxi	399328	154142	3886187	9734	398657	153924	3882179	9740
甘肃	Gansu	145424	57248	1351390	8984	145424	57248	1351390	8984
青海	Qinghai	36737	13702	333720	8793	36721	13696	333429	8789
宁夏	Ningxia	86684	31915	748748	8413	86684	31915	748748	8413
新疆	Xinjiang	383627	142646	4855373	10922	380938	141603	4834331	10942

6－3 续表 7　continued

地区 Region	事业 Institutions 年末人数（人）Year-end Figures (person)	# 女性 Female	劳动报酬（千元）Earnings (1 000 yuan)	平均劳动报酬（元）Average Earning (yuan)	农、林、牧、渔业 Farming, Forestry, Animal Husbandry and Fishery 年末人数（人）Year-end Figures (person)	# 女性 Female	劳动报酬（千元）Earnings (1 000 yuan)	平均劳动报酬（元）Average Earning (yuan)
全　国 National	**48840**	**23643**	**715311**	**15444**	**69172**	**24385**	**606001**	**8649**
北　京 Beijing	7573	2875	159090	23221	5925	2420	67594	11715
天　津 Tianjin	215	99	2548	11477	2076	721	28321	13505
河　北 Hebei	169	75	1590	9464	247	64	1798	7279
山　西 Shanxi	303	160	1883	6215	116	29	702	6052
内蒙古 Inner Mongolia	128	73	833	6718	5367	2648	17806	3390
辽　宁 Liaoning	786	490	9303	11542	2289	463	30185	10874
吉　林 Jilin	621	313	8150	13721	638	268	3432	5321
黑龙江 Heilongjiang	126	60	1169	9278	1327	180	6577	4923
上　海 Shanghai	3023	1222	81987	27531	3106	682	28615	9577
江　苏 Jiangsu	2791	1431	37765	16201	3367	1368	30075	8951
浙　江 Zhejiang	4949	2878	77794	16744	2063	624	23845	11643
安　徽 Anhui	1936	780	18347	9380	2269	678	15391	6774
福　建 Fujian	2895	1377	57715	20919	3907	1529	28611	7619
江　西 Jiangxi	36	16	266	7189	465	140	2390	4799
山　东 Shandong	1887	638	15650	11332	3763	540	34575	7421
河　南 Henan	2769	1298	23249	8942	1045	321	6065	5798
湖　北 Hubei	1599	588	14851	9253	3503	1272	17672	5038
湖　南 Hunan	5544	2864	42108	7546	1066	682	6808	6610
广　东 Guangdong	5584	4036	100453	18291	9602	3450	144853	14967
广　西 Guangxi	56	48	710	12679	3103	1529	10614	3443
海　南 Hainan	1188	569	12778	11389	1242	340	10212	8560
重　庆 Chongqing					117	34	1611	14514
四　川 Sichuan	955	481	11786	13424	5452	1647	38042	6892
贵　州 Guizhou	627	234	5416	8679	132	48	812	6152
云　南 Yunnan	360	105	4601	12204	3154	1230	21223	6710
西　藏 Tibet					455	211	2831	7842
陕　西 Shaanxi	941	115	6661	7086	671	218	4008	5964
甘　肃 Gansu	73	16	572	7836				
青　海 Qinghai	341	101	2459	7211	16	6	291	18188
宁　夏 Ningxia	15	4	81	5400				
新　疆 Xinjiang	1350	697	15496	11651	2689	1043	21042	7691

6—3 续表 8 continued

地区	Region	采掘业 Mining and Quarrying 年末人数（人） Year-end Figures (person)	#女性 Female	劳动报酬（千元） Earnings (1 000 yuan)	平均劳动报酬（元） Average Earning (yuan)	制造业 Manufacturing 年末人数（人） Year-end Figures (person)	#女性 Female	劳动报酬（千元） Earnings (1 000 yuan)	平均劳动报酬（元） Average Earning (yuan)
全国	**National**	**1127118**	**263972**	**12581725**	**11087**	**14229811**	**6486380**	**162737787**	**11361**
北京	Beijing	1994	446	29996	15729	477625	177210	9209994	19083
天津	Tianjin	12267	2279	166513	13729	475628	226879	6911948	14644
河北	Hebei	45209	13107	678210	15107	442015	180082	3637214	8127
山西	Shanxi	112892	21845	996416	8873	302508	104583	2551692	8517
内蒙古	Inner Mongolia	34729	7927	331685	9701	324035	132443	2422863	7366
辽宁	Liaoning	56232	7272	604963	10444	659578	272149	7258234	10706
吉林	Jilin	34917	11363	395998	11332	284264	114046	2983757	10361
黑龙江	Heilongjiang	163059	42094	2499819	16392	395797	154252	4356906	10945
上海	Shanghai	519		5727	11013	716427	289937	16330291	22474
江苏	Jiangsu	15535	4749	149670	9208	1264815	578169	14671933	11447
浙江	Zhejiang	11145	2711	140514	12156	801634	376989	9906643	12329
安徽	Anhui	109140	22686	1051773	9637	361732	136910	2973976	8155
福建	Fujian	7547	2098	84137	11212	1077302	620368	11265918	10589
江西	Jiangxi	9377	1403	80284	8234	240758	103082	1973968	8093
山东	Shandong	60015	12216	650956	11002	1265673	671359	10598805	8424
河南	Henan	237140	56517	2387451	10164	747576	323607	5371162	7226
湖北	Hubei	7185	1407	47542	6579	471409	215106	3445001	7288
湖南	Hunan	20584	5022	163041	8929	269854	110420	2375596	8755
广东	Guangdong	5125	982	64958	12914	1742865	950197	26246785	14923
广西	Guangxi	2982	795	20777	6835	207830	83436	2104939	10172
海南	Hainan	420	15	4181	9333	31428	13859	302527	9848
重庆	Chongqing	12157	3152	95357	7739	198810	77205	1913295	9512
四川	Sichuan	36907	10038	271123	6602	493546	194138	4542144	8901
贵州	Guizhou	32994	6463	266818	8078	161160	60283	1426774	8631
云南	Yunnan	12421	2767	121802	8736	171453	65644	1785559	10243
西藏	Tibet	53	16	438	7821	2002	733	22205	10686
陕西	Shaanxi	14878	2600	160592	10797	286984	110805	2740787	9557
甘肃	Gansu	10161	2401	162917	16383	94550	37386	861050	8877
青海	Qinghai	156	34	1041	10732	25048	8314	233877	9142
宁夏	Ningxia	394	46	3075	7987	68414	24822	561478	8279
新疆	Xinjiang	58984	19521	943951	12496	167091	71967	1750466	10155

6—3续表9 continued

地区	Region	电力、煤气及水的生产和供应业 Production and Supply of Electricity, Gas and Water				建筑业 Construction			
		年末人数（人）Year-end Figures (person)	#女性 Female	劳动报酬（千元）Earnings (1 000 yuan)	平均劳动报酬（元）Average Earning (yuan)	年末人数（人）Year-end Figures (person)	#女性 Female	劳动报酬（千元）Earnings (1 000 yuan)	平均劳动报酬（元）Average Earning (yuan)
全国	**National**	**474931**	**145953**	**8103305**	**17192**	**1611614**	**237222**	**18400725**	**11120**
北京	Beijing	15737	5852	376988	23743	171162	21942	2614296	15003
天津	Tianjin	4470	1480	79186	18087	37629	7905	598816	15312
河北	Hebei	17043	4741	290825	17480	53836	9124	327819	5895
山西	Shanxi	9327	2751	86485	9269	21524	4275	199446	9483
内蒙古	Inner Mongolia	16745	5460	298515	17942	34754	5996	286838	5953
辽宁	Liaoning	38597	11328	631861	17438	53195	11148	529272	9552
吉林	Jilin	12127	3219	163191	13846	28219	6155	249512	7748
黑龙江	Heilongjiang	16073	4701	276322	17531	49213	13025	634125	11179
上海	Shanghai	13722	2909	455650	32951	53838	9214	1011639	18358
江苏	Jiangsu	26953	6571	586066	21863	58366	8902	642291	11168
浙江	Zhejiang	21551	5410	596242	28227	261002	24639	3349657	13268
安徽	Anhui	11475	3810	119173	10317	34232	5420	223340	6625
福建	Fujian	16363	4967	293442	17776	67721	8273	732984	12065
江西	Jiangxi	12164	4232	143447	11522	9642	2024	71319	7586
山东	Shandong	18968	5677	316958	16714	47698	6875	469001	9758
河南	Henan	29518	9614	372389	12619	78705	8377	482563	6266
湖北	Hubei	17421	6002	243792	13791	33958	6777	290974	8617
湖南	Hunan	10640	3777	180259	16750	25745	6556	191232	7710
广东	Guangdong	37243	9518	955327	25701	121575	15154	1938852	16272
广西	Guangxi	7045	2207	114585	16093	35859	4694	329511	9404
海南	Hainan	5860	1409	104413	17495	4316	1094	28774	7001
重庆	Chongqing	15088	5423	176343	11487	89864	10552	768757	9205
四川	Sichuan	40947	14826	398888	9807	94962	14194	622226	6956
贵州	Guizhou	3098	882	41767	13676	16949	2513	143756	9233
云南	Yunnan	20447	7122	286536	14165	38131	5353	402423	9932
西藏	Tibet	50	19	468	9360	2337	447	27701	11605
陕西	Shaanxi	11425	2966	139371	12301	10135	1868	68358	6845
甘肃	Gansu	1781	430	23466	13176	5138	1474	49701	6925
青海	Qinghai	680	233	6067	7972	1738	483	16469	9757
宁夏	Ningxia	720	162	8098	14059	6762	987	86204	8576
新疆	Xinjiang	21653	8255	337185	15724	63409	11782	1012869	10031

6—3 续表 10　continued

地　区	Region	地质勘查业、水利管理业 Geological Prospecting and Water Conservancy				交通运输、仓储及邮电通信业 Transport, Storage, Post and Telecommunications			
		年末人数（人）Year-end Figures (person)	＃女　性 Female	劳动报酬（千元）Earnings (1 000 yuan)	平均劳动报酬（元）Average Earning (yuan)	年末人数（人）Year-end Figures (person)	＃女　性 Female	劳动报酬（千元）Earnings (1 000 yuan)	平均劳动报酬（元）Average Earning (yuan)
全　国	**National**	**5376**	**1233**	**63523**	**11583**	**662285**	**204580**	**12479777**	**18826**
北　京	Beijing	202	25	3687	17310	26205	8921	749868	28714
天　津	Tianjin	23	9	1015	44130	20174	4814	531150	26788
河　北	Hebei	344	67	1822	4566	13366	5014	180048	13409
山　西	Shanxi	60	3	486	8100	15037	4462	99562	6319
内蒙古	Inner Mongolia	30	9	215	7167	6086	2413	29006	4977
辽　宁	Liaoning	9	2	88	9778	45001	11466	759933	16725
吉　林	Jilin	240	30	1129	4704	5422	1808	72515	13431
黑龙江	Heilongjiang	179	57	1676	9363	8390	2523	118152	14086
上　海	Shanghai	273	44	6698	24007	63432	18315	2008594	32140
江　苏	Jiangsu	148	56	1804	11868	51819	14687	847287	16092
浙　江	Zhejiang	332	65	5519	16775	62446	18441	1239888	19860
安　徽	Anhui	632	80	2670	4238	23819	7686	173086	7300
福　建	Fujian	56	9	629	11232	22858	7048	601203	27332
江　西	Jiangxi	30	1	182	5056	3238	1487	27645	8506
山　东	Shandong	202	56	2072	10010	27665	9374	412265	15222
河　南	Henan	150	24	743	4953	19721	8354	169249	8606
湖　北	Hubei	514	287	2969	5591	19431	5764	172978	8813
湖　南	Hunan	13	2	146	11231	21554	8615	242291	11171
广　东	Guangdong	239	21	2784	11847	103627	29746	2879461	27393
广　西	Guangxi	461	103	3974	8620	13271	4148	215911	16156
海　南	Hainan					9551	2942	169177	18301
重　庆	Chongqing	64	10	454	7695	17843	4978	146484	7966
四　川	Sichuan	77	28	539	7000	23932	8870	240162	9743
贵　州	Guizhou	5		45	9000	4196	1624	50721	12281
云　南	Yunnan	373	76	8681	15899	13875	4531	153909	11757
西　藏	Tibet					220	150	3209	15730
陕　西	Shaanxi					7124	2431	58333	8074
甘　肃	Gansu					1741	678	9715	5658
青　海	Qinghai					1324	418	13221	9903
宁　夏	Ningxia					128	70	1469	11045
新　疆	Xinjiang	720	169	13496	23887	9789	2802	103285	10850

6—3 续表 11 continued

地区	Region	邮电通信业 Post and Telecommunications 年末人数（人）Year-end Figures (person)	#女性 Female	劳动报酬（千元）Earnings (1 000 yuan)	平均劳动报酬（元）Average Earning (yuan)	批发和零售贸易、餐饮业 Wholesale and Retail Trade and Catering Services 年末人数（人）Year-end Figures (person)	#女性 Female	劳动报酬（千元）Earnings (1 000 yuan)	平均劳动报酬（元）Average Earning (yuan)
全国	**National**	**138606**	**57596**	**3954988**	**28360**	**1904012**	**991736**	**22263094**	**11634**
北京	Beijing	9558	3784	320442	32984	224039	104273	3567032	16197
天津	Tianjin	2235	644	61998	27240	44575	20610	624712	14024
河北	Hebei	6255	2642	126237	20012	50610	30487	292731	5695
山西	Shanxi	606	383	6511	8315	33518	19777	168930	4989
内蒙古	Inner Mongolia	534	251	7374	14263	18146	9660	84255	4562
辽宁	Liaoning	4801	2369	181968	37729	88412	49687	886924	9946
吉林	Jilin	2365	1042	48640	21222	53236	28453	346854	6405
黑龙江	Heilongjiang	3958	1032	80651	19642	66207	34139	839619	12565
上海	Shanghai	11724	4692	388290	33671	152997	78361	2999127	19555
江苏	Jiangsu	8411	3665	239290	29692	148113	75267	1770910	11808
浙江	Zhejiang	13837	4981	445461	32454	137760	68672	1910243	13502
安徽	Anhui	1918	902	27104	14763	53347	28351	275632	5113
福建	Fujian	6531	2814	295082	45863	35001	16443	440737	12298
江西	Jiangxi	405	140	7173	17888	10466	5996	94479	9091
山东	Shandong	3843	1989	73635	18609	111116	63764	901643	8040
河南	Henan	5416	3145	88139	16808	72689	35668	410382	5711
湖北	Hubei	2010	1303	30971	15309	97513	58071	740673	7851
湖南	Hunan	6975	3102	124549	18567	44061	25767	422051	9542
广东	Guangdong	24596	9616	1018643	39139	192296	97603	3260380	17211
广西	Guangxi	3896	1516	74482	18752	20901	12061	169340	7866
海南	Hainan	2219	712	64271	28351	6533	3406	62265	9694
重庆	Chongqing	2069	539	25816	10606	31445	17559	237857	7472
四川	Sichuan	3571	1283	62210	16674	57775	28732	422171	7065
贵州	Guizhou	1469	608	15319	10616	15558	7547	115290	7450
云南	Yunnan	4439	1794	75505	19110	45784	23688	432644	9232
西藏	Tibet	157	122	2771	17877	797	316	7767	9733
陕西	Shaanxi	1362	794	19443	14140	34823	18080	263944	7484
甘肃	Gansu	219	134	1898	9259	18943	10325	126358	6440
青海	Qinghai	358	152	6246	17447	4578	2602	34434	6910
宁夏	Ningxia	65	56	1108	16294	4799	3191	31277	6521
新疆	Xinjiang	2804	1390	33761	12349	27974	13180	322433	10542

6—3 续表 12 continued

地区	Region	零售业 Retail Trade 年末人数(人) Year-end Figures (person)	#女性 Female	劳动报酬(千元) Earnings (1 000 yuan)	平均劳动报酬(元) Average Earning (yuan)	金融、保险业 Finance and Insurance 年末人数(人) Year-end Figures (person)	#女性 Female	劳动报酬(千元) Earnings (1 000 yuan)	平均劳动报酬(元) Average Earning (yuan)
全 国	**National**	**906233**	**531389**	**9895491**	**10919**	**450957**	**233766**	**10027462**	**23300**
北 京	Beijing	108788	54762	1698304	15843	25560	14192	1031882	42259
天 津	Tianjin	15065	8378	161411	10152	8854	4380	193689	22161
河 北	Hebei	26966	18648	147818	5405	12405	6255	184322	15351
山 西	Shanxi	20075	13358	97958	4749	3965	1908	44315	10400
内蒙古	Inner Mongolia	10656	6431	45848	4194	515	264	5616	10969
辽 宁	Liaoning	49903	30567	450184	9101	23648	13403	443848	19351
吉 林	Jilin	22563	13810	161313	7006	8093	4741	103259	12717
黑龙江	Heilongjiang	37341	20092	531551	13995	22869	11274	306058	13823
上 海	Shanghai	87463	49400	1517410	17404	63025	29970	2188805	37044
江 苏	Jiangsu	69783	42082	682708	9892	32034	17372	642857	21141
浙 江	Zhejiang	46455	28802	542503	11209	33577	17692	780606	24678
安 徽	Anhui	24053	15347	120469	5003	7260	4210	66645	9538
福 建	Fujian	10669	5793	112925	10713	19878	11834	321682	19083
江 西	Jiangxi	4566	3222	52245	11467	3364	1738	44875	13304
山 东	Shandong	55276	36572	426351	7562	34305	18839	516656	16504
河 南	Henan	35317	19831	190646	5499	11005	6106	144985	13758
湖 北	Hubei	60802	38192	479783	8493	17268	9001	251950	15168
湖 南	Hunan	21160	13987	199960	9385	17481	10292	235462	13745
广 东	Guangdong	62634	33823	1167337	19434	42313	20433	1414537	34462
广 西	Guangxi	12140	8003	95229	7589	4407	2386	54900	12500
海 南	Hainan	2048	1321	15404	7570	1610	654	33503	20796
重 庆	Chongqing	14947	8971	125841	8232	17122	6165	321496	18327
四 川	Sichuan	23895	12921	180946	7419	12579	7549	248690	21158
贵 州	Guizhou	7979	4079	57549	7451	3884	2103	56467	14782
云 南	Yunnan	23754	13026	196935	8208	5284	2515	64211	12578
西 藏	Tibet	80	31	703	8788	478	239	11076	22884
陕 西	Shaanxi	21087	11394	156011	7287	8640	3163	173307	20384
甘 肃	Gansu	11578	7059	75632	6412	196	97	1884	11558
青 海	Qinghai	3647	2200	26953	7186	613	457	3447	5344
宁 夏	Ningxia	3201	2349	21125	6608	1673	825	25492	16618
新 疆	Xinjiang	12342	6938	156439	10506	7052	3709	110940	16546

6—3 续表 13 continued

地 区	Region	金融业 Finance 年末人数（人）Year-end Figures (person)	#女 性 Female	劳动报酬（千元）Earnings (1 000 yuan)	平均劳动报酬（元）Average Earning (yuan)	房地产业 Real Estate Trade 年末人数（人）Year-end Figures (person)	#女 性 Female	劳动报酬（千元）Earnings (1 000 yuan)	平均劳动报酬（元）Average Earning (yuan)
全 国	**National**	**238545**	**120157**	**6611611**	**28126**	**372163**	**121668**	**6080461**	**16791**
北 京	Beijing	16092	7779	875491	57473	85867	28288	1789211	22128
天 津	Tianjin	7006	3678	160202	23309	10010	3959	147348	14803
河 北	Hebei	7850	4531	134807	17206	2800	1020	23663	8674
山 西	Shanxi	2767	1398	31029	10061	1916	769	13960	7704
内蒙古	Inner Mongolia	515	264	5616	10969	1070	340	7660	6809
辽 宁	Liaoning	14986	7702	317304	21328	16802	5231	224264	12904
吉 林	Jilin	6052	3277	77709	12785	8597	2980	98380	12020
黑龙江	Heilongjiang	7829	3866	99276	12492	6593	1995	60079	9823
上 海	Shanghai	27162	13339	1486068	56614	37077	12424	829546	22525
江 苏	Jiangsu	13957	6852	318420	23230	11289	3610	162505	14605
浙 江	Zhejiang	19941	10315	541646	28295	20699	6617	330290	16390
安 徽	Anhui	3313	1852	32477	9844	3867	948	32278	8537
福 建	Fujian	7285	3202	179401	25728	18180	5643	278427	15617
江 西	Jiangxi	3132	1642	40890	13018	1442	481	11891	8451
山 东	Shandong	13707	6999	238001	17691	9150	3275	116917	12746
河 南	Henan	8428	4570	126679	15204	12241	3445	110002	8956
湖 北	Hubei	8816	4412	156646	18095	7508	2919	108121	14449
湖 南	Hunan	6106	3260	116605	18372	8296	3644	72009	8944
广 东	Guangdong	27499	12995	1032870	37485	48604	15368	1069914	22910
广 西	Guangxi	3611	2024	40481	11260	6075	2062	55012	9559
海 南	Hainan	1310	546	28085	21101	3498	1128	42823	12242
重 庆	Chongqing	8425	3834	164650	19604	9394	3001	101472	10839
四 川	Sichuan	5518	3159	104312	19066	8421	2440	81750	9700
贵 州	Guizhou	3361	1850	49819	14925	6483	2036	53440	8650
云 南	Yunnan	3876	1788	50748	13390	7461	2551	79136	10861
西 藏	Tibet	478	239	11076	22884				
陕 西	Shaanxi	4375	2339	100710	22360	2550	755	27327	10905
甘 肃	Gansu					6637	1361	55319	8274
青 海	Qinghai	72	39	869	11904	362	115	2838	7840
宁 夏	Ningxia	1673	825	25492	16618	1482	489	13309	9262
新 疆	Xinjiang	3403	1581	64232	19709	7792	2774	81570	10654

6－3 续表 14　continued

地区	Region	房地产开发与经营业 Real Estate Development and Operation 年末人数（人）Year-end Figures (person)	＃女性 Female	劳动报酬（千元）Earnings (1 000 yuan)	平均劳动报酬（元）Average Earning (yuan)	社会服务业 Social Services 年末人数（人）Year-end Figures (person)	＃女性 Female	劳动报酬（千元）Earnings (1 000 yuan)	平均劳动报酬（元）Average Earning (yuan)
全　国	**National**	**222643**	**71432**	**3755982**	**17182**	**1097345**	**444172**	**18217102**	**16839**
北　京	Beijing	28050	8267	807645	31317	294208	97343	7430820	25894
天　津	Tianjin	6835	2672	110101	16256	33472	13197	474717	14388
河　北	Hebei	2503	909	22134	8950	11265	5309	88758	8112
山　西	Shanxi	1511	638	11859	8299	4152	2388	20746	5156
内蒙古	Inner Mongolia	982	318	7028	6764	4666	2457	25130	5489
辽　宁	Liaoning	10808	3313	148241	13102	39206	17076	500159	12349
吉　林	Jilin	4225	1448	47151	11334	13266	5881	152188	11576
黑龙江	Heilongjiang	3526	1011	34392	10714	17805	7137	196209	11019
上　海	Shanghai	19102	6292	507107	26909	132193	39167	2179826	17333
江　苏	Jiangsu	8130	2537	121191	15066	39107	15503	540095	14101
浙　江	Zhejiang	13254	4170	244170	18679	69999	32465	964419	13904
安　徽	Anhui	3578	829	29692	8483	15055	7627	123076	8178
福　建	Fujian	13013	4174	218477	17010	30063	14574	351677	11863
江　西	Jiangxi	1347	439	11314	8623	3353	1897	30959	9090
山　东	Shandong	6877	2289	84514	12273	39337	17793	443413	11091
河　南	Henan	11345	3100	101800	8912	22861	10643	191763	8462
湖　北	Hubei	6845	2731	102983	15091	32453	11036	325243	9980
湖　南	Hunan	7908	3375	68091	8835	21234	13425	193182	9166
广　东	Guangdong	22753	7919	576815	25621	126726	57330	2573977	20276
广　西	Guangxi	5386	1792	50109	9543	22867	12253	209783	9257
海　南	Hainan	2114	719	28283	13143	18557	9465	168176	9103
重　庆	Chongqing	8479	2612	91478	11006	15865	6611	146797	9917
四　川	Sichuan	7857	2236	75958	9686	17749	8118	161787	9084
贵　州	Guizhou	6059	1837	50483	8749	5067	2614	55336	10958
云　南	Yunnan	3812	1267	47201	12567	25994	12569	262727	9988
西　藏	Tibet					283	137	4578	16292
陕　西	Shaanxi	2478	716	26781	10989	19143	9541	202934	10580
甘　肃	Gansu	6637	1361	55319	8274	5688	2929	52681	9160
青　海	Qinghai	338	104	2636	7799	1798	784	18179	9578
宁　夏	Ningxia	1245	404	11997	9842	2122	1218	16649	8000
新　疆	Xinjiang	5646	1953	61032	10739	11791	5685	111118	9418

6—3 续表 15　continued

地区	Region	信息、咨询服务业 Information and Consultancy Services				计算机应用服务业 Computer Application Services			
		年末人数（人）Year-end Figures (person)	# 女性 Female	劳动报酬（千元）Earnings (1 000 yuan)	平均劳动报酬（元）Average Earning (yuan)	年末人数（人）Year-end Figures (person)	# 女性 Female	劳动报酬（千元）Earnings (1 000 yuan)	平均劳动报酬（元）Average Earning (yuan)
全　国	**National**	**119559**	**45903**	**3202442**	**28369**	**117780**	**35677**	**3824626**	**33103**
北　京	Beijing	67729	25222	2152664	34653	61469	16411	2550759	41300
天　津	Tianjin	1314	514	21624	17552	2698	1033	76262	29208
河　北	Hebei	564	274	5179	8690	133	38	1221	8978
山　西	Shanxi	537	223	3890	7312	56	22	310	4844
内蒙古	Inner Mongolia	177	87	1151	6503	41	14	311	7974
辽　宁	Liaoning	3910	1796	45872	11771	3899	1281	59451	16243
吉　林	Jilin	1488	595	17157	11695	1092	339	20968	20200
黑龙江	Heilongjiang	4436	1700	44288	9941	2126	669	24116	11770
上　海	Shanghai	8224	3162	406644	52114	6278	2014	234779	38800
江　苏	Jiangsu	2875	996	49501	17717	2849	723	57346	22262
浙　江	Zhejiang	4999	2162	78288	16409	7279	1835	137474	19763
安　徽	Anhui	481	156	3582	7687	1120	277	19837	18083
福　建	Fujian	1960	711	26644	13834	1706	442	36362	23384
江　西	Jiangxi	48	20	381	7620				
山　东	Shandong	2581	1032	38602	15300	1729	764	27359	15888
河　南	Henan	2432	897	24760	10469	1208	340	12454	10396
湖　北	Hubei	2390	870	23203	9958	2686	770	48430	18064
湖　南	Hunan	661	302	5168	8100	3058	2002	24203	8427
广　东	Guangdong	6245	2827	176580	27543	11765	4447	398415	35755
广　西	Guangxi	537	214	6082	11764	58	8	522	8031
海　南	Hainan	243	85	2411	9761	353	125	10160	28539
重　庆	Chongqing	681	224	11016	17348	230	53	2254	11270
四　川	Sichuan	633	231	6995	11174	846	248	11330	12315
贵　州	Guizhou	537	183	6636	12521	97	25	895	9227
云　南	Yunnan	1145	429	11764	10842	1388	387	21940	17998
西　藏	Tibet								
陕　西	Shaanxi	1718	513	21445	12674	3244	1273	44343	14086
甘　肃	Gansu	43	16	464	10791	43	13	464	11317
青　海	Qinghai								
宁　夏	Ningxia	102	33	1307	12941				
新　疆	Xinjiang	869	429	9144	10707	329	124	2661	9436

6—3 续表 16 continued

地区	Region	卫生、体育和社会福利业 Health Care，Sporting and Social Welfare				教育、文化艺术和广播电影电视业 Education，Culture and Arts，Radio，Film and Television			
		年末人数（人）Year-end Figures (person)	＃女性 Female	劳动报酬（千元）Earnings (1 000 yuan)	平均劳动报酬（元）Average Earning (yuan)	年末人数（人）Year-end Figures (person)	＃女性 Female	劳动报酬（千元）Earnings (1 000 yuan)	平均劳动报酬（元）Average Earning (yuan)
全国	**National**	**19421**	**10496**	**356836**	**18482**	**50007**	**22783**	**788736**	**16449**
北京	Beijing	2787	1367	90332	30989	16652	6664	310281	19746
天津	Tianjin	90	49	444	4879	105	63	1777	15726
河北	Hebei					349	128	3171	9466
山西	Shanxi	62	45	300	5172	368	200	3926	13174
内蒙古	Inner Mongolia	137	74	825	6022	139	78	1040	7820
辽宁	Liaoning	2082	1331	34131	15451	1019	488	22375	22487
吉林	Jilin	206	120	2302	11175	521	267	5784	11568
黑龙江	Heilongjiang	243	146	2680	11029	662	247	6412	9849
上海	Shanghai	995	191	24898	26236	3692	1563	75331	20804
江苏	Jiangsu	449	247	6416	13978	1791	1001	22836	13057
浙江	Zhejiang	1057	650	17799	17000	5038	2800	78985	16953
安徽	Anhui	549	295	5244	9466	98	27	1556	15878
福建	Fujian	1904	1070	61502	34017	1590	647	21861	13924
江西	Jiangxi	9	5	24	2667	143	95	898	6908
山东	Shandong	99	65	1752	17878	1154	628	17376	15796
河南	Henan	260	125	1651	6375	3149	1435	32554	11043
湖北	Hubei	1019	759	8616	10294	696	266	5353	7363
湖南	Hunan	1108	474	10347	9441	2554	1676	26366	10815
广东	Guangdong	3716	1993	62635	17312	1999	1012	44366	21985
广西	Guangxi	86	82	807	9607	284	158	2345	9019
海南	Hainan	8	2	54	6750	1375	680	16597	12621
重庆	Chongqing	43	34	1020	23182	257	105	2661	10235
四川	Sichuan	347	194	3588	10340	2065	672	27034	12782
贵州	Guizhou	137	74	1200	8511	584	215	4684	8062
云南	Yunnan	1261	711	11539	9298	1510	541	21853	14958
西藏	Tibet								
陕西	Shaanxi	415	177	3706	7427	718	404	13185	19136
甘肃	Gansu								
青海	Qinghai	231	136	1615	6931				
宁夏	Ningxia					80	65	495	6346
新疆	Xinjiang	121	80	1409	12043	1415	658	17634	12659

6—3 续表 17　continued

地区	Region	科学研究和综合技术服务业 Scientific Research and Polytechnical Services 年末人数(人) Year-end Figures (person)	#女性 Female	劳动报酬(千元) Earnings (1 000 yuan)	平均劳动报酬(元) Average Earning (yuan)	其他 Others 年末人数(人) Year-end Figures (person)	#女性 Female	劳动报酬(千元) Earnings (1 000 yuan)	平均劳动报酬(元) Average Earning (yuan)
全　国	**National**	**177982**	**51592**	**3359123**	**19523**	**96612**	**35497**	**3099550**	**32267**
北　京	Beijing	96414	24362	2178467	23395	28094	7487	1469129	52420
天　津	Tianjin	5138	1828	83703	16985	1888	860	27733	14497
河　北	Hebei	352	124	4369	12447	117	52	1487	12930
山　西	Shanxi	227	65	1654	7286	282	148	1260	4330
内蒙古	Inner Mongolia	581	284	4590	7688	1044	558	6028	5623
辽　宁	Liaoning	2076	694	25243	12332	744	192	16884	21702
吉　林	Jilin	1342	347	18553	13672	1043	302	20033	19281
黑龙江	Heilongjiang	2190	464	20355	8896	1202	274	14755	12557
上　海	Shanghai	6670	2180	190420	29513	17595	7494	742948	42442
江　苏	Jiangsu	2400	624	39544	16928	2415	814	55138	22579
浙　江	Zhejiang	4690	1290	78422	17615	7795	3733	115985	14972
安　徽	Anhui	503	163	5439	11451	268	138	1613	6110
福　建	Fujian	960	216	23265	25566	1945	422	38787	20128
江　西	Jiangxi	424	26	5192	13416	945	651	3911	5250
山　东	Shandong	2182	760	24593	12044	1281	452	21225	16031
河　南	Henan	803	182	8892	12148	666	170	4405	6756
湖　北	Hubei	6005	2077	84063	16996	93	40	837	7750
湖　南	Hunan	805	380	13922	17941	2437	843	30636	13042
广　东	Guangdong	4591	1512	142822	31958	16163	7391	390424	24555
广　西	Guangxi	23	9	201	8739	790	200	11135	14671
海　南	Hainan	342	108	3847	11249	70	19	1432	19616
重　庆	Chongqing	31050	11075	306726	9914	117	42	1789	15832
四　川	Sichuan	440	118	7791	10500	733	170	6436	8914
贵　州	Guizhou	410	53	4239	10732	37	15	588	16800
云　南	Yunnan	3526	947	32868	11030	2158	712	41567	19208
西　藏	Tibet					11	2	283	25727
陕　西	Shaanxi	2428	1159	33567	14254	335	90	3429	10486
甘　肃	Gansu	513	154	7647	15024	80	17	704	8800
青　海	Qinghai	141	51	2293	16262	393	170	2407	4353
宁　夏	Ningxia	125	44	1283	10347				
新　疆	Xinjiang	631	296	5153	8325	3866	1422	38318	9945

6－4 分地区分行业在岗职工人数和工资

（其他单位）

ON-POST STAFF AND WORKERS AND WAGES BY SECTOR AND REGION

（Other Ownership Units，2001）

地 区	Region	总计 Total				内资 Domestic Funded			
		年末人数（人）Year-end Figures (person)	平均人数（人）Average Figures (person)	工资总额（千元）Total Wages (1 000 yuan)	平均工资（元）Average Wage (yuan)	年末人数（人）Year-end Figures (person)	平均人数（人）Average Figures (person)	工资总额（千元）Total Wages (1 000 yuan)	平均工资（元）Average Wage (yuan)
全 国	**National**	**21419475**	**21504967**	**261069958**	**12140**	**14984442**	**15115387**	**169403066**	**11207**
北 京	Beijing	1244471	1236524	25465447	20594	891622	886831	15119894	17049
天 津	Tianjin	626824	622449	9171296	14734	255161	257232	3766831	14644
河 北	Hebei	639981	642560	5576329	8678	513393	515745	4353685	8442
山 西	Shanxi	499636	496564	4146757	8351	470484	468011	3921163	8378
内蒙古	Inner Mongolia	444714	461925	3500932	7579	411168	427627	3278907	7668
辽 宁	Liaoning	989036	1010473	11375865	11258	701878	719417	7681624	10678
吉 林	Jilin	446110	453570	4506423	9935	361052	370542	3475599	9380
黑龙江	Heilongjiang	739341	737347	9209266	12490	667167	665567	8534892	12823
上 海	Shanghai	1047661	1056899	24601715	23277	539395	548831	11609326	21153
江 苏	Jiangsu	1580941	1599012	18852267	11790	1048449	1073005	11857286	11051
浙 江	Zhejiang	1384131	1379356	18632300	13508	1076098	1077987	14382525	13342
安 徽	Anhui	610535	613101	4981143	8125	551714	554510	4438871	8005
福 建	Fujian	1270945	1248981	13774349	11028	307634	302494	3761299	12434
江 西	Jiangxi	291815	295065	2463388	8349	243514	248246	2126877	8568
山 东	Shandong	1590317	1581839	13812097	8732	1046903	1048630	8938931	8524
河 南	Henan	1222793	1213774	9575114	7889	1092900	1084629	8374746	7721
湖 北	Hubei	697086	695081	5584951	8035	598915	596675	4607420	7722
湖 南	Hunan	423756	422438	3962433	9380	372859	373271	3489810	9349
广 东	Guangdong	2428282	2437746	39959336	16392	918774	919247	17199533	18710
广 西	Guangxi	319651	318657	3236163	10156	255269	254315	2675702	10521
海 南	Hainan	83619	82246	912231	11091	52129	51309	580696	11318
重 庆	Chongqing	426668	422334	4013397	9503	379224	375175	3451038	9198
四 川	Sichuan	778562	795553	6881604	8650	725288	742913	6339233	8533
贵 州	Guizhou	245763	247297	2183857	8831	228486	230333	2027538	8803
云 南	Yunnan	342675	348555	3627548	10407	314016	319541	3275608	10251
西 藏	Tibet	6587	5054	66336	13125	6430	4899	63565	12975
陕 西	Shaanxi	393968	394131	3793526	9625	356916	358882	3367880	9384
甘 肃	Gansu	143313	147942	1337544	9041	123161	127604	1107820	8682
青 海	Qinghai	36528	37516	331689	8841	36183	37194	329845	8868
宁 夏	Ningxia	85465	87492	740501	8464	74789	76579	633493	8272
新 疆	Xinjiang	378301	413486	4794154	11594	363471	398146	4631429	11632

6－4 续表 1 continued

地 区	Region	股份合作 Cooperative Units 年末人数（人） Year-end Figures (person)	平均人数（人） Average Figures (person)	工资总额（千元） Total Wages (1 000 yuan)	平均工资（元） Average Wage (yuan)	联营 Joint-owned Units 年末人数（人） Year-end Figures (person)	平均人数（人） Average Figures (person)	工资总额（千元） Total Wages (1 000 yuan)	平均工资（元） Average Wage (yuan)
全 国	**National**	**1473000**	**1479106**	**12420859**	**8398**	**430163**	**434302**	**5162417**	**11887**
北 京	Beijing	84252	84817	933259	11003	40862	42524	608593	14312
天 津	Tianjin	10967	11348	145153	12791	7185	7452	102907	13809
河 北	Hebei	62487	61617	403626	6551	4194	4220	41300	9787
山 西	Shanxi	43211	40564	235083	5795	2895	2895	21882	7559
内蒙古	Inner Mongolia	22124	23334	114328	4900	5119	5654	35919	6353
辽 宁	Liaoning	53297	53692	353513	6584	3500	3685	32713	8877
吉 林	Jilin	22770	22653	185051	8169	2935	2665	16453	6174
黑龙江	Heilongjiang	77966	78053	805574	10321	9396	9328	86147	9235
上 海	Shanghai	44945	47210	721846	15290	24932	26116	454322	17396
江 苏	Jiangsu	155825	160688	1329247	8272	42024	44567	464139	10414
浙 江	Zhejiang	153954	151671	1612731	10633	13914	14534	205611	14147
安 徽	Anhui	56169	55803	303742	5443	10903	10953	85513	7807
福 建	Fujian	34950	35363	363946	10292	40078	36531	460071	12594
江 西	Jiangxi	26981	26945	174157	6463	2295	2317	15797	6818
山 东	Shandong	117378	116743	751287	6435	25438	25354	215358	8494
河 南	Henan	64901	64026	365686	5712	17711	17634	100814	5717
湖 北	Hubei	43042	44701	278921	6240	14516	14215	119731	8423
湖 南	Hunan	32165	31506	257261	8165	8074	7485	60798	8123
广 东	Guangdong	118202	117145	1268646	10830	60765	61317	1110087	18104
广 西	Guangxi	12099	12352	85547	6926	3093	3161	22420	7093
海 南	Hainan	2383	2432	24185	9944	6846	6656	55819	8386
重 庆	Chongqing	35588	34809	263571	7572	38747	38845	359215	9247
四 川	Sichuan	56185	57363	451006	7862	10723	10541	79774	7568
贵 州	Guizhou	13683	13101	94729	7231	4813	4845	34201	7059
云 南	Yunnan	43640	45678	362080	7927	2968	2895	31730	10960
西 藏	Tibet	215	120	1540	12833	67	68	535	7868
陕 西	Shaanxi	31484	31608	176423	5582	3155	3217	25785	8015
甘 肃	Gansu	28588	29545	170232	5762	17436	18441	260628	14133
青 海	Qinghai	4342	4381	27412	6257	176	295	945	3203
宁 夏	Ningxia	9960	10346	81964	7922	1399	1832	16135	8807
新 疆	Xinjiang	9247	9492	79113	8335	4004	4060	37075	9132

6—4 续表 2 continued

地区	Region	国有联营 State Joint-owned Units 年末人数（人） Year-end Figures (person)	平均人数（人） Average Figures (person)	工资总额（千元） Total Wages (1 000 yuan)	平均工资（元） Average Wage (yuan)	集体联营 Collective Joint-owned Units 年末人数（人） Year-end Figures (person)	平均人数（人） Average Figures (person)	工资总额（千元） Total Wages (1 000 yuan)	平均工资（元） Average Wage (yuan)
全　国	**National**	**187983**	**188284**	**2564147**	**13619**	**62946**	**64176**	**663814**	**10344**
北　京	Beijing	11076	11141	209868	18837	2475	2502	30050	12010
天　津	Tianjin	2924	3025	47536	15714	423	506	3838	7585
河　北	Hebei	2708	2716	29033	10690	675	689	6762	9814
山　西	Shanxi	2060	2070	15455	7466	271	271	1340	4945
内蒙古	Inner Mongolia	3583	4058	26917	6633	266	345	1882	5455
辽　宁	Liaoning	659	676	5033	7445	73	75	800	10667
吉　林	Jilin	855	832	6135	7374	1185	929	6268	6747
黑龙江	Heilongjiang	1013	1017	8428	8287	64	64	293	4578
上　海	Shanghai	11558	12060	237373	19683	2646	3042	36998	12162
江　苏	Jiangsu	13337	13391	159907	11941	1154	2671	19037	7127
浙　江	Zhejiang	5267	5450	97667	17921	2894	2999	39386	13133
安　徽	Anhui	9083	9136	74186	8120	522	500	3467	6934
福　建	Fujian	17698	15343	212467	13848	9140	8643	111335	12882
江　西	Jiangxi	1801	1758	13190	7503	47	63	204	3238
山　东	Shandong	10863	10899	96006	8809	2557	2433	17769	7303
河　南	Henan	6456	6444	31165	4836	1233	1210	6811	5629
湖　北	Hubei	8265	7885	70223	8906	4580	4653	29124	6259
湖　南	Hunan	2581	2438	16390	6723	378	317	1716	5413
广　东	Guangdong	34965	35859	730554	20373	8680	8571	126357	14742
广　西	Guangxi	1772	1788	14909	8338	463	510	3076	6031
海　南	Hainan	3898	3858	29426	7627	451	430	3753	8728
重　庆	Chongqing	12071	12065	114249	9469	19657	19717	189489	9610
四　川	Sichuan	1810	1633	9499	5817	925	898	7049	7850
贵　州	Guizhou	2087	2007	18704	9319	994	976	4779	4897
云　南	Yunnan	1188	1128	11374	10083	263	244	1397	5725
西　藏	Tibet	24	24	131	5458				
陕　西	Shaanxi	2226	2284	16597	7267	421	420	6404	15248
甘　肃	Gansu	13667	14702	237912	16182				
青　海	Qinghai	176	295	945	3203				
宁　夏	Ningxia	620	503	3676	7308	14	14	91	6500
新　疆	Xinjiang	1692	1799	19192	10668	495	484	4339	8965

6—4 续表 3 continued

地区	Region	有限责任公司 Limited Liability Corporations 年末人数(人) Year-end Figures (person)	平均人数(人) Average Figures (person)	工资总额(千元) Total Wages (1 000 yuan)	平均工资(元) Average Wage (yuan)	国有独资 State Funded Corporations 年末人数(人) Year-end Figures (person)	平均人数(人) Average Figures (person)	工资总额(千元) Total Wages (1 000 yuan)	平均工资(元) Average Wage (yuan)
全国	**National**	**8096375**	**8197769**	**90115004**	**10993**	**2861690**	**2906965**	**33919281**	**11668**
北京	Beijing	420506	423220	7823985	18487	55918	65139	1312250	20145
天津	Tianjin	177638	179613	2491909	13874	95731	98916	1423346	14389
河北	Hebei	296997	303134	2837482	9360	132271	134948	1595359	11822
山西	Shanxi	339873	340363	3094459	9092	222505	221214	2406053	10877
内蒙古	Inner Mongolia	290300	304764	2406564	7896	129541	132780	1265382	9530
辽宁	Liaoning	415944	423875	4588958	10826	200470	206684	2326860	11258
吉林	Jilin	158427	162766	1460905	8975	69032	68036	713817	10492
黑龙江	Heilongjiang	259078	253632	1983264	7819	109091	100114	813423	8125
上海	Shanghai	246091	252227	4934593	19564	50713	53427	1088659	20377
江苏	Jiangsu	521672	534265	6014269	11257	133518	140169	2030491	14486
浙江	Zhejiang	684174	689935	9056453	13127	74535	75968	1332149	17536
安徽	Anhui	298827	301681	2186075	7246	136802	137713	1224921	8895
福建	Fujian	139213	136645	1640744	12007	37662	37919	589450	15545
江西	Jiangxi	171174	175734	1512068	8604	129820	133548	1213756	9089
山东	Shandong	539824	538793	4775437	8863	138144	137636	1711983	12438
河南	Henan	683633	681399	5320662	7808	399848	399502	3515061	8799
湖北	Hubei	158796	153653	1372976	8936	49822	51157	508963	9949
湖南	Hunan	199298	201509	1836228	9112	69468	70678	686994	9720
广东	Guangdong	443655	442646	8977826	20282	135218	140793	2863984	20342
广西	Guangxi	157195	156348	1682731	10763	85253	85499	1004700	11751
海南	Hainan	17726	16970	188366	11100	1151	1152	12935	11228
重庆	Chongqing	203160	198156	1700372	8581	35045	35608	339329	9530
四川	Sichuan	352443	362192	2959945	8172	36370	37152	322654	8685
贵州	Guizhou	168061	171154	1502175	8777	120173	124181	1139702	9178
云南	Yunnan	162180	163703	1639591	10016	42273	45085	460558	10215
西藏	Tibet	2831	2343	31739	13546	708	717	13414	18709
陕西	Shaanxi	217898	219439	2073737	9450	71003	70428	752579	10686
甘肃	Gansu	43363	45500	320243	7038	119	170	802	4718
青海	Qinghai	20429	21265	205452	9662	15028	15659	159588	10191
宁夏	Ningxia	44751	46126	380994	8260	11986	12235	111926	9148
新疆	Xinjiang	261218	294719	3114802	10569	72472	72738	978193	13448

6—4 续表 4 continued

地区	Region	股份有限公司 Share-holding Corporations Ltd 年末人数（人）Year-end Figures (person)	平均人数（人）Average Figures (person)	工资总额（千元）Total Wages (1 000 yuan)	平均工资（元）Average Wage (yuan)	其他 Others 年末人数（人）Year-end Figures (person)	平均人数（人）Average Figures (person)	工资总额（千元）Total Wages (1 000 yuan)	平均工资（元）Average Wage (yuan)
全 国	**National**	**4616876**	**4645646**	**57538011**	**12385**	**368028**	**358564**	**4166775**	**11621**
北 京	Beijing	150990	149571	3116443	20836	195012	186699	2637614	14128
天 津	Tianjin	58976	58406	1022809	17512	395	413	4053	9814
河 北	Hebei	146620	143681	1044815	7272	3095	3093	26462	8555
山 西	Shanxi	83968	83652	567127	6780	537	537	2612	4864
内蒙古	Inner Mongolia	93265	93490	720398	7706	360	385	1698	4410
辽 宁	Liaoning	225426	234979	2688460	11441	3711	3186	17980	5643
吉 林	Jilin	173317	178541	1793276	10044	3603	3917	19914	5084
黑龙江	Heilongjiang	319902	323735	5654847	17468	825	819	5060	6178
上 海	Shanghai	216530	216757	5314855	24520	6897	6521	183710	28172
江 苏	Jiangsu	320065	324381	3966267	12227	8863	9104	83364	9157
浙 江	Zhejiang	220835	218343	3461028	15851	3221	3504	46702	13328
安 徽	Anhui	177118	177431	1782864	10048	8697	8642	80677	9335
福 建	Fujian	86257	86597	1223903	14133	7136	7358	72635	9872
江 西	Jiangxi	35404	35933	369438	10281	7660	7317	55417	7574
山 东	Shandong	360328	363901	3167891	8705	3935	3839	28958	7543
河 南	Henan	323012	317971	2567308	8074	3643	3599	20276	5634
湖 北	Hubei	314673	316906	2389777	7541	67888	67200	446015	6637
湖 南	Hunan	129426	129002	1277628	9904	3896	3769	57895	15361
广 东	Guangdong	284525	286199	5683786	19860	11627	11940	159188	13332
广 西	Guangxi	82356	82103	883335	10759	526	351	1669	4755
海 南	Hainan	23169	23224	295608	12729	2005	2027	16718	8248
重 庆	Chongqing	98985	100635	1110284	11033	2744	2730	17596	6445
四 川	Sichuan	291148	297936	2718277	9124	14789	14881	130231	8751
贵 州	Guizhou	41272	40594	390950	9631	657	639	5483	8581
云 南	Yunnan	101994	104234	1219530	11700	3234	3031	22677	7482
西 藏	Tibet	3317	2368	29751	12564				
陕 西	Shaanxi	103590	103832	1088068	10479	789	786	3867	4920
甘 肃	Gansu	32336	32668	347830	10647	1438	1450	8887	6129
青 海	Qinghai	11116	11135	94535	8490	120	118	1501	12720
宁 夏	Ningxia	18679	18275	154400	8449				
新 疆	Xinjiang	88277	89166	1392523	15617	725	709	7916	11165

6—4 续表 5 continued

地 区	Region	港、澳、台商投资 Funded by Entrepreneurs from Hong Kong, Macao and Taiwan				外商投资 Foreign Funded			
		年末人数（人）Year-end Figures (person)	平均人数（人）Average Figures (person)	工资总额（千元）Total Wages (1 000 yuan)	平均工资（元）Average Wage (yuan)	年末人数（人）Year-end Figures (person)	平均人数（人）Average Figures (person)	工资总额（千元）Total Wages (1 000 yuan)	平均工资（元）Average Wage (yuan)
全 国	**National**	**3152966**	**3151909**	**39536823**	**12544**	**3282067**	**3237671**	**52130069**	**16101**
北 京	Beijing	128916	129010	2736274	21210	223933	220683	7609279	34481
天 津	Tianjin	112327	110970	1447303	13042	259336	254247	3957162	15564
河 北	Hebei	53617	53953	554784	10283	72971	72862	667860	9166
山 西	Shanxi	17357	17676	137799	7796	11795	10877	87795	8072
内蒙古	Inner Mongolia	16267	14816	87946	5936	17279	19482	134079	6882
辽 宁	Liaoning	80556	81863	1023706	12505	206602	209193	2670535	12766
吉 林	Jilin	24330	24000	231008	9625	60728	59028	799816	13550
黑龙江	Heilongjiang	36442	36513	370073	10135	35732	35267	304301	8628
上 海	Shanghai	176120	178275	3498722	19625	332146	329793	9493667	28787
江 苏	Jiangsu	208178	206103	2361953	11460	324314	319904	4633028	14483
浙 江	Zhejiang	168326	165961	2339840	14099	139707	135408	1909935	14105
安 徽	Anhui	18276	18573	136873	7369	40545	40018	405399	10130
福 建	Fujian	613321	605615	6258443	10334	349990	340872	3754607	11015
江 西	Jiangxi	34662	33249	223464	6721	13639	13570	113047	8331
山 东	Shandong	126403	127922	1012379	7914	417011	405287	3860787	9526
河 南	Henan	76040	75587	722435	9558	53853	53558	477933	8924
湖 北	Hubei	41820	42638	366353	8592	56351	55768	611178	10959
湖 南	Hunan	27912	27386	259855	9489	22985	21781	212768	9769
广 东	Guangdong	1049202	1059680	14413180	13601	460306	458819	8346623	18192
广 西	Guangxi	27595	28008	185878	6637	36787	36334	374583	10309
海 南	Hainan	14947	14833	149628	10088	16543	16104	181907	11296
重 庆	Chongqing	21061	20891	223410	10694	26383	26268	338949	12903
四 川	Sichuan	23153	22908	232912	10167	30121	29732	309459	10408
贵 州	Guizhou	7377	7067	68518	9695	9900	9897	87801	8871
云 南	Yunnan	16055	16240	178075	10965	12604	12774	173865	13611
西 藏	Tibet					157	155	2771	17877
陕 西	Shaanxi	14618	13667	133771	9788	22434	21582	291875	13524
甘 肃	Gansu	5842	5993	58863	9822	14310	14345	170861	11911
青 海	Qinghai	345	322	1844	5727				
宁 夏	Ningxia	2528	2499	16165	6469	8148	8414	90843	10797
新 疆	Xinjiang	9373	9691	105369	10873	5457	5649	57356	10153

6—4 续表 6 continued

地区	Region	企业 Enterprises 年末人数（人）Year-end Figures (person)	平均人数（人）Average Figures (person)	工资总额（千元）Total Wages (1 000 yuan)	平均工资（元）Average Wage (yuan)	非农企业 Nonagricultural Enterprises 年末人数（人）Year-end Figures (person)	平均人数（人）Average Figures (person)	工资总额（千元）Total Wages (1 000 yuan)	平均工资（元）Average Wage (yuan)
全 国	**National**	**21379725**	**21466773**	**260511260**	**12136**	**21313271**	**21399342**	**259939939**	**12147**
北 京	Beijing	1240588	1233009	25392021	20594	1234861	1227439	25332699	20639
天 津	Tianjin	626609	622235	9168787	14735	624552	620154	9140692	14739
河 北	Hebei	639847	642427	5575212	8678	639600	642180	5573414	8679
山 西	Shanxi	499362	496290	4145196	8352	499247	496175	4144499	8353
内蒙古	Inner Mongolia	444587	461802	3500104	7579	439223	456553	3482318	7627
辽 宁	Liaoning	988278	1009701	11366762	11258	986065	1007024	11337367	11258
吉 林	Jilin	445608	453085	4499666	9931	444982	452452	4496500	9938
黑龙江	Heilongjiang	739215	737221	9208097	12490	737904	735901	9201623	12504
上 海	Shanghai	1045961	1055211	24551298	23267	1043942	1053328	24532712	23291
江 苏	Jiangsu	1579035	1597177	18820337	11784	1576126	1594180	18796136	11790
浙 江	Zhejiang	1379771	1375253	18562155	13497	1377832	1373318	18539262	13500
安 徽	Anhui	608672	611218	4963407	8121	606474	608984	4948310	8126
福 建	Fujian	1268563	1246744	13725002	11009	1264861	1243092	13698415	11020
江 西	Jiangxi	291786	295035	2463214	8349	291341	294572	2460974	8354
山 东	Shandong	1588520	1580575	13797209	8729	1584779	1575937	13762974	8733
河 南	Henan	1220498	1211538	9555887	7887	1219463	1210501	9549860	7889
湖 北	Hubei	695670	693650	5571534	8032	692215	690181	5553932	8047
湖 南	Hunan	418703	417297	3922953	9401	417637	416267	3916145	9408
广 东	Guangdong	2422763	2432296	39859248	16387	2413307	2422764	39717001	16393
广 西	Guangxi	319602	318608	3235755	10156	316502	315528	3225164	10221
海 南	Hainan	82545	81238	900989	11091	81411	80153	891909	11128
重 庆	Chongqing	426668	422334	4013397	9503	426555	422226	4011814	9502
四 川	Sichuan	777663	794726	6870201	8645	772212	789327	6832793	8656
贵 州	Guizhou	245208	246745	2178570	8829	245076	246613	2177758	8831
云 南	Yunnan	342332	348194	3623039	10405	339210	345059	3602309	10440
西 藏	Tibet	6587	5054	66336	13125	6133	4694	63505	13529
陕 西	Shaanxi	393039	393203	3786948	9631	392380	392545	3782985	9637
甘 肃	Gansu	143240	147869	1336972	9042	143240	147869	1336972	9042
青 海	Qinghai	36189	37177	329245	8856	36173	37161	328954	8852
宁 夏	Ningxia	85451	87478	740440	8464	85451	87478	740440	8464
新 疆	Xinjiang	377165	412383	4781279	11594	374517	409687	4760503	11620

6—4 续表 7 continued

地区	Region	事业 Institutions 年末人数(人) Year-end Figures (person)	平均人数(人) Average Figures (person)	工资总额(千元) Total Wages (1 000 yuan)	平均工资(元) Average Wage (yuan)	农、林、牧、渔业 Farming, Forestry, Animal Husbandry and Fishery 年末人数(人) Year-end Figures (person)	平均人数(人) Average Figures (person)	工资总额(千元) Total Wages (1 000 yuan)	平均工资(元) Average Wage (yuan)
全国	**National**	**39750**	**38194**	**558698**	**14628**	**66454**	**67431**	**571321**	**8473**
北京	Beijing	3883	3515	73426	20889	5727	5570	59322	10650
天津	Tianjin	215	214	2509	11724	2057	2081	28095	13501
河北	Hebei	134	133	1117	8398	247	247	1798	7279
山西	Shanxi	274	274	1561	5697	115	115	697	6061
内蒙古	Inner Mongolia	127	123	828	6732	5364	5249	17786	3388
辽宁	Liaoning	758	772	9103	11791	2213	2677	29395	10981
吉林	Jilin	502	485	6757	13932	626	633	3166	5002
黑龙江	Heilongjiang	126	126	1169	9278	1311	1320	6474	4905
上海	Shanghai	1700	1688	50417	29868	2019	1883	18586	9870
江苏	Jiangsu	1906	1835	31930	17401	2909	2997	24201	8075
浙江	Zhejiang	4360	4103	70145	17096	1939	1935	22893	11831
安徽	Anhui	1863	1883	17736	9419	2198	2234	15097	6758
福建	Fujian	2382	2237	49347	22059	3702	3652	26587	7280
江西	Jiangxi	29	30	174	5800	445	463	2240	4838
山东	Shandong	1797	1264	14888	11778	3741	4638	34235	7381
河南	Henan	2295	2236	19227	8599	1035	1037	6027	5812
湖北	Hubei	1416	1431	13417	9376	3455	3469	17602	5074
湖南	Hunan	5053	5141	39480	7679	1066	1030	6808	6610
广东	Guangdong	5519	5450	100088	18365	9456	9532	142247	14923
广西	Guangxi	49	49	408	8327	3100	3080	10591	3439
海南	Hainan	1074	1008	11242	11153	1134	1085	9080	8369
重庆	Chongqing					113	108	1583	14657
四川	Sichuan	899	827	11403	13788	5451	5399	37408	6929
贵州	Guizhou	555	552	5287	9578	132	132	812	6152
云南	Yunnan	343	361	4509	12490	3122	3135	20730	6612
西藏	Tibet					454	360	2831	7864
陕西	Shaanxi	929	928	6578	7088	659	658	3963	6023
甘肃	Gansu	73	73	572	7836				
青海	Qinghai	339	339	2444	7209	16	16	291	18188
宁夏	Ningxia	14	14	61	4357				
新疆	Xinjiang	1136	1103	12875	11673	2648	2696	20776	7706

6—4 续表 8 continued

地区	Region	采掘业 Mining and Quarrying 年末人数（人）Year-end Figures (person)	平均人数（人）Average Figures (person)	工资总额（千元）Total Wages (1 000 yuan)	平均工资（元）Average Wage (yuan)	制造业 Manufacturing 年末人数（人）Year-end Figures (person)	平均人数（人）Average Figures (person)	工资总额（千元）Total Wages (1 000 yuan)	平均工资（元）Average Wage (yuan)
全 国	**National**	**1120769**	**1113838**	**12526029**	**11246**	**13907991**	**13987963**	**154897325**	**11074**
北 京	Beijing	1985	1898	29538	15563	433495	439408	7965177	18127
天 津	Tianjin	12251	12127	166419	13723	460349	456150	6388955	14006
河 北	Hebei	45176	44876	678083	15110	437327	442860	3564317	8048
山 西	Shanxi	112661	112103	995149	8877	299558	296625	2529405	8527
内蒙古	Inner Mongolia	34653	34048	330663	9712	322331	326903	2409832	7372
辽 宁	Liaoning	56230	57923	604938	10444	640867	658436	6899487	10479
吉 林	Jilin	34848	34878	395348	11335	281560	285300	2916507	10223
黑龙江	Heilongjiang	162842	152321	2498746	16404	392632	394950	4320836	10940
上 海	Shanghai	453	459	4541	9893	622797	630586	13946705	22117
江 苏	Jiangsu	15193	15879	146127	9203	1223851	1240172	13793918	11123
浙 江	Zhejiang	11115	11527	140228	12165	785687	787649	9589065	12174
安 徽	Anhui	108644	108646	1049116	9656	356251	358592	2938951	8196
福 建	Fujian	6922	7040	70663	10037	1064674	1050896	10861277	10335
江 西	Jiangxi	9328	9701	79928	8239	238222	241551	1956545	8100
山 东	Shandong	59579	58719	642940	10949	1256818	1248748	10212195	8178
河 南	Henan	236821	234564	2379688	10145	743353	738968	5342492	7230
湖 北	Hubei	6878	6941	45113	6499	463804	465311	3365778	7233
湖 南	Hunan	19828	17919	160624	8964	262933	264653	2323028	8778
广 东	Guangdong	5076	4988	64558	12943	1733478	1749315	25562592	14613
广 西	Guangxi	2867	2925	20619	7049	206184	205730	2089626	10157
海 南	Hainan	417	445	4112	9240	31169	30475	286247	9393
重 庆	Chongqing	11931	12064	95212	7892	196588	198785	1869254	9403
四 川	Sichuan	36789	40914	270510	6612	488250	504429	4497112	8915
贵 州	Guizhou	32802	32842	265494	8084	158624	162639	1408467	8660
云 南	Yunnan	11415	13549	119898	8849	169187	170764	1755764	10282
西 藏	Tibet	53	56	438	7821	1934	1453	14480	9966
陕 西	Shaanxi	14689	14679	159172	10844	284779	284575	2715158	9541
甘 肃	Gansu	9940	9709	161434	16627	93712	95864	855887	8928
青 海	Qinghai	120	61	747	12246	24808	25179	232141	9220
宁 夏	Ningxia	394	385	3075	7987	67618	66722	555068	8319
新 疆	Xinjiang	58869	59652	942908	15807	165151	164275	1731059	10538

6—4 续表 9 continued

地区	Region	电力、煤气及水的生产和供应业 Production and Supply of Electricity, Gas and Water 年末人数（人）Year-end Figures (person)	平均人数（人）Average Figures (person)	工资总额（千元）Total Wages (1 000 yuan)	平均工资（元）Average Wage (yuan)	建筑业 Construction 年末人数（人）Year-end Figures (person)	平均人数（人）Average Figures (person)	工资总额（千元）Total Wages (1 000 yuan)	平均工资（元）Average Wage (yuan)
全国	**National**	**470170**	**466217**	**8045214**	**17256**	**1539459**	**1575720**	**17552146**	**11139**
北京	Beijing	15555	15744	375380	23843	158035	160882	2416754	15022
天津	Tianjin	4417	4326	78463	18138	36015	37549	585291	15587
河北	Hebei	16991	16586	288795	17412	53459	50842	306134	6021
山西	Shanxi	9271	9275	86185	9292	21069	20506	195766	9547
内蒙古	Inner Mongolia	16616	16509	297845	18041	33578	47009	281625	5991
辽宁	Liaoning	37952	35642	629071	17650	49357	51468	493978	9598
吉林	Jilin	11998	11657	162806	13966	27748	31533	243233	7714
黑龙江	Heilongjiang	16014	15689	275689	17572	48282	55243	624579	11306
上海	Shanghai	13419	13535	451035	33324	48494	49787	930122	18682
江苏	Jiangsu	26055	25954	574027	22117	56353	55622	625156	11239
浙江	Zhejiang	21251	20837	590636	28346	246658	239197	3129054	13081
安徽	Anhui	11442	11515	118655	10304	31134	30851	201519	6532
福建	Fujian	16197	16324	289869	17757	65725	58591	711009	12135
江西	Jiangxi	12078	12294	142692	11607	9493	8887	70712	7957
山东	Shandong	18865	18882	316095	16741	45684	45940	452022	9839
河南	Henan	29166	29059	369966	12732	74247	73723	455546	6179
湖北	Hubei	17420	17677	243782	13791	30861	31276	273230	8736
湖南	Hunan	10537	10622	179280	16878	23007	22086	179648	8134
广东	Guangdong	37013	36934	949324	25703	118881	116091	1888718	16269
广西	Guangxi	7012	7083	112957	15948	35130	34322	326957	9526
海南	Hainan	5848	5956	102757	17253	4278	4072	27657	6792
重庆	Chongqing	14689	14928	174341	11679	89076	82500	754482	9145
四川	Sichuan	40729	40453	396189	9794	92174	86256	608462	7054
贵州	Guizhou	3080	3023	41596	13760	16718	14748	141726	9610
云南	Yunnan	20323	19872	283654	14274	37368	39572	396153	10011
西藏	Tibet	50	50	468	9360	2337	1387	21557	15542
陕西	Shaanxi	11408	11313	139194	12304	9706	9517	66935	7033
甘肃	Gansu	1757	1757	23404	13320	4787	6813	47680	6998
青海	Qinghai	680	758	6051	7983	1500	1441	14276	9907
宁夏	Ningxia	719	575	8091	14071	6493	9778	85792	8774
新疆	Xinjiang	21618	21388	336917	15753	61812	98231	996373	10143

6－4 续表 10　continued

地　区	Region	交通运输、仓储及邮电通信业 Transport, Storage, Post and Telecommunications				批发和零售贸易、餐饮业 Wholesale and Retail Trade and Catering Services			
		年末人数（人）Year-end Figures (person)	平均人数（人）Average Figures (person)	工资总额（千元）Total Wages (1 000 yuan)	平均工资（元）Average Wage (yuan)	年末人数（人）Year-end Figures (person)	平均人数（人）Average Figures (person)	工资总额（千元）Total Wages (1 000 yuan)	平均工资（元）Average Wage (yuan)
全　国	**National**	**637662**	**639052**	**11973794**	**18737**	**1769213**	**1780299**	**20622539**	**11584**
北　京	Beijing	24446	24283	670327	27605	180994	178425	2993031	16775
天　津	Tianjin	19226	18899	519085	27466	40423	40028	575544	14379
河　北	Hebei	12909	12812	176232	13755	50227	51058	291020	5700
山　西	Shanxi	14529	15191	95851	6310	32113	32507	162641	5003
内蒙古	Inner Mongolia	6080	5822	28984	4978	17994	18294	83571	4568
辽　宁	Liaoning	43233	43652	741108	16978	82771	83214	837590	10065
吉　林	Jilin	5408	5385	72242	13415	52952	53711	343717	6399
黑龙江	Heilongjiang	7888	7906	114768	14517	65155	65778	826961	12572
上　海	Shanghai	56040	55280	1835008	33195	109165	114019	2457333	21552
江　苏	Jiangsu	50843	51711	834462	16137	139482	141642	1696455	11977
浙　江	Zhejiang	60536	60598	1207838	19932	130460	134009	1832690	13676
安　徽	Anhui	23469	23411	171391	7321	52201	52827	272635	5161
福　建	Fujian	21501	20763	528923	25474	33427	34232	418159	12215
江　西	Jiangxi	3238	3250	27645	8506	10016	10155	93822	9239
山　东	Shandong	27075	26680	405611	15203	109555	109797	880327	8018
河　南	Henan	19671	19614	168919	8612	71187	70203	396349	5646
湖　北	Hubei	19425	19611	172936	8818	93762	90761	723402	7970
湖　南	Hunan	20556	20860	231788	11112	42129	42118	402656	9560
广　东	Guangdong	101848	103370	2835800	27433	189584	186944	3151151	16856
广　西	Guangxi	11810	11978	195995	16363	20374	20890	164135	7857
海　南	Hainan	9524	9212	168480	18289	6481	6369	61281	9622
重　庆	Chongqing	17722	18272	145372	7956	31164	31486	236216	7502
四　川	Sichuan	22831	23607	235933	9994	56715	58618	415567	7089
贵　州	Guizhou	4183	4117	50617	12295	15017	14921	113586	7612
云　南	Yunnan	13664	12924	151405	11715	44661	45731	416742	9113
西　藏	Tibet	220	204	3209	15730	787	788	7683	9750
陕　西	Shaanxi	7079	7185	57922	8062	34593	35036	262376	7489
甘　肃	Gansu	1728	1704	9654	5665	18854	19512	125994	6457
青　海	Qinghai	1323	1334	13205	9899	4557	4962	34354	6923
宁　夏	Ningxia	127	132	1464	11091	4759	4756	31111	6541
新　疆	Xinjiang	9530	9285	101620	10945	27654	27508	314440	11431

6—4 续表 11 continued

地 区	Region	金融、保险业 Finance and Insurance 年末人数（人）Year-end Figures (person)	平均人数（人）Average Figures (person)	工资总额（千元）Total Wages (1 000 yuan)	平均工资（元）Average Wage (yuan)	房地产业 Real Estate Trade 年末人数（人）Year-end Figures (person)	平均人数（人）Average Figures (person)	工资总额（千元）Total Wages (1 000 yuan)	平均工资（元）Average Wage (yuan)
全 国	**National**	**320588**	**313043**	**8033404**	**25662**	**324265**	**315426**	**5242736**	**16621**
北 京	Beijing	18202	17134	894768	52222	65854	62124	1357914	21858
天 津	Tianjin	8219	8000	178329	22291	8926	8904	133799	15027
河 北	Hebei	9297	9237	154791	16758	2676	2595	22386	8627
山 西	Shanxi	3661	3876	41494	10705	1786	1686	12944	7677
内蒙古	Inner Mongolia	515	512	5616	10969	1049	1095	7566	6910
辽 宁	Liaoning	19878	19662	392767	19976	14887	15291	202215	13224
吉 林	Jilin	6698	6694	86232	12882	8318	7912	96002	12134
黑龙江	Heilongjiang	17404	16736	250792	14985	6361	5871	57346	9768
上 海	Shanghai	47757	46357	1820245	39266	25026	25211	660227	26188
江 苏	Jiangsu	17205	16848	435105	25825	9730	9580	144109	15043
浙 江	Zhejiang	26282	25216	684915	27162	18372	17799	300445	16880
安 徽	Anhui	5064	4999	51425	10287	3791	3707	28249	7620
福 建	Fujian	8426	8006	192475	24041	16008	15735	225069	14304
江 西	Jiangxi	3249	3258	43265	13280	1350	1317	10915	8288
山 东	Shandong	18361	17378	286844	16506	8325	8286	105974	12790
河 南	Henan	9145	9070	133780	14750	11945	11668	102461	8781
湖 北	Hubei	14368	13932	226081	16227	7327	7303	106518	14586
湖 南	Hunan	8565	8721	148988	17084	7966	7705	67793	8799
广 东	Guangdong	33857	33596	1220813	36338	47561	45673	1042161	22818
广 西	Guangxi	4043	4021	50447	12546	5256	4971	45861	9226
海 南	Hainan	1524	1525	31173	20441	3411	3410	41348	12126
重 庆	Chongqing	9151	9225	188216	20403	9048	8991	96734	10759
四 川	Sichuan	6398	6297	138989	22072	8242	8224	79626	9682
贵 州	Guizhou	3670	3637	54656	15028	5951	5664	46921	8284
云 南	Yunnan	5029	4853	61719	12718	6910	6678	73500	11006
西 藏	Tibet	478	484	11076	22884				
陕 西	Shaanxi	6196	6180	125819	20359	2512	2468	26949	10919
甘 肃	Gansu	196	163	1884	11558	6157	6218	51282	8247
青 海	Qinghai	613	645	3447	5344	352	352	2766	7858
宁 夏	Ningxia	1670	1532	25454	16615	1446	1404	12763	9090
新 疆	Xinjiang	5467	5249	91799	17489	7722	7584	80893	10666

6—4 续表 12 continued

地区	Region	社会服务业 Social Services 年末人数(人) Year-end Figures (person)	平均人数(人) Average Figures (person)	工资总额(千元) Total Wages (1 000 yuan)	平均工资(元) Average Wage (yuan)	教育、文化艺术和广播电影电视业 Education, Culture and Arts Radio, Film and Television 年末人数(人) Year-end Figures (person)	平均人数(人) Average Figures (person)	工资总额(千元) Total Wages (1 000 yuan)	平均工资(元) Average Wage (yuan)
全 国	**National**	**975100**	**963572**	**15553672**	**16142**	**37763**	**36494**	**582131**	**15951**
北 京	Beijing	237386	230626	5811160	25197	9172	8794	172714	19640
天 津	Tianjin	28937	28541	414735	14531	105	105	1738	16552
河 北	Hebei	10551	10288	82478	8017	313	299	2662	8903
山 西	Shanxi	3949	3821	19601	5130	356	286	3717	12997
内蒙古	Inner Mongolia	4620	4532	24865	5487	139	133	1040	7820
辽 宁	Liaoning	35720	36482	440892	12085	905	877	17057	19449
吉 林	Jilin	12808	12720	142948	11238	420	409	4544	11110
黑龙江	Heilongjiang	17329	17331	191528	11051	606	598	5983	10005
上 海	Shanghai	99424	96934	1712630	17668	2385	2357	53736	22798
江 苏	Jiangsu	33397	32787	470065	14337	1270	1192	18021	15118
浙 江	Zhejiang	65015	64243	866552	13489	4401	4086	71067	17393
安 徽	Anhui	14837	14838	120089	8093	93	93	1276	13720
福 建	Fujian	28735	28246	322718	11425	1133	1102	15426	13998
江 西	Jiangxi	3200	3195	29263	9159	143	130	898	6908
山 东	Shandong	37702	38306	413882	10805	1039	987	14072	14257
河 南	Henan	21818	21623	177178	8194	2656	2569	28387	11050
湖 北	Hubei	31207	31404	307896	9804	695	726	5348	7366
湖 南	Hunan	20281	20075	183215	9127	2348	2242	23890	10656
广 东	Guangdong	125274	125491	2481606	19775	1975	1992	42724	21448
广 西	Guangxi	22271	22112	201291	9103	266	241	1931	8012
海 南	Hainan	18201	18119	161338	8904	1234	1175	13701	11660
重 庆	Chongqing	15713	14615	140421	9608	257	258	2604	10093
四 川	Sichuan	17359	17389	156946	9026	2049	2102	26700	12702
贵 州	Guizhou	4768	4760	52496	11029	516	513	4586	8940
云 南	Yunnan	24705	25031	246998	9868	1344	1332	20733	15565
西 藏	Tibet	263	261	4311	16517				
陕 西	Shaanxi	18877	18930	185891	9820	681	671	12195	18174
甘 肃	Gansu	5568	5604	51824	9248				
青 海	Qinghai	1794	1895	18161	9584				
宁 夏	Ningxia	2046	2018	15990	7924	68	66	410	6212
新 疆	Xinjiang	11345	11355	104704	9221	1194	1159	14971	12917

6—4 续表 13 continued

地 区	Region	科学研究和综合技术服务业 Scientific Research and Polytechnical Services				其 他 Others			
		年末人数（人）Year-end Figures (person)	平均人数（人）Average Figures (person)	工资总额（千元）Total Wages (1 000 yuan)	平均工资（元）Average Wage (yuan)	年末人数（人）Year-end Figures (person)	平均人数（人）Average Figures (person)	工资总额（千元）Total Wages (1 000 yuan)	平均工资（元）Average Wage (yuan)
全 国	**National**	**141084**	**137705**	**2686047**	**19506**	**87180**	**86709**	**2441412**	**28156**
北 京	Beijing	67907	66178	1615614	24413	23850	23784	1056886	44437
天 津	Tianjin	3985	3816	72454	18987	1825	1835	26984	14705
河 北	Hebei	348	347	4330	12478	116	114	1481	12991
山 西	Shanxi	166	166	1262	7602	280	289	1259	4356
内蒙古	Inner Mongolia	567	583	4476	7678	1041	1069	6023	5634
辽 宁	Liaoning	1653	1652	20950	12682	735	770	16622	21587
吉 林	Jilin	1316	1330	18241	13715	1006	1004	18464	18390
黑龙江	Heilongjiang	1915	2029	16759	8260	1188	1161	14509	12497
上 海	Shanghai	5442	5272	162331	30791	14133	14155	523111	36956
江 苏	Jiangsu	1921	1857	31285	16847	2294	2327	52629	22617
浙 江	Zhejiang	3843	3690	64965	17606	7117	7127	109490	15363
安 徽	Anhui	473	447	5174	11575	264	260	1581	6081
福 建	Fujian	836	789	20333	25771	1892	1874	38107	20335
江 西	Jiangxi	86	91	1487	16341	935	735	3788	5154
山 东	Shandong	2013	1875	23092	12316	1273	1313	21158	16114
河 南	Henan	729	671	7908	11785	634	620	4179	6740
湖 北	Hubei	5983	4922	83856	17037	82	90	710	7889
湖 南	Hunan	781	748	13648	18246	2194	2097	28250	13472
广 东	Guangdong	4372	4247	131160	30883	16012	15756	383403	24334
广 西	Guangxi	23	23	201	8739	775	744	10831	14558
海 南	Hainan	324	326	3591	11015	70	73	1432	19616
重 庆	Chongqing	31014	30908	306154	9905	106	102	1624	15922
四 川	Sichuan	422	724	7645	10559	732	720	6418	8914
贵 州	Guizhou	127	124	1098	8855	33	31	557	17968
云 南	Yunnan	1368	1384	20952	15139	2056	2048	40124	19592
西 藏	Tibet					11	11	283	25727
陕 西	Shaanxi	2096	2150	31003	14420	318	310	3344	10787
甘 肃	Gansu	478	473	7355	15550	68	70	632	9029
青 海	Qinghai	141	141	2293	16262	393	508	2385	4695
宁 夏	Ningxia	125	124	1283	10347				
新 疆	Xinjiang	630	618	5147	8328	3828	3810	37739	9905

6—5 分地区分行业不在岗职工人数及生活费

(其他单位)

NOT-ON-POST STAFF AND WORKERS AND LIVING SUBSIDIES BY SECTOR AND REGION

(Other Ownership Units, 2001)

地区	Region	总计 Total 年末人数(人) Year-end Figures (person)	# 内退 Inner-retirement	生活费(千元) Living Subsidies (1 000 yuan)	# 内退 Inner-retirement	平均生活费(元) Average Living Subsidies (yuan)	# 内退 Inner-retirement
全国	**National**	**2876208**	**959550**	**8062842**	**5297208**	**2569**	**5570**
北京	Beijing	64018	23937	425709	174596	6638	7710
天津	Tianjin	86336	34987	336740	228071	3755	6599
河北	Hebei	112047	37518	267262	204900	2461	5770
山西	Shanxi	93560	19204	172690	94195	1908	5010
内蒙古	Inner Mongolia	57963	17739	118813	84262	2045	5017
辽宁	Liaoning	220542	62481	496356	303056	2100	4999
吉林	Jilin	101385	30124	251575	202119	2480	6498
黑龙江	Heilongjiang	162385	25988	230048	129459	1429	4955
上海	Shanghai	158016	38763	657114	306296	4276	8263
江苏	Jiangsu	231969	110662	925316	676748	3992	6095
浙江	Zhejiang	89205	49880	415183	307169	4312	5963
安徽	Anhui	152179	33679	328255	147187	2152	4294
福建	Fujian	30673	15216	99516	74505	3127	4827
江西	Jiangxi	97076	36456	239700	191331	2484	5256
山东	Shandong	239115	89701	612818	459976	2622	5211
河南	Henan	203361	44062	363883	186225	1752	4421
湖北	Hubei	168724	57942	359886	232078	2087	3743
湖南	Hunan	131241	35586	304040	193431	2478	5716
广东	Guangdong	56726	25112	250500	198396	4359	7980
广西	Guangxi	41707	20093	124456	102675	2972	5275
海南	Hainan	4027	1835	16880	13817	4198	7728
重庆	Chongqing	63918	18170	148243	78282	2304	4402
四川	Sichuan	140601	58652	388429	290175	2775	4838
贵州	Guizhou	28880	14984	103089	87637	3628	6102
云南	Yunnan	30684	17657	135450	109284	4178	6474
西藏	Tibet	59	52	792	89	4020	1816
陕西	Shaanxi	57235	16592	106250	75568	341	4588
甘肃	Gansu	18782	4933	35344	20337	1937	4250
青海	Qinghai	5423	2524	18746	15799	3648	7075
宁夏	Ningxia	7626	4350	28167	25200	3724	5938
新疆	Xinjiang	20745	10671	101592	84345	5646	8495

6—5 续表 1 continued

地区 Region		农、林、牧、渔业 Farming, Forestry, Animal Husbandry and Fishery		采掘业 Mining and Quarrying		制造业 Manufacturing		电力、煤气及水的生产和供应业 Production and Supply of Electricity, Gas and Water	
		年末人数(人) Year-end Figures (person)	平均生活费(元) Average Living Subsidy (yuan)	年末人数(人) Year-end Figures (person)	平均生活费(元) Average Living Subsidy (yuan)	年末人数(人) Year-end Figures (person)	平均生活费(元) Average Living Subsidy (yuan)	年末人数(人) Year-end Figures (person)	平均生活费(元) Average Living Subsidy (yuan)
全 国	**National**	**4745**	**2013**	**156806**	**2859**	**1969662**	**2465**	**26238**	**7136**
北 京	Beijing	29	4710			28681	5949	399	7330
天 津	Tianjin	257	4730	3046	7284	58516	3503	532	6281
河 北	Hebei			1748	4934	85958	2522	67	4910
山 西	Shanxi	1	1000	11643	2244	61975	2146	703	1595
内蒙古	Inner Mongolia	217		3759	2477	32873	2426	1783	8874
辽 宁	Liaoning	71	1451	5148	2780	155080	2034	3125	7323
吉 林	Jilin	522	153	4790	6006	71529	2552	941	6276
黑龙江	Heilongjiang	1000		19715	1664	108052	1493	705	3010
上 海	Shanghai	123	4297			103496	4445	84	9120
江 苏	Jiangsu	246	2800	6488	3433	176342	4074	375	7354
浙 江	Zhejiang	212	3234	2224	4337	54832	4278	310	4537
安 徽	Anhui	326	756	23162	2574	90403	2243	370	6142
福 建	Fujian	43	419	694	2276	24277	3087	352	6862
江 西	Jiangxi	34	1778	6081	1561	76608	2622	1323	6380
山 东	Shandong	352	2106	12176	3198	171206	2715	1562	7473
河 南	Henan	57	582	18865	2974	153411	1698	901	7237
湖 北	Hubei	128	945	1952	3133	122311	1915	1733	10946
湖 南	Hunan	132	2053	8228	2764	92498	2388	1019	10673
广 东	Guangdong	475	5113	115	2108	35909	3712	1514	6386
广 西	Guangxi	89	2176	367	826	25788	3380	233	6104
海 南	Hainan					3000	2514	236	17963
重 庆	Chongqing	31	935	1916	1457	37742	2503	1359	5450
四 川	Sichuan	193	1996	16082	2169	90020	3098	3512	4934
贵 州	Guizhou	15		1381	872	23974	3962	88	2889
云 南	Yunnan	114	3054	975	2156	17010	3957	1644	11089
西 藏	Tibet		4380			44	1222		
陕 西	Shaanxi	22	3571	1536	1365	37373	251	346	4695
甘 肃	Gansu			690	3525	11093	1751	12	3800
青 海	Qinghai			45		3915	4547	65	3523
宁 夏	Ningxia					6662	3927		
新 疆	Xinjiang	56	5475	3980	9511	9084	4497	945	6834

6—5 续表 2　continued

地　区　Region	建筑业 Construction		交通运输、仓储及邮电通信业 Transport，Storage，Post and Telecommunications		批发和零售贸易、餐饮业 Wholesale and Retail Trade and Catering Services	
	年末人数（人）Year-end Figures (person)	平均生活费（元）Average Living Subsidy (yuan)	年末人数（人）Year-end Figures (person)	平均生活费（元）Average Living Subsidy (yuan)	年末人数（人）Year-end Figures (person)	平均生活费（元）Average Living Subsidy (yuan)
全　国　National	**139924**	**2537**	**99937**	**3116**	**379083**	**2129**
北　京　Beijing	4242	7386	380	8670	10320	5259
天　津　Tianjin	10190	3778	2725	6043	7812	3284
河　北　Hebei	6379	2100	6761	2480	9600	1487
山　西　Shanxi	2407	1306	2968	979	12167	776
内蒙古　Inner Mongolia	5883	327	4204	1109	6153	401
辽　宁　Liaoning	22683	923	5230	3609	24285	1903
吉　林　Jilin	3257	842	1605	1218	16980	1582
黑龙江　Heilongjiang	10248	1091	1144	913	19190	810
上　海　Shanghai	8673	4386	6205	5505	27499	3117
江　苏　Jiangsu	6849	4676	8967	3823	29240	3313
浙　江　Zhejiang	6551	4456	8156	4805	12301	3822
安　徽　Anhui	5129	1861	8258	1852	22476	1437
福　建　Fujian	1664	2996	737	4326	2204	2880
江　西　Jiangxi	2399	1571	1902	917	6873	1834
山　东　Shandong	7402	3283	7607	2243	34367	1508
河　南　Henan	3079	1002	2740	1517	21890	438
湖　北　Hubei	5641	2401	4435	2222	29032	2018
湖　南　Hunan	2230	703	6030	2962	16291	2539
广　东　Guangdong	4128	4199	3098	7254	6571	5611
广　西　Guangxi	6602	2064	1156	6180	5553	1892
海　南　Hainan	3	11000	366	12094	131	1153
重　庆　Chongqing	3899	1387	3431	937	11451	1917
四　川　Sichuan	2143	1435	7353	2000	19168	1752
贵　州　Guizhou	225	1469	447	563	1837	1973
云　南　Yunnan	2534	3995	931	3323	5997	4003
西　藏　Tibet			3	25000	12	5167
陕　西　Shaanxi	1868	1547	1895	3979	12228	1396
甘　肃　Gansu	1133	1850	382	536	3613	1623
青　海　Qinghai	68		127	2523	921	1348
宁　夏　Ningxia	160	2227	25	1640	411	2204
新　疆　Xinjiang	2255	5532	669	3442	2510	4928

6—5 续表 3 continued

地 区 Region	金融、保险业 Finance and Insurance		房地产业 Real Estate Trade		社会服务业 Social Services	
	年末人数（人）Year-end Figures（person）	平均生活费（元）Average Living Subsidy（yuan）	年末人数（人）Year-end Figures（person）	平均生活费（元）Average Living Subsidy（yuan）	年末人数（人）Year-end Figures（person）	平均生活费（元）Average Living Subsidy（yuan）
全 国 National	**7566**	**8102**	**18772**	**3926**	**59428**	**4203**
北 京 Beijing	442	12428	1607	6899	16952	8105
天 津 Tianjin	94	15078	450	2256	1549	3451
河 北 Hebei	407	11932	288	1611	739	1099
山 西 Shanxi	401	5381	474	209	689	663
内蒙古 Inner Mongolia			25	280	1158	243
辽 宁 Liaoning	904	9289	1256	5011	2540	1598
吉 林 Jilin	21	8476	1099	2395	343	1233
黑龙江 Heilongjiang	644	9776	61	1316	1505	753
上 海 Shanghai	628	12705	1383	6967	7383	3909
江 苏 Jiangsu	289	12116	1127	5773	1634	3755
浙 江 Zhejiang	612	8527	487	2670	2259	5136
安 徽 Anhui	122	7433	192	1907	1727	2453
福 建 Fujian	89	5869	162	6401	359	2139
江 西 Jiangxi	381	5768	38	4658	347	3893
山 东 Shandong	489	9644	730	8144	2984	2517
河 南 Henan	455	3629	304	2123	832	1005
湖 北 Hubei	209	10942	1202	2142	1736	2809
湖 南 Hunan	253	6261	2186	1677	2212	2535
广 东 Guangdong	512	2994	1562	4602	1973	4093
广 西 Guangxi	61	3651	792	814	1046	3559
海 南 Hainan			59	3322	191	2054
重 庆 Chongqing	307	8912	115	2007	3600	2824
四 川 Sichuan	82	5532	405	6137	1512	3279
贵 州 Guizhou	124	9384	628	4535	161	3824
云 南 Yunnan	2	7000	54	2960	982	4212
西 藏 Tibet						
陕 西 Shaanxi	1	12000	189		1727	1102
甘 肃 Gansu			1393	3489	448	2025
青 海 Qinghai	1	24000			82	1414
宁 夏 Ningxia	7	5500	110	2269	248	2361
新 疆 Xinjiang	29	15897	394	3669	510	2398

6—5 续表 4 continued

地区 Region	教育、文化艺术和广播电影电视业 Education, Culture and Art, Radio, Film and Television		科学研究和综合技术服务业 Scientific Research and Polytechnical Services		其他 Others	
	年末人数(人) Year-end Figures (person)	平均生活费(元) Average Living Subsidy (yuan)	年末人数(人) Year-end Figures (person)	平均生活费(元) Average Living Subsidy (yuan)	年末人数(人) Year-end Figures (person)	平均生活费(元) Average Living Subsidy (yuan)
全国 National	**669**	**5318**	**1857**	**8385**	**10793**	**3720**
北京 Beijing	38	3500	598	17459	325	4084
天津 Tianjin	13	769	80	1897	1071	3605
河北 Hebei	3	19667	47	2370	1	
山西 Shanxi					126	151
内蒙古 Inner Mongolia	21	143	18		1869	2554
辽宁 Liaoning	33	1938	62	5172	6	5667
吉林 Jilin			261	4020	34	7162
黑龙江 Heilongjiang	50	340	7	1800	1	1000
上海 Shanghai	89	5570	288	6365	2164	3687
江苏 Jiangsu	16	5111	65	4674	214	9529
浙江 Zhejiang	36	6590	52	2057	1152	4189
安徽 Anhui	13	462	1	1000		
福建 Fujian	9		5	400	25	5542
江西 Jiangxi					1090	728
山东 Shandong			39	2581	192	5720
河南 Henan	3	500	58		766	1020
湖北 Hubei	114	6441	19	2469	1	1000
湖南 Hunan	21	7333	30	878	32	10657
广东 Guangdong	31	7690	43	3977	786	10855
广西 Guangxi	6				3	2667
海南 Hainan	41	146				
重庆 Chongqing	5		62	1857		
四川 Sichuan	25	2560	7	7857	25	2680
贵州 Guizhou						
云南 Yunnan	60	13891	25	8053	334	5703
西藏 Tibet						
陕西 Shaanxi	22	5000			15	1813
甘肃 Gansu			18	11333		
青海 Qinghai					199	836
宁夏 Ningxia	3	4000				
新疆 Xinjiang	17	16889	72	1792	196	3225

6－6 分地区分行业其他就业人员和平均劳动报酬

（其他单位）

OTHER EMPLOYMENT AND AVERAGE EARNING BY SECTOR AND REGION

（Other Ownership Units，2001）

地区	Region	合计 Total					
		年末人数（人）Year-end Figures (person)	＃离退休反聘人员 Hired Retirement	＃港澳台和外籍人员 Hong Kong，Macao，Taiwan & Foreign Personnel	平均劳动报酬（元）Average Earning (yuan)	＃离退休反聘人员 Hired Retirement	＃港澳台和外籍人员 Hong Kong，Macao，Taiwan & Foreign Personnel
全国	**National**	**929331**	**179644**	**33508**	**19222**	**12756**	**195054**
北京	Beijing	228086	64887	5066	24512	14086	322529
天津	Tianjin	29580	7797	1873	23033	10993	190662
河北	Hebei	9977	1814	281	9918	9840	141071
山西	Shanxi	6318	1408	36	6689	6556	156618
内蒙古	Inner Mongolia	3330	660	21	5625	7504	140591
辽宁	Liaoning	40658	13074	1337	14545	9499	173001
吉林	Jilin	6021	1980	306	17448	9247	188192
黑龙江	Heilongjiang	12468	2862	185	10133	8391	70852
上海	Shanghai	217900	28487	6715	21467	13635	269159
江苏	Jiangsu	77660	5643	2424	17279	12085	205291
浙江	Zhejiang	56884	12364	1447	16571	12766	105989
安徽	Anhui	13711	1157	95	6545	8258	117429
福建	Fujian	34330	5841	4803	24145	13296	77407
江西	Jiangxi	4005	586	149	6890	6399	42401
山东	Shandong	32291	4232	2618	22679	12797	135249
河南	Henan	14736	3040	179	8650	7526	103396
湖北	Hubei	19202	1691	356	9072	7933	103013
湖南	Hunan	24178	1464	123	8821	9807	146246
广东	Guangdong	28402	6273	4239	44630	20916	188180
广西	Guangxi	6333	599	257	11568	10154	59552
海南	Hainan	1191	472	229	30245	14655	107619
重庆	Chongqing	12568	2390	152	15510	9319	197034
四川	Sichuan	17370	2594	132	10676	10360	74403
贵州	Guizhou	4931	1059	66	6781	10001	94130
云南	Yunnan	10157	3443	230	9310	9711	72348
西藏	Tibet	99	20	19	8587		26000
陕西	Shaanxi	6301	1540	115	16406	10333	240509
甘肃	Gansu	2184	418	6	5661	5105	106500
青海	Qinghai	550	82		5756	6646	
宁夏	Ningxia	1234	371	20	5468	7806	46450
新疆	Xinjiang	6676	1396	29	2368	11013	144853

6－6 续表 1　continued

地　区　Region		农、林、牧、渔业 Farming，Forestry，Animal Husbandry and Fishery				采 掘 业 Mining and Quarrying			
		年末人数（人）Year-end Figures (person)	# 离退休反聘人员 Hired Retirement	平均劳动报酬（元）Average Earning (yuan)	# 离退休反聘人员 Hired Retirement	年末人数（人）Year-end Figures (person)	# 离退休反聘人员 Hired Retirement	平均劳动报酬（元）Average Earning (yuan)	# 离退休反聘人员 Hired Retirement
全　国	**National**	**2718**	**364**	**13151**	**10481**	**6349**	**1678**	**2653**	**8711**
北　京	Beijing	198	53	41360	11333	9	3	50889	20333
天　津	Tianjin	19	6	14125	12667	16	7	47000	
河　北	Hebei					33		7056	5800
山　西	Shanxi	1	1	5000	5000	231	25	6634	10708
内蒙古	Inner Mongolia	3	3	6667	6667	76	52	7147	14400
辽　宁	Liaoning	76	4	7980	9750	2	1	12500	3000
吉　林	Jilin	12	6	22167	8333	69	8	9701	13667
黑龙江	Heilongjiang	16	15	6438	6133	217	208	5800	5688
上　海	Shanghai	1087	132	9076	9992	66	19	19443	7389
江　苏	Jiangsu	458	3	16182	6667	342	29	9448	4708
浙　江	Zhejiang	124	35	8425	10757	30	7	8938	6857
安　徽	Anhui	71	7	7737	7429	496	18	5357	6333
福　建	Fujian	205	21	19650	16043	625	75	29039	17653
江　西	Jiangxi	20		4286		49	3	7265	11667
山　东	Shandong	22	8	16190	6625	436	29	17893	10024
河　南	Henan	10	6	4222	5143	319	61	24109	8979
湖　北	Hubei	48	3	1795	5333	307	4	8523	9250
湖　南	Hunan					756	334	7088	8779
广　东	Guangdong	146	20	17849	18250	49	9	9524	15250
广　西	Guangxi	3	3	7667	7667	115		1374	
海　南	Hainan	108	14	10481	10000	3	2	23000	11500
重　庆	Chongqing	4	4	9333	9333	226	15	564	11000
四　川	Sichuan	1	1	5240	8000	118	28	4033	6214
贵　州	Guizhou					192	7	7005	6000
云　南	Yunnan	32	13	17607	8077	1006	670	4845	6080
西　藏	Tibet								
陕　西	Shaanxi	12	1	3214	1333	189	10	7282	9167
甘　肃	Gansu					221	13	6311	4000
青　海	Qinghai					36		8167	
宁　夏	Ningxia								
新　疆	Xinjiang	41	5	6650	12200	115	41	66	11786

6—6 续表 2　continued

地　区　Region	制造业 Manufacturing				电力、煤气及水的生产和供应业 Production and Supply of Electricity, Gas and Water			
	年末人数（人）Year-end Figures (person)	# 离退休反聘人员 Hired Retirement	平均劳动报酬（元）Average Earning (yuan)	# 离退休反聘人员 Hired Retirement	年末人数（人）Year-end Figures (person)	# 离退休反聘人员 Hired Retirement	平均劳动报酬（元）Average Earning (yuan)	# 离退休反聘人员 Hired Retirement
全　国　National	**321820**	**68300**	**23348**	**12832**	**4761**	**1369**	**11348**	**15145**
北　京　Beijing	44130	13295	28807	16125	182	20	12000	14522
天　津　Tianjin	15279	4337	33021	11988	53	50	13904	12306
河　北　Hebei	4688	1004	15477	10618	52	39	39038	12897
山　西　Shanxi	2950	1017	7507	6801	56	13	5357	41250
内蒙古　Inner Mongolia	1704	457	6407	7657	129	6	5194	1333
辽　宁　Liaoning	18711	6738	18390	9669	645	130	4705	3891
吉　林　Jilin	2704	1199	25140	7112	129	1	2984	1000
黑龙江　Heilongjiang	3165	1268	11506	9644	59	23	8671	10483
上　海　Shanghai	93630	12590	24815	14109	303	185	15751	13757
江　苏　Jiangsu	40964	3151	21136	12692	898	203	14130	23071
浙　江　Zhejiang	15947	5154	20031	13517	300	199	19601	14361
安　徽　Anhui	5481	728	5752	8981	33	21	14389	13143
福　建　Fujian	12628	3217	31024	13238	166	39	19418	17050
江　西　Jiangxi	2536	444	7405	6333	86	13	4840	1385
山　东　Shandong	8855	1901	41309	11316	103	35	10524	12000
河　南　Henan	4223	1150	6547	7946	352	50	5361	15040
湖　北　Hubei	7605	891	10763	6990	1	1	10000	10000
湖　南　Hunan	6921	716	7868	9400	103	5	6993	2071
广　东　Guangdong	9387	2805	71748	19127	230	114	25329	31298
广　西　Guangxi	1646	178	12718	11092	33	4	44000	38333
海　南　Hainan	259	112	66179	11723	12	2		15500
重　庆　Chongqing	2222	1386	18622	9487	399	19	4722	13533
四　川　Sichuan	5296	1486	7662	10167	218	75	12213	19651
贵　州　Guizhou	2536	416	6839	8143	18	7	5516	9000
云　南　Yunnan	2266	735	8398	9521	124	76	8096	9881
西　藏　Tibet	68	7	12360					
陕　西　Shaanxi	2205	895	11681	10280	17	10	10412	13500
甘　肃　Gansu	838	205	4541	3885	24	2	2583	17000
青　海　Qinghai	240	62	4286	5979			5333	
宁　夏　Ningxia	796	230	5843	8145	1	1	7000	7000
新　疆　Xinjiang	1940	526	2397	9219	35	26	4786	8318

6—6 续表 3　continued

地　区　Region	建筑业 Construction				交通运输、仓储及邮电通信业 Transport, Storage, Post and Telecommunications			
	年末人数（人）Year-end Figures (person)	# 离退休反聘人员 Hired Retirement	平均劳动报酬（元）Average Earning (yuan)	# 离退休反聘人员 Hired Retirement	年末人数（人）Year-end Figures (person)	# 离退休反聘人员 Hired Retirement	平均劳动报酬（元）Average Earning (yuan)	# 离退休反聘人员 Hired Retirement
全　国　National	**72155**	**14349**	**10738**	**12239**	**24623**	**2735**	**21221**	**13254**
北　京　Beijing	13127	5178	14777	14696	1759	325	43418	15857
天　津　Tianjin	1614	451	8681	12583	948	77	12987	9600
河　北　Hebei	377	109	4550	8280	457	26	6205	9556
山　西　Shanxi	455	51	6996	5983	508	3	6580	
内蒙古　Inner Mongolia	1176	56	4433	6686	6	6	3667	3667
辽　宁　Liaoning	3838	1425	8960	9713	1768	188	10552	9131
吉　林　Jilin	471	87	9358	12060	14	11	19500	14636
黑龙江　Heilongjiang	931	189	6446	7246	502	16	7021	10944
上　海　Shanghai	5344	1381	15326	14302	7392	810	24059	12817
江　苏　Jiangsu	2013	205	9076	8408	976	46	13600	9354
浙　江　Zhejiang	14344	1510	16625	10316	1910	251	17495	10154
安　徽　Anhui	3098	163	7627	7307	350	38	5650	4316
福　建　Fujian	1996	362	10164	9689	1357	54	58621	16291
江　西　Jiangxi	149	40	1179	6561				
山　东　Shandong	2014	115	7994	10028	590	89	16470	17678
河　南　Henan	4458	492	8204	3899	50	23	6346	4174
湖　北　Hubei	3097	83	7123	13626	6	6	2625	4143
湖　南　Hunan	2738	110	4265	4884	998	17	12669	15882
广　东　Guangdong	2694	774	16378	21877	1779	396	24992	22309
广　西　Guangxi	729	82	3552	9639	1461	44	14369	10644
海　南　Hainan	38	22	29395	15636	27	13	21781	16857
重　庆　Chongqing	788	490	14092	8396	121	24	9586	4200
四　川　Sichuan	2788	374	4300	8865	1101	84	4055	11667
贵　州　Guizhou	231	92	2470	20472	13	9	8000	10444
云　南　Yunnan	763	230	6628	6893	211	107	14994	11343
西　藏　Tibet								
陕　西　Shaanxi	429	57	3034	10190	45	44	10275	7590
甘　肃　Gansu	351	13	5552	4231	13		4692	
青　海　Qinghai	238	4	8879	12000	1		16000	
宁　夏　Ningxia	269	35	1504	7300	1	1	5000	5000
新　疆　Xinjiang	1597	169	6005	10948	259	27	7115	8963

6—6 续表 4　continued

地　区　Region	批发和零售贸易、餐饮业 Wholesale and Retail Trade and Catering Services				金融、保险业 Finance and Insurance			
	年末人数（人）Year-end Figures (person)	# 离退休反聘人员 Hired Retirement	平均劳动报酬（元）Average Earning (yuan)	# 离退休反聘人员 Hired Retirement	年末人数（人）Year-end Figures (person)	# 离退休反聘人员 Hired Retirement	平均劳动报酬（元）Average Earning (yuan)	# 离退休反聘人员 Hired Retirement
全　国　National	**134799**	**23396**	**12312**	**10016**	**130369**	**3264**	**16996**	**12975**
北　京　Beijing	43045	10556	13731	10184	7358	281	18824	14077
天　津　Tianjin	4152	937	10885	9946	635	124	20757	7598
河　北　Hebei	383	99	4931	4623	3108	11	10661	7727
山　西　Shanxi	1405	126	4655	4698	304	14	7327	4857
内蒙古　Inner Mongolia	152	34	3931	4194				
辽　宁　Liaoning	5641	1703	8279	8294	3770	51	15597	12210
吉　林　Jilin	284	105	7097	15748	1395	28	11940	8214
黑龙江　Heilongjiang	1052	279	12101	6891	5465	125	10225	3977
上　海　Shanghai	43832	4805	13768	10978	15268	1029	28954	12458
江　苏　Jiangsu	8631	492	8939	8776	14829	166	15321	8545
浙　江　Zhejiang	7300	1718	10376	9189	7295	244	14914	14117
安　徽　Anhui	1146	76	2778	5487	2196	5	7656	3857
福　建　Fujian	1574	394	14067	12280	11452	12	14598	16333
江　西　Jiangxi	450	14	2761	2800	115		14000	
山　东　Shandong	1561	223	9094	9447	15944	761	16502	18193
河　南　Henan	1502	216	8510	7349	1860		7633	
湖　北　Hubei	3751	70	4820	5795	2900	57	9656	5768
湖　南　Hunan	1932	47	9179	8905	8916	20	10282	7556
广　东　Guangdong	2712	583	43885	15760	8456	11	26003	45636
广　西　Guangxi	527	26	8146	5455	364	77	12003	5974
海　南　Hainan	52	29	18222	10621	86	7	27093	7286
重　庆　Chongqing	281	110	4702	5991	7971	74	16025	7000
四　川　Sichuan	1060	181	5819	6717	6181	51	20103	5875
贵　州　Guizhou	541	138	3076	6632	214	4	9896	4750
云　南　Yunnan	1123	236	14073	7260	255	76	9889	9270
西　藏　Tibet	10		8400					
陕　西　Shaanxi	230	29	6701	6788	2444	6	20451	5600
甘　肃　Gansu	89	19	3309	6053				
青　海　Qinghai	21	2	3810	26000				
宁　夏　Ningxia	40	35	4150	4143	3	3	19000	19000
新　疆　Xinjiang	320	114	2598	8590	1585	27	13146	36037

6－6 续表 5　continued

地　区　Region		房地产业 Real Estate Trade 年末人数(人) Year-end Figures (person)	#离退休反聘人员 Hired Retirement	平均劳动报酬(元) Average Earning (yuan)	#离退休反聘人员 Hired Retirement	社会服务业 Social Services 年末人数(人) Year-end Figures (person)	#离退休反聘人员 Hired Retirement	平均劳动报酬(元) Average Earning (yuan)	#离退休反聘人员 Hired Retirement
全　国	**National**	**47898**	**15674**	**17940**	**12945**	**122245**	**30075**	**22520**	**12946**
北　京	Beijing	20013	7391	23025	13280	56822	16501	28746	13735
天　津	Tianjin	1084	289	12904	11592	4535	800	13467	8591
河　北	Hebei	124	76	9602	8714	714	415	9602	9218
山　西	Shanxi	130	25	8063	10926	203	107	5640	3613
内蒙古	Inner Mongolia	21	13	3133	5133	46	19	5761	7263
辽　宁	Liaoning	1915	783	10560	10265	3486	1723	14743	9962
吉　林	Jilin	279	64	8711	9033	458	358	21639	12814
黑龙江	Heilongjiang	232	162	11155	7859	476	366	9855	8203
上　海	Shanghai	12051	2526	14575	12205	32769	2811	16207	13932
江　苏	Jiangsu	1559	283	11891	11265	5710	713	12698	8807
浙　江	Zhejiang	2327	731	12684	16159	4984	1502	19111	13137
安　徽	Anhui	76	40	54446	8564	218	50	14090	7882
福　建	Fujian	2172	982	25494	14821	1328	475	20700	11710
江　西	Jiangxi	92	43	10844	6833	153	17	8038	9235
山　东	Shandong	825	284	12337	14032	1635	583	17630	13799
河　南	Henan	296	160	12282	12565	1043	620	14038	7488
湖　北	Hubei	181	45	8906	10977	1246	496	14639	8532
湖　南	Hunan	330	72	12185	18029	953	107	9957	11213
广　东	Guangdong	1043	565	27023	19762	1452	727	63355	24930
广　西	Guangxi	819	74	11672	10341	596	93	15440	11341
海　南	Hainan	87	43	16761	15182	356	97	19262	11551
重　庆	Chongqing	346	186	12771	7800	152	49	34096	20396
四　川	Sichuan	179	122	10412	9438	390	164	11499	16531
贵　州	Guizhou	532	229	12683	11500	299	143	9793	10252
云　南	Yunnan	551	305	9270	8837	1289	687	12346	9983
西　藏	Tibet					20	13	13350	17385
陕　西	Shaanxi	38	15	9947	10200	266	136	67900	8062
甘　肃	Gansu	480	78	8626	6623	120	52	5830	10889
青　海	Qinghai	10	10	7200	6200	4	4	6000	5000
宁　夏	Ningxia	36	25	16545	7962	76	30	10460	9741
新　疆	Xinjiang	70	53	9403	10660	446	217	14446	12577

6—6 续表 6　continued

地　区　Region		科学研究和综合技术服务业 Scientific Research and Polytechnical Services				其　他 Others			
		年末人数（人） Year-end Figures (person)	# 离退休反聘人员 Hired Retirement	平均劳动报酬（元） Average Earning (yuan)	# 离退休反聘人员 Hired Retirement	年末人数（人） Year-end Figures (person)	# 离退休反聘人员 Hired Retirement	平均劳动报酬（元） Average Earning (yuan)	# 离退休反聘人员 Hired Retirement
全　国	**National**	**36898**	**11764**	**19592**	**15091**	**9432**	**2100**	**70397**	**17917**
北　京	Beijing	28507	8281	20893	14824	4244	602	97181	23629
天　津	Tianjin	1153	683	10116	9012	63	33	9603	8219
河　北	Hebei	4	4	9750	9750	1	1	6000	6000
山　西	Shanxi	61	18	6426	6900	2	2	500	
内蒙古	Inner Mongolia	14	12	8143	8667	3	2	1667	500
辽　宁	Liaoning	423	268	10868	10247	9	1	32750	2000
吉　林	Jilin	26	14	11556	11929	37	7	44829	25714
黑龙江	Heilongjiang	275	162	13884	9457	14	2	17571	8500
上　海	Shanghai	1228	778	23804	18413	3462	886	65623	17508
江　苏	Jiangsu	479	280	17242	21394	121	34	21817	11943
浙　江	Zhejiang	847	319	17660	16909	678	254	10476	16079
安　徽	Anhui	30	5	9464	13200	4		8000	
福　建	Fujian	124	37	24231	30545	53	15	12830	10600
江　西	Jiangxi	338	3	12517	17333	10	2	12300	500
山　东	Shandong	169	130	8988	9056	8	7	6091	7000
河　南	Henan	74	30	16131	12042	32	30	7063	7167
湖　北	Hubei	22	17	8625	9882	11	1	7056	13000
湖　南	Hunan	24	6	9786	15667	243	22	9468	11583
广　东	Guangdong	219	176	52532	37103	151	46	48757	18045
广　西	Guangxi					15	10	20267	26100
海　南	Hainan	18	8	16000	13750				
重　庆	Chongqing	36	19	18452	17500	11	8	15000	20625
四　川	Sichuan	18	14	8111	9071	1	1	9000	9000
贵　州	Guizhou	283	10	11590	8444	4	4	7750	7750
云　南	Yunnan	2158	157	7466	23762	102	52	12440	8736
西　藏	Tibet								
陕　西	Shaanxi	332	301	12507	12552	17		5000	
甘　肃	Gansu	35	32	8111	8273	12	3	7200	1200
青　海	Qinghai							489	
宁　夏	Ningxia								
新　疆	Xinjiang	1		6000		38	37	13465	13524

6—7 分地区城镇单位就业人员增加来源

（其他单位）

INCREASE OF EMPLOYMENT IN URBAN UNITS BY REGION

(Other Ownership Units, 2001)

单位:人 (person)

地区 Region		合计 Total	从农村招收 Recruited from Country-side	从城镇招收 Recruited from Cities and Towns	录用的复员转业军人 Recruited Demobilized and Transferred Armymen	录用的大、中专、技工学校毕业生 Recruit-ed Gra-duates	调入 Trans-ferred Into	#由外省、自治区、直辖市调入 Transferred from Other Regions	其他 Others
全　国	**National**	**3089031**	**1025402**	**568612**	**45320**	**352692**	**405743**	**20520**	**691262**
北　京	Beijing	378791	104450	65700	2294	37207	74542	10217	94598
天　津	Tianjin	82592	15460	12773	630	14071	16719	697	22939
河　北	Hebei	46495	17995	9333	1663	8278	5177	161	4049
山　西	Shanxi	26626	8415	4160	1198	5239	3056	26	4558
内蒙古	Inner Mongolia	46793	12442	9010	712	3329	3339	40	17961
辽　宁	Liaoning	115408	26747	22347	2102	14696	22499	381	27017
吉　林	Jilin	34539	6387	5310	1314	4755	13604	223	3169
黑龙江	Heilongjiang	104630	8713	18435	1198	6799	14737	163	54748
上　海	Shanghai	268670	13985	54953	1238	17768	59800	708	120926
江　苏	Jiangsu	243225	38894	44613	2681	32000	31756	704	93281
浙　江	Zhejiang	213978	103231	40751	2438	27497	16561	1108	23500
安　徽	Anhui	40011	6432	6553	1278	9014	4771	307	11963
福　建	Fujian	240397	145677	48342	2329	19989	7312	414	16748
江　西	Jiangxi	39667	9919	8743	653	2029	1293	30	17030
山　东	Shandong	254179	109252	32685	3720	28337	68584	497	11601
河　南	Henan	68957	22627	10831	3741	12366	5650	119	13742
湖　北	Hubei	43030	14764	10830	1211	8110	1941	116	6174
湖　南	Hunan	32494	7242	7284	1253	5684	2932	275	8099
广　东	Guangdong	413079	214151	86903	5756	55700	15130	3804	35439
广　西	Guangxi	24995	9393	4706	702	3945	1615	36	4634
海　南	Hainan	8767	1911	2210	529	1933	710	28	1474
重　庆	Chongqing	46793	22579	10450	1191	5122	4254	55	3197
四　川	Sichuan	64575	24425	16851	1951	6894	5371	74	9083
贵　州	Guizhou	14940	3731	2251	616	3622	2015	25	2705
云　南	Yunnan	77149	24648	14563	971	5958	6863	135	24146
西　藏	Tibet	126	7	11	12	40	46	9	10
陕　西	Shaanxi	48516	4645	3873	898	4717	7031	56	27352
甘　肃	Gansu	3130	991	470	134	463	235	2	837
青　海	Qinghai	26492	275	539	66	524	233	4	24855
宁　夏	Ningxia	9831	3681	2008	160	1412	1001	18	1569
新　疆	Xinjiang	70156	42333	11124	681	5194	6966	88	3858

6—8 分地区城镇单位就业人员减少去向

（其他单位）

DECREASE OF EMPLOYMENT IN URBAN UNITS BY REGION

(Other Ownership Units, 2001)

单位：人 (person)

地区 Region	合计 Total	离休、退休、退职 Retired and Resigned	开除、除名、辞退 Expelled Expunged and Dismissed	终止、解除合同 Contract Closed or Terminated	不在岗职工 Not-on-post Staff and Workers	调出 Transferred Out	#调到外省、自治区、直辖市 Transferred to Other Regions	其他 Others
全国 National	**3167294**	**291996**	**351622**	**1251502**	**449676**	**296768**	**11227**	**525730**
北京 Beijing	324751	17629	33843	128536	6560	51370	5271	86813
天津 Tianjin	101045	8916	7212	34944	20607	12429	195	16937
河北 Hebei	72949	9433	11635	16799	15017	12393	348	7672
山西 Shanxi	40268	5865	3125	6703	17707	2939	143	3929
内蒙古 Inner Mongolia	43897	6198	4943	21754	6060	2692	113	2250
辽宁 Liaoning	183039	16930	7940	81596	32572	24318	157	19683
吉林 Jilin	52790	5894	4121	22056	8394	6644	142	5681
黑龙江 Heilongjiang	41134	4364	2405	16531	7497	5209	207	5128
上海 Shanghai	233044	14198	3643	71259	35783	34475	62	73686
江苏 Jiangsu	251400	26108	11939	95832	42770	20811	263	53940
浙江 Zhejiang	215668	18110	21276	122450	17622	11282	167	24928
安徽 Anhui	54521	7991	3694	18987	11544	4304	294	8001
福建 Fujian	176329	10846	54250	70135	4754	4026	269	32318
江西 Jiangxi	47074	5666	2407	6946	26703	985	140	4367
山东 Shandong	227818	14589	31805	66801	34330	47899	594	32394
河南 Henan	112114	16365	10648	32105	39378	7283	407	6335
湖北 Hubei	66192	8268	3939	27863	14137	2720	113	9265
湖南 Hunan	54017	6782	3676	16172	15012	3692	218	8683
广东 Guangdong	421368	33803	77382	229361	17528	12125	537	51169
广西 Guangxi	38404	5526	4832	12121	6589	2703	40	6633
海南 Hainan	7502	510	1507	3678	359	444	41	1004
重庆 Chongqing	56044	6887	6994	20374	11751	2999	50	7039
四川 Sichuan	102702	13116	6311	37080	21173	5959	131	19063
贵州 Guizhou	22783	5000	2072	6792	4784	1419	115	2716
云南 Yunnan	88755	10576	15193	30495	8314	5297	1040	18880
西藏 Tibet	619	325	27	14	143	104	4	6
陕西 Shaanxi	28519	5814	1704	5625	10186	2249	32	2941
甘肃 Gansu	10310	1299	583	3385	3141	300	3	1602
青海 Qinghai	6165	576	329	2062	1610	422	9	1166
宁夏 Ningxia	9050	1160	1592	3360	854	1086	21	998
新疆 Xinjiang	77023	3252	10595	39686	6797	6190	101	10503

七、乡镇企业就业人员

Employment in Township and Village Enterprises

7—1 乡镇企业单位数
TOWNSHIP AND VILLAGE ENTERPRISES

单位：万个 (10 000)

年份 Year	合计 Total	农业 Agriculture	工业 Industry	建筑业 Construction	交通运输业 Transport	批发零售贸易业 Wholesale and Retail Trade	旅游饮食服务业 Tourism and Catering Services	其他 Others
1978	152.42	49.46	79.40	4.67	6.51	12.38		
1979	148.04	44.39	76.71	4.97	8.21	13.76		
1980	142.46	37.83	75.78	5.08	8.94	14.83		
1981	133.75	31.90	72.54	4.83	8.89	15.59		
1982	136.17	29.28	74.92	5.38	9.58	17.01		
1983	134.64	26.98	74.40	5.70	9.16	18.40		
1984	606.52	24.84	481.22	8.04	12.96	79.46		
1985	1222.45	22.42	493.03	8.26	10.61	688.13		
1986	1515.30	23.97	635.50	89.25	261.98	504.60		
1987	1750.24	23.12	708.28	90.25	325.24	603.35		
1988	1888.16	23.28	773.52	95.58	372.55	623.23		
1989	1868.63	22.68	736.47	92.55	379.88	637.05		
1990	1850.40	22.40	722.00	90.40	381.40	634.20		
1991	1908.88	23.09	742.57	88.81	400.34	654.07		
1992	2091.62	24.92	793.82	98.49	436.95	737.77		
1993	2452.90	27.90	918.40	121.70	486.40	656.30		
1994	2494.47	24.64	698.58	82.99	369.11	759.63	292.93	266.58
1995	2202.67	27.77	718.16	106.75	495.17	697.77	94.45	62.60
1996	2336.33	28.94	756.43	104.58	546.49	761.71		
1997	907.50	21.46	378.22	41.62	143.06	211.08	86.75	25.30
1998	2004.00	18.90	662.00	82.10	414.80	545.50	221.10	59.50
1999	2070.90	16.50	673.50	82.50	412.70	583.10	241.40	61.10
2000	2084.66	15.12	674.01	79.52	412.52	591.30	249.19	63.01
2001	2115.54	12.74	672.17	76.26	412.86	614.17	262.70	64.64

注：1. 本表 1978—1983 年为乡村两级数，1984 年以后为乡镇企业全部数(以下同)。

2. 1997 年乡镇企业数统计口径有所调整，与以前数据不可比(以下同)。

a) Figures for 1978—1983 included only township and village level enterprises, since 1984 figuers has been covered all township and village enterprises(the same below).

b) In 1997 the statistical coverage of township and village enterprises was adjusted(the same below).

7－2 分地区乡镇企业单位数

TOWNSHIP AND VILAGE ENTERPRISES BY SECTOR AND REGION

(2001)

单位：万个 (10 000)

地区 Region	合计 Total	农业 Agriculture	工业 Industry	建筑业 Construction	交通运输业 Transport	批发零售贸易业 Wholesale and Retail Trade	旅游饮食服务业 Tourism and Catering Services	其他 Others
全国 National	**2115.54**	**12.74**	**672.17**	**76.26**	**412.86**	**614.17**	**262.70**	**64.64**
北京 Beijing	13.34	0.04	2.24	0.38	4.30	3.58	1.98	0.82
天津 Tianjin	12.32		3.42	0.23	3.08	3.79	1.78	0.01
河北 Hebei	103.33	0.33	38.87	3.05	20.66	27.26	10.58	2.58
山西 Shanxi	35.14	0.26	9.31	1.47	11.43	7.88	4.31	0.48
内蒙古 Inner Mongolia	90.23	0.43	16.09	3.76	27.68	28.00	12.01	2.25
辽宁 Liaoning	104.07	0.13	28.53	2.59	26.67	30.70	11.47	3.97
吉林 Jilin	74.15	0.21	15.38	3.24	18.14	25.01	10.84	1.34
黑龙江 Heilongjiang	25.30	0.09	10.09	1.04	5.35	5.20	3.34	0.19
上海 Shanghai	9.64	0.04	4.36	0.11	0.24	3.45	0.51	0.92
江苏 Jiangsu	93.85	0.04	43.48	2.50	11.72	19.23	8.89	7.98
浙江 Zhejiang	107.98	0.03	66.81	0.52	11.72	20.87	6.71	1.32
安徽 Anhui	72.59	0.55	22.53	4.01	13.70	21.30	9.09	1.42
福建 Fujian	81.39	1.05	24.53	4.09	13.83	25.10	10.03	2.77
江西 Jiangxi	71.24	0.42	23.97	4.37	11.93	21.13	7.36	2.06
山东 Shandong	215.40	0.42	78.36	6.02	34.51	61.92	25.82	8.36
河南 Henan	120.99	0.48	50.48	5.16	19.05	30.53	13.71	1.58
湖北 Hubei	96.81	2.29	31.00	5.36	15.10	27.67	12.87	2.53
湖南 Hunan	178.69	2.54	54.69	9.92	35.51	52.98	16.90	6.14
广东 Guangdong	79.83	1.16	26.16	3.76	10.85	25.41	9.69	2.79
广西 Guangxi	90.67	0.33	19.20	2.10	15.06	38.66	13.73	1.59
海南 Hainan	4.35	0.07	0.98	0.17	0.81	1.32	0.86	0.15
重庆 Chongqing	10.73	0.12	4.62	0.20	0.77	3.10	1.73	0.20
四川 Sichuan	146.49	0.63	35.46	3.42	30.29	47.87	23.90	4.92
贵州 Guizhou	37.12	0.34	10.42	0.74	8.08	11.66	4.85	1.03
云南 Yunnan	72.58	0.09	12.62	0.96	16.80	26.76	13.03	2.33
西藏 Tibet	0.12	0.01	0.03	0.02	0.01	0.03	0.02	0.01
陕西 Shaanxi	90.29	0.35	21.97	4.96	24.70	21.12	14.10	3.09
甘肃 Gansu	23.64	0.11	6.38	0.83	5.48	7.25	3.26	0.33
青海 Qinghai	5.58	0.02	1.53	0.10	1.63	1.66	0.57	0.08
宁夏 Ningxia	14.20	0.04	2.99	0.57	5.11	3.63	1.77	0.08
新疆 Xinjiang	33.47	0.12	5.68	0.62	8.66	10.09	6.97	1.33

7—3 乡镇企业就业人数
EMPLOYMENT IN TOWNSHIP AND VILLAGE ENTERPRISES

单位：万人 (10 000 persons)

年份 Year	合 计 Total	农 业 Agriculture	工 业 Industry	建筑业 Construction	交通运输业 Transport	批发零售贸易业 Wholesale and Retail Trade	旅游饮食服务业 Tourism and Catering Services	其 他 Others
1978	2826.56	608.42	1734.36	235.62	103.83	144.33		
1979	2909.34	533.00	1814.38	298.45	116.90	146.61		
1980	2999.67	456.07	1942.30	334.67	113.56	153.07		
1981	2969.56	379.94	1980.80	348.83	107.38	152.61		
1982	3112.91	344.00	2072.81	421.29	112.94	161.87		
1983	3234.64	309.22	2168.14	482.72	109.71	164.85		
1984	5208.11	283.93	3656.07	683.49	129.30	455.32		
1985	6979.03	252.38	4136.70	789.95	114.18	1685.82		
1986	7937.14	240.80	4761.96	270.37	541.26	1122.75		
1987	8805.18	244.18	5266.69	373.98	623.14	1297.19		
1988	9545.45	249.99	5703.39	1484.81	684.16	1423.10		
1989	9366.78	239.30	5624.10	1403.73	699.37	1400.28		
1990	9264.75	236.06	5571.69	1346.84	711.22	1398.94		
1991	9609.11	243.08	5813.55	1384.33	732.31	1435.84		
1992	10624.59	261.82	6336.40	1552.42	799.74	1674.34		
1993	12345.30	285.40	7259.60	1826.90	931.40	1407.80		
1994	12017.47	260.46	6961.51	1622.04	725.59	1614.53	418.17	415.16
1995	12862.06	313.52	7564.72	1932.52	952.03	1677.42	225.22	196.63
1996	13508.29	336.00	7860.14	1948.84	1062.32	2447.87		
1997	9158.28	276.96	6149.44	1273.40	382.03	622.99	347.74	105.72
1998	12536.55	273.91	7334.23	1633.75	886.34	1418.90	767.63	221.79
1999	12704.09	247.38	7395.32	1613.45	885.72	1514.02	834.90	213.29
2000	12819.57	222.04	7466.73	1581.09	898.49	1556.93	864.04	230.25
2001	13085.58	200.03	7615.11	1564.41	902.69	1643.74	924.54	235.07

7—4 分地区乡镇企业就业人数
EMPLOYMENT IN TOWNSHIP AND VILLAGE ENTERPRISES BY SECTOR AND REGION

(2001)

单位：万人 (10 000 persons)

地区 Region	合计 Total	农业 Agriculture	工业 Industry	建筑业 Construction	交通运输业 Transport	批发零售贸易业 Wholesale and Retail Trade	旅游饮食服务业 Tourism and Catering Services	其他 Others
全国 National	**13085.6**	**200.0**	**7615.1**	**1564.4**	**902.7**	**1643.7**	**924.5**	**235.1**
北京 Beijing	106.4	1.3	54.8	18.2	6.7	11.0	10.6	3.9
天津 Tianjin	123.4		85.9	6.8	10.2	13.2	7.1	0.2
河北 Hebei	868.7	8.7	516.1	96.8	64.9	113.3	53.4	15.4
山西 Shanxi	300.8	4.4	184.0	27.9	34.4	27.2	20.6	2.4
内蒙古 Inner Mongolia	407.5	10.5	127.1	73.2	56.7	81.0	51.0	8.0
辽宁 Liaoning	455.4	7.7	240.3	41.3	49.3	70.8	35.8	10.3
吉林 Jilin	230.3	3.3	85.9	24.4	33.1	53.0	26.9	3.7
黑龙江 Heilongjiang	157.1	0.9	92.5	14.9	14.7	19.1	14.1	0.7
上海 Shanghai	201.9	3.8	159.1	7.7	1.8	20.7	2.9	5.7
江苏 Jiangsu	904.0	2.2	701.7	75.5	23.6	51.4	28.5	21.0
浙江 Zhejiang	929.5	0.6	809.0	34.5	18.4	45.6	18.4	3.0
安徽 Anhui	490.1	9.0	250.4	79.9	39.0	68.8	37.0	6.0
福建 Fujian	566.0	17.7	336.2	54.1	34.4	73.8	35.7	14.2
江西 Jiangxi	309.6	3.9	168.6	35.9	23.0	49.4	22.0	6.7
山东 Shandong	1345.4	10.0	813.1	156.1	79.4	167.1	88.9	30.8
河南 Henan	920.3	11.4	570.5	126.2	54.0	94.7	57.9	5.7
湖北 Hubei	648.6	27.5	330.9	93.5	42.2	92.5	51.2	10.8
湖南 Hunan	804.9	31.9	369.4	144.0	64.7	124.0	50.7	20.2
广东 Guangdong	955.4	9.4	727.5	54.3	23.2	74.6	54.8	11.7
广西 Guangxi	366.3	7.8	145.6	32.3	34.1	95.6	44.9	6.0
海南 Hainan	29.2	2.2	9.6	2.7	2.9	6.0	4.6	1.2
重庆 Chongqing	156.2	1.5	89.6	42.0	4.8	9.7	6.3	2.3
四川 Sichuan	648.1	5.4	296.4	115.6	48.1	96.8	67.8	18.0
贵州 Guizhou	146.0	4.2	74.8	15.2	12.8	22.5	13.9	2.7
云南 Yunnan	287.7	5.6	98.6	48.5	25.5	57.6	41.4	10.5
西藏 Tibet	2.4	0.1	0.8	0.9	0.1	0.2	0.2	0.1
陕西 Shaanxi	398.6	3.9	160.5	74.4	54.5	52.9	43.3	9.1
甘肃 Gansu	168.2	2.2	61.7	45.7	21.3	23.4	12.5	1.2
青海 Qinghai	24.4	0.2	10.5	3.7	3.9	3.6	2.2	0.3
宁夏 Ningxia	50.7	0.4	17.4	10.8	9.6	7.7	4.7	0.1
新疆 Xinjiang	82.4	2.1	26.5	7.5	11.1	16.8	15.1	3.3

八、职业培训与技能鉴定

Vocational Training and Skill Appraisal

8—1 历年技工学校综合情况
HISTORIC FIGURES OF GENERAL CONDITION OF VOCATIONAL SCHOOLS

年份 Year	技工学校个数（个） Number of Vocational Schools	招生人数（人） Students Newly Enrolled (person)	在校学生人数（人） Number of Students in School (person)	毕业生人数（人） Number of Graduates (person)	在职教职工人数（人） Total Teachers and Staff (person)	文化技术理论课教师 Teachers of Cultural and Technical Theory	生产实习指导教师 Production Guide Teachers	兼职教师人数（人） Part-time Teachers (person)
一、绝对数 Absolute figure								
1991	4269	544458	1422102	454217	220824	74668	23163	11753
1992	4392	601795	1556040	457022	336493	110819	38040	14708
1993	4477	663526	1716690	497369	335164	111983	38303	17947
1994	4430	714394	1870869	556804	340132	114387	38475	17245
1995	4521	746237	1890095	684601	336664	115372	39106	18664
1996	4467	726839	1918064	681052	334867	115114	39247	19759
1997	4395	734147	1931605	699411	328335	115742	39444	26385
1998	4362	594733	1813304	694639	305586	110381	37850	26609
1999	4098	515482	1560535	662491	269300	112466	37818	29142
2000	3792	503779	1400993	646234	239581	104746	35294	27315
2001	3470	551143	1347133	477309	219636	99580	33992	26191
二、比上年增长(%) Increase over Preceding year(%)								
1992	2.9	10.5	9.4	0.6	52.4	48.4	64.2	25.1
1993	1.9	10.3	10.3	8.8	−0.4	1.1	0.7	22.0
1994	−1.0	7.7	9.0	11.9	1.5	2.1	0.4	−3.9
1995	2.1	4.5	1.0	23	−1.0	0.9	1.6	8.2
1996	−1.2	−2.6	1.5	−0.5	−0.5	−0.2	0.4	5.9
1997	−1.6	1.0	0.7	2.7	−2.0	0.5	0.5	33.5
1998	−0.8	−19	−6.1	−0.7	−6.9	−4.6	−4.0	0.8
1999	−6.1	−13.3	−13.9	−4.6	−11.9	1.9	−0.1	9.5
2000	−7.5	−2.3	−10.2	−2.5	−11.0	−6.9	−6.7	−6.3
2001	−8.5	9.4	−3.8	−26.1	−8.3	−4.9	−3.7	−4.1

8—1 续表 continued

年份 Year	经费来源总计（万元）Resourses of Funds (10000 yuan)	事业经费 Operating Funds	公司经费 Company Funds	经费支出总计（万元）Expenditure (10000 yuan)	人员经费 For Personnel	教学经费 For Teaching	培训社会人员人次数（人）Person-time of Trainees from the society (person)	培训社会人员结业人数（人）Graduators of Trainees Recruited from the society (person)
一、绝对数 Absolute figure								
1991	177956	69002	26226	185506	72939	43087	616367	475708
1992	280211	79474	27485	223043	86621	52952	615349	495436
1993	335306	91430	30718	277792	111146	65299	612671	541593
1994	452884	118601	38897	366750	166360	85823	842008	686665
1995	537016	131815	44441	432905	197809	104496	899415	713351
1996	596490	158988	53735	486549	232755	107765	1134359	929783
1997	683974	241208	52504	663119	283780	141047	1375132	1107046
1998	649439	241141	46624	663621	299265	146541	1650807	1290228
1999	596605	217376	46074	599328	268953	208266	1490779	1445857
2000	569389	219117	32199	594008	275104	195349	1584739	1567158
2001	681491	236065	32377	645961	316350	219886	1516693	1638589
二、比上年增长(%) Increase over Preceding year(%)								
1992	57.5	15.2	4.8	20.2	18.8	22.9	−0.2	4.1
1993	19.7	15.0	11.8	24.5	28.3	23.3	−0.4	9.3
1994	35.1	29.7	26.6	32.0	49.7	31.4	37.4	26.8
1995	18.6	11.1	14.3	18.0	18.9	21.8	6.8	3.9
1996	11.1	20.6	20.9	12.4	17.7	3.1	26.1	30.3
1997	14.7	51.7	−2.3	36.3	21.9	30.9	21.2	19.1
1998	−5.0		−11.2	0.1	5.5	3.9	20	16.5
1999	−8.1	−9.9	−1.2	−9.7	−10.1	42.1	−9.7	16.5
2000	−4.6	0.8	−30.1	−0.9	2.3	−6.2	6.3	8.4
2001	19.7	7.7	0.6	8.7	15.0	12.6	−4.3	4.6

8-2 分地区技工学校综合情况

GENERAL CONDITION OF VOCATIONAL SCHOOLS BY REGION

(2001)

地区 Region	技工学校个数(个) Number of Vocational Schools	劳动预备制度定点培训机构数 Number of Labor Prepartory System Training Agency	在职教职工人数(人) Total Teachers and Staff (person)	女性 Female	文化技术理论课教师 Teachers of Cultural and Technical Theory	高级讲师 Senior Lecturers	讲师 Lecturers	助理讲师 Assistant Lecturers
全国 National	**3470**	**1200**	**219636**	**82798**	**99580**	**16345**	**49149**	**26403**
北京 Beijing	68	20	4269	1887	1634	252	786	445
天津 Tianjin	107	10	6921	2894	2549	640	1088	586
河北 Hebei	194	42	10983	4565	5099	860	2528	1408
山西 Shanxi	135	68	8318	3413	3420	479	1534	1083
内蒙古 Inner Mongolia	69	34	5449	2450	2901	324	1426	669
辽宁 Liaoning	226	67	11410	4886	5418	1204	2722	1179
吉林 Jilin	122	81	6154	2937	3178	545	1517	946
黑龙江 Heilongjiang	166	72	10423	3856	4981	630	2990	1043
上海 Shanghai	85	29	7153	2028	2311	300	1222	546
江苏 Jiangsu	171	28	11137	3735	4806	747	2293	1306
浙江 Zhejiang	97	21	5914	2098	2899	373	1260	862
安徽 Anhui	107	35	5539	1785	2555	522	1336	528
福建 Fujian	101	46	3959	1396	1878	212	782	585
江西 Jiangxi	66	25	5240	1809	2578	465	1291	742
山东 Shandong	278	154	23152	7897	10024	1871	4381	3011
河南 Henan	193	2	12704	4836	5689	939	2516	1611
湖北 Hubei	204	74	12088	4269	5941	1096	3199	1326
湖南 Hunan	167	84	10003	3853	4462	812	2363	1048
广东 Guangdong	159	33	10526	3942	4657	557	2194	1627
广西 Guangxi	77	7	5012	1921	2262	286	1305	560
海南 Hainan	10	3	629	241	309	45	116	134
重庆 Chongqing	68	20	4713	1819	1901	338	1032	472
四川 Sichuan	156	0	8832	3181	4275	602	2193	1091
贵州 Guizhou	85	15	2757	1129	1775	192	1143	419
云南 Yunnan	59	24	4805	1917	2305	296	1221	625
陕西 Shaanxi	132	84	8751	3123	3830	899	1743	788
甘肃 Gansu	63	30	3654	1462	1754	178	872	487
青海 Qinghai	26	13	1415	576	748	106	350	251
宁夏 Ningxia	17	17	1565	658	776	205	334	201
新疆 Xinjiang	62	62	6161	2235	2665	370	1412	824

8—2 续表 1 continued

地 区 Region	大学本科以上 College and above	生产实习指导教师 Production Guide Teachers	高级实习指导教师 Senior	一级实习指导教师 Class One	二级实习指导教师 Class Two	三级实习指导教师 Class Three	技师 Technician	一体化教师 All-round Teachers
全 国 National	**52604**	**33992**	**2027**	**9019**	**11030**	**4805**	**3489**	**21296**
北 京 Beijing	1027	652	38	165	158	114	90	522
天 津 Tianjin	1153	1203	77	235	342	115	188	498
河 北 Hebei	2909	1631	161	437	478	192	198	1057
山 西 Shanxi	1805	1043	81	286	331	103	91	534
内蒙古 Inner Mongolia	1376	733	32	216	220	83	89	696
辽 宁 Liaoning	3085	1332	96	396	407	207	172	681
吉 林 Jilin	2065	749	44	169	173	73	66	346
黑龙江 Heilongjiang	2359	2385	74	796	874	269	138	339
上 海 Shanghai	1210	807	44	106	236	107	137	385
江 苏 Jiangsu	2760	1982	50	460	665	233	269	1024
浙 江 Zhejiang	1643	945	21	213	300	162	144	562
安 徽 Anhui	1096	709	55	151	201	167	48	367
福 建 Fujian	791	628	18	113	206	113	24	431
江 西 Jiangxi	1300	877	108	221	293	142	94	822
山 东 Shandong	5534	3312	206	917	1265	659	265	2724
河 南 Henan	3154	1912	78	521	639	294	152	1213
湖 北 Hubei	2873	1996	219	618	646	255	130	1239
湖 南 Hunan	2435	1607	80	578	479	239	136	1006
广 东 Guangdong	2923	2246	65	509	717	279	345	1964
广 西 Guangxi	1085	895	16	195	358	196	72	648
海 南 Hainan	229	110		22	29	8	5	125
重 庆 Chongqing	1143	569	73	160	157	73	63	440
四 川 Sichuan	2098	1487	100	443	521	186	158	892
贵 州 Guizhou	610	392	16	106	167	53	9	323
云 南 Yunnan	1136	973	53	263	304	152	108	735
陕 西 Shaanxi	1969	1303	101	296	378	162	171	446
甘 肃 Gansu	748	447	27	84	106	47	35	247
青 海 Qinghai	374	176	10	49	74	21	16	65
宁 夏 Ningxia	366	99	8	32	42	12	2	103
新 疆 Xinjiang	1348	792	76	262	264	89	74	862

8—2 续表 2　continued

地　区　Region	兼职教师人数（人）Part-time Teachers (person)	文化技术理论课教师 Teachers of Cultural, and Technical Theory	生产实习指导教师 Production Guide Teachers	实习工厂和校办企业个数（个）Number of School-run Factories	实习工厂和校办企业纳税额（元）Taxation of School-run Factories (yuan)	实习工厂和校办企业利润额（元）Profits of School-run Factories (yuan)	经费来源总计（元）Resouses of Funds (yuan)	事业经费 Operating Funds
全　国　National	**26191**	**17558**	**8063**	**1774**	**42755240**	**56316631**	**6814908828**	**2360649586**
北　京　Beijing	769	540	213	46	2439500	1773100	277886900	159164900
天　津　Tianjin	910	692	184	49	1100	4500	173091000	52351000
河　北　Hebei	1097	620	435	106	1784200	2492600	200118900	72379500
山　西　Shanxi	532	355	171	42	841000	997000	141864000	57476000
内蒙古　Inner Mongolia	452	297	148	35	813200	1382000	105406000	53670302
辽　宁　Liaoning	1320	824	488	76	5237000	1898000	212026000	83876000
吉　林　Jilin	487	305	171	39	349643	367060	97934599	42365150
黑龙江　Heilongjiang	1924	1326	555	89	1286000	5951000	165668000	99719000
上　海　Shanghai	835	681	152	54	121200	108800	740475000	7021000
江　苏　Jiangsu	1760	1309	422	83	4855800	4588500	421875200	155834200
浙　江　Zhejiang	861	673	188	59	2267000	2033000	385084000	149051000
安　徽　Anhui	934	588	311	52	488300	1488500	120827400	35222200
福　建　Fujian	843	644	193	19	995700	1121200	167363300	95887700
江　西　Jiangxi	735	402	240	35	273000	1220200	96767500	40148000
山　东　Shandong	1402	883	519	220	1626500	5801000	568352000	283290000
河　南　Henan	1227	812	389	89	2707300	1637200	290502600	110623300
湖　北　Hubei	1227	778	436	106	2775000	2791000	743537000	146962000
湖　南　Hunan	1103	786	317	84	1456168	1925237	206146758	69862860
广　东　Guangdong	2033	1282	684	75	3652000	1142000	619527000	202938000
广　西　Guangxi	556	386	169	53	894000	1686000	159259700	62238000
海　南　Hainan	70	55	15	1			33449	17869
重　庆　Chongqing	437	303	126	43	2152000	4041000	103187000	41065000
四　川　Sichuan	1200	802	389	102	2458800	2827400	227975600	70245000
贵　州　Guizhou	359	147	181	23	138000	144000	66075000	29777000
云　南　Yunnan	679	395	254	44	527000	1375000	140289000	83505000
陕　西　Shaanxi	1099	756	333	77	712229	14134	49025722	22782605
甘　肃　Gansu	331	191	122	41	1093000	1313000	90578000	12720000
青　海　Qinghai	80	63	12	5	25600	4480200	59477200	27748000
宁　夏　Ningxia	164	129	15	5	193000	467000	46733000	15810000
新　疆　Xinjiang	765	534	231	22	592000	1247000	137822000	76899000

8－2 续表 3　continued

地　区　Region	公司经费 Company Funds	企业经费 Enter-prises Funds	学　费 Tuition	经费支出总计(元) Expen-diture (yuan)	教学支出 For Teaching	基建投资 Investment Capital Construc-tion	人员经费 For Personnel
全　国 National	**323767787**	**652600263**	**2650032815**	**6459605547**	**2198858696**	**805964691**	**3163497096**
北　京 Beijing	3677300	21433000	88178100	262017200	107424400	23825400	107858000
天　津 Tianjin	5964000	9888000	92382000	175591000	61248000	6291000	96107000
河　北 Hebei	2744000	28599500	84582400	230713800	71818700	33432700	121953000
山　西 Shanxi	10970000	37402000	35484000	140800000	49913000	8988000	79890000
内蒙古 Inner Mongolia	3827000	19990000	23826000	104529000	28152000	6204000	65871000
辽　宁 Liaoning	15515000	49802000	60943000	200988000	63662000	14584000	119473000
吉　林 Jilin	5201012	14818416	27053621	95343364	26106073	5143714	55724775
黑龙江 Heilongjiang	8181000	20931000	32670000	168202000	53235000	3930400	100304600
上　海 Shanghai	55086000	25893000	419083000	686869000	200024000	56252000	429654000
江　苏 Jiangsu	6569400	49271000	199276100	422044500	144422000	50632000	203188000
浙　江 Zhejiang	9237000	22997000	191527000	390153000	154983000	59607000	145239000
安　徽 Anhui	700000	29647500	52450700	129424300	48085200	11699000	56528100
福　建 Fujian	1173600	5397000	63949200	158341500	63819100	18864400	63946400
江　西 Jiangxi	5669700	13141000	37708800	105521300	31887600	18708100	54925600
山　东 Shandong	34826000	15035000	235201000	560363000	193391000	51728000	315244000
河　南 Henan	29674000	53082400	90309900	294344700	97382300	17863700	174430400
湖　北 Hubei	11030000	19484000	88401000	358600000	73428000	156155000	121368000
湖　南 Hunan	14280000	14220658	103420400	211795855	76208790	25773160	105708605
广　东 Guangdong	31554000	15575000	369459000	639541000	260341000	124250000	239906000
广　西 Guangxi	4662000	5351000	71808900	153864000	40190500	14595000	77533000
海　南 Hainan	1800	6	13545	34931	15832	3984	15115
重　庆 Chongqing	4820000	10042000	46578000	169680000	42992000	14377000	51512000
四　川 Sichuan	34183000	31308000	89140600	213222400	92842300	16615000	100589100
贵　州 Guizhou	395000	23033000	12317000	67069000	19567000	5280000	37152000
云　南 Yunnan	380000	29874000	24600000	143170000	52705000	22755000	60448000
陕　西 Shaanxi	185975	1911083	24139049	51317297	18112401	7899633	24346001
甘　肃 Gansu	21984000	33282000	22592000	86112000	32632000	8388000	34092000
青　海 Qinghai	1167000	19136700	7916500	56484400	21375500	7210500	27898400
宁　夏 Ningxia		10495000	19599000	46361000	19489000	2945000	22246000
新　疆 Xinjiang	110000	21560000	35423000	137108000	53406000	11964000	70346000

8-3 分地区技工学校培训情况
TRAINING OF VOCATIONAL SCHOOLS BY REGION

(2001)

单位:人 (person)

地区 Region	招生学校数(所) Number of School	招生人数 Students Newly Enrolled	高级班学生 Senior Class	女生 Female	农业户口学生 New Students from Rural	在校学生人数 Number of Students in School	女生 Female
全国 National	**2653**	**551143**	**35344**	**199506**	**274718**	**1347133**	**444356**
北京 Beijing	54	20260	626	7719	10286	55582	20965
天津 Tianjin	107	14803	909	6470	2369	43112	18821
河北 Hebei	163	20534	1110	8685	9344	52336	18385
山西 Shanxi	82	12854	48	5027	7843	35511	12220
内蒙古 Inner Mongolia	59	5929	313	2202	1642	16022	3277
辽宁 Liaoning	134	17660	515	4584	3700	44551	13750
吉林 Jilin	58	7258	456	2159	2255	16660	5363
黑龙江 Heilongjiang	116	9769	646	4605	445	24939	10853
上海 Shanghai	50	14030		6657	2412	45538	13793
江苏 Jiangsu	127	36623	5527	13589	23250	92835	30894
浙江 Zhejiang	97	23983	1376	5962	11187	59068	15372
安徽 Anhui	98	13895	1183	5829	5980	37282	14069
福建 Fujian	94	21938	485	8191	16819	48832	18275
江西 Jiangxi	60	18287	2429	6916	7027	38715	16260
山东 Shandong	215	53283	5936	19924	30072	132122	48364
河南 Henan	123	29130	100	10877	19945	73847	28219
湖北 Hubei	117	26817	1489	10199	10392	56117	18025
湖南 Hunan	103	32509	2634	13787	23428	60193	24626
广东 Guangdong	159	70735	4001	18506	36242	166716	40535
广西 Guangxi	69	20193	155	8215	8837	44625	294
海南 Hainan	9	2024	80	626	931	4779	1278
重庆 Chongqing	64	14295	489	5803	7309	23477	9294
四川 Sichuan	142	19644	1593	8044	13790	45575	16393
贵州 Guizhou	42	6384	792	1901	3308	14144	4095
云南 Yunnan	59	8439	744	2739	3371	26984	8540
陕西 Shaanxi	129	15123	584	5339	7023	41843	15682
甘肃 Gansu	45	5062	596	1784	1242	20146	7081
青海 Qinghai	6	805	99	140	14	1956	408
宁夏 Ningxia	10	1670		788	850	6826	3072
新疆 Xinjiang	62	7207	429	2239	3405	16800	6153

8－3 续表 1 continued

单位：人 (person)

地　区　Region	高级班学　生 Senior Class	毕业生人　数 Number of Graduates	获得初级职业资格 Won Primary Certi-ficates	获得中级职业资格 Won Medium Certi-ficates	获得高级职业资格 Won Senior Certi-ficates	培训社会人员人次数 Person-time of Trainees from the Real World	女　性 Female
全　国　National	**76759**	**477309**	**84222**	**339253**	**31206**	**1516693**	**383364**
北　京　Beijing	1069	20528	4985	8743	80	42122	12839
天　津　Tianjin	1470	16821	8238	6936	58	36561	7219
河　北　Hebei	2155	27681	3945	19199	301	82390	29008
山　西　Shanxi	48	12649	537	10886	127	16628	4779
内蒙古　Inner Mongolia	424	7121	416	5607	84	37900	12239
辽　宁　Liaoning	1851	19828	5949	10904	686	140087	33152
吉　林　Jilin	602	6435	3263	2810	57	26114	8866
黑龙江　Heilongjiang	1151	13379	3694	6378	1795	51150	18695
上　海　Shanghai		14375	5587	8288	136	108034	11135
江　苏　Jiangsu	11983	31580	2123	27480	532	104807	29460
浙　江　Zhejiang	3408	20410	4086	15778	119	71166	9316
安　徽　Anhui	2074	16177	3338	10108		64877	21706
福　建　Fujian	1042	14074	4931	7372	14	25867	5218
江　西　Jiangxi	2785	15873	268	11875	134	17486	5037
山　东　Shandong	7178	55769	5151	46579	2291	141720	29583
河　南　Henan	606	22759	1043	19224	23	68503	21714
湖　北　Hubei	1263	19549	2532	14874	193	72394	16507
湖　南　Hunan	4120	19011	2705	14366	648	50197	12296
广　东　Guangdong	7673	40829	2665	35533	270	78692	20105
广　西　Guangxi	11707	2614	7534	22060		6879	273
海　南　Hainan	192	1158	124	803	23	3937	855
重　庆　Chongqing	1098	7085	1347	5352	60	35133	9094
四　川　Sichuan	3395	17126	1408	12338	143	38546	12800
贵　州　Guizhou	1469	5634	443	4860	66	16236	6290
云　南　Yunnan	1501	12368	2068	9245	80	28646	8718
陕　西　Shaanxi	4118	13152	878	10972	477	41239	12182
甘　肃　Gansu	1385	7735	1349	3907	366	18154	6051
青　海　Qinghai	327	1053	398	473	75	24940	7335
宁　夏　Ningxia		3675	126	2374		9406	2163
新　疆　Xinjiang	665	10861	3091	5989	308	56882	8729

8—3 续表 2 continued

单位:人 (person)

地区 Region	上年末结转人数 Left from Last Year-end	培训社会人员结业人数 Graduators of Trainees Recruited from the Society	按培训对象分组 Grouped by trainee 下岗职工 Laid-off Workers	失业人员 Unemployment	劳动预备制学员 Pupils of Labour Preparatory System	在职职工 Workers	其他 Others
全国 National	**100484**	**1638589**	**222585**	**124677**	**110776**	**1000299**	**201385**
北京 Beijing	1040	47378	2020	494	1498	35004	8362
天津 Tianjin	1270	35116	8887	2915	1913	19714	1687
河北 Hebei	4768	79951	15586	4590	6278	41584	11913
山西 Shanxi	3380	20530	1096	65	3536	13896	1937
内蒙古 Inner Mongolia	543	48569	2374	10865	1961	29984	3385
辽宁 Liaoning	3396	145641	38482	24431	1605	66699	14424
吉林 Jilin	2588	24752	3533	654	1483	18007	1075
黑龙江 Heilongjiang	10414	69253	28743	2570	7270	26868	3802
上海 Shanghai	4332	107194	9721	8667	1759	80148	6899
江苏 Jiangsu	3944	100876	18049	14891	5903	47768	14265
浙江 Zhejiang	774	69804	2640	4218	2463	32733	27750
安徽 Anhui	771	64443	23242	4934	1858	28686	5723
福建 Fujian	17	38049	1087	1722	4002	27278	3960
江西 Jiangxi	491	29069	1012	212	1487	23747	2611
山东 Shandong	9953	133361	12602	8484	10620	81885	19770
河南 Henan	1996	67772	6345	6116	4081	47577	3653
湖北 Hubei	10204	90024	4932	3433	7699	56543	17417
湖南 Hunan	2182	48705	3712	2807	4089	32400	5697
广东 Guangdong	3888	95188	5976	12229	7673	59486	9824
广西 Guangxi	22257	2282	244	2039	14647	3045	3440
海南 Hainan	326	4822	185	122	962	2445	1108
重庆 Chongqing	1875	33624	1937	1977	1463	23502	4745
四川 Sichuan	1618	58441	4560	2632	5383	37948	7918
贵州 Guizhou	54	18951	1375	70	1008	14552	1946
云南 Yunnan	1024	40779	1594	1261	3094	29126	5704
陕西 Shaanxi	1388	56183	8489	1119	4292	40280	2003
甘肃 Gansu	4601	20514	4729	83	568	13918	1216
青海 Qinghai		24934	2602	301	178	19619	2234
宁夏 Ningxia		9292	722	540	357	4416	3257
新疆 Xinjiang	1390	53092	6109	236	1646	41441	3660

8—3 续表 3 continued

单位：人 (person)

地 区	Region	按获取证书分组 Grouped by Certification Level 初级职业资格 Primary Certificates	中级职业资格 Medium Certificates	高级职业资格 Senior Certificates	就业人数 Employment	技工学校学生 Students in Vocational Schools
全 国	**National**	**336780**	**266426**	**117997**	**737210**	**370602**
北 京	Beijing	11622	8183	3893	18222	15810
天 津	Tianjin	3954	1651	1244	17938	14235
河 北	Hebei	26562	6500	1399	44486	17502
山 西	Shanxi	556	3816	296	13885	8514
内蒙古	Inner Mongolia	1914	7676	4325	7212	4946
辽 宁	Liaoning	14601	9256	3455	46599	8385
吉 林	Jilin	6963	6317	1329	8200	4660
黑龙江	Heilongjiang	9929	15575	4498	28771	8437
上 海	Shanghai	48390	7265	2704	45057	11387
江 苏	Jiangsu	22715	14632	3846	60101	25958
浙 江	Zhejiang	21094	8711	2034	18522	16145
安 徽	Anhui	8462	7797	1536	16613	11983
福 建	Fujian	4771	4522	1967	28024	12137
江 西	Jiangxi	3438	5716	4641	11938	8462
山 东	Shandong	49057	37244	10648	83420	55769
河 南	Henan	8210	11630	5038	29596	16543
湖 北	Hubei	8545	14924	18935	24530	15386
湖 南	Hunan	7375	8409	4679	26427	14280
广 东	Guangdong	26393	19238	4375	62455	36063
广 西	Guangxi	3762	2397	12658	13989	9766
海 南	Hainan	759	425	621	1832	820
重 庆	Chongqing	3445	4879	2336	10164	6776
四 川	Sichuan	7144	14052	5642	19509	12867
贵 州	Guizhou	1624	2146	1340	4913	3104
云 南	Yunnan	4476	10218	5444	15335	9443
陕 西	Shaanxi	6237	11578	3989	16638	9329
甘 肃	Gansu	456	2116	499	8374	3455
青 海	Qinghai	4207	2916	1863	4293	801
宁 夏	Ningxia	767	1631	457	3749	2544
新 疆	Xinjiang	19352	15006	2306	46418	5095

8—4 分地区就业训练中心综合情况
EMPLOYMENT TRAINNING CENTERS BY REGION

(2001)

地区 Region	就业训练中心个数(个) Number of Employment Trainning Centers	拥有实习场地 Centers with Practical Sites	劳动预备制度定点培训机构数 Number of Labor Preparatory System Training Agency	在职教职工总人数(人) Total Teachers and Staff (person)	教师 Teachers	兼职教师人数(人) Part-time Teachers (person)	经费来源总计(元) Resouses of Funds (yuan)	财政补助费 Financial Allowance
全国 National	**3571**	**3161**	**2044**	**33923**	**18634**	**24256**	**652542009**	**92196998**
北京 Beijing	16	16	8	986	572	595	33674000	233000
天津 Tianjin	19	19	19	246	131	263	7983600	360700
河北 Hebei	273	273	135	2438	1436	1143	28897600	3248000
山西 Shanxi	57	44	21	422	217	141	2854000	1892000
内蒙古 Inner Mongolia	145	125	26	640	354	574	5718300	1732400
辽宁 Liaoning	120	120	91	1338	795	1466	57158000	9127000
吉林 Jilin	63	61	39	481	249	351	4147800	143000
黑龙江 Heilongjiang	178	135	102	715	363	419	8889800	1776800
上海 Shanghai								
江苏 Jiangsu	120	109	120	1529	807	2215	61673000	4037000
浙江 Zhejiang	91	88	39	490	239	1095	32415400	3828000
安徽 Anhui	88	85	34	524	306	550	18032000	4769000
福建 Fujian	110	88	65	531	249	669	15257100	2770600
江西 Jiangxi	116	116	61	1066	480	826	7944000	2547000
山东 Shandong	147	132	124	2843	1649	1747	62686600	6089600
河南 Henan	156	136	78	1342	687	1588	19689400	2536800
湖北 Hubei	186	145	109	1876	1045	924	23156000	4963900
湖南 Hunan	544	501	376	6762	3678	2527	66090000	6195000
广东 Guangdong	206	179	89	2065	1216	1821	79618600	1996900
广西 Guangxi	102	89	54	742	342	705	20346800	1809800
海南 Hainan	34	29	16	546	353	66	11509	898
重庆 Chongqing	40	35	16	259	150	359	4982000	1646000
四川 Sichuan	156	133	81	1032	525	988	13812500	1765400
贵州 Guizhou	77	45	15	335	132	198	4546500	2486400
云南 Yunnan	136	99	66	569	335	445	5880200	1986400
陕西 Shaanxi	165	165	156	1840	996	1641	17856400	4001800
甘肃 Gansu	98	83	44	515	292	367	14194800	3186400
青海 Qinghai	27	16	12	176	104	81	5537900	1917000
宁夏 Ningxia	26	25	2	157	90	166	1253200	749200
新疆 Xinjiang	75	70	46	1458	842	326	28235000	14401000

8－4 续表 1 continued

地 区 Region	职业培训补贴 Occupational Training Allowance	有偿培训收入 Trainning Income	其他收入 Other Revenue	经费支出总计（元）Expenditure (yuan)	教学经费 For Teaching	人员经费 For Personnel
全 国 National	**177932207**	**313097132**	**69315672**	**618045528**	**311380328**	**251507453**
北 京 Beijing	10797000	20938000	1706000	31565000	18062000	11649000
天 津 Tianjin	3987300	3413000	222600	6736200	3310900	2401600
河 北 Hebei	7183500	16057000	2409100	27544300	16241400	11302900
山 西 Shanxi	400000	463000	99000	2423000	1088000	953000
内蒙古 Inner Mongolia	2155600	1184000	646300	5176000	2920800	2124700
辽 宁 Liaoning	27649000	8187000	12195000	51659000	2074000	30919000
吉 林 Jilin	965000	2739300	300500	4289900	1771300	2501000
黑龙江 Heilongjiang	1527600	5312400	273000	8530100	4301100	4144000
上 海 Shanghai						
江 苏 Jiangsu	24550000	30223000	2863000	55377000	28827000	24894000
浙 江 Zhejiang	4387900	22139100	2060400	26555700	17993900	8553200
安 徽 Anhui	4543000	7207000	1513000	16326000	6168000	7171000
福 建 Fujian	2505000	9406200	575300	14220000	4641600	4253200
江 西 Jiangxi	1046000	2799000	1552000	7863000	4344000	3519000
山 东 Shandong	16591600	16680300	23325100	62172100	31617300	20590700
河 南 Henan	4029500	11595000	1528100	18110900	10792400	7048700
湖 北 Hubei	8445400	8738100	1008600	35518600	16599400	16870500
湖 南 Hunan	12711000	43032000	4152000	62320000	36870000	25330000
广 东 Guangdong	19108100	52753100	5760500	74063900	47471200	22997000
广 西 Guangxi	6215900	12112100	209000	18001600	12371900	5629400
海 南 Hainan	7	10432	172	11528	7328	4153
重 庆 Chongqing	2170000	981000	185000	5609000	2879000	2510000
四 川 Sichuan	5398600	5448600	1199900	12674600	7864400	4808200
贵 州 Guizhou	192400	1637300	230400	4592800	1977000	2374300
云 南 Yunnan	2257800	1213000	423000	5239900	3323700	1276300
陕 西 Shaanxi	1496000	11004000	1354600	16404300	8228300	8176000
甘 肃 Gansu	1803200	9010100	195100	13281300	4122400	3750800
青 海 Qinghai	626000	154900	2840000	5330900	2732900	2508000
宁 夏 Ningxia	82800	396200	25000	1285500	729100	556400
新 疆 Xinjiang	5107000	8263000	464000	25163400	12050000	12691400

8—4 续表 2　continued

地　区　Region	就业训练人数（人）Trainees (person)	女　性 Female	上年末结转人数 Left from Last Year-end	结业人数（人）Number of Graduated (person)	按训练对象分组 Grouped by Personnel: 劳动预备制学员 Pupils of Labour Preparatory System	下岗职工 Laid-off Workers	失业人员 Unemployment	其他人员 Others
全　国　National	**4760494**	**2084391**	**213562**	**4633170**	**427164**	**1234953**	**1448977**	**1522076**
北　京　Beijing	183662	48577	3753	179190	1782	19715	47822	109871
天　津　Tianjin	62864	24325	333	59847	939	11135	22579	25194
河　北　Hebei	423468	161044	5260	423468	15451	141000	72000	195017
山　西　Shanxi	30445	13376	1269	46378	5402	31321	2706	6949
内蒙古　Inner Mongolia	161707	80089	817	159836	1876	47701	81606	28653
辽　宁　Liaoning	309294	168473	5230	300831	11964	144143	113400	31324
吉　林　Jilin	36777	1082	1281	36003	5068	14925	7819	8191
黑龙江　Heilongjiang	205083	101673	19161	197541	54745	87139	38835	16822
上　海　Shanghai								
江　苏　Jiangsu	421271	222017	5188	406867	14231	66487	168049	158100
浙　江　Zhejiang	211132	95076	22743	202625	4898	19302	102130	76295
安　徽　Anhui	131015	33872	13081	131000	4552	58036	42164	26248
福　建　Fujian	211326	108870	3801	210350	27008	25079	53721	104542
江　西　Jiangxi	151238	73841	5909	142975	16038	44549	52716	29672
山　东　Shandong	232665	120463	20182	223105	39784	33587	93053	56681
河　南　Henan	336616	155130	4663	326319	37109	112881	85033	91296
湖　北　Hubei	430366	239338	13598	406717	44448	121439	132901	107929
湖　南　Hunan	228187	104268	40918	194935	75452	54713	37107	27663
广　东　Guangdong	317833	13643	15965	328251	16837	19324	79603	212487
广　西　Guangxi	95961	46350	2658	93840	8703	18335	27072	39730
海　南　Hainan	16097	5884	2045	14409	5356	2525	2512	4016
重　庆　Chongqing	58435	27748	513	57762	970	17623	34160	5009
四　川　Sichuan	117687	58717	3380	114668	6539	43657	42346	22126
贵　州　Guizhou	58616	28214	1720	58634	1803	11466	17850	27515
云　南　Yunnan	50550	21802	2391	48453	7983	4108	23415	12947
陕　西　Shaanxi	148488	70702	12048	143459	11952	47504	17384	66619
甘　肃　Gansu	42049	21996	2101	40377	2346	14367	16104	7560
青　海　Qinghai	24879	7712	55	24770	854	8758	9029	6129
宁　夏　Ningxia	19527	9531	365	19304	493	4769	6885	7157
新　疆　Xinjiang	43256	20578	3134	41256	2581	9365	18976	10334

8—4 续表 3　continued

地　区	Region	按训练期限分组 Grouped by Duration 六个月以下 Less than Half a Year	六个月至一年 Half to One Year	一年以上 More than One Year	按获取证书分组 Grouped by Certification Level 初级职业资格 Primary Certificates	中级职业资格 Medium Certificates	高级职业资格 Senior Certificates	就业人数（人） Employment
全　国	**National**	**4180395**	**287853**	**164922**	**1628223**	**379279**	**66344**	**2809620**
北　京	Beijing	167306	8683	3201	57914	26586	7940	87042
天　津	Tianjin	55661	1789	2397	14830	2879	43	15912
河　北	Hebei	387249	19742	16477	349681	58426	15361	193003
山　西	Shanxi	38409	7542	427	1034	1151		26340
内蒙古	Inner Mongolia	154391	1549	3896	14982	3922	1618	118010
辽　宁	Liaoning	291587	4050	5194	35104	4026	333	196457
吉　林	Jilin	34443	1196	364	13051	2442	525	22027
黑龙江	Heilongjiang	153188	22071	22282	72450	19270	8795	100081
上　海	Shanghai							
江　苏	Jiangsu	374054	25487	7326	74479	23158	2157	311401
浙　江	Zhejiang	197728	2478	2419	53750	10749	2840	95946
安　徽	Anhui	123066	6085	1849	21349	3199	50	57939
福　建	Fujian	200142	7979	2229	56187	12548	3948	166918
江　西	Jiangxi	128315	8352	6308	125077	16958	940	100675
山　东	Shandong	179121	29701	14283	56814	16694	2223	157944
河　南	Henan	306145	14642	5532	104583	16881	3090	181535
湖　北	Hubei	345209	51549	9959	180886	52615	4921	262522
湖　南	Hunan	128123	29560	37252	68808	35546	704	144661
广　东	Guangdong	317581	7709	2961	142845	29151	1187	219736
广　西	Guangxi	90289	1427	2124	17595	1780	175	17595
海　南	Hainan	12085	685	1639	4041	126	116	4749
重　庆	Chongqing	57627		135	2371	1793	61	37204
四　川	Sichuan	107693	3501	3474	28126	11759	1887	82840
贵　州	Guizhou	55922	2031	681	20165	2694	917	40006
云　南	Yunnan	38002	7020	3431	11184	1701	467	35810
陕　西	Shaanxi	126721	10550	6188	42112	10426	3989	69827
甘　肃	Gansu	32564	6988	825	9940	2797	1861	26552
青　海	Qinghai	22495	2170	105	9716	4402		8735
宁　夏	Ningxia	18817	181	306	1787	1861	41	13724
新　疆	Xinjiang	36462	3136	1658	37362	3739	155	32024

8—5 分地区社会力量办职业培训机构综合情况
GENERAL CONDITIONS OF COMMUNE-RUN VOCATIONAL TRAINING AGENCIES BY REGION

(2001)

地区	Region	职业培训机构个数（个） Number of Vocational Training Agencies	劳动预备制度定点培训机构数 Number of Labor Preparatory System Training Agencies	在职教职工人数（人） Total Teachers and Staff (person)	教师 Teachers	兼职教师（人） Part-time Teachers (person)	经费来源总计（千元） Resouses of Funds (1000 yuan)
全国	**National**	**16629**	**2266**	**129792**	**84396**	**60528**	**5336763.9**
北京	Beijing	450	41	7276	4090	4081	933083.4
天津	Tianjin	287	3714	2544	2153	125716.5	
河北	Hebei	1024	37	6964	4978	1915	89517.7
山西	Shanxi	300	37	2023	1182	570	15395.0
内蒙古	Inner Mongolia	364	52	1414	1102	283	7437.8
辽宁	Liaoning	671	87	5667	2937	1855	47467.0
吉林	Jilin	616	175	2580	1744	779	27095.5
黑龙江	Heilongjiang	1133	115	4744	3068	1359	44654.0
上海	Shanghai	353	44	5530	3518	2792	93555.9
江苏	Jiangsu	660	82	8251	5340	3419	102700.1
浙江	Zhejiang	683	49	3907	2459	2248	46847.0
安徽	Anhui	432	44	3896	2760	1226	43339.4
福建	Fujian	266	112	2628	1765	1055	36948.9
江西	Jiangxi	732	266	5867	3996	2003	224353.0
山东	Shandong	949	128	8774	6652	13658	122442.0
河南	Henan	1062	20	6644	4450	2388	68543.7
湖北	Hubei	746	162	5218	3439	2117	72204.0
湖南	Hunan	533	197	4479	3194	871	46525.2
广东	Guangdong	2261	237	13481	8870	5601	100358.7
广西	Guangxi	281	89	2503	1559	1512	1075773.0
海南	Hainan	105	6	382	238	161	235.7
重庆	Chongqing	599	40	4005	2789	980	235334.0
四川	Sichuan	739	1	6480	3630	1876	136893.8
贵州	Guizhou	185	10	2472	1498	1184	18094.4
云南	Yunnan	287	97	2718	1921	1070	15473.9
陕西	Shaanxi	407	68	4160	2425	2011	1562150
甘肃	Gansu	217	30	1765	886	631	10586.0
青海	Qinghai	57	8	194	152	77	1820.3
宁夏	Ningxia	123	806	438	198	9102.2	
新疆	Xinjiang	107	32	1250	772	455	23115.8

8－5续表1 continued

地 区 Region	有偿培训收入 Trainning Income	经费支出总计（千元）Expen-diture (1000 yuan)	教学经费 For Teaching	人员经费 For Personnel	培训人数（人）Trainees (person)	女 性 Female	上年末结转人数 Left from Last Year-end
全 国 National	**2881131.9**	**3152071.3**	**1451858.5**	**1213902.4**	**3907525**	**1552115**	**285660**
北 京 Beijing	417261.3	490437.8	338031.2	34890.0	339995	118379	12600
天 津 Tianjin	120405.8	133754.7	112051.7	21703.0	109975	46750	4361
河 北 Hebei	83651.3	73544.5	41008.5	27209.2	144982	56249	9681
山 西 Shanxi	11128.0	12789.0	5371.0	5586.0	45645	19397	2649
内蒙古 Inner Mongolia	6380.5	5671.1	3520.9	1909.3	46375	22581	909
辽 宁 Liaoning	21721.0	39424.0	17505.0	17419.0	92108	45181	10590
吉 林 Jilin	22964.5	20728.0	8190.0	11262.0	61872	32861	3775
黑龙江 Heilongjiang	33274.0	32753.0	17205.0	13437.0	80272	43565	9193
上 海 Shanghai	65090.0	82281.9	39967.8	3687.5	207943	76528	14562
江 苏 Jiangsu	74873.5	96859.3	44408.1	42634.6	375304	101863	10275
浙 江 Zhejiang	33430.0	39899.0	20240.0	16528.0	184686	76376	4695
安 徽 Anhui	32534.9	36563.5	15576.4	16703.1	113642	45120	18500
福 建 Fujian	25300.2	33617.3	13417.3	15251.7	79720	36838	5976
江 西 Jiangxi	8692.0	13096.0	6426.0	5675.0	173855	62787	35704
山 东 Shandong	9932.5	111227.0	61650.0	48459.0	219017	84536	16110
河 南 Henan	51513.0	54093.2	28213.4	22310.2	182520	81791	12685
湖 北 Hubei	57003.0	85814.6	33082.0	52732.6	143752	67647	11315
湖 南 Hunan	33457.6	40394.6	22090.4	17526.3	92500	37269	6098
广 东 Guangdong	91547.0	95214.6	56306.7	31790.0	530851	180967	23466
广 西 Guangxi	1025631.0	1025422.0	260315.0	515747.0	65965	26422	9263
海 南 Hainan	235.6	177.5	106.0	71.5	44242	19601	13104
重 庆 Chongqing	178252.0	262948.0	119993.0	142820.0	101038	35877	9278
四 川 Sichuan	50483.4	86738.4	43822.0	38407.5	148790	60972	12818
贵 州 Guizhou	11412.1	16571.3	9190.8	7169.6	67442	34879	3926
云 南 Yunnan	11453.9	15219.6	5035.6	5482.9	55206	26040	14290
陕 西 Shaanxi	276337.0	206042.0	110599.0	75662.0	100870	62129	5611
甘 肃 Gansu	10586.0	10586.0	1706.0	8880.0	26466	17923	1621
青 海 Qinghai	842.0	1531.3	516.0	1015.3	13895	4516	
宁 夏 Ningxia	7185.6	7472.2	4560.2	2620.0	21747	13390	270
新 疆 Xinjiang	19160.7	21199.9	11753.5	9313.1	36850	13681	2335

8—5 续表 2 continued

地区 Region	结业人数（人）Number of Graduated Trainees (person)	按培训对象分组 Grouped by Personnel				按培训期限分组 Grouped by Duration	
		劳动预备制学员 Pupils of Labour Prepa-ratory System	下岗职工 Laid-off Workers	失业人员 Unem-ployment	其他人员 Others	六个月以下 Less than Half a Year	六个月至一年 Half to One Year
全 国 National	**3627830**	**387871**	**539011**	**692626**	**2008322**	**3172068**	**318572**
北 京 Beijing	307824	7692	30857	54954	214321	287805	12012
天 津 Tianjin	119537	7273	23334	22103	66827	93846	12361
河 北 Hebei	133713	4946	23436	17895	87436	118590	13104
山 西 Shanxi	34906	3096	6413	10528	14869	20296	10444
内蒙古 Inner Mongolia	46262	2568	5126	16425	22143	40404	5261
辽 宁 Liaoning	87040	7973	26127	18283	34657	77746	7584
吉 林 Jilin	59305	23656	11915	8761	14973	52764	4958
黑龙江 Heilongjiang	73929	14228	22667	10448	26586	69666	3095
上 海 Shanghai	191114	2125	44399	53909	90681	170656	17337
江 苏 Jiangsu	348589	19983	38623	95443	194540	326907	16608
浙 江 Zhejiang	166755	11678	9307	30640	115130	155423	6166
安 徽 Anhui	105751	12821	14498	8152	70280	84917	16491
福 建 Fujian	65523	10015	4297	10721	40490	59429	3794
江 西 Jiangxi	148942	40008	18984	48897	41053	92294	35982
山 东 Shandong	198582	21282	27468	30498	119334	179410	10726
河 南 Henan	158460	20024	23219	27080	88137	138529	17555
湖 北 Hubei	131495	27648	50808	16675	36364	114743	13287
湖 南 Hunan	86565	28638	9444	6160	42323	72466	10733
广 东 Guangdong	512742	24899	25769	80789	381285	444344	58227
广 西 Guangxi	57480	1044	7517	16055	32864	49400	4537
海 南 Hainan	42101	2679	895	1877	36650	38665	89
重 庆 Chongqing	97999	15120	45986	11123	25770	88287	6376
四 川 Sichuan	177621	33302	22066	26102	96151	156655	13519
贵 州 Guizhou	62924	4958	6098	19692	32176	55763	4184
云 南 Yunnan	41947	10345	3169	7867	20566	28631	8658
陕 西 Shaanxi	77253	20063	19017	13163	25010	67325	701
甘 肃 Gansu	24845	5402	5242	5821	8380	23894	683
青 海 Qinghai	13085	242	5171	6644	1028	13025	60
宁 夏 Ningxia	20819	625	3891	7058	9245	18749	2040
新 疆 Xinjiang	34722	3538	3268	8863	19053	31439	2000

8—5 续表 3 continued

地区 Region	一年以上 More than One Year	按获取证书分组 Grouped by Certification Level 初级职业资格 Primary Certificates	中级职业资格 Medium Certificates	高级职业资格 Senior Certificates	结业证书	就业人数（人） Employment (person)
全 国 National	**137190**	**865696**	**652852**	**99836**	**2009446**	**1822638**
北 京 Beijing	8007	61086	70896	11630	164212	110246
天 津 Tianjin	13330	45478	24234	5426	44399	25641
河 北 Hebei	2019	29450	27007	983	76273	81213
山 西 Shanxi	4166	2093	2997	1124	28692	15272
内蒙古 Inner Mongolia	597	4603	3516	422	37721	23854
辽 宁 Liaoning	1710	38887	13310	1050	33793	42750
吉 林 Jilin	1583	19302	19297	2391	18315	33185
黑龙江 Heilongjiang	1168	16023	15166	3725	39015	42073
上 海 Shanghai	3121	63521	31952	6016	89625	102864
江 苏 Jiangsu	5074	47716	51327	8748	240798	251285
浙 江 Zhejiang	5166	51110	22367	4945	88333	75313
安 徽 Anhui	4343	10423	24067	1250	70011	57067
福 建 Fujian	2300	8861	6711	800	49151	35921
江 西 Jiangxi	20666	27248	42763	4744	74187	84520
山 东 Shandong	8446	57695	33054	4836	102997	118626
河 南 Henan	2376	42325	17147	3443	95545	89320
湖 北 Hubei	3465	30028	26279	5668	69520	63987
湖 南 Hunan	3366	25018	17731	95	43721	47411
广 东 Guangdong	10171	165665	95278	16213	235586	204426
广 西 Guangxi	3543	8362	2637	1113	45368	29766
海 南 Hainan	3347	1877	337	136	39751	36742
重 庆 Chongqing	3336	14900	19632	4009	59458	58339
四 川 Sichuan	7447	18877	53321	8437	96986	27366
贵 州 Guizhou	2977	12649	5787	315	44173	35469
云 南 Yunnan	4658	11734	3061	184	26968	29862
陕 西 Shaanxi	9227	21701	11761	1332	42459	44943
甘 肃 Gansu	268	6883	2928	49	14985	7055
青 海 Qinghai		3084	724	101	9176	10137
宁 夏 Ningxia	30	2058	1114	28	17619	14856
新 疆 Xinjiang	1283	17039	6451	623	10609	23129

8—6 分地区职业技能鉴定综合情况
STATISTICS OF OCCUPATIONAL SKILL TESTING BY REGION

(2001)

单位:人 (person)

地区 Region	年末职业技能鉴定所(站)数(个) Number of Testing Agencies	年末考评人员人数 Number ofthe Assessors	本年鉴定考核人数 Number of the Candidates	初级 Primary	中级 Medium
全国 National	**6835**	**94613**	**4455502**	**1771891**	**2204326**
北京 Beijing	168	2210	231725	89020	111621
天津 Tianjin	55	1217	123868	83142	33219
河北 Hebei	511	3885	156473	50733	92866
山西 Shanxi	173	2082	50398	8804	34608
内蒙古 Inner Mongolia	77	2418	26812	3263	14714
辽宁 Liaoning	185	3269	187857	77920	83559
吉林 Jilin	78	6377	93132	43853	36479
黑龙江 Heilongjiang	81	1255	146395	36852	70605
上海 Shanghai	144	1511	242914	147695	83193
江苏 Jiangsu	392	4208	283446	114621	152386
浙江 Zhejiang	276	2538	291658	189857	88344
安徽 Anhui	316	4459	128751	27325	89890
福建 Fujian	289	3007	91652	44786	44394
江西 Jiangxi	392	2561	173611	39756	119961
山东 Shandong	305	4545	205053	60437	106588
河南 Henan	390	4358	162832	52627	88446
湖北 Hubei	440	9000	189504	35480	109357
湖南 Hunan	301	3788	188962	81956	84829
广东 Guangdong	395	8388	599984	317934	262743
广西 Guangxi	226	1073	104517	47305	49007
海南 Hainan	41	538	9055	5008	2670
重庆 Chongqing	136	1606	100445	31093	46061
四川 Sichuan	590	5032	257211	72271	156109
贵州 Guizhou	144	2921	16162	5286	7256
云南 Yunnan	160	3473	107725	30161	61483
西藏 Tibet	21	20	1314	532	512
陕西 Shaanxi	159	3000	128193	32032	77878
甘肃 Gansu	58	1032	23959	5265	16133
青海 Qinghai	48	668	12570	2183	6389
宁夏 Ningxia	48	517	6856	699	5320
新疆 Xinjiang	190	2551	96557	28764	60646
新疆生产建设兵团 Xinjiang Production and Construction Corps	46	1106	15911	5231	7060

8—6 续表 1　continued

单位:人　　　　(person)

地　区　Region	高　级 Senior	技　师 Technicians	高级技师 Senior Technicians	本年获取证书人数 Number of the Candidates Got the Certificates	初　级 Primary
全　国　National	**422108**	**53496**	**3681**	**3924445**	**1560935**
北　京　Beijing	29026	1766	292	210691	81332
天　津　Tianjin	7107	200	200	114585	78109
河　北　Hebei	10840	1827	207	143417	47199
山　西　Shanxi	6687	274	25	47040	8359
内蒙古　Inner Mongolia	6130	2385	320	25762	3190
辽　宁　Liaoning	24876	1264	238	160251	68073
吉　林　Jilin	12322	478		83070	38805
黑龙江　Heilongjiang	24079	14324	535	139694	35592
上　海　Shanghai	10755	1239	32	203837	123780
江　苏　Jiangsu	14451	1809	179	256583	103512
浙　江　Zhejiang	12250	1200	7	260641	173154
安　徽　Anhui	10234	1171	131	115029	24445
福　建　Fujian	2413	53	6	79483	38931
江　西　Jiangxi	10914	2863	117	140986	34895
山　东　Shandong	34895	3089	44	175635	51656
河　南　Henan	15676	5845	238	143065	46316
湖　北　Hubei	41128	2924	615	171897	29924
湖　南　Hunan	21278	899		170951	73227
广　东　Guangdong	17017	2181	109	497943	263893
广　西　Guangxi	7829	313	63	89627	41362
海　南　Hainan	1085	289	3	7354	4212
重　庆　Chongqing	22330	897	64	75100	23319
四　川　Sichuan	26293	2288	250	236747	65832
贵　州　Guizhou	3367	253		13434	4795
云　南　Yunnan	15457	624		103361	29348
西　藏　Tibet	270			1231	492
陕　西　Shaanxi	16377	1906		114520	28965
甘　肃　Gansu	2561			20679	4619
青　海　Qinghai	3996	2		11622	2068
宁　夏　Ningxia	739	98		6449	666
新　疆　Xinjiang	6359	782	6	90570	26125
新疆生产建设兵团 Xinjiang Production and Construction Corps	3367	253		13191	4740

8－6 续表 2　continued

单位：人　　(person)

地　区　Region	中　级 Medium	高　级 Senior	技　师 Technicians	高级技师 Senior Technicians
全　国　National	**1956116**	**361956**	**42607**	**2831**
北　京　Beijing	101876	26114	1177	192
天　津　Tianjin	29826	6319	167	164
河　北　Hebei	84983	9835	1281	119
山　西　Shanxi	32328	6095	237	21
内蒙古　Inner Mongolia	14365	5773	2127	307
辽　宁　Liaoning	70696	20226	1042	214
吉　林　Jilin	33035	10859	371	
黑龙江　Heilongjiang	67551	22624	13412	515
上　海　Shanghai	69939	9051	1035	32
江　苏　Jiangsu	138401	12750	1741	179
浙　江　Zhejiang	76525	10026	931	5
安　徽　Anhui	80680	9053	822	29
福　建　Fujian	38568	1932	46	6
江　西　Jiangxi	98408	7597		86
山　东　Shandong	91866	29714	2375	24
河　南　Henan	77871	13998	4699	181
湖　北　Hubei	102916	36207	2464	386
湖　南　Hunan	78549	18394	781	
广　东　Guangdong	220359	12305	1307	79
广　西　Guangxi	42050	5926	255	34
海　南　Hainan	2187	791	161	3
重　庆　Chongqing	34546	16562	628	45
四　川　Sichuan	144825	23994	1892	204
贵　州　Guizhou	6052	2336	251	
云　南　Yunnan	58631	14758	624	
西　藏　Tibet	480	259		
陕　西　Shaanxi	70142	13747	1666	
甘　肃　Gansu	13970	2090		
青　海　Qinghai	5971	3581	2	
宁　夏　Ningxia	5097	588	98	
新　疆　Xinjiang	57559	6116	764	6
新疆生产建设兵团 Xinjiang Production and Construction Corps	5864	2336	251	

九、劳动关系

Labour Relation

9—1 劳动争议处理情况
LABOUR DISPUTES ACCEPTED AND SETTLED

(2001)

单位:件 (piece)

	上期未结案件数 Number of Cases Left from Last Year-end	案件受理情况 Cases Accepted		
		案件数 Cases	集体劳动争议数 Number of Collective Labour Disputes	用人单位申诉案件数 Number of Cases Appealed by Units
总计 Total	**8739**	**154621**	**9847**	**7840**
1. 国有企业 State-owned Enterprises	2296	42873	3217	2315
2. 城镇集体企业 Urban Collective-owned Enterprises	1654	25550	1735	1457
3. 乡村集体企业 Rural Collective-owned Enterprises	205	2432	139	124
4. 外商及港、澳、台投资企业 Foreign-funded, Hongkong, Macao and Taiwan Chinese-funded Enterprises	1091	20174	1267	951
5. 私营企业 Private Enterprises	1230	23925	1274	1025
6. 股份合作、有限责任公司及联营企业 Joint and Share-holding Enterprises	1372	26060	1631	1550
7. 个体工商户 Individual Economy	223	6420	193	190
8. 机关社团事业单位 State Organs, Mass Organizations and Institutions	424	4182	201	175
9. 其他 Other	244	3005	190	53

	劳动者申诉案件数 Number of Cases Appealed by Laborers	劳动者当事人数(人) Number of Laborers Involved	集体劳动争议劳动者当事人人数(人) Number of Laborers Involved in Collective Labour Disputes
总计 Total	**146781**	**556230**	**286680**
1. 国有企业 State-owned Enterprises	40337	154641	110936
2. 城镇集体企业 Urban Collective-owned Enterprises	24093	82747	44702
3. 乡村集体企业 Rural Collective-owned Enterprises	2308	5229	3424
4. 外商及港、澳、台投资企业 Foreign-funded, Hongkong, Macao and Taiwan Chinese-funded Enterprises	19223	65014	52727
5. 私营企业 Private Enterprises	22900	63142	30896
6. 股份合作、有限责任公司及联营企业 Joint and Share-holding Enterprises	24521	70878	38450
7. 个体工商户 Individual Economy	6230	11662	2710
8. 机关社团事业单位 State Organs, Mass Organizations and Institutions	4007	7100	2223
9. 其他 Other	3162	95817	612

9－1 续表 1　continued

单位:件 (piece)

	争议原因 Cause of Disputes				
	执行劳动合同 Implement of the Labour Contract				变更劳动合同 Change the Labour Contract
	劳动报酬 Labour Remuneration	保险福利 Social Insurance and Welfare	劳动保护 Labour Protecting	职业培训 Vocational Training	
总　计　Total	**45172**	**31158**	**18171**	**1254**	**4254**
1. 国有企业 State-owned Enterprises	9638	9961	3471	330	1777
2. 城镇集体企业 Urban Collective-owned Enterprises	7009	5718	2903	89	1004
3. 乡村集体企业 Rural Collective-owned Enterprises	693	525	350	76	113
4. 外商及港、澳、台投资企业 Foreign-funded, Hongkong, Macao and Taiwan Chinese-funded Enterprises	6227	3298	2309	376	243
5. 私营企业 Private Enterprises	9104	4429	4315	119	167
6. 股份合作、有限责任公司及联营企业 Joint and Share-holding Enterprises	7845	4443	2971	220	593
7. 个体工商户 Individual Economy	2440	942	1288	19	146
8. 机关社团事业单位 State Organs, Mass Organizations and Institutions	922	990	314	21	108
9. 其他 Other	1294	852	250	4	103

				案件处理情况 Cases settled	
	解除劳动合同 Relieve the Labour Contract	终止劳动合同 End the Labour Contract	其　他 Others	结案数 Number of Cases Settled	处理方式 by Manners of Settlement 仲裁调解 by Mediation
总　计　Total	**29038**	**10298**	**15276**	**150279**	**42933**
1. 国有企业 State-owned Enterprises	9579	3383	3344	39033	11108
2. 城镇集体企业 Urban Collective-owned Enterprises	4715	1785	2327	24046	7103
3. 乡村集体企业 Rural Collective-owned Enterprises	293	286	96	2323	964
4. 外商及港、澳、台投资企业 Foreign-funded, Hongkong, Macao and Taiwan Chinese-funded Enterprises	4685	1161	1875	18088	4844
5. 私营企业 Private Enterprises	2390	851	2550	22475	6757
6. 股份合作、有限责任公司及联营企业 Joint and Share-holding Enterprises	4980	1636	3372	22100	6575
7. 个体工商户 Individual Economy	801	192	592	6013	2072
8. 机关社团事业单位 State Organs, Mass Organizations and Institutions	1006	384	437	3840	1086
9. 其他 Other	589	620	683	12361	2424

9—1 续表 2 continued

单位:件 (piece)

			处理结果 by Result of Settlement	
	仲裁裁决 by Arbitrition Lawsuit	其他方式 Others	用人单位胜诉 Lawsuit Won by Units	劳动者胜诉 Lawsuit Won by Laborers
总 计 Total	**72250**	**35096**	**31544**	**71739**
1. 国有企业 State-owned Enterprises	18923	9002	6890	18751
2. 城镇集体企业 Urban Collective-owned Enterprises	11824	5119	3809	11269
3. 乡村集体企业 Rural Collective-owned Enterprises	1086	273	345	1464
4. 外商及港、澳、台投资企业 Foreign-funded, Hongkong, Macao and Taiwan Chinese-funded Enterprises	8952	4292	3180	8702
5. 私营企业 Private Enterprises	9557	6161	2340	11837
6. 股份合作、有限责任公司及联营企业 Joint and Share-holding Enterprises	10981	4544	4880	9850
7. 个体工商户 Individual Economy	2360	1581	857	3106
8. 机关社团事业单位 State Organs, Mass Organizations and Institutions	1677	1077	594	1760
9. 其他 Other	6890	3047	8649	5000

				用人单位调解 Mediated by Units	
	双方部分胜诉 Lawsuit Partly Won by Both Parties	本期未结案数 Number of Cases Dissettled	其他方式调解案件数 Number of the Arbitrated Cases through Other Forms	受理劳动争议案件数 Number of Labour Disputes Cases Accepted	调解成功案件数 Number of Cases Successfully Mediated
总 计 Total	**46996**	**13081**	**63969**	**6374**	**5825**
1. 国有企业 State-owned Enterprises	11013	2136	14108	2725	2611
2. 城镇集体企业 Urban Collective-owned Enterprises	8968	1158	9796	595	535
3. 乡村集体企业 Rural Collective-owned Enterprises	514	314	531	255	209
4. 外商及港、澳、台投资企业 Foreign-funded, Hongkong, Macao and Taiwan Chinese-funded Enterprises	6206	3177	12339	104	93
5. 私营企业 Private Enterprises	8298	2680	10461	1589	1435
6. 股份合作、有限责任公司及联营企业 Joint and Share-holding Enterprises	7370	1006	10072	991	853
7. 个体工商户 Individual Economy	2050	630	4883	63	46
8. 机关社团事业单位 State Organs, Mass Organizations and Institutions	1486	766	1198	29	24
9. 其他 Other	1091	1214	581	23	19

9-2 分地区劳动争议处理情况
LABOUR DISPUTES ACCEPTED AND SETTLED BY REGION

(2001)

单位:件 (piece)

地区 Region	上期未结案件数 Number of Cases Left from Last Year-end	案件受理情况 Cases Accepted					
		案件数 Cases	集体劳动争议数 Number of Collective Labour Disputes	用人单位申诉案件数 Number of Cases Appealed by Units	劳动者申诉案件数 Number of Cases Appealed by Laborers	劳动者当事人数(人) Number of Laborers Involved	集体劳动争议劳动者当事人人数(人) Number of Laborers Involved in Collective Labour Disputes
全国 National	**8739**	**154621**	**9847**	**7840**	**146781**	**556230**	**286680**
北京 Beijing	-	10647	449	153	10494	16887	6691
天津 Tianjin	292	2444	62	87	2357	4016	1525
河北 Hebei	53	4960	341	1005	3955	18468	12486
山西 Shanxi	72	2055	182	79	1976	492	3149
内蒙古 Inner Mongolia	29	1359	162	255	1104	6044	4822
辽宁 Liaoning	221	5117	299	65	5052	15023	9587
吉林 Jilin	272	1747	253	120	1627	9620	7927
黑龙江 Heilongjiang	42	2907	14	245	2662	4151	348
上海 Shanghai	1574	13551	612	242	13309	21506	8567
江苏 Jiangsu	2566	29682	974	2296	27386	64418	23569
浙江 Zhejiang	347	8902	433	496	8406	18575	9460
安徽 Anhui	105	1762	173	133	1629	6811	5029
福建 Fujian	47	4265	368	117	4088	23255	16731
江西 Jiangxi	112	1122	102	32	1090	11993	10690
山东 Shandong	877	11739	556	863	10876	37448	25148
河南 Henan	283	4547	287	73	4474	15138	10173
湖北 Hubei	176	4477	607	443	4034	18857	9894
湖南 Hunan	142	2048	92	178	1870	4315	2235
广东 Guangdong	715	20348	2397	197	20151	112811	82451
广西 Guangxi	66	2006	159	18	1988	9586	7121
海南 Hainan	88	940	44		940	1624	1020
重庆 Chongqing	117	4443	162	172	4271	7471	1876
四川 Sichuan	320	4769	256	394	4375	12562	4893
贵州 Guizhou							
云南 Yunnan	31	1042	82	12	1030	1450	490
西藏 Tibet	17	204	50	1	203	1355	1182
陕西 Shaanxi	47	2114	118	123	1991	6304	6519
甘肃 Gansu	51	936	59	38	898	3215	2261
青海 Qinghai		238	16	2	236	986	173
宁夏 Ningxia	127	2368	149	81	2287	6910	4592
新疆 Xinjiang	35	2639	175	16	2623	4626	898
新疆生产建设兵团 Xinjang Production and Construction Corps	40	893	55	27	886	3962	3069

9－2 续表 1　continued

单位：件 (piece)

地　区 Region	争议原因 Cause of the Disputes						
	执行劳动合同 Implement of the Labour Contract				变更劳动合同 Change the Labour Contract	解除劳动合同 Relieve the Labour Contract	终止劳动合同 End the Labour Contract
	劳动报酬 Labour Remu-neration	保险福利 Social Insurance and Welfare	劳动保护 Labour Protecting	职业培训 Vocational Training			
全　国 National	**45172**	**31158**	**18171**	**1254**	**4254**	**29038**	**10298**
北　京 Beijing	4173	2783	6		83	304	621
天　津 Tianjin	553	564	428	3	37	560	95
河　北 Hebei	1054	797	1215	8	475	750	398
山　西 Shanxi	405	103	10	34	326	471	553
内蒙古 Inner Mongolia	268	613	53	3	16	154	78
辽　宁 Liaoning	764	960	821	8	140	787	683
吉　林 Jilin	266	591	243	5	176	338	86
黑龙江 Heilongjiang	616	493	1004	2	12	288	306
上　海 Shanghai	4191	4853	202	472	35	1888	445
江　苏 Jiangsu	8103	3977	3829	65	840	6912	2047
浙　江 Zhejiang	2633	3065	1067	33	64	1069	312
安　徽 Anhui	381	375	238		45	512	43
福　建 Fujian	1445	476	852	19	45	1024	120
江　西 Jiangxi	354	304	89	6	31	190	42
山　东 Shandong	3316	2781	1866	32	165	1713	868
河　南 Henan	1132	1568	612	23	121	545	279
湖　北 Hubei	843	1005	466	16	118	1302	406
湖　南 Hunan	321	674	102	20	66	563	134
广　东 Guangdong	8102	1058	3459	48	276	4715	1581
广　西 Guangxi	405	694	199		11	337	202
海　南 Hainan	52	20			4	740	124
重　庆 Chongqing	1670	309	129	186	251	1284	164
四　川 Sichuan	1120	1454	290	133	375	1035	295
贵　州 Guizhou							
云　南 Yunnan	230	359	12	1	30	240	91
西　藏 Tibet	159	7	29			5	2
陕　西 Shaanxi	704	308	44	97	416	461	84
甘　肃 Gansu	301	114	242	4	4	185	15
青　海 Qinghai	73	25	45			24	22
宁　夏 Ningxia	365	381	460	24	99	620	159
新　疆 Xinjiang	1154	708	185	25	29	390	89
新疆生产建设兵团 Xinjiang Production and Construction Corps	246	363	10	3	40	96	65

9－2 续表 2　continued

单位：件 (piece)

地　区　Region	其　他 Others	案件处理情况 Cases Settled					
		结案数 Number of Cases Settled	处理方式 by Manners of Settlement			处理结果 by Result of Settlement	
			仲裁调解 by Mediation	仲裁裁决 by Arbitrition Lawsuit	其他方式 Others	用人单位胜诉 Lawsuit Won by Units	劳动者胜诉 Lawsuit Won by Laborers
全　国　National	**15276**	**150279**	**42933**	**72250**	**35096**	**31544**	**71739**
北　京　Beijing	1941	10221	1840	5519	2862	2044	4406
天　津　Tianjin	204	2152	551	1240	361	277	1093
河　北　Hebei	263	4870	1490	2338	1042	812	1851
山　西　Shanxi	145	1926	653	1040	233	114	1104
内蒙古　Inner Mongolia	174	1340	324	579	437	206	693
辽　宁　Liaoning	972	4994	2077	2477	440	385	2479
吉　林　Jilin	42	1661	437	969	255	127	1377
黑龙江　Heilongjiang	160	2816	1029	1320	475	150	1589
上　海　Shanghai	1465	13438	3289	5001	5148	2415	6743
江　苏　Jiangsu	3809	29120	6404	15725	6991	5216	10781
浙　江　Zhejiang	659	8723	3620	2962	2141	834	4081
安　徽　Anhui	168	1752	701	698	353	363	1095
福　建　Fujian	292	4050	1816	1468	766	344	1870
江　西　Jiangxi	106	1110	473	446	191	116	718
山　东　Shandong	998	11390	3506	4665	3219	1349	5600
河　南　Henan	267	4349	1045	2731	573	561	2355
湖　北　Hubei	326	4074	817	2559	698	510	1993
湖　南　Hunan	168	2069	709	1096	264	464	891
广　东　Guangdong	1109	19731	4307	9713	5711	2424	9939
广　西　Guangxi	158	1992	326	1211	455	511	937
海　南　Hainan		900	188	196	516	84	332
重　庆　Chongqing	450	4347	1761	1284	1302	622	2548
四　川　Sichuan	67	4885	2936	1826	122	1951	2583
贵　州　Guizhou							
云　南　Yunnan	89	1025	277	359	389	135	284
西　藏　Tibet	2	184	93	86	5	1	162
陕　西　Shaanxi		1977	290	1687		160	1774
甘　肃　Gansu	71	925	283	477	165	64	570
青　海　Qinghai	49	214	71	108	35	23	167
宁　夏　Ningxia	260	2356	1082	985	289	463	1194
新　疆　Xinjiang	59	2549	864	1685	96	909	802
新疆生产建设兵团 Xinjang Production and Construction Corps	70	880	214	601	65	124	344

9－2续表3 continued

单位:件 (piece)

地 区 Region	双方部分胜诉 Lawsuit Partly Won by Both Parties	本期未结案数 Number of Cases Dissettled	其他方式调解案件数 Number of the Arbitrated Cases Through Other Forms	用人单位调解 Mediated by Units	
				受理劳动争议案件数 Number of Labour Disputes Cases Accepted	调解成功案件数 Number of Cases Successfully Mediated
全 国 National	**46996**	**13081**	**63969**	**6374**	**5825**
北 京 Beijing	3771	426			
天 津 Tianjin	782	584			
河 北 Hebei	2207	143			
山 西 Shanxi	708	201			
内蒙古 Inner Mongolia	441	48	79		
辽 宁 Liaoning	438	344	2424		
吉 林 Jilin	157	86	6		
黑龙江 Heilongjiang	464	377	450		
上 海 Shanghai	4280	1687			
江 苏 Jiangsu	13123	3128			
浙 江 Zhejiang	3808	526	5589	1681	1425
安 徽 Anhui	294	115	188		
福 建 Fujian	1836	262	5765		
江 西 Jiangxi	276	124	798	3315	3239
山 东 Shandong	4441	1226	2833		
河 南 Henan	1433	481	1271		
湖 北 Hubei	1571	579	598		
湖 南 Hunan	714	121	913		
广 东 Guangdong	7368	1332	25442		
广 西 Guangxi	544	80	3946		
海 南 Hainan	484	128	20		
重 庆 Chongqing	1177	213	8754		
四 川 Sichuan	351	204	1124	1349	1153
贵 州 Guizhou					
云 南 Yunnan	606	48	331	29	8
西 藏 Tibet	21	37			
陕 西 Shaanxi	43	184			
甘 肃 Gansu	291	62	324		
青 海 Qinghai	24	24	46		
宁 夏 Ningxia	699	139	1573		
新 疆 Xinjiang	742	125	642		
新疆生产建设兵团 Xinjang Production and Construction Corps	412	53	650		

十、社会保障

Social Security

10－1 历年全国离休、退休、退职人员年末人数
HISTORIC FIGURES OF NUMBER OF RETIREES AT THE YEAR-END

年 份 Rear	合 计 Total	离休人员 Termination	退休人员 Retirees	领取定期生活费的退职人员 Resignation	离退休、退职人数与职工人数的比例(以离退休、退职人数为1) Proportion to Staff and Workers (Number of terminated retired and resigned＝1)
一、绝对数(千人) Absolute figure (1000 persons)					
1983	12920				1:8.9
1984	14780				1:8.0
1985	16370	1120	14760	490	1:7.5
1986	18050	1380	15840	830	1:7.1
1987	19680	1520	17280	880	1:6.7
1988	21200	1660	18630	910	1:6.4
1989	22010	1730	19410	870	1:6.2
1990	23010	1820	20370	820	1:6.1
1991	24330	1930	21570	830	1:6.0
1992	25980	2000	23120	860	1:5.7
1993	27800	2060	24890	850	1:5.4
1994	29290	2010	26320	960	1:5.1
1995	30941	1995	28029	917	1:4.8
1996	32116	1921	29357	838	1:4.6
1997	33507	1853	30759	895	1:4.4
1998	35936	1814	33269	853	1:4.0
1999	37269	1759	34687	823	1:3.7
2000	38758	1697	36210	851	1:3.5
2001	40177	1587	37778	812	1:3.2
二、比上年增长(%) Increase over Preceding year (%)					
1984	14.4				
1985	10.8				
1986	10.3	23.2	7.3	69.4	
1987	9.0	10.1	9.1	6.0	
1988	7.7	9.2	7.8	3.4	
1989	3.8	4.2	4.2	－4.4	
1990	4.5	5.2	4.9	－5.7	
1991	5.7	6.0	5.9	1.2	
1992	6.8	3.6	7.2	3.6	
1993	7.0	3.0	7.7	－1.2	
1994	5.4	－2.4	5.7	12.9	
1995	5.6	－0.7	6.5	－4.5	
1996	3.8	－3.7	4.7	－8.6	
1997	4.3	－3.5	4.8	6.8	
1998	7.2	－2.1	8.2	－4.7	
1999	3.7	－3	4.3	－3.5	
2000	4.0	－3.5	4.4	3.4	
2001	3.7	－6.5	4.3	－4.4	

注:本表包括民政部门和总后勤部事业单位支付离休、退休、退职费的人数。

a) Includes retired and resigned staff and workers under civil administrtion organs and General Logistics Department

10—2 历年企业单位离休、退休、退职人员年末人数
HISTORIC FIGURES OF RETIREES OF ENTERPRISES AT THE YEAR-END

年　份 Year	合　计 Total	离休人员 Termination	退休人员 Retirees	领取定期生活费的退职人员 Resignation
一、绝对数(千人) Absolute figure (1000 persons)				
1994	22394	1006	20667	721
1995	23661	1007	21952	702
1996	24739	971	23121	647
1997	25893	943	24247	703
1998	27678	923	26084	671
1999	28676	887	27128	661
2000	29779	866	28216	697
2001	30724	797	29255	672
二、比上年增长(%) Increase over Preceding year (%)				
1995	5.7	0.1	6.2	−2.6
1996	4.6	−3.6	5.3	−7.8
1997	4.7	−2.9	4.9	8.7
1998	6.9	−2.1	7.6	−4.6
1999	3.6	−3.9	4.0	−1.5
2000	3.8	−2.4	4.0	5.4
2001	3.2	−8.0	3.7	−3.6
三、构成(以合计为100) Composition (Total=100)				
1994	100.0	4.5	92.3	3.2
1995	100.0	4.3	92.7	3.0
1996	100.0	3.9	93.5	2.6
1997	100.0	3.6	93.7	2.7
1998	100.0	3.3	94.3	2.4
1999	100.0	3.1	94.6	2.3
2000	100.0	2.9	94.8	2.3
2001	100.0	2.6	95.2	2.2

注:本表不包括民政部门支付离休、退休、退职费的人数。

a) Excluded retired and resigned staff and workers paid by the civil administration depts.

10－3 分地区离休、退休、退职人员年末人数(一)

NUMBER OF RETIREES AT THE YEAR-END BY REGION(1)

(2001)

单位:人 (person)

地 区 Region	合 计 Total	离休人员 Termination	退休人员 Retirees	领取定期生活费的退职人员 Resignation
全 国 National	**40177475**	**1587133**	**37778651**	**811691**
#民政部门 Civil Administration Department	244896	34714	210182	
总后事业单位 General Logistics Department	33779	1407	32048	324
北 京 Beijing	1815017	97142	1658410	59465
天 津 Tianjin	992153	23361	954767	14025
河 北 Hebei	1605063	98570	1481656	24837
山 西 Shanxi	1048872	73489	960075	15308
内蒙古 Inner Mongolia	759341	32054	718033	9254
辽 宁 Liaoning	3125469	133600	2918103	73766
吉 林 Jilin	1190895	61907	1108065	20923
黑龙江 Heilongjiang	1989666	87594	1864583	37489
上 海 Shanghai	2403582	37406	2335635	30541
江 苏 Jiangsu	2586118	87808	2413943	84367
浙 江 Zhejiang	1436978	37657	1360291	39030
安 徽 Anhui	1241492	63293	1152310	25889
福 建 Fujian	728745	22295	692572	13878
江 西 Jiangxi	919098	25062	881821	12215
山 东 Shandong	1898776	146258	1697737	54781
河 南 Henan	1828724	106407	1698506	23811
湖 北 Hubei	1837958	56904	1747505	33549
湖 南 Hunan	1662088	39912	1593407	28769
广 东 Guangdong	2030991	65679	1944369	20943
广 西 Guangxi	813703	19776	781604	12323
海 南 Hainan	312803	6814	286787	19202
重 庆 Chongqing	1089047	15365	1054460	19222
四 川 Sichuan	2136483	39276	2060834	36373
贵 州 Guizhou	654649	20677	628149	5823
云 南 Yunnan	949222	35954	901806	11462
西 藏 Tibet	44549	584	43738	227
陕 西 Shaanxi	1018130	49338	944657	24135
甘 肃 Gansu	622498	26829	582202	13467
青 海 Qinghai	217559	8267	202847	6445
宁 夏 Ningxia	189086	11166	171680	6240
新 疆 Xinjiang	546770	20964	513484	12322
新疆生产建设兵团 Xinjiang Production and Construction Crops	448171	34318	392567	21286

注:本表包括民政部门和总后勤部支付离休、退休、退职费的人数。

a) Includes retired and resigned staff and workers under civil administration and General Logistics Department.

10－4 分地区离休、退休退职人员年末人数(二)

NUMBER OF RETIREES AT THE YEAR－END BY REGION(2)

(2001)

单位:人 (person)

地　区 Region	合计 Total	女性 Female	离休人员 Termination	退休人员 Retirees	领取定期生活费的退职人员 Resignation
全　国 National	**39898800**	**16367312**	**1551012**	**37536421**	**811367**
北　京 Beijing	1778553	888185	94039	1625049	59465
天　津 Tianjin	986143	517325	22463	949655	14025
河　北 Hebei	1591417	563506	95893	1470687	24837
山　西 Shanxi	1044701	343264	72887	956506	15308
内蒙古 Inner Mongolia	755696	223314	31370	715072	9254
辽　宁 Liaoning	3104856	1418270	129356	2901734	73766
吉　林 Jilin	1186180	453261	61097	1104160	20923
黑龙江 Heilongjiang	1986700	612704	86861	1862350	37489
上　海 Shanghai	2398728	1326497	36510	2331677	30541
江　苏 Jiangsu	2569515	1184611	85755	2399393	84367
浙　江 Zhejiang	1429050	640108	36579	1353441	39030
安　徽 Anhui	1236466	451994	62402	1148175	25889
福　建 Fujian	718816	272811	21549	683389	13878
江　西 Jiangxi	913064	353086	24605	876244	12215
山　东 Shandong	1880547	675548	141761	1684005	54781
河　南 Henan	1820841	672843	104937	1692093	23811
湖　北 Hubei	1826718	829425	55334	1737835	33549
湖　南 Hunan	1652582	637274	39137	1584676	28769
广　东 Guangdong	2020581	903575	64676	1934962	20943
广　西 Guangxi	810777	307258	19480	778974	12323
海　南 Hainan	311593	142579	6674	285717	19202
重　庆 Chongqing	1084989	414264	15050	1050717	19222
四　川 Sichuan	2124990	790302	38073	2050544	36373
贵　州 Guizhou	652492	239697	20405	626264	5823
云　南 Yunnan	941241	369218	34919	894860	11462
西　藏 Tibet	43663	16686	584	42852	227
陕　西 Shaanxi	1011267	391154	48060	939072	24135
甘　肃 Gansu	619943	201543	26365	580111	13467
青　海 Qinghai	216581	64767	8200	201936	6445
宁　夏 Ningxia	188696	65277	11066	171390	6240
新　疆 Xinjiang	543321	193616	20609	510390	12322
新疆生产建设兵团 Xinjiang Production and Construction Crops	448093	203350	34316	392491	21286

注:本表不包括民政部门支付离休、退休、退职费的人数。

a) Excluded retired and resigned staff and workers paid by the civil adminstration depts.

10－5 分地区企业单位离休、退休、退职人员年末人数

RETIREES OF ENTERPRSES AT THE YEAR-END BY REGION

(2001)

单位：人 (person)

地区	Region	合计 Total	女性 Female	离休人员 Termination	退休人员 Retirees	领取定期生活费的退职人员 Resignation
		总计 Total				
全国	**National**	**30723873**	**13213024**	**797141**	**29254990**	**671742**
北京	Beijing	1439937	730263	47762	1335987	56188
天津	Tianjin	842186	449568	13391	816493	12302
河北	Hebei	1186561	438271	42385	1123680	20496
山西	Shanxi	811333	270015	37310	761869	12154
内蒙古	Inner Mongolia	526522	165807	13707	505060	7755
辽宁	Liaoning	2646958	1257587	76990	2501826	68142
吉林	Jilin	931309	363055	33125	881081	17103
黑龙江	Heilongjiang	1703227	528267	56195	1614311	32721
上海	Shanghai	2078532	1149429	20804	2029130	28598
江苏	Jiangsu	2011959	994283	39818	1900120	72021
浙江	Zhejiang	1117959	516408	16202	1070155	31602
安徽	Anhui	899863	352224	28146	849268	22449
福建	Fujian	498236	202625	9071	479677	9488
江西	Jiangxi	651374	262365	11511	629192	10671
山东	Shandong	1395173	547001	65768	1293579	35826
河南	Henan	1326949	513975	47515	1259231	20203
湖北	Hubei	1424068	676961	30815	1366989	26264
湖南	Hunan	1192695	484166	19799	1149652	23244
广东	Guangdong	1486540	705223	32546	1438886	15108
广西	Guangxi	539339	220374	8802	521115	9422
海南	Hainan	254579	123976	3734	232324	18521
重庆	Chongqing	859925	336178	7864	835016	17045
四川	Sichuan	1561849	585260	20238	1513081	28530
贵州	Guizhou	428474	166304	8747	415640	4087
云南	Yunnan	638913	275297	14454	615832	8627
西藏	Tibet	19936	7880	277	19523	136
陕西	Shaanxi	754191	316273	24957	712675	16559
甘肃	Gansu	458271	159309	14712	434758	8801
青海	Qinghai	138236	47058	3060	131522	3654
宁夏	Ningxia	131560	48326	5125	122848	3587
新疆	Xinjiang	341485	126391	10358	321776	9351
新疆生产建设兵团	Xinjiang Production and Construction Crops	425734	192905	31953	372694	21087

注：本表不包括民政部门支付离休、退休、退职费的人数。

a) Excluded retired and resigned staff and workers paid by the civil adminstration depts.

10－5 续表 1 continued

单位：人 (person)

地 区 Region	# 地方 Local 合计 Total	女性 Female	离休人员 Termination	退休人员 Retirees	领取定期生活费的退职人员 Resignation
全 国 National	**24389352**	**10804438**	**562831**	**23262210**	**564311**
北 京 Beijing	1191683	650911	27484	1112253	51946
天 津 Tianjin	733702	247088	9910	712158	11634
河 北 Hebei	937524	366931	32364	887581	17579
山 西 Shanxi	547222	187925	23665	515859	7698
内蒙古 Inner Mongolia	417284	134197	10831	400504	5949
辽 宁 Liaoning	2037620	1033894	52021	1929336	56263
吉 林 Jilin	673054	292828	23793	634251	15010
黑龙江 Heilongjiang	1110771	346504	39454	1043999	27318
上 海 Shanghai	1880026	1039654	15201	1837505	27320
江 苏 Jiangsu	1853743	928052	33812	1751154	68777
浙 江 Zhejiang	1005044	475477	12917	963425	28702
安 徽 Anhui	763481	308717	23167	720280	20034
福 建 Fujian	422638	167842	7780	406151	8707
江 西 Jiangxi	579657	219155	9227	560487	9943
山 东 Shandong	1204280	496248	54291	1117629	32360
河 南 Henan	1123103	462009	38832	1069046	15225
湖 北 Hubei	1199113	586394	23786	1151240	24087
湖 南 Hunan	890667	388482	14236	857396	19035
广 东 Guangdong	1252734	599007	26735	1214781	11218
广 西 Guangxi	451941	194929	6930	437209	7802
海 南 Hainan	246240	121028	3447	224458	18335
重 庆 Chongqing	626808	242048	4665	609561	12582
四 川 Sichuan	1136492	453260	12450	1101893	22149
贵 州 Guizhou	320885	133909	6251	311164	3470
云 南 Yunnan	535041	236304	11250	516110	7681
西 藏 Tibet	18615	7450	275	18204	136
陕 西 Shaanxi	422845	184586	14101	395130	13614
甘 肃 Gansu	329062	119303	9948	311895	7219
青 海 Qinghai	103461	39442	2262	99295	1904
宁 夏 Ningxia	117020	43839	4664	108966	3390
新 疆 Xinjiang	257596	97025	7082	243290	7224
新疆生产建设兵团 Xinjiang Production and Construction Crops					

10—5 续表 2 continued

单位:人 (person)

地 区 Region	1. 内资企业 Domestic Enterprises 合计 Total	女性 Female	离休人员 Termination	退休人员 Retirees	领取定期生活费的退职人员 Resignation
全 国 National	**30468792**	**13080534**	**793935**	**29008279**	**666578**
北 京 Beijing	1422695	721909	47518	1319547	55630
天 津 Tianjin	804080	428378	13029	779050	12001
河 北 Hebei	1180115	435551	42070	1117782	20263
山 西 Shanxi	810284	269757	37287	760847	12150
内 蒙 古 Inner Mongolia	525840	165670	13701	504386	7753
辽 宁 Liaoning	2628928	1250734	76721	2484289	67918
吉 林 Jilin	927617	361359	32979	877581	17057
黑 龙 江 Heilongjiang	1701847	528061	56168	1612958	32721
上 海 Shanghai	2041815	1129124	20613	1993147	28055
江 苏 Jiangsu	1977571	973780	39631	1867003	70937
浙 江 Zhejiang	1093115	502490	16015	1046080	31020
安 徽 Anhui	895624	350358	28065	845168	22391
福 建 Fujian	488863	197888	9019	470658	9186
江 西 Jiangxi	650625	261935	11509	628566	10550
山 东 Shandong	1380658	539325	65297	1279793	35568
河 南 Henan	1323097	512174	47415	1255543	20139
湖 北 Hubei	1418706	674431	30756	1361739	26211
湖 南 Hunan	1191302	483513	19787	1148338	23177
广 东 Guangdong	1462566	692155	32273	1415543	14750
广 西 Guangxi	537500	219715	8778	519390	9332
海 南 Hainan	254553	123972	3734	232298	18521
重 庆 Chongqing	858120	335756	7855	833256	17009
四 川 Sichuan	1559899	584404	20179	1511328	28392
贵 州 Guizhou	428114	166147	8733	415303	4078
云 南 Yunnan	638197	274822	14441	615129	8627
西 藏 Tibet	19936	7880	277	19523	136
陕 西 Shaanxi	753779	316061	24949	712289	16541
甘 肃 Gansu	458054	159228	14706	434547	8801
青 海 Qinghai	138236	47058	3060	131522	3654
宁 夏 Ningxia	130144	47743	5059	121513	3572
新 疆 Xinjiang	341178	126251	10358	321469	9351
新疆生产建设兵团 Xinjiang Production and Construction Crops	425734	192905	31953	372694	21087

10—5 续表 3 continued

单位:人 (person)

地 区 Region	① 国有企业 State-owned Enterprises 合计 Total	女性 Female	离休人员 Termination	退休人员 Retirees	领取定期生活费的退职人员 Resignation
全 国 National	**21613119**	**8584338**	**660450**	**20551892**	**400777**
北 京 Beijing	1106741	513881	42215	1043924	20602
天 津 Tianjin	576163	281572	11685	557303	7175
河 北 Hebei	882009	298941	32809	836521	12679
山 西 Shanxi	671213	210830	32888	631658	6667
内 蒙 古 Inner Mongolia	356898	99663	10738	339697	6463
辽 宁 Liaoning	1770695	733148	62512	1670660	37523
吉 林 Jilin	737070	250180	29710	695129	12231
黑 龙 江 Heilongjiang	1451254	438772	48273	1376086	26895
上 海 Shanghai	1378132	762107	17400	1350746	9986
江 苏 Jiangsu	1088847	497288	29331	1027728	31788
浙 江 Zhejiang	509542	203325	11453	483570	14519
安 徽 Anhui	567919	205397	22382	537892	7645
福 建 Fujian	323728	123766	7506	309904	6318
江 西 Jiangxi	482247	182065	10201	464652	7394
山 东 Shandong	812848	273836	46050	748507	18291
河 南 Henan	939694	329779	38091	887559	14044
湖 北 Hubei	983340	455385	26042	941289	16009
湖 南 Hunan	931000	377288	17521	897081	16398
广 东 Guangdong	901217	403778	25939	865398	9880
广 西 Guangxi	388025	149924	7174	373919	6932
海 南 Hainan	233580	114178	3290	212338	17952
重 庆 Chongqing	599098	209684	6399	582512	10187
四 川 Sichuan	1048519	359391	16210	1013100	19209
贵 州 Guizhou	373346	140536	8149	361645	3552
云 南 Yunnan	510746	208023	12366	491689	6691
西 藏 Tibet	19644	7759	276	19234	134
陕 西 Shaanxi	605117	237821	21555	572269	11293
甘 肃 Gansu	395908	134294	13053	376418	6437
青 海 Qinghai	120177	36012	2918	113781	3478
宁 夏 Ningxia	111827	38951	4745	103871	3211
新 疆 Xinjiang	311652	114345	9617	293919	8116
新疆生产建设兵团 Xinjiang Production and Construction Crops	424923	192419	31952	371893	21078

10—5 续表 4 continued

单位:人 (person)

地 区 Region	② 集体企业 Urban Collective-Owned Enterprises 合计 Total	女性 Female	离休人员 Termination	退休人员 Retirees	领取定期生活费的退职人员 Resignation
全 国 National	**5889724**	**3109485**	**72933**	**5613020**	**203771**
北 京 Beijing	217968	148418	3415	182800	31753
天 津 Tianjin	168337	117266	427	163568	4342
河 北 Hebei	183163	86010	6305	171210	5648
山 西 Shanxi	109279	44478	3634	100622	5023
内蒙古 Inner Mongolia	55067	26945	788	53737	542
辽 宁 Liaoning	575877	384569	7025	543613	25239
吉 林 Jilin	149696	86964	2234	143949	3513
黑龙江 Heilongjiang	212001	77251	2775	204369	4857
上 海 Shanghai	483595	267428	839	466380	16376
江 苏 Jiangsu	614544	332951	6233	580530	27781
浙 江 Zhejiang	279709	138990	1302	271432	6975
安 徽 Anhui	236332	113446	3267	219706	13359
福 建 Fujian	131455	59967	953	128179	2323
江 西 Jiangxi	124968	60611	749	122478	1741
山 东 Shandong	315725	153097	10791	292991	11943
河 南 Henan	227203	106235	4954	218885	3364
湖 北 Hubei	290702	147658	2668	279710	8324
湖 南 Hunan	231867	99086	1767	224176	5924
广 东 Guangdong	414939	219330	4513	407097	3329
广 西 Guangxi	103747	51109	958	101056	1733
海 南 Hainan	19219	9148	418	18521	280
重 庆 Chongqing	146934	77875	910	140655	5369
四 川 Sichuan	281961	136942	1292	275241	5428
贵 州 Guizhou	40860	20495	338	40063	459
云 南 Yunnan	75769	40880	715	74156	898
西 藏 Tibet	211	71	1	208	2
陕 西 Shaanxi	105050	60045	1853	98888	4309
甘 肃 Gansu	46115	18673	1159	42973	1983
青 海 Qinghai	17057	10835	102	16779	176
宁 夏 Ningxia	12016	5259	180	11567	269
新 疆 Xinjiang	17549	6967	367	16682	500
新疆生产建设兵团 Xinjiang Production and Construction Crops	809	486	1	799	9

10－5 续表 5 continued

单位:人 (person)

地 区 Region	③ 其他企业 Other Enterprises 合计 Total	女性 Female	离休人员 Termination	退休人员 Retirees	领取定期生活费的退职人员 Resignation
全 国 National	**2965949**	**1386711**	**60552**	**2843367**	**62030**
北 京 Beijing	97986	59610	1888	92823	3275
天 津 Tianjin	59580	29540	917	58179	484
河 北 Hebei	114943	50600	2956	110051	1936
山 西 Shanxi	29792	14449	765	28567	460
内蒙古 Inner Mongolia	113875	39062	2175	110952	748
辽 宁 Liaoning	282356	133017	7184	270016	5156
吉 林 Jilin	40851	24215	1035	38503	1313
黑龙江 Heilongjiang	38592	12038	5120	32503	969
上 海 Shanghai	180088	99589	2374	176021	1693
江 苏 Jiangsu	274180	143541	4067	258745	11368
浙 江 Zhejiang	303864	160175	3260	291078	9526
安 徽 Anhui	91373	31515	2416	87570	1387
福 建 Fujian	33680	14155	560	32575	545
江 西 Jiangxi	43410	19259	559	41436	1415
山 东 Shandong	252085	112392	8456	238295	5334
河 南 Henan	156200	76160	4370	149099	2731
湖 北 Hubei	144664	71388	2046	140740	1878
湖 南 Hunan	28435	7139	499	27081	855
广 东 Guangdong	146410	69047	1821	143048	1541
广 西 Guangxi	45728	18682	646	44415	667
海 南 Hainan	1754	646	26	1439	289
重 庆 Chongqing	112088	48197	546	110089	1453
四 川 Sichuan	229419	88071	2677	222987	3755
贵 州 Guizhou	13908	5116	246	13595	67
云 南 Yunnan	51682	25919	1360	49284	1038
西 藏 Tibet	81	50		81	
陕 西 Shaanxi	43612	18195	1541	41132	939
甘 肃 Gansu	16031	6261	494	15156	381
青 海 Qinghai	1002	211	40	962	
宁 夏 Ningxia	6301	3533	134	6075	92
新 疆 Xinjiang	11977	4939	374	10868	735
新疆生产建设兵团 Xinjiang Production and Construction Crops	2			2	

10—5 续表 6 continued

单位：人 (person)

地区 Region	2.港、澳台投资企业 HongKong ,Macao and Taiwan Chinese-Funded Enterprises				
	合计 Total	女性 Female	离休人员 Termination	退休人员 Retirees	领取定期生活费的退职人员 Resignation
全 国 National	**132235**	**68286**	**1502**	**128077**	**2656**
北 京 Beijing	1987	1267	7	1731	249
天 津 Tianjin	19077	10608	98	18807	172
河 北 Hebei	3672	1317	110	3489	73
山 西 Shanxi	807	126	16	787	4
内蒙古 Inner Mongolia	240	39	4	236	
辽 宁 Liaoning	11193	4413	173	10883	137
吉 林 Jilin	911	598	79	819	13
黑龙江 Heilongjiang	1103	60	25	1078	
上 海 Shanghai	14686	8122	76	14393	217
江 苏 Jiangsu	21163	13222	97	20501	565
浙 江 Zhejiang	17114	8487	121	16600	393
安 徽 Anhui	1378	252	38	1332	8
福 建 Fujian	2814	1210	8	2718	88
江 西 Jiangxi	518	318	1	497	20
山 东 Shandong	6195	3468	201	5838	156
河 南 Henan	2274	989	69	2155	50
湖 北 Hubei	2967	1403	48	2903	16
湖 南 Hunan	651	230	7	595	49
广 东 Guangdong	19740	10652	262	19194	284
广 西 Guangxi	965	346	10	883	72
海 南 Hainan	4	3		4	
重 庆 Chongqing	655	56	5	646	4
四 川 Sichuan	1049	482	33	949	67
贵 州 Guizhou	56	35		53	3
云 南 Yunnan	424	283	6	418	
西 藏 Tibet					
陕 西 Shaanxi	289	159	3	270	16
甘 肃 Gansu	188	72	5	183	
青 海 Qinghai					
宁 夏 Ningxia					
新 疆 Xinjiang	115	69		115	
新疆生产建设兵团 Xinjiang Production and Construction Crops					

10—5 续表 7 continued

单位:人 (person)

地 区 Region	3. 外商投资企业 Foreign Funded Enterprises				
	合计 Total	女性 Female	离休人员 Termination	退休人员 Retirees	领取定期生活费的退职人员 Resignation
全 国 National	**122846**	**64204**	**1704**	**118634**	**2508**
北 京 Beijing	15255	7087	237	14709	309
天 津 Tianjin	19029	10582	264	18636	129
河 北 Hebei	2774	1403	205	2409	160
山 西 Shanxi	242	132	7	235	
内蒙古 Inner Mongolia	442	98	2	438	2
辽 宁 Liaoning	6837	2440	96	6654	87
吉 林 Jilin	2781	1098	67	2681	33
黑龙江 Heilongjiang	277	146	2	275	
上 海 Shanghai	22031	12183	115	21590	326
江 苏 Jiangsu	13225	7281	90	12616	519
浙 江 Zhejiang	7730	5431	66	7475	189
安 徽 Anhui	2861	1614	43	2768	50
福 建 Fujian	6559	3527	44	6301	214
江 西 Jiangxi	231	112	1	129	101
山 东 Shandong	8320	4208	270	7948	102
河 南 Henan	1578	812	31	1533	14
湖 北 Hubei	2395	1127	11	2347	37
湖 南 Hunan	742	423	5	719	18
广 东 Guangdong	4234	2416	11	4149	74
广 西 Guangxi	874	313	14	842	18
海 南 Hainan	22	1		22	
重 庆 Chongqing	1150	366	4	1114	32
四 川 Sichuan	901	374	26	804	71
贵 州 Guizhou	304	122	14	284	6
云 南 Yunnan	292	192	7	285	
西 藏 Tibet					
陕 西 Shaanxi	123	53	5	116	2
甘 肃 Gansu	29	9	1	28	
青 海 Qinghai					
宁 夏 Ningxia	1416	583	66	1335	15
新 疆 Xinjiang	192	71		192	
新疆生产建设兵团 Xinjiang Production and Construction Crops					

10－6 分地区事业单位离休、退休、退职人员年末人数

RETIREES OF INSTITUTIONS AT THE YEAR-END BY REGION

(2001)

单位:人 (person)

地区 Region	总计 Total 合计 Total	女性 Female	离休人员 Termination	退休人员 Retirees	领取定期生活费的退职人员 Resignation
全国 National	**6544058**	**2484198**	**377694**	**6080327**	**86037**
北京 Beijing	269051	131418	33232	233115	2704
天津 Tianjin	117798	62025	5106	111696	996
河北 Hebei	282904	103792	25069	255594	2241
山西 Shanxi	154750	53016	15118	137413	2219
内蒙古 Inner Mongolia	154568	41389	7447	146182	939
辽宁 Liaoning	354201	137605	31206	318489	4506
吉林 Jilin	208617	79483	18216	187201	3200
黑龙江 Heilongjiang	187780	66988	14339	169910	3531
上海 Shanghai	282769	156371	9687	271188	1894
江苏 Jiangsu	411930	153591	22204	383075	6651
浙江 Zhejiang	229003	104205	9021	215263	4719
安徽 Anhui	224046	74169	14485	207652	1909
福建 Fujian	152995	54203	5212	145339	2444
江西 Jiangxi	183717	68472	5990	176583	1144
山东 Shandong	321765	99271	38091	274604	9070
河南 Henan	340656	115003	30232	308311	2113
湖北 Hubei	281373	110397	12717	263521	5135
湖南 Hunan	329793	119332	9952	316087	3754
广东 Guangdong	375809	156953	13268	358655	3886
广西 Guangxi	202518	68301	4645	195894	1979
海南 Hainan	39618	14332	846	38340	432
重庆 Chongqing	158385	61206	3488	153592	1305
四川 Sichuan	382268	152718	7922	369187	5159
贵州 Guizhou	139168	52539	4203	133998	967
云南 Yunnan	201925	68334	8787	191136	2002
西藏 Tibet	14469	5802	147	14277	45
陕西 Shaanxi	194399	60067	12034	177492	4873
甘肃 Gansu	113791	32611	5342	106108	2341
青海 Qinghai	46192	12579	1707	43560	925
宁夏 Ningxia	37873	12150	2351	34294	1228
新疆 Xinjiang	132672	47126	4173	126941	1558
新疆生产建设兵团 Xinjiang Production and Construction Crops	17255	8750	1457	15630	168

注:本表不包括民政部门支付离休、退休、退职费的人数。

a) Excluded retired and resigned staff and workers paid by the civil adminstration organs.

10-6 续表 continued

单位:人 (person)

地区 Region	# 地方 Local 合计 Total	女性 Female	离休人员 Termination	退休人员 Retirees	领取定期生活费的退职人员 Resignation
全　国 National	**5771227**	**2149010**	**309388**	**5386888**	**74951**
北　京 Beijing	158099	85100	13427	143723	949
天　津 Tianjin	96610	50869	3643	92056	911
河　北 Hebei	265309	98581	23706	239527	2076
山　西 Shanxi	138459	47535	13809	122498	2152
内蒙古 Inner Mongolia	146545	39253	6611	139049	885
辽　宁 Liaoning	315240	124202	27772	283325	4143
吉　林 Jilin	186227	70168	16033	167136	3058
黑龙江 Heilongjiang	165710	46248	12338	150477	2895
上　海 Shanghai	244244	135067	2016	240469	1759
江　苏 Jiangsu	376130	143292	19977	350332	5821
浙　江 Zhejiang	212657	90011	7368	200912	4377
安　徽 Anhui	186457	60345	11053	173638	1766
福　建 Fujian	146795	50615	4864	139600	2331
江　西 Jiangxi	166774	64508	5537	160213	1024
山　东 Shandong	309467	95920	36805	263931	8731
河　南 Henan	305019	103078	27249	275928	1842
湖　北 Hubei	250270	91215	10183	235216	4871
湖　南 Hunan	296113	108124	8595	284194	3324
广　东 Guangdong	332003	134142	11521	317305	3177
广　西 Guangxi	196068	65623	4357	189824	1887
海　南 Hainan	35130	12010	703	34157	270
重　庆 Chongqing	126429	45727	2421	122826	1182
四　川 Sichuan	333265	128550	5893	323913	3459
贵　州 Guizhou	128059	49146	3714	123524	821
云　南 Yunnan	182209	61990	8026	172264	1919
西　藏 Tibet	14409	5800	147	14219	43
陕　西 Shaanxi	151654	43548	9136	138847	3671
甘　肃 Gansu	98646	29096	4615	92034	1997
青　海 Qinghai	44009	12063	1616	41474	919
宁　夏 Ningxia	35895	11677	2295	32385	1215
新　疆 Xinjiang	127326	45507	3958	121892	1476
新疆生产建设兵团 Xinjiang Production and Construction Crops					

10-7 分地区机关单位离休、退休、退职人员年末人数

RETIREES OF STATE ORGANS AT THE YEAR-END BY REGION

(2001)

单位:人 (person)

地区	Region	总计 Total 合计 Total	女性 Female	离休人员 Termination	退休人员 Retirees	领取定期生活费的退职人员 Resignation
全国	**National**	**2630869**	**670090**	**376177**	**2201104**	**53588**
北京	Beijing	69565	26504	13045	55947	573
天津	Tianjin	26159	5732	3966	21466	727
河北	Hebei	121952	21443	28439	91413	2100
山西	Shanxi	78618	20233	20459	57224	935
内蒙古	Inner Mongolia	74606	16118	10216	63830	560
辽宁	Liaoning	103697	23078	21160	81419	1118
吉林	Jilin	46254	10723	9756	35878	620
黑龙江	Heilongjiang	95693	17449	16327	78129	1237
上海	Shanghai	37427	20697	6019	31359	49
江苏	Jiangsu	145626	36737	23733	116198	5695
浙江	Zhejiang	82088	19495	11356	68023	2709
安徽	Anhui	112557	25601	19771	91255	1531
福建	Fujian	67585	15983	7266	58373	1946
江西	Jiangxi	77973	22249	7104	70469	400
山东	Shandong	163609	29276	37902	115822	9885
河南	Henan	153236	43865	27190	124551	1495
湖北	Hubei	121277	42067	11802	107325	2150
湖南	Hunan	130094	33776	9386	118937	1771
广东	Guangdong	158232	41399	18862	137421	1949
广西	Guangxi	68920	18583	6033	61965	922
海南	Hainan	17396	4271	2094	15053	249
重庆	Chongqing	66679	16880	3698	62109	872
四川	Sichuan	180873	52324	9913	168276	2684
贵州	Guizhou	84850	20854	7455	76626	769
云南	Yunnan	100403	25587	11678	87892	833
西藏	Tibet	9258	3004	160	9052	46
陕西	Shaanxi	62677	14814	11069	48905	2703
甘肃	Gansu	47881	9623	6311	39245	2325
青海	Qinghai	32153	5130	3433	26854	1866
宁夏	Ningxia	19263	4801	3590	14248	1425
新疆	Xinjiang	69164	20099	6078	61673	1413
新疆生产建设兵团	Xinjiang Production and Construction Crops	5104	1695	906	4167	31

10—7 续表 continued

单位：人 (person)

地 区 Region	# 地方 Local 合计 Total	女性 Female	离休人员 Termination	退休人员 Retirees	领取定期生活费的退职人员 Resignation
全 国 National	**2430815**	**610058**	**347511**	**2032983**	**50321**
北 京 Beijing	55878	21658	9025	46399	454
天 津 Tianjin	17298	3841	3064	13613	621
河 北 Hebei	116927	20526	27464	87429	2034
山 西 Shanxi	75487	19211	19761	54806	920
内蒙古 Inner Mongolia	71762	15480	9879	61331	552
辽 宁 Liaoning	93364	20487	19430	72955	979
吉 林 Jilin	43878	9934	9143	34134	601
黑龙江 Heilongjiang	88717	15372	15309	72282	1126
上 海 Shanghai	37113	20523	5978	31086	49
江 苏 Jiangsu	130804	32162	22714	102657	5433
浙 江 Zhejiang	78666	18054	10393	65649	2624
安 徽 Anhui	93666	21136	15368	76942	1356
福 建 Fujian	64540	14795	7032	55635	1873
江 西 Jiangxi	75877	21665	6692	68804	381
山 东 Shandong	160595	28886	37089	113862	9644
河 南 Henan	142812	39406	25471	115936	1405
湖 北 Hubei	111057	39045	10906	98147	2004
湖 南 Hunan	124828	32852	8974	114170	1684
广 东 Guangdong	147590	37726	17426	128303	1861
广 西 Guangxi	66087	17744	5865	59321	901
海 南 Hainan	17033	4160	2051	14737	245
重 庆 Chongqing	60509	14274	3155	56553	801
四 川 Sichuan	167600	47510	9106	156091	2403
贵 州 Guizhou	82164	20268	7163	74251	750
云 南 Yunnan	77902	18315	9879	67271	752
西 藏 Tibet	9077	2979	158	8874	45
陕 西 Shaanxi	59221	13763	10577	46170	2474
甘 肃 Gansu	44856	9190	5875	37051	1930
青 海 Qinghai	30837	4942	3217	25988	1632
宁 夏 Ningxia	18682	4721	3478	13804	1400
新 疆 Xinjiang	65988	19433	5869	58732	1387
新疆生产建设兵团 Xinjiang Production and Construction Crops					

10－8 截至年末分地区由民政部门支付离休、退休、退职费的人数

NUMBER OF RETIREES PAID BY CIVIL ADMINISTRATION DEPARTMENTS

(2001)

单位:人 (person)

地区 Region	合计 Total	本年接收 Admitted This Year	离休人员 Termination	退休、退职人员 Retirees and Resignation	本年接收 Admitted This Year
全国 National	244896	13738	34714	210182	13738
北京 Beijing	36464	2018	3103	33361	2018
天津 Tianjin	6010	342	898	5112	342
河北 Hebei	13646	369	2677	10969	369
山西 Shanxi	4171	780	602	3569	780
内蒙古 Inner Mongolia	3645	363	684	2961	363
辽宁 Liaoning	20613	584	4244	16369	584
吉林 Jilin	4715	50	810	3905	50
黑龙江 Heilongjiang	2966	134	733	2233	134
上海 Shanghai	4854	368	896	3958	368
江苏 Jiangsu	16603	444	2053	14550	444
浙江 Zhejiang	7928	43	1078	6850	43
安徽 Anhui	5026	393	891	4135	393
福建 Fujian	9929	77	746	9183	77
江西 Jiangxi	6034	285	457	5577	285
山东 Shandong	18229	1046	4497	13732	1046
河南 Henan	7883	217	1470	6413	217
湖北 Hubei	11240	482	1570	9670	482
湖南 Hunan	9506	225	775	8731	225
广东 Guangdong	10410	276	1003	9407	276
广西 Guangxi	2926	550	296	2630	550
海南 Hainan	1210	1	140	1070	1
重庆 Chongqing	4058	135	315	3743	135
四川 Sichuan	11493	1763	1203	10290	1763
贵州 Guizhou	2157	25	272	1885	25
云南 Yunnan	7981	679	1035	6946	679
西藏 Tibet	886			886	
陕西 Shaanxi	6863	358	1278	5585	358
甘肃 Gansu	2555	41	464	2091	41
青海 Qinghai	978	396	67	911	396
宁夏 Ningxia	390	42	100	290	42
新疆 Xinjiang	3449	1252	355	3094	1252
新疆生产建设兵团 Xinjiang Production and Construction Crops		78		2	76

10—9 历年全国离休、退休、退职费

HISTORIC FIGURES OF PENSIONS FOR RETIREES

地　区 Year	离休、退休、退职费用总额（亿元） Pensions for Retirees （100 million yuan）						平均每人离休、退休、退职费用（元） Average Pensions for Retirees （yuan）	
	合 计 Total	民政部门支付 Civil Affair Department	总后事业单位 General Logistic Department	国有单位 State-owned Units	城镇集体单位 Urban Collective-owned Units	其他单位 Units of Other Ownerships	合 计 Total	#国有单位 State-owned Units
一、绝对数 Absloute figure								
1985	145.6	3.7		116.1	29.1	0.4	935	1043
1990	396.2	7.2		319.7	74.7	1.8	1760	1907
1991	467.5	7.6		380.7	84.5	2.3	1975	2141
1992	578.5	9.2		474.3	100.8	3.4	2300	2493
1993	759.3	12.0		623.2	123.9	12.2	2824	3029
1994	1043.6	17.5		875.9	146.2	21.5	3656	3989
1995	1305.6	19.4		1093.1	182.4	30.1	4335	4701
1996	1552.2	20.1		1308.2	204.0	40.0	4923	5321
1997	1790.8	22.7	1.9	1517.6	225.2	48.0	5458	5890
1998	2073.7	26.1	3.6	1726.0	229.0	114.8	5972	6369
1999	2420.9	29.6	3.1				6614	
2000	2733.3	36.4	3.4				7190	
2001	3072.0	44.3	3.4				7784	
二、比上年增长 % Increace over preceding year								
1985	37.2	23.3		37.2	37.3	33.3	22.1	8.0
1990	24.0	−4.0		23.5	26.4	28.6	19.1	16.9
1991	18.0	5.6		19.1	13.1	27.8	12.2	12.3
1992	23.7	21.1		24.6	19.3	47.8	16.5	16.4
1993	31.3	30.4		31.4	22.9	258.8	22.8	21.5
1994	37.4	45.8		40.5	18.0	76.2	29.5	31.7
1995	25.1	10.9		24.8	24.8	40.0	18.6	17.8
1996	18.9	3.6		19.7	11.8	32.9	13.6	13.2
1997	15.4	12.9		16.0	10.4	20.0	10.9	10.7
1998	15.8	15.0	89.5	13.7	1.7	139.2	9.4	8.1
1999	16.7	13.4	−13.9				10.8	
2000	12.9	23.0	9.7				8.7	
2001	12.4	21.7					8.3	

注：1. 本表数字不包括离休、退休、退职职工的医疗卫生费。

2. 本表 1985—1988 年的数字不包括据有关规定发给离休、退休、退职职工的肉类等价格补贴。

A) Excluded the personnel health care. B)Figures of 1985—1988 excluded price subsidies.

10—10 历年全国离休、退休、退职人员保险福利费用构成情况

HISTORIC FIGURES OF TOTAL SOCIAL INSURANCE AND WELFARE FUND OF RETIREES

年份 Year	合计 Total	离休金 Pensions for Termination	退休金 Retirement Pensions	退职生活费 Resignation Allowances for Living Expenses	医疗卫生费 Medical Care Expenses	其他 Others
一、绝对数(亿元) Absolute figure (100 million yuan)						
1990	465.2	34.6	239.4	5.0	76.2	110.0
1991	554.4	38.6	271.5	5.7	94.5	144.1
1992	685.6	47.1	338.8	6.7	116.3	176.7
1993	901.7	57.1	435.5	8.6	154.3	246.2
1994	1218.9	103.2	766.5	12.4	192.8	144.0
1995	1522.4	121.9	986.3	15.3	236.3	162.6
1996	1797.7	137.7	1199.3	17.1	265.6	178.0
1997	2043.8	162.6	1423.9	23.5	277.6	156.2
1998	2330.9	167.7	1708.5	24.1	286.9	143.7
1999	2708.3	186.1	2035.2	27.2	320.1	139.7
2000	3040.5	201.1	2305.7	30.3	346.9	156.5
2001	3337.2	223.4	2618.7	27.8	312.9	154.4
二、比上年增长(%) Increase over Preceeding year(%)						
1991	19.2	11.6	13.4	14.0	24.0	31.0
1992	23.7	22.0	24.8	17.5	23.1	22.6
1993	31.5	21.3	28.5	28.4	32.7	39.3
1994	35.2	80.7	76.0	44.2	25.0	−41.5
1995	24.9	18.1	28.7	23.4	22.6	12.9
1996	18.1	13.0	21.6	11.8	12.4	9.5
1997	13.7	18.1	18.7	37.4	4.5	−12.2
1998	14.0	3.1	20.0	2.6	3.4	−8.0
1999	16.2	11.0	19.1	12.9	11.6	−2.8
2000	12.3	8.1	13.3	11.4	8.4	12.0
2001	9.8	11.1	13.6	−8.3	−9.8	−1.3
三、构成(以合计为100) Composition(Total=100)						
1990	100	7.4	51.5	1.1	16.4	23.6
1991	100	7.0	49.0	1.0	17.0	26.0
1992	100	6.9	49.4	1.0	17.0	25.8
1993	100	6.3	48.3	1.0	17.1	27.3
1994	100	8.5	62.9	1.0	15.8	11.8
1995	100	8.0	64.8	1.0	15.5	10.7
1996	100	7.7	66.7	1.0	14.8	9.9
1997	100	8.0	69.7	1.1	13.6	7.6
1998	100	7.2	73.3	1.0	12.3	6.2
1999	100	6.9	75.1	1.0	11.8	5.2
2000	100	6.6	75.8	1.0	11.4	5.2
2001	100	6.7	78.5	0.8	9.4	4.6

注:本表不包括民政部门支付的离休、退休、退职费。

a) Excluded retired and resigned staff and workers paid by the Civil Administration Organs.

10－11 历年全国企业单位离休、退休、退职人员保险福利费用构成情况

HISTORIC FIGURES OF TOTAL SOCIAL INSURANCE AND WEIFARE FUND OF RETIREES OF ENTERPRISES

年 份 Year	合 计 Total	离休金 Pensions for Termination	退休金 Retirement Pensions	退职生活费 Resignation Allowances for Living Expenses	医疗卫生费 Medical Care Expenses	其他 Others
一、绝对数(亿元) Absolute figure (100 million yuan)						
1994	869.9	48.3	561.9	9.1	142.5	108.1
1995	1082.5	57.2	722.5	11.4	166.8	124.6
1996	1278.0	65.6	878.7	13.0	185.1	135.6
1997	1454.1	77.8	1045.3	18.3	194.8	117.9
1998	1661.6	84.3	1255.2	19.2	199.4	103.5
1999	1886.8	94.6	1463.1	21.7	211.7	95.7
2000	2071.1	99.4	1618.8	24.0	224.5	104.4
2001	2193.7	108.2	1762.4	20.7	204.2	97.2
二、比上年增长(%) Increase over Preceeding year(%)						
1995	24.4	18.4	28.6	25.3	17.1	15.3
1996	18.1	14.7	21.6	14.0	11.0	8.8
1997	13.8	18.6	19.0	40.8	5.2	－13.1
1998	14.3	8.4	20.1	4.9	2.4	－12.2
1999	13.6	12.2	16.6	13.0	6.2	－7.5
2000	9.8	5.1	10.6	10.6	6.0	9.1
2001	5.9	8.9	8.9	－13.7	－9.0	－6.9
三、构成(以合计为100) Composition(Total＝100)						
1994	100.0	5.6	64.6	1.0	16.4	12.4
1995	100.0	5.3	66.7	1.1	15.4	11.5
1996	100.0	5.1	68.8	1.0	14.5	10.6
1997	100.0	5.4	71.8	1.3	13.4	8.1
1998	100.0	5.1	75.5	1.2	12.0	6.2
1999	100.0	5.0	77.5	1.2	11.2	5.1
2000	100.0	4.8	78.2	1.2	10.8	5.0
2001	100.0	5.0	80.4	0.9	9.3	4.4

注：本表不包括民政部门支付的离休、退休、退职费。

a) Excluded retired and resigned staff and workers paid by the Civil Administration Organs.

10—12 分地区离休、退休、退职人员人数及人均离休、退休、退职费

RETIREES AND AVERAGE PENSIONS IN 2000 AND 2001 BY REGION

地区 Region	2000					
	合计 Total		企业 Enterprises			
			离休人员 Termination		退休人员 Retirees	
	离休、退休、退职费（千元） Pensions （1000 yuan）	人均离休、退休、退职费（元） Pension Per-Person （yuan）	离休金（千元） Pensions for Termination （1000yuan）	人均离休金 Average Termination Pension （yuan）	退休金（千元） Retirement Pensions （1000yuan）	人均退休金（元） Average Retirement Pension （yuan）
全　国 National	**269356507**	**7138**	**10531022**	**12011**	**174129576**	**6142**
北　京 Beijing	17036580	9919	677770	14922	11349978	8547
天　津 Tianjin	6457643	7195	188841	13335	4663364	6302
河　北 Hebei	11464447	7724	507269	10459	7018937	6606
山　西 Shanxi	6416941	6525	434556	11577	4278930	5785
内蒙古 Inner Mongolia	5082479	6889	167603	10846	3018537	5873
辽　宁 Liaoning	17538401	5996	1032484	12627	12493182	5158
吉　林 Jilin	7687545	6936	345790	10271	5146977	6066
黑龙江 Heilongjiang	11942015	6526	676375	10639	8379489	5694
上　海 Shanghai	17963775	7407			13910554	6683
江　苏 Jiangsu	18001590	7465	641573	15548	11504997	6155
浙　江 Zhejiang	10445731	8183	229874	13832	6839694	7162
安　徽 Anhui	7922185	6596	375883	12391	4921763	5684
福　建 Fujian	4752871	6424	118068	12881	2363756	4494
江　西 Jiangxi	4500210	5455	119456	9148	2777383	4671
山　东 Shandong	14742866	8330	1103384	16034	8994860	7095
河　南 Henan	11073414	6468	509211	9585	6794505	5640
湖　北 Hubei	11416364	6744	376730	12672	7638198	5916
湖　南 Hunan	9427146	6204	235120	11814	5666861	5277
广　东 Guangdong	14414127	7407	423184	12191	8781805	6162
广　西 Guangxi	4767618	6322	110481	12101	2737537	5467
海　南 Hainan	1368673	4633	54865	13168	849818	3543
重　庆 Chongqing	5137158	5668	89831	11363	3417137	4907
四　川 Sichuan	12320872	6245	234279	9382	7845456	5526
贵　州 Guizhou	4359861	7123	129047	12990	2491291	6257
云　南 Yunnan	7793395	8965	216218	13252	4081955	7109
西　藏 Tibet	564038	14588	2327	15210	195841	10668
陕　西 Shaanxi	6382988	6761	272234	10023	4153295	6073
甘　肃 Gansu	4831446	8343	212272	14156	3178594	7661
青　海 Qinghai	1668114	8610	33906	9647	695949	5722
宁　夏 Ningxia	1211091	6763	42648	8248	744984	6204
新　疆 Xinjiang	7874970	7854	590193	11985	5005191	6741
新疆生产建设兵团 Xinjiang Production and Construction Crops	2789953	6520	371472	11754	2196835	5855

10－12 续表 1 continued

地　区	Region	事业 Institutions					
		离休人员 Termination			退休人员 Retirees		
		平均人数（千人）Average Number (1000persons)	离休金（千元）Pensions for Termination (1000yuan)	人均离休金（元）Average Termination Pension (yuan)	平均人数（千人）Average Number (1000persons)	退休金（千元）Retirement Pensions (1000yuan)	人均退休金（元）Average Retirement Pension (yuan)
全　国	**National**	**400.9**	**5481760**	**13675**	**5598.2**	**54051658**	**9655**
北　京	Beijing	27.7	616490	22291	213.3	2904865	13618
天　津	Tianjin	6.4	105251	16413	110.4	1218832	11037
河　北	Hebei	27.2	329796	12144	236.8	2225910	9400
山　西	Shanxi	15.2	168582	11083	117.1	920674	7864
内 蒙 古	Inner Mongolia	8.9	101840	11506	133.8	1182218	8833
辽　宁	Liaoning	33.3	419028	12589	290.0	2619016	9031
吉　林	Jilin	18.7	211725	11298	163.3	1557543	9537
黑 龙 江	Heilongjiang	21.7	277263	12762	176.1	1682198	9555
上　海	Shanghai				258.0	3379095	13095
江　苏	Jiangsu	24.6	396195	16108	349.7	3861619	11041
浙　江	Zhejiang	9.6	148335	15481	213.0	2288283	10742
安　徽	Anhui	14.5	163061	11214	190.2	1527999	8034
福　建	Fujian	5.2	84930	16312	132.1	1432996	10845
江　西	Jiangxi	6.3	64127	10117	142.3	1034179	7268
山　东	Shandong	35.5	471759	13272	240.2	2487614	10357
河　南	Henan	33.0	329326	9983	276.2	2237308	8101
湖　北	Hubei	13.9	178837	12895	250.3	2236683	8935
湖　南	Hunan	9.8	180870	18371	292.9	2367884	8083
广　东	Guangdong	15.0	215703	14391	334.0	3435472	10286
广　西	Guangxi	4.9	65483	13402	173.3	1337545	7719
海　南	Hainan	1.0	16070	16143	34.0	287834	8476
重　庆	Chongqing	3.9	46823	12129	142.5	1103132	7742
四　川	Sichuan	8.9	111218	12529	354.0	2752066	7775
贵　州	Guizhou	4.2	60481	14397	117.7	982574	8349
云　南	Yunnan	10.3	312979	30425	183.8	2196798	11954
西　藏	Tibet	0.2	4954	21824	12.4	205393	16545
陕　西	Shaanxi	13.2	156964	11892	163.3	1292876	7919
甘　肃	Gansu	5.8	80043	13714	99.0	945524	9547
青　海	Qinghai	1.8	27363	15155	36.2	472408	13035
宁　夏	Ningxia	2.7	24629	9057	32.8	268838	8197
新　疆	Xinjiang	6.6	100802	15234	139.9	1453746	10390
新疆生产建设兵团	Xinjiang Production and Construction Crops	2.0	30042	14850	14.5	133328	9191

10—12 续表 2 continued

地 区 Region	机关 State Organs					
	离休人员 Termination			退休人员 Retirees		
	平均人数（千人）Average Number (1000persons)	离休金（千元）Pensions for Termination (1000yuan)	人均离休金（元）Average Termination Pension (yuan)	平均人数（千人）Average Number (1000persons)	退休金（千元）Retirement Pensions (1000yuan)	人均退休金（元）Average Retirement Pension (yuan)
全 国 National	**415.8**	**5363316.0**	**12900**	**2095.0**	**19799175**	**9451**
北 京 Beijing	18.4	444272	24082	84.4	1043205	12367
天 津 Tianjin	5.0	71235	14244	21.6	210120	9744
河 北 Hebei	29.2	464172	15878	80.0	918363	11480
山 西 Shanxi	20.2	216552	10735	53.7	397647	7401
内 蒙 古 Inner Mongolia	10.2	125085	12239	55.4	487196	8788
辽 宁 Liaoning	22.1	279651	12644	75.4	695040	9219
吉 林 Jilin	10.6	121719	11493	34.1	303791	8910
黑 龙 江 Heilongjiang	18.9	214613	11332	77.4	712078	9199
上 海 Shanghai				137.0	674126	4921
江 苏 Jiangsu	24.7	411507	16694	102.3	1185700	11589
浙 江 Zhejiang	11.8	181596	15339	71.0	757949	10681
安 徽 Anhui	19.3	231351	11991	80.8	702127	8695
福 建 Fujian	8.7	150105	17180	58.7	603016	10267
江 西 Jiangxi	6.8	71927	10608	61.5	433138	7048
山 东 Shandong	40.2	535592	13333	117.4	1149657	9794
河 南 Henan	31.1	288196	9279	113.6	914868	8055
湖 北 Hubei	12.3	147265	12008	95.4	838651	8790
湖 南 Hunan	9.0	107467	11885	113.3	868944	7669
广 东 Guangdong	19.8	280129	14172	117.5	1277833	10877
广 西 Guangxi	6.0	68650	11409	60.1	447922	7447
海 南 Hainan	2.0	34019	16602	14.9	126068	8464
重 庆 Chongqing	3.9	49286	12487	51.2	430949	8419
四 川 Sichuan	10.7	130450	12161	154.6	1247403	8068
贵 州 Guizhou	8.0	101740	12737	73.7	594728	8073
云 南 Yunnan	10.9	157696	14437	74.3	827749	11138
西 藏 Tibet	0.4	10487	24332	8.0	145036	18160
陕 西 Shaanxi	11.1	139864	12654	45.5	367755	8077
甘 肃 Gansu	6.2	80814	12994	38.1	334199	8772
青 海 Qinghai	3.8	92622	24358	26.8	345866	12930
宁 夏 Ningxia	3.9	34890	9004	14.9	95102	6373
新 疆 Xinjiang	7.4	117797	16018	57.0	607241	10645
新疆生产建设兵团 Xinjiang Production and Construction Crops	0.7	13106	18511	3.9	45170	11666

10—12 续表 3 continued

地区	Region	2001 合计 Total 平均人数（千人）Average Number (1000 person)	离休、退休、退职费（千元）Pensions (1000 yuan)	人均离休、退休、退职费（元）Average Pension (yuan)	企业 Enterprises 离休人员 Termination 平均人数（千人）Average Number (1000 person)	离休金（千元）Pensions for Termination (1000 yuan)	人均离休金（元）Average Termination Pension (yuan)	退休人员 Retirees 平均人数（千人）Average Number (1000 person)	退休金（千元）Retiremnt Pensions (1000 yuan)
全国	**National**	**39188.9**	**302429008.6**	**7717**	**831.8**	**11371825.0**	**13671**	**29419.8**	**187483939.2**
北京	Beijing	1770.4	18685780.0	10554	46.3	796004.8	17192	1377.0	12447458.2
天津	Tianjin	954.6	7654266.0	8018	13.4	233338.6	17470	796.4	5555949.4
河北	Hebei	1543.4	12250939.0	7938	42.7	539738.9	12642	1110.1	7128532.1
山西	Shanxi	1021.3	7221244.0	7071	38.2	479225.8	12548	765.2	4413785.2
内蒙古	Inner Mongolia	755.1	5496940.0	7280	14.3	177424.0	12401	514.3	3029408.0
辽宁	Liaoning	3040.2	19773112.0	6504	78.8	1069058.4	13573	2514.7	13502694.8
吉林	Jilin	1157.9	8622011.0	7446	33.2	405430.3	12201	879.0	5704863.7
黑龙江	Heilongjiang	1925.7	13704773.0	7117	58.7	864279.2	14731	1577.2	10003881.8
上海	Shanghai	2370.5	17098437.0	7213	20.6			2032.2	13389146.0
江苏	Jiangsu	2512.9	21503860.0	8557	40.2	723751.7	18016	1942.6	12904350.3
浙江	Zhejiang	1369.6	13916113.0	10161	16.2	301382.0	18581	1043.4	9036363.0
安徽	Anhui	1229.2	8512612.0	6925	28.9	407722.3	14104	876.3	4817146.7
福建	Fujian	709.3	5838738.0	8232	9.2	164872.0	17918	482.5	2654854.0
江西	Jiangxi	878.0	6604651.0	7522	11.8	130492.8	11046	624.0	3437085.1
山东	Shandong	1842.2	16999048.0	9228	66.2	1101608.8	16641	1307.5	9783025.2
河南	Henan	1785.4	12644073.0	7082	49.9	570527.9	11437	1251.3	7438697.0
湖北	Hubei	1785.6	12632330.0	7075	31.1	393715.6	12645	1362.7	8291129.4
湖南	Hunan	1592.8	11005085.0	6909	20.3	320839.9	15805	1123.4	6579739.2
广东	Guangdong	1993.3	15917499.0	7985	32.5	430921.2	13264	1450.6	9400184.8
广西	Guangxi	788.1	5451568.0	6918	9.0	121285.6	13430	515.5	2996206.4
海南	Hainan	303.7	1658776.0	5462	4.0	63520.1	15748	245.8	952741.1
重庆	Chongqing	1005.8	6469555.0	6432	7.8	97613.6	12455	781.4	4278580.4
四川	Sichuan	2067.9	13564816.0	6560	24.1	280519.0	11644	1491.5	7989014.7
贵州	Guizhou	638.4	5107450.0	8001	9.3	130980.6	14073	412.0	2647721.4
云南	Yunnan	912.4	8688447.0	9523	14.5	239407.7	16463	605.4	4365437.3
西藏	Tibet	42.0	717677.0	17089	0.2	2965.0	13791	19.2	203402.0
陕西	Shaanxi	986.2	6859697.0	6955	25.6	289432.1	11288	712.0	4064760.9
甘肃	Gansu	603.1	5485869.0	9097	14.9	246049.6	16567	430.7	3344991.4
青海	Qinghai	208.0	2328615.0	11194	3.0	67430.7	22148	130.7	1188653.3
宁夏	Ningxia	184.9	1324283.0	7162	5.2	49617.3	9481	123.8	765040.7
新疆	Xinjiang	773.0	5539899.0	7167	29.8	147310.6	4943	536.8	2864621.4
新疆生产建设兵团	Xinjiang Production and Construction Crops	438.0	3150844.0	7194	31.8	508914.6	16014	384.5	2320918.4

10—12 续表 4 continued

地区	Region	人均退休金（元）Average Retirement Pension (yuan)	# 国有企业 State-owned Enterprises 离休人员 Termination 平均人数（千人）Average Number (1000 person)	离休金（千元）Pensions for Termination (1000 yuan)	人均离休金（元）Average Termination Pension (yuan)	退休人员 Retirees 平均人数（千人）Average Number (1000 person)	退休金（千元）Retiremnt Pensions (1000 yuan)	人均退休金（元）Average Retirement Pension (yuan)
全　国	**National**	**6373**	**692.6**	**9503062.5**	**13720**	**20684.7**	**134274269.1**	**6491**
北　京	Beijing	9039	40.2	713822.7	17756	1046.3	9969151.3	9528
天　津	Tianjin	6977	11.3	209987.7	18647	542.5	4034812.3	7438
河　北	Hebei	6422	32.8	427907.6	13054	825.6	5685521.4	6887
山　西	Shanxi	5768	32.9	429751.1	13045	629.6	3867728.9	6143
内蒙古	Inner Mongolia	5890	11.3	141166.9	12459	345.7	2052895.1	5939
辽　宁	Liaoning	5370	64.6	890384.8	13783	1671.5	9900301.2	5923
吉　林	Jilin	6490	29.6	363992.8	12281	694.0	4781618.2	6890
黑龙江	Heilongjiang	6343	51.0	721894.7	14145	1334.7	7532669.3	5644
上　海	Shanghai	6588				1351.4	6470361.0	4788
江　苏	Jiangsu	6643	29.4	535142.0	18198	1034.0	7545411.0	7297
浙　江	Zhejiang	8660	11.5	210529.8	18236	482.4	4309063.2	8932
安　徽	Anhui	5497	23.1	323178.5	13970	562.9	3264814.5	5800
福　建	Fujian	5502	7.6	142397.0	18702	314.3	1853595.0	5898
江　西	Jiangxi	5508	10.5	110786.7	10579	463.2	2503136.3	5404
山　东	Shandong	7482	47.5	793817.7	16707	786.6	5993386.3	7619
河　南	Henan	5945	39.0	458790.8	11773	872.6	5411646.6	6201
湖　北	Hubei	6084	26.4	339926.5	12888	938.8	5973634.5	6363
湖　南	Hunan	5857	18.0	297347.3	16510	862.3	5338255.0	6191
广　东	Guangdong	6480	25.3	347575.7	13761	865.4	6068776.3	7013
广　西	Guangxi	5813	7.3	100780.6	13728	371.1	2218717.4	5978
海　南	Hainan	3877	3.6	56602.4	15839	226.3	867698.9	3835
重　庆	Chongqing	5475	6.6	84530.6	12847	554.5	3222314.4	5811
四　川	Sichuan	5356	20.2	226510.8	11216	996.3	5965444.9	5988
贵　州	Guizhou	6427	8.6	123689.1	14350	357.7	2400940.9	6712
云　南	Yunnan	7211	12.6	206509.3	16367	489.5	3679675.7	7517
西　藏	Tibet	10601	0.2	2949.7	13751	19.0	200698.3	10558
陕　西	Shaanxi	5709	22.1	232870.3	10519	564.0	3383649.7	6000
甘　肃	Gansu	7767	13.3	224991.8	16890	374.3	3048607.2	8145
青　海	Qinghai	9094	2.9	65302.4	22448	113.7	1084081.6	9533
宁　夏	Ningxia	6180	4.8	44973.1	9290	104.9	660450.9	6299
新　疆	Xinjiang	5336	29.0	139355.6	4801	505.9	2694029.4	5325
新疆生产建设兵团	Xinjiang Production and Construction Crops		6036	31.8	508915.9	383.7	2317863.1	6040

10—12 续表5 continued

地区 Region	事业 Institutions 离休人员 Termination 平均人数(千人) Average Number (1000persons)	离休金(千元) Pensions for Termination (1000yuan)	人均离休金(元) Average Termination Pension (yuan)	退休人员 Retirees 平均人数(千人) Average Number (1000persons)	退休金(千元) Retirement Pensions (1000yuan)	人均退休金(元) Average Retirement Pension (yuan)
全国 National	**387.2**	**6036275.6**	**15589**	**5981.4**	**66088614.8**	**11049**
北京 Beijing	31.3	741798.5	23720	228.2	3489491.5	15290
天津 Tianjin	5.5	104956.9	19204	112.8	1399119.1	12406
河北 Hebei	25.7	368855.3	14357	249.2	2624042.7	10529
山西 Shanxi	14.8	211114.1	14294	128.4	1341066.9	10446
内蒙古 Inner Mongolia	8.1	115547.1	14310	146.4	1400381.9	9565
辽宁 Liaoning	32.4	482242.8	14889	313.0	3450558.4	11024
吉林 Jilin	18.3	234269.6	12768	182.0	1763598.4	9690
黑龙江 Heilongjiang	18.9	180771.8	9567	175.3	1709912.2	9756
上海 Shanghai				271.9	3035015.0	11164
江苏 Jiangsu	22.7	475723.3	20958	370.6	5281212.7	14250
浙江 Zhejiang	9.1	193802.4	21316	219.0	3102633.6	14166
安徽 Anhui	14.3	195627.2	13697	202.5	1922240.8	9494
福建 Fujian	5.3	110559.3	20811	144.0	1949348.7	13535
江西 Jiangxi	6.3	93494.8	14762	163.2	1793749.2	10994
山东 Shandong	36.6	650327.6	17773	265.0	3471288.4	13098
河南 Henan	31.1	377994.4	12153	300.4	2787021.5	9278
湖北 Hubei	12.7	201725.8	15850	262.7	2486543.2	9467
湖南 Hunan	9.8	138782.4	14130	312.4	2863706.3	9168
广东 Guangdong	13.6	238442.1	17504	350.3	4014473.9	11462
广西 Guangxi	4.7	77194.8	16395	190.7	1640762.2	8603
海南 Hainan	0.9	16223.3	17663	36.3	384492.8	10579
重庆 Chongqing	3.6	48366.5	13418	150.9	1390931.5	9216
四川 Sichuan	8.3	123881.5	14858	369.6	3369334.0	9115
贵州 Guizhou	4.3	71791.2	16686	128.7	1346964.8	10469
云南 Yunnan	9.2	162693.0	17722	188.8	2261508.0	11976
西藏 Tibet	0.2	3198.4	17104	13.6	295473.6	21765
陕西 Shaanxi	12.7	171391.9	13478	174.9	1709548.1	9772
甘肃 Gansu	5.5	97974.2	17789	105.3	1222741.8	11615
青海 Qinghai	1.7	37254.1	22456	41.5	598600.9	14430
宁夏 Ningxia	2.4	29771.4	12431	34.6	311835.6	9023
新疆 Xinjiang	5.4	73255.5	13578	134.2	1458375.5	10867
新疆生产建设兵团 Xinjiang Production and Construction Crops	1.7	27138.3	15597	15.2	192747.7	12721

10－12 续表6 continued

地区 Region	机关 State Organs 离休人员 Termination 平均人数（千人）Average Number (1000persons)	离休金（千元）Pensions for Termination (1000yuan)	人均离休金（元）Average Termination Pension (yuan)	退休人员 Retirees 平均人数（千人）Average Number (1000persons)	退休金（千元）Retirement Pensions (1000yuan)	人均退休金（元）Average Retirement Pension (yuan)
全国 National	**387.8**	**6153525.6**	**15866**	**2180.8**	**25231828.4**	**11570**
北京 Beijing	17.5	330179.4	18899	70.1	880847.6	12563
天津 Tianjin	4.5	85566.4	19083	22.2	275335.6	12425
河北 Hebei	28.5	459603.9	16153	87.3	1130166.1	12953
山西 Shanxi	19.9	263064.8	13218	54.8	512987.2	9360
内蒙古 Inner Mongolia	10.3	153233.3	14837	61.6	620945.7	10075
辽宁 Liaoning	21.2	333203.7	15719	80.2	935354.3	11668
吉林 Jilin	10.0	132979.6	13339	35.3	380869.4	10775
黑龙江 Heilongjiang	17.6	204980.9	11646	78.1	740947.1	9489
上海 Shanghai				29.7	674276.0	22681
江苏 Jiangsu	24.0	499380.2	20793	112.8	1619441.8	14362
浙江 Zhejiang	11.5	244704.0	21248	70.3	1037228.0	14749
安徽 Anhui	19.2	283617.0	14788	88.1	886258.0	10054
福建 Fujian	8.4	157593.8	18828	59.9	801510.2	13383
江西 Jiangxi	6.8	121776.6	17823	65.9	1028052.4	15603
山东 Shandong	40.1	641551.8	15990	126.7	1351246.2	10662
河南 Henan	29.2	344211.1	11806	123.6	1125621.7	9107
湖北 Hubei	11.7	188988.0	16201	104.6	1070228.0	10227
湖南 Hunan	9.2	125246.8	13562	117.7	976770.7	8301
广东 Guangdong	18.7	336092.2	17975	127.7	1497384.8	11729
广西 Guangxi	6.0	79861.8	13236	62.1	536257.2	8637
海南 Hainan	2.1	46716.2	22288	14.5	195082.5	13411
重庆 Chongqing	3.8	55901.7	14726	58.2	598161.3	10282
四川 Sichuan	10.2	149831.3	14713	164.1	1652235.8	10069
贵州 Guizhou	7.7	126894.3	16447	76.4	783097.7	10254
云南 Yunnan	11.3	246491.1	21887	83.2	1412909.9	16986
西藏 Tibet	0.3	4188.2	14173	8.5	208449.8	24422
陕西 Shaanxi	11.1	152712.3	13773	49.8	471851.7	9468
甘肃 Gansu	6.4	106365.7	16685	40.4	467746.3	11582
青海 Qinghai	3.5	74192.5	21083	27.6	362483.5	13129
宁夏 Ningxia	3.7	40257.1	10969	15.3	127760.9	8373
新疆 Xinjiang	6.7	120316.9	17915	60.1	813019.1	13535
新疆生产建设兵团 Xinjiang Production and Construction Crops	0.8	28957.2	35883	4.0	72167.8	17885

10—13 全部离休、退休、退职人员人数及保险福利费用构成情况

NUMBER OF RETIREES AND THE COMPOSITION OF TOTAL SOCIAL INSURANCE AND WELFARE FUNDS

(2001)

	离休、退休、退职人员年末人数(人) Number of Retirees(person)				
	合计 Total	女性 Female	离休人员 Termination	退休人员 Retirees	领取定期生活费的退职人员 Resignation
总计 Total	**39898800**	**16367312**	**1551012**	**37536421**	**811367**
一、企业 Enterprises	30723873	13213024	797141	29254990	671742
＃ 地方 Local	24389352	10804438	562831	23262210	564311
1. 内资企业 Domestic Enterprises	30468792	13080534	793935	29008279	666578
①国有企业 State-owned Enterprises	21613119	8584338	660450	20551892	400777
②集体企业 Collective-owned Enterprises	5889724	3109485	72933	5613020	203771
③其他企业 Other Enterprises	2965949	1386711	60552	2843367	62030
2. 港、澳、台商投资企业 Hongkong, Macao and Taiwan Chinese-Funded Enterprises	132235	68286	1502	128077	2656
3. 外商投资企业 Foreign-Funded Enterprises	122846	64204	1704	118634	2508
二、事业 Institutions	6544058	2484198	377694	6080327	86037
＃ 地方 Local	5771227	2149010	309388	5386888	74951
三、机关 State Organs	2630869	670090	376177	2201104	53588
＃ 地方 Local	2430815	610058	347511	2032983	50321

	保险福利费用构成(千元) Social Insurance and Welfare Funds of Retirees (1000 yuan)					
	合计 Total	离休金 Pensions for Termination	退休金 Retiremnt Pensions	退职生活费 Resignation Allowances for Living Expenses	医疗卫生费 Medical care	其他 Others
总计 Total	**333716340.8**	**22334882.5**	**261870352.9**	**2779262**	**31287332.2**	**15444511.0**
一、企业 Enterprises	219372420.3	10815733.3	176242725.3	2073093.2	20416656.2	9724212.3
＃ 地方 Local	160795341.4	7167531.8	131621203.9	1668468.5	14363124.9	5975012.2
1. 内资企业 Domestic Enterprises	214880185.2	10770023.3	172141026.7	2048436.5	20310305.0	9610393.8
①国有企业 State-owned Enterprises	159797079.5	8980788.1	125602544.5	1292207.2	16019747.9	7901791.9
②集体企业 Collective-owned Enterprises	32005546.0	1013739.7	27588412.5	539641.6	2060606.2	803145.9
③其他企业 Other Enterprises	23077559.8	775495.4	18950069.7	216587.7	2229950.9	905456.0
2. 港、澳、台商投资企业 Hongkong, Macao and Taiwan Chinese-Funded Enterprises	2078049.4	26459.9	1897568.3	12800.0	108220.7	33000.5
3. 外商投资企业 Foreign-Funded Enterprises	2414185.7	19250.0	2204130.4	11856.8	98130.5	80818.1
二、事业 Institutions	79166930.6	5709661.5	62060384.3	452271.9	6979040.2	3902572.7
＃ 地方 Local	67461905.0	4646433.5	53912860.5	405958.9	5401868.6	3094783.6
三、机关 State Organs	35176989.9	5809487.7	23567243.3	253897.0	3791635.9	1754726.0
＃ 地方 Local	31911663.2	5322666.9	21524437.8	234361.0	3313711.3	1516486.2

10－14 分地区全部离休、退休、退职人员保险福利费用构成情况

TOTAL SOCIAL INSURANCE AND WELFARE FUND OF RETIREES BY REGION

(2001)

单位:千元　　(1 000 yuan)

地　区 Region	合计 Total	离休金 Pensions for Termination	退休金 Retirement Pensions	退职生活费 Resignation Allowances for Living Expenses	医疗卫生费 Medical Care Expenses	其他 Others
全　国 National	**333716341**	**22334882**	**261870353**	**2779262**	**31287332**	**15444511**
北　京 Beijing	22453036	1619212	14979143	277467	3767256	1809958
天　津 Tianjin	8584716	402075	6835798	49217	930450	367176
河　北 Hebei	13393835	1320627	10358702	103548	1142896	468062
山　西 Shanxi	7798787	918377	5981080	43590	577543	278197
内蒙古 Inner Mongolia	5807381	427311	4763402	30807	310441	275420
辽　宁 Liaoning	21194173	1814603	17054582	181116	1421061	722811
吉　林 Jilin	9188841	747436	7509931	63618	566830	301026
黑龙江 Heilongjiang	14461396	1168388	11488221	102632	756623	945532
上　海 Shanghai	18222479		15789400		1124042	1309037
江　苏 Jiangsu	23850177	1633236	18789383	297839	2346317	783402
浙　江 Zhejiang	15935150	694354	12249460	222913	2019037	749386
安　徽 Anhui	9469725	857491	7292705	78486	957113	283930
福　建 Fujian	6322402	408093	5037768	56504	483664	336373
江　西 Jiangxi	7156186	334165	6012217	51116	551535	207153
山　东 Shandong	18654393	2293838	13675787	215414	1655345	814009
河　南 Henan	13752722	1251440	10881412	86030	1108649	425193
湖　北 Hubei	13993919	759331	11380491	121311	1361589	371197
湖　南 Hunan	11719639	562093	9933658	85598	714554	423736
广　东 Guangdong	18509615	916122	13660813	104385	2592116	1236179
广　西 Guangxi	6049167	264233	4850188	45144	597599	292003
海　南 Hainan	1779627	123560	1466281	35260	120851	33675
重　庆 Chongqing	7299416	191922	5948389	54358	829861	274886
四　川 Sichuan	14972950	523329	12182735	129758	1408134	728994
贵　州 Guizhou	5743398	315677	4556507	20207	635948	215059
云　南 Yunnan	9874074	611444	7458305	43963	1185627	574735
西　藏 Tibet	766216	10013	683432	1053	48539	23179
陕　西 Shaanxi	7544319	584125	5891759	58584	684622	325229
甘　肃 Gansu	5836085	424413	4712801	36388	350216	312267
青　海 Qinghai	2445433	170043	1998436	27919	116818	132217
宁　夏 Ningxia	1475186	112819	1114149	20244	150903	77071
新　疆 Xinjiang	6044271	327218	4902668	58096	504372	251917
新疆生产建设兵团 Xinjiang Production and Construction Crops	3417625	547894	2430750	76697	266781	95503

10—15 分地区企业单位离休、退休、退职人员保险福利费用构成情况

TOTAL SOCIAL INSURANCE AND WEIFARE FUND OF RETIREES OF ENTERPRISES BY REGION

(2001)

单位:千元 (1 000 yuan)

地　区 Region	合计 Total	离休金 Pensions for Termination	退休金 Retirement Pensions	退职生活费 Resignation Allowances for Living Expenses	医疗卫生费 Medical Care Expenses	其　他 Others
全　国 National	**219372420**	**10815733**	**176242725**	**2073093**	**20416656**	**9724212**
北　京 Beijing	15930958	745913	11410250	253902	2687495	833398
天　津 Tianjin	6395600	222701	5259097	43565	606312	263925
河　北 Hebei	8497097	516009	6741788	73334	828826	337140
山　西 Shanxi	5278054	459464	4201325	30449	385043	201773
内蒙古 Inner Mongolia	3417280	165522	2802326	23863	210448	215121
辽　宁 Liaoning	15524524	1030175	12857886	153694	952771	529998
吉　林 Jilin	6457681	390083	5439003	49907	347387	231301
黑龙江 Heilongjiang	11470638	803460	9220010	79900	602477	764791
上　海 Shanghai	14385432		12442170		996286	946976
江　苏 Jiangsu	15173331	700763	12254319	240148	1545229	432872
浙　江 Zhejiang	10568070	287343	8446746	168685	1230325	434971
安　徽 Anhui	5846810	393421	4586799	61381	621941	183268
福　建 Fujian	3119708	156403	2488480	30001	299982	144842
江　西 Jiangxi	3889703	126591	3290145	44181	322125	106661
山　东 Shandong	11994739	1036503	9125757	79085	1110105	643289
河　南 Henan	8705656	550231	7106498	67563	696431	284933
湖　北 Hubei	9517927	384568	8010914	87579	833082	201784
湖　南 Hunan	7246613	308365	6259535	64373	346034	268306
广　东 Guangdong	11509812	403804	8730477	78169	1678706	618656
广　西 Guangxi	3493503	113646	2776010	31469	376011	196367
海　南 Hainan	1100626	62221	901258	32000	84365	20782
重　庆 Chongqing	4881406	94168	4084322	43232	505212	154472
四　川 Sichuan	9122937	266821	7514550	84366	853404	403796
贵　州 Guizhou	3132071	125388	2521797	12873	353369	118644
云　南 Yunnan	5298181	218452	3955000	28325	693336	403068
西　藏 Tibet	222539	2847	195136	173	16172	8211
陕　西 Shaanxi	4737992	277001	3848584	41595	383799	187013
甘　肃 Gansu	3826950	230448	3110368	22523	235909	227702
青　海 Qinghai	1310026	61895	1075359	15712	53942	103118
宁　夏 Ningxia	902124	46875	711862	10896	87466	45025
新　疆 Xinjiang	3368895	141127	2699671	44704	256963	126430
新疆生产建设兵团 Xinjiang Production and Construction Crops	3045536	493524	2175283	75446	215703	85580

10—16 分地区地方企业离休、退休、退职人员保险福利费用构成情况

TOTAL SOCIAL INSURANCE AND WEIFARE FUND OF RETIREES OF LOCAL ENTERPRISES BY REGION

(2001)

单位:千元 (1 000 yuan)

地 区 Region	合计 Total	离休金 Pensions for Termination	退休金 Retirement Pensions	退职生活费 Resignation Allowances for Living Expenses	医疗卫生费 Medical care Expenses	其 他 Others
全 国 National	**160795341**	**7167532**	**131621204**	**1668468**	**14363125**	**5975012**
北 京 Beijing	12595336	456317	9182599	236507	2152532	567381
天 津 Tianjin	5054361	154237	4221847	40774	421948	215555
河 北 Hebei	6077635	390020	5011504	60724	461559	153828
山 西 Shanxi	3158285	261778	2597045	17318	200064	82080
内 蒙 古 Inner Mongolia	2510332	126547	2145392	16398	134419	87576
辽 宁 Liaoning	10541394	667738	8904837	130576	541152	297091
吉 林 Jilin	4302581	258479	3703368	43615	167860	129259
黑 龙 江 Heilongjiang	6459995	392628	5398479	61464	293588	313836
上 海 Shanghai	11273426		9907690		853531	512205
江 苏 Jiangsu	13351509	588303	10993981	224810	1227949	316466
浙 江 Zhejiang	9232154	219881	7486418	150479	1001532	373844
安 徽 Anhui	4679220	328311	3701355	51335	453261	144958
福 建 Fujian	2583789	132528	2105195	26669	207456	111941
江 西 Jiangxi	3248994	98168	2786083	37655	250620	76468
山 东 Shandong	9671036	843800	7590269	70280	812653	354034
河 南 Henan	7034273	442302	5839868	50085	527467	174552
湖 北 Hubei	7827941	289255	6682700	78325	640727	136934
湖 南 Hunan	5084283	162567	4530205	50192	216227	125092
广 东 Guangdong	8757939	283101	6597943	46917	1330736	499242
广 西 Guangxi	2729495	88709	2189743	25871	294475	130697
海 南 Hainan	1026587	57247	843610	30924	75304	19502
重 庆 Chongqing	3257822	57302	2736495	29398	319404	115223
四 川 Sichuan	5837489	150404	4872048	58863	497248	258927
贵 州 Guizhou	2085712	84659	1700707	9818	228067	62461
云 南 Yunnan	4115577	167901	3079592	23723	514862	329499
西 藏 Tibet	181593	2649	160251	173	11542	6978
陕 西 Shaanxi	2218105	153697	1796546	30912	178372	58578
甘 肃 Gansu	2372665	144358	1922925	17440	136651	151291
青 海 Qinghai	858007	36779	685070	14700	26575	94883
宁 夏 Ningxia	734609	39316	583865	10092	62517	38819
新 疆 Xinjiang	1933196	88551	1663574	22431	122827	35813
新疆生产建设兵团 Xinjiang Production and Construction Crops						

10—17 分地区内资企业离休、退休、退职人员保险福利费用构成情况

TOTAL SOCIAL INSURANCE AND WELFARE FUND OF RETIREES OF DOMESTIC ENTERPRISES BY REGION

(2001)

单位:千元 (1 000 yuan)

地　区 Region	合计 Total	离休金 Pensions for Termination	退休金 Retirement Pensions	退职生活费 Resignation Allowances for Living Expenses	医疗卫生费 Medical Care Expenses	其他 Others
全　国 National	**214880185**	**10770023**	**172141027**	**2048436**	**20310305**	**9610394**
北　京 Beijing	15775267	741798	11286539	252287	2669180	825463
天　津 Tianjin	6130379	219625	5027003	42369	587299	254083
河　北 Hebei	8446601	513196	6703764	70495	822856	336290
山　西 Shanxi	5270991	459127	4195865	30436	383874	201689
内蒙古 Inner Mongolia	3414909	165478	2800085	23858	210418	215070
辽　宁 Liaoning	15419626	1026566	12771784	152959	941655	526662
吉　林 Jilin	6436721	389223	5422403	49436	344767	230892
黑龙江 Heilongjiang	11464428	803267	9214575	79900	602181	764505
上　海 Shanghai	11642695		9780570		974899	887226
江　苏 Jiangsu	14913887	696953	12029195	236120	1522875	428744
浙　江 Zhejiang	10310814	284096	8241646	165246	1193494	426332
安　徽 Anhui	5820226	391762	4568619	61273	616052	182520
福　建 Fujian	3069720	155444	2444945	29139	296454	143738
江　西 Jiangxi	3885372	126564	3287274	43080	321828	106626
山　东 Shandong	11891709	1031113	9043655	77863	1099993	639085
河　南 Henan	8674895	548854	7081750	67288	693096	283906
湖　北 Hubei	9479482	383629	7978321	87414	829340	200778
湖　南 Hunan	7238592	308260	6252664	64318	345880	267470
广　东 Guangdong	11217619	394320	8491737	72680	1647022	611860
广　西 Guangxi	3480478	113298	2765663	31133	374274	196110
海　南 Hainan	1100525	62221	901158	32000	84364	20782
重　庆 Chongqing	4871136	94064	4076170	43130	503915	153857
四　川 Sichuan	9110857	265052	7505679	83859	852554	403713
贵　州 Guizhou	3128403	125220	2519341	12844	352589	118409
云　南 Yunnan	5291924	218268	3950102	28321	692316	402917
西　藏 Tibet	222539	2847	195136	173	16172	8211
陕　西 Shaanxi	4735277	276975	3846498	41588	383537	186679
甘　肃 Gansu	3823294	230347	3106950	22523	235791	227683
青　海 Qinghai	1310026	61895	1075359	15712	53942	103118
宁　夏 Ningxia	889003	45909	703186	10842	85040	44026
新　疆 Xinjiang	3367252	141127	2698107	44704	356944	126370
新疆生产建设兵团 Xinjiang Production and Construction Crops	3045536	493524	2175283	75446	215703	85580

10—18 分地区国有企业离休、退休、退职人员保险福利费用构成情况

TOTAL SOCIAL INSURANCE AND WELFARE FUND OF RETIREES OF STATE-OWNED ENTERPRISES BY REGION

(2001)

单位:千元　　(1 000 yuan)

地　区 Region	合计 Total	离休金 Pensions for Termination	退休金 Retirement Pensions	退职生活费 Resignation Allowances for Living Expenses	医疗卫生费 Medical Care Expenses	其他 Others
全　国 National	**159797079**	**8980788**	**125602544**	**1292207**	**16019748**	**7901792**
北　京 Beijing	12950677	666987	9209038	106012	2267703	700937
天　津 Tianjin	4732458	199349	3803431	26964	487658	215056
河　北 Hebei	6834137	406424	5352649	47424	720708	306932
山　西 Shanxi	4650610	411495	3682894	20531	353130	182560
内蒙古 Inner Mongolia	2346569	128939	1854140	20933	152507	190050
辽　宁 Liaoning	11593295	852611	9394366	85923	802609	457786
吉　林 Jilin	5455553	350312	4563001	38898	309942	193400
黑龙江 Heilongjiang	8798181	664948	6871066	67388	543617	651162
上　海 Shanghai	7046364		5762530		576003	707831
江　苏 Jiangsu	9054109	515019	7149995	111685	973556	303854
浙　江 Zhejiang	5162316	199002	3996720	76395	642723	247476
安　徽 Anhui	4073581	309867	3105108	25231	485588	147787
福　建 Fujian	2233587	134349	1728015	20819	237595	112809
江　西 Jiangxi	2855887	107073	2391064	28176	241964	87610
山　东 Shandong	7585300	740306	5548008	41361	798096	457529
河　南 Henan	6426903	441321	5157104	48473	556465	223540
湖　北 Hubei	6984207	330993	5762158	54485	670646	165925
湖　南 Hunan	5924935	284437	5055816	50661	289333	244689
广　东 Guangdong	7713252	322092	5569654	54170	1296900	470436
广　西 Guangxi	2619938	94503	2056860	23655	300440	144480
海　南 Hainan	1003893	55478	820670	29795	79592	18358
重　庆 Chongqing	3737487	81140	3065356	27708	430642	132641
四　川 Sichuan	6839997	214578	5589246	61933	648042	326199
贵　州 Guizhou	2853451	118187	2282688	11452	328821	112303
云　南 Yunnan	4464340	186517	3301403	22041	578155	376224
西　藏 Tibet	219770	2831	192461	163	16122	8193
陕　西 Shaanxi	3941760	222740	3205307	31148	325240	157325
甘　肃 Gansu	3495456	209923	2826715	17712	221857	219249
青　海 Qinghai	1196910	60024	983239	13216	47526	92905
宁　夏 Ningxia	781809	42442	613266	10014	76385	39702
新　疆 Xinjiang	3177953	133391	2536295	42426	344568	121273
新疆生产建设兵团 Xinjiang Production and Construction Crops	3042394	493510	2172281	75416	215615	85572

10—19 分地区集体企业离休、退休、退职人员保险福利费用构成情况

TOTAL SOCIAL INSURANCE AND WELFARE FUND OF RETIREES IN URBAN COLLECTIVE-OWNED ENTERPRISES BY REGION

(2001)

单位:千元 (1 000 yuan)

地区 Region	合计 Total	离休金 Pensions for Termination	退休金 Retirement Pensions	退职生活费 Resignation Allowances for Living Expenses	医疗卫生费 Medical Care Expenses	其他 Others
全国 National	**32005546**	**1013740**	**27588412**	**539642**	**2060606**	**803146**
北京 Beijing	1802444	45294	1350518	127689	216305	62638
天津 Tianjin	922756	6909	841740	13665	35147	25295
河北 Hebei	912405	70035	769236	17129	40427	15578
山西 Shanxi	462902	37955	384993	8574	17285	14095
内蒙古 Inner Mongolia	258998	9034	236437	1173	5734	6620
辽宁 Liaoning	2393992	88139	2161705	55472	49634	39042
吉林 Jilin	575230	25071	525774	5639	10634	8112
黑龙江 Heilongjiang	2140681	118167	1987690	8188	11275	15361
上海 Shanghai	1686114		1450060		183442	52612
江苏 Jiangsu	3872752	110210	3248707	89263	354945	69627
浙江 Zhejiang	2384963	23813	2057803	34516	196317	72514
安徽 Anhui	1074041	41275	916860	31117	67625	17164
福建 Fujian	604907	13100	527038	6676	39953	18140
江西 Jiangxi	707190	11751	626249	6117	53876	9197
山东 Shandong	2236449	153307	1869473	22734	100931	90004
河南 Henan	1086696	51442	951217	9507	59130	15400
湖北 Hubei	1580726	29643	1411558	27153	88964	23408
湖南 Hunan	1086901	17798	995125	11728	41990	20260
广东 Guangdong	2356805	47766	1988887	11939	209834	98379
广西 Guangxi	552240	10312	451121	5377	46991	38439
海南 Hainan	83703	6146	72427	933	3019	1178
重庆 Chongqing	569214	5390	504135	11902	34561	13226
四川 Sichuan	1016740	17997	891007	11192	73136	23408
贵州 Guizhou	174985	3526	150669	1234	13731	5825
云南 Yunnan	450932	10394	373649	3745	49919	13225
西藏 Tibet	1986	16	1897	10	45	18
陕西 Shaanxi	487848	37164	398129	8895	29496	14164
甘肃 Gansu	231426	13874	200527	3617	8013	5395
青海 Qinghai	100822	1300	84610	2496	3595	8821
宁夏 Ningxia	62637	1621	53428	613	4377	2598
新疆 Xinjiang	122940	5277	102758	1319	10189	3397
新疆生产建设兵团 Xinjiang Production and Construction Crops	3121	14	2985	30	86	6

10－20 分地区其他企业离休、退休、退职人员保险福利费用构成情况

TOTAL SOCIAL INSURANCE AND WELFARE FUND OF RETIREES OF OTHER ENTERPRISES BY REGION

(2001)

单位:千元 (1 000 yuan)

地区 Region	合计 Total	离休金 Pensions for Termination	退休金 Retirement Pensions	退职生活费 Resignation Allowances for Living Expenses	医疗卫生费 Medical Care Expenses	其他 Others
全　　国 National	**23077560**	**775495**	**18950070**	**216588**	**2229951**	**905456**
北　　京 Beijing	1022146	29517	726983	18586	185172	61888
天　　津 Tianjin	475165	13367	381832	1740	64494	13732
河　　北 Hebei	700059	36737	581879	5942	61721	13780
山　　西 Shanxi	157479	9677	127978	1331	13459	5034
内 蒙 古 Inner Mongolia	809342	27505	709508	1752	52177	18400
辽　　宁 Liaoning	1432339	85816	1215713	11564	89412	29834
吉　　林 Jilin	405938	13840	333628	4899	24191	29380
黑 龙 江 Heilongjiang	525566	20152	355819	4324	47289	97982
上　　海 Shanghai	2910217		2567980		215454	126783
江　　苏 Jiangsu	1987026	71724	1630493	35172	194374	55263
浙　　江 Zhejiang	2763535	61281	2187123	54335	354454	106342
安　　徽 Anhui	672604	40620	546651	4925	62839	17569
福　　建 Fujian	231226	7995	189892	1644	18906	12789
江　　西 Jiangxi	322295	7740	269961	8787	25988	9819
山　　东 Shandong	2069960	137500	1626174	13768	200966	91552
河　　南 Henan	1161297	56092	973429	9309	77501	44966
湖　　北 Hubei	914549	22993	804605	5776	69730	11445
湖　　南 Hunan	226756	6025	201723	1929	14557	2522
广　　东 Guangdong	1147562	24462	933196	6571	140288	43045
广　　西 Guangxi	308300	8483	257682	2101	26843	13191
海　　南 Hainan	12929	597	8061	1272	1754	1246
重　　庆 Chongqing	564435	7534	506679	3520	38712	7990
四　　川 Sichuan	1254120	32478	1025426	10735	131376	54106
贵　　州 Guizhou	99967	3507	85984	158	10037	281
云　　南 Yunnan	376652	21357	275050	2535	64242	13468
西　　藏 Tibet	783		778		5	
陕　　西 Shaanxi	305669	17071	243062	1545	28801	15190
甘　　肃 Gansu	96412	6550	79708	1194	5921	3039
青　　海 Qinghai	12294	571	7510		2821	1392
宁　　夏 Ningxia	44557	1846	36492	215	4278	1726
新　　疆 Xinjiang	66359	2459	59054	959	2187	1700
新疆生产建设兵团 Xinjiang Production and Construction Crops	21		17		2	2

10－21 分地区港、澳、台投资企业离休、退休、退职人员保险福利费用构成情况

TOTAL SOCIAL INSURANCE AND WELFARE FUND OF RETIREES IN HONGKONG, MACAO AND TAIWAN CHINESE-FUNDED ENTERPRISES BY REGION

(2001)

单位：千元 (1 000 yuan)

地 区 Region	合计 Total	离休金 Pensions for Termination	退休金 Retirement Pensions	退职生活费 Resignation Allowances for Living Expenses	医疗卫生费 Medical Care Expenses	其他 Others
全 国 National	**2078049**	**26460**	**1897568**	**12800**	**108221**	**33000**
北 京 Beijing	15339	117	12614	183	1611	814
天 津 Tianjin	138250	1764	116577	674	12150	7085
河 北 Hebei	28537	1583	23121	220	3151	462
山 西 Shanxi	5125	202	4034	13	800	76
内蒙古 Inner Mongolia	957	23	883		30	21
辽 宁 Liaoning	67994	2520	52461	468	10015	2530
吉 林 Jilin	4486	175	4058	35	102	116
黑龙江 Heilongjiang	5252	175	4526		292	259
上 海 Shanghai	1082864		1064640		8631	9593
江 苏 Jiangsu	155604	1991	139987	1953	10126	1547
浙 江 Zhejiang	169805	2045	142722	2302	21008	1728
安 徽 Anhui	10787	946	7733	33	1917	158
福 建 Fujian	11044	165	9376	200	532	771
江 西 Jiangxi	2596	12	2328	9	228	19
山 东 Shandong	54713	2279	44710	950	5445	1329
河 南 Henan	16561	935	13126	209	1544	748
湖 北 Hubei	18535	776	15622	36	1692	409
湖 南 Hunan	4296	50	3428	18	71	730
广 东 Guangdong	261328	9346	216000	4935	26715	4332
广 西 Guangxi	6676	181	5296	275	813	111
海 南 Hainan	16		15		1	
重 庆 Chongqing	3689	60	3145	14	403	67
四 川 Sichuan	6619	921	4985	248	430	35
贵 州 Guizhou	391		357	14	20	
云 南 Yunnan	3335	85	2944	4	281	21
西 藏 Tibet						
陕 西 Shaanxi	1305	26	1153	7	98	21
甘 肃 Gansu	1295	83	1080		113	19
青 海 Qinghai						
宁 夏 Ningxia						
新 疆 Xinjiang	650		648		2	

10－22 分地区事业单位离休、退休、退职人员保险福利费用构成情况

TOTAL SOCIAL INSURANCE AND WELFARE FUND OF RETIREES OF INSTITUTIONS BY REGION

(2001)

单位:千元 (1 000 yuan)

地区 Region	合计 Total	离休金 Pensions for Termination	退休金 Retirement Pensions	退职生活费 Resignation Allowances for Living Expenses	医疗卫生费 Medical Care Expenses	其他 Others
全 国 National	**79166931**	**5709662**	**62060384**	**452272**	**6979040**	**3902573**
北 京 Beijing	5041296	620084	2896582	20353	810006	694271
天 津 Tianjin	1730282	99397	1320805	4198	226206	79676
河 北 Hebei	3186422	358446	2533270	16721	193524	84461
山 西 Shanxi	1677188	203984	1285639	10135	125007	52423
内蒙古 Inner Mongolia	1574586	112451	1358557	4302	58657	40619
辽 宁 Liaoning	4227029	465058	3304727	22870	294228	140146
吉 林 Jilin	2161109	227519	1701715	11064	163241	57570
黑龙江 Heilongjiang	1988680	166289	1556536	16384	97996	151475
上 海 Shanghai	3148842		2767230		113827	267785
江 苏 Jiangsu	6247148	454135	5005780	35771	490212	261250
浙 江 Zhejiang	3816394	181108	2862384	37022	519958	215922
安 徽 Anhui	2308845	189946	1855120	11297	190977	61505
福 建 Fujian	2172563	103279	1805580	15404	112655	135645
江 西 Jiangxi	2030809	90906	1738725	5357	143565	52256
山 东 Shandong	4448718	630703	3283037	83500	327102	124376
河 南 Henan	3441813	365662	2684771	11320	276798	103263
湖 北 Hubei	3001978	192251	2345812	23942	313709	126264
湖 南 Hunan	3241573	133734	2744526	15017	239084	109212
广 东 Guangdong	4850980	215979	3621913	14366	598064	400658
广 西 Guangxi	1884770	74050	1564068	9853	166813	69986
海 南 Hainan	419955	15987	376942	1957	19239	5830
重 庆 Chongqing	1633000	45919	1314206	6340	193702	72833
四 川 Sichuan	3805450	116568	3147040	23384	312234	206223
贵 州 Guizhou	1590767	68916	1288956	4064	172011	56820
云 南 Yunnan	2712679	155022	2142452	12425	288478	114302
西 藏 Tibet	315619	3110	286856	450	16947	8256
陕 西 Shaanxi	2100926	161403	1598797	11117	219986	109623
甘 肃 Gansu	1402817	94440	1172590	6044	82101	47642
青 海 Qinghai	675791	36388	580152	4533	39936	14782
宁 夏 Ningxia	384496	27717	285687	4630	42889	23573
新 疆 Xinjiang	1694556	72917	1444311	7326	99925	7077
新疆生产建设兵团 Xinjiang Production and Construction Crops	249849	26293	185618	1126	29963	6849

10—23 分地区地方事业单位离休、退休、退职人员保险福利费用构成情况

TOTAL SOCIAL INSURANCE AND WELFARE FUND OF RETIREES OF LOCAL INSTITUTIONS BY REGION

(2001)

单位:千元 (1 000 yuan)

地 区 Region	合计 Total	离休金 Pensions for Termination	退休金 Retirement Pensions	退职生活费 Resignation Allowances for Living Expenses	医疗卫生费 Medical Care Expenses	其他 Others
全 国 National	**67461905**	**4646433**	**53912860**	**405959**	**5401869**	**3094784**
北 京 Beijing	2898015	253230	1749655	8401	477347	409382
天 津 Tianjin	1293899	68281	1065738	3916	103474	52490
河 北 Hebei	2965262	336230	2369685	14862	169382	75103
山 西 Shanxi	1473020	183909	1127695	9431	105044	46941
内蒙古 Inner Mongolia	1463756	93895	1282001	4135	53272	30453
辽 宁 Liaoning	3603653	413265	2817726	21568	236430	114664
吉 林 Jilin	1831540	198087	1467738	10248	109336	46131
黑龙江 Heilongjiang	1708843	142063	1381126	15407	84736	85511
上 海 Shanghai	2673453		2404480		72023	196950
江 苏 Jiangsu	5678239	406064	4554509	31841	438862	246963
浙 江 Zhejiang	3408578	143679	2609398	34585	434767	186149
安 徽 Anhui	1889491	145340	1555975	10709	132414	45053
福 建 Fujian	2061714	95264	1711185	14368	106876	134021
江 西 Jiangxi	1855723	83902	1591023	4799	129914	46085
山 东 Shandong	4244530	604026	3145941	82518	296001	116044
河 南 Henan	2902761	318246	2311124	10015	197932	65444
湖 北 Hubei	2540437	147004	2016563	22248	244350	110272
湖 南 Hunan	2812046	110781	2415041	14324	193042	78858
广 东 Guangdong	4149025	181172	3105128	13367	506799	342559
广 西 Guangxi	1787023	62545	1490432	9253	156279	68514
海 南 Hainan	372584	13862	334729	927	17679	5387
重 庆 Chongqing	1220462	31882	1010806	5723	120547	51504
四 川 Sichuan	3148564	83792	2667330	17126	214034	166281
贵 州 Guizhou	1437229	60780	1177142	3298	148284	47725
云 南 Yunnan	2443289	142555	1912810	12001	267849	108074
西 藏 Tibet	314239	3110	285568	430	16921	8210
陕 西 Shaanxi	1503095	112587	1161772	8995	142923	76818
甘 肃 Gansu	1184286	81085	1003265	5682	62793	31461
青 海 Qinghai	643415	34335	552925	4503	37943	13709
宁 夏 Ningxia	361516	26924	268548	4574	39501	21969
新 疆 Xinjiang	1592218	68538	1365802	6705	85114	66059
新疆生产建设兵团 Xinjiang Production and Construction Crops						

10—24 分地区机关单位离休、退休、退职人员保险福利费用构成情况

TOTAL SOCIAL INSURANCE AND WELFARE FUND OF RETIREES OF STATE ORGANS BY REGION

(2001)

单位:千元 (1 000 yuan)

地 区 Region	合计 Total	离休金 Pensions for Termination	退休金 Retirement Pensions	退职生活费 Resignation Allowances for Living Expenses	医疗卫生费 Medical Care Expenses	其 他 Others
全 国 National	**35176990**	**5809488**	**23567243**	**253897**	**3791636**	**1754726**
北 京 Beijing	1480782	253215	672311	3212	269755	282289
天 津 Tianjin	458834	79977	255896	1454	97932	23575
河 北 Hebei	1710316	446172	1083644	13493	120546	46461
山 西 Shanxi	843545	254929	494116	3006	67493	24001
内 蒙 古 Inner Mongolia	815515	149338	602519	2642	41336	19680
辽 宁 Liaoning	1442620	319370	891969	4552	174062	52667
吉 林 Jilin	570051	129834	369213	2647	56202	12155
黑 龙 江 Heilongjiang	1002078	198639	711675	6348	56150	29266
上 海 Shanghai	688205		580000		13929	94276
江 苏 Jiangsu	2429698	478338	1529284	21920	310876	89280
浙 江 Zhejiang	1550686	225903	940330	17206	268754	98493
安 徽 Anhui	1314070	274124	850786	5808	144195	39157
福 建 Fujian	1030131	148411	743708	11099	71027	55886
江 西 Jiangxi	1235674	116668	983347	1578	85845	48236
山 东 Shandong	2210936	626632	1266993	52829	218138	46344
河 南 Henan	1605253	335547	1090142	7146	135420	36997
湖 北 Hubei	1474014	182512	1023765	9790	214798	43149
湖 南 Hunan	1231454	119994	929597	6209	129436	46217
广 东 Guangdong	2148823	296339	1308423	11850	315346	216865
广 西 Guangxi	670894	76537	510110	3822	54775	25650
海 南 Hainan	259045	45352	188081	1303	17247	7063
重 庆 Chongqing	785010	51835	549861	4786	130947	47581
四 川 Sichuan	2044563	139939	1521145	22008	242496	118975
贵 州 Guizhou	1020560	121373	745754	3270	110568	39595
云 南 Yunnan	1863214	237970	1360853	3213	203813	57365
西 藏 Tibet	228058	4056	201440	430	15420	6712
陕 西 Shaanxi	705401	145721	444378	5872	80837	28593
甘 肃 Gansu	606318	99525	429843	7821	32206	36923
青 海 Qinghai	459616	71760	342925	7674	22940	14317
宁 夏 Ningxia	188566	38227	116600	4718	20548	8473
新 疆 Xinjiang	980820	113174	758686	6066	47484	55410
新疆生产建设兵团 Xinjiang Production and Construction Crops	122240	28077	69849	125	21115	3074

10－25 分地区地方机关单位离休、退休、退职人员保险福利费用构成情况

TOTAL SOCIAL INSURANCE AND WELFARE FUND OF RETIREES OF LOCAL STATE ORGANS BY REGION

(2001)

单位:千元 (1 000 yuan)

地 区 Region	合计 Total	离休金 Pensions for Termination	退休金 Retirement Pensions	退职生活费 Resignation Allowances for Living Expenses	医疗卫生费 Medical Care Expenses	其他 Others
全 国 National	**31911663**	**5322667**	**21524438**	**234361**	**3313711**	**1516486**
北 京 Beijing	1116401	172835	548279	2945	198675	193667
天 津 Tianjin	292112	59521	160835	1186	58688	11882
河 北 Hebei	1624484	428767	1032250	13064	108527	41876
山 西 Shanxi	796958	244790	460891	2916	65600	22761
内蒙古 Inner Mongolia	781353	143096	578200	2605	39329	18123
辽 宁 Liaoning	1265315	292705	776635	3629	147080	45266
吉 林 Jilin	526904	122341	347864	2542	43121	11036
黑龙江 Heilongjiang	922624	185952	653959	5752	49776	27185
上 海 Shanghai	671918		570180		11127	90611
江 苏 Jiangsu	2251112	459552	1408727	17314	282859	82660
浙 江 Zhejiang	1434653	202931	882360	16670	245988	86704
安 徽 Anhui	1072770	213120	704073	5232	119187	31158
福 建 Fujian	978703	144222	703634	10194	67008	53645
江 西 Jiangxi	1195184	112690	952673	1536	81087	47198
山 东 Shandong	2163345	613691	1244230	52018	209004	44402
河 南 Henan	1465701	308902	997316	6540	120559	32384
湖 北 Hubei	1312451	167339	893000	9271	206373	36468
湖 南 Hunan	1162254	114048	880652	6025	119065	42464
广 东 Guangdong	1974682	277943	1187968	11180	291706	205885
广 西 Guangxi	630240	72448	479891	3728	51098	23075
海 南 Hainan	249521	44239	182172	1285	14887	6939
重 庆 Chongqing	669182	43969	502120	4547	78717	39829
四 川 Sichuan	1864697	126685	1384558	20370	225053	108031
贵 州 Guizhou	970478	114830	711939	3190	104034	36485
云 南 Yunnan	1557602	209770	1109077	2812	181388	54555
西 藏 Tibet	221568	3986	195815	415	14952	6400
陕 西 Shaanxi	651980	137376	417301	4778	67324	25201
甘 肃 Gansu	537215	91925	390370	5303	29886	19731
青 海 Qinghai	443866	67245	336555	6770	20774	12522
宁 夏 Ningxia	180555	36718	112068	4619	19169	7981
新 疆 Xinjiang	925834	109031	718846	5925	41671	50361
新疆生产建设兵团 Xinjiang Production and Construction Crops						

10—26 历年全国社会保险基金收支及累计结余情况
HISTORIC FIGURES OF REVENUE, EXPENSES AND RESERVE OF SOCIAL INSURANCE FUNDS

(2001)

单位:千元 (1 000 yuan)

年 份 Year	合 计 Total	基本养老保险 Basic Pension Insurance	失业保险 Unemployment Insurance	医疗保险 Medical Insurance	工伤保险 Work Injury Insurance	生育保险 Maternity Insurance
一、基金收入 Revenue						
1989	1467469	1467469				
1990	1788178	1788178				
1991	2157084	2157084				
1992	3657660	3657660				
1993	5082156	5035402		14355	23923	8476
1994	7166088	7074245		31561	45547	14735
1995	9707410	9500507		96667	80861	29375
1996	12524304	11717639	452491	190084	108917	55173
1997	14581556	13379051	469392	523000	135677	74436
1998	16230891	14589737	726111	605924	211518	97601
1999	22118476	19651151	1252396	898660	208781	107488
2000	26445037	22781285	1604436	1699984	247778	111554
2001	31018992	24889606	1873240	3836022	282839	137285
二、基金支出 Expenses						
1989	1188292	1188282				
1990	1493363	1493363				
1991	1730714	1730714				
1992	3219145	3219145				
1993	4728818	4706303		13335	4144	5036
1994	6657520	6610902		29113	9424	8081
1995	8582832	8476087		72835	18128	15782
1996	10823784	10318689	272897	162336	36997	32865
1997	13391528	12513280	363294	405000	60865	49089
1998	16368865	15116267	560731	532970	90435	68462
1999	21081162	19248543	916446	690735	154164	71274
2000	23855993	21154833	1234324	1245411	137973	83452
2001	27480076	23212601	1565684	2440989	164929	95873
三、累计结余 Balance at the Year-end						
1989	679899	679899				
1990	978760	978760				
1991	1440688	1440688				
1992	2206083	2206083				
1993	2628884	2585889		4343	31038	7614
1994	3136746	3047662		7115	67688	14281
1995	4483495	4298338		30982	126792	27383
1996	6961028	5785604	863803	64403	197492	49726
1997	8316260	6828482	969901	166000	276677	75200
1998	7911190	5878332	1334457	199971	395344	103086
1999	10097805	7335416	1598555	575543	449216	139075
2000	13275055	9471165	1959333	1098311	578542	167704
2001	16227678	10540818	2262089	2530088	688926	205757

10—27 历年全国基本养老保险基金收支及期末结余情况

HISTORIC FIGURES OF REVENUE, EXPENSES AND RESERVE OF BASIC PENSION INSURANCE

单位:万元 (1 000 yuan)

年 份 Year	合 计 Total	企 业 Enterprises	事业、机关 Institutions and State Organs
一、基金收入 Revenue			
1989	1467469	1467469	
1990	1788178	1788178	
1991	2157084	2157084	
1992	3657660	3657660	
1993	5035402	5035402	
1994	7074245	7074245	
1995	9500507	9500507	
1996	11717639	11717639	
1997	13379051	13379051	
1998	14589737	14589737	
1999	19651151	18718894	932257
2000	22781285	20882938	1898347
2001	24889606	22351212	2529901
二、基金支出 Expenses			
1989	1188292	1188292	
1990	1493363	1493363	
1991	1730714	1730714	
1992	3219145	3219145	
1993	4706303	4706303	
1994	6610902	6610902	
1995	8476087	8476087	
1996	10318689	10318689	
1997	12513280	12513280	
1998	15116267	15116267	
1999	19248543	18631038	617505
2000	21154833	19700404	1454429
2001	23212601	21165222	2044050
三、累计结余 Reserve at the year-end			
1989	679899	679899	
1990	978760	978760	
1991	1440688	1440688	
1992	2206083	2206083	
1993	2585889	2585889	
1994	3047662	3047662	
1995	4298338	4298338	
1996	5785604	5785604	
1997	6828482	6828482	
1998	5878332	5878332	
1999	7335416	6441996	893420
2000	9471165	7609801	1861364
2001	10540818	8186234	2331918

10－28 历年全国参加基本养老保险职工人数及离休、退休、退职人员人数

HISTORIC FIGURES OF EMPLOYEES AND RETIREES CONTRIBUTED TO BASIC PENSION INSURANCE

单位：万人 (10 000 person)

年份 Year	在职职工人数 Formal Employees			
	合计 Total	企业 Enterprises	事业、机关 Institutions and State Organs	其他 Others
1989	4816.9	4816.9		
1990	5200.7	5200.7		
1991	5653.7	5653.7		
1992	7774.7	7774.7		
1993	8008.2	8008.2		
1994	8494.1	8494.1		
1995	8737.8	8737.8		
1996	8758.4	8758.4		
1997	8671.0	8671.0		
1998	8475.8	8475.8		
1999	9501.8	8655.3	642.6	203.8
2000	10447.5	9124.2	977.6	345.7
2001	10801.9	9198.4	1047.1	534.6

年份 Year	离休、退休、退职人员人 Number of Retirees			
	合计 Total	企业 Enterprises	事业、机关 Institutions and State Organs	其他 Others
1989	893.4	893.4		
1990	965.3	965.3		
1991	1086.6	1086.6		
1992	1681.5	1681.5		
1993	1839.4	1839.4		
1994	2079.4	2079.4		
1995	2241.2	2241.2		
1996	2358.3	2358.3		
1997	2533.4	2533.4		
1998	2727.3	2727.3		
1999	2983.6	2860.2	119.8	3.6
2000	3169.9	3011.2	153.4	5.3
2001	3380.6	3164.6	206.0	6.7

10-29 分地区基本养老保险基本情况
BASIC PENSION INSURANCE BY REGION

(2001)

地 区 Region	参保职工(人) Active Contributors(person) 年末数 Number at the Year-end	企业 Enterprises	离休、退休、退职人员年末人数(人) Retirees at the Year-end (person)	基金收支情况(万元) Revenue and Expenses(10000 yuan) 基金收入 Revenue	基金支出 Expenses	累计结余 Balance at the Year-end
全 国 National	**108018850**	**91984312**	**33806353**	**24889606**	**23212601**	**10540818**
北 京 Beijing	3016286	2892521	1242848	1166152	1105448	221328
天 津 Tianjin	1962341	1898203	852141	557373	545174	109199
河 北 Hebei	4961274	4084344	1452946	1057335	972273	517588
山 西 Shanxi	2837538	2694861	818159	579113	511289	243926
内蒙古 Inner Mongolia	2253053	1787547	652808	433719	420939	163877
辽 宁 Liaoning	7338663	6067194	2888830	1917974	1792574	411458
吉 林 Jilin	2895623	2743392	995766	692493	684523	79372
黑龙江 Heilongjiang	5140297	4468911	1784641	1253733	1097599	393431
上 海 Shanghai	4436661	3575495	2398728	2166553	2362452	931182
江 苏 Jiangsu	6753874	6431405	2127427	1483711	1456341	569893
浙 江 Zhejiang	4852651	3384556	1250981	1356393	1098086	960407
安 徽 Anhui	3342376	3001042	985122	597063	568515	151700
福 建 Fujian	1836054	1716221	584001	526733	505236	324361
江 西 Jiangxi	2506035	2287242	781648	405200	406044	155521
山 东 Shandong	8312727	6309346	1913278	1834275	1695729	1042658
河 南 Henan	5946913	5274553	1418732	825480	880077	211246
湖 北 Hubei	4743588	4360756	1377258	834323	822743	153848
湖 南 Hunan	4554109	3080249	1479886	678999	700395	233060
广 东 Guangdong	11832974	9904507	1869872	2035383	1344255	2062858
广 西 Guangxi	1902436	1827744	587052	373138	339867	251156
海 南 Hainan	776593	583702	305129	164816	148281	68706
重 庆 Chongqing	1880345	1674680	822812	378502	389779	71836
四 川 Sichuan	4094958	3300909	1694045	946059	892375	410462
贵 州 Guizhou	1165723	986045	423839	300252	265171	202808
云 南 Yunnan	1735094	1479582	696096	507591	531767	117640
西 藏 Tibet	45737	37653	25638	33637	33633	76
陕 西 Shaanxi	2620085	2457176	833737	547683	506327	82951
甘 肃 Gansu	1431533	1338623	452715	372725	368372	83189
青 海 Qinghai	370874	335266	148582	125107	124997	7395
宁 夏 Ningxia	446700	399739	132069	112996	97842	74795
新 疆 Xinjiang	1123475	953022	357261	387344	313145	159128
新疆生产建设兵团 Xinjiang Production and Construction Corps	684695	647826	418580	229258	228024	51097
中国人民银行 The People's Bank of China	166197			31436		
中国农业发展银行 Agricuture Development Bank of China	51368		2290	8493	3329	22666

10—30 分地区企业及企业化管理事业单位基本养老保险养老金社会化发放人数及补发拖欠养老金情况

NUMBER OF PENSIONERS IN ENTERPRISES PAID BY THE SOCIALIZED AGENCIES AND AMOUNT OF PAYMENT PENSION OF ARREARS BY REGION

地 区 Region	截止12月 by the year-end			2001
	养老金实发人数（人）No. of pensioners (person)	社会化发放人数（人）No. of pensioners paid by the socialzed agencies(person)	社会化发放率（%）Ratio of socialized pensionable retirees (%)	补发拖欠养老金（万元）Amount of payment pension of arrears (10000 yuan)
全 国 National	**31851879**	**31218930**	**97.97**	**144568.67**
北 京 Beijing	1242848	1242848	100.00	
天 津 Tianjin	835439	835439	100.00	
河 北 Hebei	1280359	1273600	99.47	3659.80
山 西 Shanxi	820405	816000	99.46	11905.08
内蒙古 Inner Mongolia	619273	610210	98.54	30438.70
辽 宁 Liaoning	2698096	2698096	100.00	24345.00
吉 林 Jilin	995319	945239	94.97	7244.60
黑龙江 Heilongjiang	1665857	1619490	97.22	19088.00
上 海 Shanghai	2211747	2211747	100.00	
江 苏 Jiangsu	2122297	2095436	98.73	834.00
浙 江 Zhejiang	1142002	1140785	99.89	
安 徽 Anhui	939853	934429	99.42	1792.00
福 建 Fujian	583824	583824	100.00	
江 西 Jiangxi	760415	757587	99.63	1931.24
山 东 Shandong	1524202	1386678	90.98	11353.00
河 南 Henan	1418732	1413552	99.63	5549.84
湖 北 Hubei	1364650	1364650	100.00	4700.66
湖 南 Hunan	1161715	1161715	100.00	10194.37
广 东 Guangdong	1755446	1732649	98.70	
广 西 Guangxi	585125	574008	98.10	4991.43
海 南 Hainan	253288	174897	65.51	2510.15
重 庆 Chongqing	820197	818502	99.79	
四 川 Sichuan	1644076	1632732	99.31	55.60
贵 州 Guizhou	408559	408079	99.88	666.00
云 南 Yunnan	642978	625075	97.22	
西 藏 Tibet	21977	18465	84.02	
陕 西 Shaanxi	833776	833776	100.00	727.00
甘 肃 Gansu	447533	287262	64.19	1329.50
青 海 Qinghai	148950	148950	100.00	
宁 夏 Ningxia	132077	122832	93.00	1252.70
新 疆 Xinjiang	355062	334576	94.23	
新疆生产建设兵团 Xinjiang Production and Construction Corps	415802	415802	100.00	

10—31 历年失业保险、医疗保险、工伤保险、生育保险基本情况

HISTORIC FIGURES OF UNEMPLOYMENT INSURANCE, MEDICAL INSURANCE, WORK INJURY INSURANCE AND MATERNITY INSURANCE

年 份 year	一、失业保险 Unemloyment Inurance 年末参保职工人数(人) Contributors at the Year-end	全年发放失业救济金人数(人) Beneficiaries of Unemploment Insurance Funds(person)	全年发放失业救济金(万元) Unemployed Relief (10000 yuan)	二、生育保险 Maternity Insurance 年末参保职工人数(人) Contributors at the Year-end
一、绝对数 Absolute figure				
1994	7968.0	196.5	50755	915.9
1995	8238.0	261.3	81964	1500.2
1996	8333.1	330.8	138704	2015.6
1997	7961.4	319.0	186780	2485.9
1998	7927.9	158.1	203907	2776.7
1999	9852.0	271.4	318722	2929.8
2000	10326.3	329.7	561984	3001.6
2001	10268.5	468.5	832563	3455.1
二、比上年增长% Increase over Preceding Year %				
1995		33.0	61.5	63.8
1996	−12.3	26.6	69.2	34.4
1997	−4.5	3.6	34.7	23.3
1998	0.4	−50.4	9.2	11.7
1999	24.3	71.7	56.3	5.5
2000	4.8	21.5	76.3	2.5
2001	−0.6	42.1	48.1	15.1

年 份 year	三、基本医疗保险 Basic Medical Insurance 年末参保人数(人) Contributors at the Year-end (person) 职工 Workers	离休、退休、退职人员 Retirees	四、工伤保险 Work Injury Insurance 年末参保职工人数(人) Contributors at the Year-end	年末享受工伤待遇的人数(人) Beneficiaries at the Year-end (person)
一、绝对数 Absolute figure				
1994	374.6	25.7	1822.1	5.8
1995	702.6	43.3	2614.8	7.1
1996	791.2	64.5	3102.6	10.1
1997	1588.9	173.1	3507.8	12.5
1998	1508.7	369.0	3781.3	15.3
1999	1509.4	555.9	3912.3	15.1
2000	2862.8	924.2	4350.3	18.8
2001	5470.7	1815.2	4345.3	18.7
二、比上年增长% Increase over Preceding Year %				
1995	87.6	68.0	43.5	21.0
1996	12.6	49.0	18.7	43.6
1997	63.5	53.9	13.1	23.3
1998	−5.1	113.2	7.8	22.9
1999	0.05	50.7	3.5	−1.9
2000	89.7	66.2	9.8	25.0
2001	91.1	96.4	−0.1	−0.6

10－32 分地区基本医疗保险基本情况
BASIC MEDICAL INSURANEC BY REGION

(2001)

地 区 Region	年末参保人数(人) Contributors at the Year-end(person)		基金收支情况(万元) Revenue and Expenses(10000 yuan)		
	职工 Workers	离休、退休、退职人员 Retirees	基金收入 Revenue	基金支出 Expenses	累计结余 Balance at the Year-end
全 国 National	**54707406**	**18151737**	**3836022**	**2440989**	**2530088**
北 京 Beijing	1513232	893842	204971	197144	55480
天 津 Tianjin	928472	467941	23932	4661	19626
河 北 Hebei	2210022	614731	94588	49248	58670
山 西 Shanxi	1228996	344214	13182	6801	8003
内蒙古 Inner Mongolia	1513460	455480	59271	32118	39569
辽 宁 Liaoning	2232049	903743	115932	69591	81596
吉 林 Jilin	963753	277885	24744	7032	18220
黑龙江 Heilongjiang	2190541	892146	38575	27345	25887
上 海 Shanghai	4415472	2389281	813265	668321	426402
江 苏 Jiangsu	3425002	1134998	334344	215972	201082
浙 江 Zhejiang	2526774	1000347	224352	117357	191409
安 徽 Anhui	1791636	536401	72482	35970	44932
福 建 Fujian	1326883	383441	132996	71269	111593
江 西 Jiangxi	593927	122241	17140	14247	9189
山 东 Shandong	4042242	859731	275578	208699	121311
河 南 Henan	3654997	947953	122315	61480	79388
湖 北 Hubei	2009131	544581	59549	42142	32453
湖 南 Hunan	2679036	836994	100463	62090	66401
广 东 Guangdong	4603886	843802	463304	178414	528858
广 西 Guangxi	1166592	333932	43618	22497	24840
海 南 Hainan	323253	85265	24542	20954	10793
重 庆 Chongqing	270823	97139	16558	9751	9878
四 川 Sichuan	3092743	1283000	205155	106316	160347
贵 州 Guizhou	242176	69205	8274	3304	4970
云 南 Yunnan	1400881	456281	134123	75391	76869
西 藏 Tibet					
陕 西 Shaanxi	1819262	494261	55394	37958	31418
甘 肃 Gansu	863283	236136	26533	14431	13134
青 海 Qinghai	257522	125968	30431	11688	23543
宁 夏 Ningxia	132516	39811	6500	3896	3393
新 疆 Xinjiang	908444	253288	78732	55221	44341
新疆生产建设兵团 Xinjiang Production and Construction Corps	380400	227699	15179	9681	6493

10－33 分地区失业保险基本情况
UNEMPLOYMENT INSURANCE BY REGION

(2001)

单位:千人 (1 000 person)

地区	Region	年末参保人数 Contributors at the Year-end					
		合计 Total	一、企业 Enterprises	国有企业 State-owned Enterprises	集体企业 Collective-owned Enterprises	外商投资企业 Foreign Funded Enterprises	其他企业 Other Enterprises
全国	**National**	**102685.1**	**81495.4**	**54993.1**	**13298.2**	**5233.7**	**7970.5**
北京	Beijing	3060.0	2295.0	1450.0	185.0	218.0	442.0
天津	Tianjin	2142.7	1800.0	1225.3	280.2	269.7	24.9
河北	Hebei	5139.7	3831.7	2790.6	568.5	104.1	368.6
山西	Shanxi	2683.8	2324.5	2055.5	248.0	9.7	11.3
内蒙古	Inner Mongolia	2165.0	1578.5	1026.4	156.7	33.2	362.2
辽宁	Liaoning	6480.6	5759.7	3519.6	1480.3	372.8	387.0
吉林	Jilin	2838.1	2500.0	2107.7	303.9	32.5	55.9
黑龙江	Heilongjiang	5326.9	4838.9	3599.3	1060.2	130.3	49.1
上海	Shanghai	4307.1	3167.0	1437.7	473.9	572.7	682.7
江苏	Jiangsu	7509.0	6013.0	3267.6	1619.2	547.6	578.6
浙江	Zhejiang	3910.6	2899.9	1152.1	616.7	246.1	885.0
安徽	Anhui	3755.9	2929.2	1928.1	685.0	41.4	274.8
福建	Fujian	2396.4	1863.1	869.3	233.3	421.2	339.4
江西	Jiangxi	2345.3	1837.4	1621.8	166.4	14.5	34.8
山东	Shandong	6920.0	5604.0	3940.0	1134.0	227.0	303.0
河南	Henan	6745.2	5028.8	3595.0	856.9	94.6	482.3
湖北	Hubei	4208.1	3264.2	2696.9	448.8	70.5	48.0
湖南	Hunan	3255.7	2480.1	2140.1	291.4	20.2	28.4
广东	Guangdong	8194.8	7107.3	2676.0	891.8	1629.2	1910.3
广西	Guangxi	2176.8	1455.0	1233.1	144.0	26.7	51.3
海南	Hainan	427.3	282.6	204.9	39.5	24.8	13.4
重庆	Chongqing	2104.7	1713.6	1306.3	323.5	39.5	44.2
四川	Sichuan	4123.2	3003.1	2490.1	311.4	27.5	174.1
贵州	Guizhou	1347.1	950.9	866.8	39.6	5.6	38.9
云南	Yunnan	1907.3	1335.3	1082.7	160.2	14.9	77.5
西藏	Tibet	71.0	35.0	35.0			
陕西	Shaanxi	3044.6	2494.2	2041.4	348.3	22.4	82.1
甘肃	Gansu	1626.8	1241.7	990.4	146.4	6.7	98.2
青海	Qinghai	357.2	233.5	216.5	9.6		7.5
宁夏	Ningxia	341.5	277.0	218.8	16.6	0.4	41.2
新疆(含兵团)	Xinjiang	1772.8	1351.1	1208.0	58.8	10.2	74.1

10－33 续表 continued

单位:千人 (1 000 person)

地 区	Region	事业单位 Institutions (1000 person)	其他单位 Others (1000 person)	本年领取失业保险金人月数 Beneficiaries of Unemployment Insurance per-month	领取失业保险金人数 Beneficiaries of Unemployment Insurance this Year	下岗转失业人数 Laid-off workers	当年再就业人数 Re-employed This Year
全 国	**National**	**19772.1**	**1417.6**	**34764.0**	**4685.5**	**500.1**	**783.2**
北 京	Beijing	727.0	38.0	1495.9	124.7	4.6	90.6
天 津	Tianjin	342.7		1188.4	146.8	35.0	0.829
河 北	Hebei	1257.5	50.6	874.0	105.1	8.9	21.8
山 西	Shanxi	353.7	5.6	189.5	42.8	5.7	8.6
内蒙古	Inner Mongolia	560.1	26.4	615.6	118.9	16.0	20.9
辽 宁	Liaoning	716.5	4.4	2522.5	353.1	31.7	12.8
吉 林	Jilin	335.6	2.6	1230.0	131.8	13.9	0.656
黑龙江	Heilongjiang	467.0	21.0	1594.7	158.5	6.5	116.0
上 海	Shanghai	711.9	428.2	2964.6	409.5	12.5	4.3
江 苏	Jiangsu	1457.6	38.4	4344.7	537.1	71.8	87.5
浙 江	Zhejiang	849.7	161.0	3781.8	465.4	7.1	30.8
安 徽	Anhui	816.4	10.3	916.7	132.9	38.8	9.9
福 建	Fujian	516.1	17.1	950.3	125.1	11.7	20.2
江 西	Jiangxi	505.0	2.9	156.5	25.2	6.9	1.1
山 东	Shandong	1297.0	19.0	2175.1	287.8	16.5	56.4
河 南	Henan	1572.4	144.0	759.2	174.4	20.2	42.9
湖 北	Hubei	923.8	20.1	1955.6	331.1	47.1	17.2
湖 南	Hunan	727.8	47.7	528.6	84.2	9.6	46.0
广 东	Guangdong	867.7	219.7	2242.9	312.7	21.2	24.3
广 西	Guangxi	718.8	3.0	528.7	61.5	10.8	17.9
海 南	Hainan	107.0	37.8	99.4	15.4	4.8	0.285
重 庆	Chongqing	364.4	26.7	629.4	100.1	25.1	22.0
四 川	Sichuan	1079.6	40.5	1307.3	204.1	40.1	57.2
贵 州	Guizhou	380.3	15.9	99.6	15.1	1.4	3.7
云 南	Yunnan	561.9	10.2	634.9	77.2	3.8	51.7
西 藏	Tibet	36.0		0.911	0.091	0.031	
陕 西	Shaanxi	528.9	21.6	324.8	38.2	7.7	3.2
甘 肃	Gansu	381.9	3.2	113.4	25.0	1.4	3.9
青 海	Qinghai	123.4	0.3	126.3	19.6	1.3	1.7
宁 夏	Ningxia	63.1	1.4	57.1	11.4	1.0	3.8
新疆(含兵团)	Xinjiang	421.5	0.2	355.3	50.5	16.2	5.3

10－34 分地区失业保险基金收支情况
BALANCE OF UNEMPLOYMENT INSURANCE FUND BY REGION

(2001)

单位:万元 (10 000 yuan)

地区 Region	本年基金收入 Revenue this Year				
	合计 Total	失业保险费 Contributed			
		单位缴费 By Units	1. 企业 Enterprises	(1)国有企业 State-owned Enterprises	(2)集体企业 Collective-owned Enterprises
全国 National	**1873239.6**	**1238705.9**	**1005770.2**	**719967.8**	**99430.8**
北京 Beijing	99795.0	75838.0	52550.0	32812.0	3427.0
天津 Tianjin	51407.8	33888.7	28026.3	21762.2	2724.0
河北 Hebei	66644.0	46317.1	40163.2	35696.6	2432.3
山西 Shanxi	29593.9	17967.6	16175.5	15206.7	737.6
内蒙古 Inner Mongolia	29648.8	17510.8	13339.4	8216.4	797.9
辽宁 Liaoning	97059.0	65516.0	56568.5	40867.9	6481.7
吉林 Jilin	33221.0	22306.0	21261.0	19126.0	1765.0
黑龙江 Heilongjiang	60069.6	38781.9	36051.9	32740.9	2410.1
上海 Shanghai	215729.7	148223.9	116654.3	50082.6	11866.6
江苏 Jiangsu	182798.1	118718.3	93133.3	51459.5	18991.7
浙江 Zhejiang	111884.4	64664.2	44721.4	23383.0	7713.7
安徽 Anhui	53357.8	35535.7	28480.2	21555.3	2130.6
福建 Fujian	41307.9	26197.5	23347.5	12240.2	3229.1
江西 Jiangxi	20685.7	13050.7	9668.7	9195.0	364.3
山东 Shandong	126571.0	85538.0	65282.0	50419.0	9110.0
河南 Henan	71859.6	46129.0	37152.9	31650.3	2943.5
湖北 Hubei	55979.8	37180.5	31572.8	28110.3	2484.0
湖南 Hunan	43981.0	27356.2	22806.6	20423.3	1631.0
广东 Guangdong	163175.5	112581.4	101128.5	68057.8	7603.5
广西 Guangxi	32412.4	19740.9	15251.9	13666.7	869.7
海南 Hainan	8241.8	5710.5	3185.3	2377.1	413.2
重庆 Chongqing	22993.2	15326.0	13702.4	10764.8	2036.4
四川 Sichuan	66649.3	41916.2	30482.9	26220.3	2627.8
贵州 Guizhou	24674.9	15252.0	13025.2	12230.8	426.7
云南 Yunnan	41827.3	25903.9	20418.8	16845.5	1553.3
西藏 Tibet	2237.1	1494.7	629.2	629.2	
陕西 Shaanxi	32327.7	23065.8	22181.5	19685.1	980.2
甘肃 Gansu	26751.5	17602.2	15693.4	14666.0	633.2
青海 Qinghai	8539.4	5596.8	4429.8	4391.5	29.5
宁夏 Ningxia	5307.4	3395.9	2896.3	2327.0	102.0
新疆(含兵团) Xinjiang	46507.9	30399.8	25789.6	23158.9	915.4

10－34 续表 1　continued

单位:万元　(10 000 yuan)

地区	Region	(3)外商投资企业 Foreign Funded Enterprises	(4)其他企业 Other Enterprises	2.事业单位 Institutions	3.其他单位 Others	职工个人缴费 By Individuals	利息收入 Interest	财政补贴收入 Financial Allowance
全　国	**National**	**72364.4**	**114007.2**	**218196.5**	**14739.2**	**541829.9**	**46383.4**	**31250.3**
北　京	Beijing	2056.0	14255.0	19861.0	3427.0	20650.0	3307.0	
天　津	Tianjin	3037.9	502.3	5862.4		16944.4	574.8	
河　北	Hebei	1621.2	413.2	5986.7	167.2	18489.2	1196.3	29.8
山　西	Shanxi	100.4	130.8	1771.3	20.8	9067.5	2080.8	466.8
内蒙古	Inner Mongolia	143.7	4181.4	4112.1	59.2	9202.0	505.5	1244.8
辽　宁	Liaoning	1785.3	7433.6	8947.5		30275.4	1516.8	3.4
吉　林	Jilin	196.0	174.0	979.0	66.0	9103.0	1679.0	7.0
黑龙江	Heilongjiang	662.2	238.7	2670.8	59.1	17761.3	2640.7	593.0
上　海	Shanghai	24229.3	30475.8	27802.4	3767.3	64692.7	2813.2	
江　苏	Jiangsu	9111.3	13570.8	24769.0	816.0	56044.4	3021.3	4810.0
浙　江	Zhejiang	4290.3	9334.4	18312.5	1630.3	27449.1	2801.8	15538.0
安　徽	Anhui	516.9	4277.3	6963.9	91.6	15325.5	869.9	1369.1
福　建	Fujian	3933.0	3945.2	2497.5	352.5	12503.1	760.7	1832.2
江　西	Jiangxi	22.7	86.6	3374.2	7.8	6281.8	1312.7	
山　东	Shandong	2966.0	2787.0	20158.0	98.0	33287.0	2649.0	349.0
河　南	Henan	346.9	2212.2	8868.0	108.1	22184.4	2066.8	1101.6
湖　北	Hubei	716.8	261.6	5479.6	128.1	16253.4	990.6	1389.1
湖　南	Hunan	310.3	442.0	4407.3	142.3	13288.8	2312.1	817.0
广　东	Guangdong	12990.4	12476.9	9860.8	1592.1	45800.6	3853.7	26.6
广　西	Guangxi	258.1	457.3	4485.0	4.0	11255.3	1313.8	30.0
海　南	Hainan	290.6	104.4	2144.2	381.0	2299.1	193.2	37.7
重　庆	Chongqing	503.4	397.8	1518.0	105.7	6849.4	422.0	387.9
四　川	Sichuan	442.2	1192.7	10079.2	1354.1	21470.9	2320.3	519.6
贵　州	Guizhou	39.6	328.1	2137.4	89.5	8558.1	763.3	30.9
云　南	Yunnan	353.1	1667.0	5323.4	161.7	12158.5	894.0	
西　藏	Tibet			865.5		696.2	36.8	
陕　西	Shaanxi	1140.6	375.6	815.5	68.9	8402.8	783.9	11.3
甘　肃	Gansu	43.1	351.2	1897.9	10.8	7701.6	932.3	504.5
青　海	Qinghai		8.9	1150.0	17.0	2738.1	203.9	
宁　夏	Ningxia	3.7	463.5	490.3	9.3	1723.5	186.5	
新疆(含兵团)	Xinjiang	253.5	1461.8	4606.2	4.0	13373.1	1380.8	151.0

10—34 续表 2 continued

单位:万元 (10 000 yuan)

地区	Region	其他收入 Others	滞纳金收入 Revenue of Overdue Fine	本年基金支出 Expenses this Year 合计 Total	失业保险金 Unemployment Insurance	医疗补助金 Medical Subsidies	丧葬补助金和抚恤金 Funeral Expenses and Pensions for Surviors	职业培训补贴 Vocational Training Allowance
全国	**National**	**15322.6**	**1142.6**	**1565683.7**	**832563.4**	**49260.9**	**1003.2**	**81812.2**
北京	Beijing			103718.0	52348.0	4314.0	17.0	3454.0
天津	Tianjin			52348.0	34621.5	2145.9	46.6	1835.0
河北	Hebei	611.6	56.7	42215.4	19147.3	1356.3	45.0	1932.2
山西	Shanxi	11.3		15049.1	4234.3	219.9	0.4	545.0
内蒙古	Inner Mongolia	1185.7	14.8	24167.8	14637.3	361.0	10.1	1190.1
辽宁	Liaoning	−252.58	−267.87	96426.0	54576.5	1626.3	64.6	5828.1
吉林	Jilin	126.0	10.0	36747.0	20296.0	49.0	28.0	115.0
黑龙江	Heilongjiang	292.7	106.3	53146.7	33951.9	2363.3	30.3	506.0
上海	Shanghai			214935.3	97578.6	3964.8	44.1	29440.2
江苏	Jiangsu	204.1	31.7	164956.7	91629.5	7141.2	96.4	4588.9
浙江	Zhejiang	1431.2	564.5	124892.4	102266.3	4514.5	81.4	1386.1
安徽	Anhui	257.7	6.7	52952.9	19306.9	1130.8	30.7	1986.8
福建	Fujian	14.5		31273.5	23042.6	1309.5	22.3	472.4
江西	Jiangxi	40.5	10.7	11016.9	2722.0	225.9	3.3	366.7
山东	Shandong	4748.0	40.0	76308.0	51346.0	938.0	74.0	5481.0
河南	Henan	377.8	6.6	43556.6	13902.3	581.8	16.2	1975.2
湖北	Hubei	166.2	29.8	64382.9	31888.8	1850.4	56.3	4107.2
湖南	Hunan	206.9		29659.8	9040.9	386.2	4.9	2068.6
广东	Guangdong	913.2	129.4	102052.9	76778.9	8524.2	251.0	2249.2
广西	Guangxi	72.4	15.8	19385.9	10759.7	501.0	4.0	1637.0
海南	Hainan	1.2	0.4	4592.3	3141.7	19.7	0.4	201.9
重庆	Chongqing	7.9		28609.1	11041.3	643.7	16.4	1111.9
四川	Sichuan	422.4	59.3	55012.6	21806.6	2367.0	23.4	1199.2
贵州	Guizhou	70.7	0.0	2804.5	1834.5	98.0	4.4	31.3
云南	Yunnan	2870.9	15.1	22051.1	12389.0	1123.9	18.1	727.5
西藏	Tibet	9.5		185.6	26.5	1.2		5.0
陕西	Shaanxi	63.9	16.0	22272.6	5693.5	259.6	3.6	2679.8
甘肃	Gansu	11.0	0.7	16334.3	1976.7	136.7	2.1	403.5
青海	Qinghai	0.6	0.6	13142.3	2388.7	98.7	1.7	597.5
宁夏	Ningxia	1.5	1.5	3451.5	1301.6	36.4	0.4	151.6
新疆(含兵团)	Xinjiang	1203.2	26.0	38036.1	6888.1	972.5	6.4	3538.2

10—34 续表 3 continued

单位:万元 (10 000 yuan)

地 区 Region	职业介绍补贴 Labour Exchange Expenses	调剂用于再就业服务中心资金 For Re-employment Service Centres	农民合同制工人一次性生活补助 Allowance for Contract Worker from Rural	其他支出 Others	银行手续费 Bank Commission	年终滚存结余 Accumulative Reserve at the Year-end
全 国 National	**52754.9**	**447818.3**	**15205.3**	**85265.6**	**218.7**	**2262089.0**
北 京 Beijing	1594.0	4192.0	221.0	37578.0		73677.0
天 津 Tianjin	739.8	12800.0	159.2			23477.5
河 北 Hebei	635.2	12963.5	1529.8	4606.1	9.6	108692.9
山 西 Shanxi	12.8	9552.5	277.1	207.3	6.3	71084.3
内蒙古 Inner Mongolia	144.6	7586.3	52.4	186.0	11.5	34026.9
辽 宁 Liaoning	1663.9	27588.2	398.0	4680.5	4.5	61255.3
吉 林 Jilin		16259.0				34154.0
黑龙江 Heilongjiang	170.6	15080.0	12.0	1032.7	14.8	87914.7
上 海 Shanghai	33634.2	31574.1	1652.2	17047.2	0.9	62413.7
江 苏 Jiangsu	6937.9	49928.5	4316.2	318.3	17.9	184611.2
浙 江 Zhejiang	760.1	13158.6	2457.6	268.0	39.6	96429.0
安 徽 Anhui	674.4	24769.7	174.6	4879.2	19.2	39499.4
福 建 Fujian	2.5	6074.5	304.7	45.1	0.5	51514.5
江 西 Jiangxi	331.2	6544.9	85.1	738.0	4.3	63070.6
山 东 Shandong	570.0	16598.0	1212.0	89.0	3.0	193452.0
河 南 Henan	275.7	23426.3	925.1	2453.9	7.0	145285.4
湖 北 Hubei	1071.0	23960.6	470.2	978.5	21.7	41951.8
湖 南 Hunan	462.2	16433.0	23.2	1240.8	4.8	93899.4
广 东 Guangdong	1156.2	12227.0	89.9	776.6		226171.0
广 西 Guangxi	296.9	6080.0	37.5	69.9	4.5	76382.6
海 南 Hainan	4.0	1174.5		50.2	0.1	16363.5
重 庆 Chongqing	568.6	9040.9	94.9	6091.4	0.8	21159.3
四 川 Sichuan	523.6	28779.5	73.9	239.4	22.4	91349.2
贵 州 Guizhou	92.0	563.9	2.3	178.1	1.5	64122.1
云 南 Yunnan	41.2	6798.7	96.1	856.6		75445.6
西 藏 Tibet		130.7		22.2	0.0	7008.5
陕 西 Shaanxi	161.5	13279.3	155.9	39.4	8.5	64002.5
甘 肃 Gansu	19.4	13729.7	0.1	66.1	11.1	50208.5
青 海 Qinghai	33.0	9822.6		200.0	0.0	7712.1
宁 夏 Ningxia	33.4	1891.3		36.8	1.3	9892.5
新疆(含兵团) Xinjiang	145.3	25810.6	384.4	290.6	2.8	85861.9

10－35 分地区工伤保险基本情况

WORK INJURY INSURANCE BY REGION

(2001)

地区	Region	参保职工人数(人) Employees Insured (person)	基金收入(万元) Revenue (10 000 yuan)	基金支出(万元) Expenses (10 000 yuan)	累计结余(万元) Reserve (10 000 yuan)	享受工伤待遇的人数(人) Beneficiaries of Work Injury Insurance(person)	
						合计 Total	一至四级 1-4 Level
全国	**National**	**43453489**	**282839**	**164929**	**688926**	**187086**	**28772**
北京	Beijing	2046539	21921	13417	19333	1334	1030
天津	Tianjin						
河北	Hebei	1631029	3967	3372	7154	8151	1684
山西	Shanxi	717751	1792	966	2998	152	28
内蒙古	Inner Mongolia	267209	605	720	679	5349	646
辽宁	Liaoning	3905915	23790	18161	36958	50162	10488
吉林	Jilin	307164	1299	246	1614	11206	975
黑龙江	Heilongjiang	1043613	4086	3026	5206	854	148
上海	Shanghai						
江苏	Jiangsu	4739356	21784	14846	60781	6558	1939
浙江	Zhejiang	2196715	14151	6433	49950	5621	386
安徽	Anhui	734204	3206	2023	4322	2046	124
福建	Fujian	1590411	12696	5719	38005	2295	116
江西	Jiangxi	1377713	5909	3213	20856	1891	303
山东	Shandong	2854635	13270	7082	25882	6125	1764
河南	Henan	1960065	4099	2320	10980	5059	1029
湖北	Hubei	1823231	3714	3371	12600	13385	2232
湖南	Hunan		2978	1202	12356		
广东	Guangdong	9900946	101837	53076	284423	51773	1404
广西	Guangxi	1240567	6096	2852	21895	1000	235
海南	Hainan	695253	3176	1146	11487	267	28
重庆	Chongqing	250126	1481	611	4340	940	216
四川	Sichuan	1793195	12237	8873	30025	4553	2138
贵州	Guizhou	17029	45	12	186	6	2
云南	Yunnan	972559	11748	8396	13811	6028	661
西藏	Tibet						
陕西	Shaanxi	245033	974	661	1627	618	288
甘肃	Gansu	95355	297	157	863	176	105
青海	Qinghai	70731	1645	693	1286	435	435
宁夏	Ningxia	113911	720	646	1251	290	200
新疆	Xinjiang	305346	1528	590	4133	423	55
新疆生产建设兵团	Xinjang Production and Construction Corps	557888	1788	1099	3925	389	113

10－35 续表 continued

地 区 Region	五至六级 5－6 Level	七至十级 7－10 Level	享受职业病待遇的人数(人) Beneficiaries of Occupational Diseases(person) 合 计 Total	一至四级 1－4 Level	五至六级 5－6 Level	七至十级 7－10 Level
全 国 National	**23858**	**134456**	**14723**	**9307**	**2828**	**2588**
北 京 Beijing	46	258	488	408	17	63
天 津 Tianjin						
河 北 Hebei	1466	5001	194	65	6	123
山 西 Shanxi	15	109	4			4
内 蒙 古 Inner Mongolia	1439	3264	954	146	226	582
辽 宁 Liaoning	8100	31574	4513	3640	478	395
吉 林 Jilin	2073	8158	396	115	164	117
黑 龙 江 Heilongjiang	233	473	26	8	3	15
上 海 Shanghai						
江 苏 Jiangsu	938	3681	1357	903	172	282
浙 江 Zhejiang	378	4857	85	33	37	15
安 徽 Anhui	207	1715	106	5	8	93
福 建 Fujian	138	2041	1701	785	801	115
江 西 Jiangxi	236	1352	99	60	19	20
山 东 Shandong	848	3513	1228	758	219	251
河 南 Henan	1135	2895	78	42	27	9
湖 北 Hubei	3320	7833	781	223	294	264
湖 南 Hunan						
广 东 Guangdong	1367	49002	52	45	3	4
广 西 Guangxi	86	679	31	13	1	17
海 南 Hainan	15	224	202	166		36
重 庆 Chongqing	172	552	712	553	63	96
四 川 Sichuan	625	1790	995	869	102	24
贵 州 Guizhou		4	4			4
云 南 Yunnan	570	4797	484	274	161	49
西 藏 Tibet						
陕 西 Shaanxi	285	45	24	17	7	
甘 肃 Gansu	6	65	2	2		
青 海 Qinghai			94	94		
宁 夏 Ningxia	43	47	2	2		
新 疆 Xinjiang	36	332	26	24	1	1
新疆生产建设兵团 Xinjang Production and Construction Corps	81	195	85	57	19	9

10—36 分地区生育保险基本情况

MATERNITY INSURANCE BY REGION

(2001)

地 区	Region	参保职工人数（人） Number of Employees Insured (person)	本年生育人数（人） Number of Women boye Children (person)	基金收入（万元） Revenue (10 000 yuan)	基金支出（万元） Expenses (10 000 yuan)	累计结余（万元） Reserve at the Year-end (10 000 yuan)
全 国	**National**	**34550557**	**244869**	**137285**	**95873**	**205757**
北 京	Beijing					
天 津	Tianjin					
河 北	Hebei	1315476	7612	2851	5836	1394
山 西	Shanxi	1080399	2500	1203	1051	2760
内 蒙 古	Inner Mongolia	279192	2655	430	486	842
辽 宁	Liaoning	2277558	12016	8500	6361	11618
吉 林	Jilin	239563	659	1606	111	1808
黑 龙 江	Heilongjiang	681812	1915	765	615	854
上 海	Shanghai	4436661	653	9227	446	8781
江 苏	Jiangsu	4834639	46015	26095	17457	45864
浙 江	Zhejiang	1876402	16786	9820	5574	29195
安 徽	Anhui	233986	1466	639	443	660
福 建	Fujian	1181935	9387	3967	4206	3785
江 西	Jiangxi	1201528	8304	3254	2120	8130
山 东	Shandong	3318382	34305	15155	10975	15307
河 南	Henan	1963637	10676	3776	3471	3854
湖 北	Hubei	1821375	10929	2898	2335	5667
湖 南	Hunan	37041	98	228	393	222
广 东	Guangdong	2500681	23655	17656	12106	29913
广 西	Guangxi	1135325	12183	4655	3719	7017
海 南	Hainan	107764	596	219		219
重 庆	Chongqing	235863	2217	892	550	1169
四 川	Sichuan	1781030	15614	8126	5226	13150
贵 州	Guizhou	10867	20	25	10	40
云 南	Yunnan	961061	11689	10508	8931	8537
西 藏	Tibet					
陕 西	Shaanxi	45862	783	221	187	349
甘 肃	Gansu	50312	309	126	89	224
青 海	Qinghai	66366	540	307	257	284
宁 夏	Ningxia	86603	1466	488	455	−51
新 疆	Xinjiang	305219	3299	2046	1294	752
新疆生产建设兵团	Xinjang Production and Construction Corps	484018	6522	1602	1169	3413

10－37　分地区农村社会养老保险基本情况
RURAL SOCIAL PENSION INSURANCE BY REGION

(2001)

地　区　Region	开展工作的地区和单位(个) Number of Region Launching the Rural Old-age Insurance					年末参保人数(万人) Contributors at the Year-end(10 000 person)	
	地级 Prefectures	县级 Counties	乡镇 Small Towns	村 Villages	乡镇企业 Township Enterprises	合计 Total	本年参保人数 Contributors in This Year
全　国 National	**283**	**2045**	**30057**	**433599**	**100960**	**5995.1**	**311.8**
北　京 Beijing		14	201	3223	1864	34.7	3.1
天　津 Tianjin			9	130	100	2.5	0.8
河　北 Hebei	11	148	1587	32089	787	275.4	0.7
山　西 Shanxi	11	119	1078	22526	1950	199.2	0.8
内蒙古 Inner Mongolia	8	59	976	6733	8	69.2	6.7
辽　宁 Liaoning	13	64	1061	11226	2189	242.3	2.8
吉　林 Jilin	6	38	272	686	14	9.5	0.2
黑龙江 Heilongjiang	13	85	864	8981		191.0	
上　海 Shanghai	1	10	155	2722	13970	121.0	121.0
江　苏 Jiangsu	13	91	1374	22108	25140	856.5	43.0
浙　江 Zhejiang	11	75	1481	31913	14352	610.0	
安　徽 Anhui	17	90	1812	19803	5498	245.1	3.4
福　建 Fujian	9	79	1008	12956		152.1	3.0
江　西 Jiangxi	11	96	1794	19649	8263	222.8	0.6
山　东 Shandong	17	139	1740	75100	5046	1089.9	92.6
河　南 Henan	16	94	1337	20247	7098	171.8	2.4
湖　北 Hubei	12	95	1158	27744	3881	318.2	2.6
湖　南 Hunan	14	111	2179	34499	1737	210.7	0.2
广　西 Guangxi	14	92	1123	10105	249	185.5	11.3
海　南 Hainan	2	20	312	3697	1121	32.3	0.2
重　庆 Chongqing		22	459	5639	319	45.0	
四　川 Sichuan	20	106	3120	23259	4181	350.7	0.8
贵　州 Guizhou	9	66	812	6999	715	39.0	
云　南 Yunnan	14	104	1183	8314	1530	136.8	0.9
西　藏 Tibet	4	10	67	77		3.05	
陕　西 Shaanxi	10	99	1858	16022	845	116.5	1.2
甘　肃 Gansu	8	35	443	3569	99	13.8	2.6
青　海 Qinghai	7	23	193	2000		13.8	
宁　夏 Ningxia		15	140			13.0	
新　疆 Xinjiang	12	44	242	1366	4	12.7	
深　圳 Shenzhen		2	19	217		11.0	11.0

注：1. 职工人数合计栏指省、地、县三级工作人员的合计。

2. 天津、内蒙古、辽宁、贵州、西藏、陕西、甘肃、青海、宁夏等9个省、市因机构改革没有报送报表，暂用上年 数字代替。

a) The total staff and workers refers to all staff and workers in provincial, prefectual and county agencies.

b) For the government agencies' reorganization, 9 Provinces (cities) Which include Tianjin, Inner Mongolia, Liaoning, Guizhou, Tibet Shaanxi, Gansu, Qinghai and Ningxia, haven't submitted the new data, So the figures of the 9 Provinces (cities) is the data of 2000.

10－37 续表1 continued

地 区 Region	本年乡企参保 Township Enterprises	年末领取人数（万人）Beneficiaries at the Year-end (10 000 person): 本年领取养老金人数 Beneficiaries in This Year	本年退保转移死亡人数 Decreased Beneficiaries in This Year	农村社会养老保险工作机构(个) Rural Social Pension Insurance Institutions: 省级 province Level: 行政 Administrative	省级 province Level: 事业 Institutional	地级 Prefectual Level: 行政 Administrative	地级 Prefectual Level: 事业 Institutional	县级 County Level: 行政 Administrative	县级 County Level: 事业 Institutional	乡镇 Small Towns
全 国 National	**91.2**	**108.1**	**42.1**	**22**	**14**	**106**	**142**	**121**	**1910**	**17608**
北 京 Beijing	0.6	0.8	0.2	1	1				14	119
天 津 Tianjin	0.2	0.2	0.0	1				1		9
河 北 Hebei		2.4	4.5	1		4	6	6	132	
山 西 Shanxi	0.5	0.5	0.1	1	1	4	10		110	1028
内蒙古 Inner Mongolia		1.6	0.1	1		1	4	3	47	697
辽 宁 Liaoning	0.4	0.4	0.5	1	1	4	12	1	55	699
吉 林 Jilin		0.1	0.6	1	1	4	5	14	38	26
黑龙江 Heilongjiang		0.6	1.6	1	1	7	8	5	73	
上 海 Shanghai	75.6	38.0	3.0			1	1	2	10	155
江 苏 Jiangsu	9.5	9.3	5.5	1	1	5	9	1	91	1260
浙 江 Zhejiang		3.6	0.0						75	
安 徽 Anhui	0.2	1.1	0.6	1	1	6	5	5	78	1221
福 建 Fujian		0.9	0.4		1	3	9		79	1008
江 西 Jiangxi		3.1	0.4	1		4	6	8	82	1783
山 东 Shandong	4.2	23.3	3.2	1		4	14	1	138	1398
河 南 Henan		3.8	8.1	1		5	7	11	79	757
湖 北 Hubei		1.6	0.9	1		10	2	4	87	880
湖 南 Hunan		3.6	6.3			4	8	6	105	847
广 西 Guangxi		1.4	0.7		1	2	6	4	82	778
海 南 Hainan		0.1	0.0	1			2		20	256
重 庆 Chongqing		0.5		1				1	21	
四 川 Sichuan		6.6	4.3	1		20	5		64	1627
贵 州 Guizhou				1		5	3	11	50	466
云 南 Yunnan		3.3	0.2	1	1	7	5	21	104	804
西 藏 Tibet										
陕 西 Shaanxi		0.7	0.7		1	1	6		98	1302
甘 肃 Gansu				1		5	4	7	115	399
青 海 Qinghai		0.0	0.1	1	1		2		19	
宁 夏 Ningxia					1				18	
新 疆 Xinjiang		0.1	0.2	1	1		3	9	24	70
深 圳 Shenzhen		0.5	0.2						2	19

10—37 续表 2 continued

地区	Region	合计 Total	职工人数(人) Number of Workers 省级 Province Level 行政 Administrative	事业 Institutional	自收自支 Levy and Pay by Itself	地级 Prefectual Level 行政 Administrative	事业 Institutional	自收自支 Levy and Pay by Itself
全国	**National**	**9402**	**75**	**108**	**51**	**188**	**653**	**390**
北京	Beijing	73	4	6				
天津	Tianjin	7	4					
河北	Hebei	589	4			15	29	16
山西	Shanxi	475	4	11		6	29	5
内蒙古	Inner Mongolia	236					21	
辽宁	Liaoning	479		3		11	84	66
吉林	Jilin	110	5	5		10	6	0
黑龙江	Heilongjiang	130	2	4		5	19	7
上海	Shanghai	123				4	7	7
江苏	Jiangsu	105	5	8		11	3	46
浙江	Zhejiang	109	5			10	24	0
安徽	Anhui	455	3	5	5	13	18	13
福建	Fujian	495		17	17	3	49	49
江西	Jiangxi	634		10	10	5	48	48
山东	Shandong	1174	4			8	83	24
河南	Henan	838	2			9	52	14
湖北	Hubei	670	5			17	9	4
湖南	Hunan	606				9	39	19
广西	Guangxi	411		5	5	3	27	19
海南	Hainan	85	1				17	
重庆	Chongqing	36	3					
四川	Sichuan	29	1			9	19	15
贵州	Guizhou	217	1		8	11	4	33
云南	Yunnan	334	2	10		8	25	
西藏	Tibet							
陕西	Shaanxi	548		6		4	21	
甘肃	Gansu	109	6			8	10	5
青海	Qinghai	71	4	2			5	
宁夏	Ningxia	72		10				
新疆	Xinjiang	172	10	6	6	8	5	
深圳	Shenzhen	10				1		

10—37 续表 3 continued

地 区 Region	县级 County Level			乡镇 Small Towns		村或乡企代办人员 Staffs Working for Village or Township Enterprises
	行政 Administrative	事业 Institutional	自收自支 Levy and Pay by itself	专职 Full-time Workers	兼职 Part-time	
全 国 National	**547**	**7831**	**6332**	**10091**	**20919**	**119441**
北 京 Beijing	5	58	36	33	194	2648
天 津 Tianjin	2	1			10	230
河 北 Hebei	17	524	356	53	527	
山 西 Shanxi	0	425	260	56	920	12025
内 蒙 古 Inner Mongolia	5	210	65	477	654	
辽 宁 Liaoning	16	365	355	462	710	6417
吉 林 Jilin	20	64	2		49	13
黑 龙 江 Heilongjiang	15	85	219			
上 海 Shanghai	13	99	99	570	94	11965
江 苏 Jiangsu	6	72	641	1696		
浙 江 Zhejiang		70	300	177	944	
安 徽 Anhui	30	386	347	416	1529	2418
福 建 Fujian		426	426	351	746	3555
江 西 Jiangxi	50	521	387	373	1670	9233
山 东 Shandong	18	1061	405	1461	1378	32197
河 南 Henan	33	742	691	488	2367	4320
湖 北 Hubei	31	608	481	480	550	6540
湖 南 Hunan	14	544	426	123	1349	9091
广 西 Guangxi	17	359	262	98	1267	2645
海 南 Hainan		67	28	53	214	
重 庆 Chongqing	2	31	72			
四 川 Sichuan				754	2324	7085
贵 州 Guizhou	183	18	177	1029		1077
云 南 Yunnan	29	260	60	436	756	1449
西 藏 Tibet						77
陕 西 Shaanxi	13	504	144	325	1627	2116
甘 肃 Gansu	11	74	26	47	488	1729
青 海 Qinghai		60			193	2000
宁 夏 Ningxia		62			159	
新 疆 Xinjiang	17	126	65	85	200	394
深 圳 Shenzhen		9	2	48		217

10—38 分地区农村社会养老保险资金收支情况

REVENUE AND EXPENSES OF RURAL SOCIAL PENSION INSURANCE BY REGION

(2001)

单位：万元 (10 000 yuan)

地区	Region	上年基金滚存结余 Balance of Last Year	本年保险资金收入 Revenue this Year	本年保费收入 Insurance Revenue This Year	个人缴费 Contributed by Individual	集体补助 Collective Allowance	本年基金运营收益 Income from Fund Runned This Year
全国	**National**	**2020519.3**	**229167.1**	**170806.7**	**91499.4**	**79307.4**	**58360.6**
北京	Beijing	40780.4	7653.4	6522.3	2363.1	4159.2	1131.1
天津	Tianjin	2563.0	196.0	147.0	74.0	73.0	49.0
河北	Hebei	47724.0	1840.7	295.6	286.8	8.8	1544.7
山西	Shanxi	25930.0	1000.0	120.0	96.0	24.0	880.0
内蒙古	Inner Mongolia	10852.2	644.4	219.3	196.6	22.7	425.1
辽宁	Liaoning	58287.0	2986.0	2127.0	1824.0	303.0	859.0
吉林	Jilin	7752.0	534.0	254.0	125.0	129.0	280.0
黑龙江	Heilongjiang	30069.0	782.0	112.0	112.0		670.0
上海	Shanghai	268764.0	90505.0	78975.0	28526.0	50449.0	11530.0
江苏	Jiangsu	421417.7	44798.5	35349.4	17892.7	17456.7	9449.1
浙江	Zhejiang	199304.0	25117.0	19455.3	19455.3		5661.7
安徽	Anhui	55310.3	3183.8	1671.3	1140.0	531.2	1512.5
福建	Fujian	67817.0	5013.6	2707.2	2707.2		2306.4
江西	Jiangxi	49691.8	1681.1	221.4	202.1	19.4	1459.7
山东	Shandong	340452.4	25545.1	15937.3	11107.3	4830.0	9607.8
河南	Henan	36430.9	1261.8	397.8	308.8	89.0	864.5
湖北	Hubei	61256.0	3478.0	2100.0	1750.0	350.0	1378.0
湖南	Hunan	47632.7	1449.6	146.1	93.1	53.1	1303.5
广西	Guangxi	46616.9	1652.1	145.7	145.7		1506.4
海南	Hainan	12414.2	443.1	241.0	190.8	50.2	202.1
重庆	Chongqing	10385.2	541.1				541.1
四川	Sichuan	63304.0	2766.6	709.4	682.6	26.8	2057.3
贵州	Guizhou	6182.6					
云南	Yunnan	62356.4	2515.2	517.8	493.0	24.8	1997.4
西藏	Tibet	580.2					
陕西	Shaanxi	17681.7	741.4	344.7	327.5	17.2	396.8
甘肃	Gansu	3786.5	116.4	12.3	0.3	12.0	104.1
青海	Qinghai	910.0					
宁夏	Ningxia	738.0					
新疆	Xinjiang	6671.1	123.0				123.0
深圳	Shenzhen	16858.2	2598.1	2077.8	1399.5	678.3	520.3

注：1. 职工人数合计栏指省、地、县三级工作人员的合计。

2. 天津、内蒙古、辽宁、贵州、西藏、陕西、甘肃、青海、宁夏等 9 个省、市因机构改革没有报送报表，暂用上年数字代替。

a) The total staff and workers refers to all staff and workers in provincial, prefectual and county agencies.

b) For the government agencies' reorganization, 9 Provinces (cities) Which include Tianjin, Inner Mongolia, Liaoning, Guizhou, Tibet Shaanxi, Gansu, Qinghai and Ningxia, haven't submitted the new data, So the figures of the 9 Provinces (cities) is the data of 2000.

10－38 续表 1 continued

单位:万元 (10 000 yuan)

地 区	Region	本年保险资金支出 Expenses This Year	本年保险金支出 Insurance Expenses This Year	养老金支出 For Pension	退保金、继承保证金、丧葬费等支出 For Return Insurance, Inherit Earnest Money and Funeral Expenses	本年提取管理费 Manage Expenses This Year 比例 Rate (%)	金额 Total Amount
全 国	**National**	**89003.8**	**79379.2**	**52018.7**	**27360.3**	**3.0**	**9624.5**
北 京	Beijing	1144.4	945.3	444.2	501.1	3.0	199.0
天 津	Tianjin	108.0	103.0	68.0	35.0	3.0	5.0
河 北	Hebei	1585.3	1282.4	182.3	1100.2	3.0	302.9
山 西	Shanxi	359.0	355.0	95.0	260.0	3.0	4.0
内 蒙 古	Inner Mongolia	101.8	95.5	16.9	78.6	3.0	6.3
辽 宁	Liaoning	1359.0	1299.0	405.0	894.0	3.0	60.0
吉 林	Jilin	608.0	608.0	585.0	23.0	3.0	
黑 龙 江	Heilongjiang	611.0	247.0	223.7	23.3	3.0	364.0
上 海	Shanghai	37856.0	34263.0	26268.0	7995.0	3.0	3593.0
江 苏	Jiangsu	14320.1	12972.2	7110.3	5861.9	3.0	1347.9
浙 江	Zhejiang	10466.5	9882.8	9882.8		3.0	583.7
安 徽	Anhui	1456.7	1408.8	359.2	1049.6	3.0	47.9
福 建	Fujian	690.8	602.6	236.2	366.5	3.0	88.1
江 西	Jiangxi	594.4	547.7	214.9	332.7	3.0	46.7
山 东	Shandong	8988.6	6354.8	3414.4	2940.4	3.0	2633.9
河 南	Henan	1966.8	1874.6	184.4	1690.2	3.0	92.2
湖 北	Hubei	1219.0	1219.0	799.0	420.0	3.0	
湖 南	Hunan	1619.6	1527.7	280.0	1247.7	3.0	92.2
广 西	Guangxi	325.4	298.9	66.4	232.5	3.0	26.4
海 南	Hainan	412.7	405.5	379.6	25.9	3.0	7.2
重 庆	Chongqing	241.5	241.5	78.0	163.5	3.0	
四 川	Sichuan	1187.0	1148.9	350.5	798.2	3.0	37.7
贵 州	Guizhou					3.0	
云 南	Yunnan	427.7	414.0	188.7	225.3	3.0	13.7
西 藏	Tibet					3.0	
陕 西	Shaanxi	645.7	636.7	88.6	548.1	3.0	9.0
甘 肃	Gansu	122.0	121.6	12.4	109.2	3.0	0.4
青 海	Qinghai					3.0	
宁 夏	Ningxia					3.0	
新 疆	Xinjiang	259.4	259.4	17.9	241.5	3.0	
深 圳	Shenzhen	327.5	264.2	67.3	196.9	3.0	63.3

10—38 续表 2　continued

单位:万元 (10 000 yuan)

地　区 Region	本年末基金滚存结余 Accumulative Funds at the Year-end						
	合 计 Total	责任金 Fund	调剂金 Regulative Fund	银行存款 Deposit	购买国债 National Bond	财政管理 Managed by Financial	其 他 Others
全　国 National	**2160682.0**	**2076345.3**	**84336.0**	**991424.8**	**393310.7**	**491080.7**	**284865.8**
北　京 Beijing	47289.5	46158.6	1130.9	676.4	532.0	2962.3	43118.7
天　津 Tianjin	2651.0	2740.0	−89.0	852.0	1540.0	259.0	
河　北 Hebei	47979.4	46282.1	1697.3	30392.5	8930.3	4321.0	4335.6
山　西 Shanxi	26571.0	26224.0	347.0	5091.0	17260.0	420.0	3800.0
内蒙古 Inner Mongolia	11394.8	11068.5	326.3	3626.7	302.0	6577.0	889.1
辽　宁 Liaoning	59914.0	60280.0	−366.0	34132.0	12366.0	7566.0	5850.0
吉　林 Jilin	7678.0	7678.0		6309.0	284.0	1014.0	71.0
黑龙江 Heilongjiang	30240.0	27089.0	3151.0	17990.0	6906.0	0.0	5344.0
上　海 Shanghai	321413.0	292681.0	28732.0	70767.0	142956.0	72849.0	34841.0
江　苏 Jiangsu	451896.1	443653.3	8242.8	271461.3	64855.8	60623.9	54955.2
浙　江 Zhejiang	213954.5	202585.6	11368.9	95391.9	27983.0	76433.0	14146.7
安　徽 Anhui	57037.4	55834.6	1202.8	42879.1	9602.8	3893.2	662.3
福　建 Fujian	72139.8	68337.3	3802.6	9764.1	4300.0	53982.3	4093.4
江　西 Jiangxi	50778.6	49586.6	1192.0	29898.0	6573.9	714.6	13592.0
山　东 Shandong	357008.8	345941.7	11067.2	138636.0	53050.4	131681.3	33641.2
河　南 Henan	35725.8	35034.2	691.7	29405.6	4306.4	1690.1	323.8
湖　北 Hubei	63515.0	62765.0	750.0	15213.0	762.0	27310.0	20230.0
湖　南 Hunan	47462.7	47013.7	448.9	35044.5	1562.1	4349.8	6506.4
广　西 Guangxi	47943.6	47021.3	922.3	32744.9	6501.4	4678.3	4019.0
海　南 Hainan	12444.6	12211.3	233.2	10468.6	533.0	793.0	650.0
重　庆 Chongqing	10684.8	10154.7	530.1	5432.2	1322.3	304.8	3625.5
四　川 Sichuan	64884.0	60607.0	4277.0	31410.2	6814.4	10387.5	16271.9
贵　州 Guizhou	6182.6	5746.9	435.7	3740.6	616.7	3.5	1821.9
云　南 Yunnan	64443.9	61850.1	2593.1	46111.9	9041.3	845.8	8445.0
西　藏 Tibet	580.2	580.2		519.7	60.5		
陕　西 Shaanxi	17777.5	17314.5	462.9	14564.9	1466.1	619.2	1127.2
甘　肃 Gansu	3780.9	3744.0	36.9	2191.5	1569.5	20.0	
青　海 Qinghai	910.0	910.0		845.0	65.0		
宁　夏 Ningxia	738.0	738.0		646.0	91.0		1.0
新　疆 Xinjiang	6534.8	6432.9	101.9	4681.9	431.9	483.8	937.1
深　圳 Shenzhen	19127.9	18081.3	1046.6	537.4	725.0	16298.5	1567.0

十一、工会工作

Trade Union Works

11－1　分地区基层工会组织数

NUMBER OF GRASSROOTS TRADE UNION BY REGION

(2001)

地　区　Region	总计(个) Total Number	内资企业 Enterprises of Domestic Funded					
		国有企业 State-owned	集体企业 Urban Collective-owned	股份合作企业 Cooperative	联营企业 Joint-owned	有限责任公司 Limited Liability Corporations	股份有限公司 Share-holding Corporations Ltd
全　国　National	**1537970**	**127457**	**61778**	**21584**	**3149**	**21141**	**15954**
北　京　Beijing	32844	2932	1286	332	38	521	431
天　津　Tianjin	22361	2449	2011	572	59	294	173
河　北　Hebei	64657	6130	4562	854	59	845	575
山　西　Shanxi	25677	4830	2594	430	18	484	525
内蒙古　Inner Mongolia	23166	2880	573	312	6	510	313
辽　宁　Liaoning	64659	6791	5047	956	125	349	388
吉　林　Jilin	21046	3721	1376	246	10	360	231
黑龙江　Heilongjiang	24608	6414	2266	700	20	549	357
上　海　Shanghai	85439	3582	2129	953	242	1419	755
江　苏　Jiangsu	95255	4185	2926	1657	99	1305	851
浙　江　Zhejiang	84341	1662	1035	6072	426	3125	1582
安　徽　Anhui	47560	5318	2398	394	1071	448	762
福　建　Fujian	68999	3958	2282	279	76	210	415
江　西　Jiangxi	38447	4281	1596	164	26	296	165
山　东　Shandong	101634	7568	4563	2088	104	2206	1825
河　南　Henan	48551	7410	3903	669	24	663	531
湖　北　Hubei	111309	6091	2514	809	95	1337	1890
湖　南　Hunan	85036	5356	2491	379	70	974	805
广　东　Guangdong	223699	9532	4962	916	293	963	1035
广　西　Guangxi	35735	5656	1673	231	12	496	160
海　南　Hainan	7469	1588	498	34	171	60	57
重　庆　Chongqing	26956	1466	844	229	4	484	344
四　川　Sichuan	75455	5217	2233	353	33	1194	233
贵　州　Guizhou	19855	3342	1205	70	9	199	172
云　南　Yunnan	20589	3319	2105	765	14	401	234
西　藏　Tibet	2704	611	55	12	1	4	7
陕　西　Shaanxi	33626	4560	1602	119	11	325	221
甘　肃　Gansu	14675	1957	700	316	8	283	155
青　海　Qinghai	5566	851	160	276	5	139	50
宁　夏　Ningxia	6830	669	134	142	5	161	125
新　疆　Xinjiang	18219	3067	46	255	15	533	582

11－1 续表 continued

地 区 Region	私营企业 Individuals	其他企业 Others	港澳台商投资企业 Funded by Entrepreneurs from HongKong Macao& Taiwan	外商投资企业 Foreign Funded	乡镇企业 Township and Village Enterprises	事业单位 Institutions	机关 Agencies and Oranization	其他 Others
全 国 National	**704502**	**11630**	**31993**	**40171**	**162440**	**202818**	**110396**	**22957**
北 京 Beijing	14113	734	678	1585	5459	3353	767	615
天 津 Tianjin	5875	483	433	1984	3621	2574	797	1036
河 北 Hebei	26001	594	268	1022	9083	8051	5738	875
山 西 Shanxi	4443	23	54	239	3108	5179	3520	230
内蒙古 Inner Mongolia	5064	184	100	75	1258	6480	5035	376
辽 宁 Liaoning	29424	946		3821	3169	8990	4203	450
吉 林 Jilin	7493	44	28	425	804	4994	1314	
黑龙江 Heilongjiang	1621	553	79	131	579	7240	3943	156
上 海 Shanghai	62638	112	1090	1698	3632	5046	922	1221
江 苏 Jiangsu	46377	710	1348	3401	16441	9646	4158	2151
浙 江 Zhejiang	46253	814	1182	1569	3626	9613	5747	1635
安 徽 Anhui	19202	153	97	420	6844	5834	4025	594
福 建 Fujian	30795	384	3130	4346	10515	7017	4373	1219
江 西 Jiangxi	15205	305	144	1315	6040	5294	3464	152
山 东 Shandong	54175	474	1487	4531	6964	10313	5295	41
河 南 Henan	10733	403	411	494	5705	11064	5716	825
湖 北 Hubei	56705	642	901	799	12020	16234	5671	5601
湖 南 Hunan	27884	691	503	704	24424	10736	7429	2590
广 东 Guangdong	153980	1490	19024	9370	3669	10604	7084	777
广 西 Guangxi	11544	920	98	784	4191	5818	3801	351
海 南 Hainan	1820	84	58	66	173	1735	1064	61
重 庆 Chongqing	11745	93	57	213	4308	4518	2432	219
四 川 Sichuan	34474	18	443	396	13189	11378	5286	1008
贵 州 Guizhou	3667	120	19	90	832	5173	4879	78
云 南 Yunnan	1545	13	111	131	6069	5795	87	0
西 藏 Tibet	52	224	0	0	67	680	784	207
陕 西 Shaanxi	10034	64	148	441	3841	7725	4531	4
甘 肃 Gansu	2428	154	69	44	2079	3511	2855	116
青 海 Qinghai	546	13	2	5	177	1839	1493	10
宁 夏 Ningxia	3132	38	11	31	90	1365	920	7
新 疆 Xinjiang	5534	150	20	39	463	4274	2907	334

11－2 分地区工会会员人数

TRADE UNION MEMBERS IN GRASSROOTS TRADE UNION BY REGION

(2001)

地 区 Region	总计（人） Total (person)	内资企业 Enterprises of Domestic Funded					
		国有企业 State-owned	集体企业 Urban Collective-owned	股份合作企业 Cooperative	联营企业 Joint-owned	有限责任公司 Limited Liability Corporations	股份有限公司 Share-holding Corporations Ltd
全　国 National	**121523232**	**39164935**	**6675070**	**2569042**	**257748**	**5662403**	**4670440**
北　京 Beijing	2546001	1045899	102898	41727	6947	61564	127943
天　津 Tianjin	2429767	918242	228827	41843	10965	119892	73346
河　北 Hebei	5602720	1932359	398483	105636	8836	247217	187354
山　西 Shanxi	3694099	1873219	234061	55124	451	204870	141350
内蒙古 Inner Mongolia	3238077	982976	73656	40929	1740	264864	164124
辽　宁 Liaoning	8214740	3419549	1109612	294725	12476	278136	210769
吉　林 Jilin	3181310	1522739	197346	47857	1106	141192	152985
黑龙江 Heilongjiang	4652083	2686060	246102	92482	1501	225670	112862
上　海 Shanghai	3858998	1239745	219568	70048	18867	188112	296299
江　苏 Jiangsu	6500400	1055643	210706	88864	8317	236213	193379
浙　江 Zhejiang	6505682	462562	116933	547778	61501	355633	223751
安　徽 Anhui	3987619	1519658	293736	52591	10603	136770	209502
福　建 Fujian	3717661	605258	168032	23012	7742	64239	99217
江　西 Jiangxi	2737624	984663	132868	21772	3483	139686	56338
山　东 Shandong	9453875	2345236	657241	333457	33578	566574	643137
河　南 Henan	7000986	2668327	377018	121844	4894	324395	250572
湖　北 Hubei	6608221	1921753	319326	76737	8651	278343	370978
湖　南 Hunan	5630192	1583564	383414	73432	10548	383198	194497
广　东 Guangdong	8182137	1480778	318700	118028	22146	187006	236630
广　西 Guangxi	2790070	922995	144283	35034	6793	128019	84953
海　南 Hainan	697458	397241	27527	9069	6113	6842	14741
重　庆 Chongqing	1575334	474775	99008	33254	474	93034	87050
四　川 Sichuan	6379716	1864140	241033	47613	2856	409775	159286
贵　州 Guizhou	1687255	612956	54796	7680	553	133664	58074
云　南 Yunnan	2209168	853268	126335	59332	864	137177	98677
西　藏 Tibet	142447	33879	1211	1177	27	124	2238
陕　西 Shaanxi	3302576	1493447	61224	35725	2206	117535	83075
甘　肃 Gansu	1634425	742359	65926	33568	580	55728	42100
青　海 Qinghai	429413	148335	9856	24883	248	36685	8896
宁　夏 Ningxia	565610	171063	12120	16095	752	52911	49801
新　疆 Xinjiang	2153089	1183044	42650	17726	1930	85707	35846

11-2 续表 continued

地区 Region	私营企业 Individuals	其他企业 Others	港澳台商投资企业 Funded by Entrepreneurs from HongKong Macao&Taiwan	外商投资企业 Foreign Funded	乡镇企业 Township and Village Enterprises	事业单位 Institutions	机关 Agencies and Oranization	其他 Others
全 国 National	**18659140**	**638507**	**3425050**	**4365247**	**9141262**	**17444709**	**6588728**	**2260951**
北 京 Beijing	197316	14782	60000	135247	193781	414266	95476	48155
天 津 Tianjin	110809	33445	37615	200039	218742	303693	75414	56895
河 北 Hebei	836436	25677	38032	131985	433360	856090	358905	42350
山 西 Shanxi	203757	1902	7043	28720	222477	477360	225987	17778
内蒙古 Inner Mongolia	407373	46779	23713	21030	169077	546268	304447	191101
辽 宁 Liaoning	841900	42951		363890	233400	950001	290414	166917
吉 林 Jilin	379598	8198	4217	64094	64546	509867	87565	
黑龙江 Heilongjiang	256900	30187	17638	41157	83383	606165	246554	5422
上 海 Shanghai	499061	4805	131357	274644	283763	515666	99229	17834
江 苏 Jiangsu	2065935	6117	184205	595607	1381548	258268	92493	123105
浙 江 Zhejiang	2868635	88990	115221	161721	200763	680916	310028	311250
安 徽 Anhui	504687	8707	136646	80000	384557	487961	135477	26724
福 建 Fujian	860395	13400	351870	314638	363848	568327	242051	35632
江 西 Jiangxi	465233	8646	6066	56099	221700	448580	180440	12050
山 东 Shandong	1517983	46802	203333	625637	756921	1285019	431225	7732
河 南 Henan	762959	17080	155515	36735	561361	1112954	499608	107724
湖 北 Hubei	1333054	61339	73683	108721	624319	981254	268351	181712
湖 南 Hunan	615130	31364	63671	57898	675769	1014799	410484	132424
广 东 Guangdong	1674300	34305	1672119	823581	180367	1002380	395346	36451
广 西 Guangxi	295704	57751	13030	90197	199555	571875	213978	25903
海 南 Hainan	28341	3854	6968	6783	7010	129631	50921	2417
重 庆 Chongqing	162662	6940	11288	18576	149682	322427	112631	3533
四 川 Sichuan	965111	4475	69087	59119	571740	915161	416420	653900
贵 州 Guizhou	98294	5324	1915	12428	86953	382532	228470	3616
云 南 Yunnan	35785	1024	7684	11048	540625	329633	7716	
西 藏 Tibet	2354	2240			2722	36518	52034	7923
陕 西 Shaanxi	430805	6159	11428	31385	189677	614193	225569	148
甘 肃 Gansu	72117	13879	10877	7901	100721	314262	163878	10529
青 海 Qinghai	20614	530	77	129	7871	112300	58656	333
宁 夏 Ningxia	67997	2101	4778	2213	5459	133973	46056	291
新 疆 Xinjiang	77895	8754	5974	2657	25565	420790	214875	29676

11－3 分地区工会重点工作情况

CONDITIONS OF EMPHASES WORKS OF TRADE UNIONS BY REGION

(2001)

地　区	Region	建立职工代表大会制度的企业单位(个) Units of Seting up System	其中：非公有制企业单位 Units in Non-state-Owned	实行业务招待费向"职工代表大会报告"的企业单位(个) Units of Seting up System of Report	"职工代表大会开展"民主评议企业干部工作的企业单位(个) Unitsof Seting up System of Demo-cracy criticism	"实行厂务"公开的"企业单位""(个)" Units of Opening of Works	其中：非公有制企业单位 Units in Non-state-Owned
全　国	**National**	**291071**	**56685**	**196562**	**195394**	**244709**	**39411**
北　京	Beijing	5286	454	4305	4097	4735	332
天　津	Tianjin	6759	1900	3611	3550	4382	795
河　北	Hebei	18016	5841	12344	12281	18445	8086
山　西	Shanxi	8847		7106	7437	7658	
内蒙古	Inner Mongolia	4193	724	3117	3163	2899	330
辽　宁	Liaoning	15595	2415	9960	10416	14956	715
吉　林	Jilin	9600	2698	5156	5109	8131	1056
黑龙江	Heilongjiang	12603	2714	8866	9044	10695	2770
上　海	Shanghai	13489	2640	9080	9080	10968	1697
江　苏	Jiangsu	13550	1824	7720	7720	10479	2759
浙　江	Zhejiang	8112	3477	4650	4021	3967	653
安　徽	Anhui	6470	0	5705	7966	12715	283
福　建	Fujian	10241	1489	7220	6487	6659	126
江　西	Jiangxi	9086	1010	6528	5747	6428	856
山　东	Shandong	23493	6058	15308	14887	16869	3401
河　南	Henan	16066	2778	12001	11808	14158	1449
湖　北	Hubei	18109	5373	12736	12736	14411	1675
湖　南	Hunan	15603	3103	9067	9417	10839	1953
广　东	Guangdong	18535	2315	13138	12337	14339	1264
广　西	Guangxi	7462	1297	5212	4916	6341	576
海　南	Hainan	1758	46	1318	1219	1867	610
重　庆	Chongqing	4511	1419	2607	2435	3579	898
四　川	Sichuan	12515	3029	8770	8897	10132	1075
贵　州	Guizhou	4684	383	3781	3647	4047	169
云　南	Yunnan	7818	1209	5084	5120	9965	4322
西　藏	Tibet	589	50	299	265	139	40
陕　西	Shaanxi	7244	704	4134	4243	6131	406
甘　肃	Gansu	3455	351	2890	2774	3478	545
青　海	Qinghai	1284	173	884	831	1042	145
宁　夏	Ningxia	1507	687	748	751	861	85
新　疆	Xinjiang	4555	524	3170	2958	3372	340

11—3 续表 1 continued

地 区 Region	开展经济技术"创新工程的"企业单位(个) Units of Implement Technical Reform	"建立平等协商"集体合同制度的企业单位(个) Units of Seting up Equality Negotiation System	新建企业单位 New founded Units	签订集体合同的企业单位(个) Units of Signing Contract	新建企业单位 New founded Units
全 国 National	**293919**	**566138**	**323813**	**552666**	**322651**
北 京 Beijing	4287	15397	10530	15287	10513
天 津 Tianjin	5670	9388	5408	5552	3150
河 北 Hebei	17028	45861	34054	45335	33756
山 西 Shanxi	8707	11621	2259	10957	2633
内蒙古 Inner Mongolia	4842	4991	1093	4816	940
辽 宁 Liaoning	13560	18000	724	18000	431
吉 林 Jilin	4239	7117	2071	6611	1911
黑龙江 Heilongjiang	4133	9794	1088	9858	1168
上 海 Shanghai	6613	29756	22109	9032	4637
江 苏 Jiangsu	23687	48926	37252	49538	40594
浙 江 Zhejiang	52000	57715	37568	65797	51266
安 徽 Anhui	6843	11166	4057	11166	4057
福 建 Fujian	11018	36463	17945	35652	17980
江 西 Jiangxi	5622	10698	5984	12065	7102
山 东 Shandong	22395	51057	37427	49717	36637
河 南 Henan	13143	21932	11266	21932	11266
湖 北 Hubei	13636	44102	38470	51056	38516
湖 南 Hunan	6083	20142	5779	20142	6206
广 东 Guangdong	42903	41023	16106	40742	17914
广 西 Guangxi	1774	21286	16538	20863	16452
海 南 Hainan	620	1471	27	1395	20
重 庆 Chongqing	3245	7410	4399	5952	3703
四 川 Sichuan	9889	12951	6287	13066	5815
贵 州 Guizhou	2486	4738	521	4692	518
云 南 Yunnan	2389	6501	858	7035	1392
西 藏 Tibet	10	560	15	560	15
陕 西 Shaanxi	2229	6328	981	6237	1058
甘 肃 Gansu	2122	2902	647	2982	602
青 海 Qinghai	360	1121	413	1023	355
宁 夏 Ningxia	730	2098	1415	2137	1440
新 疆 Xinjiang	1654	3620	522	3466	604

11－3 续表 2　continued

地　区　Region	建立职工董事制度的企业单位(个) Units of Seting up Directors System	# 国有独资及国有控股公司 State Funded Corporations & State-owned and Controlling Share Hold Enterprises	建立职工监事制度的企业单位(个) Units of Seting up Supervise System	国有独资及国有控股公司 State Funded Corporations & State-owned and Controlling Share Hold Enterprises	建立职工董事、"监事向职代会报告"工作、接受群众监督制度的企业单位(个) Units of Seting up Report and Accept Supervise System
全　国 National	**34591**	**8793**	**31794**	**8729**	**28748**
北　京 Beijing	509	246	536	246	420
天　津 Tianjin	442	194	429	145	474
河　北 Hebei	1285	463	1256	463	1399
山　西 Shanxi	1067	293	581	236	161
内蒙古 Inner Mongolia	339	161	327	160	213
辽　宁 Liaoning	327	105	422	141	297
吉　林 Jilin	883	173	727	163	572
黑龙江 Heilongjiang	2231	126	2205	121	2220
上　海 Shanghai	722	30	113	6	2255
江　苏 Jiangsu	1473	567	1791	567	992
浙　江 Zhejiang	2860	199	1395	204	1192
安　徽 Anhui	834	637	878	634	
福　建 Fujian	590	185	626	206	675
江　西 Jiangxi	671	258	630	246	589
山　东 Shandong	4465	913	5169	992	3840
河　南 Henan	1544	235	1633	230	1457
湖　北 Hubei	2762	839	2701	828	2548
湖　南 Hunan	1928	315	2325	348	1051
广　东 Guangdong	2519	1022	1530	941	2037
广　西 Guangxi	499	218	516	299	434
海　南 Hainan	62	15	51	17	52
重　庆 Chongqing	856	121	569	125	850
四　川 Sichuan	2133	687	1915	687	1756
贵　州 Guizhou	227	111	187	78	167
云　南 Yunnan	807	219	865	219	865
西　藏 Tibet	9	6	6	5	2
陕　西 Shaanxi	380	107	373	107	242
甘　肃 Gansu	896	92	901	90	889
青　海 Qinghai	303	31	286	29	291
宁　夏 Ningxia	302	79	296	79	286
新　疆 Xinjiang	664	146	555	117	522

十二、香港资料

Main Indicators of Hong Kong

12—1 分行业全部就业人数
EMPLOYMENT BY ECONOMIC ACTIVITY

单位:千人 (1 000 persons)

行业	Industry	1994	1995	1996	1997	1998	1999	2000
总计	**Total**	**2872.8**	**2905.1**	**3093.0**	**3191.5**	**3150.1**	**3133.0**	**3214.4**
农、林、牧、渔业	Agriculture, Hunting, Forestry and Fishing	17.8	16.5	12.3	10.5	9.4	9.3	9.3
采掘业	Mining and Quarrying	0.3	0.2	0.5	0.5	0.2	0.3	0.4
制造业	Manufacturing	562.6	534.6	495.6	450.7	385.6	359.4	338.1
电力、天然气及水	Electricity, Gas and Water	18.9	20.4	22.0	19.4	17.9	17.1	16.6
建筑业	Construction	220.5	229.3	277.9	308.4	309.5	289.2	303.2
批发零售和餐饮、旅馆业	Wholesale and Retail Trade and Restaurants and Hotels	827.6	824.9	912.7	968.0	961.6	941.3	985.2
交通运输和仓储业	Transport, Storage and Communication	340.0	327.7	341.4	349.7	353.0	342.7	358.7
金融保险、房地产和商业服务	Financing, Insurance, Real Estate and Business Services	326.2	341.7	363.4	405.0	411.6	437.6	448.7
团体、社会和个人服务	Community, Social and Personal Services	558.8	609.8	667.1	679.5	701.3	736.3	754.2
其　他	Activities not Adepuately Defined	0.1	—	—	—	—	—	—
男	**Male**	**1781.2**	**1778.2**	**1883.7**	**1928.1**	**1869.1**	**1821.5**	**1849.1**
农、林、牧、渔业	Agriculture, Hunting, Forestry and Fishing	13.8	12.2	9.0	7.7	6.5	6.5	6.2
采掘业	Mining and Quarrying	0.3	0.2	0.4	0.4	0.2	0.3	0.3
制造业	Manufacturing	360.2	338.0	313.8	285.7	243.3	223.8	213.5
电力、天然气及水	Electricity, Gas and Water	16.6	17.9	19.7	17.0	15.6	15.2	14.7
建筑业	Construction	209.6	217.3	262.1	291.0	290.6	270.0	283.9
批发零售和餐饮、旅馆业	Wholesale and Retail Trade and Restaurants and Hotels	464.7	463.5	506.1	534.5	514.4	493.5	500.0
交通运输和仓储业	Transport, Storage and Communication	282.3	267.5	278.9	281.3	285.7	275.1	285.9
金融保险、房地产和商业服务	Financing, Insurance, Real Estate and Business Services	193.1	202.2	216.3	239.0	242.7	261.5	267.6
团体、社会和个人服务	Community, Social and Personal Services	240.5	259.5	277.4	271.3	270.2	275.7	276.9
其　他	Activities not Adepuately Defined	0.1	—	—	—	—	—	—
女	**Female**	**1091.6**	**1126.9**	**1209.3**	**1263.4**	**1281.0**	**1311.5**	**1365.3**
农、林、牧、渔业	Agriculture, Hunting, Forestry and Fishing	4.1	4.3	3.2	2.8	2.9	2.7	3.1
采掘业	Mining and Quarrying	—	—	0.1	—	—	—	—
制造业	Manufacturing	202.4	196.6	181.8	165.0	142.3	135.6	124.6
电力、天然气及水	Electricity, Gas and Water	2.3	2.5	2.4	2.3	2.3	1.9	1.8
建筑业	Construction	10.9	12.0	15.8	17.4	18.9	19.2	19.4
批发零售和餐饮、旅馆业	Wholesale and Retail Trade and Restaurants and Hotels	362.8	361.5	406.7	433.5	447.3	447.8	485.2
交通运输和仓储业	Transport, Storage and Communication	57.7	60.2	62.5	68.4	67.3	67.6	72.8
金融保险、房地产和商业服务	Financing, Insurance, Real Estate and Business Services	133.1	139.5	147.1	165.9	168.9	176.1	181.1
团体、社会和个人服务	Community, Social and Personal Services	318.3	350.4	389.7	408.1	431.1	460.6	477.3
其　他	Activities not Adepuately Defined	—	—	—	—	—	—	—

12—2 分职业全部就业人数
EMPLOYMENT BY OCCUPATION

单位:千人 (1 000 persons)

职　业	Occupation	1994	1995	1996	1997	1998	1999	2000
总　计	**Total**	**2872.8**	**2905.1**	**3093.0**	**3191.5**	**3150.1**	**3133.0**	**3214.4**
立法者高级官员和和管理人员	Legislators, Senior Officials and Managers	261.2	247.6	296.3	242.2	247.7	240.3	228.6
专业人员	Professio nals	128.6	141.0	158.7	160.5	164.5	165.9	177.8
技术和辅助专业人员	Technicians and Associate Professionals	333.1	391.3	425.7	522.4	491.0	523.2	543.3
职 员	Clerks	557.8	540.2	565.8	590.9	582.2	570.6	588.1
服务人员和商店与市场销售人员	Service Workers and Shop and and Market Sales Workers	397.2	408.8	438.3	443.7	447.7	443.9	463.9
农渔业技术人员	Skilled Agricultural and Fishery Workers	14.9	13.5	11.8	10.2	9.2	8.6	9.0
手艺人和有关行业工人	Craft and Related Trade Workers	351.0	345.0	347.9	363.9	351.6	331.5	335.6
设备和机械操作工、装配工	Plant and Machine Operators and Assemblers	343.4	320.9	307.3	284.7	276.1	265.2	268.8
简单劳动职业人员	Elementary Occupations	485.3	496.8	541.0	573.0	580.2	583.9	599.5
其　他	Others	0.2	0.1	—	—	—	—	—
男	**Male**	**1781.2**	**1778.2**	**1883.7**	**1928.1**	**1869.1**	**1821.5**	**1849.1**
立法者高级官员和和管理人员	Legislators, Senior Officials and Managers	215.5	199.5	238.4	193.7	193.6	186.4	171.7
专业人员	Professio nals	86.3	94.2	106.9	108.1	113.8	110.9	119.7
技术和辅助专业人员	Technicians and Associate Professionals	198.8	233.5	255.5	325.3	296.8	313.1	325.1
职 员	Clerks	177.0	162.7	165.4	174.2	167.1	158.4	161.9
服务人员和商店与市场销售人员	Service Workers and Shop and and Market Sales Workers	251.2	257.8	267.5	265.5	259.0	249.8	255.7
农渔业技术人员	Skilled Agricultural and Fishery Workers	11.4	9.9	8.8	7.6	6.5	6.4	6.2
手艺人和有关行业工人	Craft and Related Trade Workers	339.0	333.0	334.6	351.0	338.6	319.0	325.3
设备和机械操作工、装配工	Plant and Machine Operators and Assemblers	259.8	248.8	244.8	232.9	231.6	222.2	229.5
简单劳动职业人员	Elementary Occupations	242.0	238.7	261.8	269.8	262.1	255.4	254.0
其　他	Others	0.1	0.1	—	—	—	—	—
女	**Female**	**1091.6**	**1126.9**	**1209.3**	**1263.4**	**1281.0**	**1311.5**	**1365.3**
立法者高级官员和和管理人员	Legislators, Senior Officials and Managers	45.7	48.1	57.9	48.5	54.0	53.8	56.9
专业人员	Professio nals	42.3	46.8	51.9	52.4	50.6	55.0	58.1
技术和辅助专业人员	Technicians and Associate Professionals	134.3	157.8	170.2	197.1	194.2	210.1	218.2
职 员	Clerks	380.8	377.4	400.4	416.7	415.1	412.2	426.2
服务人员和商店与市场销售人员	Service Workers and Shop and and Market Sales Workers	146.0	151.0	170.8	178.2	188.7	194.1	208.1
农渔业技术人员	Skilled Agricultural and Fishery Workers	3.5	3.6	3.0	2.6	2.7	2.2	2.8
手艺人和有关行业工人	Craft and Related Trade Workers	12.0	12.0	13.3	12.9	13.0	12.5	10.3
设备和机械操作工、装配工	Plant and Machine Operators and Assemblers	83.6	72.1	62.5	51.9	44.6	43.0	39.2
简单劳动职业人员	Elementary Occupations	243.3	258.1	279.2	303.2	318.1	328.5	345.5
其　他	Others	0.1	—	—	—	—	—	—

12－3 分年龄失业人数
UNEMPLOYMENT BY AGE GROUP

单位:千人 (1 000 persons)

年龄分组	Age Group	1992	1993	1994	1995	1996	1997	1998	1999	2000
总计	**Total**	**54.7**	**56.3**	**56.2**	**95.6**	**88.8**	**72.6**	**155.4**	**209.4**	**168.3**
	15-19	6.8	7.6	7.3	10.7	11.1	8.8	17.9	22.9	18.5
	20-24	12.8	12.6	12.0	18.3	17.6	13.8	27.9	34.5	26.2
	25-29	9.5	9.8	8.6	14.0	12.7	9.4	19.1	26.3	19.9
	30-34	6.4	7.3	6.9	12.0	11.3	8.6	18.1	22.5	17.5
	35-39	5.6	4.6	6.0	10.7	9.4	8.6	16.9	23.3	17.1
	40-44	4.5	4.1	4.7	9.2	8.7	7.3	18.0	24.9	19.7
	45-49	2.8	3.1	4.2	8.8	7.8	6.9	15.9	22.0	19.6
	50-54	2.3	2.7	2.6	4.7	4.9	5.0	11.9	18.7	16.5
	55-59	2.7	2.8	2.7	5.0	3.8	2.8	6.9	10.4	9.7
	60-64	0.9	1.0	1.0	1.6	1.3	1.1	2.4	3.2	2.9
	65＋	0.4	0.7	0.2	0.7	0.2	0.2	0.4	1.0	0.4
男	**Male**	**35.3**	**35.8**	**37.7**	**62.3**	**59.8**	**46.3**	**102.3**	**142.1**	**110.7**
	15-19	4.0	4.8	4.3	6.0	6.2	4.7	9.7	13.2	10.2
	20-24	7.1	6.5	7.2	10.9	10.8	8.3	17.1	21.3	15.3
	25-29	5.6	5.7	5.6	8.2	7.6	5.6	11.5	17.3	11.9
	30-34	4.1	4.3	4.5	7.4	7.3	5.1	11.9	14.2	10.4
	35-39	3.7	3.2	4.2	7.9	6.7	5.4	11.4	16.1	10.9
	40-44	3.2	3.2	2.9	6.3	6.5	4.8	12.2	17.3	13.8
	45-49	2.4	2.2	3.1	5.8	5.7	4.8	11.1	15.8	13.2
	50-54	1.8	2.1	2.3	3.7	4.3	3.9	9.1	14.2	13.1
	55-59	2.4	2.4	2.4	4.2	3.3	2.5	5.9	9.0	8.7
	60-64	0.7	0.9	0.9	1.4	1.2	0.9	2.1	2.9	2.7
	65＋	0.3	0.5	0.2	0.6	0.2	0.2	0.4	0.9	0.4
女	**Female**	**19.4**	**20.6**	**18.6**	**33.3**	**29.0**	**26.4**	**53.1**	**67.3**	**57.6**
	15-19	2.8	2.8	3.0	4.7	4.9	4.1	8.2	9.7	8.3
	20-24	5.7	6.1	4.8	7.4	6.8	5.5	10.8	13.2	10.9
	25-29	3.9	4.1	3.0	5.8	5.1	3.8	7.6	9.0	8
	30-34	2.3	3.0	2.4	4.6	4.0	3.5	6.2	8.3	7.1
	35-39	1.9	1.4	1.8	2.8	2.7	3.2	5.5	7.2	6.2
	40-44	1.3	0.9	1.8	2.9	2.2	2.5	5.8	7.6	5.9
	45-49	0.4	0.9	1.1	3.0	2.1	2.1	4.8	6.2	6.4
	50-54	0.5	0.6	0.3	1.0	0.6	1.1	2.8	4.5	3.4
	55-59	0.3	0.4	0.3	0.8	0.5	0.3	1.0	1.4	1
	60-64	0.2	0.1	0.1	0.2	0.1	0.2	0.3	0.3	0.2
	65＋	0.1	0.2	—	0.1	…	—	—	0.1	—

12—4 分行业失业人数
UNEMPLOYMENT BY ECONOMIC ACTIVITY

单位:千人 (1 000 persons)

行业	Industry	1993	1994	1995	1996	1997	1998	1999	2000
总计	**Total**	**56.3**	**56.2**	**95.6**	**88.8**	**72.6**	**155.4**	**209.4**	**168.3**
初次失业	Unemployed for the First Time	7.8	7.0	11.9	10.1	7.6	16.5	23.6	17.5
农、林、牧、渔业	Agriculture, Hunting, Forestry and Fishing	0.1	—	0.1	0.2	0.1	0.2	0.4	0.3
采掘业	Mining and Quarrying	—	0.1	—	—	—	—	—	—
制造业	Manufacturing	14.8	14.7	23.3	19.1	13.4	22.5	27.8	19.5
电力、天然气及水	Electricity, Gas and Water	—	0.2	0.1	—	0.2	0.2	0.2	0.2
建筑业	Construction	6.4	6.4	14.0	11.2	9.3	28.6	41.7	34.8
批发零售和餐饮、旅馆业	Wholesale and Retail Trade and Restaurants and Hotels	15.6	16.2	26.0	27.3	23.3	49.6	64.8	54.8
交通运输和仓储业	Transport, Storage and Communication	3.9	4.4	8.0	8.3	7.5	13.5	19.2	15.0
金融保险、房地产和商业服务	Financing, Insurance, Real Estate and Business Services	3.1	3.3	5.0	5.4	4.9	12.1	15.0	12.1
团体、社会和个人服务	Community, Social and Personal Services	4.5	3.9	7.1	7.4	6.3	12.1	16.5	14.2
其他	Activities not Adepuately Defined	—	—	—	—	—	—	—	—
男	**Male**	**35.8**	**37.7**	**62.3**	**59.8**	**46.3**	**102.3**	**142.1**	**110.7**
初次失业	Unemployed for the First Time	3.9	3.8	5.9	4.8	3.4	8.0	11.7	8.3
农、林、牧、渔业	Agriculture, Hunting, Forestry and Fishing	—	—	0.1	0.1	0.1	0.2	0.3	0.3
采掘业	Mining and Quarrying	—	0.1	—	—	—	—	—	—
制造业	Manufacturing	9.5	9.7	14.0	12.4	8.5	14.4	18.9	13.0
电力、天然气及水	Electricity, Gas and Water	—	0.2	—	—	0.2	0.2	0.2	0.1
建筑业	Construction	6.2	6.2	13.8	10.9	8.9	27.5	40.5	33.7
批发零售和餐饮、旅馆业	Wholesale and Retail Trade and Restaurants and Hotels	8.2	9.5	14.6	16.4	12.5	26.9	35.1	28.6
交通运输和仓储业	Transport, Storage and Communication	3.5	3.7	6.6	7.2	6.3	11.5	16.2	12.6
金融保险、房地产和商业服务	Financing, Insurance, Real Estate and Business Services	1.7	2.1	3.0	3.6	3.3	7.0	10.0	7.4
团体、社会和个人服务	Community, Social and Personal Services	2.7	2.5	4.2	4.3	3.0	6.6	9.1	6.8
其他	Activities not Adepuately Defined	—	—	—	—	—	—	—	—
女	**Female**	**20.6**	**18.6**	**33.3**	**29.0**	**26.4**	**53.1**	**67.3**	**57.6**
初次失业	Unemployed for the First Time	3.9	3.2	6.0	5.2	4.2	8.5	11.9	9.2
农、林、牧、渔业	Agriculture, Hunting, Forestry and Fishing	—	—	—	0.1	—	—	0.1	—
采掘业	Mining and Quarrying	—	—	—	—	—	—	—	—
制造业	Manufacturing	5.3	5.0	9.3	6.7	4.3	8.1	8.9	6.6
电力、天然气及水	Electricity, Gas and Water	—	—	0.1	—	—	—	—	—
建筑业	Construction	0.2	0.2	0.2	0.3	0.4	1.1	1.2	1.1
批发零售和餐饮、旅馆业	Wholesale and Retail Trade and Restaurants and Hotels	7.5	6.7	11.4	10.9	10.7	22.8	29.6	26.2
交通运输和仓储业	Transport, Storage and Communication	0.4	0.7	1.4	1.1	1.2	2.0	3.0	2.3
金融保险、房地产和商业服务	Financing, Insurance, Real Estate and Business Services	1.5	1.2	2.1	1.8	1.6	5.1	5.1	4.7
团体、社会和个人服务	Community, Social and Personal Services	1.8	1.4	2.8	3.0	3.4	5.6	7.4	7.4
其他	Activities not Adepuately Defined	—	—	—	—	—	—	—	—

12－5 分职业失业人数
UNEMPLOYMET BY OCCUPATION

单位:千人 (1 000 persons)

职　业	Occupation	1994	1995	1996	1997	1998	1999	2000
总　计	**Total**	**56.2**	**95.6**	**88.8**	**72.6**	**155.4**	**209.4**	**168.3**
初次失业	Unemployed for the First Time	7.0	11.9	10.1	7.6	16.5	23.6	17.5
立法者高级官员和和管理人员	Legislators,Senior Officials and Managers	1.4	2.9	2.8	2.0	4.1	5.8	3.9
专业人员	Professio nals	0.9	1.0	1.2	0.9	1.8	2.6	2.1
技术和辅助专业人员	Technicians and Associate Professionals	3.8	6.9	7.8	6.7	15.1	18.7	13.3
职　员	Clerks	7.8	12.2	11.8	11.1	22.3	25.8	21.4
服务人员和商店与市场销售人员	Service Workers and Shop and and Market Sales Workers	8.9	16.4	16.8	13.7	28.0	36.8	34.1
农渔业技术人员	Skilled Agricultural and Fishery Workers	—	0.1	0.2	0.1	0.2	0.3	0.3
手艺人和有关行业工人	Craft and Related Trade Workers	9.2	17.2	14.4	10.7	27.8	40.8	33.0
设备和机械操作工、装配工	Plant and Machine Operators and Assemblers	8.8	11.6	10.7	6.8	12.2	17.0	11.8
简单劳动职业人员	Elementary Occupations	8.4	15.4	13.1	12.9	27.5	38.2	31.1
男	**Male**	**37.7**	**62.3**	**59.8**	**46.5**	**102.3**	**142.1**	**110.7**
初次失业	Unemployed for the First Time	3.8	5.9	4.8	3.4	8.0	11.7	8.3
立法者高级官员和和管理人员	Legislators,Senior Officials and Managers	1.3	2.5	2.2	1.6	3.4	4.9	3.1
专业人员	Professio nals	0.6	0.6	0.9	0.7	1.2	1.8	1.5
技术和辅助专业人员	Technicians and Associate Professionals	2.8	4.5	5.6	4.6	10.5	13.1	8.9
职　员	Clerks	2.3	3.6	3.9	3.6	7.6	8.6	6.6
服务人员和商店与市场销售人员	Service Workers and Shop and and Market Sales Workers	5.4	9.9	10.2	7.7	15.0	19.9	17.3
农渔业技术人员	Skilled Agricultural and Fishery Workers	—	0.1	0.1	0.1	0.2	0.3	0.2
手艺人和有关行业工人	Craft and Related Trade Workers	8.8	16.7	13.9	10.3	26.6	39.4	31.9
设备和机械操作工、装配工	Plant and Machine Operators and Assemblers	5.2	6.7	7.2	4.7	9.0	13.4	9.3
简单劳动职业人员	Elementary Occupations	7.2	11.8	10.8	9.6	20.8	29.1	23.5
女	**Female**	**18.6**	**33.3**	**29.0**	**26.5**	**53.1**	**67.3**	**57.6**
初次失业	Unemployed for the First Time	3.2	6.0	5.2	4.2	8.5	11.9	9.2
立法者高级官员和和管理人员	Legislators,Senior Officials and Managers	0.1	0.4	0.5	0.4	0.7	0.9	0.8
专业人员	Professio nals	0.2	0.4	0.4	0.2	0.6	0.8	0.6
技术和辅助专业人员	Technicians and Associate Professionals	1.0	2.4	2.2	2.2	4.6	5.5	4.3
职　员	Clerks	5.5	8.6	7.9	7.6	14.6	17.2	14.8
服务人员和商店与市场销售人员	Service Workers and Shop and and Market Sales Workers	3.5	6.5	6.6	6.1	13.0	16.9	16.8
农渔业技术人员	Skilled Agricultural and Fishery Workers	—	—	0.1	—	—	—	—
手艺人和有关行业工人	Craft and Related Trade Workers	0.4	0.5	0.4	0.4	1.2	1.4	1.0
设备和机械操作工、装配工	Plant and Machine Operators and Assemblers	3.6	4.9	3.5	2.0	3.2	3.5	2.4
简单劳动职业人员	Elementary Occupations	1.2	3.6	2.2	3.3	6.7	9.1	7.6

12－6 非农行业工人日工资率
WAGES OF WAGE EARNERS BY ECONOMIC ACTIVITY

单位:港元/日 (HK dollars/per day)

分组	Group	1993	1994	1995	1996	1997	1998	1999	2000
总计	**Total**	**256.8**	**290.5**	**307.3**	**333.0**	**369.1**	**394.9**	**403.3**	**397.5**
制造业	Manufacturing	241.7	266.6	278.0	296.9	322.6	335.3	334.7	335.4
交通运输和仓储业	Transport, Storage and Communication	356.5	404.0	421.9	443.1	487.3	528.0	526.0	504.9
金融保险、房地产和商业服务	Financing, Insurance, Real Estate and Business Services	325.0	343.2	377.4	404.1	421.5	438.8	418.5	437.3
团体、社会和个人服务	Community, Social and Personal Services	409.5	433.7	478.8	510.4	530.1	525.0	532.7	531.4
男	**Male**	**327.5**	**357.9**	**386.0**	**415.7**	**457.8**	**480.1**	**480.2**	**475.5**
制造业	Manufacturing	313.8	333.5	357.7	386.3	423.8	430.6	422.6	428.8
交通运输和仓储业	Transport, Storage and Communication	357.5	406.4	422.9	443.4	490.5	531.9	529.1	507.5
金融保险、房地产和商业服务	Financing, Insurance, Real Estate and Business Services	325.0	343.2	377.4	406.1	425.6	438.8	418.5	437.1
团体、社会和个人服务	Community, Social and Personal Services	409.5	433.7	478.7	510.4	530.1	533.1	532.7	531.4
女	**Female**	**207.3**	**227.2**	**235.0**	**247.6**	**261.5**	**267.6**	**275.0**	**283.2**
制造业	Manufacturing	206.8	226.3	233.5	245.3	258.8	262.9	268.9	278.1

12－7 非农行业管理人员月工资率
WAGES OF SALARIED EMPLOYEES BY ECONOMIC ACTIVITY

单位:港元/月 (HK dollars/per month)

分组	Group	1994	1995	1996	1997	1998	1999	2000
总计	**Total**	**9017.6**	**9861.4**	**10301.3**	**11177.8**	**11521.8**	**11560.9**	**11573.7**
制造业	Manufacturing	8780.4	9508.3	10323.8	11331.2	11711.6	11853.0	11869.7
批发零售和餐饮、旅馆业	Wholesale and Retail Trade and Restaurants and Hotels	9193.7	10047.4	10659.5	11468.6	11780.6	11802.2	11959.3
交通运输和仓储业	Transport, Storage and Communication	9872.5	10942.0	11823.3	12767.3	13488.6	13322.0	12799.8
金融保险、房地产和商业服务	Financing, Insurance, Real Estate and Business Services	9096.1	10297.4	10345.5	10943.3	11252.5	11697.4	11429.4
团体、社会和个人服务	Community, Social and Personal Services	5656.3	5907.9	5904.1	6311.1	6798.8	6659.0	6749.6
男	**Male**	**9443.1**	**10344.9**	**10820.2**	**11641.0**	**11907.0**	**12141.0**	**12105.3**
制造业	Manufacturing	9499.6	10421.4	11260.0	12165.2	12555.7	12893.2	12697.1
批发零售和餐饮、旅馆业	Wholesale and Retail Trade and Restaurants and Hotels	9935.7	10764.2	11390.8	12348.4	12715.4	12784.6	12938.5
交通运输和仓储业	Transport, Storage and Communication	10415.4	11819.6	12667.4	13690.3	14409.9	14340.9	13509.9
金融保险、房地产和商业服务	Financing, Insurance, Real Estate and Business Services	8398.6	9657.0	9532.9	9942.1	10116.6	10702.4	10547.5
团体、社会和个人服务	Community, Social and Personal Services	6302.1	6709.2	7032.3	7266.0	7779.2	7773.2	7649.5
女	**Female**	**8526.8**	**7327.1**	**9717.4**	**10670.4**	**11092.0**	**10952.1**	**11011.9**
制造业	Manufacturing	8098.4	8684.2	9390.4	10467.0	10915.9	10846.7	11101.4
批发零售和餐饮、旅馆业	Wholesale and Retail Trade and Restaurants and Hotels	8415.1	9311.4	9930.1	10660.6	10955.1	10941.7	11115.0
交通运输和仓储业	Transport, Storage and Communication	9129.9	9882.8	10700.0	11562.2	12108.9	11707.5	11634.8
金融保险、房地产和商业服务	Financing, Insurance, Real Estate and Business Services	10168.5	11185.7	11828.3	12807.1	13723.4	13390.2	13107.7
团体、社会和个人服务	Community, Social and Personal Services	4838.7	4972.9	4935.5	5511.9	6018.0	5843.5	6061.8

12－8 分行业职业伤害情况

OCCUPATIONAL INJURIES BY ECONOMIC ACTIVITY

项 目	Item	1993	1994	1995	1996	1997	1998	1999
一、伤亡人数(人)	**Total (fatal and non fatal, person)**	**67662**	**64416**	**59375**	**59465**	**62776**	**63526**	**58841**
农、林、牧、渔业	Agriculture, Hunting, Forestry and Fishing	33	36	121	58	68	100	107
采掘业	Mining and Quarrying	60	25	38	12	25	15	14
制造业	Manufacturing	13130	11800	10167	8263	8084	7689	6792
电力、天然气及水	Electricity, Gas and Water	249	210	155	120	93	93	61
建筑业	Construction	16847	16716	15544	16861	19051	19674	14174
批发零售和餐饮、旅馆业	Wholesale and Retail Trade and Restaurants and Hotels	16951	16976	15592	16048	16754	16855	17272
交通运输和仓储业	Transport, Storage and Communication	5469	5188	4929	5489	5169	5587	5694
金融保险、房地产和商业服务	Financing, Insurance, Real Estate and Business Services	2299	2340	2913	2376	2759	3496	3933
团体、社会和个人服务	Community, Social and Personal Services	7643	7636	7239	7364	8332	9901	10708
其 他	Activities not Adepuately Defined	4981	3489	2677	2874	2441	116	86
1、受伤人数	**Non fatal**	**67375**	**64153**	**59128**	**59187**	**62529**	**63286**	**58606**
农、林、牧、渔业	Agriculture, Hunting, Forestry and Fishing	33	35	121	58	68	98	106
采掘业	Mining and Quarrying	60	25	38	12	25	14	14
制造业	Manufacturing	13093	11756	10133	8227	8049	7659	6752
电力、天然气及水	Electricity, Gas and Water	249	209	155	120	93	92	61
建筑业	Construction	16744	16640	15455	16791	18988	19604	14110
批发零售和餐饮、旅馆业	Wholesale and Retail Trade and Restaurants and Hotels	16930	16955	15571	16023	16740	16838	17263
交通运输和仓储业	Transport, Storage and Communication	5406	5145	4881	5438	5131	5554	5653
金融保险、房地产和商业服务	Financing, Insurance, Real Estate and Business Services	2264	2290	2877	2307	2707	3449	3891
团体、社会和个人服务	Community, Social and Personal Services	7615	7609	7220	7337	8301	9862	10670
其 他	Activities not Adepuately Defined	4981	3489	2677	2874	2427	116	86
2、死亡人数	**Fatal**	**287**	**263**	**247**	**278**	**247**	**240**	**235**
农、林、牧、渔业	Agriculture, Hunting, Forestry and Fishing		1				2	1
采掘业	Mining and Quarrying						1	
制造业	Manufacturing	37	44	34	36	35	30	40
电力、天然气及水	Electricity, Gas and Water		1					
建筑业	Construction	103	76	89	70	63	70	64
批发零售和餐饮、旅馆业	Wholesale and Retail Trade and Restaurants and Hotels	21	21	21	25	14	17	9
交通运输和仓储业	Transport, Storage and Communication	63	43	48	51	38	33	41
金融保险、房地产和商业服务	Financing, Insurance, Real Estate and Business Services	35	50	36	69	52	47	42
团体、社会和个人服务	Community, Social and Personal Services	28	27	19	27	31	39	38
其 他	Activities not Adepuately Defined					14		

12－8 续表 continued

项　目	Item	1993	1994	1995	1996	1997	1998	1999
二、每10万人死亡率	**Rates of Fatal Injuries per 100,000 Employees**	**11.7**	**10.4**	**9.8**	**11.0**	**9.8**	**10.1**	**9.7**
农、林、牧、渔业	Agriculture, Hunting, Forestry and Fishing							
采掘业	Mining and Quarrying						237.5	
制造业	Manufacturing	7.2	10.0	8.7	10.7	11.4	11.4	16.1
电力、天然气及水	Electricity, Gas and Water		8.4				10.9	
建筑业	Construction	183.2	127.3	135.7	93.4	77.2	88.6	90.2
批发零售和餐饮、旅馆业	Wholesale and Retail Trade and Restaurants and Hotels	2.2	2.0	2.1	2.4	1.4	1.8	0.9
交通运输和仓储业	Transport, Storage and Communication	41.5	26.6	28.5	28.6	21.1	19.3	23.5
金融保险、房地产和商业服务	Financing, Insurance, Real Estate and Business Services	10.6	14.0	9.7	17.8	12.6	11.9	10.3
团体、社会和个人服务	Community, Social and Personal Services	6.2	5.7	4.0	5.5	6.2	7.7	7.2
其　他	Activities not Adepuately Defined							
三、损失工日数	**(日) Days Lost**	**615923**	**583491**	**614880**	**614024**	**663517**	**561636**	**540457**
农、林、牧、渔业	Agriculture, Hunting, Forestry and Fishing	422	587	923	547	633	1077	1214
采掘业	Mining and Quarrying	370	253	640	165	325	127	259
制造业	Manufacturing	129869	119582	116226	92505	96585	66506	64291
电力、天然气及水	Electricity, Gas and Water	1928	1587	1628	1509	1131	856	337
建筑业	Construction	199449	196313	210035	217266	250630	214361	175510
批发零售和餐饮、旅馆业	Wholesale and Retail Trade and Restaurants and Hotels	134599	129909	131193	138739	143341	127633	132412
交通运输和仓储业	Transport, Storage and Communication	56856	51365	56841	65534	57140	52224	54141
金融保险、房地产和商业服务	Financing, Insurance, Real Estate and Business Services	20349	20121	30443	25074	29073	30157	33197
团体、社会和个人服务	Community, Social and Personal Services	54908	54989	62646	65521	70250	68688	79096
其　他	Activities not Adepuately Defined	17173	8785	4305	7164	14409	7	

12—9 消费价格指数 CONSUMER PRICES INDICES

(1990＝100)

项　目	Item	1992	1993	1994	1995	1996	1997	1998	1999	2000[1]
总指数	General Indices	121.8	132.6	144.1	153.7	167.1	177.0	181.9	174.7	168.5
总指数(不含住房)	General Indices (excl. shelter)	120.1	129.1	138.8	149.3	156.5	163.4	166.8	161.2	157.5
食品指数	Food Indices	121.5	130.6	139.6	149.5	155.4	161.0	164.1	161.1	157.5
用电及燃料指数	Fuel and Light Indices	110.7	115.0	119.1	128.0	134.8	142.4	144.7	144.1	154.2
服装指数	Clothing Indices	118.0	127.7	139.2	152.4	165.0	178.7	177.4	140.9	126.6
租金指数	Rent Indices	127.9	144.8	163.3	185.4	204.9	224.1	234.9	221.9	202.3

注1：自2000年起使用新系列。Note1：Series replacing former series.

十三、澳门资料

Main Indicators of Macao

13—1 分行业全部就业人数
EMPLOYMENT BY ECONOMIC ACTIVITY

单位:千人 (1 000 persons)

行业	Industry	1998	1999	2000
总计	**Total**	**201.0**	**202.5**	**200.1**
农、林、牧、渔业	Agriculture,Huntung,Forestry and Fishing	0.4	0.2	0.4
制造业	Manufacturing	41.5	44.5	39.3
电力、煤气及水的供应业	Electricity, Gas, and Water Supply	1.4	1.2	0.8
建筑业	Construction	21.0	16.3	16.2
批发零售及修理业	Wholesale and Retail Trade; Repair of Motor Vehicles, Motorcycles and Personal and Household Goods	33.5	31.3	30.9
旅馆及餐饮业	Hotels and Restaurants	23.2	21.7	21.6
运输、仓储及通信业	Transport,Storageand Communications	13.7	15.0	15.0
金融保险业	Financial Intermediation	5.7	6.0	7.1
房地产业	Real Estate, Renting and Business Activities	8.3	9.7	10.8
公共管理与防务、义务社会保障业	Public Administration and Defence; Compulsory socialSecurity	16.4	16.7	16.7
教育	Education	6.7	9.2	8.3
卫生与社会工作	Health and Social Work	4.1	5.2	5.3
其他社区、社会和个人服务工作	Other Community, Social and Personal Service Activities	20.0	19.8	22.2
家庭服务业	Private Households with Employed Persons	5.0	5.6	5.5
享有治外法权的组织机构	Extra-territorial Organizations and Bodies	—	—	0.1
其他	Other	0.1	0.1	0.1
男	**Male**	**109.8**	**106.4**	**103.8**
农、林、牧、渔业	Agriculture,Huntung,Forestry and Fishing	0.3	0.1	0.3
制造业	Manufacturing	13.4	13.6	12.0
电力、煤气及水的供应业	Electricity, Gas, and Water Supply	1.1	1.0	0.7
建筑业	Construction	19.1	15.0	14.6
批发零售及修理业	Wholesale and Retail Trade; Repair of Motor Vehicles, Motorcycles and Personal and Household Goods	19.2	17.1	17.1
旅馆及餐饮业	Hotels and Restaurants	12.0	11.0	10.2
运输、仓储及通信业	Transport,Storageand Communications	10.3	11.2	11.1
金融保险业	Financial Intermediation	2.2	2.7	3.3
房地产业	Real Estate, Renting and Business Activities	6.2	6.6	7.1
公共管理与防务、义务社会保障业	Public Administration and Defence; Compulsory socialSecurity	11.0	12.0	11.9
教育	Education	2.1	2.9	2.5
卫生与社会工作	Health and Social Work	1.3	1.6	1.7
其他社区、社会和个人服务工作	Other Community, Social and Personal Service Activities	11.0	11.3	11.0
家庭服务业	Private Households with Employed Persons	0.4	0.2	0.4
享有治外法权的组织机构	Extra-territorial Organizations and Bodies	—	—	—
其他	Other	—	—	—
女	**Female**	**91.2**	**96.1**	**96.2**
农、林、牧、渔业	Agriculture,Huntung,Forestry and Fishing	0.1	—	0.2
制造业	Manufacturing	28.0	30.9	27.3
电力、煤气及水的供应业	Electricity, Gas, and Water Supply	0.3	0.2	0.1
建筑业	Construction	1.9	1.3	1.6
批发零售及修理业	Wholesale and Retail Trade; Repair of Motor Vehicles, Motorcycles and Personal and Household Goods	14.3	14.2	13.8
旅馆及餐饮业	Hotels and Restaurants	11.1	10.7	11.4
运输、仓储及通信业	Transport,Storageand Communications	3.4	3.8	3.9
金融保险业	Financial Intermediation	3.4	3.4	3.8
房地产业	Real Estate, Renting and Business Activities	2.1	3.1	3.7
公共管理与防务、义务社会保障业	Public Administration and Defence; Compulsory socialSecurity	5.4	4.8	4.8
教育	Education	4.6	6.3	5.8
卫生与社会工作	Health and Social Work	2.8	3.6	3.7
其他社区、社会和个人服务工作	Other Community, Social and Personal Service Activities	9.0	8.4	11.1
家庭服务业	Private Households with Employed Persons	4.5	5.4	5.1
享有治外法权的组织机构	Extra-territorial Organizations and Bodies	—	—	—
其他	Other	0.1	—	—

13－2 分职业全部就业人数
EMPLOYMENT BY OCCUPATION

单位：千人　　　　(1 000 persons)

职　　业	Occupation	1996	1997	1998	1999	2000
总　计	**Total**	**197.5**	**200.6**	**201.0**	**202.5**	**200.1**
立法者高级官员和和管理人员	Legislators, Senior Officials and Managers	11.3	11.8	11.5	12.1	12.1
专业人员	Professio nals	4.8	5.1	5.4	6.1	6.2
技术和辅助专业人员	Technicians and Associate Professionals	13.9	14.3	15.7	17.6	17.3
职　　员	Clerks	33.4	36.4	36.3	36.9	38.8
服务人员和商店与市场销售人员	Service Workers and Shop and and Market Sales Workers	41.3	42.0	42.4	40.5	40.4
农渔业技术人员	Skilled Agricultural and Fishery Workers	1.4	1.5	1.4	1.3	1.3
手艺人和有关行业工人	Craft and Related Trade Workers	27.0	29.2	27.5	24.8	24.1
设备和机械操作工、装配工	Plant and Machine Operators and Assemblers	28.6	27.8	28.0	29.9	25.7
简单劳动职业人员	Elementary Occupations	35.7	32.5	32.8	33.2	34.1
男	**Male**	**109.7**	**110.9**	**109.8**	**106.4**	**103.9**
立法者高级官员和和管理人员	Legislators, Senior Officials and Managers	9.2	10.0	9.6	9.8	9.7
专业人员	Professio nals	3.3	3.1	3.2	3.5	3.5
技术和辅助专业人员	Technicians and Associate Professionals	7.2	7.9	8.7	8.8	9.1
职　　员	Clerks	11.7	12.9	13.2	13.6	12.9
服务人员和商店与市场销售人员	Service Workers and Shop and and Market Sales Workers	23.4	23.9	23.4	23.2	22.1
农渔业技术人员	Skilled Agricultural and Fishery Workers	1.3	1.4	1.2	1.2	1.0
手艺人和有关行业工人	Craft and Related Trade Workers	24.7	25.5	23.1	20.5	19.8
设备和机械操作工、装配工	Plant and Machine Operators and Assemblers	11.4	11.3	12.2	11.0	10.8
简单劳动职业人员	Elementary Occupations	17.5	15.0	15.2	14.7	15.1
女	**Female**	**87.8**	**89.7**	**91.2**	**96.1**	**96.2**
立法者高级官员和和管理人员	Legislators, Senior Officials and Managers	2.1	1.8	1.9	2.3	2.4
专业人员	Professio nals	1.5	2.0	2.2	2.6	2.8
技术和辅助专业人员	Technicians and Associate Professionals	6.7	6.3	7.0	8.8	8.2
职　　员	Clerks	21.7	23.5	23.2	23.3	25.9
服务人员和商店与市场销售人员	Service Workers and Shop and and Market Sales Workers	17.9	18.1	18.9	17.4	18.4
农渔业技术人员	Skilled Agricultural and Fishery Workers	0.1	0.2	0.2	0.1	0.3
手艺人和有关行业工人	Craft and Related Trade Workers	2.3	3.7	4.4	4.3	4.3
设备和机械操作工、装配工	Plant and Machine Operators and Assemblers	17.2	16.6	15.8	18.9	14.9
简单劳动职业人员	Elementary Occupations	18.2	17.5	17.6	18.5	19.1

13—3 分年龄失业人数
UNEMPLOYMENT BY AGE GROUP

单位:千人 (1 000 persons)

年龄分组	Age Group	1992	1993	1994	1995	1996	1997	1998	1999	2000
总 计	**Total**	**3.84**	**3.75**	**4.40**	**6.73**	**8.70**	**6.50**	**9.60**	**13.80**	**14.50**
14-19		0.50	0.53	0.61	0.67	0.70	0.80	1.10	1.50	1.10
20-24		0.65	0.60	0.98	0.99	1.20	1.20	1.30	1.94	1.80
25-29		0.66	0.30	0.63	0.76	1.30	0.70	1.10	1.41	1.40
30-34		0.43	0.50	0.81	1.16	1.10	0.80	1.10	1.53	1.60
35-39		0.26	0.69	0.63	1.02	1.50	0.90	1.40	1.94	2.20
40-44		0.37	0.54	0.33	0.99	1.20	0.90	1.10	2.45	2.80
45-49		0.28	0.22	0.24	0.72	0.90	0.70	1.00	1.53	1.90
50-54		0.16	0.22	0.10	0.30	0.50	0.40	0.80	0.87	1.20
55-59		0.15	—	0.06	0.14	0.20	0.10	0.40	0.38	0.40
60-64		0.14	0.02	—	—	0.10	0.10	0.10	0.16	0.10
65+		0.24	0.04	—	—	—	—	—	—	0.10
男	**Male**	**2.09**	**2.20**	**2.40**	**4.32**	**5.40**	**4.20**	**6.60**	**9.40**	**9.90**
14-19		0.35	0.33	0.43	0.51	0.50	0.50	0.70	0.94	0.70
20-24		0.23	0.27	0.40	0.60	0.80	0.80	0.90	1.22	1.10
25-29		0.37	0.16	0.34	0.40	0.60	0.40	0.60	0.72	0.80
30-34		0.17	0.33	0.38	0.64	0.50	0.40	0.70	1.01	0.90
35-39		0.10	0.36	0.27	0.64	0.90	0.60	1.00	1.27	1.40
40-44		0.15	0.34	0.25	0.71	0.80	0.50	0.70	1.84	2.10
45-49		0.18	0.16	0.18	0.47	0.60	0.50	0.70	1.22	1.40
50-54		0.14	0.20	0.10	0.22	0.40	0.30	0.60	0.72	1.00
55-59		0.13	—	0.06	0.14	0.20	0.10	0.30	0.28	0.30
60-64		0.14	0.02	—	—	0.10	0.10	0.10	0.09	0.10
65+		0.13	0.04	—	—	—	—	—	—	0.10
女	**Female**	**1.75**	**1.45**	**2.01**	**2.41**	**3.30**	**2.30**	**3.10**	**4.40**	**4.70**
14-19		0.15	0.20	0.18	0.16	0.20	0.30	0.40	0.56	0.40
20-24		0.42	0.33	0.58	0.39	0.40	0.40	0.40	0.72	0.70
25-29		0.29	0.14	0.29	0.36	0.70	0.30	0.50	0.69	0.60
30-34		0.26	0.17	0.43	0.52	0.60	0.40	0.40	0.52	0.70
35-39		0.16	0.33	0.36	0.38	0.60	0.30	0.40	0.67	0.80
40-44		0.22	0.20	0.08	0.28	0.40	0.40	0.40	0.61	0.70
45-49		0.10	0.06	0.06	0.25	0.30	0.20	0.30	0.31	0.50
50-54		0.02	0.02	—	0.08	0.10	0.10	0.20	0.15	0.20
55-59		0.02	—	—	—	—	—	0.10	0.10	0.10
60-64		—	—	—	—	—	—	—	0.07	—
65+		0.11	—	—	—	—	—	—	—	—

13—4 分行业失业人数

UNEMPLOYMENT BY ECONOMIC ACTIVITY

单位:千人 (1 000 persons)

行　业	Industry	1998	1999	2000
总　计	**Total**	**9.6**	**13.8**	**14.5**
农、林、牧、渔业	Agriculture, Huntung, Forestry and Fishing	0.8	1.4	1.0
制 造 业	Manufacturing	—	—	—
电力、煤气及水的供应业	Electricity, Gas, and Water Supply	1.6	2.2	2.0
建 筑 业	Construction	—	—	—
批发零售及修理业	Wholesale and Retail Trade; Repair of Motor Vehicles, Motorcycles and Personal and Household Goods	2.0	3.7	4.3
旅馆及餐饮业	Hotels and Restaurants	1.4	1.7	1.9
运输、仓储及通信业	Transport, Storageand Communications	1.9	2.0	2.1
金融保险业	Financial Intermediation	0.6	0.7	0.6
房地产业	Real Estate, Renting and Business Activities	0.1	0.3	0.3
公共管理与防务、义务社会保障业	Public Administration and Defence; Compulsory socialSecurity	0.3	0.5	0.6
教　育	Education	0.1	0.1	0.1
卫生与社会工作	Health and Social Work	0.1	0.2	0.2
其他社区、社会和个人服务工作	Other Community, Social and Personal Service Activities	0.1	0.1	0.1
家庭服务业	Private Households with Employed Persons	0.5	0.7	1.0
其　他	Other	0.1	0.1	0.3
男	**Male**	**6.6**	**9.4**	**9.9**
农、林、牧、渔业	Agriculture, Huntung, Forestry and Fishing	0.5	0.8	0.6
制 造 业	Manufacturing	—	—	—
电力、煤气及水的供应业	Electricity, Gas, and Water Supply	0.9	1.2	1.0
建 筑 业	Construction	—	—	—
批发零售及修理业	Wholesale and Retail Trade; Repair of Motor Vehicles, Motorcycles and Personal and Household Goods	1.9	3.5	4.1
旅馆及餐饮业	Hotels and Restaurants	0.8	1.0	1.0
运输、仓储及通信业	Transport, Storageand Communications	1.3	1.3	1.3
金融保险业	Financial Intermediation	0.5	0.5	0.5
房地产业	Real Estate, Renting and Business Activities	—	0.1	0.1
公共管理与防务、义务社会保障业	Public Administration and Defence; Compulsory socialSecurity	0.2	0.4	0.5
教　育	Education	0.1	0.1	0.1
卫生与社会工作	Health and Social Work	0.1	0.1	0.1
其他社区、社会和个人服务工作	Other Community, Social and Personal Service Activities	—	—	—
家庭服务业	Private Households with Employed Persons	0.4	0.5	0.6
其　他	Other	—	—	—
女	**Female**	**3.1**	**4.4**	**4.7**
农、林、牧、渔业	Agriculture, Huntung, Forestry and Fishing	0.3	0.7	0.4
制 造 业	Manufacturing	—	—	—
电力、煤气及水的供应业	Electricity, Gas, and Water Supply	0.7	1.0	0.9
建 筑 业	Construction	—	0.2	—
批发零售及修理业	Wholesale and Retail Trade; Repair of Motor Vehicles, Motorcycles and Personal and Household Goods	0.2	0.2	0.2
旅馆及餐饮业	Hotels and Restaurants	0.6	0.7	0.9
运输、仓储及通信业	Transport, Storageand Communications	0.6	0.7	0.8
金融保险业	Financial Intermediation	0.1	0.3	0.2
房地产业	Real Estate, Renting and Business Activities	0.1	0.2	0.2
公共管理与防务、义务社会保障业	Public Administration and Defence; Compulsory socialSecurity	0.1	0.1	0.1
教　育	Education	—	—	—
卫生与社会工作	Health and Social Work	0.1	0.1	0.2
其他社区、社会和个人服务工作	Other Community, Social and Personal Service Activities	0.1	0.1	0.1
家庭服务业	Private Households with Employed Persons	0.2	0.2	0.4
其　他	Other	—	0.1	0.2

13—5 分职业失业人数
UNEMPLOYMET BY OCCUPATION

单位:千人 (1 000 persons)

职业	Occupation	1996	1997	1998	1999	2000
总计	**Total**	**8.7**	**6.5**	**9.6**	**13.6**	**14.5**
初次失业	Unemployed for the First Time	0.6	0.6	0.8	1.4	1.0
立法者高级官员和和管理人员	Legislators, Senior Officials and Managers	0.1	0.2	0.2	0.4	0.3
专业人员	Professio nals	0.1	0.1	0.1	0.1	0.1
技术和辅助专业人员	Technicians and Associate Professionals	0.2	0.1	0.2	0.5	0.5
职员	Clerks	0.9	0.7	1.2	1.6	1.6
服务人员和商店与市场销售人员	Service Workers and Shop and and Market Sales Workers	1.9	1.8	2.5	2.4	2.8
农渔业技术人员	Skilled Agricultural and Fishery Workers	—	—	0.1	0.1	—
手艺人和有关行业工人	Craft and Related Trade Workers	2.0	1.4	2.1	3.5	4.1
设备和机械操作工、装配工	Plant and Machine Operators and Assemblers	1.3	0.9	0.9	1.2	1.1
简单劳动职业人员	Elementary Occupations	1.5	1.9	1.6	2.7	2.8
男	**Male**	**5.4**	**4.2**	**6.6**	**9.4**	**9.9**
初次失业	Unemployed for the First Time	0.4	0.3	0.5	0.8	0.6
立法者高级官员和和管理人员	Legislators, Senior Officials and Managers	0.1	0.2	0.2	0.3	0.2
专业人员	Professio nals	—	0.1	0.1	—	0.1
技术和辅助专业人员	Technicians and Associate Professionals	0.1	0.1	0.1	0.4	0.3
职员	Clerks	0.3	0.3	0.4	0.6	0.5
服务人员和商店与市场销售人员	Service Workers and Shop and and Market Sales Workers	1.0	1.0	1.6	1.4	1.6
农渔业技术人员	Skilled Agricultural and Fishery Workers	—	—	—	—	—
手艺人和有关行业工人	Craft and Related Trade Workers	1.9	1.3	1.9	3.3	3.9
设备和机械操作工、装配工	Plant and Machine Operators and Assemblers	0.5	0.4	0.6	0.8	0.7
简单劳动职业人员	Elementary Occupations	1.0	0.6	1.1	1.8	1.8
女	**Female**	**3.3**	**2.3**	**3.1**	**4.4**	**4.7**
初次失业	Unemployed for the First Time	0.2	0.3	0.3	0.7	0.4
立法者高级官员和和管理人员	Legislators, Senior Officials and Managers	—	—	—	—	—
专业人员	Professio nals	—	—	—	—	—
技术和辅助专业人员	Technicians and Associate Professionals	0.1	—	—	0.1	0.3
职员	Clerks	0.6	0.4	0.8	1.1	1.1
服务人员和商店与市场销售人员	Service Workers and Shop and and Market Sales Workers	0.9	0.7	0.9	1.0	1.2
农渔业技术人员	Skilled Agricultural and Fishery Workers	—	—	—	—	—
手艺人和有关行业工人	Craft and Related Trade Workers	0.1	0.1	0.2	0.2	0.2
设备和机械操作工、装配工	Plant and Machine Operators and Assemblers	0.8	0.5	0.3	0.4	0.4
简单劳动职业人员	Elementary Occupations	0.5	0.3	0.6	0.9	1.0

13－6 非农行业周工作小时
HOURS OF WORK BY ECONOMIC ACTIVITY

单位:小时/周 (hours/per week)

行　业	Industry	1998	1999	2000
总　计	**Total**	**48.4**	**48.3**	**48.1**
制造业	Manufacturing	48.7	48.8	48.3
电力、煤气及水的供应业	Electricity, Gas, and Water Supply	48.2	42.5	43.0
建筑业	Construction	46.3	44.7	45.1
批发零售及修理业	Wholesale and Retail Trade; Repair of Motor Vehicles, Motorcycles and Personal and Household Goods	51.8	52.2	52.6
旅馆及餐饮业	Hotels and Restaurants	55.1	55.5	56.0
运输、仓储及通信业	Transport, Storageand Communications	47.2	47.1	47.1
金融保险业	Financial Intermediation	43.2	43.7	43.7
房地产业	Real Estate, Renting and Business Activities	53.0	50.0	53.1
公共管理与防务、义务社会保障业	Public Administration and Defence; Compulsory socialSecurity	38.3	38.5	38.8
教育	Education	41.2	41.5	40.7
卫生与社会工作	Health and Social Work	44.9	44.5	42.1
其他社区、社会和个人服务工作	Other Community, Social and Personal Service Activities	54.7	55.1	54.9
家庭服务业	Private Households with Employed Persons	51.3	59.8	56.1
男	**Male**	**48.7**	**48.1**	**48.0**
制造业	Manufacturing	49.1	48.2	48.2
电力、煤气及水的供应业	Electricity, Gas, and Water Supply	43.1	43.0	43.1
建筑业	Construction	46.3	44.6	45.1
批发零售及修理业	Wholesale and Retail Trade; Repair of Motor Vehicles, Motorcycles and Personal and Household Goods	52.5	52.8	53.3
旅馆及餐饮业	Hotels and Restaurants	55.5	58.7	58.0
运输、仓储及通信业	Transport, Storageand Communications	48.2	47.9	47.9
金融保险业	Financial Intermediation	43.7	44.2	44.7
房地产业	Real Estate, Renting and Business Activities	59.7	59.5	59.6
公共管理与防务、义务社会保障业	Public Administration and Defence; Compulsory socialSecurity	38.8	39.2	39.7
教育	Education	41.0	41.8	40.1
卫生与社会工作	Health and Social Work	43.9	42.8	42.9
其他社区、社会和个人服务工作	Other Community, Social and Personal Service Activities	54.7	54.8	54.9
家庭服务业	Private Households with Employed Persons	52.9	58.0	58.5
女	**Female**	**48.1**	**48.5**	**48.2**
制造业	Manufacturing	48.4	49.1	48.3
电力、煤气及水的供应业	Electricity, Gas, and Water Supply	39.5	39.0	40.9
建筑业	Construction	46.4	45.8	45.3
批发零售及修理业	Wholesale and Retail Trade; Repair of Motor Vehicles, Motorcycles and Personal and Household Goods	50.8	51.7	51.7
旅馆及餐饮业	Hotels and Restaurants	54.7	54.0	54.4
运输、仓储及通信业	Transport, Storageand Communications	44.9	45.5	45.4
金融保险业	Financial Intermediation	42.9	43.2	43.0
房地产业	Real Estate, Renting and Business Activities	46.6	46.4	47.0
公共管理与防务、义务社会保障业	Public Administration and Defence; Compulsory socialSecurity	37.7	37.4	37.5
教育	Education	41.3	41.3	41.0
卫生与社会工作	Health and Social Work	45.2	45.0	41.9
其他社区、社会和个人服务工作	Other Community, Social and Personal Service Activities	54.5	55.4	54.8
家庭服务业	Private Households with Employed Persons	50.8	59.8	55.8

13－7 非农行业月平均工资
WAGES BY ECONOMIC ACTIVITY

单位：澳元/月 (patacas/per month)

行　　业	Industry	1998	1999	2000
总　　计	**Total**	**5063**	**4889**	**4792**
制 造 业	Manufacturing	3138	2911	2944
电力、煤气及水的供应业	Electricity, Gas, and Water Supply	10294	11674	11587
建 筑 业	Construction	4997	4656	4337
批发零售及修理业	Wholesale and Retail Trade; Repair of Motor Vehicles, Motorcycles and Personal and Household Goods	4981	4699	4502
旅馆及餐饮业	Hotels and Restaurants	4338	4401	4055
运输、仓储及通信业	Transport, Storageand Communications	5766	5651	5637
金融保险业	Financial Intermediation	7828	7442	7673
房地产业	Real Estate, Renting and Business Activities	4221	4367	3939
公共管理与防务、义务社会保障业	Public Administration and Defence; Compulsory socialSecurity	12747	13711	13692
教　　育	Education	9200	9444	9003
卫生与社会工作	Health and Social Work	8031	7796	9119
其他社区、社会和个人服务工作	Other Community, Social and Personal Service Activities	6447	6415	6113
家庭服务业	Private Households with Employed Persons	3019	2966	2819
男	**Male**	**5882**	**5850**	**5766**
制 造 业	Manufacturing	4789	4701	4673
电力、煤气及水的供应业	Electricity, Gas, and Water Supply	10225	11570	12021
建 筑 业	Construction	5072	4682	4317
批发零售及修理业	Wholesale and Retail Trade; Repair of Motor Vehicles, Motorcycles and Personal and Household Goods	5625	5463	4916
旅馆及餐饮业	Hotels and Restaurants	5307	5506	5382
运输、仓储及通信业	Transport, Storageand Communications	5780	5666	5651
金融保险业	Financial Intermediation	8323	8417	8324
房地产业	Real Estate, Renting and Business Activities	4119	4208	3925
公共管理与防务、义务社会保障业	Public Administration and Defence; Compulsory socialSecurity	12118	13378	13545
教　　育	Education	10707	9912	9738
卫生与社会工作	Health and Social Work	9271	9262	9923
其他社区、社会和个人服务工作	Other Community, Social and Personal Service Activities	6778	6457	6592
家庭服务业	Private Households with Employed Persons	5538	5581	5828
女	**Female**	**3939**	**3832**	**3868**
制 造 业	Manufacturing	2694	2501	2610
电力、煤气及水的供应业	Electricity, Gas, and Water Supply	10501	12866	11577
建 筑 业	Construction	4382	4437	4522
批发零售及修理业	Wholesale and Retail Trade; Repair of Motor Vehicles, Motorcycles and Personal and Household Goods	4166	4046	3877
旅馆及餐饮业	Hotels and Restaurants	3752	3739	3608
运输、仓储及通信业	Transport, Storageand Communications	5692	5583	5585
金融保险业	Financial Intermediation	7606	7041	7278
房地产业	Real Estate, Renting and Business Activities	4598	4700	3973
公共管理与防务、义务社会保障业	Public Administration and Defence; Compulsory socialSecurity	14484	14877	14311
教 育	Education	8504	9047	8751
卫生与社会工作	Health and Social Work	7781	6489	8158
其他社区、社会和个人服务工作	Other Community, Social and Personal Service Activities	5799	6344	5695
家庭服务业	Private Households with Employed Persons	2924	2931	2758

13—8 消费价格指数
CONSUMER PRICES INDICES

(1990=100)

项　目	Item	1991	1992	1993	1994	1995	1996	1997	1998	1999	2000[1]
总指数	General Indices	109.6	118.0	125.9	133.8	145.3	152.3	157.58	157.85	96.791	95.2
总指数(不含住房)	General Indices (excl. shelter)	109.6	118.0	125.9	133.8	145.3	152.3	157.58	157.85	152.80	…
食品指数	Food Indices	108.6	117.5	125.8	134.9	145.7	152.3	157.75	158.71	151.73	149.5
用电及燃料指数	Fuel and Light Indices	105.7	106.6	110.6	111.0	118.4	125.8	135.10	134.20	131.30	137.8
服装指数	Clothing Indices	103.5	105.0	107.2	110.5	124.3	132.0	134.13	135.48	132.53	125.3
租金指数	Rent Indices								100.00	96.80	93.80

注 1：以 1998 年为 100。Note 1：1998=100.

13—9 分行业职业伤害情况
OCCUPATIONAL INJURIES BY ECONOMIC AVTIVITY

行　业	Industry	1998	1999	2000
一、伤亡人数(人)	**Total (fatal and non fatal, person)**	**3682**	**3218**	**3608**
农、林、牧、渔业	Agriculture, Huntung, Forestry and Fishing	9	1	
制造业	Manufacturing	906	785	881
电力、煤气及水的供应业	Electricity, Gas, and Water Supply	19	14	11
建筑业	Construction	466	346	324
批发零售及修理业	Wholesale and Retail Trade; Repair of Motor Vehicles, Motorcycles and Personal and Household Goods	490	494	470
旅馆及餐饮业	Hotels and Restaurants	717	638	766
运输、仓储及通信业	Transport, Storageand Communications	159	182	268
金融保险业	Financial Intermediation	24	26	27
房地产业	Real Estate, Renting and Business Activities	55	61	111
公共管理与防务、义务社会保障业	Public Administration and Defence; Compulsory socialSecurity	14	10	23
教育	Education	58	72	87
卫生与社会工作	Health and Social Work	25	19	20
其他社区、社会和个人服务工作	Other Community, Social and Personal Service Activities	717	556	600
家庭服务业	Private Households with Employed Persons	23	14	20
1、受伤人数	**Non fatal**	**3676**	**3216**	**3602**
农、林、牧、渔业	Agriculture, Huntung, Forestry and Fishing	9	1	
制造业	Manufacturing	906	785	880
电力、煤气及水的供应业	Electricity, Gas, and Water Supply	19	14	11
建筑业	Construction	461	346	324
批发零售及修理业	Wholesale and Retail Trade; Repair of Motor Vehicles, Motorcycles and Personal and Household Goods	490	494	468
旅馆及餐饮业	Hotels and Restaurants	716	638	766
运输、仓储及通信业	Transport, Storageand Communications	159	181	268
金融保险业	Financial Intermediation	24	26	27
房地产业	Real Estate, Renting and Business Activities	55	61	109
公共管理与防务、义务社会保障业	Public Administration and Defence; Compulsory socialSecurity	14	10	23
教育	Education	58	72	87
卫生与社会工作	Health and Social Work	25	19	20
其他社区、社会和个人服务工作	Other Community, Social and Personal Service Activities	717	555	599
家庭服务业	Private Households with Employed Persons	23	14	20

13－9 续表　continued

行　　业	Industry	1998	1999	2000
2、死亡人数	**Fatal**	**6**	**2**	**6**
农、林、牧、渔业	Agriculture, Huntung, Forestry and Fishing			
制 造 业	Manufacturing			1
电力、煤气及水的供应业	Electricity, Gas, and Water Supply			
建 筑 业	Construction	5		
批发零售及修理业	Wholesale and Retail Trade; Repair of Motor Vehicles, Motorcycles and Personal and Household Goods			2
旅馆及餐饮业	Hotels and Restaurants	1		
运输、仓储及通信业	Transport, Storageand Communications		1	
金融保险业	Financial Intermediation			
房地产业	Real Estate, Renting and Business Activities			2
公共管理与防务、义务社会保障业	Public Administration and Defence; Compulsory socialSecurity			
教 育	Education			
卫生与社会工作	Health and Social Work			
其他社区、社会和个人服务工作	Other Community, Social and Personal Service Activities		1	1
家庭服务业	Private Households with Employed Persons			
二、损失工日数(日)	**Days lost**	**21270**	**19966**	**21104**
农、林、牧、渔业	Agriculture, Huntung, Forestry and Fishing	66	30	
制 造 业	Manufacturing	6559	4009	5001
电力、煤气及水的供应业	Electricity, Gas, and Water Supply	250	26	1
建 筑 业	Construction	6746	5512	4452
批发零售及修理业	Wholesale and Retail Trade; Repair of Motor Vehicles, Motorcycles and Personal and Household Goods	2808	2416	2429
旅馆及餐饮业	Hotels and Restaurants	3241	3602	3546
运输、仓储及通信业	Transport, Storageand Communications	1093	906	1277
金融保险业	Financial Intermediation	86	61	201
房地产业	Real Estate, Renting and Business Activities	619	458	411
公共管理与防务、义务社会保障业	Public Administration and Defence; Compulsory socialSecurity	43	4	22
教　　育	Education	158	70	249
卫生与社会工作	Health and Social Work	488	158	177
其他社区、社会和个人服务工作	Other Community, Social and Personal Service Activities	4842	2685	3211
家庭服务业	Private Households with Employed Persons	171	26	127

附录一、国外有关资料

Main Indicators of Other Countries

附录 1-1　全部就业人数

A1-1　EMPLOYMENT

单位：千人　　(1 000 persons)

国　　别　Country	1993	1994	1995	1996	1997	1998	1999	2000
埃　　及 Egypt	14703.4	15241.4	15344.2		15830.0	16183.0	16750.2	
阿 根 廷 Argentina	4609.1	4386.3	4157.2	7369.8	7858.4	8276.6	8285.2	8261.7
巴　　西 Brasil	66570.0		69629.0	67920.0	69332.0	69963.0	71676.0	
加 拿 大 Canada	13014.7	13291.7	13505.5	13676.2	13940.6	14326.4	14531.2	14909.7
墨 西 哥 Mexico	32832.7		33881.1	35226.0	37359.9	38617.5	39069.1	38983.8
美　　国 United States	120259.0	123060.0	124900.0	126708.0	129558.0	131463.0	133488.0	135208.0
印　　度 India	27177.0	27375.0	27987.0	27941.0	28245.0	28166.0		
印度尼西亚 Indonesia	79201.0	80110.0	82038.0	85701.8	87050.0	87674.0	88817.0	89824.0
日　　本 Japan	64500.0	64530.0	64570.0	64860.0	65570.0	65140.0	64620.0	64460.0
韩　　国 Korea，Rep	19328.0	19905.0	20432.0	20817.0	21106.0	19994.0	20281.0	21061.0
马来西亚 Malaysia	7383.4		7645.0	8399.5	8569.2	8599.6	8837.8	9321.7
巴基斯坦 Pakistan	30534.0	31288.0	31407.0	32188.0	34180.0	35934.0		
菲 律 宾 Philippines	24443.0	25166.0	25698.0	27442.0	27888.0	28262.0	27762.0	27775.0
新 加 坡 Singapore	1592.0	1649.3	1702.1	1748.1	1830.5	1869.7	1885.9	2094.8
泰　　国 Thailand	32150.0	32093.0	32512.0	32232.0	33163.0	32138.0	32087.0	33001.0
法　　国 France	22197.0	22022.0	22344.0	22492.0	22430.0	22705.0	22923.0	
德　　国 Germany	36380.0	36075.0	36048.0	35982.0	35805.0	35860.0	36402.0	36604.0
匈 牙 利 Hungary	3827.3	3751.5	3678.8	3648.1	3646.3	3697.7	3811.5	3849.1
意 大 利 Italie	20705.0	20373.0	20233.0	20320.0	20413.0	20618.0	20864.0	21225.0
荷　　兰 Netherland	6648.0	6692.0	6835.0	6971.0	7194.0	7398.0	7601.0	7731.0
挪　　威 Norway	2004.0	2035.0	2079.0	2131.0	2194.0	2248.0	2259.0	2269.0
葡 萄 牙 Portugal	4493.1	4481.8	4441.7	4467.2	4546.0	4751.9	4836.9	4921.1
罗马尼亚 Romania		10914.1	11152.3	10935.5	11050.0	10844.9	10775.6	10763.8
俄 罗 斯 Russian Fed.	68642.0	64785.0	64149.0	62928.0	60021.0	57860.0	60408.0	
瑞　　典 Sweden	3964.0	3928.0	3986.0	3963.0	3922.0	3979.0	4068.0	4159.0
英　　国 United Kingdom	25511.0	25717.4	26026.0	26323.4	26814.3	27115.6	27442.3	
澳大利亚 Australia	7644.8	7885.5	8218.2	8324.2	8386.6	8553.1	8747.4	8009.6
新 西 兰 New Zealand	1495.8	1559.5	1632.6	1687.5	1735.9	1725.0	1750.3	1779.0

注：1)资料来源：《2000 年国际劳工统计年鉴》(下同)。

a)Date resources：ILO 2000 Yearbook of Labour Statistics (same as below).

附录 1-2 全部女性就业人数
A1-2 FEMALE EMPLOYMENT

单位:千人 (1 000 persons)

国 别 Country	1993	1994	1995	1996	1997	1998	1999	2000
埃 及 Egypt	2940.3	3097.4	2948.4		3017.0	2996.0	3139.2	
阿 根 廷 Argentina	1731.2	1627.2	1582.8	2765.5	2961.5	3221.6	3313.8	3319.8
巴 西 Brasil	25985.0		27765.0	26677.0	27354.0	27650.0	28864.0	
加 拿 大 Canada	5888.6	6001.8	6109.0	6197.3	6291.7	6523.5	6665.3	6860.4
墨 西 哥 Mexico	10084.7		10854.3	11458.8	12564.3	12954.4	13019.4	13311.2
美 国 United States	54910.0	56610.0	57523.0	58501.0	59873.0	60771.0	62042.0	62915.0
印 度 India	4026.0	4154.0	4304.0	4426.0	4637.0	4774.0		
印度尼西亚 Indonesia	30465.0	28424.0	31729.0	32711.8	33079.0	33773.0	33908.0	
日 本 Japan	26100.0	26140.0	26140.0	26270.0	26650.0	26560.0	26320.0	26300.0
韩 国 Korea, Rep	777.0	8043.0	8256.0	8472.0	8686.0	8084.0	8303.0	8707.0
马来西亚 Malaysia	2529.6		2588.4	2885.0	2922.5	2880.7	2986.6	3235.5
巴基斯坦 Pakistan	4276.0	4556.0	3816.0	3913.0	4599.0	5007.0		
菲 律 宾 Philippines	8975.0	9181.0	9505.0	10134.0	10451.0	10608.0	10631.0	10516.0
新 加 坡 Singapore	639.7	662.2	658.1	724.5	749.4	780.1	798.6	824.0
泰 国 Thailand	15000.2	14742.9	14795.2	14486.7	15041.3	14471.1	14365.9	14836.1
法 国 France	9642.0	9626.0	9793.0	9881.0	9878.0	10053.7	10199.8	
德 国 Germany	15084.0	15088.0	15109.0	15276.0	15256.0	15351.0	15743.0	15924.0
匈 牙 利 Hungary	1750.0	1696.5	1629.2	1611.8	1602.8	1656.0	1708.4	1726.7
意 大 利 Italie	7069.0	6998.0	7007.0	7122.0	7192.0	7345.0	7533.0	7764.0
荷 兰 Netherland	2668.0	2713.0	2787.0	2862.0	3000.0	3109.0	3241.0	3311.0
挪 威 Norway	918.0	932.0	953.0	980.0	1009.0	1036.0	1050.0	1057.0
葡 萄 牙 Portugal	1971.6	1976.4	1968.4	1986.0	2034.6	2110.5	2173.8	2213.8
罗马尼亚 Romania		5041.6	5125.7	4956.2	5045.8	4959.8	4976.6	4991.6
俄 罗 斯 Russian Fed.	32591.0	30695.0	30429.0	29841.0	28467.0	27374.0	28884.0	
瑞 典 Sweden	1938.0	1911.0	1925.0	1905.0	1880.0	1901.0	1946.0	1992.0
英 国 United Kingdom	11476.5	11544.0	11628.6	11819.9	12022.0	12117.0	12303.9	
澳大利亚 Australia	3248.2	3361.2	3540.8	3590.7	3631.4	3714.6	3802.2	3947.4
新 西 兰 New Zealand	657.4	689.0	719.9	752.1	777.9	777.5	793.7	806.3

附录1-3 第一产业就业人数

A1-3 EMPLOYMENT IN PRIMARY INDUSTRY

单位:千人　　　　　(1 000 persons)

国　别　Country	1993	1994	1995	1996	1997	1998	1999	2000
埃　及 Egypt	5188.4	5360.5	5215.6		4950.9	4822.7	4807.0	
阿根廷 Argentina	20.9	19.9	25.9	56.2	61.8	63.1	61.7	55.3
巴　西 Brasil	18254.0		18154.0	16541.0	16771.0	16338.0	17372.0	
加拿大 Canada	544.5	533.5	538.8	548.2	520.5	534.1	521.6	492.3
墨西哥 Mexico	8842.7		8378.4	7921.7	9020.3	7817.4	8208.7	7060.7
美　国 United States	3300.0	3586.0	3592.0	3570.0	3538.0	3509.0	3416.0	3457
印度尼西亚 Indonesia	40072.0	35233.0	37858.0	37720.3	35849.0	39414.8	38378.0	
日　本 Japan	3830.0	3730.0	3670.0	3560.0	3500.0	3430.0	3350.0	3260
韩　国 Korea, Rep	2849.0	2731.0	2535.0	2429.0	2385.0	2481.0	2349.0	2288
马来西亚 Malaysia	1558.6		1526.8	1626.2	1481.2	1616.5	1623.7	1711.8
巴基斯坦 Pakistan	14517.0	15653.0	14696.0	15061.0	15091.0	1698.0		
菲律宾 Philippines	11194.0	11249.0	11323.0	11451.0	11260.0	11272.0	10503.0	10401
新加坡 Singapore	3.9	4.9	4.1	3.4	5.1	4.3	5.5	5.1
泰　国 Thailand	18244.5	17960.2	16929.2	16127.0	16691.2	16471.7	15563.5	16095.5
德　国 Germany	1255.0	1190.0	1163.0	1076.0	1049.0	1024.0	1026.0	988
匈牙利 Hungary	349.4	327.6	295.1	302.4	287.8	278.8	270.4	251.7
意大利 Italie	1488.0	1411.0	1334.0	1278.0	1245.0	1201.0	1134.0	1120
荷　兰 Netherland	255.0	264.0	244.0	259.0	259.0	236.0	230.0	248
挪　威 Norway	111.0	107.0	106.0	110.0	105.0	104.0	102.0	93
葡萄牙 Portugal	515.6	523.1	508.9	545.8	616.9	639.5	613.3	616.3
罗马尼亚 Romania		4261.1	4497.7	4150.8	4311.0	4342.2	4499.2	4606.6
俄罗斯 Russian Fed.					7296.0	6654.0	7145.0	
瑞　典 Sweden	138.0	136.0	124.0	115.0	109.0	102.0	103.0	98
英　国 United Kingdom	518.5	532.1	532.1	510.4	494.7	465.0	424.6	
澳大利亚 Australia	408.3	403.3	408.7	419.0	430.5	420.7	432.5	438.7
新西兰 New Zealand	157.7	161.7	158.2	159.5	150.4	146.9	165.6	155.5

附录 1-4 非农产业就业人数

A1-4 EMPLOYMENT IN NONAGRICULTURAL INDUSTRY

单位:千人 (1 000 persons)

国别 Country	1993	1994	1995	1996	1997	1998	1999	2000
埃及 Egypt	9515.0	9880.9	10128.6		10879.1	11360.3	11943.2	
阿根廷 Argentina	4588.2	4366.4	4131.3	7313.6	7796.6	8213.5	8223.5	8206.4
巴西 Brasil	48316.0		51475.0	51379.0	52561.0	53625.0	54304.0	
加拿大 Canada	12470.2	12758.2	12966.7	13128.0	13420.1	13792.3	14009.6	14417.4
墨西哥 Mexico	23990.0		25502.7	27304.3	28339.6	30800.1	30860.4	31923.1
美国 United States	116959.0	119474.0	121308.0	123138.0	126020.0	127954.0	130072.0	131751.0
印度尼西亚 Indonesia	39129.0	44877.0	44180.0	47981.5	51201.0	48259.2	50439.0	89824.0
日本 Japan	60670.0	60800.0	60900.0	61300.0	62070.0	61710.0	61270.0	61200.0
韩国 Korea, Rep	16479.0	17174.0	17897.0	18388.0	18721.0	17513.0	17932.0	18773.0
马来西亚 Malaysia	5824.8		6118.2	6773.3	7088.0	6983.1	7214.1	7609.9
巴基斯坦 Pakistan	16017.0	15635.0	16711.0	17127.0	19089.0	34236.0		
菲律宾 Philippines	13249.0	13917.0	14375.0	15991.0	16628.0	16990.0	17259.0	17374.0
新加坡 Singapore	1588.1	1644.4	1698.0	1744.7	1825.4	1865.4	1880.4	2089.7
泰国 Thailand	13905.5	14132.8	15582.8	16105.0	16471.8	15666.3	16523.5	16905.5
德国 Germany	35125.0	34885.0	34885.0	34906.0	34756.0	34836.0	35376.0	35616.0
匈牙利 Hungary	3477.9	3423.9	3383.7	3345.7	3358.5	3418.9	3541.1	3597.4
意大利 Italie	19217.0	18962.0	18899.0	19042.0	19168.0	19417.0	19730.0	20105.0
荷兰 Netherland	6393.0	6428.0	6591.0	6712.0	6935.0	7162.0	7371.0	7483.0
挪威 Norway	1893.0	1928.0	1973.0	2021.0	2089.0	2144.0	2157.0	2176.0
葡萄牙 Portugal	3977.5	3958.7	3932.8	3921.4	3929.1	4112.4	4223.6	4304.8
罗马尼亚 Romania	0.0	6653.0	6654.6	6784.7	6739.0	6502.7	6276.4	6157.2
俄罗斯 Russian Fed.	68642.0	64785.0	64149.0	62928.0	52725.0	51206.0	53263.0	
瑞典 Sweden	3826.0	3792.0	3862.0	3848.0	3813.0	3877.0	3965.0	4061.0
英国 United Kingdom	24992.5	25185.3	25493.9	25813.0	26319.6	26650.6	27017.7	
澳大利亚 Australia	7236.5	7482.2	7809.5	7905.2	7956.1	8132.4	8314.9	7570.9
新西兰 New Zealand	1338.1	1397.8	1474.4	1528.0	1585.5	1578.1	1584.7	1623.5

附录1-5 失业人数
A1-5 UNEMPLOYMENT

单位:千人 (1 000 persons)

国 别 Country	1993	1994	1995	1996	1997	1998	1999	2000
埃 及 Egypt	1800.6	1877.4	1916.9		1446.4	1447.5	1480.5	
阿根廷 Argentina	493.9	595.1	963.6	1531.4	1375.1	1218.7	1359.6	1460.9
巴 西 Brasil	4395.6		4509.8	5076.2	5881.8	6922.6	7639.1	
加拿大 Canada	1648.8	1540.7	1422.1	1469.2	1413.5	1305.1	1190.1	1089.6
墨西哥 Mexico	819.1		1677.4	1354.7	984.9	889.6	682.3	650.0
美 国 United States	8940.0	7996.0	7404.0	7236.0	6739.0	6210.0	5880.0	5655.0
印 度 India	36276.0	36692.0	36742.0	37430.0	39140.0	40090.0	40371.0	
印度尼西亚 Indonesia				3624.8	4197.3	5062.5	6030.3	5872.0
日 本 Japan	1660.0	1920.0	2100.0	2250.0	2300.0	2790.0	3170.0	3200.0
韩 国 Korea, Rep	551.0	490.0	420.0	426.0	556.0	1461.0	1353.0	889.0
马来西亚 Malaysia	316.8		248.1	216.8	214.9	284.0	313.7	294.4
巴基斯坦 Pakistan	1516.0	1591.0	1783.0	1827.0	2227.0			
菲律宾 Philippines	2379.0	2317.0	2342.0	2195.0	2377.0	3016.0	2931.0	3133.0
新加坡 Singapore	43.7	43.8	47.2	53.8	45.5	62.1	90.1	975.0
泰 国 Thailand	494.4	422.8	375.0	353.9	292.5	1137.9	985.7	812.6
法 国 France	2756.7	3075.3	2899.2	3059.3	3104.9	3006.6	3014.3	2590.2
德 国 Germany	3799.0	4160.0	4035.0	3473.0	3890.0	3849.0	3503.0	3127.0
匈牙利 Hungary	518.9	451.2	416.5	400.1	348.8	313.0	284.7	262.5
意大利 Italie	2299.0	2508.0	2638.0	2653.0	2688.0	2745.0	2669.0	2495.0
荷 兰 Netherland	437.0	492.0	523.0	489.0	422.0	337.0	277.0	262.0
挪 威 Norway	127.0	116.0	107.0	108.0	92.0	74.0	75.0	81.0
葡萄牙 Portugal	257.5	323.8	338.4	343.9	324.1	247.9	221.6	204.6
罗马尼亚 Romania	1164.7	1223.9	998.4	657.6	881.4	1025.1	1130.3	10071.0
俄罗斯 Russian Fed.	4305.0	5702.0	6712.0	6732.0	8058.0	8876.0	9323.0	
瑞 典 Sweden	356.0	340.0	333.0	347.0	342.0	276.0	241.0	203.0
英 国 United Kingdom	2935.5	2737.6	2460.4	2340.1	2037.3	1776.4	1751.7	1617.1
澳大利亚 Australia	939.2	855.5	764.5	779.4	786.5	746.5	685.4	641.0
新西兰 New Zealand	158.8	140.4	111.5	112.3	123.3	139.1	127.8	113.4

附录 1-6 制造业平均工资
A1-6 WAGES IN MANUFACTURING

国别 Country		单位	unit	1994	1995	1996	1997	1998	1999	2000
埃及 Egypt	(A)	镑/周	P/w.	77	84	93	103	107		
阿根廷 Argentina	(A)	比索/小时	P./h.	3.77	3.90	4.03	4.07	4.12	4.16	4.23
巴西 Brasil	(B)	里亚尔/月	R./m.	479.13	629.00	696.64	734.40	715.00	727.60	
加拿大 Canada	(A)	元/小时	C$/h.	15.96	16.19	16.71	16.85	17.21	17.20	
	(B)	元/周	C$/w.	685.84	694.58	716.62	736.69	755.92	755.90	
墨西哥 Mexico	(A)	比索/小时	Mex$/h.	7.21	8.29	10.16	12.38	14.84	17.78	
	(B)	比索/月	Mex$/h.		1220.6	1404.2	1651.8	2077.2	2377.7	2909.6
美国 United States	(A)	美元/小时	USD/h.	12.07	12.37	12.77	13.17	13.49	13.90	14.38
印度 India	(A)	卢比/月	R./m.	960.50	1211.00	1188.80	1137.30			
印度尼西亚 Indonesia	(A)	1000卢比/周	R./w.					64.20	75.30	
日本 Japan	(B)	日元/月	Yen/m.	276700	278800	283700	287200	289600	291100	293100
韩国 Korea, Rep	(B)	元/月	Won/m.	1022.5	1123.9	1261.2	1326.2	1284.5	1475.5	1601.5
马来西亚 Malaysia	(B)	林吉特/月	M$/m.	928	1002	1115	1210			
巴基斯坦 Pakistan	(B)	卢比/月	PRs/m.	1956.00	2970.00	2878.00	3211.54	3705.96	2865.76	
菲律宾 Philippines	(B)	比索/月	P/m.	6272	6654	6815	7281			
新加坡 Singapore	(B)	元/月	S$/m.	1995.3	2157.3	2319.5	2486.7	2716.0	2803.0	3036.0
泰国 Thailand	(B)	铢/月	B/m.	4229	4994	5502	5935	6389	5907	
法国 France	(A)	法郎/月	FF/m.				10100	10230		
	(B)	法郎/月	FF/m.				13600	13860	14110	
德国 Germany	(A)	马克/小时	DM/h.			25.73	26.17	26.78	27.53	27.78
匈牙利 Hungary	(B)	福林/月	F./m.	32500	39554	48195	58915	68872	76099	88136
意大利 Italy	(A)	小时工资率	R.T./h.	124.3	128.7	101.82	105.7	108.6	110.9	113.1
	(B)	小时工资率	R.T./h.	126.1	131.3	102.2	106.4	109.6	112.1	114.4
荷兰 Netherlands	(B)	盾/小时	F/h.	27.90	28.85	30.16	31.05	32.02	33.32	
挪威 Norway	(A)	克郎/小时	NKr/h.	106.12	109.83	114.42	118.85	125.47		
	(B)	克郎/月	NKr/m.				20005	21417	22441	23388
葡萄牙 Portugal	(A)	埃斯库多/小时	Esc/h.		470	498	539	703	718	
	(B)	埃斯库多/月	Esc/m.		100700	107800	116100	120803	122327	
罗马尼亚 Romania	(B)	列伊/月	Lei/m.	169435	268436	424587	826902	1198560	1712748	
俄罗斯 Russuan Fed.	(B)	卢布/月	R./m.		464792	748189	833428	1026		
瑞典 Sweden	(A)	克朗/小时	SKr/h.	102.38	106.95	115.01	101.24	105.07	106.85	111.30
英国 United Kingdom	(B)	英镑/小时	£/h.	7.55	7.85	8.22	8.53	9.10	9.49	9.72
澳大利亚 Australia	(B)	元/小时	$A/h.	14.71	15.59	16.40		17.38		
新西兰 New Zealand	(B)	元/小时	NZ$/h.	14.40	14.78	15.35	15.86	16.33	16.90	

注：1)(A) 工人工资。
(B) 管理人员工资。
2)1996 年以前以 1990 年为 100。
3)1997 年后为新币值单位。

Note: 1)(A) Wage earners.
(B) Salaried employees
2) Prior to 1996: 1990=100.
3) After 1997: new rouble.

附录 1-7 消费价格指数
A1-7 CONSUMER PRICE INDEX

(1990＝100)

国别 Country	1993	1994	1995	1996	1997	1998	1999	2000
埃及 Egypt	152.6	164.9	178.7	191.6	200.4	207.5	218.4	224.4
阿根廷 Argentina	375.3	391.0	404.2	404.8	407.0	410.7	405.9	402.1
巴西 Brasil		100.0	166.0	192.2	205.5	212.0	222.3	238.0
加拿大 Canada	109.1	109.3	111.7	113.5	115.3	116.4	118.4	121.7
墨西哥 Mexico	155.5	166.3	224.5	301.7	364.0	422.0	491.9	538.6
美国 United States	110.6	113.4	116.6	120.0	122.8	124.7	127.5	131.8
印度 India	140.3	157.0	174.0	189.5	199.4	218.4	231.3	233.6
印度尼西亚 Indonesia	129.0	139.9	153.2	165.3	176.2	278.3	335.3	347.7
日本 Japan	106.4	107.1	107.0	107.1	109.0	109.7	109.4	108.6
韩国 Korea, Rep	121.8	129.3	135.1	141.7	148.1	159.1	160.5	164.1
马来西亚 Malaysia	113.2	117.4	121.4	125.6	129.0	135.8	139.6	141.7
巴基斯坦 Pakistan	134.6	151.3	169.9	187.6	208.9	221.9	231.1	241.2
菲律宾 Philippines	139.1	149.0	161.0	175.6	186.0	203.9	217.4	227.0
新加坡 Singapore	108.2	111.5	113.5	115.1	117.3	117.0	117.1	118.7
泰国 Thailand	113.7	119.5	126.4	133.8	141.2	152.7	153.2	155.6
法国 France	107.9	109.7	111.6	113.8	115.2	116.0	116.6	118.6
德国 Germany	109.7	112.8	114.7	116.3	118.5	119.6	120.3	122.6
匈牙利 Hungary	203.4	241.6	309.7	382.8	452.9	517.7	569.5	625.3
意大利 Italie	116.7	121.4	127.7	132.8	135.5	138.0	140.3	143.9
荷兰 Netherland	109.2	112.2	114.4	116.7	119.2	121.6	124.2	127.4
挪威 Norway	108.3	109.8	112.5	113.9	116.8	119.5	122.2	126.0
葡萄牙 Portugal	129.2	136.0	141.6	146.0	149.1	153.2	156.7	161.2
罗马尼亚 Romania	1105.4	2617.1	3461.4	4804.7	12241.0	19474.0	28394.0	41361.0
俄罗斯 Russuan Fed.	15869.0	64688.0	192521.0	284429.0	326484.0	416814.0	773814.0	934450.0
瑞典 Sweden	117.3	119.8	122.8	123.5	124.3	123.9	124.5	125.6
英国 United Kingdom	111.6	114.3	118.2	121.1	124.9	129.2	131.2	135.1
澳大利亚 Australia	106.1	108.1	113.2	116.1	116.4	117.3	119.1	124.4
新西兰 New Zealand	104.9	106.8	110.8	113.3	114.7	116.2	116.0	119.1

附录二、主要统计指标解释

Explanatory Notes for Major Indicators

主要统计指标解释

就业人员 指从事一定社会劳动并取得劳动报酬或经营收入的人员。就业人员按就业身份分组包括：(1)职工；(2)再就业的离退休人员；(3)私营业主；(4)个体户主；(5)私营企业和个体就业人员；(6)乡镇企业就业人员；(7)农村就业人员；(8)其他就业人员(包括现役军人)。

单位就业人员 指在各级国家机关、政党机关、社会团体及企业、事业单位中工作，取得工资或其他形式的劳动报酬的全部人员。包括：在岗职工、再就业的离退休人员、民办教师以及在各单位中工作的外方人员和港澳台方人员、兼职人员、借用的外单位人员和第二职业者。不包括离开本单位仍保留劳动关系的职工。

职工 指在国有、城镇集体、联营、股份制、外商和港、澳、台投资、其他单位及其附属机构工作，并由其支付工资的各类人员。不包括下列人员：(1)乡镇企业就业人员；(2)私营企业就业人员；(3)城镇个体劳动者；(4)离休、退休、退职人员；(5)再就业的离、退休人员；(6)民办教师；(7)其他按有关规定不列入职工统计范围的人员。

在岗职工 指在本单位工作并由单位支付工资的人员，以及有工作岗位，但由于学习、病伤产假等原因暂未工作仍由单位支付工资的人员。

离开本单位仍保留劳动关系的职工(不在岗职工) 指由于各种原因，已经离开本人的生产或工作岗位，并已不在本单位从事其他工作，但仍与用人单位保留劳动关系的职工。

其他就业人员 各单位其他就业人员是指劳动统计制度规定不作职工统计，但实际参加各单位生产或工作并取得劳动报酬的人员。包括：再就业的离退休人员、民办教师以及在各单位中工作的外方人员和港、澳、台方人员。但不包括在各单位中工作并领取劳动报酬的在校学生。单位其他就业人员与在岗职工之和为该单位全部单位就业人员。

年末人数 指年末最后一天的实有人数。

国有单位 指资产归国家所有的经济组织。包括按《中华人民共和国企业法人登记管理条例》规定登记注册的非公司制的经济组织，以及中央、地方各级国家机关、事业单位和社会团体。

集体单位 指生产资料归集体所有，并按《中华人民共和国企业法人登记管理条例》规定登记注册的经济组织。

其他单位 包括股份合作单位、联营单位、有限责任公司、股份有限公司、港澳台商投资单位以及外商投资单位等其他登记注册类型单位。

使用的农村劳动力 指户粮关系在农村的职工。

第一产业 指农业(包括林、牧、渔业等)。

第二产业 指采掘业、制造业、电力、煤气及水的生产和供应业、建筑业。

第三产业 指上述第一、第二产业以外的其他行业。

企业 指从事商品生产、流通、经营和服务性经济活动，以营利为目的并在工商行政管理部门登记的独立核算单位。包括：农业企业，工业企业，建筑企业，交通运输和邮电通讯企业，商业企业，公共饮食企业，物资供销和仓储企业，房地产企业、居民服务企业和市内公共交通企业、文化企业，金融、保险企业(不包括中国人民银行总行)，其他企业。

事业 指从事为生产和生活服务以及提高人民科学、文化水平和素质服务的独立核算单位。包括：农、林、牧、渔、水利事业，地质普查和勘探事业，勘察、建筑设计事业，交通运输事业，房地产管理、公用事业和咨询服务事业，卫生、体育和社会福利事业，教育、文化艺术和广播电影电视事业，科学研究和综合技术服务事业，其他事业。

机关 指具有代表国家权力和行使国家行政、检察、审判职能，组织协调社会、政治、经济、科技等活动的独立核算单位。包括：国家机关，政党机关和社会团体。

城镇单位就业人员劳动报酬 指各单位在一定时期内直接支付给本单位全部就业人员的劳动报酬总额。包括职工工资总额和其他就业人员劳动报酬总额。

工资总额 指各单位在一定时期内直接支付给本单位全部职工的劳动报酬总额。工资总额的计算应以直接支付给职工的全部劳动报酬为根据。各单位支付给职工的劳动报酬以及其他根据有关规定支付的工资，不论是计入成本的还是不计入成本的，不论是以货币形式支付的还是以实物形式支付的，均应列入工资总额的计算范围。工资总额包括计时工资、计件工资、奖金、津贴和补贴、加班加点工资、特殊情况下支付的工资。

其他就业人员劳动报酬 指各单位在一定时期内直接支付给本单位其他就业人员的全部劳动报酬。

平均工资 指企业、事业、机关等单位的职工在一定时期内平均每人所得的工资额。计算公式为：

$$平均工资=\frac{报告期实际支付的全部职工工资总额}{报告期全部职工平均人数}$$

平均实际工资 指扣除物价变动因素后的职工平均工资。计算公式为：

$$平均实际工资=\frac{报告期职工平均工资}{报告期城市居民消费价格指数}$$

城镇失业人员 指城镇常住人口中一定年龄以上，有劳动能力，在调查期间无工作，当前有就业可能并以某种方式寻找工作的人员。在城镇劳动力调查中对城镇16岁及以上，具有劳动能力并同时符合以下各项条件的人员列为失业人员：

(1)在调查周内未从事为取得劳动报酬或经营利润的劳动，也没有处于就业定义中的暂时未工作状态；

(2)在某一特定期间内采取了某种方式寻找工作；

(3)当前如有工作机会可以在一个特定期间内应聘就业或从事自营职业。

城镇登记失业人员 指有非农业户口，在一定的劳动年龄内(16岁至男50岁以下、女45岁以下)，有劳动能力，无业而要求就业，并在当地就业服务机构进行求职登记的人员。

城镇失业率 是城镇失业人数同城镇就业人数加城镇失业人数之比。计算公式为：

$$城镇失业率=\frac{城镇失业人数}{城镇就业人数+城镇失业人数}*100\%$$

城镇登记失业率 城镇登记失业人员与城镇单位就业人员(扣除使用的农村劳动力、聘用的离退休人员、港澳台及外方人员)、城镇单位中的不在岗职工、城镇私营业主、个体户主、城镇私营企业和个体就业人员、城镇登记失业人员之和的比。计算公式为：

$$城镇登记失业率=\frac{城镇登记失业人数}{\begin{array}{l}(城镇单位就业人员\text{-}使用的农村劳动力\text{-}聘用的离退休\\人员\text{-}聘用的港澳台及外方人员)+不在岗职工+城镇\\私营业主+城镇个体户主+城镇私营企业及个体就业人\\员+城镇登记失业人数\end{array}}*100\%$$

基本养老保险

1. **参加保险人数** 是指报告期末按照国家法律、法规和有关政策规定参加基本养老保险的职工人数。包括不能正常缴费、已中断缴费但未终止保险关系的职工人数。

2. **享受保险待遇人数** 是指按照国家有关政策规定，办理了离休、退休、退职手续并享受基本养老保险待遇的人数。包括“三资”企业的中方离退休退职人员，不包括外方人员。

离休人员 是指在1949年9月30日以前参加革命工作，符合国发[1982]62号《国务院关于老干部离职休养制度的几项规定》的离休条件的人员。不包括建国前参加革命工作，退休前在工人岗位工作的退休工人。

退休人员 是指职工因年老或因工致残、因病致残而丧失劳动能力，退出原工作岗位，按国家规定，符合退休条件并办理了退休手续的人员。不包括已经死亡的和退休后改办手续转为离休人员的人。

退职人员 是指不具备退休条件的职工，经劳动鉴定委员会确认完全丧失劳动能力而退出工作岗位，符合国家规定的退职条件，办理退职手续的人员。

3. 社会统筹基金

(1)**社会统筹基金收入** 是指根据国家规定，由纳入基本养老保险范围的单位，按照国家规定的缴费基数和缴费比例缴纳的社会统筹基金，以及通过其他方式取得的形成基金来源的收入，包括：单位缴纳的社会统筹基金收入、财政补贴收入、利息收入、其他收入。

单位缴纳的社会统筹基金收入 是指由缴费单位按照国家规定的缴费基数和缴费比例缴纳的社会统筹基金收入。

财政补贴收入 是指由于资金周转困难而由财政部门给予的基本养老保险的社会统筹基金的补贴。

利息收入 是指用基本养老保险的社会统筹基金投资运营收益(目前为购买国家债券收益)或存入银行的利息收入。

其他收入 是指基本养老保险的社会统筹基金的滞纳金、社会或个人捐赠及财政部门核准的其他收入。

(2)**社会统筹基金支出** 是指按照国家政策规定的开支范围和开支标准从社会统筹基金中支付给参加基本养老保险的离休、退休、退职人员个人的养老金、丧葬抚恤补助，以及由于保险关系转移、上下级之间调剂资金等原因而发生的支出。包括：基础性养老金、过渡性养老金、离休金、退休金、退职金、补贴、丧葬抚恤补助、其他支出。

基础养老金 是指根据《国务院关于建立统一的企业职工养老保险制度的决定》(国发[1997]26号，以下简称《决定》)按各省、自治区、直辖市或地(市)上年度职工平均工资的一定比例(目前国务院规定为20%)支付给《决定》实施后退休人员的基本养老金。

过渡性养老金 是指按规定支付给《决定》实施前参加工作、实施后退休人员按《决定》规定计发办法的视同缴费年限期间的基本养老金。

离休金 是指按规定支付给《决定》实施前已经离休人员的生活费用。

退休金 是指按规定支付给《决定》实施前已经退休人员的生活费用。

退职金 是指按规定支付给《决定》实施前已经退职人员的生活费用。

补贴 是指按规定支付给《决定》实施前已经离休、退休、退职人员的各种生活补贴、物价补贴等。

丧葬抚恤补助 是指按规定支付给已纳入基本养老保险社会统筹基金开支范围的离休、退休、退职人员的死亡丧葬补助费用及供养直系亲属的抚恤和生活补助费用。

其他支出 是指经财政部门核准开支的其他非基本养老保险待遇性质的支出。

(3)**社会统筹基金结余** 是指截止报告期末基本养老保险的社会统筹基金结余金额。包括银行存款、财政专户、债券投资和其他。

4. 个人帐户基金

(1)**个人帐户基金收入** 是反映个人帐户收入的指标集合。包括个人缴纳的个人帐户基金收入、利息收入和其他收入。

个人缴纳的个人帐户基金收入 是指由缴费个人按照国家规定的缴费基数和缴费比例缴纳的个人帐户基金收入。

利息收入是指用基本养老保险个人帐户基金投资运营收益(目前为购买国家债券收益)或存入银行的利息收入。

其他收入是指基本养老保险的个人帐户基金的滞纳金。

(2)**个人帐户基金支出** 是指按照国家政策规定从个人帐户基金中支付给参加基本养老保险的离休、退休、退职人员个人的个人帐户养老金。

个人帐户养老金是指根据规定按缴费个人的个人帐户储存额计算并按月发放的个人帐户月养老金，以及一次性支付给个人的个人帐户储存额。

其他支出是指按有关规定可以从个人帐户储蓄额中支付的非基本养老金部分金额。

(3)**个人帐户基金结余** 是指截止报告期末基本养老保险的个人帐户基金结余金额。包括银行存款、财政专户、债券投资和其他。

基本医疗保险：

1. 参加保险人数 是指报告期末按国家有关规定参加基本医疗保险的人数。包括参加保险的职工人数和退休人员人数。

2. 享受保险待遇人数 是指根据有关医疗保险的规定，享受医疗保险待遇的人数。包括享受保险待遇的职工人数和退休人员的人数。

3. 社会统筹基金

(1)社会统筹基金收入 是指根据国家有关规定，由纳入基本医疗保险范围的缴费单位，按国家规定的缴费基数和缴费比例缴纳的社会统筹基金，以及通过其他方式取得的形成基金来源的款项，包括：单位缴纳的社会统筹基金收入、财政补贴收入、利息收入、其他收入。

单位缴纳的社会统筹基金收入 是指由缴费单位按照国家规定的缴费基数和缴费比例缴纳的社会统筹基金收入（扣除划入个人帐户部分，扣除当地封顶线以上按规定划入大额医疗救助部分）和由于参加大病医疗保险的单位缴纳的统筹基金收入。

财政补贴收入 是指基本医疗保险基金运转过程中，由于基金出现支付困难而由同级财政部门给予的补贴。

利息收入 是指用基本医疗保险的社会统筹基金投资运营收益（目前为购买国家债券收益）或存入银行的利息收入。

其他收入 是指基本医疗保险的社会统筹基金的滞纳金及财政部门核准的其他收入。

(2)社会统筹基金支出 是指按照国家政策规定的开支范围和开支标准从社会统筹基金中支付给参加基本医疗保险的职工和退休人员的医疗保险待遇支出及其他支出。包括：住院医疗费用支出、门急诊医疗费用支出、其他支出。

住院医疗费用支出 是指根据基本医疗保险的有关规定支付给职工和退休人员住院医疗费用的支出。

门急诊医疗费用支出 是指根据基本医疗保险的有关规定支付给职工和退休人员门急诊医疗费用的支出。

其他支出 是指经劳动保障部门和财政部门核准开支的其他非医疗保险待遇性质的支出。

(3)社会统筹基金结余 是指截止报告期末基本医疗保险的社会统筹基金结余金额。包括银行存款、财政专户、债券投资和其他。

4. 个人帐户基金

(1)个人帐户基金收入

个人帐户基金收入 是指由缴费个人按照国家规定的缴费基数和缴费比例缴纳的个人帐户基金收入和单位缴纳划转个人帐户部分。

利息收入 是指用基本医疗保险个人帐户基金投资运营收益（目前为购买国家债券收益）或存入银行的利息收入。

其他收入 是指基本医疗保险的个人帐户基金的滞纳金及财政部门核准的其他收入。

(2)个人帐户基金支出

个人帐户基金支出 是指按照国家政策规定从个人帐户基金中支付给参加基本医疗保险的职工和退休人员的医疗费用支出。

其他支出 是指按有关规定可以从个人帐户储蓄额中支付的那部分金额。

(3)个人帐户基金结余 是指截止报告期末基本医疗保险的个人帐户基金结余金额。包括银行存款、财政专户、债券投资和其他。

失业保险：

1. 参加保险人数 是指报告期末按照国家法律、法规和有关政策规定参加了失业保险的城镇企业事业单位的职工及地方政府规定参加失业保险的其他人员的人数。

2. 享受失业保险待遇人数 是指按照国家法律、法规和有关政策规定，享受失业保险待遇的人数。

3. 失业保险社会统筹基金

(1)社会统筹基金收入 是指按照规定从企业和事业单位及其他单位筹集的失业保险费及其他并入社会统筹基金收入的总额。包括失业保险费、利息收入、财政补贴收入和其他收入。

失业保险费 是指按照国家政策规定，由企业事业单位及个人缴纳的失业保险费。

利息收入 是指失业保险社会统筹基金存入银行、购买国债获得的利息收入。

财政补贴收入 是指失业保险社会统筹基金入不敷出时，财政给予的补贴。

其他收入 是指依法纳入失业保险社会统筹基金收入的其他资金。

(2)**社会统筹基金支出** 是指报告期内为保障失业人员和下岗职工基本生活、促进其再就业等支出的基金总额。包括：失业保险金、医疗补助金、丧葬补助金、怃恤金、职业介绍、职业培训补贴、调剂用于再就业服务中心资金、农民合同制工人一次性生活补助和其他失业保险基金支出。

失业保险金 是指为保障失业人员的基本生活而按规定支付的失业保险金金额。

医疗补助金 是指按规定对在领取失业保险金期间患病医疗的失业人员给予补助的金额。

丧葬补助金、抚恤金 是指失业人员在领取失业保险金期间死亡的，按规定一次性发给其家属的丧葬补助金和其供养的配偶、直系亲属抚恤金金额。

职业介绍、职业培训的补贴 是指按规定对失业人员在领取失业保险金期间接受职业介绍和职业培训的补贴金额。

调剂用于再就业服务中心资金 是指为保障国有企业下岗职工的基本生活和为下岗职工代缴失业保险费，从失业保险基金中调剂，向国有企业服务中心拨付的资金金额。

农民合同制工人一次性生活补助 是指对城镇企业事业单位招用的农民合同制工人，因劳动合同期满未续订或提前解除劳动合同，按规定给予的一次性生活补助的金额。

其他失业保险基金支出 是指除支付上述费用以外的其他失业保险基金的支出。

(3)**社会统筹基金期末结余** 是指截止报告期末失业保险社会统筹基金滚存结余金额，即期初结余、报告期内结余(收入-支出)之和。

工伤保险：

1.**参加保险人数** 是指报告期末依据国家有关规定参加工伤保险的职工人数。

2.**享受保险待遇人数** 是指劳动者因工负伤致残、死亡或因患职业病致残，根据有关规定享受工伤保险待遇职工或供养直系亲属人数。包括伤残人数、职业病人数、因工死亡人数、供养直系亲属人数。

伤残人数 是指因工负伤致残或因患职业病致残，并经工伤保险管理部门认定、根据有关规定享受工伤保险待遇的人数。

职业病人数 是指因患职业病，并经工伤保险管理部门和医疗部门认定根据有关规定享受工伤保险待遇的人数。

因工死亡人数 是指报告期内，参加工伤保险的单位中因工伤事故死亡的人数。包括符合规定的因工致残人员和患职业病人员在报告期内死亡按因工死亡处理的人数。

供养直系亲属人数 是指报告期末因工死亡人员生前供养的、符合工伤保险规定并享受有关工伤保险待遇的直系亲属人数。

3.**工伤保险社会统筹基金**

(1)**社会统筹基金收入** 是指根据国家有关规定，由参加工伤保险的单位按国家规定的缴费基数和缴费比例缴纳的工伤保险基金，以及通过其他形式取得的形成基金来源的款项，包括：单位缴纳的社会统筹基金收入、财政补贴收入、利息收入、其他收入。

单位缴纳的社会统筹基金收入 是指由缴费单位按照国家规定的缴费基数和缴费比例缴纳的社会统筹基金收入。

财政补贴收入 是指工伤保险基金运转过程中，由于基金出现支付困难而由同级财政部门给予的补贴。

利息收入是指用工伤保险基金投资运营收益(目前为购买国家债券收益)或存入银行的利息收入。

其他收入是指工伤保险基金的滞纳金及财政部门核准的其他收入。

(2)**社会统筹基金支出** 是指按照国家政策规定的开支范围和开支标准从工伤保险基金中支付给参加工伤保险的人员及供养直系亲属工伤保险待遇支出及其他支出。包括工伤医疗费、伤残补助金、工亡补助金、护理费、丧葬补助费、工伤预防费用、职业康复费用和其他支出。

工伤医疗费 是指按照国家规定，支付给为工伤保险的企业职工提供医疗服务的费用。

伤残补助金 是指企业职工因工致残后，根据《职工工伤与职业病历致残程度鉴定标准》，评定伤残等级，按规定支付给职工的一次性补助金。

工亡补助金 是指企业职工因工死亡后，按规定支付给其遗属的一次性工亡补助金。

护理费 是指职工因工负伤或患职业病需要护理的，按照完全护理依赖、大部分护理依赖和部分护理依赖规定所支付的费用。

丧葬补助金 是指用于因工死亡职工丧葬而补贴的费用。

工伤预防费用 是指根据有关工伤管理规定，用于支付工伤预防的费用。主要包括的项目有：宣传、教育、培训费用，设备检测、检验费用，安全监督和评估费用，职业病预防费用等。

职业康复费用 是指根据有关工伤管理规定，用于支付职业康复的费用。主要包括的项目有：康复医疗费用，劳动能力康复训练费用等。

其他支出 是指根据有关工伤管理规定，符合工伤基金支出的其他支出项目。

(3)社会统筹基金结余 是指截止报告期末工伤保险基金结余金额。包括银行存款、财政专户、债券投资和其他。

生育保险：

1.参加生育保险职工人数 是指报告期末依据有关规定参加生育保险的职工人数。

2.享受生育保险待遇人数 是指女职工由于妊娠、分娩和计划生育手术而暂时丧失劳动能力时，按有关规定享受生育保险待遇的人数。包括生育人数、流产人数、引产人数及其他计划生育手术人数。

3.社会统筹基金

(1)社会统筹基金收入 是指根据国家有关规定，由参加生育保险的单位按照国家规定的缴费基数和缴费比例缴纳的生育保险基金，以及通过其他方式取得的形成基金来源的款项，包括：单位缴纳的基金收入、利息收入和其他收入。

单位缴纳的基金收入 是指由缴费单位按照国家规定的缴费基数和缴费比例缴纳的生育保险社会统筹基金收入。

利息收入 是指用生育保险基金投资运营收益（目前为购买国家债券收益）或存入银行的利息收入。

其他收入 是指生育保险基金的滞纳金及财政部门核准的其他收入。

(2)社会统筹基金支出 是指按照国家政策规定的开支范围和开支标准，从生育保险基金中支付给参加生育保险的职工，因妊娠、分娩和计划生育手术而享受的待遇及其他支出。包括：生育津贴、医疗费用支出及其他支出。

生育津贴 是指根据有关生育保险规定，支付给生育女职工在国家规定的产假期间的生活津贴。

医疗费用支出 是指根据有关生育保险规定，支付给女职工因生育，流产、引产及其他计划生育手术所发生的费用。

其他支出 是指根据有关生育保险规定的其他项目的支出。

(3)社会统筹基金结余 是指截止报告期末生育保险基金结余金额。包括银行存款、财政专户、债券投资和其他。

保险福利费用总额 指各单位在工资以外支付给职工和离休、退休、退职人员个人和用于集体的保险福利费用，不包括用于职工的劳动保护费用，由保险福利费用开支的医务人员工资，集体福利机构工作人员和病伤休息期满 6 个月以上人员的工资。包括：

职工保险福利费用：

医疗卫生费 指实行医疗保险企业的职工及供养的直系亲属的医疗费、医务经费、职工因工负伤就医路费以及住院伙食补助费等；卫生部门开支的事业及机关职工的公费医疗经费，未实行医疗保险的企业和未参加公费医疗的事业和机关单位职工的医疗费。

文体宣传费 指企业、事业及机关实际支付的文体宣传费，不包括学习费。

集体福利设施费和集体福利事业补贴费 指对职工浴室、理发室、洗衣店、哺乳室、托儿所等集体福利设施各项支出收支相抵后的差额补助费以及职工所在单位为满足本单位职工的共同物质生活需要，按照国家规定开支的集体福利设施费用，如职工食堂炊事用具的购置费、修理费、职工宿舍的修缮费用，但不包括由企业、事业、机关自筹经费开支的职工福利设施的基本建设费用。

其他 指上述费用以外用于职工保险福利的支出。

离休、退休、退职人员的保险福利费用：

离休费 指发给离休干部的工资和按1982年国务院《关于老干部离职休养制度的几项规定的通知》发给符合规定的离休干部相当于一至两个月标准工资的生活补贴及1988年增发的生活补贴。

退休费 指按照国家有关规定发给退休职工的退休费和1988年增发的生活补贴。

退职生活费 指按照1978年国务院《关于工人退休、退职的暂行办法》发给退职人员的生活费用和1988年增发的生活补贴。

以上离退休、退职人员的离退休金、退职生活费还应包括发给离退休、退职人员的生活补贴和物价补贴。

医疗卫生费 指离休、退休、退职人员的医疗费、住院费以及住院伙食补助等费用。

其他 指上述费用以外支付给离休、退休、退职人员的保险福利费。

制度工时利用率 是实际工作工时（工日）数减去加班工时（工日）数之差与制度工作工时（工日）的比例。计算方法为：

$$\text{制度工时(工日)利用率}=\frac{\text{实际工作工时(工日)}-\text{加班工时(工日)}}{\text{制度工作工时(工日)}} * 100\%$$

Explanatory Notes for Major Indicators

Employment refers to total number of persons engaged in social economic activities that generate income, including:

(1) Total formal employees

(2) Reemployed retirees

(3) Employers in urban private enterprises

(4) Urban individual laborers

(5) Employment in urban private enterprises and individual households

(6) Employment in township and village enterprises

(7) Rural laborers

(8) Other social laborers(Servicemen included)

Staff and Workers refers to those who work in (and receive income there from) units with state ownership, urban collective ownership, joint ownership, share holding stock ownership, limited liability corporations, foreign and Hong Kong, Macao, and Taiwan Chinese fund or other ownership and their affiliated units.

On-post Staff and Workers refer to those who are practically working in a certain urban unit, including those who are temporarily absent because of study, disease, vocation or other reasons.

Not-on-post Staff and Workers refer to those who have left his/her post and not engaged in other works the same unit, but still keep the labor relationships with the unit which he/she worked for.

Year-end Number refers to those who are employed on the last day of the year.

State-owned Units refers to various enterprises, institutions, and government administrative organizations at various levels, social organizations, etc. , with state ownership of production means.

Collective-owned Units refers to various enterprises and institution with collective ownership of production means, including various rural economic organizations engaging in agriculture, forestry, animal husbandry and fishery, enterprises and institutions run by townships and villages; collective enterprises and institutions run by cities, counties, towns, and neighborhood committees.

Other Ownership Units Units involve joint ownership, share holding stock ownership, limited liability corporations, foreign and Hong Kong, Macao, and Taiwan Chinese fund or other ownership.

Employment in Urban Private Enterprises and Individual units refers to those who have their population records in urban area and take part in productions or operations in urban private enterprises or individual units, and get earnings from the units, including helpers, apprentices and employees.

Primary Industry refers to farming, forestry, animal husbandry and fishery.

Secondary Industry refers to mining and quarrying, manufacturing, electricity, gas and water production and supply and construction.

Tertiary Industry refers to the sectors except primary industry and secondary industry.

Enterprises refer to those units engaged in economic activities such as production, circulation, operation or service, etc.

Institutions refer to those units engaged in service activities for production and daily life, such as transportation, real estate, public affairs, health care, sports, education, social welfare, communication, science research, etc.

Organizations refer to those units engaged in organizing and coordinating activities on society, politics, economics and science, such as government and Party agencies, communities, social and personal